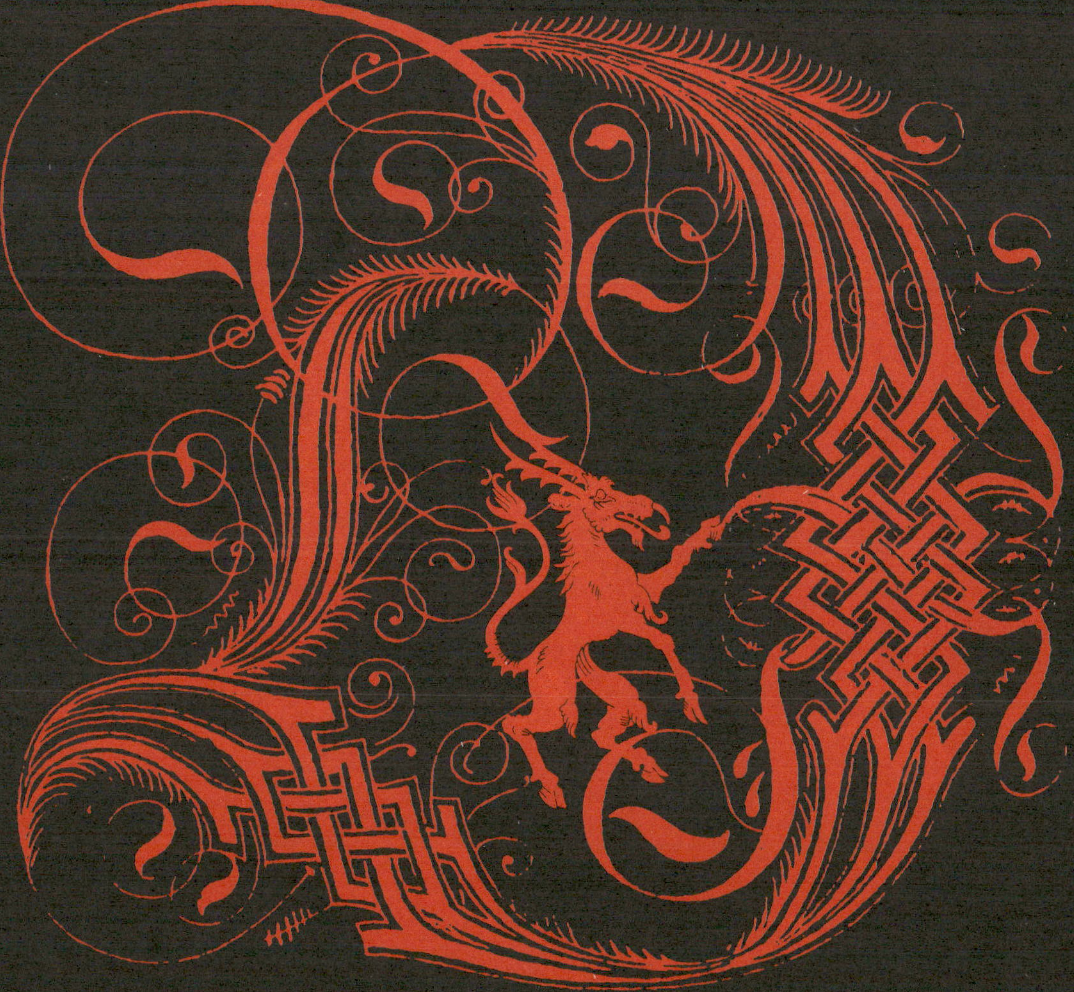

tuæ in tres gyros distinctus
rundi. G. Gigantum puteus.
. Flegia navicula. I. Minotaurus
: :Turris Eumenidum
. Porta vrbis Ditis .
I. Geryon poëtas
er aerem hume:
is ferens.

ab eo dicta TRIS
inferorum parte, qu
brachijs collo inne
(vbi est centr
inter velle
nobis
orb

Dicionário

Dicionário

THE DICTIONARY OF DEMONS: TENTH ANNIVERSARY EDITION:
NAMES OF THE DAMNED
Copyright © 2020 M. Belanger

Publicado originalmente por
Llewellyn Publications
Woodbury, MN 55125 USA
www.llewellyn.com

Tradução para a língua portuguesa
© Adriano Scandolara, 2022

Diretor Editorial
Christiano Menezes

Diretor de Novos Negócios
Chico de Assis

Diretor de Planejamento
Marcel Souto Maior

Diretor Comercial
Gilberto Capelo

Diretora de Estratégia Editorial
Raquel Moritz

Gerente de Marca
Arthur Moraes

Gerentes Editoriais
Bruno Dorigatti
Marcia Heloisa

Capa e Projeto Gráfico
Retina 78

Coordenador de Diagramação
Sergio Chaves

Designer Assistente
Guilherme Costa

Preparação
Juliana Ponzilacqua

Revisão
Lauren Nascimento
Milton Mastabi

Finalização
Sandro Tagliamento

Marketing Estratégico
Ag. Mandíbula

Impressão e Acabamento
Gráfica Santa Marta

DADOS INTERNACIONAIS DE CATALOGAÇÃO NA PUBLICAÇÃO (CIP)
Jéssica de Oliveira Molinari - CRB-8/9852

Belanger, Michelle
　　Dicionário dos demônios : edição comemorativa 10 anos / Michelle Belanger ; tradução de Adriano Scandolara. — Rio de Janeiro : DarkSide Books, 2022.
　　528 p.

　　ISBN: 978-65-5598-150-6
　　Título original: The Dictionary of Demons

　　1. Demonologia — Dicionário
　　I. Título II. Scandolara, Adriano

22-1052　　　　　　　　　　　　　　　　　CDD 133.4

Índice para catálogo sistemático:
1. Demonologia

[2022, 2025]
Todos os direitos desta edição reservados à
DarkSide® *Entretenimento LTDA.*
Rua General Roca, 935/504 — Tijuca
20521-071 — Rio de Janeiro — RJ — Brasil
www.darksidebooks.com

M. BELANGER

DICIONÁRIO DOS DEMÔNIOS

EDIÇÃO COMEMORATIVA • 10 ANOS

TRADUÇÃO
ADRIANO SCANDOLARA

DARKSIDE

Dicionário dos Demônios

DEMONOLOGIA DE A-Z

SUMÁRIO

PREFÁCIO	13
INTRODUÇÃO ABENÇOADA	15
LINHAGEM EXPANDIDA	29
EXÉRCITOS BÍBLICOS DO INFERNO	463
DE ONDE VÊM OS DEMÔNIOS	466
O PODEROSO TESTAMENTO DE SALOMÃO	483
A ESTRELA DE CINCO PONTAS DE BAPHOMET	487
UM OLHAR PAGÃO SOBRE OS ANJOS	489
AS ORIGENS DO SOTURNO DICIONÁRIO	492
DEMÔNIOS E OS DECANOS DO ZODÍACO	495
CORRESPONDÊNCIAS INFERNAIS	500
CORRESPONDÊNCIAS PLANETÁRIAS E ELEMENTAIS	505
ANJOS E DEMÔNIOS	506
BIBLIOGRAFIA	510
CRÉDITOS DAS ARTES	516
GLOSSÁRIO	520

M. BELANGER

Jazz

A	50		N	316
B	100		O	330
C	132		P	342
D	160		Q	362
E	176		R	364
F	188		S	376
G	200		T	410
H	220		U	426
I	236		V	430
J	246		W	442
K	250		X	446
L	262		Y	450
M	284		Z	454

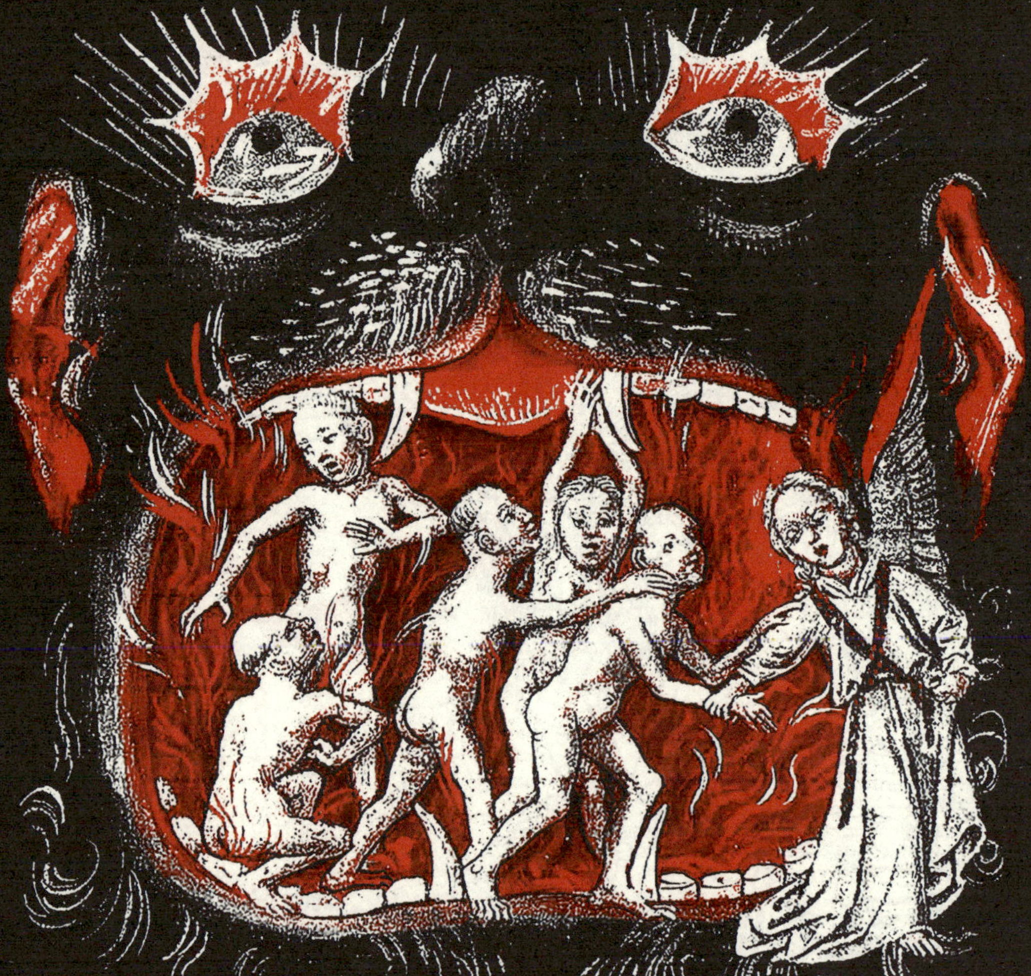

Prefácio

Aconteceu tanta coisa desde que me sentei com estes mesmos arquivos, com os livros espalhados por toda a casa — mas senti, sim, falta disso. Não tenho certeza de como é com outros escritores, mas, depois que publico um livro, evito reler. É forte demais a ânsia de reeditá-lo, e se me permitir reler o livro, acabo percebendo que, embora publicado e solto no mundo, ainda não está pronto.

Eles nunca ficam prontos.

Na melhor das hipóteses, um livro publicado é o melhor que dá para fazer até então. Mas o tempo muda as coisas — ele nos muda, muda o mundo e a cultura em que vivemos, muda a tecnologia e as informações disponíveis — e, com sorte, também muda como vemos e interagimos com todas essas coisas. Um livro é esse momento congelado, um tipo de fotografia de um instante durante a produção da obra. Eu não releio meus livros, porque, mesmo que apenas uma semana tenha transcorrido do término do manuscrito e seu envio ao editor, já não sou a mesma pessoa que escreveu o livro. Idealmente, serei uma pessoa melhor, mais sábia, cujas opiniões terão evoluído conforme a disponibilidade de novas informações. E não posso alterar o livro para que reflita isso depois que ele sai para o mundo — a não ser que tenha a oportunidade de escrever uma nova edição.

É isso que eu acho tão emocionante nesse processo. Quase dez anos se passaram, e tanta coisa mudou. Há tantas fontes novas disponíveis — não apenas por meio da publicação de novos grimórios, mas também graças a antigas fontes que não recebiam atenção até pouco tempo atrás. São textos que aprofundaram nossa compreensão da tradição dos grimórios, mudaram linhas do tempo, recontextualizaram o desenvolvimento de vários aspectos cruciais da literatura. É emocionante poder retornar a esse projeto com essas novas perspectivas, acrescentar, refinar e, em alguns casos, reescrever completamente alguns dos verbetes, porque as informações disponíveis evoluíram muito. Para esta nova edição, pude recorrer a um grimório do País de Gales que ainda era usado por curandeiros do século XIX e explorar os demônios goéticos de um grimório francês anterior à *Pseudomonarchia Daemonum*, de Wierus. Aprendi que o *Grande Grimório* e o *Grimorium Verum*, na verdade, pegaram seus demônios de uma tradição mais antiga, ao passo que antes eu acreditava que eram obras completamente espúrias, escritas apenas para lucrar com o sensacionalismo dos textos demoníacos da época. Cheguei até a encontrar evidências que deslocam a data de publicação do *Testamento de Salomão* para antes da era cristã.

É emocionante poder fazer essas alterações — tanto no texto que você tem em mãos quanto na minha compreensão de seus conteúdos. E tudo isso é apenas um gostinho do que foi atualizado. Há muito a se explorar nesta edição. Eu sei que não consegui incluir todos — isso sequer é possível. O *Dicionário dos Demônios* é um livro que sempre terá espaço para revisão, expansão e evolução. Essa é a natureza do seu tema: os demônios são incrivelmente diversos, e a forma como a humanidade os aborda abrange arte, literatura, folclore, cinema, videogame, filosofia e religião — não apenas a tradição dos grimórios. Mesmo estreitando o escopo para incluir apenas demônios com nomes próprios na tradição dos grimórios da Europa, ainda há muito território para cobrirmos.

Esta é uma obra que jamais estará completamente concluída. Mas, ao revisitar o que reuni, alterei, editei e expandi ao longo dos últimos meses para oferecer a vocês nesta edição comemorativa dos dez anos de aniversário de sua publicação original, eu me senti muito bem quanto ao livro diante de mim.

É o melhor que ele pode ser até então.

— **M. Belanger**
16 de dezembro, 2019

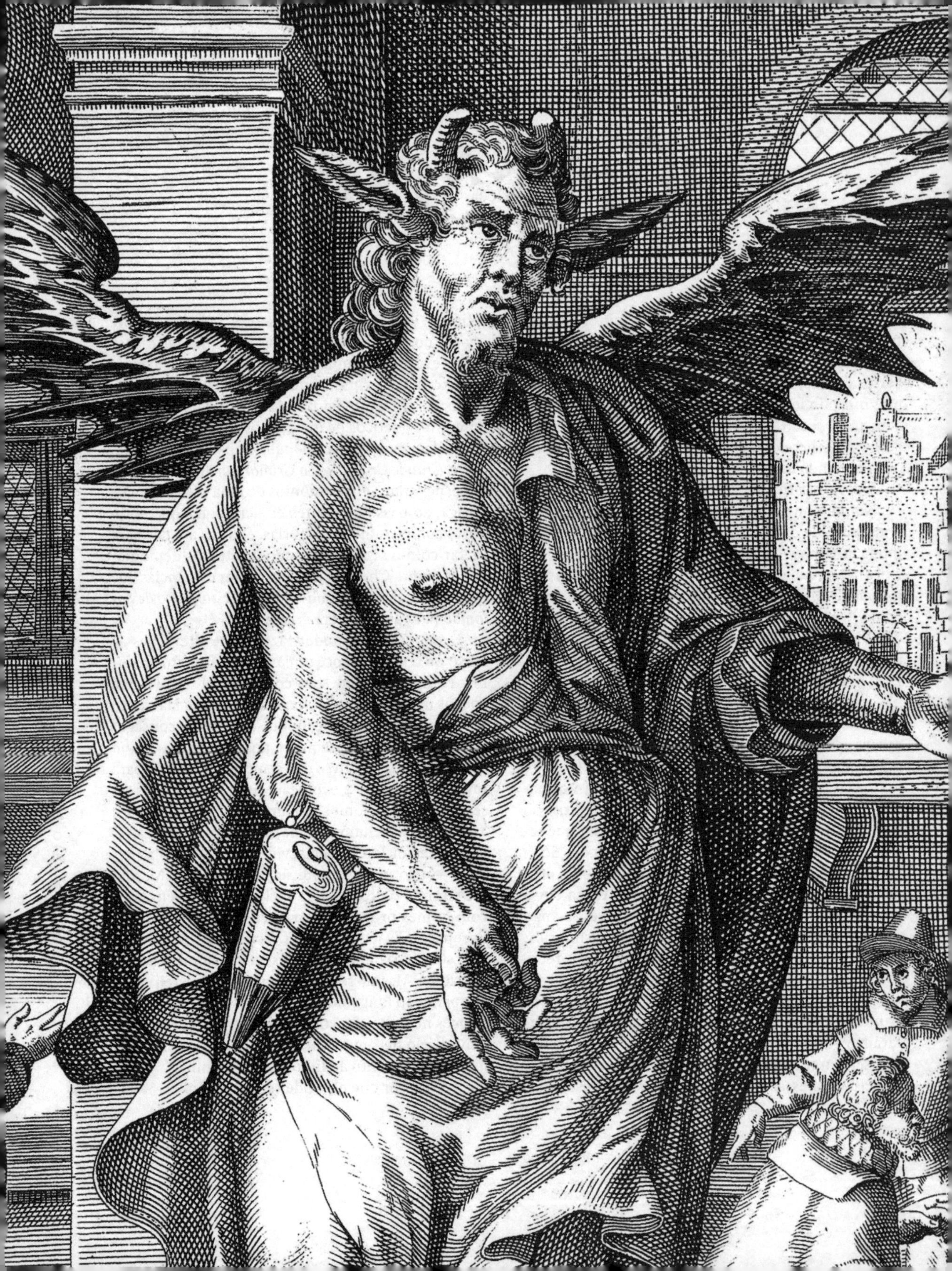

Introdução abençoada

A gênese deste livro veio a partir de uma conversa com o padre Bob Bailey. Alguns de vocês talvez reconheçam o padre Bob por conta de suas aparições numa série de televisão do canal A&E chamada *Estado Paranormal*. O padre Bob e eu trabalhamos juntos num caso e tivemos um tempinho para bater papo tomando chá. Até então nunca havíamos tido a chance de parar para nos conhecermos, e essa pareceu ser uma oportunidade ótima.

Para alguns dos meus fãs, a ideia de um bate-papo num saguão de hotel com um padre católico pode parecer bem esquisita. O padre Bob e eu viemos de mundos bastante distintos. Ele é um padre ordenado de uma paróquia em Rhode Island e também o cofundador de um grupo de investigadores paranormais batizado de *Paranormal Warriors of Saint Michael*. Eu sou uma sacerdotisa pagã que estuda de tudo, desde ocultismo até vampiros. Sou a fundadora da sociedade mágica chamada *House Kheperu*. Era de se imaginar que andarmos juntos seria como misturar óleo e água, porém nosso interesse mútuo no paranormal era garantia de que teríamos pelo menos alguma coisa em comum.

Sendo convidada como vidente no programa, havia certos limites impostos a mim, por isso não poderíamos conversar sobre qualquer coisa que tivesse a ver com o caso. Sendo assim, optamos por papear sobre nossas diferentes experiências com fantasmas e espíritos. Considerando que as pessoas, com frequência, consultam o padre Bob para falar de exorcismos, o tema demônios inevitavelmente veio à tona. O padre Bob lamentava que não havia boas fontes que listassem os nomes de demônios, haja vista que os nomes são considerados importantes no processo. Embora o padre Bob não tenha permissão para realizar exorcismos completos sem sanção da Igreja Católica, ele é sim chamado para visitar casas, realizar limpezas e conferir bênçãos às pessoas que sentem que estão sendo assombradas por algo mais sinistro do que um mero fantasma humano.

Em seu ramo de trabalho, é importante ter o nome do demônio. O ritual católico de exorcismo, conhecido como o Ritual Romano, remete a uma história registrada nos evangelhos de Marcos e de Lucas. Quando Jesus é confrontado por um homem possuído por demônios, ele pergunta qual é especificamente o nome do demônio, antes de expulsá-lo. O trecho sugere que o nome confere poder sobre a entidade. Esse conceito em si, por sua vez, remete a crenças antiquíssimas da Babilônia, Suméria e Acádia — culturas interrelacionadas e dotadas de uma demonologia bastante vívida. É interessante que a história bíblica termine com Jesus expulsando os demônios e os levando a uma vara de porcos. Na antiga Suméria, milhares de anos antes de os evangelhos serem compostos, um método comum de exorcismo envolvia transferir o demônio possessor para um substituto animal — com frequência, um bode ou porco. Nesses rituais, também, o verdadeiro nome do demônio era um componente poderoso.

Eu fazia piada com o padre Bob, comentando como seria ótimo se houvesse uma versão real do *Guia de Tobin para os Espíritos* — o livro fictício usado no filme *Os Caça-Fantasmas* para encontrar o nome de todos os espíritos esquisitos que aparecem em Nova York. E então parei para pensar durante um ou dois minutos. O *Guia de Tobin para os Espíritos* pode ser conveniente enquanto mecanismo para movimentar o enredo de um filme de comédia, mas de fato existem livros que listam os nomes dos espíritos — demônios, anjos e tudo que tiver no meio. São chamados de grimórios e são livros de magia cerimonial escritos sobretudo entre os sécs. XII e XVII na Europa Ocidental. Embora a tradição dos grimórios não fosse exclusiva dessa região, eles se tornaram uma parte crucial do ocultismo ocidental entre a Idade Média e a Renascença.

Coleciono grimórios faz um tempo, e lá em 2002 cheguei até a começar uma lista casual dos nomes contidos nessas obras tantas vezes malditas. A lista de nomes era uma referência pessoal para os meus trabalhos criativos. Eu colecionava livros de nomes de bebês pelo mesmo motivo — sempre gostei de aprender mais sobre a origem e significado dos nomes. Por vezes, um ou outro nome particularmente obscuro ou interessante conseguia inspirar toda uma narrativa. Os grimórios eram uma boa fonte para nomes incomuns, dotados de significados extraordinários — o tipo que você não encontra em livros comuns de nomes para bebês. Por que não pegar essa minha referência pessoal e expandi-la? Minha coleção de nomes já estava num formato de planilha, por isso não seria muito difícil separar todos os demônios, depois expandir cada entrada até ter um verbete completo, como num dicionário...

Enquanto o padre Bob e eu estávamos tomando nossos chás no silêncio do saguão do hotel, meu cérebro começou a trabalhar. Daria muito trabalho desenvolver algo definitivo a partir do esqueleto dos recursos que eu tinha à mão. Porém, considerando que eu já sabia onde procurar, seria um projeto factível... talvez um pouco doido, considerando a quantidade de trabalho que exigiria, mas definitivamente factível.

"Você quer uns nomes para acompanhar os seus demônios?", eu perguntei, depois de pensar um pouco. "Me dá um tempinho, padre, que eu talvez tenha um livro para você."

O QUE HÁ NUM NOME?

As palavras tinham poder no mundo antigo, e poucas palavras eram mais temidas do que aquelas que mencionavam as forças do mal. Dentre os muitos povos antigos, acreditava-se que os nomes de demônios e diabos serviriam como um tipo de farol, chamando esses seres das profundezas sempre que fossem pronunciados. Como resultado, muitas vezes a tendência era de abordar esses nomes com um pavor derivado da superstição. Mesmo na era contemporânea, há algumas pessoas ainda relutantes em pronunciar o nome de um demônio em voz alta. Na Europa da Idade Média, esse medo deu origem a uma série de apelidos para Satã. Chamado, em inglês, de *Old Nick* ou *Old Scratch*, era uma crença popular comum a de que esses apelidos para o Diabo tinham menos poder para atrair a influência direta dele para a vida quando pronunciados em voz alta.

E, no entanto, no que diz respeito aos antigos, os nomes dos diabos e demônios tinham um poder maior do que o de meramente chamar sua atenção. Acreditava-se que os nomes dos espíritos poderiam servir para compeli-los, controlá-los, aprisioná-los e bani-los. Na demonologia judaica, os muitos nomes da demônia noturna Lilith eram inscritos em amuletos protetores, porque se acreditava que teriam poder sobre ela. Se fossem aplicados da forma correta, o efeito seria não de atrair Lilith, mas afastar. No *Testamento de Salomão*, o Rei Salomão exige os nomes de uma série de demônios para que possa colocá-los para trabalhar na construção do Templo de Jerusalém. Conforme entregam seus nomes, em sequência, reconhecem o poder de Salomão sobre eles.

O *Testamento de Salomão* e a tradição relacionada a esse livro tiveram um tremendo impacto sobre o conceito europeu dos demônios. Essa tradição ajudou a estabelecer a crença de que demônios poderiam ser compelidos e aprisionados usando os nomes de anjos e os nomes mágicos de Deus. Ela apresenta os demônios como uma força real sobre o mundo — ainda que invisível, em sua maior parte —, atormentando a humanidade com morte, desastre e pestilência. Esses conceitos já tinham ampla presença na demonologia de outras culturas antigas, desde os sumérios aos egípcios e gregos, mas com o Rei Salomão na história, o material se tornou relevante também para cristãos, judeus e muçulmanos. O *Testamento* ajudou ainda a promover a ideia de que muitos demônios eram ou anjos caídos ou a progênie mal concebida que esses anjos geraram ao virem à terra — um conceito que se liga a tradições ainda mais antigas presentes nas lendas judaicas e sugeridas pelos primeiros capítulos do *Gênesis*.

Composto em algum momento nos séculos do começo da era cristã, o *Testamento de Salomão* provavelmente começou como um texto judaico, mas já demonstra evidências de uma composição cristianizada — mudanças e inserções feitas a fim de refletir melhor as crenças cristãs. Trata-se de um texto pseudepigráfico, o que significa que não foi escrito pelo próprio Rei Salomão, apesar de trazer o seu nome. Ele é assinado por Salomão porque conta sua história a partir de sua perspectiva, a fim de conferir maior peso à narrativa. Essa era uma prática comum na época em que o *Testamento* foi escrito, mas era igualmente comum na época (e nos séculos seguintes) pressupor que o autor pseudepigráfico de fato fosse o autor do texto.

O *Testamento de Salomão* não é, nem de longe, a única narrativa extrabíblica que representa o Rei Salomão como um controlador de demônios. As lendas que surgiram em torno desse monarca do *Velho Testamento* são muitas e variadas, desde as suas aventuras com a demoníaca Rainha de Sabá até o mistério das minas de Salomão e os anos que se passaram durante os quais o demônio Asmodeus supostamente usurpou o seu trono. A proeza do Rei Salomão como um sábio e mago também influenciou as lendas muçulmanas: as histórias de gênios aprisionados em garrafas, como as que se encontram nas *Mil e uma noites*, remetem à tradição salomônica.

Para compreendermos a tradição influenciada por essa obra, não é necessário acreditar que o Rei Salomão, de algum modo, teve auxílio demoníaco ao construir o Templo de Jerusalém, nem que ele sequer tivesse qualquer poder sobre os demônios. O importante a se manter em mente é que muitas pessoas, tanto no mundo antigo quanto na Europa até a Renascença, acreditavam nessas coisas. E a crença no poder de Salomão foi, em parte, responsável pelo surgimento de um sistema complicado de magia que girava em torno da evocação de espíritos. E os nomes eram uma parte fundamental desse sistema.

A TRADIÇÃO DOS GRIMÓRIOS

Os livros mágicos da Europa medieval e renascentista são os herdeiros diretos da tradição salomônica, tal como ela aparece no *Testamento de Salomão*. O nome "grimório" deriva de uma palavra em francês antigo, *grammaire*, que quer dizer "relacionado a letras". Letras, nomes e o próprio processo de escrever — tudo isso é essencial à tradição dos grimórios. Alguns desses livros mágicos eram vistos como obras cujas palavras detinham, por si só, tanto poder que, se um trecho fosse lido sem querer por alguém sem a devida iniciação nos mistérios, um mestre que entendesse o uso adequado do livro precisaria ler um outro trecho de igual comprimento para combater os possíveis efeitos indesejados.[1]

Embora não exista, no momento, nenhum documento que demonstre uma linhagem óbvia para apontar como os conceitos em torno da evocação demoníaca registrados nos primeiros séculos da era cristã teriam sobrevivido até reemergirem por volta de 1100 em diante, essa conexão é inconfundível. O nome do Rei Salomão aparece repetidas vezes, tendo muitos grimórios atribuídos diretamente a ele. Eles são, claro, tão pseudepigráficos quanto o próprio *Testamento de Salomão*, mas isso não impediu os autores e copistas medievais de colocar o nome do antigo rei nos volumes proibidos. Talvez os dois mais famosos sejam a *Clavicula Salomonis* — conhecida como a *Chave de Salomão* — e o *Lemegeton*, também chamado de *Chave Menor de Salomão*.

Os grimórios não lidam exclusivamente com demônios. Muitos dos espíritos neles são descritos como anjos, espíritos elementais e seres conhecidos como espíritos olimpianos — inteligências associadas aos sete planetas e, portanto, às sete esferas celestiais. Considerando-se todos os espíritos bons, os espíritos maus e os espíritos intermediários que, pelo que se acreditava, poderiam ser evocados pelos rituais registrados nos grimórios, às vezes pode ser difícil dizer o que exatamente era um demônio. É certo que a linha que separa os demônios dos anjos pode ficar meio tênue nessas obras, particularmente por conta de muitos demônios serem apresentados como anjos caídos, mantendo a nomenclatura tradicional dos anjos, com nomes que terminam em -*ael* ou -*iel*.

Por mais confusa que possa ser, às vezes, a identificação de alguns desses espíritos, há casos evidentes também em que os seres enumerados nos grimórios são descritos especificamente como demônios. Mesmo nesses casos, tais seres não são necessariamente apresentados como entidades para se evitar. Em vez disso, seguindo a tradição estabelecida pelo *Testamento de Salomão*, os autores desses textos mágicos procuram abjurar, controlar e, em todo caso, coagir esses demônios para que lhes sirvam, comandando-os em nome de Deus e seus anjos.

É possível que esse fato seja uma das coisas mais marcantes da tradição dos grimórios, e com frequência, é chocante tanto para os cristãos quanto para os não cristãos que se aproximam desses livros como bastiões proibidos de magia das trevas. O sistema mágico delineado nos grimórios é de teor altamente religioso. Além do mais, esse sistema é radicado na existência de um ser supremo, que é claramente o Deus da Bíblia. Não há como evitar a influência de Iavé ou da Bíblia nessas obras. Muito embora haja tantos grimórios dedicados a conjurar e comandar demônios, os feitiços contidos nesses volumes com frequência remetem a orações litúrgicas enunciadas no latim rebuscado das missas.

Em parte, isso se dá porque o sistema mágico nos grimórios era praticado, quase sempre, por membros do clero. Na Idade Média, padres e irmãos leigos eram alguns dos poucos indivíduos que teriam a capacidade literária de ler, escrever e copiar esses volumes. O professor Richard Kieckhefer tipifica a magia demoníaca dos grimórios como "o lado debaixo da tapeçaria da cultura medieval tardia".[2] Isso é interessante, claro, porque, ao mesmo tempo em que os padres e irmãos leigos estavam experimentando com magia demoníaca, a maior parte da Europa ocidental andava envolvida em uma obsessão maníaca pela bruxaria, feitiçaria e pactos com o

---

1 Richard Kieckhefer, *Forbidden Rites, p. 8.*

2 Richard Kieckhefer, *Forbidden Rites, p. 13.*

Diabo. As crenças populares sobre bruxaria e a tradição real dos grimórios existiram lado a lado — podendo, inclusive, em alguns casos, terem se influenciado mutuamente. Porém, embora conjurassem espíritos demoníacos, os sistemas mágicos dos grimórios eram entendidos como uma prática muito diferente das práticas "satânicas" das bruxas — ou, ao menos, era assim que seus autores o entendiam. Isto é por conta dos elementos rituais e invocações de Deus que costuram os grimórios.

Por mais curioso que possa parecer, dadas as frequentes referências a Cristo e à Santíssima Trindade que aparecem em alguns grimórios, boa parte dos aspectos litúrgicos e rituais dessas obras mágicas foram inspiradas pelo esoterismo judaico. A tradição judaica conhecida como Cabala é um caminho místico, mas que também tinha aplicações mágicas. Muito da magia cabalística gira em torno da Árvore da Vida, um tipo de escada mística entendida como um mapa da realidade. A Árvore da Vida contém 10 *Sephiroth* — o plural da forma singular *Sefira*, que talvez partilhe de uma raiz com a palavra hebraica *sefer*, ou "livro".[3] As *Sephiroth* são inseridas em caminhos que sobem a Árvore da Vida, desde Malkuth, no fundo, que representa o mundo físico, até Keter (também grafada *Kether*), no topo, que é a coroa, logo abaixo do Trono de Deus. Na magia cabalística, um indivíduo treinado procura ascender a escada da Árvore da Vida por meio de práticas rigorosas que envolvem meditação, jejuns e rituais cerimoniais. Encontros com demônios e anjos fazem parte dessa jornada mística. O objetivo final é uma visão do Trono de Deus, uma experiência que, acredita-se, seria de imenso poder transformador.

A tradição dos grimórios toma muitas coisas emprestadas da tradição mística judaica. A qualidade cerimonial das práticas cabalísticas é adotada quase na íntegra na magia dos grimórios, junto da importância dos nomes hebraicos — especialmente os nomes

---

[3] *Na primeira edição, esta seção se baseou erroneamente em um texto do século XIX que identificava a raiz da palavra* Sephiroth *como* sappir, *do hebraico para "safira". A frase em questão lia-se: "A Árvore da Vida contém dez* Sephiroth *— uma palavra derivada do termo hebraico com o sentido de 'safira' ou 'joia'".*

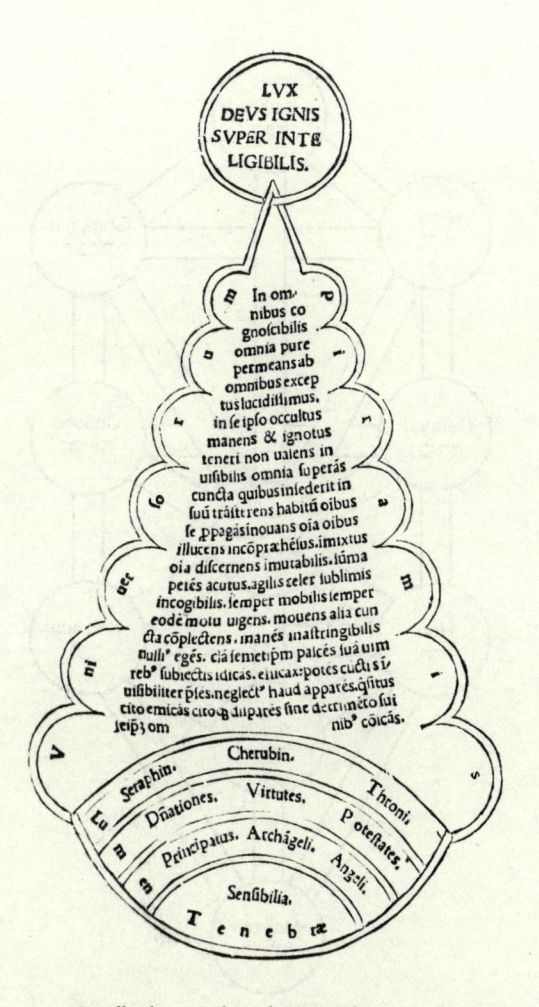

Detalhe de uma edição do começo do séc. XVI da Hierarquia Celestial, *mostrando as sete esferas planetárias no esquema da criação. Cortesia da Merticus Collection.*

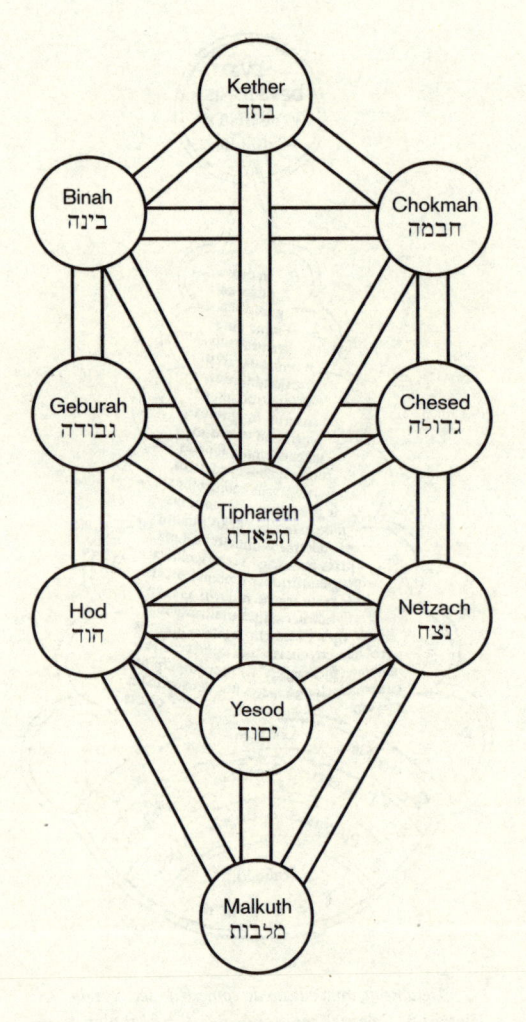

A Árvore da Vida.

secretos de Deus. Há vários textos mágicos judaicos — notavelmente, o *Sepher Raziel*, ou *Livro do Anjo Raziel* — que influenciaram profundamente os grimórios cristãos posteriores. Outro exemplo de uma prática mágica singularmente judaica aparece no *Livro de Abramelin*, também conhecido como *A Magia Sagrada de Abramelin, o Mago*. Apesar de ter sido escrito por um sábio judeu do séc. XIV, esse livro teve um impacto significativo sobre a magia cerimonial cristã. Na era moderna, ele continua sendo um dos textos mais influentes dessa tradição. A maioria dos grimórios cristãos contém abjurações dos espíritos que incluem toda uma ladainha de nomes, muitos dos quais são títulos de Deus em hebraico macarrônico. As grafias não são sempre mantidas com fidelidade e seus significados verdadeiros nem sempre parecem ter sido compreendidos com clareza pelos autores cristãos que os tomaram de empréstimo, mas sua importância foi reconhecida e mantida no sistema, embora muitas vezes de forma mecânica.

Seria possível escrever todo um outro livro sobre as interações entre a magia judaica e a cristã na tradição dos grimórios. O argumento importante a ser feito dentro dos propósitos desta obra é o de que a influência da magia judaica foi responsável pelos feitiços contidos nos grimórios europeus apresentarem uma grande semelhança com cerimônias religiosas. Os nomes em hebraico, mais especificamente os nomes hebraicos de Deus, têm um papel significativo, e os autores predominantemente cristãos dos grimórios acrescentaram, então, elementos cristãos como referências a Cristo, à Trindade e até mesmo à Virgem Maria. O resultado acabou sendo a evolução de um sistema próprio, mas claramente derivado da magia judaica medieval, junto à tradição salomônica, cujas raízes se estendem historicamente até a magia hermética praticada no antigo mundo helenístico. Demônios e anjos têm, ambos, papéis significativos nesse sistema. Porém, em vez de serem controlados por meio das artes sombrias, acreditava-se que os demônios poderiam ser controlados apenas pelos indivíduos que fossem puros e santos o suficiente para conseguir comandá-los, de maneira convincente, valendo-se dos muitos nomes sagrados de Deus.

COMPILANDO OS NOMES

Quando desenvolvi o conceito deste livro, minha ênfase era nos nomes. Sabia que seria impossível escrever um texto inteiro sobre a prática da magia demoníaca, tal como ela aparece nos grimórios, mas não era o meu objetivo. Eu só queria criar um material que servisse de recurso sobre os nomes próprios atribuídos aos espíritos demoníacos, e a tradição dos grimórios era o melhor lugar para começar. Pelo visto, não foi preciso ir muito além deles para produzir uma extensa lista de nomes. Em vez disso, descobri que precisava estabelecer limites estritos para o que iria ou não incluir, a fim de manter o livro dentro de dimensões razoáveis.

Em primeiro lugar, para ser incluído neste livro, o nome precisava ser apresentado no texto como sendo o *nome próprio* de um demônio. Não poderia ser um nome geral para uma classe de demônios, como um íncubo ou súcubo. Fora uma única exceção, todos os nomes reunidos nesta obra foram apresentados em suas fontes como os nomes próprios de demônios. A única exceção foi o verbete sobre os Anjos Sentinelas, uma classe de anjos caídos. A crença nestes seres teve uma influência significativa, ainda que sutil, sobre a demonologia subjacente aos grimórios, e eu tive a impressão de que seria melhor tratar do assunto em um verbete separado, além de todos os verbetes individuais sobre Sentinelas específicos.

Em segundo lugar, o espírito mencionado precisava ser um espírito infernal. Isso significa que, no texto fonte, o nome precisava ser definido como uma das seguintes classes: um demônio, anjo caído ou anjo perverso (várias fontes judaicas, como a *Espada de Moisés*, usam os termos *anjo perverso* ou *anjo mau* em vez de *anjo caído*). Em alguns casos, essa designação era nebulosa. Originalmente eu havia incluído os espíritos mencionados no *Grimório Secreto de Turiel*, mas, no fim, acabei deixando-os de fora, pois eram, de forma mais correta, espíritos Olimpianos — inteligências associadas, acredita-se, às sete esferas planetárias — em vez de anjos caídos. Em alguns casos mais raros, quando o próprio grimório não traça uma distinção clara, precisei julgar a situação do espírito com base no contexto. Sempre que o espírito era associado a magia maligna ou quando seu nome aparecia associado a outros espíritos demoníacos já conhecidos, sem qualquer esforço para distingui-lo dos demônios, acabei incluindo o nome desse espírito nesta obra. Vários espíritos do *Grimório de Armadel* entram nessa classe.

Como resultado desses critérios para seleção, os leitores vão reparar que eu tomei como fontes principais os grimórios derivados da tradição cristã da Europa Ocidental. Os membros do clero cristão não eram, nem de longe, os únicos que produziram volumes sobre magia demoníaca e espiritual na Idade Média e na Renascença, mas eram certamente os únicos com a inclinação de definir certos espíritos como demoníacos.

Como já vimos, esses livros tiveram sua gênese no misticismo judaico, e havia uma rica tradição de grimórios entre os autores muçulmanos também. Alguns desses textos, como o *Picatrix* árabe, atribuído a Al-Madjiriti, foram excluídos logo no princípio, pois não cumpriam os critérios mais básicos para esta obra. O *Picatrix* tem mais a ver com alquimia e magia astral — associada aos movimentos das estrelas e planetas — do que com espíritos infernais. Do mesmo modo, certos volumes associados à tradição de grimórios cristãos foram excluídos por não conterem espíritos descritos especificamente como demônios ou anjos maus.

Um exemplo excelente desta última exclusão é o *Heptameron*, tradicionalmente creditado a Pietro d'Abano. Esse texto, publicado a princípio em Veneza em 1496, mas que teria sido escrito até duzentos anos antes, contém uma seção sobre sete grupos de espíritos que incluem reis, ministros e inteligências governantes. Vários desses nomes demonstram uma extrema semelhança com os nomes que aparecem também no *Livro Jurado de Honório*, um grimório incluído na bibliografia deste livro. Em ambos os textos, os espíritos são associados às sete esferas planetárias. Seus títulos e organização são quase idênticos — mas no *Heptameron*, os espíritos são identificados especificamente como *anjos*. Como resultado, embora seja óbvio que

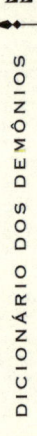

O demônio Belial nos portões do Inferno. Da obra Das Buch Belial *(1473), de Jacobus de Teramo.*

o *Livro Jurado* sofreu influências do *Heptameron*, eu incluí apenas as versões desses nomes que aparecem definidos como demônios nas edições do *Livro Jurado*.

Embora meu principal objetivo fosse incluir apenas nomes próprios de entidades definidas, intratextualmente, como espíritos infernais, eu tive outro motivo para me ater aos grimórios associados primariamente à tradição cristã da Europa Ocidental: conveniência. Obras como a *Clavicula Salomonis* e o *Lemegeton* constam dentre as mais acessíveis na língua inglesa. Outras, como a *Pseudomonarchia Daemonum* (uma coletânea de nomes que aparece, na verdade, como um apêndice em uma obra maior do séc. XVI, do estudioso Johannes Wierus), estão em latim. Eu tenho um domínio bastante razoável tanto do latim quanto do francês, a ponto de conseguir compreender os grimórios e obras contemporâneas escritas nas duas línguas e, como resultado, consigo citar essas fontes primárias ou compará-las com traduções em inglês moderno a fim de obter uma leitura mais precisa dos nomes e funções dos demônios. Apesar de eu ter uma compreensão decente das línguas românicas, tenho pouca familiaridade com o hebraico e menos ainda com o árabe. Essa incapacidade da minha parte de comparar as traduções atuais com suas fontes excluiu várias obras mais tradicionais da magia judaica e muçulmana. No caso dos nomes hebraicos de Lilith, eu entrei em contato com Clifford Hartleight Low, do site *Necronomi.com*. Seu domínio da língua hebraica me permitiu transliterar esses nomes para incluí-los neste livro.

Referências multitextuais foram necessárias para vários dos nomes contidos neste livro, em boa parte por conta da própria natureza dos grimórios em si. Muitos desses livros foram compostos numa época anterior à invenção da imprensa, o que significa que são manuscritos copiados à mão, muitas vezes de forma furtiva e sob iluminação precária. Esse método de transmissão não se presta a cópias precisas — e, como em muitos dos grimórios, os nomes apresentam diferenças significativas de uma edição para outra. Mesmo após o advento da imprensa no século xv, apenas alguns desses livros mágicos chegaram a ser formalmente impressos. Outros seguiram no formato manuscrito, copiados à mão e escondidos, por medo de que sua mera presença na biblioteca de um estudioso pudesse levar a Inquisição a bater na sua porta.

Os tradutores contemporâneos também não ajudaram a manter a consistência entre esses textos. Há situações em que um livro que passou por dois tradutores diferentes sequer é reconhecível como um mesmo texto. Na maioria dos casos, quando os nomes variam de edição para edição, eu apenas os compilei reunidos em um único verbete, com notas sobre as variações e suas fontes. Porém, no caso do *Livro Jurado de Honório*, tal como traduzido por Joseph H. Peterson em 1998, e a edição do *Livro Jurado* produzida por Daniel Driscoll em 1977, as diferenças em nomes, funções e descrições dos espíritos são tão vastas que optei por conferir dois verbetes separados para cada um deles.

Um dos meus objetivos secundários com esta obra era apresentar às pessoas nomes que fossem novidade, ou, pelo menos, nomes raramente inclusos entre as obras de referência mais comuns. Porque a ênfase foi dada aos nomes próprios de demônios associados a um sistema, em sua maior parte, judaico-cristão, eu precisei repisar um território com o qual eu já estava familiarizada, para além dos próprios grimórios. Os leitores encontrarão todos os velhos nomes já conhecidos de demônios da Bíblia, principalmente porque são nomes de base para a demonologia da Europa cristã medieval. Sendo assim, esses nomes, ou suas variações, aparecem repetidamente nos grimórios.

Eu também fiquei com a sensação de que seria inteligente incluir ainda vários textos extrabíblicos que forneceram uma contribuição significativa para os conceitos medievais de seres infernais. Lendas judaicas de demônios como Lilith, Samael e Azazel tiveram seu próprio papel em moldar a demonologia cristã medieval, e textos apócrifos expurgados do cânone inicial da Bíblia, como o *Livro de Enoque* e o *Livro de Tobias*, também acabaram sendo influentes demais para deixar de fora. Nosso foco continua sendo a tradição dos grimórios, mas os nomes e temas dessas tradições relacionadas seguem entremeadas, como fios de um tecido, em muitos dos livros mágicos europeus.

Para resumir os critérios para os nomes inclusos neste livro:

- Os nomes neste livro são *nomes próprios* de demônios
- Os nomes foram claramente identificados como pertencentes a demônios, anjos caídos ou anjos malignos em suas fontes originais
- Os nomes foram derivados primariamente da tradição dos grimórios cristãos da Europa Ocidental
- Algumas obras influentes de origens judaicas, bíblicas e extrabíblicas também foram inclusas

Os grimórios citados neste livro foram compostos, em sua maior parte, durante a Idade Média e a Renascença. Há várias obras inclusas que foram escritas depois, mas ou são descendentes diretos dos grimórios ou se tornaram embrenhadas nessa tradição durante o renascimento ocultista do séc. xix. Os dois principais textos que ficam um pouco deslocados com base nos critérios delineados acima são *Les Farfadets*, de Charles Berbiguier, e o *Dictionnaire Infernal*, de Collin de Plancy. Essas obras francesas do séc. xix foram inclusas principalmente por conta de uma edição do *Grande Grimório* traduzida por A. E. Waite em seu *Livro de Magia Negra e Pactos* e mais tarde reimpressa por Darcy Kuntz. Waite deriva seu material tanto da obra de Berbiguier quanto de de Plancy, misturadas com a obra de Johannes Wierus. É necessário citar ambos os autores franceses para colocar essa informação em contexto e esclarecer suas verdadeiras origens.

Por fim, deve-se reparar que este livro, embora extenso, não é de forma alguma uma coletânea exaustiva dos nomes de demônios que aparecem na tradição dos grimórios. Eu fiz um esforço considerável para rastrear o máximo possível de textos que se encaixassem nos critérios, mas, dentro do escopo do livro, não era nem viável, nem necessário, citar todos os grimórios que existem. Para colocarmos em termos simples, há uma excessiva abundância de versões dos grimórios espalhados nas bibliotecas da Europa e de variações dos nomes entre esses livros. Há cópias de cópias de

Imagem, do séc. XV, de Satã e seus asseclas. As representações mais antigas dos demônios sequer se comparam com as imagens modernas de um homem de pele vermelha com uma barbicha. Cortesia da Dover Publications.

cópias, cada uma das quais desvia um pouco em relação a um original perdido. Há, além disso, versões ainda desconhecidas desses livros que repousam, sem identificação, em bibliotecas e coleções particulares. E há grimórios também que se perderam para sempre, seja porque foram enterrados, queimados ou porque foram repartidos em outros livros. Era comum na Idade Média e até mesmo na Renascença conservar materiais para fabricação de livros cortando-se manuscritos velhos para incluí-los na encadernação ou capas de edições mais novas.

Qualquer tentativa de rastrear todos esses livros e estudar as informações contidas neles seria o trabalho de uma vida inteira, ou talvez várias vidas. As variações nos nomes dos demônios desses livros seriam infinitas, mas talvez seja essa, simplesmente, a natureza demoníaca.

Em sua obra do séc. XIX, *Demonology and Devil-Lore*, Moncure Daniel Conway começa com uma história. Um trio de freis teria fugido até as montanhas da Alemanha para testemunhar uma reunião de diabos que, segundo rumores, aconteceria na *Walpurgisnacht*, a Noite de Santa Valburga. Um dos demônios que participa do evento os descobre durante o processo de contar as hordas do Inferno em festa. O demônio demonstra simpatia aos três companheiros, sugerindo que eles deveriam parar de contar e procurar um lugar seguro. Pois, lhes diz, "...nosso exército é tamanho que, se todos os Alpes, suas rochas e geleiras, fossem extraídos e repartidos entre nós igualmente, ninguém receberia mais do que meio quilo".[4]

Após ter dançado com os demônios mencionados neste livro por um bom tempo, eu sei exatamente como é que Conway se sentiu ao citar essa história.

4 Moncure Daniel Conway, Demonology and Devil-Lore, v. 1, p. v.

SOBRE ESTE LIVRO

Este livro não se pretende um manual de magia de grimórios, embora você vá sair dele com um conhecimento básico do que esse tipo de magia é e o que ele não é, se o ler do começo ao fim. Este livro não se pretende um dicionário definitivo dos grimórios em si. Trata-se de um assunto vasto demais, sobretudo quando se leva em consideração as muitas edições de cada grimório — para não falar nada da quantidade de erros de transcrição dos escribas, o que distorce e macula muitos dos textos. Este também não é um livro sobre os tipos ou espécies de demônios. Há outros livros sobre isso, que já foram feitos, e muito bem feitos, por outros pesquisadores.

Este é, antes de tudo, um livro de referência de nomes — no entanto, ele contém muito mais do que apenas os nomes dos demônios. Ele contém também os títulos, afiliações e poderes tradicionalmente associados a essas entidades. Uma rica tradição demonológica se encontra entranhada dentro e por meio dos grimórios europeus. Dentro dessa tradição, há uma ordem de comando nas hierarquias infernais, que nada mais é do que um reflexo sinistro da sociedade feudal presente na Europa na época em que muitos desses grimórios foram compostos. Os demônios têm títulos e cargos como príncipe e rei, duque e conde. Muitos servem a espíritos superiores e a maioria deles também supervisiona bandos inteiros. Os espíritos subordinados a cada um dos grandes demônios se organizam em legiões — uma convenção possivelmente influenciada pela passagem bíblica registrada nos evangelhos de *Lucas* e *Marcos*, em que um demônio enuncia a frase, "Nosso nome é Legião, pois somos muitos".[5]

Além disso, muitos dos demônios têm associações a elementos e planetas. É provável que algumas dessas associações sejam resultado da influência de obras de magia astral, como o *Picatrix*. Há grimórios que atribuem um demônio ou anjo a cada hora planetária e a cada dia da semana. Os demônios também têm associações com as direções cardeais e, em pelo menos uma obra, conhecida como *Ars Theurgia*, os demônios enumerados no texto têm elos a cada ponto concebível da rosa-dos-ventos.

5 Bíblia Sagrada, Marcos 5:9. Conferir também Lucas 8:30.

Há ainda várias funções, ofícios e poderes atribuídos aos demônios. A *Goécia*, uma coletânea de 72 entidades infernais tradicionalmente incluídas num *corpus* maior conhecido como *Lemegeton*, conta com algumas das descrições mais elaboradas. Ela representa demônios que ensinam línguas, demônios que constroem castelos e fortificações, além de demônios que revelam segredos sobre o passado, presente e futuro. Outras obras, como o *Testamento de Salomão*, não apenas listam os poderes que certos demônios possuem, como ainda descrevem como frustrá-los. Tais textos, tipicamente, incluem os nomes dos anjos que, acredita-se, controlam e coíbem os demônios em questão. Alguns dos grimórios incluem símbolos, signos e nomes secretos de Deus que detêm poder sobre os demônios.

Sempre que possível, eu incluí estas informações em cada verbete. Se o nome de um demônio é definido, também está incluso. Em vários casos, o nome deriva de uma palavra já existente ou até mesmo do nome de um outro demônio. Nesses casos, o verbete inclui um comentário sobre as prováveis origens e significados do nome. Variações sobre o nome, tipicamente derivadas de textos relacionados, estão inclusas em cada verbete com um comentário sobre onde essas variações aparecem.

Quase todos os mais de 1500 verbetes neste livro são de nomes próprios de demônios, com raras exceções. Há também verbetes reservados para as fontes mais citadas. Os livros que aparecem com verbetes próprios neste dicionário não são, de forma alguma, as únicas obras citadas ao longo do texto, mas são alguns dos mais significativos para uma compreensão geral da tradição onde esses nomes se encontram. Além dos verbetes sobre livros específicos, o leitor também encontrará verbetes sobre certos indivíduos. A maioria desses indivíduos têm relação direta às fontes significativas citadas ao longo da obra. Seus verbetes estão lá também para conferir contexto à magia dos grimórios e à tradição de demonologia associada a essa prática, que influenciou os conceitos tanto de anjos quanto de demônios na Europa Ocidental.

Ao longo deste livro, o leitor também encontrará alguns artigos de impacto. São textos curtos separados do restante que ajudam a pintar uma paisagem mais ampla sobre as crenças, práticas e eventos da Europa Ocidental que tiveram um impacto sobre a religião, a demonologia e a tradição dos grimórios. Espero que esses textos adicionais ajudem a fornecer contexto para a prática de magia demoníaca representada no material neste livro.

Nas páginas finais, reuni listas de correspondências. Elas derivam de uma planilha que mantive lado a lado com os verbetes deste texto. Essas listas contêm os nomes dos demônios associados a uma qualidade ou poder específicos. Para facilitar a referência, as listas estão em ordem alfabética. Não incluí todos os poderes, associações e habilidades conectadas aos demônios nesta obra — me concentrei, em vez disso, nas qualidades que acredito que seriam mais úteis saber. Elas podem ser usadas para conferência quando você estiver procurando um demônio especificamente associado a tópicos como morte, envenenamento ou doenças. Nem todas as qualidades são negativas, porque, na tradição dos grimórios, até mesmo espíritos definidos como demônios ainda podem ser obrigados a se fazer úteis.

É claro que a grande pergunta é: por que diabos alguém poderia ter uso para um livrão sobre demônios? Este livro se baseia na ideia de que nomes têm poder. Muitas pessoas ainda acreditam que até mesmo pronunciar o nome de um demônio em voz alta é convocar essa entidade para que ela participe da sua vida. Há muito medo em torno do assunto "demônios", e eu prefiro combater o medo com conhecimento. Acho importante aprender como é que as pessoas que trabalhavam conjurando demônios acreditavam, de verdade, que eles poderiam ser chamados e compelidos.

Eu também acho que é importante compreender que essas entidades infernais não eram vistas como onipotentes. Embora fossem certamente apresentadas como figuras intimidadoras, a mensagem de toda a tradição salomônica que sustenta os grimórios é a de que a fé tem poder. Os demônios — não importa o que você ache que eles são de verdade — não são invencíveis, e a melhor forma de controlar e combatê-los é sabendo seus nomes.

O livro que você tem em mãos agora contém mais de 1500 nomes de poder. Não tema esse poder. Aprenda o que ele quer dizer e use-o com responsabilidade.

– **M. Belanger,**
janeiro de 2010.

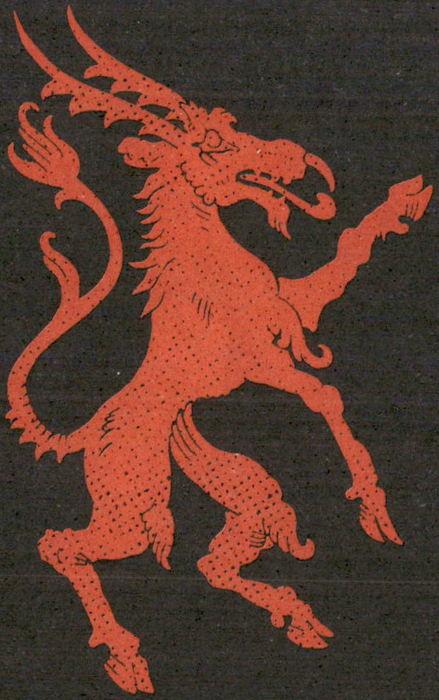

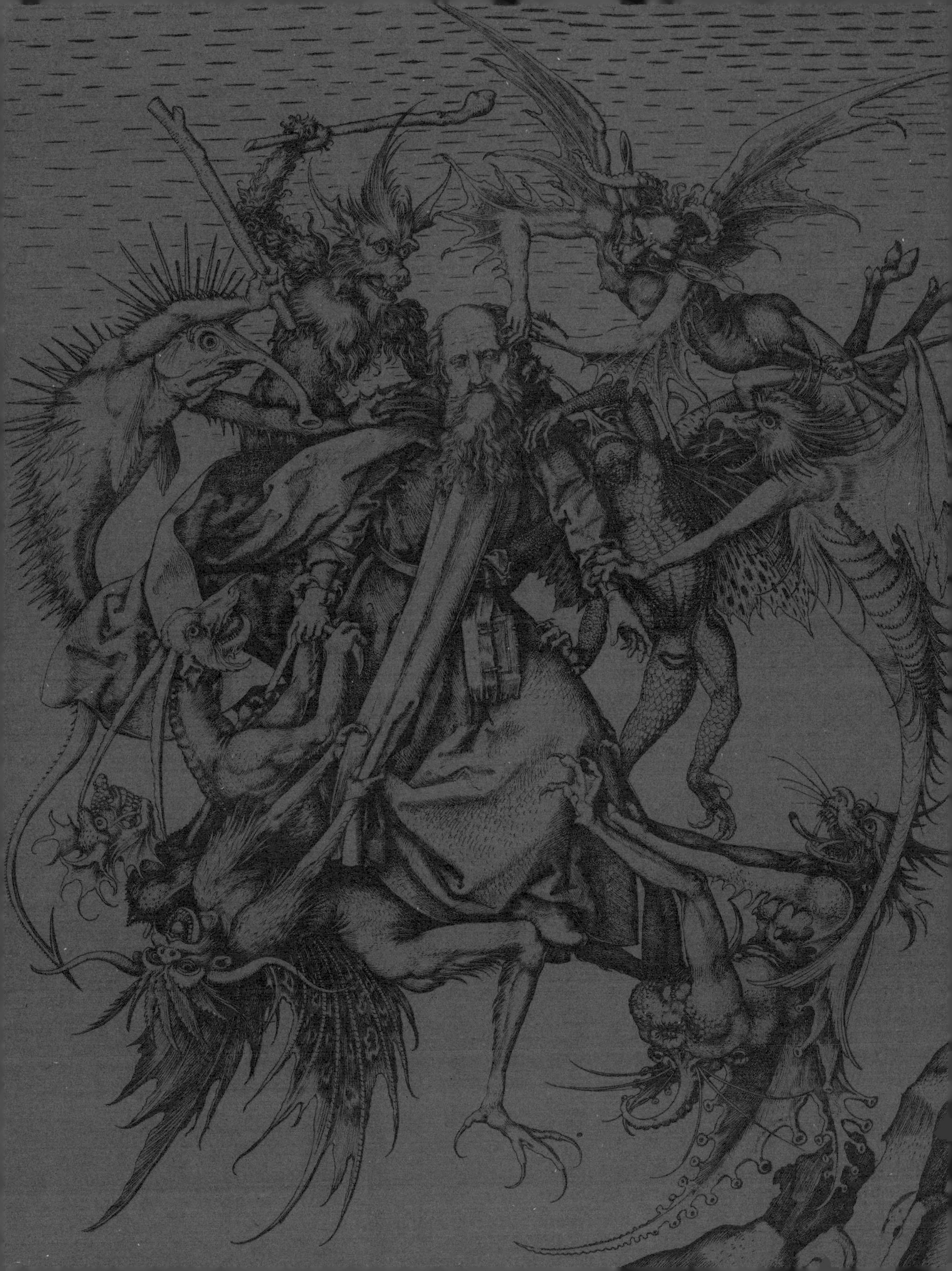

DICIONÁRIO DOS DEMÔNIOS

Linhagem expandida

Conforme eu fui concluindo o manuscrito de 2009, a introdução original do *Dicionário dos Demônios* acabou se desenvolvendo e se tornando um livrinho por si só, que explorava (às vezes de forma minuciosa) as raízes da demonologia europeia. Essas raízes se estendem desde o desenvolvimento do cristianismo até o seu antecessor, o judaísmo, e além, até as próprias sementes do que entendemos como a cultura ocidental no antigo Oriente Médio. Havia *muito* território para se cobrir, e por isso os capítulos que explicam os vários conceitos, mitos e textos-fonte desse espaço eram tão longos.

O meu editor da época, Brett Fechheimer, me encorajou, com razão, a encurtar esse documento, refinando meu foco a fim de introduzir melhor os nomes específicos citados ao longo da obra. Pelo bem da concisão, esses nomes derivavam, em sua maior parte, de uma seleção estreita de literatura: livros de magia da linhagem conhecida como a tradição salomônica, primariamente da Europa ocidental cristã, compostos ao longo de toda a Idade Média e Renascença até a era moderna.[1] Isso implicou estreitar os tópicos tratados na introdução a essa mesma seleção de história, cultura e fontes textuais de modo a fornecer a melhor contextualização possível para a parte principal do dicionário — os nomes todos. Com essa decisão, foram removidos vários capítulos informativos que exploravam fontes bíblicas, obras pseudepigráficas e as raízes mesopotâmicas da demonologia, para não falar nada das comparações mitológicas com uma variedade de culturas do mundo todo, modernas e antigas.

Nesta nova edição, eu ressuscitei os arquivos que foram cortados do original e reimprimi o grosso da introdução original aqui. Porém, trata-se de um documento ainda assombrosamente extenso, por isso, com o intuito de tornar a jornada do leitor mais direta rumo à porção central do dicionário, eu separei vastas seções da introdução original em capítulos individuais e os inseri como apêndices no final do livro. Mesmo assim, isso nos deixa com um documento considerável para apresentar a ideia do poder dos nomes e explorar as raízes da demonologia, tal como nossa cultura a compreende no momento, além de mergulhar nas obras bíblicas e extrabíblicas que moldaram significativamente nossas crenças do que é que constitui um demônio. Há algumas pequenas seções que invariavelmente ecoam o que eu resgatei aqui para servir como essa versão editada da introdução, mas, fora isso, a vasta maioria do que segue será novidade aos leitores familiarizados com a obra original.

---

1 Para reiterar a seção anterior, esta escolha foi motivada por uma questão de praticidade acadêmica: eu consigo ler muitas das línguas em que os textos-fonte foram compostos, por isso me senti confiante para citá-los.

I. A INTRODUÇÃO ORIGINAL, COMPOSTA (E REMOVIDA) EM DEZEMBRO DE 2009

Se existe uma coisa que a mitologia e o folclore adoram, é o demônio — os demônios que assombram a noite, demônios que atacam viajantes descuidados em estradas ermas, demônios que se sentam no peito das pessoas enquanto elas dormem, atormentando-as com pesadelos até a hora do amanhecer. Quanto mais a gente retorna no tempo, mais os espaços obscuros do mundo parecem ser povoados com demônios. A qualquer coisa que não fosse bem compreendida e tivesse efeitos desagradáveis no reino mortal era atribuída o seu próprio demônio — desde a demência a doenças, da fome a terremotos, eclipses e tempestades. Por mais aterrorizante que possa ser o assunto, as pessoas ainda assim costumavam ficar obcecadas com esses seres malevolentes causadores de desgraças. Para cada história escrita sobre os nobres seres do reino celestial, para cada história contada ao redor da fogueira sobre os feitos heroicos dos deuses, há uma história oposta detalhando, numa linguagem ao mesmo tempo opaca e sinistra, as desventuras e perigos dos demônios de nosso mundinho mal-assombrado.

Talvez o apelo dos demônios seja meramente o resultado natural dos atrativos que a escuridão guarda para a psiquê humana. Nós somos, enquanto espécie, fascinados com todas as coisas perigosas e malignas que espreitam nas sombras. Vamos considerar a popularidade do *Inferno*, de Dante. Temos aqui a clássica narrativa da jornada de um homem pelo Inferno cristão. Dante dedica dois outros livros a jornadas pelo outro mundo, um para o *Purgatório* e outro para o *Paraíso*. Porém, o que é que os leitores mais querem ler, repetidamente? Os espetáculos cruentos do Submundo.[2] Está no nosso sangue.

Com nossos muitos avanços na medicina e tecnologia, nós compreendemos agora que as doenças são causadas, não por demônios, mas por germes (apesar de que infecções de estafilococos resistentes a antibióticos podem parecer tão aterrorizantes quanto qualquer horda de diabos furiosos). Sabemos que terremotos são o resultado de forças tectônicas e da deriva de placas continentais. Fenômenos meteorológicos e mudanças climáticas são os demônios verdadeiros por trás de oscilações de temperatura e tempestades cada vez mais destrutivas, ao passo que eclipses, solares ou lunares, são meramente parte do ciclo inexorável do tempo, conforme ele se desdobra na dança dos céus. Porém, apesar disso, vivemos uma época praticamente possuída pela fascinação por demônios. A Igreja Católica ainda está na ativa com a prática de exorcismos — e nisso não tem mais o monopólio dentre os ramos do cristianismo.[3] A influência demoníaca, possessões e assombrações são assuntos de livros, filmes e séries de TV. Mesmo enquanto os cientistas do CERN seguem procurando o bóson de Higgs e a NASA manda robôs para Marte, a imaginação popular continua se rebelando, teimosamente, contra a frieza da ciência. Acredita-se ainda em demônios como as forças reais por trás de massacres, traumas privados e nosso descontentamento geral com nosso mundo moderno.

AS RAÍZES TORTUOSAS

Apesar de toda a tinta que já marcou diversos papéis sobre o assunto de anjos caídos e espíritos malignos, há poucas pessoas hoje que compreendem de onde derivam nossas crenças nesses seres — não importa o modo como elas foram moldadas e sofreram alterações ao longo dos anos. O que nós do mundo anglófono definimos como "demônios" são seres que se desenvolveram a partir do solo fértil da religião, da mitologia e crenças folclóricas da Europa Ocidental. Por sua vez, a demonologia da Europa Ocidental se desenvolveu também a partir de várias fontes principais:

---

2 Ian Thompson, que escreve para o jornal Irish Times, identifica o *Inferno*, de Dante, como "o livro mais traduzido no mundo, depois da Bíblia" e, "para muitos, a maior obra da literatura ocidental". Irish Times, 8/9/2019.

3 Leonardo Blair: "Rome Opens Up Exorcism Course to All Major Christian Faiths to Fight Rising Demonic Force." Christian Post. 9/5/2019.

- Fontes bíblicas (Velho e Novo Testamentos)
- Tradições de magia judaica (Cabala)
- Magia helênica, por via da redescoberta humanista de textos gregos e romanos (tabuinhas de maldições, papiros mágicos etc.)
- A mitologia do antigo Oriente Médio

A própria demonologia judaica — e com ela a demonologia cristã que surge a partir dela no Novo Testamento — sofreu uma forte influência da demonologia dos babilônicos (que, por sua vez, herdaram a maior parte dos seus conceitos dos sumérios). A demonologia judaica foi tão indelevelmente marcada pelas crenças babilônicas que, tanto antigos israelitas quanto antigos babilônicos, acabaram tendo diversos demônios em comum, quase todos que podem ter suas origens rastreadas até as raízes sumérias. A história da religião, da mitologia e da crença folclórica do mundo antigo — particularmente naquela região conhecida como a Crescente Fértil, que deu origem ao que entendemos hoje como a civilização ocidental — é uma história de trocas culturais e sincretismo. Tudo foi compartilhado entre todos — e nós herdamos o rico caldo mitológico que resultou disso.

Além da influência do antigo Oriente Médio sobre a demonologia moderna, não se pode subestimar o impacto dos humanistas europeus. Foi por meio de seus esforços para reivindicar e restaurar obras raras e cruciais do mundo clássico que muitas dessas obras chegaram a nós, atravessando o abismo das eras. Muitos grandes pensadores — responsáveis por desafiar as visões conservadoras da época (visões que, a propósito, basicamente levaram à chamada Idade das Trevas) — estiveram envolvidos nesse processo que desembocou diretamente no que chamamos de Renascença europeia. A família Médici, de Florença, esteve no cerne desse processo.[4] Várias ideias, técnicas e crenças que teriam se perdido na Idade das Trevas foram resgatadas por seus eruditos, desde técnicas artísticas até conhecimentos de matemática e arquitetura.

Os conhecimentos técnico e filosófico não foram os únicos legados resgatados do mundo antigo pelos Médici e outros humanistas. A sociedade helênica estava profundamente mergulhada na magia, e uma vasta quantidade de pergaminhos mágicos e tabuinhas de maldição sobreviveram. Essas *defixiones* e os textos com as instruções sobre seu uso e confecção constavam entre os livros raros procurados e traduzidos pelos mecenas humanistas. Embora esteja além do escopo desta obra traçar uma linha direta entre os papiros mágicos gregos e romanos até os grimórios do período humanista, é inegável a influência da magia helênica sobre a magia praticada na Europa do século XIII em diante, e essa magia fervilhava com demônios e espíritos relacionados.

O PODER DOS NOMES

É só falar do diabo, que ele aparece. Pelo menos é nisso que os nossos ancestrais acreditavam. As palavras tinham poder no mundo antigo, e poucas palavras eram vistas com uma aura de medo maior do que aquelas que nomeavam as forças do mal. Os nomes de demônios e diabos, acreditava-se, agiam como um tipo de farol, chamando esses seres das profundezas sempre que eram enunciados. Assim, no passado (e, em algum grau, até mesmo hoje), todos esses nomes eram abordados com um tipo de pavor supersticioso, o que deu origem a muitos apelidos para Satã por toda a Europa na Idade Média e além. Era uma crença folclórica comum a ideia de que esses apelidos, como *Old Nick* ou *Old Scratch*, teriam uma menor capacidade de atrair sua influência diretamente à vida da pessoa.

No entanto, no que diz respeito aos antigos, os nomes de diabos e demônios eram capazes de realizar coisas além de apenas atrair suas atenções para quem os enunciasse — esses nomes também eram capazes de compelir e controlar os asseclas do Inferno. Na demonologia judaica, os muitos nomes da demônia noturna Lilith eram gravados em amuletos de proteção, pois se acreditava que quem quer que carregasse esses nomes consigo

---

4 *Oliphant Smeaton,* The Medici and the Italian Renaissance, *pp. 18–20.*

estaria protegido contra os seus malefícios. A vasta maioria dos amuletos de Lilith que sobreviveram à passagem do tempo foi construída com a intenção de proteger recém-nascidos. Entendia-se que as crianças eram especialmente vulneráveis à atividade predatória de Lilith durante as primeiras semanas de vida, pois acreditava-se que este demônio era responsável por causar morte súbita infantil.[5] Em vez de servirem como um convite para que seus males penetrassem este mundo, os muitos nomes de Lilith, dessa forma, ganharam função apotropaica como talismãs capazes de manter distante a sua perversidade.

Os judeus não foram o único povo que enxergava a existência de um poder talismânico em nomes demoníacos. Muitas das culturas que se desenvolveram a partir da Crescente Fértil tratavam assim os nomes de demônios. Embora esses nomes certamente tivessem o poder de atrair a atenção dos demônios, esses mesmos nomes, ao serem usados no contexto correto — e com frequência por indivíduos dotados de um treinamento especial — também poderiam aprisionar e expulsar o mal causado por esses seres.

Já na antiga Suméria, os nomes de demônios eram usados em rituais de exorcismo. Os sumérios tinham uma demonologia rica e pitoresca, e as raízes de muitos aspectos da demonologia ocidental podem ser identificadas nessa antiga civilização. Lilith, por exemplo, tem suas raízes na mitologia dos sumérios, onde ela faz uma aparição marcante na forma de *ardat lili*, uma donzela fantasma que, após morrer virgem, procura perpetuamente homens à noite para fazer sexo com eles. Suas atenções amorosas, se não forem fatais são, todavia, perigosas ainda assim, e nesse aspecto a *ardat lili* era um ser muitíssimo temido.[6] Há uma variedade de feitiços de proteção que sobrevivem dedicados a mantê-la longe. Considerando a bela aparência da *ardat lili* e seu encanto luxurioso, porém arriscado, é fácil ver como essa variedade de demônio-Lilith pode ter, mais tarde, evoluído até se tornar a súcubo da Europa medieval.

Pelo fato de haver tantas interconexões na demonologia ocidental (ainda mais quando cavamos até chegar às suas raízes antigas), começar a navegar no assunto pode ser motivo de perplexidade. Os sumérios, bem como seus herdeiros culturais, os babilônios e assírios, acreditavam que os demônios eram responsáveis por muitos dos males do mundo. Havia demônios causadores de terremotos e tempestades, que eram representados com frequência literalmente pulverizando a terra com a fúria assombrosa de seu poder.[7] Havia também demônios causadores de doenças, que atacavam a humanidade diretamente, em vez de apenas semear o desastre por toda parte. Acreditava-se que demônios pestilentos apanhavam as pessoas, habitando seus corpos e assim causando os sintomas da enfermidade em questão. Essa crença forma a base da noção da possessão demoníaca e deu origem a uma variedade fascinante de fórmulas, preces e rituais com o propósito de expulsar os espíritos malignos.[8]

Os sumérios tinham um demônio para praticamente cada enfermidade que existia e contavam com uma classe especializada de sacerdotes para lidar com eles. Conhecido como o sacerdote *ashipu*, ou *ašipu*, esses indivíduos, dotados de um treinamento especial, eram responsáveis por executar a maioria dos ritos e rituais ligados ao exorcismo. Esses ritos de exorcismo eram parte magia, parte prece, e tipicamente evocavam divindades específicas do panteão mesopotâmico que, segundo se acreditava, eram especialmente hábeis na expulsão de demônios. Dentre estas, constava Ea, o deus da sabedoria; Marduk, seu filho poderoso; e Shamash, uma divindade solar associada à lei e ao julgamento.[9]

---

5. *B. Barry Levy,* Planets, Potions, and Parchments: Scientifica Herbarica from the Dead Sea Scrolls to the Eighteenth Century, *p. 89.*
6. *Reginald Campbell Thompson.* Semitic Magic: Its Origins and Development, *pp. 65–66.*
7. *Thompson. 47–50.*
8. *Henry Frederick Lutz.* Selected Sumerian and Babylonian Texts. *University of Pennsylvania Press. Filadélfia, PA: 1919. pp. 35–40*
9. *Lutz, pp. 57–59.*

Vasilha mesopotâmica para afastar demônios, no alfabeto mandeu. A maioria desses itens, construídos como proteção contra demônios e os males que eles causam, datam do final do período Sassânida (sécs. VI e VII d.C.). Imagem cortesia da Wellcome Collection, Londres.

RITOS DE EXORCISMO

Nos rituais sumérios de exorcismo, acreditava-se que o nome do demônio que estivesse possuindo a vítima tinha um papel importante em sua expulsão. Com frequência, não se sabia o nome, e os exorcismos sumérios acabavam incluindo toda uma ladainha de nomes demoníacos, com base na teoria de que se fossem mencionados *todos* os demônios que pudessem ser responsáveis pela possessão, então pelo menos um desses nomes atingiria o alvo. Muitos dos ritos antigos de exorcismo incluíam uma parte em que o exorcista exigia saber o nome do demônio responsável pela possessão. O demônio era abjurado em nome dos vários deuses para que entregasse o segredo do seu nome, a fim de ele ser controlado e dispersado pelo exorcista.[10]

A qualquer um que tenha lido a história bíblica do homem geraseno possuído, essa técnica deve soar familiar. Em *Marcos* 5 e *Lucas* 8, Jesus chega a um homem tão afligido pelos demônios que o habitam que ele acabou abandonando as moradas humanas para errar em meio a túmulos solitários. Coberto em trapos e imundície, ele passa seus dias gritando, chorando e ferindo a si mesmo. Num diálogo famoso, Jesus exige saber o nome do demônio que estava possuindo o homem para que ele possa expulsá-lo. O demônio, vários demônios, na verdade, se comunicam pela boca do homem aflito, dizendo, "Legião é o meu nome, porque somos muitos".[11]

O significado assustador dessa declaração acaba sendo um pouco abrandado se esquecermos que Jesus vivia numa época de ocupação romana, e a principal ferramenta da máquina de guerra imperial era a legião romana, um grupo de soldados bem equipados que variava, em número, entre 5.300 e 6.000 homens. Na época de Jesus, as legiões romanas varreram inexoravelmente a terra, conquistando quaisquer países que houvesse em seu caminho e ocupando-os em nome do imperador — que, à época, era venerado como um deus. Assim sendo, a resposta do demônio dada pela boca do geraseno é assustadora por dois motivos. Para os autores que registraram essa história nos Evangelhos, o uso da palavra *legião* está inextricavelmente associado aos soldados brutais e implacáveis de Roma. Além disso, ela conjura imagens de uma força tão vasta a ponto de ser quase incontável no mundo antigo. Não é por acaso que o escritor William Blatty

---

10 Lutz. pp. 51–53.

11 Marcos 5:9.

fez uso da imagem tão potente desse versículo bíblico em O Exorcista de modo que praticamente qualquer demônio que apareceu depois tem, em seu comando, não um batalhão ou uma falange de diabos menores, mas *legiões* especificamente.

Fora o comentário de "somos legião", a história do geraseno é importante por um outro motivo. Não só acontece de Jesus exigir o nome do demônio, como ele também expulsa os demônios e os conduz a uma vara de porcos. Os porcos enlouquecem e saem correndo até pularem de um precipício, um detalhe que traça uma associação potente entre essa cena e métodos já consagrados de exorcismo praticados na época de Jesus: era comum os antigos sumérios usarem um substituto animal no lugar do indivíduo possuído, transferindo o demônio para o animal. Ele era assim aprisionado no animal com o poder de seu nome — e uma ajudinha dos deuses cujos nomes eram também invocados a fim de controlar e compelir o demônio.[12] Uma vez aprisionado o demônio na carne do animal, ele era sacrificado, um ato que, acreditava-se, era capaz também de matar o demônio.[13]

Embora haja casos de cabras sendo usadas como substitutos sacrificiais nesse procedimento, outro animal comum usado para isso era o porco. Assim sendo, o exorcismo realizado por Jesus no geraseno se conformava a todas as convenções conhecidas que tipificavam o exorcismo em sua época: ele exige o nome do demônio, o expulsa e o conduz a um animal substituto, que, por sua vez, é morto a fim de destruir o demônio. A única diferença real para quem testemunhasse o ato seria pequena. Em vez de abjurar o demônio em nome de uma variedade de deuses, Jesus invoca apenas o poder do deus único, o Deus Pai, que age por meio dele para expulsar a entidade.

Nem todo mundo que estiver lendo este livro vai se sentir confortável com a ideia de comparar as técnicas de exorcismo de Jesus com as dos sumérios, que eram definitivamente pagãos. Mas, se quisermos compreender as raízes da demonologia na tradição ocidental, não podemos nos distrair com a significância teológica das histórias sobre demônios. Em vez disso, precisamos dar uma boa olhada na importância sócio-histórica dessas crenças, tal como elas se encontram no contexto de seu próprio meio cultural. Em termos mais simples, há uma história por trás da crença ocidental em demônios, e essa história foi moldada pelas crenças e tradições de uma variedade de povos — não apenas das pessoas que escreveram a Bíblia. Várias histórias acabaram entrando no desenvolvimento dos demônios tal como nós os conhecemos, e é importante conhecermos todas — e como elas se alteraram e influenciaram mutuamente.

OS AGENTES DOS MALDITOS

O mero uso da palavra *demônio* conjura imagens de uma visão de mundo judaico-cristã[14] em que os condenados são atirados ao Inferno enquanto as almas dignas são recompensadas com uma eternidade de júbilo no Céu. Esse é um dos principais motivos pelos quais a maioria dos pagãos, wiccanos e praticantes de outras fés alternativas costumam fugir do conceito de demônios. O paganismo moderno reconhece a existência de espíritos, e os espíritos na visão de mundo pagão podem ser benéficos ou maléficos, com várias gradações de tom entre um e outro. Porém é raro encontrar um pagão disposto a se referir a um espírito especificamente como um *demônio*. O termo acabou sendo carregado demais com associações cristãs. Pelo mesmo motivo, muitos pagãos têm dificuldade também com o conceito de anjos — por mais que os anjos partilhados entre cristãos, muçulmanos e judeus sejam os resquícios mais pagãos que sobraram nas fés abraâmicas.[15] Anjos

---

12 Henry Frederick Lutz, Selected Sumerian and Babylonian Texts, pp. 43–46.
13 Por vezes usava-se um objeto inanimado no lugar, como um vaso de argila. Uma vez transferido o demônio ao vaso, ele era quebrado em pedaços. Cf. Lutz, p. 50.
14 Um termo melhor do que judaico-cristão e *também mais inclusivo é falar em* fés abraâmicas, *em particular pelo fato de que a tradição bíblica não concebeu apenas o cristianismo e o judaísmo, mas também o islã. Eu mantive a expressão "judaico-cristão" neste caso como um reflexo fiel do texto original que foi omitido em 2010. Doravante, ele será corrigido como* abraâmico, *em vez disso.*
15 Karel Van Der Toorn et al., Dictionary of Deities and Demons in the Bible, pp. 50–51.

e demônios remetem às muitas religiões politeístas que se proliferaram ao longo do antigo Oriente Médio, antes de se estabelecer o monoteísmo judaico, e fazem parte da riqueza cultural e mitológica desse meio a partir do qual nasceu a tradição bíblica.

Não há como negar que a palavra *demônio* passou a assumir fortes conotações com as várias iterações da fé cristã, porém os demônios são uma classe de seres que não é exclusiva ao cristianismo. Quase todas as religiões no mundo reconhecem alguma classe de seres que se pode interpretar como demoníaca. O hinduísmo tem *devas* e *asuras*, que apresentam fortes semelhanças com as ideias cristãs de anjos e demônios com as quais estamos familiarizados. Há demônios na fé budista, que, embora costumem ser representados como seres conceituais, incorporando ideias e ilusões, a tradição xamânica Bön nativa ao Tibete, ao se fundir com o budismo produziu uma cosmologia rica em demônios, deuses e fantasmas famintos. Como foi possível ver por meio desse breve resumo nos exorcismos da antiga Suméria, as sociedades pré-cristãs certamente tinham suas versões de espíritos, mais próximas dos fantasmas do que de deuses, muitos dos quais são de uma índole especificamente malévola e antagônica em relação à humanidade. Além do mais, esses espíritos, que se encontram em quase toda mitologia do mundo, aparecem não apenas como entidades malevolentes que atacam invejosamente a humanidade, mas também como seres capazes de assumir controle de suas vítimas, incluindo até mesmo a possessão completa do corpo.

No geral (e certamente para os propósitos deste livro), os demônios são agentes do desastre e do caos, felizes em causar sofrimento e doença nos mortais. Eles não são exclusivos ao cristianismo, nem o conceito de possessão demoníaca é exclusivo à visão de mundo cristã. Os demônios são muito mais antigos do que as religiões abraâmicas, e muitos de nossos conceitos clássicos sobre esses seres antinômicos encontram suas raízes em sistemas religiosos que já eram muito antigos quando o cristianismo ainda estava começando.

Mergulhar nas implicações teológicas do exorcismo e da demonologia não é o propósito deste livro, não importa se a prática é real, boa ou correta. E não faz parte das intenções deste livro também tratar da questão de os demônios serem reais ou não. No que diz respeito a este livro, a realidade tem um papel secundário em relação à crença. Não importa qual a sua realidade categórica, as pessoas do mundo antigo em diante vêm nutrindo uma crença em demônios, e ela teve um impacto tremendo sobre a cultura ocidental, desde a nossa literatura até a teologia, magia e crenças folclóricas. Por conta desse impacto, é importante compreendermos onde nossas ideias sobre demônios se originaram e como essas ideias se desenvolveram ao longo dos anos. Este livro é minha contribuição a esse processo de compreensão.

II. AS FONTES PARA O *DICIONÁRIO DOS DEMÔNIOS*

Para contextualizarmos este livro, nós viajamos desde as raízes da tradição bíblica até os antigos fragmentos de narrativas que envolvem anjos que não apenas caíram do céu quanto os que tiveram sua queda lentamente. A partir daí nós nos flagramos explorando o curioso *Testamento de Salomão* e a tradição posterior da magia europeia que fundiu conceitos da lenda de Salomão com técnicas frequentemente incompreendidas da magia judaica. No meio disso tudo, vimos como o conceito de demônios e anjos caídos cresceu e se desenvolveu ao longo do tempo, moldando e sendo moldado de volta pelo próprio desenvolvimento da civilização ocidental. Nós exploramos o modo como os demônios sempre estiveram conosco, desde o comecinho da civilização, e como, em alguns casos, pelo menos, eles foram abordados não como inimigos invisíveis da humanidade, mas como ferramentas do outro mundo para serem exploradas. Agora é hora de considerar precisamente quais foram os livros e outras obras que entraram nesta coletânea de nomes de demônios reunida neste volume.

A fonte mais óbvia para os demônios deste livro é a Bíblia. Apesar da influência de fontes anteriores — notavelmente a mitologia dos sumérios e babilônicos — sobre a demonologia judaica e cristã incipiente, a Bíblia continua sendo um dos textos mais significativos na formação da demonologia ocidental. As histórias registradas na Bíblia deram origem a uma vasta e colorida tradição de escritos folclóricos e extrabíblicos, dentre as quais não podemos deixar de mencionar toda a tradição salomônica.[16]

[16] A tradição de Rei Salomão como mago tem raízes antigas e exerceu uma vasta influência. Um exemplo é o disco de bronze escavado em Ostia, em 1918: "Em 1918, arqueólogos romanos escavaram em Ostia um disco de bronze que tinha, de um lado, uma imagem do Rei Salomão como um mago, mexendo com uma longa colher a mistura de um grande caldeirão. No verso, via-se uma figura tríplice de Hécate que, assim como Salomão, estava cercada de sinais místicos e caracteres mágicos". O disco ainda está em exposição no museu de Ostia. Lynn Thorndike, *A History of Magic and Experimental Science During the First Thirteen Centuries of Our Era*, v. II, p. 279.

Tendo isso em mente, eu também incluí várias fontes apócrifas que contêm nomes de demônios. Esses livros perdidos da Bíblia foram vistos, em algum momento, como escrituras genuínas, mas foram extirpadas do cânone bíblico nos primeiros séculos do cristianismo. Textos apócrifos que serviram de fonte para este livro incluem *1 Enoque*, os *Testamentos dos Doze Patriarcas* e *A Ascensão de Isaías*. Além dos apócrifos bíblicos, eu também consultei uma variedade de textos de tradições associadas à Bíblia ou inspiradas nela, o que inclui a tradição talmúdica judaica, bem como alguns dos manuscritos recuperados no deserto em Qumran. Os textos de Qumran, conhecidos popularmente sob o título coletivo de *Manuscritos do Mar Morto*, incluem obras como o *Livro dos Gigantes*, o *Livro da Guerra* e o *Testamento de Amram* (por vezes chamado também de *Visão em Sonho de Amram* ou simplesmente *Visão de Amram*).

Um de meus objetivos ao escrever este livro era fazer com que cada verbete fosse autossuficiente em termos de referências bibliográficas, por isso sempre que eu cito uma obra em particular como fonte em um verbete para o nome de um demônio, eu menciono aquela fonte diretamente ali. Com frequência eu também cito algumas informações para contextualizar a fonte em si, incluindo seu autor presumido e a época em que se acredita que ela tenha sido composta. Se os leitores passarem pelo texto alfabeticamente, conferindo cada verbete, esse método pode parecer um pouco redundante, mas este é um dicionário e eu fiquei com a impressão de que é mais provável que os leitores venham a usar este dicionário pulando de verbete em verbete, conferindo os nomes em vários lugares. Com esse uso em mente, eu fiz questão de incluir todas as informações de que o leitor precisa em cada verbete, para não ter que ficar indo e voltando entre os verbetes e notas de rodapé.

Dito isso, vamos voltar agora à lista de obras citadas neste dicionário. Além das fontes bíblicas mencionadas acima, alguns nomes vieram de uma miscelânea de fontes espalhadas, como as obras de religiosos comentando as crenças sobre demônios que eram comuns em sua época (por exemplo, o teólogo franciscano Ludovico Sinistrari e o beneditino Dom Augustin Calmet) até dicionários e enciclopédias escritos por demonógrafos como Collin de Plancy e Lewis Spence. Algumas dessas obras precisaram ser consultadas em seu idioma original, notavelmente latim e francês. Embora existam traduções da obra escrita por de Plancy em inglês, eu achei que seria mais útil ler os verbetes no francês original, por isso quando aparecem traduções aqui, fui eu quem traduzi. Qualquer erro que possa ter é estritamente culpa minha.

A obra em latim mais significativa dentre as fontes que oferecem nomes de demônios neste texto é a *De Praestigiis Daemonum* (1564), com seu famoso apêndice, a *Pseudomonarchia Daemonum*, uma obra escrita pelo humanista Johannes Wierus (1515-1588). A *Pseudomonarchia* menciona um total de 72 demônios, seus títulos e poderes, com detalhes que reaparecem ao longo da *Goécia*. Por vezes esse livro é chamado de *De Officiorum Spirituum*, pois foi uma obra com um título semelhante que serviu de fonte a Wierus para derivar os nomes de seus demônios. Esse texto provavelmente está associado — isto se não for o mesmo texto — a um outro citado por João Tritêmio como *De officio spirituum*.

Tritêmio (1462-1516) foi um professor, a um grau de separação de Wierus: era o mentor do homem que serviu de instrutor ao próprio Wierus, Henrique Cornélio Agrippa. Mais conhecido por sua *Steganographia*, uma obra codificada que contém quase todos os espíritos identificados na *Ars Theurgia*, Tritêmio foi um abade, além de ocultista, e ávido colecionador de textos mágicos.[17] Em seu *Antipalus Maleficiorum*,[18] um catálogo dos livros conhecidos dedicados à conjuração de espíritos, Tritêmio inclui uma referência a *De oficio spirituum*.[19] Nesse livro ele diz, *In hoc libro sunt secreto omnium artium*, "nesse livro estão todos os segredos da arte", uma declaração que encontrou eco em diversos grimórios posteriores, e vários textos subsequentes receberam um título baseado no *Livro dos Ofícios dos Espíritos*. Não está claro se algum desses livros é ou não uma cópia dessa obra mesmo ou se são meras derivações do material repassado por Wierus e outros. Hoje não existem exemplares sobreviventes das obras inicialmente citadas por Wierus ou Tritêmio.

O professor de Wierus, Henrique Cornélio Agrippa (1486-1545), ganhou fama por conta de seus *Três Livros de Filosofia Oculta* (1509-1510). Embora ele não tenha uma participação direta neste livro, a obra imensa de Agrippa influenciou diversos textos subsequentes na tradição dos grimórios, sobretudo no que diz respeito a línguas mágicas.[20]

Tendo vivido e composto suas obras muito após Agrippa e Wierus, o inglês Reginald Scot repetiu a lista dos 72 nomes em seu livro de 1584, *Descoberta da Bruxaria*. Trata-se de uma obra ostensivamente composta em inglês, mas, considerando a grafia de Scot e sua linguagem datada, quase acaba sendo necessário ter um tradutor também. A qualquer um que tenha conferido Wierus e as obras relacionadas, os 72 demônios goéticos de Scot hão de ser conhecidos, com uma ou outra pequena exceção que pode ser atribuída a um erro de transcrição.

Depois dessas fontes, o grosso dos nomes registrados neste volume derivam da rica e extensa tradição dos grimórios da Europa renascentista.[21] Os grimórios citados neste livro, no geral, datam

---

17 *Uma comparação séria entre a* Ars Theurgia *e o primeiro livro da* Steganographia *precisa ser realizada, considerando que todos os nomes distribuídos na bússola teúrgica aparecem no texto de Tritêmio. As descrições da maioria dos espíritos, incluindo os números de seus duques e subduques, são semelhantes, se não idênticas, nessas duas obras.*
18 *O* Antipalus Maleficiorum, *de Tritêmio, foi compilado em 1508 e, como tal, estabelece uma data para a existência de vários manuscritos salomônicos, incluindo as* Claviculae Salomonis, *ou Chaves Menores de Salomão.*
19 *Tritêmio,* Antipalus Maleficiorum, *EsotericArchives.com.*
20 *Por vezes há um quarto livro atribuído a Agrippa e acrescentado a essa obra. Dotado do título de Quarto Livro de Agrippa, nota-se que o texto, na verdade, não foi escrito pelo autor a quem é atribuído. Em vez disso, ele saiu cerca de 35 anos após a sua morte e inclui o seu nome para validar seu conteúdo. O Quarto Livro expande as informações dadas por Agrippa sobre a conjuração de espíritos, fornecendo uma lista que pode muito bem ter sido derivada do* Liber Iuratus *(o Livro Jurado de Honório). Porque Wierus condenou esse livro como uma obra espúria, eu não o incluí aqui como fonte.*
21 *Em sua maior parte, a Europa ocidental e cristã, dada a natureza do material publicado disponível.*

de entre os séculos XIV e XVII, mas há alguns mais antigos e uns poucos foram escritos em datas tão recentes quando meados do séc. XIX. A primeira série de nomes somada à tradição dos grimórios veio da famosa *Goécia* e que, na verdade, foi o cerne em torno do qual a minha coleção inicial de demônios se cristalizou. A *Goécia* é o primeiro e provavelmente mais antigo livro da *Chave Menor de Salomão*, e graças ao ocultista Aleister Crowley, é também o livro mais famoso desse grimório.[22]

A *Goécia* contém os sigilos e descrições de 72 demônios individuais — um número que agora tem todo um significado ao qual já estamos familiarizados. Inúmeras obras fazem referência a esses demônios, e eu comparei o máximo desses textos que eu pude encontrar, a fim de compilar as descrições mais precisas que foi possível compilar. Nisso, combinei referências tanto da *Pseudomonarchia Daemonum* (1564), de Wierus, quanto da *Discoverie of Witchcraft* (1584), ou *Descoberta da Bruxaria*, de Scot, bem como material sobre demônios goéticos encontrado no *Tratado sobre Magia Angelical, do Dr. Rudd* (séc. XVI) e a sua versão da *Goécia* traduzida e editada pelos ocultistas Stephen Skinner e David Rankine.

Além dos nomes da *Goécia*, a maior parte dos nomes de demônios veio de duas obras distintas. A primeira, citada como *Ars Theurgia* neste texto, costuma ser listada também como *Theurgia-Goetia* em outras obras. Tradicionalmente, esse livro é o segundo do *Lemegeton*, ou *Chave Menor de Salomão*, uma obra firmemente inserida na tradição salomônica que data do séc. XVII aproximadamente. É quase certo que o *Lemegeton* derivou de fontes mais antigas, mas os manuscritos mais velhos que sobreviveram são de uma tradução de Robert Turner, produzida em Londres em 1655.

A segunda obra é motivo de curiosidade por si só. Conhecida como *A Magia Sagrada de Abramelin, o Mago*, trata-se de uma obra mergulhada poderosamente no esoterismo judaico. Com o objetivo de obter contato com um ser celestial conhecido como Sagrado Anjo Guardião, esse texto clássico da magia cerimonial fornece os nomes de literalmente centenas de demônios, dos quais exige-se que jurem subserviência ao conjurador durante o processo do Sagrado Anjo Guardião. Atribuído ao sábio judeu do séc. XIV conhecido como Abraham von Worms, o material do Abramelin foi traduzido para o inglês pelo ocultista Samuel Liddell MacGregor Mathers em 1898. Mathers trabalhou com um manuscrito francês do séc. XV que, na época, era a única versão desse material a que ele poderia ter acesso. Ao longo dos anos, Mathers recebeu algumas críticas por conta de sua tradução, mas recentemente o pesquisador Georg Dehn, que estuda o *Abramelin*, descobriu que era o manuscrito e não a tradução de Mathers que tinha defeitos. Dehn, numa busca exaustiva pelo verdadeiro Abraham von Worms, trouxe várias outras versões do material do *Abramelin* à tona, o que inclui um manuscrito cifrado e guardado na biblioteca de Wolfenbüttel na Alemanha, um manuscrito datado de 1720 e guardado na biblioteca de Dresden e, por fim, uma versão do material do *Abramelin* publicada em 1725 por Peter Hammer, em Colônia. Além desses achados, Dehn alega ter descoberto a identidade de Abraham von Worms — há muito tempo considerado um nome fabricado apenas para conferir legitimidade à história do *Abramelin* —, que seria um sábio judeu que existiu de verdade, o Rabbi Yaakov ben Moshe haLevi Moelin, conhecido no séc. XIV como o *MaHaRIL*. A publicação *The Book of Abramelin*, em 2006, de Dehn, acabou sendo indispensável para se comparar os manuscritos sobreviventes, especialmente no que diz respeito às longas listas de demônios.

Outras obras que servem aqui de fontes para nomes incluem o clássico *Livro Jurado de Honório*, também conhecido pelo nome latino, *Liber Juratus*. As versões mais antigas desse grimório datam do séc. XIV, sendo considerado um dos grimórios mais influentes de todos. Os grimórios que vieram depois, em sua maioria, parecem ter sido, pelo menos, inspirados pelo seu conteúdo, isso quando não tomam emprestadas porções inteiras diretamente

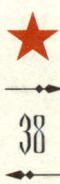

---

22 Crowley publicou a tradução da Goécia feita por S. L. MacGregor Mathers sob o título enganoso de The Lesser Key of Solomon (Chave Menor de Salomão). Embora a Goécia seja parte do livro conhecido em inglês sob esse título, ela não constitui, de forma alguma, a obra completa.

dessa obra. Eu peguei os nomes da tradução de Driscoll, feita em 1977, do *Livro Jurado*, publicada pela Heptangle Press, e também da tradução de Joseph H. Peterson, que, no momento, pode ser encontrada online em seu site extremamente útil, o EsotericArchives.com.[23] Dentre essas duas traduções, a de Peterson é, de longe, a melhor, mas não à toa, considerando que a reputação que Peterson estabeleceu como pesquisador de textos antigos. Seu trabalho de pesquisa e comentário sobre todo tipo de grimórios, não apenas o *Liber Juratus*, foi inestimável para a compilação deste livro.

Além dos grimórios clássicos, eu incluí vários que alguns pesquisadores acreditam ser espúrios. O *Grimório do Papa Honório*, escrito na França do séc. XIX, rendeu alguns nomes, embora seja certo que essa obra jamais foi escrita de fato pelo Papa Honório III. Outra vasta seção de nomes veio da tradução de Peterson do *Grimorium Verum*, um livro que se alega ter sido escrito em 1517, mas que a maioria dos pesquisadores identifica como sendo de meados do séc. XVIII. Os nomes derivados do *Grande Grimório*, também conhecido como *Le Dragon Rouge*, vieram das edições de Darcy Kuntz, derivadas, por sua vez, da tradução de Arthur Edward Waite. Essas traduções se encontram na publicação de Waite de 1913, *Book of Black Magic and of Pacts* (o *Livro da Magia Negra e Pactos*). É evidente que todos esses textos derivam da tradição dos grimórios, mas não fica claro quais seriam suas fontes originais. Isso, combinado com a tentativa de seus autores de conseguir credibilidade ativamente obscurecendo a origem e a época em que os manuscritos foram escritos, fornece motivos para esses volumes estarem sob suspeita. Porém, espúrios ou não, em todo caso, sua informação acabou influenciando as representações posteriores do material salomônico, por isso estão inclusos aqui.

---

23 Após a publicação da primeira edição do *Dicionário dos Demônios*, *Peterson fez a publicação, em papel, do Liber Iuratus por meio da Ibis Press em 2016, sob o título* The Sworn Book of Honorius: Liber Iuratus Honorii. *Eu recomendo muito.*

As páginas internas da Clavis Inferni, um grimório do séc. XVIII atribuído a São Cipriano. JHS é um cristograma derivado das três primeiras letras do nome Jesus em grego. Imagem cortesia da Wellcome Collection, Londres.

Outro grimório talvez espúrio mencionado aqui tangencialmente — de fato, eu tomei muito pouco dele — é o *Grimório de Armadel*. Traduzido por Mathers por volta de 1900, a menção mais antiga desse livro de que se tem registro é uma referência bibliográfica compilada por um certo Gabriel Naude, em 1625. O autor Aaron Leitch, em seu livro *Secrets of the Magickal Grimoires*, sugere que essa obra era não tanto um grimório legítimo quanto uma falsificação, feita com a intenção de alimentar o pânico em torno do ocultismo que arrebatou a França entre 1610 e 1640. Havia rumores persistentes na época de que o clero andava praticando necromancia, e o tom sacerdotal do *Grimório de Armadel* parece ter sido construído para alimentar esses medos diretamente.

Alguns dos grimórios raramente citados, mas que também contribuíram com alguns nomes para este livro, incluem o *Manual de Munique* apresentado pelo professor Richard Kieckhefer em sua excelente obra, *Forbidden Rites*. Traduzidos e apresentados com uma perspectiva igualmente acadêmica, há também o *Liber de Angelis* e o *Liber Visionarum*, ambos exemplos impressionantes da tradição dos grimórios que eu nunca teria descoberto se não tivessem sido incluídos em *Conjuring Spirits: Texts and Traditions of Medieval Ritual Magic*, de Claire Fanger, de 1994. Toda a série "Magic in History", na qual entra o *Conjuring Spirits*, foi de tremendo auxílio para a composição deste livro, pois ela inclui não apenas o *Forbidden Rites*, do professor Kieckhefer, mas também *Ritual Magic* e *Fortunes of Faust*, de Elizabeth Butler. Se você tem interesse em expandir a sua pesquisa para além do material sob a curadoria deste *Dicionário dos Demônios*, eu recomendo imensamente explorar essas obras.

Por fim, há um texto conhecido como *Sexto e Sétimo Livros de Moisés*, associado tanto à tradição dos grimórios quanto às lendas fáusticas da Alemanha, e dele eu também retirei alguns nomes. Atribuído a Moisés, com a intenção de demonstrar como ele foi capaz de superar os feiticeiros do Faraó com os seus próprios truques de magia, esse livro circulou pela Alemanha na forma de uma variedade de panfletos no século XIX. Mais tarde, em 1849, ele foi compilado por um antiquário de Stuttgart de nome Johann Scheible. Esse livro é uma mescla das tradições dos grimórios, do Talmude e do *Faustbuch*, essa essencialmente alemã, sendo um sistema mágico que moldou e foi moldado pela lenda de Fausto e seu demônio Mefistófeles. Também atribuído a Moisés, mas de uma origem significativamente mais misteriosa, temos a *Espada de Moisés*, publicado "a partir de um manuscrito único", presumivelmente em hebraico, pelo Dr. Moses Gaster, em Londres, em 1896[24]. O texto completo dessa obra pode ser encontrado, com comentários, no site EsotericArchives.com, de Joseph H. Peterson.

Todos os textos supracitados constituem um *corpus* imenso. E eu sei que pelo menos alguns dos meus leitores devem estar se perguntando agora se acaso eu deixei alguma coisa de fora em minha busca exaustiva por nomes de demônios (e se é que eu tenho algum vestígio de sanidade sobrando após essa busca!). Na verdade, há alguns grimórios tradicionais cujo conteúdo eu optei por excluir deste livro. Um deles é o *Heptameron*. Essa obra influente, tradicionalmente atribuída a Pietro d'Abano, foi publicada pelo menos 200 anos após sua morte em 1316. Por esse motivo, muitos pesquisadores disputam a alegação de que ele teria sido o autor. No entanto, não é de todo incomum a publicação póstuma de grimórios, ainda mais no caso de textos mágicos que poderia ter sido perigoso publicar durante o período de vida do autor.

Mas não foi o debate em torno da autoria do *Heptameron* do séc. XIV o motivo pelo qual eu o deixei de fora. O *Heptameron* tem claramente alguns detalhes em comum com livros como o *Livro Jurado de Honório* e, na verdade, encontra ecos em boa parte da tradição dos grimórios. Por exemplo, um dos "anjos" que, segundo consta, reinariam nas sextas-feiras no *Heptameron* se chama *Sarabotes*, um nome bastante suspeito, considerando o quanto ele se parece com o demônio *Sarabocres* do *Livro Jurado*. Mas o *Heptameron* identifica especificamente todos os espíritos no texto como anjos.

---

24 Joseph Jacobs et al., Folk-Lore: A Quarterly Review, p. 389.

Não são descritos como anjos caídos — na verdade, muitos deles são atribuídos a posições em um dos sete céus. Num texto dedicado expressamente ao trabalho com demônios, essa identificação com anjos preclui a inclusão desses espíritos tal como aparecem no *Heptameron*, embora possam reaparecer como demônios em obras posteriores.

Pelo mesmo motivo pelo qual eu deixei o *Heptameron* de fora, eu também não citei a obra do séc. XVI conhecida como o *Arbatel da Magia* (mas vocês ainda assim vão encontrar uma ou outra referência a esse sistema mágico). Originalmente publicado em latim na Basileia, Suíça, em 1575, esse grimório se distingue pela sua falta de entidades infernais. Ele trata primariamente de espíritos olimpianos, ou planetários, cada um dos quais é atribuído a um dos sete luminares celestes identificados nas obras renascentistas. Nisso, trata-se de um volume cuja preocupação primária são as influências celestiais, e os espíritos que ele descreve são claramente distintos dos demônios. Seus conceitos devem muito à filosofia de Paracelso (1493–1541). Embora seu conteúdo não seja relevante para o nosso tema demoníaco, o *Arbatel*, em todo caso, foi uma obra significativa. Sua influência pode ser percebida no *Grimório Secreto de Turiel* e nos *Sexto e Sétimo Livros de Moisés*. Talvez seja melhor descrevê-lo como uma obra de magia transcendental, sendo notavelmente o ponto de origem para o uso do termo *teosofia* no sentido de conhecimento oculto.

Originalmente eu cheguei a incluir os espíritos listados no *Grimório Secreto de Turiel*, um texto que passou muitos anos obscuro, mas que veio à luz no séc. XX. Acredita-se que o material desse livro date do séc. XVI aproximadamente. Porém, deve-se apontar que, como nenhum exemplar existe, além do que foi descoberto em 1927, há a possibilidade bem verossímil de que se trata de um grimório falsificado, assim como o *Grimório do Dragão Vermelho*.[25] O conteúdo desse livro parece não ter sido calculado para chocar ou brincar com as reputações obscuras e misteriosas dos grimórios, o que, por si só, é um argumento em prol de uma provável legitimidade do texto. No fim, eu acabei tirando deste livro o material do *Grimório Secreto de Turiel*, mas não foi por conta da disputa em torno da legitimidade de seu conteúdo. Em vez disso, acontece que nenhum dos espíritos discutidos em *Turiel* é identificado de forma explícita como demônios. Alguns são anjos, mas a maioria são espíritos olímpicos, como no *Arbatel* anterior.

Um outro volume influente de magia celestial (ou magia *astral*, do latim *astrum*, "estrela") que não passou na régua para sua inclusão aqui foi o *Picatrix*. Acredita-se que esse texto em árabe teria sido composto no séc. XI, mas uma data no séc. XIII é mais provável. Embora o *Picatrix* por vezes apareça em referência a grimórios demoníacos, o texto em si pouco acrescenta à discussão sobre demônios. Em vez disso, sua ocupação primária são as correspondências astrológicas e as esferas dos céus. O livro também contém material sobre talismãs, ervas e filosofia. Tritêmio inclui o *Picatrix* em seu catálogo de obras de ocultismo. Ele aponta que a edição à qual ele se refere é um texto latino traduzido a partir da versão árabe em 1256. Quando se trata da importância do *timing* mágico e das correspondências planetárias na magia cerimonial, o *Picatrix* e as tradições islâmicas relacionadas são textos de base, mas não são uma fonte de nomes próprios demoníacos.

Por fim, dentre os textos salomônicos bem conhecidos e influentes que não foram citados aqui consta a *Ars Notoria*, por vezes chamado de *A Arte de Notariado de Salomão*.[26] Há vários manuscritos com esse nome, o mais antigo dos quais data do séc. XIII, mas Joseph Peterson aponta que a *Ars Notoria* tem um elo íntimo com o *Liber Juratus* e que é possível que o *Liber Juratus* tenha bebido dele.[27] Enquanto o

---

25 Stephen Murtaugh, Authentication of "The Secret Grimoire of Turiel" in Comparison with Frederick Hockley's "A Complete Book of Magic Science".
26 Eu já vi sites desinformados traduzirem este nome, em vez disso, como a Arte Notória de Salomão, enfatizando uma reputação, não merecida neste caso, da obra como um manual de magia baixa e proscrita.
27 Cf. Peterson, Ars Notoria: The Notory Art of Solomon, http://www.esotericarchives.com/notoria/notoria.htm.

M:L: CYPRIANI

CLAVIS
INFERNI
sive
MAGIA
Alba & Nigra
approbata
METRATONA

Ⓔ ♄ ♂ ☿ ♏ ♃ ♃

⊕ ♄ ☌ ☍ ☌ ♃ ♃ L L ☋ ♈

Ⓢ ♌ SVPEP ΠEVTAKYΛSM appn
das, ex filo noto componas ⊕m

*Páginas do grimório Clavis Inferni, do séc. XVIII.
Imagem cortesia da Wellcome Collection, Londres.*

Liber Juratus contém uma discussão sobre espíritos, incluindo seus nomes e ofícios, a *Ars Notoria* se concentra em orações, preces e nomes santos de Deus. Que, por sua vez, são empregados com o propósito de comunhão com o divino e obter o conhecimento instantâneo de todas as ciências.[28]

A *Ars Notoria* era bem conhecida e não apenas em meio a uma pequena porção de praticantes obscuros. O Papa Bento XIV, ao escrever seu tratado sobre os santos, observa que "Existe uma certa arte, chamada *notoria*, por meio da qual, após certas preces e outras cerimônias numa demonstração de piedade, os homens aprendem, de uma vez, todas as ciências liberais".[29] Bento XIV, na sequência, cita um trecho do *Colóquio de Erasmo*, que supostamente contém um exemplo da *Ars Notoria*. Outros livros também são citados, o que é uma ampla demonstração do tremendo alcance dessa obra em particular da tradição salomônica. Uma versão desse livro está inclusa na tradução de Turner do *Lemegeton*, mas eu deixei de lado tanto a *Ars Paulina* quanto o *Almadel*, pois essas obras ou não lidam com espíritos ou então lidam expressamente com anjos. A *Ars Notoria*, idem.

NOVAS FONTES USADAS NA EDIÇÃO DE ANIVERSÁRIO

Desde a última década após a publicação original do *Dicionário dos Demônios*, o ramo dos livros sobre a tradição salomônica vem desabrochando. Há tantos novos grimórios que foram disponibilizados que é difícil se manter a par de tudo. Diversos fatores colaboraram com essa proliferação de obras disponíveis. A mudança de atitude na academia fez com que houvesse cada vez mais pesquisadores tratando de assuntos como grimórios, magia e ocultismo como um assunto sério para pesquisa em campos tão diversos quanto a literatura, a ciência da religião comparada, a antropologia, a sociologia, a psicologia e o folclore. Mudanças tecnológicas também levaram a uma proliferação de textos disponíveis: não só é mais fácil publicar e distribuir livros impressos agora, como também as redes sociais permitiram que pessoas com interesses especializados entrassem em contato de maneiras que não era viável antes. Outro aspecto das mudanças tecnológicas inclui a facilidade com a qual é possível digitalizar e compartilhar livros hoje. Desde o projeto do Google Books, essa atividade passou a ir além de apenas digitalizar textos e deixá-los disponíveis online. Organizações como a Wellcome Library, em Londres, colocaram todo o seu acervo no virtual, incluindo tours fotográficas em alta resolução de muitos manuscritos. São imagens tão nítidas que é possível dar zoom e ver a costura da lombada e todas as variações na textura de cada página de papel velino. Por fim, essa onda acadêmica não se limita aos corredores exclusivos das universidades. Há pesquisadores independentes e ocultistas que também andam trabalhando infatigavelmente para transcrever e compartilhar esses textos fascinantes, e há um motivo pelo qual são sempre os mesmos nomes que aparecem repetidamente nesses manuscritos publicados. Autores como Joseph H. Peterson, Dan Harms, David Rankine e Stephen Skinner vêm se envolvendo em uma exploração exaustiva dos manuscritos da coleção Sloane, na Folger Library e na Wellcome. Ao longo da última década, eles trouxeram ao olhar do público textos de grimórios que, não fosse por isso, teriam permanecido ignorados ou inteiramente esquecidos.

Entre os acadêmicos, as bibliotecas online e muitos grimórios publicados, foi quase impossível para mim conseguir acompanhar tudo. Eu precisei limitar com cuidado quais seriam os textos a serem citados, concentrando-me principalmente naqueles que oferecem uma nova perspectiva ou novos nomes desconhecidos. Dentre as novas fontes, uma das mais robustas é o *Livro de Oberon*, que contribuiu com ambas as coisas.

---

28 Notavelmente, muitos dos espíritos em grimórios subsequentes funcionam como os meios através dos quais esse conhecimento instantâneo é obtido.
29 *Benedict XIV*, Heroic Virtue: A Portion of the Treatise of Benedict XIV on the Beatification and Canonization of the Servants of God, *Vol. III, p. 122.*

Publicado pela equipe formada por Daniel Harms, Joseph H. Peterson e James R. Clark, o *Book of Oberon* (*Livro de Oberon*) deriva de um manuscrito guardado na Folger Shakespeare Library, em Washington D.C., sob o título *Book of Magic, with Instructions for Invoking Spirits* etc (*Livro de Magia, com Instruções para Invocar Espíritos* etc). Embora seja incerta a data exata de sua criação, a primeira datação registrada nessa obra é 1577. Além de oferecer o que é talvez uma lista do Ofício dos Espíritos mais completa do que qualquer outra obra, o *Livro de Oberon* se destaca porque suas conjurações não se ocupam apenas com anjos e demônios; como sugere o seu nome, o grimório contém também feitiços para conjurar fadas. O texto ainda contém uma variedade de nomes de demônios, muitos dos quais parecem ser exclusivos a esse volume. Parte dessa exclusividade pode ser uma questão de ortografia e caligrafia: o manuscrito que se tornou o *Livro de Oberon* abrange várias obras distintas e demonstra evidências da caligrafia de múltiplos copistas. Pelo menos um desses indivíduos não era bem versado em latim, e não são poucos os nomes registrados nesse imenso volume que apresentam inconsistências de uma página a outra. Alguns nomes mudam de grafia até na mesma linha. Alguns, que em outros momentos parecem ser representações dos mais conhecidos 72 demônios goéticos, aparecem grafados de modo a sugerir que a pessoa responsável pelo registro o fez de orelha e anotou imperfeitamente o que ouviu. Mesmo com esses erros óbvios, o *Livro de Oberon* é um marco e fornece uma janela sem precedentes ao mundo da magia operacional e crenças folclóricas na Inglaterra de Shakespeare.[30]

Uma outra obra emocionante que foi disponibilizada graças ao trabalho infatigável de Joseph H. Peterson é *Secrets of Solomon: A Witch's Handbook from the Trial Records of the Venetian Inquisition* (*Segredos de Salomão: o manual de uma bruxa, dos registros jurídicos da Inquisição de Veneza*), publicado em 2018. Conhecido originalmente como *Clavicula Salomonis de Secretis*, trata-se de um grimório originário de Veneza em 1636. Seu dono original foi Leonardo Longo, um ex-monge dominicano de Nápoles. Ele é o provável autor desse grimório, usado em sua prática mágica. Essa prática acabou chamando a atenção da Inquisição de Veneza e ele foi levado a julgamento por bruxaria e, no fim, executado. O livro confiscado permaneceu no Archivio di Stato di Venezia.

Segredos de Salomão é um grimório emocionante de ver impresso, porque revela uma linhagem nítida que vai da tradição dos grimórios legítimos da Renascença aos livros até então disputados como o *Grande Grimório* e o *Grimorium Verum*. Os nomes dos demônios, seus poderes e suas hierarquias são quase idênticos nessas obras. A maior parte das diferenças são apenas variações de grafia, do tipo que já se espera quando uma obra é repetidamente transcrita. Embora tenham sido compostos depois de 1800, é claro que o *Grimorium Verum* e seus textos relacionados derivam do material dos *Segredos de Salomão*.

Outros grimórios raros incluem várias obras da série *Sourceworks of Ceremonial Magic*, de Rankine e Skinner. Essa é a mesma série que nos deu o livro *The Goetia of Dr. Rudd*, onde encontramos algumas variações fascinantes nos selos tradicionais dos 72 demônios goéticos. O primeiro deles, *The Grimoire of St. Cyprian: Clavis Inferni*, foi publicado em outubro de 2009. Apesar de eu desejar incluí-lo na primeira edição do *Dicionário dos Demônios*, as circunstâncias conspiraram para que eu não conseguisse tê-lo em mãos antes de entregar o manuscrito. A *Clavis Inferni* é um volume fininho, e o texto fonte possui apenas 21 páginas. Repleto de figuras e ilustrações elaboradas, ele consegue colocar muita coisa nessas páginas. O texto original está guardado na Wellcome Library, em Londres, onde foi datado, especulativamente, como pertencente ao século XVIII por conta de seu estilo de caligrafia. A data no próprio manuscrito diz "MCCCCCCLLXVII", mas como Skinner e Rankine apontam, nunca se usa "LL" com numerais

---

30 Só para deixar claro, esses erros devem ser atribuídos aos autores elisabetanos do livro. Harms, Peterson e Clark fizeram um trabalho exemplar de transcrição, apresentação e contextualização ao longo de toda a obra.

romanos.[31] Os autores sugerem que uma análise detida das letras revela que a quarta letra, de trás para frente, foi sobrescrita. Com base nisso, eles postulam uma data de 1757.

A *Clavis Inferni*, ou *Chave do Inferno*, contém figuras e sigilos, além de breves preces, conjurações e fórmulas para evocar e controlar os demônios. Os únicos demônios mencionados de forma explícita são os reis das direções cardeais, mas o texto fornece algumas ideias interessantes quanto às associações dos elementos, que não se costuma observar em outros grimórios. As ilustrações vívidas dos quatro reis também sugerem que havia animais associados a esses monarcas demoníacos.

O segundo texto de Skinner e Rankine citado em meio ao material novo é *The Keys to the Gateway of Magic: Summoning the Solomonic Archangels and Demon Princes*. Embora a primeira impressão desse livro tenha sido produzida em 2005, o texto permaneceu indisponível para mim até ser reimpresso em 2011. Trata-se de uma obra composta por textos salomônicos menores, distintos o suficiente para eu poder dividir o material relevante a este dicionário em dois verbetes. O primeiro texto, intitulado *Janua Magica Reserata*, é o documento a partir do qual o livro deriva o seu nome: significa as "Chaves para o Portal da Magia". Rankine e Skinner o datam do começo do séc. XVII.

O material que constitui a *Janua Magica Reserata* é compartilhado por vários manuscritos, notavelmente *Sloane* MS 3825 e *Harley* MS 6482. A maior parte do texto se ocupa com comentários filosóficos sobre a natureza da alma, da divindade e das hierarquias angelicais. A seção que interessa aos nossos propósitos diz respeito à hierarquia, em nove etapas, dos demônios, apresentada como um reflexo sombrio dos nove coros tradicionais de anjos. A cada uma delas é atribuído um príncipe demoníaco, vários dos quais acabam sendo repetidos na hierarquia apresentada por Francis Barrett em seu livro do séc. XIX, *The Magus*. Essa descendência, embora oblíqua, dadas as distorções no material de Barrett, é digna de nota.

A segunda porção de *Keys to the Gateway of Magic* identificada e citada no nosso *Dicionário dos Demônios* tem o título, bastante adequado, de *Demon Princes* (*Príncipes Demoníacos*). Ele é representado, em parte por *Sloane* MS 3824, *Sloane* MS 3821 e *Rawlinson D*. 1363. *Príncipes Demoníacos* se ocupa primariamente dos Reis das Quatro Direções e seus ministros, porém, assim como no material do *Abramelin*, ele os insere abaixo de três monarcas demoníacos bem conhecidos: Lúcifer, Satã e Belzebu. Eu usei esse texto geralmente para comparar com os grimórios que contêm material idêntico, tal como o *Livro de Oberon*, acrescentando verbetes adicionais apenas quando o *Príncipes Demoníacos* demonstrava alguma variação significativa.

Em meio às linhagens de variantes, uma outra fonte que ainda não havíamos utilizado foi a tradução para o inglês de C. C. McCown do *Testamento de Salomão*. A maior parte do material amplamente publicado sobre o *Testamento de Salomão* utiliza a tradução de F. C. Conybeare publicada pela primeira vez na *Jewish Quarterly Review*, outubro de 1898. Depois de Conybeare, McCown produziu uma tradução mais completa em 1922, com base em uma variedade maior de manuscritos. Essa obra foi publicada com o título *The Testament of Solomon, Edited from Manuscripts at Mount Athos, Bologna, Holkham Hall, Jerusalem, London, Milan, Paris and Vienna*, e a princípio a única versão que eu consegui encontrar estava inteiramente em grego. Considerando que a tradução de McCown é vista, de modo geral, como superior à de Conybeare, eu queria muito compará-las, ainda mais considerando as lacunas no material que serviu de fonte para Conybeare. D. C. Duling oferece uma tradução da versão de McCown para o inglês publicada no primeiro volume de *The Old Testament Pseudepigrapha* (1983). Eu enfim consegui pôr as minhas mãos nessa obra para propósitos de comparação e apontei as diferenças sempre que observei que eram significativas. A pesquisa em torno da obra de McCown também deslocou a data

---

31 Stephen Skinner and David Rankine,
The Grimoire of St. Cyprian: Clavis Inferni, *p. 25.*

sugerida da composição do *Testamento*. Conybeare e seus contemporâneos a inseriram no séc. I d.C., mas as leituras atuais pressupõem uma data vários séculos depois.

Por fim, ao longo do trabalho de fazer as referências cruzadas entre parte do material do *Livro de Oberon* em comparação com as variações mais conhecidas dos 72 demônios goéticos, eu descobri duas pérolas, ambas disponíveis apenas online. A primeira é uma transcrição completa, feita por Jean-Patrice Boudet, do *Livre des Esperitz* francês, ou *Livro dos Espíritos*. Esse grimório do século XVI pode, a princípio, parecer ser uma tradução francesa da *Pseudomonarchia Daemonum*, de Wierus, mas, sob uma análise mais detida, encontra-se diferenças o suficiente para indicar que seria uma obra separada e distinta, quase certamente baseada em materiais semelhantes. A segunda pérola, disponível na íntegra no site da Biblioteca Nacional do País de Gales, é um achado ainda mais raro. Conhecido como *The Book of Incantations* (*Livro dos Encantamentos*), trata-se de um grimório de trabalho de um curandeiro escrito por John Harries (1785–1839) e repassado a seus filhos para que continuassem o ofício da família. As primeiras quinze páginas do manuscrito, tal como encadernado hoje, contêm uma versão parcial da *Goécia*, copiada possivelmente de Scot ou da mesma fonte usada por Scot em sua *Descoberta da Bruxaria*.

Foram duas descobertas emocionantes. Embora elas apenas reafirmem o material já escrito nos verbetes dedicados aos 72 demônios goéticos, há pequenas variações. O *Livro dos Encantamentos* de Harries, por exemplo, lançou luz sobre o curioso e obscuro "Xenophilus" mencionado por Scot, e o *Livre des Esperitz*, que não tem qualquer indicação clara de quem seria seu autor, menciona alguns demônios que não se encontram na *Pseudomonarchia* e textos derivados.

Ao pesquisar esses dois textos, eu tomei ciência de uma outra versão sobrevivente dos malditos 72, desta vez numa obra mista de latim com italiano. Chamado de *Fasciculus Rerum Geomanticarum* e guardado sob a designação *Plut 89 Sup 38*, esse manuscrito data do séc. XV e parte dele, pelo menos, foi copiada em 1494. A referência à geomancia no título é enganosa, pois o texto compósito na verdade inclui trechos do *Picatrix*, orações associadas aos sete planetas e aos espíritos olímpicos, uma porção do *Arbatel* e uma obra salomônica adicional sob o título *Salomon: De quatuor annulis*. A cópia física desse material está guardada em Florença na Biblioteca Medicea Laurenziana. Uma versão "holográfica" completa está disponível online, envolvendo imagens fotográficas em alta resolução que o leitor pode explorar livremente. Eu fiquei empolgada de poder comparar os 72 demônios desse texto italiano do século XV com os que aparecem na *Pseudomonarchia* e no *Livre des Esperitz*, mas o estilo de escrita do escriba, combinado com a mescla errática de latim com italiano, acabou me frustrando. Uma amizade muito prestativa (e com um domínio do italiano muito melhor do que o que eu possuo agora) se ofereceu para ajudar, mas foi difícil demais ler a caligrafia nas páginas suntuosas de papel velino. Embora minha curiosidade permaneça, por ora eu desisti da empreitada.

Ao todo, essas fontes geraram aproximadamente 30.000 palavras de material novo que foi acrescentado a essa edição comemorativa dos dez anos de aniversário do *Dicionário dos Demônios*. É muita coisa, mas é importante apontar que seria muitíssimo fácil, incluir mais material ainda. Há tantos grimórios até então inéditos que estão sendo publicados agora, como *Of Angels, Demons & Spirits*, de Daniel Harms, do começo de 2019 e baseado no texto do séc. XVII guardado na Bodleian Library de Oxford. Embora eu tente me manter a par dos artigos mais recentes e outras publicações, eu não consegui adquirir um exemplar desse livro em tempo para integrar seus conteúdos à minha lista de demônios, espíritos malignos e anjos caídos. E o livro de Harms é apenas um dentre vários. O fato é que, mesmo trabalhando dentro dos limites estreitos estabelecidos para o *Dicionário dos Demônios*, é impossível reunir todos os nomes disponíveis. Embora este livro seja extenso e eu tenha citado cada verbete da forma mais precisa possível, dentro das minhas capacidades, sempre haverá limites.

Os demônios são, de fato, legião.

A ORGANIZAÇÃO DO TEXTO

Como previamente mencionado, os verbetes neste dicionário são autossuficientes, o que significa que eles contêm a fonte da qual seu nome foi retirado, bem como quaisquer outras informações de contextualização sobre essa(s) fonte(s). Além dos verbetes em si, o leitor encontrará uma série de artigos separados ao longo do texto. São expansões de conceitos tratados no texto, que, em muitos casos, elucidam um conceito específico crucial para o entendimento de vários verbetes relacionados. O texto também é ilustrado com xilogravuras, sigilos demoníacos tradicionais, e interpretações modernas de bestas infernais. As legendas que acompanham essas ilustrações ajudam a fornecer contexto, conforme o leitor explora o material.

O dicionário em si deve ser autoexplicativo: todos os nomes de demônios são apresentados em ordem alfabética, de A a Z, o que abrange um vasto território. Se você for um leitor dotado de uma tremenda capacidade de dedicação, você pode tentar enfrentar isso tudo de uma vez só. Mas, em vez disso, o que eu recomendo é reservar um tempo só para folhear o texto, olhar as ilustrações e ler os verbetes que fisgarem o seu olhar. Se você estiver usando-o para fazer pesquisa, aí você pode pular direto para onde interessa. Há alguns apêndices no final que tratam ainda mais do processo de pesquisa desse livro, do impacto das artes dos escribas na transmissão dos grimórios e das tradições demoníacas que sobreviveram no antigo mundo do Oriente Médio.

Há também uma vasta bibliografia. Nem todos os livros estão mais em catálogo, por isso, se você for como eu e gostar de caçar todos os livros e artigos citados por um autor de quem você gosta, eu sugiro que você reserve um momento para dar uma olhada em books.google.com. Há vários livros citados neste projeto antigos o suficiente para estarem disponíveis para download gratuito graças ao projeto Google Books. Duas outras fontes inestimáveis são o EsotericArchives.com e o Sacred-Texts.com. A Wellcome Collection (wellcomecollection.org) é de acesso gratuito e rica em materiais, e, por fim, é possível explorar também o acervo de manuscritos *Sloane* da British Library (www.bl.uk/collection-guides/sloane-manuscripts).

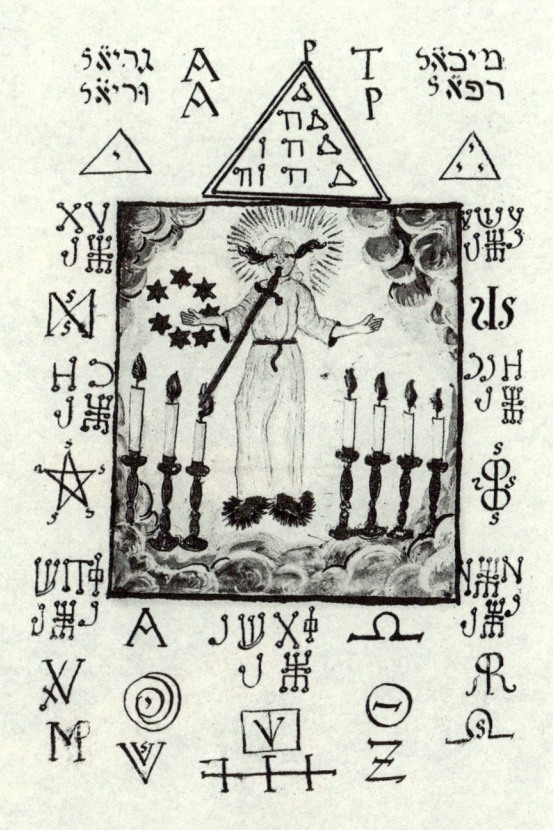

Página do grimório Clavis Inferni, *do séc. XVIII. A imagem mostra o Espírito Santo, com sete estrelas e sete velas. Imagem cortesia da Wellcome Collection, Londres.*

Aa
Zz

M. BELANGER

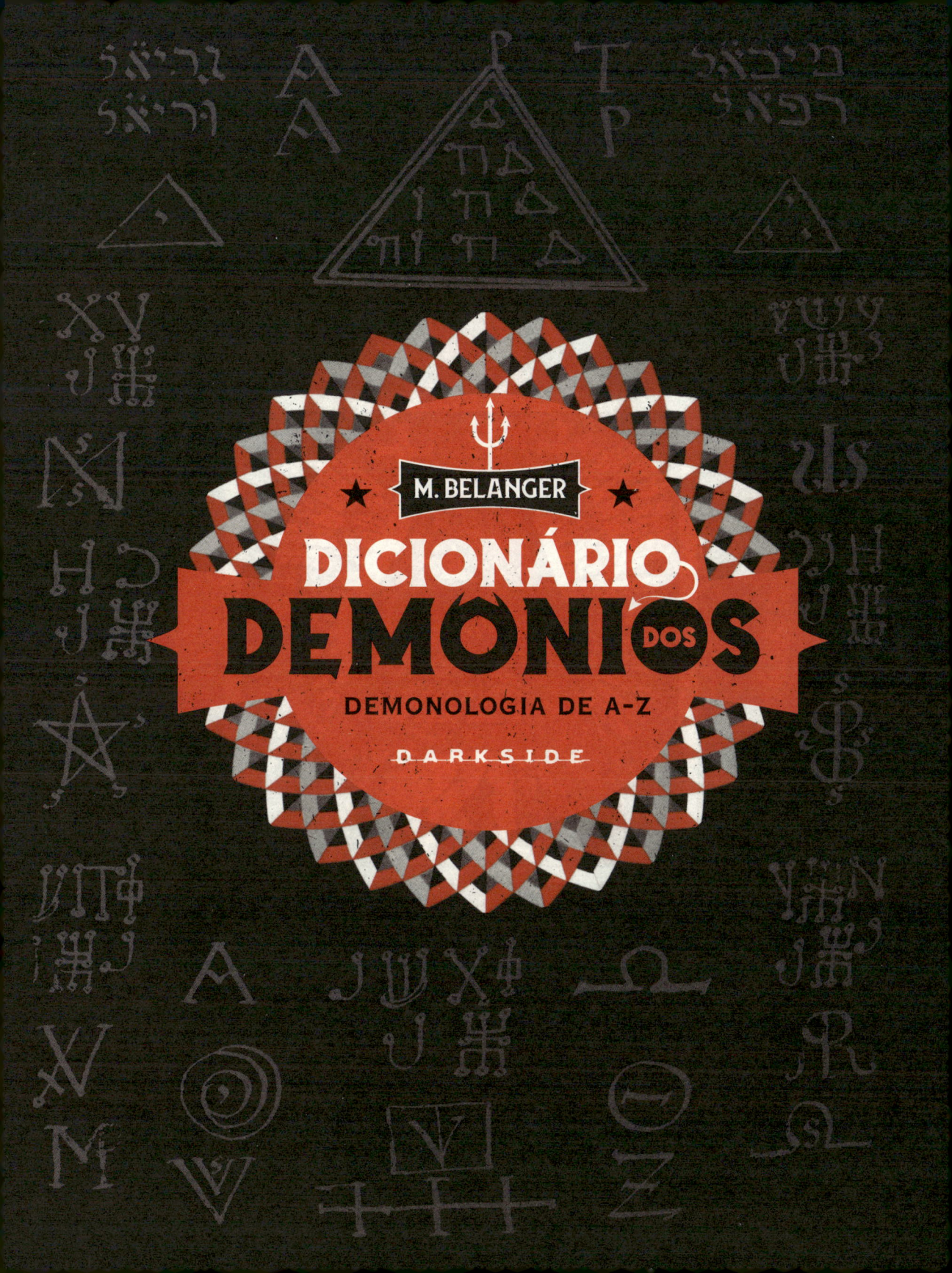

DICIONÁRIO DOS DEMÔNIOS

DEMONOLOGIA DE A-Z

DARKSIDE

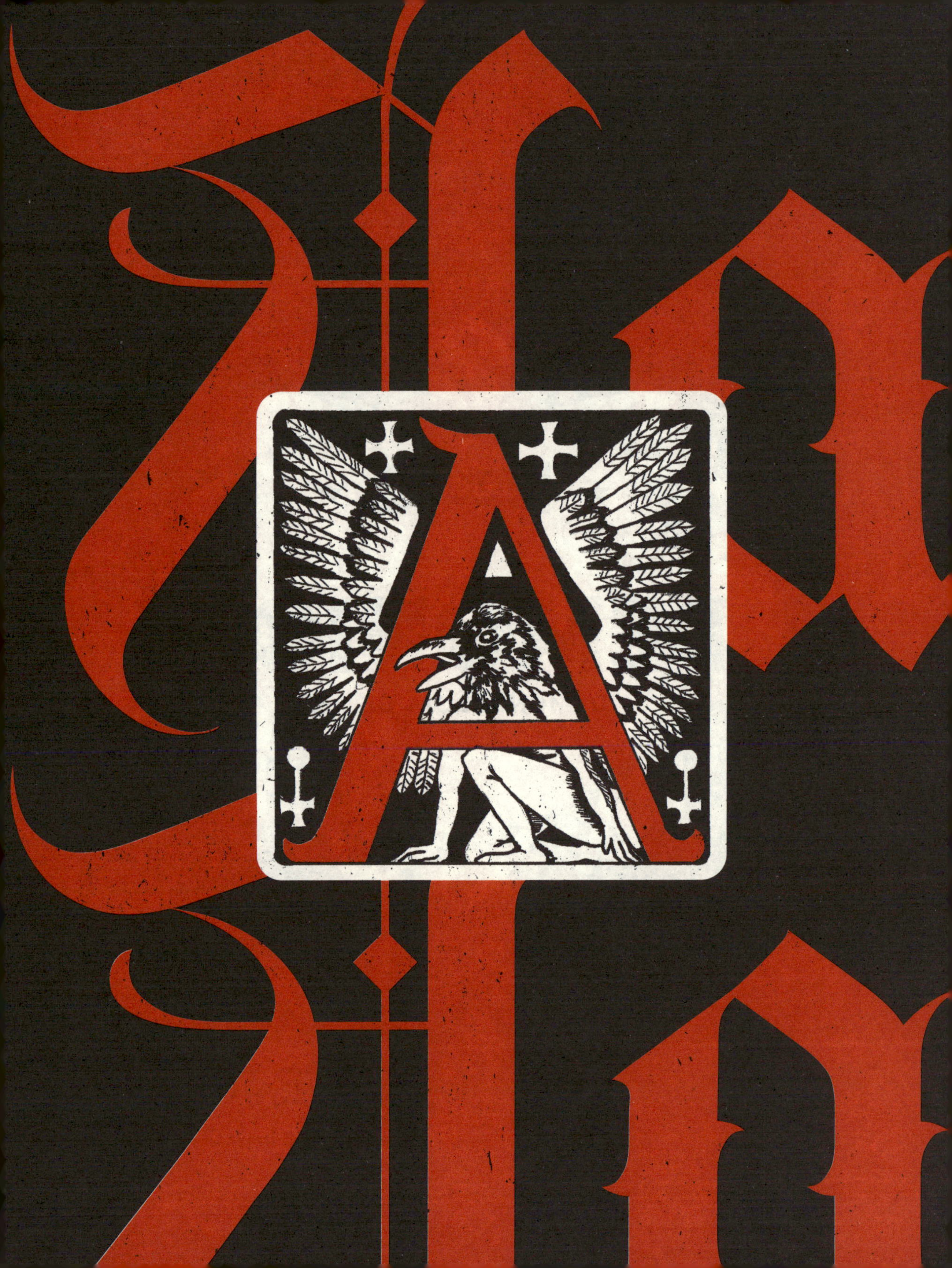

AARIEL Demônio a quem foi concedido o título de duque. Aariel serve na corte do rei infernal Asyriel. De acordo com a *Ars Theurgia*, Aariel se manifesta apenas durante as horas diurnas. Está associado à direção sul e tem vinte espíritos ministradores que lhe servem. Cf. *Ars Theurgia*, Asyriel.

ABADIR Mathers sugere que o nome deste demônio significa "dispersado". Abadir aparece em sua tradução, de 1898, da *Magia Sagrada de Abramelin, o Mago*, onde se lê que serve ao senhor infernal Asmodeus. Seu nome também é grafado como *Abachir*. Cf. Asmodeus, Mathers.

ABADOM No livro de *Jó* e em *Provérbios*, Abadom (ou Abaddon) é mencionado como um lugar de destruição, porventura equivalente, enquanto conceito, à noção moderna do Inferno. No entanto, em *Apocalipse* 9:11 Abadom não é mais o próprio abismo, mas, em vez disso, aparece personificado como o anjo encarregado do Abismo. O nome é traduzido em grego como *Apollyon*, ou *Apoliom*, que significa "O Destruidor". Tanto Abadom quanto Apoliom foram integrados à demonologia como poderosos príncipes do Inferno. Em *O Mago*, de Francis Barrett, Abadom está associado à sétima mansão das fúrias e entende-se que governa a destruição e a desolação. Gustav Davidson, em seu clássico *Dicionário dos Anjos*, descreve Abadom como "o anjo do abismo". Na edição de Crowley da *Goécia*, Abadom é mencionado mais uma vez, não como um ser, mas como um lugar num ritual para coerção dos demônios. Aparece na hierarquia de espíritos malignos exposta em *Janua Magia Reserata*, onde é identificado como um príncipe da Sétima Ordem. Esta ordem é também conhecida como a das Fúrias, o que sugere que Barrett teve acesso a este texto ou outro relacionado. Cf. Apoliom, *Goécia*, *Janua Magia Reserata*.

Um anjo com as chaves do Inferno aprisiona o Diabo. Miniatura do séc. xii, cortesia da Dover Publications.

ABAEL Um dos vários demônios que servem na corte de Dorochiel. Abael é detentor do título de arquiduque com quatrocentos espíritos menores sob seu comando. Segundo a *Ars Theurgia*, atende durante a segunda metade da noite, entre a meia-noite e o amanhecer. Cf. *Ars Theurgia*, Dorochiel.

ABAHIN Na tradução de 1898 da *Magia Sagrada de Abramelin, o Mago*, o nome deste demônio aparece numa lista de vários servos infernais aos arquidemônios Astarote e Asmodeus. Mathers sugere que o nome deste demônio significa "O Terrível", a partir de uma raiz em hebraico. Em outra versão do *Abramelin*, originalmente escrita em código e mantida atualmente na biblioteca de Wolfenbüttel (Herzog August Bibliothek), em Wolfenbüttel, na Alemanha, o nome deste demônio é grafado como *Ahabhon*. Cf. Asmodeus, Astarote, Mathers.

ABALAM Segundo a *Pseudomonarchia Daemonum* de Wierus, se for dado um sacrifício ou oferenda ao se conjurar o demônio Paimon, este demônio aparecerá, na companhia também de Beball. Tanto Abalam quanto Beball são reis demoníacos que servem ao demônio goético Paimon. Na *Goécia* seus nomes aparecem como *Labal* e *Abali*. Cf. BEBALL, PAIMON, WIERUS.

ABARIEL Demônio na hierarquia do príncipe infernal Usiel. A *Ars Theurgia* descreve Abariel como sendo um arquiduque associado às horas diurnas, com quarenta espíritos ministradores sob seu comando. Abariel tem o poder de ocultar tesouros para que não possam ser descobertos ou roubados. Também é capaz de revelar o que foi escondido, especialmente itens obscurecidos por meio de magia ou encantamentos. Cf. ARS THEURGIA, USIEL.

ABAS Na *Magia Sagrada de Abramelin, o Mago*, Abas é listado como um demônio de mentiras e enganos. Também pode ser chamado para ajudar o mago em questões ligadas a ilusões e feitiços de invisibilidade. O demônio aparece ainda na tradução de Mathers da *Clavicula Salomonis* com estas mesmas associações. Segundo a edição de Driscoll do *Livro Jurado de Honório*, Abas é o rei das regiões subterrâneas. Sua província inclui as riquezas da terra, e entende-se que ele seria capaz de localizar e fornecer todo tipo de metais preciosos, incluindo ouro e prata. Além do mais, ele parece ser capaz de causar terremotos, pois consta que ele consegue derrubar prédios e outras estruturas, assim os destruindo. Por fim, Abas e seus asseclas têm o poder de ensinar o conhecimento da mistura dos elementos, uma possível referência à alquimia, embora o texto não descreva obras alquímicas especificamente. Na *Clavicula Salomonis*, o nome do demônio é grafado como *Abac*. Cf. CLAVICULA SALOMONIS, LIVRO JURADO, MATHERS.

ABBNTHADA Descrito como um demônio de companhia agradável, porém um tanto invejoso. Abbnthada aparece na hierarquia de Harthan, um rei infernal que governa o elemento da água. Segundo a edição de Driscoll do *Livro Jurado*, é possível atrair Abbnthada e levá-lo a se manifestar usando-se os perfumes adequados. Ao se manifestar, revela um corpo de grandes proporções e aspecto sarapintado. Tem o poder de rapidamente deslocar coisas de um lugar para outro e pode produzir escuridão quando lhe é exigido. Também confere resolução firme, ajudando os outros em atos de vingança. Cf. HARTHAN, LIVRO JURADO.

ABDALAA Segundo o *Liber de Angelis*, Abdalaa detém o título de rei na hierarquia do Inferno. Ele aparece em um feitiço de amarração amorosa que garante conquistar o amor de uma mulher. Dada a abundância desse tipo de feitiço em todos os textos mágicos, fica a impressão de que os praticantes das artes sombrias tinham muita dificuldade em arranjar namoradas na Idade Média. Para curar o coração solitário do mago medieval, este demônio, junto com seus asseclas, era invocado para acossar a mulher desejada, atormentando-a horrivelmente até que aceitasse seu mais novo parceiro. Repare ainda que Abdalaa tem uma semelhança muito suspeita com o nome árabe *Abdullah*, que significa "servo de Deus" e não costuma ter associação com demônios. Cf. LIBER DE ANGELIS.

ABECH Demônio na corte de Amaimon, rei do sul. O *Livro de Oberon* o identifica como um dos doze principais demônios desta corte. É um demônio professor, com o poder de instruir as pessoas em todas as ciências e idiomas. Ao se manifestar, aparece como um rei, mas mostra apenas a cabeça. Sua presença é anunciada pelo som de trombetas. Cf. AMAIMON, LIVRO DE OBERON.

ABELAIOS Demônio que ajuda em feitiços de invisibilidade, Abelaios aparece na tradução de Mathers da *Clavicula Salomonis*. Diz-se que eresponde ao demônio Almiras, mestre de invisibilidade, e ao ministro infernal de Almiras, Cheros. Este demônio também aparece na tradução de Mathers da *Magia Sagrada do Abramelin, o Mago*. Cf. ALMIRAS, CHEROS, CLAVICULA SALOMONIS, MATHERS.

ABEZITHIBOD Demônio que supostamente habita o Mar Vermelho. Abezithibod aparece diante do Rei Salomão no apócrifo *Testamento de Salomão*. Nesse texto, o demônio alega ter se oposto ativamente a Moisés quando este partiu o Mar Vermelho. Ele ficou preso embaixo d'água após o mar, recém-partido, se fechar novamente. Salomão colocou este demônio fanfarrão para trabalhar, comandando-o para que sustentasse uma pilastra imensa que deve ser mantida suspensa no ar até o fim do mundo. Em seus negócios com o Rei Salomão, Abezithibod se revela como uma figura bastante orgulhosa, exigindo um respeito especial do monarca bíblico por ser o filho de um arcanjo. Ele alega que seu pai é Belzebu, sendo este texto um dos poucos onde Belzebu recebe o estatuto de arcanjo.

Dadas as coisas que afirma acerca de seu pai Belzebu, Abezithibod revela as ligações íntimas entre o *Testamento de Salomão* e a tradição dos Anjos Sentinelas. É provável que o *Testamento de Salomão* seja datado de uma época em que a comunidade dos essênios em Qumram estava empenhada em escrever extensamente sobre a Guerra no Céu e sobre a batalha atual entre os Filhos das Trevas e os Filhos da Luz. Estes textos sobreviveram e chegaram à era moderna como os Manuscritos do Mar Morto. Tal batalha épica do bem contra o mal tem elos íntimos com o mito dos Anjos Sentinelas que aparece no *Livro de Enoque 1*, onde se lê que duzentos anjos abandonaram o Céu para desposar mulheres mortais. Por meio de declarações de Abezithibod e outros demônios no *Testamento de Salomão*, é revelado que a maioria dos demônios que atormenta a humanidade eram ou os próprios anjos caídos ou a cria mal concebida destes anjos, condenados eternamente a vagar pela terra e descontar sua fúria na humanidade. Cf. Belzebu, Salomão, Sentinelas.

ABGOTH No texto mágico do séc. xv conhecido como *Manual de Munique*, este demônio é conjurado para auxiliar em feitiços que dizem respeito à arte da catoptromancia (*scrying*). Também é invocado para descobrir ladrões a fim de que a justiça seja feita. É citado por nome na quadragésima fórmula do *Manual de Munique*. O mesmo texto inclui o nome *Abgo*, que, ainda que apresentado como um demônio à parte, pode muito bem ser este mesmo demônio apresentado com um erro de grafia. Cf. Manual de Munique.

ABOC Na *Ars Theurgia*, Aboc é um demônio que detém o título de duque. Serve na hierarquia do norte e seu superior imediato é o rei infernal Baruchas. Aboc comanda milhares de espíritos menores e só se manifesta nas horas e minutos que recaem na quinta seção do dia, quando este é dividido em quinze porções iguais. Cf. Ars Theurgia, Baruchas.

ABRACAS Listado como um demônio na edição de 1863 do *Dictionnaire Infernal* de Collin de Plancy, Abracas é ninguém menos que *Abraxas*, uma divindade gnóstica que aparece nos escritos de Simão Mago. Segundo de Plancy, o nome do demônio deriva de *abracadabra*, uma palavra com amplo uso em talismãs mágicos. Tal derivação, porém, é muitíssimo suspeita. Abraxas com frequência é representado como um ser composto, com o corpo de um homem, muitas vezes de armadura, pernas como serpentes e a cabeça de um galo. Ele carrega um chicote em uma mão e um escudo na outra. Sua aparência lembra a de um condutor de carruagem e, de fato, em algumas representações ele aparece assim, com um carro puxado por quatro cavalos. Os cavalos, por sua vez, representam os quatro elementos. Na mitologia gnóstica, diz-se que Abraxas, em geral, tem um corpo de serpente com a cabeça de um leão, circundada por raios como os do sol, uma imagem que remete ao deus solar persa que dizem partilhar o mesmo nome. A imagem com cabeça de galo, porém, permanece a mais reconhecível, haja vista que era comum em amuletos, conhecidos como pedras de Abraxas, do séc. ii da era cristã em diante. Cf. De Plancy.

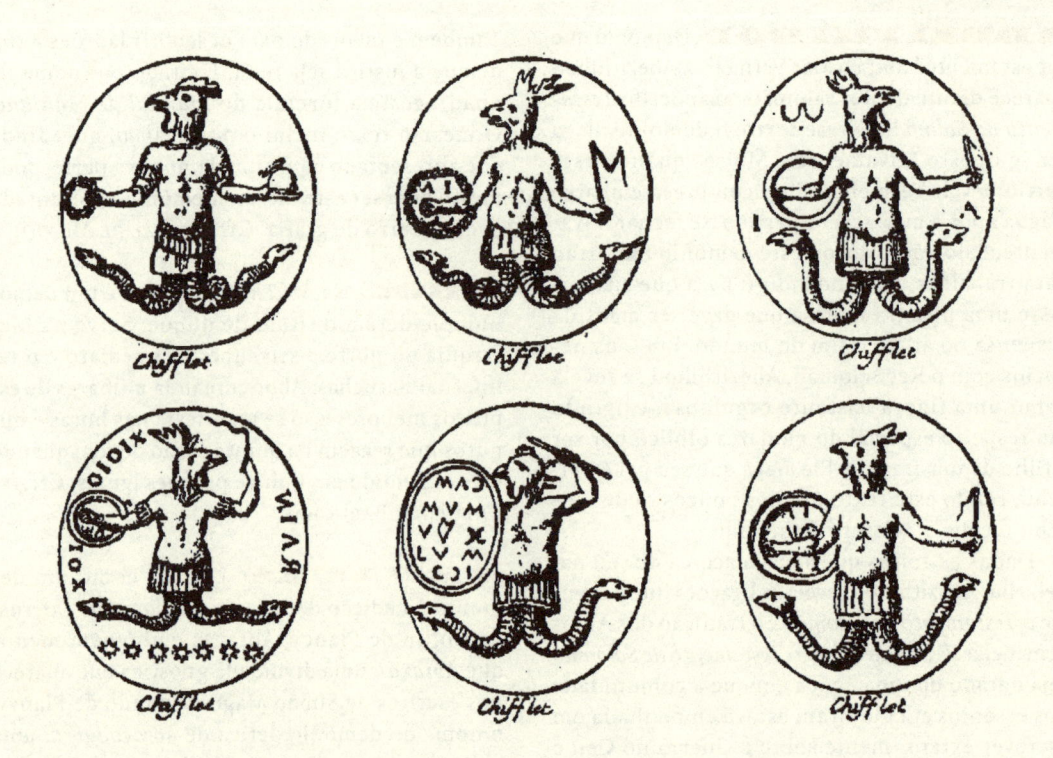

Pedras gnósticas com imagens da divindade Abraxas. Da Encyclopedia of Occultism, *de Lewis Spence. Cortesia da Dover Publications.*

ABRIEL Demônio que atende na hierarquia do príncipe infernal Dorochiel. O nome de Abriel aparece na *Ars Theurgia*, onde se lê que comanda quatrocentos espíritos subordinados. Detém o título de arquiduque e se manifesta apenas nas horas entre o meio-dia e o anoitecer. Por conta de sua associação a Dorochiel, ele está ligado à direção oeste. Cf. *Ars Theurgia*, Dorochiel.

ABRINNO Também chamado Obymero. Seu nome aparece no *Livro de Oberon*, em um feitiço com vários outros demônios conjurados à noite para produção de livros. Ele e seus semelhantes são capazes de criar volumes inteiros em questão de horas, abrangendo uma variedade de assuntos ocultos e proibidos, da alquimia à conjuração, nigromancia e outras artes mágicas. Vale a pena manter em mente que estes demônios livreiros trabalhavam numa época antes da disseminação da imprensa, quando livros eram raros e exigiam muito tempo para se fabricar. Seu serviço era valioso para feiticeiros que dependiam de livros para anotar suas fórmulas e instruções. Cf. *Livro de Oberon*.

ABRULGES Um dos vários demônios mencionados em associação com Pamersiel, o primeiro e principal espírito sob comando de Carnesiel, o Imperador infernal do Leste. Abrulges detém o título de duque e tem a reputação de possuir um temperamento particularmente sórdido. Segundo a *Ars Theurgia*, ele é arrogante e traiçoeiro e nenhuma questão secreta deve jamais ser confiada a ele. Apesar disso, no entanto, sua índole naturalmente agressiva pode, por vezes, ser voltada para o bem. Abrulges

CURIOSIDADES DEMONÍACAS

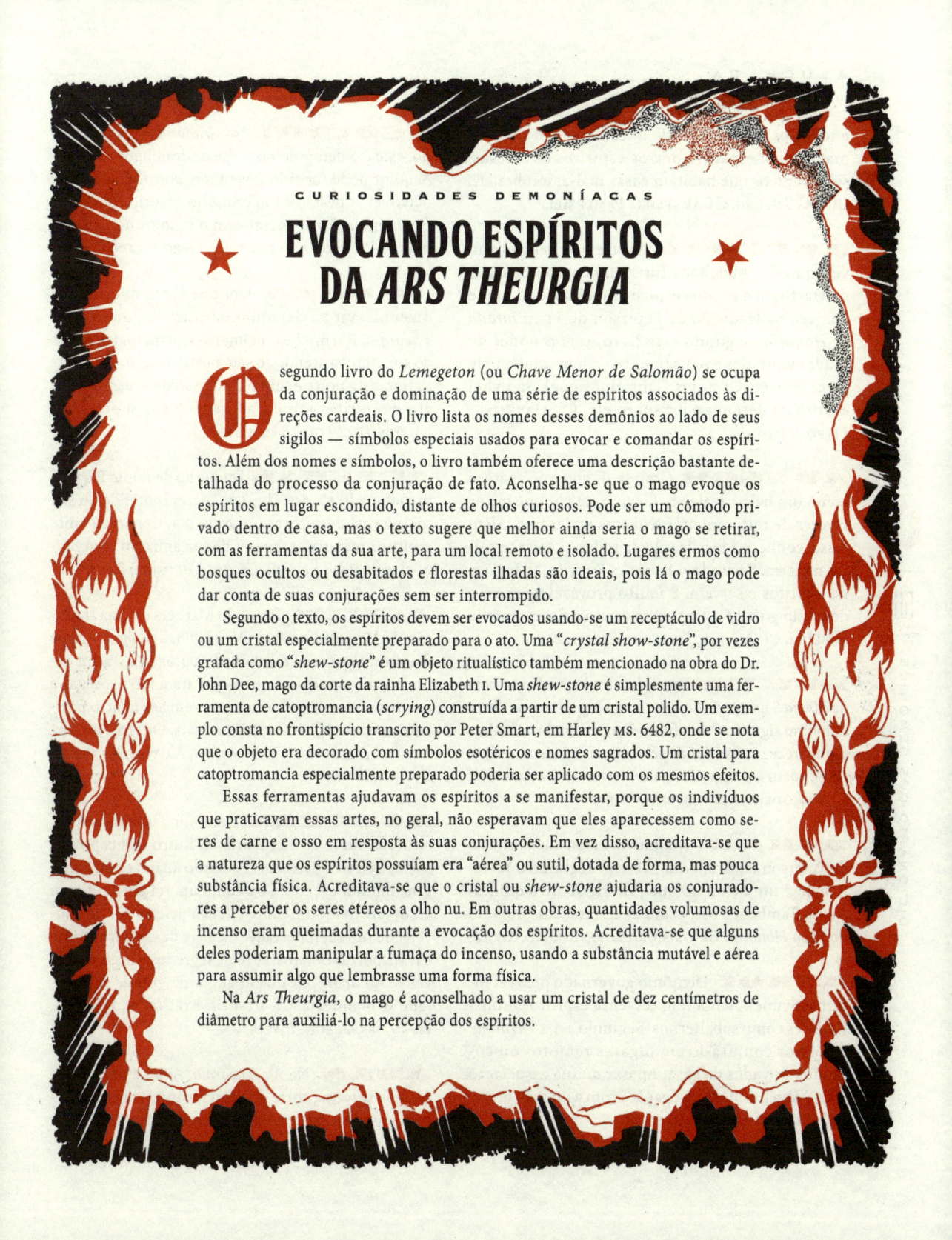

EVOCANDO ESPÍRITOS DA *ARS THEURGIA*

O segundo livro do *Lemegeton* (ou *Chave Menor de Salomão*) se ocupa da conjuração e dominação de uma série de espíritos associados às direções cardeais. O livro lista os nomes desses demônios ao lado de seus sigilos — símbolos especiais usados para evocar e comandar os espíritos. Além dos nomes e símbolos, o livro também oferece uma descrição bastante detalhada do processo da conjuração de fato. Aconselha-se que o mago evoque os espíritos em lugar escondido, distante de olhos curiosos. Pode ser um cômodo privado dentro de casa, mas o texto sugere que melhor ainda seria o mago se retirar, com as ferramentas da sua arte, para um local remoto e isolado. Lugares ermos como bosques ocultos ou desabitados e florestas ilhadas são ideais, pois lá o mago pode dar conta de suas conjurações sem ser interrompido.

Segundo o texto, os espíritos devem ser evocados usando-se um receptáculo de vidro ou um cristal especialmente preparado para o ato. Uma "*crystal show-stone*", por vezes grafada como "*shew-stone*" é um objeto ritualístico também mencionado na obra do Dr. John Dee, mago da corte da rainha Elizabeth I. Uma *shew-stone* é simplesmente uma ferramenta de catoptromancia (*scrying*) construída a partir de um cristal polido. Um exemplo consta no frontispício transcrito por Peter Smart, em Harley MS. 6482, onde se nota que o objeto era decorado com símbolos esotéricos e nomes sagrados. Um cristal para catoptromancia especialmente preparado poderia ser aplicado com os mesmos efeitos.

Essas ferramentas ajudavam os espíritos a se manifestar, porque os indivíduos que praticavam essas artes, no geral, não esperavam que eles aparecessem como seres de carne e osso em resposta às suas conjurações. Em vez disso, acreditava-se que a natureza que os espíritos possuíam era "aérea" ou sutil, dotada de forma, mas pouca substância física. Acreditava-se que o cristal ou *shew-stone* ajudaria os conjuradores a perceber os seres etéreos a olho nu. Em outras obras, quantidades volumosas de incenso eram queimadas durante a evocação dos espíritos. Acreditava-se que alguns deles poderiam manipular a fumaça do incenso, usando a substância mutável e aérea para assumir algo que lembrasse uma forma física.

Na *Ars Theurgia*, o mago é aconselhado a usar um cristal de dez centímetros de diâmetro para auxiliá-lo na percepção dos espíritos.

e todos os seus colegas de ducado podem ser chamados para espantar outros espíritos das trevas, sobretudo os que habitam casas mal-assombradas. Cf. *Ars Theurgia*, Carnesiel, Pamersiel.

ABUCHABA Demônio ligado ao vento oeste. Abuchaba funciona como um servo de Harthan, o rei dos espíritos da Lua. Seu nome aparece na tradução de Peterson do *Livro Jurado de Honório*. Segundo este livro, tem o poder de mudar vontades e pensamentos, além também de fazer chover. Os anjos Gabriel, Miguel, Samyhel e Atithael detêm poder sobre ele. Cf. Harthan, Livro Jurado.

ABUGOR Grande duque que aparece como um belo cavaleiro. É capaz de conquistar os favores de reis, senhores e outros poderosos. Além disso, conhece a localização de todas as coisas ocultas na terra. Segundo o *Livre des Esperitz*, 27 legiões de espíritos o servem. É muito provável que seja o demônio goético Abigor com uma grafia levemente alterada. Cf. Abigor, *Livre des Esperitz*.

ABUTES Segundo a tradução de Mathers da *Magia Sagrada de Abramelin, o Mago*, o nome deste demônio significa "sem fundo" ou "insondável". Abutes aparece numa lista de servidores demoníacos que respondem aos arquidemônios Asmodeus e Astarote. Cf. Asmodeus, Astarote, Mathers.

ACHAM Demônio mencionado na edição de Peterson do *Grimorium Verum*. Segundo o texto, Acham é um demônio que preside sobre a quinta-feira. Também é associado às quintas no *Grimório do Papa Honório*. Cf. *Grimorium Verum*, Honório.

ACHOL Demônio governado pelo rei infernal Symiel. Achol tem sessenta espíritos ministradores como subalternos. Segundo a *Ars Theurgia*, é melhor conjurá-lo em lugares remotos ou cômodos privados da casa. Apesar de sua associação com Symiel, Achol tem ligações com a direção norte. Cf. *Ars Theurgia*, Symiel.

ACQUIOT No *Grimório do Papa Honório*, este é o demônio que rege os domingos. O nome Acquiot pode ter sido inventado, considerando que o livro em questão é um grimório espúrio concebido com a intenção de lucrar com o renome do *Livro Jurado de Honório* do séc. XIV. Cf. Livro Jurado.

ACREBA Um dos vinte duques que dizem servir ao demônio Barmiel. Segundo a *Ars Theurgia*, Barmiel é o primeiro e principal espírito do sul. Acreba atende ao seu mestre infernal durante as horas da noite e tem o comando de seus próprios vinte espíritos ministradores sob sua supervisão. Cf. *Ars Theurgia*, Barmiel.

ACTERAS Duque do demônio Barmiel mencionado na *Ars Theurgia*. Acteras atende ao seu rei infernal durante as horas do dia. Comanda vinte espíritos menores e, apesar de sua afiliação com Barmiel, está ligado ao sul. Cf. *Ars Theurgia*, Barmiel.

ACUAR Segundo Mathers em sua tradução da *Magia Sagrada de Abramelin, o Mago*, o nome deste demônio está relacionado a uma palavra em hebraico que significa "aquele que ara a terra". Acuar é um dos vários demônios que servem aos quatro príncipes infernais das direções cardeais: Oriens, Paimon, Ariton e Amaimon. Cf. Amaimon, Ariton, Mathers, Oriens, Paimon.

ACUTEBA Demônio associado à Lua. Acuteba serve ao Rei Harkam, junto dos espíritos Mylu, Byleth e Bylethor. Podendo aparecer ou como uma mulher caçadora ou como um rei portando um arco, este demônio é alto e tem a pele da cor das nuvens de uma tempestade. É capaz de conjurar prata e transportar objetos, revelar segredos e acelerar cavalos. Ao aparecer, dizem que uma grande tempestade se manifesta. Cf. Byleth, Bylethor, Harkam, *Livro de Oberon*, Mylu.

ADAN Na *Ars Theurgia*, Adan é um demônio que serve na corte do príncipe infernal Usiel. Revela segredos, mas também tem o poder de ocultar tesouros de modo a protegê-los contra ladrões. Atende apenas durante as horas da noite e se manifesta apenas durante esse período. Tem quarenta espíritos menores à sua disposição para executar seus comandos. Cf. *Ars Theurgia*, Usiel.

ADIRAEL Na sua tradução de 1898 da *Magia Sagrada de Abramelin, o Mago*, o ocultista S. L. Mathers apresenta seu nome com o sentido de "a magnificência de Deus". Embora pareça o nome de um anjo, Adirael é quase certamente um dos anjos caídos. Segundo o material no *Abramelin*, Adirael é um servo de Belzebu. Cf. Belzebu, Mathers.

ADON Demônio mencionado na tradução de Mathers da *Magia Sagrada de Abramelin, o Mago*. É quase certo que o nome de Adon derive de um dos vários nomes em hebraico para Deus. Como demônio, Adon serve a Oriens, Paimon, Ariton e Amaimon, os príncipes demoníacos das quatro direções. Cf. Amaimon, Ariton, Mathers, Oriens, Paimon.

ADRAMELEQUE Um dos muitos demônios mencionados no longo *Dictionnaire Infernal* de Colin de Plancy, publicado e republicado ao longo do séc. XIX. O nome deste demônio, na verdade, deriva de um deus solar samaritano por vezes grafado como *Adramelek* ou *Adramelech*. Como tal, é uma das muitas divindades estrangeiras mencionadas no Velho Testamento que foram demonizadas com o tempo. O escritor francês do começo do séc. XIX, Charles Berbiguier, descreve Adrameleque como o Altíssimo Chanceler do Inferno. Em seu livro *Les Farfadets*, Berbiguier afirma ainda que Adrameleque recebeu a medalha da Grande Cruz da Ordem da Mosca, uma suposta ordem demoníaca de cavaleiros fundada por Belzebu. A. E. Waite, em seu clássico *Livro da Magia Negra*, repete as atribuições de Berbiguier, mas o associa incorretamente ao erudito do séc. XVI, Johannes Wierus. Agrippa o identifica com um antigo rei, demonizado posteriormente. Cf. Agrippa, Belzebu, Berbiguier, De Plancy, Waite, Wierus.

AFARORP Demônio cujo nome aparece na edição de Mathers da *Magia Sagrada de Abramelin, o Mago*, Afarorp é um servidor dos quatro príncipes infernais das direções cardeais: Oriens, Paimon, Ariton e Amaimon. Cf. Amaimon, Ariton, Mathers, Oriens, Paimon.

AFRAY S. L. Mathers explica o sentido do nome deste demônio como tendo o significado de "poeira" em sua tradução de 1898 da *Magia Sagrada de Abramelin, o Mago*. Segundo a obra, Afray serve aos demônios superiores Asmodeus e Astarote. Cf. Asmodeus, Astarote, Mathers.

AGALERAPTARKIMATH Um dos dois demônios que detêm o título de duque, servindo imediatamente abaixo do Príncipe Belzebu. Ftheruthi é outro duque no mesmo patamar. Ambos são mencionados no grimório veneziano *Clavicula Salomonis de Secretis* do séc. XVII. Comparar com Agaliarept do *Grande Grimório*. Cf. Agaliarept, Belzebu, Ftheruthi, *Segredos de Salomão*.

AGALIAREPT Este demônio aparece no *Grande Grimório*, com o título de general do Inferno. Dizem que comanda a Segunda Legião de Espíritos pela glória do imperador Lúcifer e seu primeiro-ministro, Lucifuge Rofocale. Agaliarept guarda mistérios e a ele é creditado o poder de revelar quaisquer segredos arcanos ou sublimes ao praticante diligente de magia. Buer, Guison e Botis, três seres tradicionalmente incluídos dentre os 72 demônios da *Goécia*, supostamente respondem às suas ordens diretas. Cf. Botis, Buer, Guison, Lúcifer, Lucifuge, Rofocale.

AGAPIEL Um dos quinze demônios a serviço de Icosiel, um príncipe errante do ar. Agapiel detém o título de duque e supervisiona outros 2200 espíritos ministradores. Dizem que aparece apenas durante as horas e minutos da quinta porção do dia, quando este é dividido em quinze partes iguais. Na *Ars Theurgia*, consta que Agapiel e sua coorte têm uma predileção por casas e que é mais fácil encontrá-los em propriedades particulares. Cf. Ars Theurgia, Icosiel.

AGARES Intitulado Primeiro Duque sob a potestade do leste, Agares supervisiona um total de 31 legiões de espíritos infernais. Segundo a *Pseudomonarchia Daemonum*, aparece com grande disposição ao ser conjurado, surgindo na forma de um velho montado num crocodilo e carregando um gavião ao punho. Detém poder sobre fugitivos e é capaz de trazê-los de volta ao comando de seu conjurador. Também é capaz de impelir as pessoas a fugirem. Ensina línguas e confere dignidades tanto sobrenaturais quanto temporais, além de ter também o poder de causar terremotos. Pertence à Ordem das Virtudes. Segundo a *Goécia do Dr. Rudd*, ele é coibido pelo anjo Jeliel. Agares também aparece no *Livre des Esperitz*, grimório francês do séc. XVI, onde seu nome é grafado *Agarat*. O grimório galês chamado *Livro dos Encantamentos* atribui a ele a habilidade de causar terremotos além de seus poderes de sempre e diz que 31 legiões o seguem. No *Livro de Oberon*, seu nome é grafado *Agaros* e é um dos vinte principais ministros do Rei Oriens. Assim como no *Livro de Oberon*, a maioria dos verbetes sobre Agares o identificam como subordinado de Oriens, rei do leste. Outras variações sobre o seu nome incluem *Aharas* e *Acharos*. Cf. Goécia, Livre des Esperitz, Livro de Oberon, Livro dos Encantamentos, Oriens, Rudd, Wierus.

AGASALY Um dos vários demônios que dizem servir a Paimon, um dos príncipes infernais das direções cardeais. Agasaly é mencionado na *Magia Sagrada de Abramelin, o Mago*. Na tradução de 1898 desta obra feita por Mathers, baseada num manuscrito francês e imperfeito do séc. XV, seu nome é grafado *Agafali*. Cf. Mathers, Paimon.

AGATERAPTOR Na tradução de Peterson do *Grimorium Verum*, Agateraptor é listado como um dos três demônios que trabalham como chefes para "Belzebuth", uma das variações do nome Beelzebub ou Belzebu. Nas *Chaves Verdadeiras de Salomão*, este demônio aparece sob a grafia *Agatraptor*. Junto com sua coorte, Himacth e Stephanate, dizem que serve ao demônio Belzebu. Cf. Belzebu, Chaves Verdadeiras, Grimorium Verum, Himacth, Stephanate.

AGCHONIÔN Demônio ligado à morte súbita de crianças no berço, mencionado no *Testamento de Salomão*. Agchoniôn aparece com a cabeça de uma fera e o corpo de um homem. Além de sufocar crianças no berço, dizem espreitar homens que estejam caminhando próximos a penhascos. Quando uma possível vítima aparece, Agchoniôn chega por trás e o empurra para que caia e morra. Este demônio causador de sofrimento é o número 33 dos 36 demônios associados aos decanos do zodíaco e pode ser expulso pelo uso do nome *Lycurgos*. Na tradução posterior de McCown, seu nome é grafado como *Achoneōth*. Ele detém o título de *Rhyx*, que significa "rei". O nome que o expulsa, neste volume, é grafado *Leikourgos*. Cf. Salomão.

AGEI Demônio cujo nome aparece na tradução de Mathers da *Magia Sagrada de Abramelin, o Mago*. Agei aparece na corte dos demônios Astarote e Asmodeus, servindo a ambos os mestres infernais. Segundo uma outra versão do material do *Abramelin*, guardada na biblioteca de Wolfenbüttel, na Alemanha, o nome deste demônio poderia ser grafado também como *Hageyr*. Cf. Asmodeus, Astarote, Mathers.

AGIBOL Servidor dos reis demoníacos Amaimon e Ariton, Agibol aparece na tradução de 1898, feita por Mathers, da *Magia Sagrada de Abramelin, o Mago*. Mathers sugere que o nome deste demônio possa derivar de um termo hebraico que significa "amor à força", mas esta leitura é, na melhor das hipóteses, especulativa. Cf. Amaimon, Ariton, Mathers.

AGLAFYS Um demônio que dizem servir a Paimon, um dos quatro príncipes infernais das direções cardeais. Aglafys aparece na *Magia Sagrada de Abramelin, o Mago*. Notavelmente, *AGLA* é uma palavra comum em amuletos associados à tradição dos

CURIOSIDADES DEMONÍACAS

A PALAVRA MÁGICA

As ferramentas da arte da evocação de espíritos muitas vezes eram recobertas com símbolos esotéricos, nomes de poder e palavras mágicas. Na tradição dos grimórios, esperava-se do mago que ele mesmo criasse esses objetos pessoalmente e que entendesse o significado de cada símbolo ou imagem inscritos. Uma tal ferramenta para conjuração era a adaga ritual. Segundo Scot, em seu livro *Descoberta da Bruxaria*, o mago deve preparar sua adaga de conjuração escrevendo ou gravando letras e figuras especiais sobre a lâmina. Quatro símbolos são desenhados em um dos lados da lâmina e, do outro, o mago deve inscrever a palavra AGLA. AGLA é um acrônimo comum em magia talismânica e também aparece em amuletos de proteção e círculos de conjuração em um grande número de grimórios. O termo é composto das primeiras letras da frase em hebraico *Attah Gibbor Le'olam Adonai*. Traduzida, ela significa: "Tu és poderoso para sempre, Ó Senhor".

Vários termos em hebraico foram adotados na tradição dos grimórios de linhagem cristã, muitas vezes sem reconhecimento de seus significados originais. AGLA, por exemplo, acabou indo parar em vários nomes demoníacos, apesar de seu caráter sagrado. O mesmo pode ser dito de *Berith*, a palavra em hebraico para "Aliança", no sentido de pacto. Em alguns casos, essa demonização foi acidental, mas, em outros, há uma intenção por trás da corrupção dos nomes divinos. Basta considerar o antissemitismo inerente às descrições dos *Sabbats* das Bruxas, que se desenvolvem diretamente a partir das acusações odiosas feitas contra os judeus.

Adaga de conjuração com o nome mágico AGLA em *Descoberta da Bruxaria*, de Scot. Cortesia da Dover Publications.

Reminiscentes das técnicas da Magia Sagrada de Abramelin, o Mago, o teurgista realiza rituais para exercer poderes divinos na Terra. Água-tinta colorida do séc. XIX, creditada a William Charlton Wright. Do acervo da Wellcome Collection, Londres.

grimórios, usada na invocação de espíritos, ocorrendo tipicamente ao lado de outros nomes "secretos" de Deus, como *Shaddai* ou *Sabaoth*. Na edição de Mathers do *Abramelin*, o nome do demônio é dado como *Aglafos*. Cf. MATHERS, PAIMON.

AGLAS Este ser aparece na *Ars Theurgia* em conexão com a corte do demônio Geidel. Aqui, seu título é o de duque, servindo a seu mestre infernal durante a noite. Comanda um total de vinte espíritos menores. O nome deste demônio provavelmente deriva da palavra mágica AGLA. Cf. ARS THEURGIA, GEDIEL.

AGLASIS Surgindo no *Grimorium Verum*, este demônio destruirá os inimigos do mago, a seu comando. Ele tem também o poder de viajar e pode transportar o mago instantaneamente à localidade de sua escolha. É provável que seu nome seja mais uma variação do nome mágico AGLA. Seu nome consta também no primeiro livro de um exemplar da *Clavicula Salomonis* datado de 1709. Este texto está guardado na Wellcome Library de Londres e tem ligações com os *Segredos de Salomão*, grimório apreendido pela inquisição de Veneza no séc. XVII. Segundo este texto, Aglasis é um demônio transportador, carregando aqueles que o comandam a qualquer lugar no mundo. Serve a Hael e Sergulaf, ambos demônios de alta patente na corte do Duque Resbiroth. Cf. CLAVICULA SALOMONIS, GRIMORIUM VERUM, HAEL, RESBIROTH, SEGREDOS DE SALOMÃO, SERGULAF.

AGOR Um arquiduque a serviço do demônio Malgaras. Agor tem elos com os poderes diurnos e trinta espíritos menores que o servem. Seu nome e selo aparecem na *Ars Theurgia*, um texto do séc. XVII que detalha uma variedade de demônios ligados aos pontos cardeais. Por meio de Malgaras, ele está associado ao oeste. Cf. ARS THEURGIA, MALGARAS.

AGRA Um dos oito duques infernais que dizem servir ao rei demoníaco Gediel durante as horas da noite. Por meio de seu serviço a Gediel, Agra está associado à direção sul. Segundo a *Ars Theurgia*, ele detém o título de duque. Há vinte espíritos menores à sua disposição para concretizar seus desejos. Cf. ARS THEURGIA, GEDIEL.

AGRAX Um demônio que serve a Astarote e Asmodeus, segundo a tradução de 1898 de Mathers da *Magia Sagrada de Abramelin, o Mago*. Em outras versões desse material, o nome do demônio é grafado *Argax*. Cf. ASMODEUS, ASTAROTE, MATHERS.

AGRIPPA, HENRIQUE CORNÉLIO [Heinrich Cornelius Agrippa, em alemão] Escritor renascentista conhecido por sua obra, em três volumes, *De Oculta Philosophia*, conhecida amplamente como os *Três Livros de Filosofia Oculta*. Agrippa viveu de 1486 até 1535 e estudou brevemente sob a orientação do abade e ocultista alemão João Tritêmio. Quando sua *Filosofia Oculta* foi escrita por volta de 1510, enviou o manuscrito a Tritêmio para receber a opinião de seu velho professor, que o aconselhou para que fosse sigiloso quanto à obra, por conta do conteúdo. Isso pode ter inspirado Agrippa a adiar a publicação formal do livro durante quase vinte anos. Em todo caso, a obra teve ampla circulação em formato de manuscrito, ganhando grande renome.

Os *Três Livros de Filosofia Oculta* representam a tentativa de Agrippa de ressuscitar a arte da magia tal como havia sido praticada no mundo antigo. Esse material abrange uma vasta gama de assuntos, desde a magia natural até a astrologia, adivinhação e até mesmo necromancia. Suas fontes são variadas, desde as obras de filósofos gregos e romanos até o material derivado do misticismo judaico e grimórios como o *Heptameron*. Sua obra é provavelmente uma das mais influentes em todo o ocultismo e esoterismo ocidentais. Os escritos do Dr. John Dee fazem referências frequentes a ela. Muitas obras subsequentes, incluindo um número considerável de grimórios, integram trechos inteiros da *Filosofia Oculta*.

Por vezes os créditos são dados a Agrippa pela autoria desse material e por vezes ele é plagiado descaradamente. Um desses casos envolve a obra *O Mago*, produzida por Francis Barrett em 1801. Barrett se vale livremente do material de Agrippa sem a menor menção ao próprio autor original. Num impulso semelhante para lucrar com a obra de Agrippa sem o seu envolvimento, um *Quarto Livro de Filosofia Oculta* foi produzido trinta anos após a sua morte. No entanto, ele é atribuído a Agrippa e pretensamente inclui todo o material demoníaco e cerimônias que teriam sido originalmente extirpados da obra para apaziguar os críticos. Johannes Wierus, o famoso estudante de Agrippa, foi categórico ao condenar este livro, em seu *De Praestigiis Daemonum*, como uma obra espúria.

A *Filosofia Oculta* de Agrippa enfim foi produzida em formato impresso em 1533. A denúncia do Inquisidor da Ordem Dominicana Conrad Köllin, de Ulm, que o acusou de heresia, causou alguns contratempos de última hora, o que levou a incluir uma retratação por escrito no final do livro III. Cf. BARRETT, WIERUS.

AHEROM Um demônio mencionado na tradução de Mathers de 1898 da *Magia Sagrada de Abramelin, o Mago*. Aherom é listado entre um vasto número de outros demônios que servem aos quatro príncipes infernais e direções cardeais: Oriens, Paimon, Ariton e Amaimon. Cf. AMAIMON, ARITON, MATHERS, ORIENS, PAIMON.

AKANEF Em sua tradução do *Magia Sagrada de Abramelin, o Mago*, o ocultista S. L. MacGregor Mathers sugere que o nome deste demônio está relacionado à palavra em hebraico para "asa". Akanef serve aos arquidemônios Astarote e Asmodeus e é invocado como parte dos trabalhos ligados ao Sagrado Anjo Guardião. Cf. ASMODEUS, ASTAROTE, MATHERS.

AKESOLI Um demônio cujo nome significa "o que traz dores", pelo menos segundo o ocultista S. L. MacGregor Mathers. Em sua tradução de 1898 da *Magia Sagrada de Abramelin, o Mago*, diz-se de Akesoli que serve ao rei demoníaco Amaimon. Seu nome também é grafado *Akefely*. Cf. AMAIMON, MATHERS.

AKIUM Mathers entende que o nome deste demônio significa "certeza". Em sua tradução de 1898 da *Magia Sagrada de Abramelin, o Mago*, ele lista Akium dentre os servidores demoníacos sob o poder de Belzebu. *Akahim* é uma das variações de seu nome. Cf. BELZEBU, MATHERS.

AKOROS Um demônio que dizem servir ao rei infernal Amaimon na *Magia Sagrada de Abramelin, o Mago*. Segundo a tradução de Mathers desta obra, Akoros vem de uma raiz grega que significa "aqueles que derrubam a autoridade". Na edição de Peter Hammer desta obra, o nome do demônio é dado como *Abarok*. Cf. AMAIMON, MATHERS.

AKTON Um demônio pestilento que ataca as costelas e a lombar dos mortais, atormentando-os com dores e aflições. É um dos 36 demônios associados aos decanos do zodíaco mencionados no *Testamento de Salomão*. Segundo este texto pseudepigráfico, Akton pode ser expulso com os nomes Marmaraôth e Sabaôth. Embora não esteja claro quais são a origem e sentido de Marmaraôth, Sabaôth é um dos nomes em hebraico de Deus e significa "Senhor dos Exércitos". Na tradução posterior de McCown do *Testamento*, o nome de Akton é grafado *Aktonme* e ele recebe o título de *Rhyx*, ou "rei". Curiosamente, esta versão diz que o nome que o expulsa é *Marmaraoth da Neblina*. As diferenças são resultado das variações do material tomado como fonte. As fontes de McCown são consideradas, no geral, como as mais precisas das duas versões. Cf. SALOMÃO.

ALAGAS A tradução de 1898 da *Magia Sagrada de Abramelin, o Mago* afirma que o significado do nome do demônio Alagas é "o Peregrino". Alagas e uma horda de outras entidades demoníacas aparecem numa longa lista de seres a serviço de Oriens, Paimon, Ariton e Amaimon, os quatro príncipes demoníacos das direções cardeais. Alagas é evocado como parte de um processo para estabelecer um diálogo com uma entidade conhecida como o Sagrado Anjo Guardião. Cf. AMAIMON, ARITON, MATHERS, ORIENS, PAIMON.

ALAN Normalmente um nome bastante prosaico, na tradução de Mathers da *Magia Sagrada de Abramelin, o Mago*, Alan aparece como um demônio a serviço de Astarote. O nome deste demônio é dado como *Alafy* na versão deste mesmo material mantida na biblioteca de Wolfenbüttel. A versão mantida na Sächsische Landesbibliothek (Biblioteca da Saxônia), em Dresden, também na Alemanha, oferece a grafia *Alasi*. Cf. ASTAROTE, MATHERS.

ALASTIEL Um espírito de alto escalão conjurado para coagir um espírito menor a habitar um anel criado especialmente para isso. Alastiel é evocado para garantir que o demônio que habitará o anel seja cooperativo, altamente inteligente e que não possa enganar o mago. Esta conjuração pode ser encontrada no grimório elisabetano conhecido como *Livro de Oberon*. O objetivo é fornecer um espírito tutelar que sirva ao seu dono até o final de sua vida natural. Cf. Livro de Oberon.

ALASTOR Um demônio da vingança mencionado no *Dictionnaire Infernal* de Collin de Plancy. Neste texto, de Plancy indica que Alastor era conhecido na tradição do zoroastrismo como "o Executor". Apesar de essa ligação com o zoroastrismo ser dúbia, na tradição dos antigos gregos, Alastor de fato era um espírito da vingança. Zeus era conhecido como Zeus Alastor sempre que assumia uma forma vingativa. Na apresentação de Waite do *Grande Grimório*, em seu *Livro da Magia Negra e dos Pactos*, de 1910, Alastor é descrito como o Comissário de Obras Públicas do Inferno. Ele também é representado como um juiz infernal. Essas atribuições remetem à obra de Charles Berbiguier, um autoproclamado demonólogo do começo do séc. XIX. Cf. Berbiguier, De Plancy, Waite.

ALATH Um espírito verdadeiramente temeroso, cujo nome aparece no texto extrabíblico do *Testamento de Salomão*. Alath é um demônio pestilento que dizem afligir crianças. Ele rouba sua respiração, causando asma, tosse e outras dificuldades para respirar. É o 21º demônio dentre os associados aos 36 decanos do zodíaco, e dizem que tem o corpo de um homem com a cabeça de uma fera. Segundo o *Testamento*, ele pode ser expulso pelo nome *Rorêx*. Alath recebe o título de *Rhyx*, ou "rei". O anjo que o coíbe é Rarideris. As duas traduções têm diferenças significativas, porque a versão posterior foi compilada usando-se uma coletânea mais completa de fontes textuais. Cf. Salomão.

ALBEWE Demônio ligado ao assassinato, à destruição, ao ódio e à discórdia, Albewe serve ao rei dos espíritos de Saturno, identificado como Maymon no *Livro de Oberon*. Ao se manifestar, assume uma forma monstruosa, com a pele escura e translúcida. Ao ser compelido a assumir uma forma mais humana, pode aparecer como um velho com uma barba longa ou como uma senhora apoiada em bengalas. Cf. Aldee, Cherasa, Etheye, Livro de Oberon, Malyke, Maymon.

ALBHADUR Arquiduque na hierarquia de Raysiel, rei infernal do norte. Albhadur tem cinquenta espíritos ministradores menores que lhe servem e está ligado às horas diurnas. Descrito como um espírito aéreo, Albhadur tem uma natureza que é mais sutil do que física e não pode ser discernido com facilidade pelo olho nu. A *Ars Theurgia* recomenda observá-lo com ajuda de um cristal ou outra ferramenta de catoptromancia. Cf. Ars Theurgia, Raysiel.

ALBUNALICH Um dos vários demônios que dizem servir ao rei infernal Maymon. Na tradução de Joseph H. Peterson do *Livro Jurado de Honório*, Albunalich é associado aos espíritos que têm uma aparência esbelta e graciosa. Pálido ou amarelo em sua coloração, eles são capazes de fazer surgir neve e gelo, além de influencia as emoções de raiva, ódio e tristeza. Estão ligados ao planeta Saturno e à direção norte. Os anjos Bohel, Cafziel, Michrathon e Satquiel governam Albunalich, bem como todos os demônios conectados ao planeta Saturno. Na edição de Driscoll do *Livro Jurado*, este demônio aparece sob o nome *Albunalith*, mas suas atribuições estão alteradas em algum grau. Esta versão representa Albunalich como um rei do norte, governando o elemento da terra, e afirma que é capaz de repassar conhecimento sobre coisas futuras, além de falar de coisas do passado. Ele tem a habilidade de despertar o ódio mútuo das pessoas, incitando rancor e levando-as a apontarem suas espadas umas às outras.

Num lado mais leve, apesar de ser uma criatura da terra, diz-se também de Albunalich que ele é capaz de trazer chuvas temperadas e que encontra grande diversão em cansar e frustrar qualquer um que procure tesouros — presumivelmente tesouros enterrados em seu domínio na terra. Cf. Livro Jurado, Maymon.

ALCHIBANY

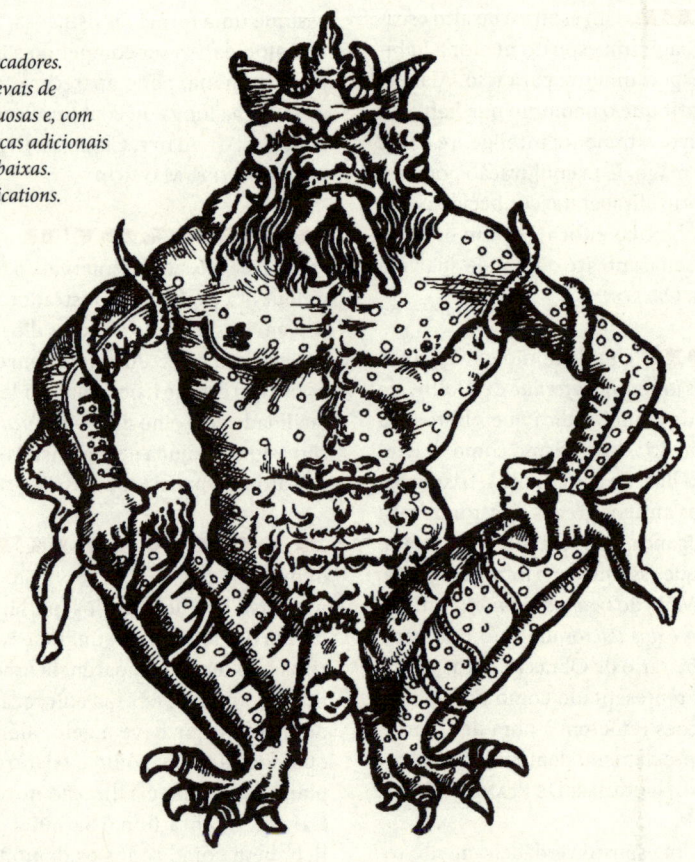

Lúcifer devorando os pecadores. As representações medievais de demônios eram monstruosas e, com frequência, incluíam bocas adicionais nas juntas e nas partes baixas. Cortesia da Dover Publications.

ALCHIBANY Um demônio mencionado na tradução de Peterson do *Livro Jurado*. Entende-se que Alchibany serve ao rei demoníaco Maymon, ligado à direção norte, bem como ao planeta Saturno. Curiosamente, o texto parece também implicar que Alchibany esteja subordinado ao vento sudoeste, apesar de não ficar claro como se concilia essa informação com seu serviço ao rei infernal do norte. Compare o nome deste demônio com *Aliybany*, que dizem servir a Albunalich, rei demoníaco da terra, na tradução de Driscoll do *Livro Jurado*. Cf. Aliybany, *Livro Jurado*, Maymon.

ALDAL Demônio especializado em truques e ilusões, Aldal pode ser conjurado para auxiliar em qualquer feitiço que envolva enganar os sentidos. Mencionado tanto na *Magia Sagrada de Abramelin, o Mago* quanto na *Clavicula Salomonis*, ele é recomendado para feitiços de invisibilidade. Cf. Clavicula Salomonis, Mathers.

ALDEE Mencionado no *Livro de Oberon*, Aldee é um demônio particularmente vil. Ele incita pensamentos perversos e tenta as pessoas para que cometam obras ligadas ao caos, assassinato, ódio e discórdia. Sua forma natural é monstruosa, com muitas faces, bicos de pássaro e pele translúcida. Também pode aparecer na forma de um porco ou coruja. Quando veste uma aparência humana, ele se assemelha a um velho ou a uma mulher, muitas vezes de preto e carregando uma bengala ou foice. Serve ao rei infernal Maymon, que rege a esfera de Saturno. Quatro outros ministros demoníacos servem aos interesses deste rei, junto de Aldee. Cf. ALBEWE, ALDEE, CHERASA, ETHEYE, LIVRO DE OBERON, MALYKE, MAYMON.

ALDRUSY Um demônio na hierarquia do príncipe errante Uriel, pelo menos segundo a *Ars Theurgia*. Aldrusy detém o título de duque e tem 650 espíritos inferiores que lhe servem. Assume a forma de uma serpente imensa com uma cabeça humana. É um espírito perturbador, desonesto e teimoso. Cf. ARS THEURGIA, URIEL.

ALEASI Um demônio noturno na hierarquia do norte. Segundo a *Ars Theurgia*, Aleasi serve ao rei demoníaco Raysiel e detém o título de arquiduque. Aparece apenas durante as horas noturnas e sua reputação aponta para uma índole muito obstinada e maligna. Quarenta espíritos menores lhe servem, executando seus comandos. Cf. ARS THEURGIA, RAYSIEL.

ALEDEP Na edição de Driscoll do *Livro Jurado de Honório*, Aledep é um dos três ministros que dizem servir diretamente ao rei demoníaco Abas. Ligado às regiões obscuras sob a terra, Aledep e seus compatriotas sabem a localização de todo tipo de metais preciosos e podem ser compelidos a trazer ouro e prata em grandes quantidades se forem propiciados com as oferendas corretas. Aledep também parece ter alguma conexão com terremotos, pois dizem que pode causar grande destruição, fazendo com que prédios e outras estruturas desabem. Também é capaz de conferir grandes posições de poder mundano, ajudando aqueles a quem favorece a obter influência e honras no mundo. Cf. ABAS, LIVRO JURADO.

ALEPTA Segundo a tradução de Mathers do *Grimório de Armadel*, Alepta é um demônio que confere grandes riquezas. Consegue exaltar ainda mais um mortal e fazer com que essa pessoa se torne formidável às outras. Por fim, este demônio tem a habilidade de resgatar aqueles que o invocam das mãos de seus inimigos — embora nenhuma indicação seja dada quanto ao que o demônio poderá pedir em troca por esse serviço. Cf. MATHERS.

ALFERIEL Segundo a *Ars Theurgia*, Alferiel é um demônio na hierarquia de Demoriel, o Imperador do Norte. Alferiel é um poderoso duque com 84 espíritos menores sob seu comando. Seu superior imediato é o demônio Armadiel, que rege o noroeste. Alferiel está sob os limites do tempo e do espaço, por isso só se manifesta durante horas e minutos bastante específicos. Se o dia for dividido em quinze porções iguais, a sexta porção pertence a Alferiel (a tradução de Henson da *Ars Theurgia* fornece o número quinze, mas é quase certo que o correto deveria ser doze e foi copiado incorretamente em algum momento da história). Cf. ARMADIEL, ARS THEURGIA, DEMORIEL.

ALFLAS Um dos vários demônios mencionados na corte do rei Maymon na tradução de Joseph H. Peterson do *Livro Jurado de Honório*, chamado em latim de *Liber Juratus*. Maymon e seus servos estão ligados tanto ao planeta Saturno quanto à direção norte — porém Alflas é um dos demônios nesta lista que, especificamente, aparece subordinado ao vento sudoeste. Maymon e sua corte são descritos como seres altos, pálidos e graciosos. São capazes de fazer nevar e têm poder para influenciar sentimentos de raiva, ódio e tristeza. Compare o nome deste demônio com Asflas, que dizem servir a Albunalich, rei demoníaco da terra, na tradução de Driscoll do *Livro Jurado*. Cf. ALBUNALICH, ASFLAS, LIVRO JURADO, MAYMON.

ALGOR Aparecendo na forma de um belo cavaleiro armado com lança e escudo, Algor é capaz de conferir os favores de príncipes e reis. É mencionado no grimório elizabetano conhecido como *Livro de Oberon*, que afirma que ele é um dos doze servidores de alta patente de Oriens, o rei que governa no leste. Cf. LIVRO DE OBERON, ORIENS.

ALIEL Demônio mencionado na *Ars Theurgia*. Aliel serve na corte do príncipe demoníaco Dorochiel, na qual comanda quarenta espíritos menores. Consta que ele chegou a obter o título de arquiduque e atende apenas na primeira metade da noite, entre o crepúsculo e a meia-noite. Por meio de Dorochiel, ele está associado ao oeste. Seu nome aparece de novo na hierarquia do demônio Masiel. Aqui, diz-se de Aliel, de novo, que serve durante as horas da noite e que tem o título de duque, com trinta espíritos a seu comando. Também se entende que ele seja um duque a serviço do rei infernal Maseriel. Nesta hierarquia, Aliel está ligado à direção sul. Ele serve a seu mestre durante as horas diurnas e tem trinta espíritos menores sob sua liderança. Cf. Ars Theurgia, Dorochiel, Maseriel.

ALINGON Demônio mensageiro evocado para buscar outros espíritos. Alingon é mencionado no *Livro de Oberon*, onde ele (ou ela) trabalha junto de dois outros demônios num feitiço para compelir o demônio Bilgall a aparecer. Alingon e sua coorte, Fortisan e Portisan, são subordinados imediatos de Lúcifer. Cf. Bilgall, Fortisan, *Livro de Oberon*, Lúcifer, Portisan.

ALIYBANY Segundo a tradução de Driscoll do *Livro Jurado*, este demônio tem conexões com o elemento terra e a direção norte. Serve ao rei infernal Albunalich. Assim como seu mestre, entende-se que ele tem um apreço por ouro e pedras preciosas, protegendo-os com grande avareza e frustrando qualquer alma indigna que procure os tesouros da terra. Cf. Albunalich, *Livro Jurado*.

ALLEBORITH Um demônio mencionado no *Testamento de Salomão*, Alleborith é um dos 36 demônios associados com os decanos do zodíaco. Entende-se que Alleborith aparece com a cabeça de uma fera e o corpo de um homem. Apesar de a maioria de seus irmãos infernais terem o poder de afligir a humanidade com doenças terríveis, Alleborith tem um poder incomum e bastante específico: é capaz de fazer as pessoas se engasgarem em espinhas de peixe. Dentro da média dos poderes demoníacos, este é bastante estranho. Talvez por possuir uma habilidade menor no grande esquema das coisas, nenhum nome é dado no *Testamento de Salomão*, angelical ou não, para afastar Alleborith. Presume-se que a manobra Heimlich tenha a mesma eficácia em espinhas de peixe seja sob influência demoníaca ou não. Numa tradução posterior de McCown, que se baseia numa coletânea mais completa de fontes textuais, o nome de Alleborith é grafado Aleureth. A maioria dos outros detalhes é idêntico, exceto que ele recebe o título de rei e é associado ao 31º decano do zodíaco. Na tradução anterior, de Conybeare, sua associação é com o 30º decano. Cf. Salomão.

ALLOGOR Um duque infernal mencionado no *Livro de Oberon*, Allogor assume a forma de um belo cavaleiro trazendo uma lança e um estandarte. Tem o poder de vislumbrar as dúvidas e medos daqueles que o evocam e é capaz de explicar como essas ansiedades surgiram — presumivelmente, para que possam ser evitadas. Um total de trinta legiões de espíritos menores lhe servem. Compare seu nome ao de *Allocer* na *Chave Menor de Salomão* de Mathers e ao de *Eligor* na *Pseudomonarchia Daemonum*. Cf. Allocer, Eligor, *Livro de Oberon*.

ALLUPH O nome deste demônio pode ser derivado da palavra álef, a primeira letra do alfabeto hebraico. Na *Magia Sagrada de Abramelin, o Mago*, entende-se que Alluph serve aos quatro príncipes infernais das quatro direções cardeais igualmente, por isso partilha igualmente de seus poderes. Mathers identifica o sentido de seu nome ou em "duque" ou em "touro", este último sendo o sentido mais provável, haja vista que o pictograma que se tornou a letra álef originalmente representava a cabeça de um touro. Cf. Amaimon, Ariton, Mathers, Oriens, Paimon.

ALMADIEL Quando este demônio se manifesta, assume a forma de uma serpente monstruosa com uma cabeça humana. Suas ações são limitadas às horas da noite, e ele despreza o dia. Manifesta-se apenas quando a escuridão cobre a terra e serve ao duque errante Buriel. Seu nome e selo aparecem no segundo livro da *Chave Menor de Salomão*, conhecido como *Ars Theurgia*. Almadiel é detestado pelos outros espíritos, exceto pelos outros de sua hierarquia. Dentro de sua hierarquia maligna, comanda um total de 880 espíritos menores. Cf. Ars Theurgia, Buriel.

ALMASOR Na *Ars Theurgia*, Almasor é descrito como um cavaleiro infernal governado pelo príncipe demoníaco errante Pirichiel. Segundo este mesmo texto, entende-se que Almasor tem não menos de duzentos espíritos ministradores atendendo aos seus comandos. Cf. Ars Theurgia, Pirichiel.

A identificação dos ímpios e sua descida ao inferno. Gravura de A. Collaert. Séc. XVII. Imagem cortesia da Wellcome Collection, Londres.

ALMESIEL Um dos demônios a serviço de Amenadiel, Imperador Infernal do Oeste. O nome e selo de Almesiel aparecem na tradução de Henson, de 1999, da *Ars Theurgia*. Segundo este texto, Almesiel detém o título de duque e comanda 880 espíritos menores. Cf. AMENADIEL, ARS THEURGIA.

ALMIRAS Na tradução de Mathers da *Clavicula Salomonis*, Almiras é descrito como "Mestre da Invisibilidade". Junto de um número de seus ministros infernais, Almiras é invocado em um feitiço para se tornar invisível. Aparece associado a este mesmo feitiço na tradução de Mathers da *Magia Sagrada de Abramelin, o Mago*. Cf. CLAVICULA SALOMONIS, MATHERS.

ALMODAR Um dos doze duques infernais que servem ao príncipe errante Soleviel. Metade deles atende ao longo de um ano e a outra metade ao longo do ano seguinte, dividindo a carga de trabalho entre si. Almodar comanda 1840 espíritos menores e seu nome e selo aparecem na *Ars Theurgia*, texto mágico que trata dos espíritos ligados aos pontos cardiais. Cf. ARS THEURGIA, SOLEVIEL.

ALMOEL Duque na corte do príncipe demoníaco Usiel. Almoel comanda vinte espíritos menores e tem o poder de revelar coisas ocultas. Segundo a *Ars Theurgia*, onde aparecem seu nome e selo, Almoel tem ligação com as horas da noite e só aparece aos mortais neste período. Cf. ARS THEURGIA, USIEL.

ALOCER Na *Pseudomonarchia Daemonum*, Alocer é descrito como um grande e poderoso duque. Aparece primeiro como um soldado montado num cavalo. Tem um rosto de leão com olhos flamejantes, sua pele é vermelha e, quando fala, tem uma voz alta e retumbante. Dentre seus poderes, consta a habilidade de ensinar astronomia e as ciências liberais. Também é capaz de fornecer espíritos familiares. Este demônio aparece na *Descoberta da Bruxaria*, onde seu nome é grafado *Allocer*. Entende-se que ele tem 36 legiões de espíritos menores sob seu comando. Na *Goécia*, ele é chamado *Alloces* e é descrito como tendo um rosto rubro e leonino. Segundo a *Goécia do Dr. Rudd*, ele é governado pelo anjo Imamiah. Seu nome também aparece no galês *Livro dos Encantamentos*. Cf. GOÉCIA, LIVRO DOS ENCANTAMENTOS, SCOT, RUDD, WIERUS.

ALOGIL Demônio mencionado na *Magia Sagrada de Abramelin, o Mago*, Alogil é um dos muitos demônios que servem a Oriens, Paimon, Ariton e Amaimon, os quatro príncipes infernais das direções cardeais. Há vários manuscritos que apresentam o material do *Abramelin*. No manuscrito francês do séc. XI traduzido pelo ocultista S. L. MacGregor Mathers em 1898, o nome de Alogil é dado, em vez disso, como *Plegit*. Cf. AMAIMON, ARITON, MATHERS, ORIENS, PAIMON.

ALOSON Um dos servidores demoníacos sob comando do senhor infernal Belzebu. Na versão francesa do séc. XV da *Magia Sagrada de Abramelin, o Mago*, o nome deste demônio é dado como *Plison*. A grafia levou o tradutor Samuel Mathers a presumir que o nome do demônio tivesse relação com a palavra grega que significa "nadar". Cf. BELZEBU, MATHERS.

ALPAS Demônio cujo nome aparece associado a Oriens, Paimon, Ariton e Amaimon. Estes são os quatro príncipes infernais das direções cardeais, tal como descrito na *Magia Sagrada de Abramelin, o Mago*. Alpas serve a estes príncipes e responde a qualquer um dos quatro. Cf. AMAIMON, ARITON, MATHERS, ORIENS, PAIMON.

ALPHASIS Demônio que serve como mensageiro ou arauto sempre que os reis infernais dos quatro cantos do mundo são invocados. Subordinado ao demônio Paimon, ele aparece no *Livro de Oberon*, onde seu nome por vezes é grafado *Alphassis*. Cf. EMLON, FEMELL, LIVRO DE OBERON, RODABELL.

ALTANOR Servo demoníaco de Belzebu, mencionado na *Magia Sagrada de Abramelin, o Mago*. No manuscrito francês do séc. XV que serviu de fonte para Mathers em sua tradução da obra, o nome deste demônio é grafado *Alcanor*. Cf. BELZEBU, MATHERS.

CURIOSIDADES DEMONÍACAS

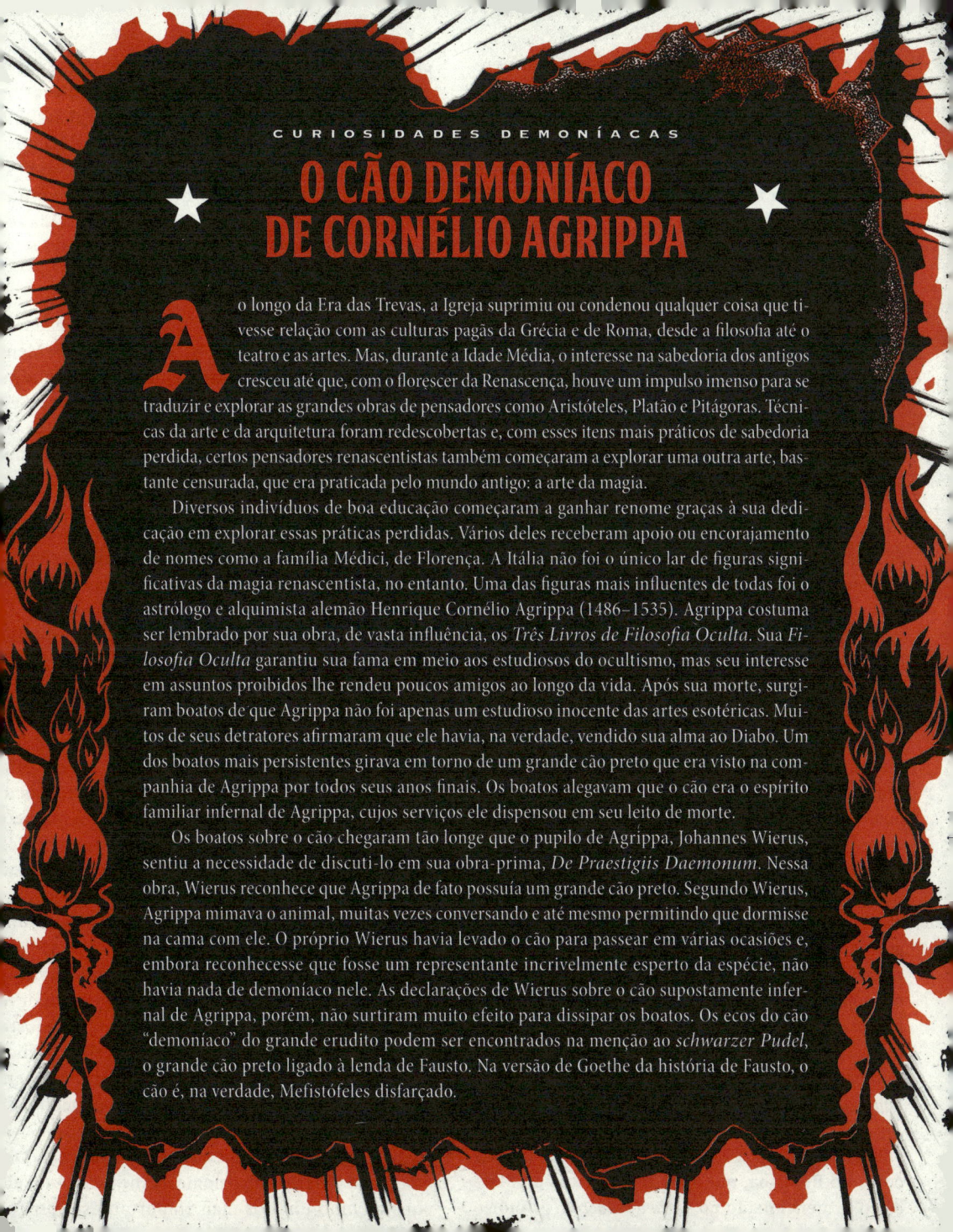

O CÃO DEMONÍACO DE CORNÉLIO AGRIPPA

Ao longo da Era das Trevas, a Igreja suprimiu ou condenou qualquer coisa que tivesse relação com as culturas pagãs da Grécia e de Roma, desde a filosofia até o teatro e as artes. Mas, durante a Idade Média, o interesse na sabedoria dos antigos cresceu até que, com o florescer da Renascença, houve um impulso imenso para se traduzir e explorar as grandes obras de pensadores como Aristóteles, Platão e Pitágoras. Técnicas da arte e da arquitetura foram redescobertas e, com esses itens mais práticos de sabedoria perdida, certos pensadores renascentistas também começaram a explorar uma outra arte, bastante censurada, que era praticada pelo mundo antigo: a arte da magia.

Diversos indivíduos de boa educação começaram a ganhar renome graças à sua dedicação em explorar essas práticas perdidas. Vários deles receberam apoio ou encorajamento de nomes como a família Médici, de Florença. A Itália não foi o único lar de figuras significativas da magia renascentista, no entanto. Uma das figuras mais influentes de todas foi o astrólogo e alquimista alemão Henrique Cornélio Agrippa (1486–1535). Agrippa costuma ser lembrado por sua obra, de vasta influência, os *Três Livros de Filosofia Oculta*. Sua *Filosofia Oculta* garantiu sua fama em meio aos estudiosos do ocultismo, mas seu interesse em assuntos proibidos lhe rendeu poucos amigos ao longo da vida. Após sua morte, surgiram boatos de que Agrippa não foi apenas um estudioso inocente das artes esotéricas. Muitos de seus detratores afirmaram que ele havia, na verdade, vendido sua alma ao Diabo. Um dos boatos mais persistentes girava em torno de um grande cão preto que era visto na companhia de Agrippa por todos seus anos finais. Os boatos alegavam que o cão era o espírito familiar infernal de Agrippa, cujos serviços ele dispensou em seu leito de morte.

Os boatos sobre o cão chegaram tão longe que o pupilo de Agrippa, Johannes Wierus, sentiu a necessidade de discuti-lo em sua obra-prima, *De Praestigiis Daemonum*. Nessa obra, Wierus reconhece que Agrippa de fato possuía um grande cão preto. Segundo Wierus, Agrippa mimava o animal, muitas vezes conversando e até mesmo permitindo que dormisse na cama com ele. O próprio Wierus havia levado o cão para passear em várias ocasiões e, embora reconhecesse que fosse um representante incrivelmente esperto da espécie, não havia nada de demoníaco nele. As declarações de Wierus sobre o cão supostamente infernal de Agrippa, porém, não surtiram muito efeito para dissipar os boatos. Os ecos do cão "demoníaco" do grande erudito podem ser encontrados na menção ao *schwarzer Pudel*, o grande cão preto ligado à lenda de Fausto. Na versão de Goethe da história de Fausto, o cão é, na verdade, Mefistófeles disfarçado.

ALTHES Demônio que aparece mencionado por nome no texto mágico do séc. xv conhecido como *Manual de Munique*. Althes é conjurado como parte de um feitiço para permitir que o mago revele a identidade de um ladrão. O demônio também é chamado para ajudar em trabalhos divinatórios. Cf. Manual de Munique.

ALTHOR Servo do príncipe infernal Dorochiel, Althor é mencionado no texto mágico do séc. xvii conhecido como *Ars Theurgia*. Aqui ele é listado junto de vários demônios com o título de arquiduque, e o texto afirma que ele aparece nas horas antes do meio-dia. Por meio de Dorochiel, está associado à direção oeste. Como um demônio deste patamar, tem sob seu comando quarenta espíritos ministradores. Cf. Ars Theurgia, Dorochiel.

ALTRAMAT No *Manual de Munique*, do séc. xv, Altramat é um dos vários demônios que dizem guardar as direções cardeais. É mencionado num feitiço divinatório que precisa de um menino jovem e virgem para servir de intermediário com os espíritos. Cf. Manual de Munique.

ALUGOR Segundo o *Manual de Munique*, este duque do Inferno tem cinquenta legiões a seu comando. Ao ser conjurado, aparece na forma de um cavaleiro em trajes esplêndidos, aproximando-se do mago e trazendo uma lança, um cetro e um estandarte. Um demônio marcial, a especialidade de Alugor é em fornecer guerreiros para proteção ou agressão. Ao ser solicitado, é capaz de convocar cavaleiros para que lutem pelo mago. Também tem habilidades em atos mais sutis de conquista, pois é capaz de sussurrar nos ouvidos de qualquer cavaleiro, rei ou marquês no mundo inteiro e despertar neles um favorecimento pelo mago. Além disso, Alugor é capaz ainda de revelar os mistérios do oculto e prever o resultado de duelos. Compare seu nome e poderes aos do demônio goético *Eligor*. Cf. Eligor, Manual de Munique.

ALVEDIO Um dos três ministros da corte do Rei Saba, que rege os espíritos de Mercúrio. É mencionado no *Livro de Oberon*, grimório elisabetano, onde se lê que ajuda as pessoas a vencer litígios, derrubar os poderosos, elevar os pobres e recuperar conhecimentos perdidos. Ele conversa com uma voz sedutora e tem uma aparência atraente. Quando está por perto, faz as pessoas terem calafrios. Serve ao lado dos demônios Hanyey e Yron, que trabalham em capacidades semelhantes sob o Rei Saba. Cf. Hanyey, Livro de Oberon, Saba, Yron.

AMADA Demônio profético, Amada dá respostas sobre o passado, presente e futuro. Mencionado no *Livro de Oberon* elisabetano, entende-se que aparece na forma de um urso monstruoso. Seu título nas hierarquias infernais é o de duque, e 42 legiões de espíritos menores servem sob seu comando. Cf. Livro de Oberon.

AMAIMON Um dos quatro reis das direções cardeais. Na maioria das fontes, ele governa os espíritos do sul. Segundo a *Magia Sagrada de Abramelin, o Mago*, Amaimon sabe o passado, o presente e o futuro e é capaz de causar visões e possibilitar que as pessoas voem. Fornece espíritos familiares e pode fazer com que outros espíritos apareçam e assumam diversas formas. É capaz de convocar guerreiros para proteção e ressuscitar os mortos. O material do *Abramelin* o identifica com um dos oito subpríncipes conjurados para servirem ao mago como parte do ritual do Sagrado Anjo Guardião. Mathers relaciona seu nome a uma raiz grega que significa "violência e veemência terríveis". Segundo Mathers e Agrippa, o equivalente a Amaimon nos textos judaicos é o demônio Mahazael. *A Descoberta da Bruxaria*, de Scot, menciona que Amaimon é conhecido por seu hálito pútrido e perigoso, por isso descreve uma técnica de proteção em que o conjurador deve usar um anel mágico e segurá-lo em frente ao rosto para afastar os perigos de Amaimon. A mesma técnica é recomendada para o rei infernal Bileth. Mathers aponta ainda a reputação de Amaimon por conta de seu hálito de fogo ou venenoso.

Este demônio aparece na *Pseudomonarchia Daemonum* de Wierus sob o nome *Amaymonis*. Aqui ele consta como um dos mais importantes espíritos malignos, mencionado com conexão tanto a Asmodeus quanto a Bileth, estando associado a fraudes e práticas abomináveis. Embora seja ligado ao sul no *Abramelin*, Amaimon é listado como "rei do leste" no *Tratado Sobre Magia Angelical* do Dr. Rudd. Aqui, o nome deste demônio é dado como *Amaymon*. Grafia semelhante é adotada no *Livro de Oberon* elisabetano. Segundo este texto, ele aparece como um velho com uma longa barba cujos fios são como pelo de cavalo. Chega montado num leão feroz e vociferante, carregando um bastão de autoridade. Três reis menores o acompanham. É capaz de fornecer títulos e promoções, além de ensinar filosofia e a *ars notoria*. Na *Clavis Inferni*, seu nome é grafado *Maymon*, ele rege o sul e é coibido pelo anjo Gabriel. Seu elemento é o ar e seu animal é o pássaro. Uma de suas pernas termina como a de uma besta de casco fendido. Cf. Agrippa, Asmodeus, Bileth, Clavis Inferni, Livro de Oberon, Mahazael, Mathers, Rudd, Scot, Wierus.

AMALEK Ser demoníaco mencionado na coletânea de conhecimentos judaicos conhecida como o *Zohar*. Segundo este texto, Amalek é a maior das impurezas. A ele é creditada a capacidade de envenenar alguém de forma tão completa a ponto de causar a morte da própria alma. No *Zohar*, Amalek é igualado ao anjo caído Samael. Embora identificados como entidades distintas, a obra os apresenta, como, em essência, o mesmo ser. Notavelmente, o nome de Samael por vezes é traduzido como "veneno de Deus". Cf. Samael.

AMALIN Servo demoníaco na hierarquia logo abaixo dos grandes demônios Astarote e Asmodeus. O nome de Amalin aparece na tradução de Mathers, de 1898, da *Magia Sagrada de Abramelin, o Mago*. Cf. Asmodeus, Astarote, Mathers.

AMAN Segundo a tradução de Mathers da *Magia Sagrada de Abramelin, o Mago*, Aman é um servo demoníaco de Astarote. Ambos os demônios são invocados como parte do ritual do Sagrado Anjo Guardião que é central ao material do *Abramelin*. Cf. Astarote, Mathers.

AMANDIEL Demônio da corte do príncipe Usiel, cujo nome aparece na *Ars Theurgia*. Tanto Amandiel quanto Usiel servem ao demônio maior Amendiel. Seu nome pode ser uma variação intencional de *Amenadiel*, o que demonstra sua fidelidade a este grande herdeiro do Inferno. Por meio de sua associação com Amenadiel, Amandiel está ligado ao oeste. Embora a *Ars Theurgia* não ofereça muitas informações quanto à origem ou significado do seu nome, ele nos diz, de fato, que Amandiel é um demônio ligado às horas diurnas. Possui o título de arquiduque e trinta espíritos menores que lhe servem. Suas especialidades são esconder tesouros para que não possam ser roubados e revelar tesouros ocultos por meios mágicos. Cf. Amenadiel, Ars Theurgia, Usiel.

AMANIEL Segundo a *Magia Sagrada de Abramelin, o Mago*, Amaniel é parte de uma hierarquia demoníaca servindo aos grandes demônios Astarote e Asmodeus. Em sua tradução do material do *Abramelin*, o ocultista S. L. MacGregor Mathers sugere que Amaniel seja um anjo caído cujo nome significa "alimento de Deus". Cf. Asmodeus, Astarote, Mathers.

AMASIEL Demônio da corte do príncipe errante Menadiel. Amasiel é o companheiro do duque infernal Drasiel. Segundo *Ars Theurgia*, Amasiel acompanha Drasiel em todas as coisas. Porque Drasiel só pode aparecer na terceira hora do dia, Amasiel deve, por sua vez, continuar o trabalho de Drasiel na quarta hora. Cf. Ars Theurgia, Drasiel, Menadiel.

AMBOLIN Na tradução de Mathers da *Magia Sagrada de Abramelin, o Mago*, Ambolin é listado como um dos servidores demoníacos da hierarquia sob Astarote e Asmodeus. Segundo a tradução de Mathers de 1898 desta obra, o nome deste demônio significa "o que pende para o nada". Cf. Asmodeus, Astarote, Mathers.

AMBRI Um dos doze duques especificamente mencionados por nome em associação a Caspiel, o Imperador Infernal do Sul. O nome e selo de Ambri aparecem na *Ars Theurgia*, um livro que ensina como conjurar e controlar uma série de "espíritos aéreos" ligados aos pontos cardeais. Ambri e seus companheiros têm a reputação de serem truculentos e difíceis de se trabalhar. Se forem comandados com o nome de seu superior direto, no entanto, podem ser dominados pela vontade do conjurador. Ambri raramente se manifesta sozinho e tem 2260 espíritos menores a seu comando. Cf. ARS THEURGIA, CASPIEL.

AMCHISON Um dos vários demônios mencionados em ligação à *Magia Sagrada de Abramelin, o Mago*, cujo nome varia de forma significativa entre várias versões diferentes da obra. Numa versão guardada na biblioteca de Wolfenbüttel, seu nome é grafado *Arakison*. A edição de Peter Hammer registra *Arakuson* e, na versão do material do *Abramelin* guardada na biblioteca de Dresden, o nome aparece como *Aracuson*. Como todos estes manuscritos são meramente cópias de um original perdido, não há como saber qual seria a grafia correta. Entende-se que Amchison ou Arakuson serve sob um demônio maior de nome Magoth. Cf. MAGOTH, MATHERS.

AMDUSCIAS Diz-se que este demônio se manifesta primeiro na forma de um unicórnio. Segundo a *Pseudomonarchia Daemonum*, de Wierus, ele também pode assumir a forma de um homem. Tem o poder de fazer as árvores balançarem e penderem e também pode conjurar uma multidão de instrumentos musicais invisíveis que tocam sozinhos. Na *Descoberta da Bruxaria*, de Scot, recebe o título de duque, tendo sob seu comando um total de 29 legiões. É um dos 72 demônios da *Goécia* e na *Goécia do Dr. Rudd*, entende-se que é coibido pelo anjo Eiael. Seu nome é grafado alternativamente como Amducias ou Amdusias. Ele também aparece como duque, com 29 legiões, no grimório galês conhecido como *Livro dos Encantamentos*. Cf. GOÉCIA, LIVRO DOS ENCANTAMENTOS, RUDD, SCOT, WIERUS.

AMEDIET Duque infernal que tem 2200 espíritos menores sob seu comando. Amediet serve ao demônio Icosiel, descrito na *Ars Theurgia* como um príncipe errante do ar. Amediet prefere se manifestar em casas, mas só pode aparecer durante um horário específico a cada dia. Se o dia for dividido em quinze partes iguais, então Amediet pertence às horas e minutos que recaem na sétima porção. Cf. ARS THEURGIA, ICOSIEL.

AMEN Na *Ars Theurgia*, Amen aparece como um demônio na hierarquia do príncipe Usiel. É tentador associar este demônio à divindade egípcia Amen (cujo nome também é grafado como Amon ou Amom), mas não há indicação no texto de que os dois tenham qualquer conexão. Amen e seu mestre Usiel servem, ambos, ao imperador infernal Amenadiel, e o nome de Amen pode ter mais a ver com este demônio superior do que com quaisquer divindades antigas. Por meio de Amenadiel, ele é afiliado ao oeste. Independentemente da origem do seu nome, Amen tem a reputação de arquiduque, detendo controle sobre quarenta espíritos menores. Tem o poder de revelar tesouros ocultos e sua especialidade é esconder as coisas pessoalmente para que não possam ser descobertas nem roubadas. Ele serve a seu mestre durante as horas diurnas. Seu nome por vezes é grafado como *Amon*, apesar de não parecer que a *Ars Theurgia* trace qualquer relação entre ele e o demônio goético do mesmo nome. Cf. AMENADIEL, AMON, ARS THEURGIA, GOÉCIA, USIEL.

AMENADIEL Na *Ars Theurgia*, Amenadiel é mencionado como o principal Imperador do Oeste e governa este ponto cardeal com uma imensa comitiva de espíritos leais. Sobre Amenadiel dizem ter não menos do que trezentos grandes duques e quinhentos duques menores encarregados de executar seus comandos, bem como um vasto arranjo de ministros infernais. Ele pode ser chamado para aparecer a qualquer hora do dia ou da noite e é mencionado na *Ars Theurgia* junto dos sigilos e nomes dos seus doze duques. Como acontece com todos os espíritos da *Ars Theurgia*, Amenadiel possui uma natureza aérea e é melhor conjurado usando-se um cristal ou espelho para catoptromancia, a fim de que sua real forma se manifeste. Cf. ARS THEURGIA.

AMETA Demônio ligado às horas do dia, Ameta serve ao príncipe infernal Usiel. Detendo o título de duque, ele tem quarenta espíritos menores sob seu comando. Segundo a *Ars Theurgia*, Ameta é capaz

Imagem de Amaimon, Rei dos espíritos do sul, tal como representado na Clavis Inferni. *Note seu pé com o casco fendido e sua aparência problemática na forma de um homem negro. Séc. XVIII. Cortesia da Wellcome, Londres.*

de encontrar coisas ocultas, sobretudo aquelas que foram encantadas magicamente. Também é capaz de criar seus próprios encantamentos, obscurecendo tesouros e outros itens para que não sejam descobertos ou roubados. Cf. *Ars Theurgia*, Usiel.

AMIBLEL Demônio a serviço de Demoriel, o Imperador Infernal do Norte. Segundo a *Ars Theurgia*, Amiblel tem não menos do que 1140 espíritos menores sob seu comando. Detentor do título de duque, ele só pode ser invocado nas duas primeiras horas do dia. Cf. *Ars Theurgia*, Demoriel.

AMIEL Um dos vários arquiduques que dizem servir ao demônio Malgaras durante as horas da noite. Por meio de sua associação a Malgaras, está afiliado à corte do oeste. Tem trinta espíritos menores sob seu comando. Amiel aparece de novo na mesma obra obediente ao demônio Asyriel. Aqui, Amiel é representado como um arquiduque com quarenta espíritos menores que lhe servem, mas sua associação à noite se mantém. Por meio de Asyriel, esta versão de Amiel está ligada à direção sul. Cf. *Ars Theurgia*, Asyriel, Malgaras.

AMITZRAPAVA Um dos nomes em hebraico transliterado do demônio noturno Lilith. Segundo as fontes judaicas, Lilith foi a primeira mulher de Adão, expulsa do Jardim por se recusar a se submeter a seu marido. Ela nutria um ódio antinatural por mães em trabalho de parto e bebês recém-nascidos. Acreditava-se que vagava pela noite, buscando fazer o mal, e que gravar seus nomes num amuleto seria uma forma de proteção contra os seus ataques. Há um grande número de tais amuletos que sobreviveram até a era moderna. O autor T. Schrire, em sua obra *Hebrew Magic Amulets*, de 1966, reuniu uma coletânea de nomes talismânicos tradicionais de Lilith. Amitzrapava é apenas um desses muitos nomes. Cf. Lilith.

AMOLON Demônio mencionado na *Magia Sagrada de Abramelin, o Mago*. Amolon supostamente serve ao demônio maior Belzebu. O nome de Amolon aparece muito próximo ao de outro demônio, Lamolon, e as similaridades entre os dois podem sugerir que não sejam demônios separados, mas duas variações da grafia do mesmo nome. Cf. BELZEBU, LAMOLON, MATHERS.

AMON Também grafado Aamon ou Ammon, este demônio, enquanto marquês, governa quarenta legiões de diabos. Aparece como um lobo com cauda de serpente. Na *Pseudomonarchia Daemonum*, de Wierus, consta que o lobo vomita labaredas. Em sua tradução da *Descoberta da Bruxaria*, Scot faz uma leve alteração nesta afirmação, dizendo, em vez disso, que o lobo cospe fogo. É possível comandá-lo para que assuma a forma de um homem, mas, mesmo neste caso, sua natureza monstruosa ainda se revela. Aqui os textos divergem mais uma vez. A *Pseudomonarchia* nos diz que a forma humana de Amon tem dentes de cão e cabeça de mocho, já Scot repete a descrição dos dentes caninos, mas fala na cabeça de um corvo. O *Livro dos Encantamentos* galês concorda com Scot, e o *Livro de Oberon* concorda que a forma humana tem dentes caninos, mas não diz nada sobre uma cabeça de corvo. As diferenças são pequenas, mas dignas de nota. Ambos os textos concordam que este demônio é capaz de falar do passado, presente e futuro e que ele também reconcilia amigos e inimigos e obtém favores aos que são corajosos o suficiente para invocá-lo. Ele aparece como o sétimo dos 72 demônios da Goécia. Na *Goécia do Dr. Rudd*, entende-se ainda que ele se curva ao poder do anjo Achasiah. No *Livro de Oberon*, é identificado como um dos doze principais ministros do Rei Oriens no leste. Também é mencionado no *Livre des Esperitz*, um grimório francês do séc. XVI. Cf. GOÉCIA, LIVRE DES ESPERITZ, LIVRO DE OBERON, LIVRO DOS ENCANTAMENTOS, ORIENS, RUDD, SCOT, WIERUS.

AMOYR Demônio mencionado na *Ars Theurgia* a partir da tradução completa de Henson do *Lemegeton*. Amoyr é identificado como um dos doze duques infernais que servem ao rei demoníaco Maseriel nas horas noturnas. Ele tem trinta espíritos inferiores a seu comando e está associado à direção do sul. Cf. ARS THEURGIA, MASERIEL.

AMRIEL Demônio governado pelo príncipe infernal Soleviel, um espírito errante do ar. Segundo a *Ars Theurgia*, Amriel tem 1840 espíritos menores sob seu comando. Serve ao seu príncipe infernal apenas durante um ano a cada dois. Cf. ARS THEURGIA, SOLEVIEL.

AMY Um grande presidente que aparece, à primeira vista, na forma de chama incandescente, mas depois assume forma humana. Seu ofício é tornar qualquer um especialista em astrologia e em todas as ciências liberais, conferir bons familiares e descobrir tesouros guardados por espíritos. Ele rege 36 legiões de espíritos. Cf. LIVRO DOS ENCANTAMENTOS.

ANADIR O "esfolador". Anadir é um servo do demônio Ariton mencionado na *Magia Sagrada de Abramelin, o Mago*. Na tradução de Mathers deste texto, seu nome é grafado *Anader*. Cf. ARITON.

ANAEL Supostamente um "espírito de poder" mencionado na tradução de Mathers do *Grimório de Armadel*. Este texto afirma que Anael revela todos os mistérios do passado, presente e futuro. Ele responde rapidamente às suas invocações e é capaz de ensinar a ciência dos comerciantes. Anael também aparece na *Ars Theurgia* como um demônio subordinado a Gediel. Segundo este texto, está ligado às horas da noite e comanda um total de vinte espíritos ministradores. Cf. ARS THEURGIA, GEDIEL.

ANAGOTOS Um dos vários demônios que dizem servir aos governantes infernais Magoth e Kore. Anagotos aparece na tradução de Mathers da *Magia Sagrada de Abramelin, o Mago*. Nos manuscritos da *Magia Sagrada de Abramelin, o Mago* guardados nas bibliotecas de Dresden e Wolfenbüttel, o nome deste demônio é grafado como *Anagnostos*, o que pode lançar mais alguma luz sobre o seu significado original. Seu nome parece ser de origem grega. *Gnostos* significa "conhecimento" e *ana-* é um prefixo grego de negação. Assim, o nome provavelmente significa "contra o conhecimento" ou "desconhecedor". Cf. Kore, Magoth, Mathers.

ANANEL Anjo caído que escolheu abandonar o céu em busca de uma esposa mortal. O nome de Ananel aparece no apócrifo *Livro de Enoque*. É listado dentre os "decanos" que servem sob Shemyaza e Azazel. Estes chefes eram, em essência, os tenentes dos Anjos Sentinelas, seres celestiais por vezes conhecidos como os *Grigori*. Cf. Azazel, Sentinelas, Shemyaza.

ANATRETH Segundo o *Testamento de Salomão*, Anatreth é um demônio pestilento, associado aos 36 decanos do zodíaco. Atormenta a humanidade com dores de barriga, fazendo parecer que se está queimando e dilacerando as entranhas da vítima. Como com todos os demônios zodiacais mencionados no *Testamento de Salomão*, Anatreth pode ser expulso por certos nomes divinos. Para este demônio em particular, os nomes Arara e Charara fazem com que ele fuja. Cf. Salomão.

ANDRAS Demônio violento com a reputação de ser capaz de assassinar o mestre, seus servos e todos os assistentes em seu domicílio. Esta declaração do *Descoberta da Bruxaria* de Scot costuma ser entendida com o sentido de que Andras pode ser enviado com a missão de matar outras pessoas. O mesmo texto afirma que Andras assume a forma de anjo com cabeça de corvo preto ou de coruja. Ele aparece empunhando uma espada afiada e mortífera, montado num feroz lobo preto, e recebe o título de "Autor de Discórdias". Na *Goécia de Dr. Rudd*, há um verbete levemente distinto para Andras. Segundo este texto, ele detém o título de marquês. Seu propósito é semear discórdia entre os homens, mas a declaração sobre matar o mago é dada como um aviso. Aparentemente, Andras tem um temperamento particularmente violento e aqueles que não tomarem cuidado ao lidarem com este espírito correm o risco de serem mortos, junto de todos associados a ele. Por sorte, o texto fornece o nome do anjo que coíbe Andras, cujo nome é *Anauel*. Andras é mencionado também na *Pseudomonarchia Daemonum* e no *Livro dos Encantamentos* galês — este último concorda que, se o exorcista[1] não for cuidadoso, Andras poderá sim matá-lo, junto de todos que o acompanham. Andras governa trinta legiões de espíritos. Cf. Goécia, Livro dos Encantamentos, Rudd, Scot, Wierus.

ANDREALPHUS Um grande marquês das hostes infernais, diz-se de Andrealphus que ele assume a forma de um pavão. É capaz de transformar homens em pássaros e, além disso, ensina geometria, astronomia e qualquer disciplina ligada a medidas. Aparece tanto na *Pseudomonarchia Daemonum* quanto na *Descoberta da Bruxaria* de Scot, onde surge a afirmação de que ele governa trinta legiões. Andrealphus é um dos 72 demônios listados na *Goécia*. A *Goécia do Dr. Rudd* afirma que ele é coibido em nome do anjo Damabiah. O *Livro dos Encantamentos* galês afirma que ele é capaz de se transformar num pássaro. Cf. Goécia, Livro dos Encantamentos; Rudd, Scot, Wierus.

ANDROCOS Demônio mencionado na *Magia Sagrada de Abramelin, o Mago*. Em sua tradução de 1898 desta obra, o ocultista Samuel Mathers sugere que seu nome significa "aquele que dá ordens aos homens", a partir de uma raiz grega. Entende-se que Androcos serve ao príncipe infernal Ariton. Cf. Ariton, Mathers.

ANDROMALIUS O último dos 72 demônios mencionados na *Goécia*. Andromalius está ausente tanto na *Pseudomonarchia Daemonum* quanto na *Descoberta da Bruxaria* de Scot, livros que, em outros casos, contêm os nomes e descrições da maioria dos demônios goéticos. Não há qualquer explicação dada para essa omissão nestes textos. Segundo a *Goécia*, Andromalius é um grande e poderoso conde. Tem 36 legiões de espíritos infernais sob seu

---

[1] Em muitos grimórios, o termo "exorcista" é usado de forma intercambiável com "conjurador"

Selo do demônio Andromalius, com base no desenho apresentado na Goécia do Dr. Rudd. *Tinta sobre pergaminho, por M. Belanger.*

comando e se manifesta na forma de um homem com uma serpente na mão. Andromalius é um demônio da justiça e vingança, e entende-se que ele tem o poder de castigar ladrões e outros indivíduos perversos. É capaz de trazer um ladrão de volta ao local de onde roubou e traz o retorno das mercadorias roubadas. Ele revela perversidades e negócios escusos, além de poder revelar também tesouros ocultos. Segundo a *Goécia do Dr. Rudd*, é coibido pelo anjo de nome Mumiah. O *Livro dos Encantamentos* galês concorda que ele consegue descobrir toda perversidade e negócios escusos, além de puni-los. Cf. Goécia, Livro dos Encantamentos, Rudd, Scot, Wierus.

ANDROS Demônio que, com frequência, assume a forma de dragão de várias cabeças. Cada uma das cabeças desse dragão tem o rosto de uma virgem bela e encantadora. Andros serve como arquiduque ao príncipe errante Macariel, como descrito na *Ars Theurgia*. Segundo este texto, Andros não é limitado a qualquer hora em particular do dia, mas pode aparecer livremente seja durante o dia ou à noite. Andros é também uma palavra grega, que significa "homem". Compare com o demônio Goético *Andras*. Cf. Ars Theurgia, Macariel.

ANDRUCHIEL Demônio subordinado ao príncipe errante Bidiel. Segundo a *Ars Theurgia*, Andruchiel é um grande duque com 2400 espíritos inferiores sob seu comando. Ao se manifestar, ele assume uma forma humana, bela e radiante. Cf. Ars Theurgia, Bidiel.

ANDYRON No *Manual de Munique*, do séc. xv, Andyron é um dos vários demônios conjurados para auxiliar num feitiço divinatório. Andyron pode ajudar o catoptromante a ver todo tipo de coisas secretas e ocultas. Cf. Manual de Munique.

ANIEL Duque poderoso na hierarquia do príncipe infernal Cabariel, afiliado ao oeste. Aniel tem cinquenta espíritos ministradores que executam sua vontade. Está ligado às horas diurnas e aparece entre o amanhecer e o crepúsculo. Seu nome e o selo usado para conjurá-lo e coagi-lo aparecem no segundo livro da *Chave Menor de Salomão*, conhecido como *Ars Theurgia*. No mesmo livro, Aniel aparece também na corte do demônio Aseliel. Aqui ele detém o título de presidente-comandante. Tem trinta espíritos principais que o servem e outros vinte espíritos menores a seu comando. Cf. Ars Theurgia, Aseliel, Cabariel.

ANITUEL Demônio mencionado nos *Sexto e Sétimo Livros de Moisés*. Este texto mágico, que finge remontar à época do próprio patriarca bíblico (mas, na verdade, foi escrito por volta de 1800) está repleto de inconsistências, incluindo a grafia exata do nome deste demônio. Em seu sigilo, seu nome aparece como *Aniouel*, mas acima dele surge a grafia *Antquelis*. É um tanto desconcertante que haja três versões vastamente diferentes do nome deste demônio, todas apresentadas no mesmo manuscrito, e é difícil identificar qual destes é o único correto. Independentemente do dilema apresentado por seus três nomes distintos, os *Sexto e Sétimo Livros de Moisés* explicam que este príncipe dos espíritos aparece como uma serpente do Paraíso ao ser conjurado, assumindo a mesma aparência do mal que tentou Eva. Dentre seus cargos, Anituel supervisiona as honras entre homens, conferindo fama terrena ou grande riqueza, conforme comandado pelo conjurador.

ANNOBOTH Grafado também como Annobath, Anaboth e Annabath, trata-se de um demônio que ensina várias artes mágicas, em particular necromancia, geomancia e quiromancia (leitura de mãos). Seu nome aparece no grimório elisabetano conhecido como *Livro de Oberon*. Assim como ocorre com muitos outros demônios presentes neste texto, Annoboth é capaz de revelar tesouros ocultos. Além disso, também diz quem é o dono do tesouro e ensina a melhor forma de adquiri-lo. É capaz de expulsar qualquer espírito guardião, mas apenas se estes espíritos obedecerem ao norte, e o próprio Annoboth serve a Egin, rei do norte. Ele é, ao mesmo tempo, um senhor e um governador com domínio sobre mais de dezoito legiões de espíritos. Ao ser conjurado, aparece como um cavaleiro cingido por uma coroa dupla. Ele monta um cavalo amarelado e brande uma lança de guerra. Cf. Egin, *Livro de Oberon*.

ANOSTÊR Segundo o Testamento de Salomão, Anostêr é um dos 36 demônios associados aos decanos do zodíaco, especificamente ao número 29. Todos os demônios zodiacais mencionados no *Testamento* são representados como espíritos causadores de doenças que atormentam a humanidade com aflições específicas. No caso de Anostêr, ele tem o poder de afligir suas vítimas com infecções uterinas e do trato urinário. O texto também o responsabiliza por causar o que chama de "mania uterina" — o que parece sugerir que ele é, na verdade, o demônio por trás da TPM (Tensão Pré-Menstrual). Por maior que seja o sofrimento que Anostêr traz, ele pode ser expulso de suas vítimas pelo uso do nome *Marmaraô*. Na tradução de McCown, o nome do anjo que o coíbe, em vez disso, é grafado como *Marmaroath*. Cf. Salomão.

ANSOEL Demônio da corte do príncipe Usiel que atende durante as horas noturnas. Ansoel tem o poder de ocultar objetos preciosos, protegendo-os de ladrões. Também revela coisas que tenham sido ocultadas por magia semelhante. A *Ars Theurgia* afirma que ele detém o título de duque, com um total de quarenta espíritos subordinados que lhe servem. Cf. *Ars Theurgia*, Usiel.

ANSORYOR Demônio particularmente trapaceiro que, se não for devidamente coibido, contará apenas mentiras. Ele também exige um sacrifício antes de trabalhar com qualquer um que o evoque. Porém, se a pessoa souber as devidas fórmulas, ele a ajuda a obter domínio sobre uma vasta variedade de assuntos no espaço de apenas sete dias. As especialidades de Ansoryor incluem piromancia, hidromancia, nigromancia e todas as artes. Além disso, ensina as propriedades secretas de ervas, pedras e árvores. Ao se manifestar, aparece na forma de um cavaleiro guerreiro, montando um jumento amarelado. Em seu braço, carrega uma "águia-víbora", mas o texto não deixa claro se esta é uma águia com uma aparência ofídica ou se alguma criatura quimérica. Seu nome e descrição constam no *Livro de Oberon*, um manual elisabetano de magia cerimonial. Segundo este volume, Ansoryor detém o título de senhor e comanda vinte legiões de espíritos menores. Um nome alternativo para ele é Antyor. Cf. *Livro de Oberon*.

AONYR Duque a serviço do rei infernal Pamersiel. Segundo a *Ars Theurgia*, a índole de Aonyr é tão perversa quanto é falsa. Nunca deve ser confiado com qualquer assunto secreto. Sua natureza agressiva, porém, pode ser usada para coisas boas. Aonyr e todos os seus companheiros da corte de Pamersiel são úteis para expulsar outros espíritos de casas mal-assombradas. Por meio de Pamersiel, está afiliado ao leste. Cf. Ars Theurgia, Pamersiel.

APELOUT Espírito mencionado na edição de Peterson do *Grimorium Verum*. Segundo este texto, Apelout é evocado num feitiço para obter invisibilidade. Cf. Grimorium Verum.

APIEL Este demônio noturno é um dos mil arquiduques que servem ao rei infernal Symiel. Ele é parte de uma hierarquia maior de demônios associados ao norte, pelo menos segundo a *Ars Theurgia*. Naquele texto, Apiel é descrito como possuidor de uma natureza bastante obstinada. É relutante em aparecer aos mortais e, quando isto acontece, é apenas durante a noite. Cf. Ars Theurgia, Symiel.

APILKI Demônio identificado na *Magia Sagrada de Abramelin, o Mago*. Serve ao Rei Amaimon, um dos quatro governantes das direções cardeais. Na tradução de Mathers desta obra, feita em 1898, o nome do demônio é traduzido como "o enganador", a partir de uma raiz grega. Seu nome também é grafado como *Apelki*. Cf. Amaimon, Mathers.

APOLHUN Servo dos príncipes Oriens, Paimon, Ariton e Amaimon, Apolhun é mencionado na *Magia Sagrada de Abramelin, o Mago*. Nesta tradução da obra, Mathers aponta a similaridade entre o nome deste demônio e o de *Apoliom*, um anjo caído mencionado no *Apocalipse*. Por conta destas similaridades, Mathers sugere que o nome deste demônio significa "O Destruidor". Cf. Amaimon, Apoliom, Ariton, Mathers, Oriens, Paimon.

APOLIN Demônio mencionado no *Manual de Munique*, do séc. xv. Tem a reputação de ser um professor infernal com o poder de ensinar qualquer assunto, sendo evocado num feitiço para obter conhecimento. Depois de performado o feitiço, ele aparece à noite, em sonhos, para ensinar tudo que sabe. O nome deste demônio provavelmente deriva de Apolo, divindade solar grega, apesar de provavelmente ter relação com *Apoliom*, Anjo do Abismo. Cf. Apoliom, Manual de Munique.

APOLIOM O chamado "Anjo do Abismo". Apoliom, ou Apollyon, é um nome grego para *Abadom*, anjo mencionado no texto bíblico do *Apocalipse*. No grimório conhecido como *Janua Magica Reserata* ou *Chaves aos Portais da Magia*, Apollyon é identificado como um dos nove príncipes de uma hierarquia de espíritos malignos. Ele supervisiona a Sétima Ordem desta hierarquia, conhecida como a das Fúrias. O texto afirma que a versão hebraica do seu nome é Abadom. Cf. Abadom, Janua Magica Reserata.

APORMENOS Demônio mencionado na tradução de Mathers da *Magia Sagrada de Abramelin, o Mago*. Segundo o texto, Apormenos serve ao demônio Astarote. Cf. Astarote, Mathers.

APOT Demônio subordinado a Asmodeus e Magoth na tradução de Mathers da *Magia Sagrada de Abramelin, o Mago*. O manuscrito que serviu de fonte a Mathers é a versão francesa do séc. xv, sendo a única das duas versões do material do *Abramelin* que contém esta hierarquia em particular. A outra, a versão de 1608 mantida na biblioteca Wolfenbüttel, dá uma versão totalmente diferente da grafia do nome desse demônio, a ponto de que ele pode muito bem ser um outro demônio completamente distinto. O nome correspondente dado neste texto é *Sochen*. Cf. Asmodeus, Magoth, Mathers.

AQUIEL Demônio que dizem presidir sobre os domingos. Aquiel é mencionado na edição de Peterson do *Grimorium Verum*. Cf. Grimorium Verum.

ARACH Um dos doze demônios que dizem servir ao rei infernal Maseriel no período noturno. Arach detém o título de duque e tem trinta espíritos menores sob seu comando. Ele é mencionado na *Ars Theurgia*, onde aparece na hierarquia do sul. Seu nome provavelmente deriva de uma palavra grega que significa "aranha". Cf. Ars Theurgia, Maseriel.

ARAEX Demônio que serve ao governante infernal Astarote. Araex é mencionado na tradução de Mathers da *Magia Sagrada de Abramelin, o Mago*. Em 1725, a edição de Peter Hammer do mesmo material dá o nome deste demônio como sendo *Targoe*. Na versão de 1720 guardada na biblioteca de Dresden, este nome é grafado como *Taraoc*. Há muitas variações entre os diferentes manuscritos do Abramelin, que podem ser atribuídas a erros cometidos durante a transcrição. Cf. ASTAROTE, MATHERS.

ARAFOS Demônio noturno que serve ao rei infernal Symiel na hierarquia do norte. Arafos é acompanhado por cinquenta espíritos ministradores. Seu nome e selo aparecem na *Ars Theurgia*. Segundo este texto, Arafos é um demônio obstinado e teimoso, relutante em se manifestar aos mortais. Cf. ARS THEURGIA, SYMIEL.

ARAKIBA Anjo caído mencionado no *Livro de Enoque*. Segundo este texto, Arakiba foi um dos "decanos" dos Sentinelas. Estes governantes angelicais orientavam os Sentinelas, ou *Grigori*, em sua tarefa de zelar pela humanidade nos dias antes do Dilúvio. Arakiba caiu por conta de pecados da carne, tomando uma esposa mortal quando tal união entre as linhagens humana e terrena era proibida. Cf. SENTINELAS.

ARAQUIEL Anjo caído que guardava os segredos dos "sinais da terra". Araquiel é mencionado no *Livro de Enoque*, que afirma que ele caiu após ceder à tentação das belas mulheres mortais. Um dos duzentos Anjos Sentinelas encarregados de supervisionar a humanidade, Araquiel abandonou seus deveres celestiais para constituir família, em vez disso. Embora fosse um conhecimento proibido, ensinou os sinais da terra aos humanos, rompendo ainda mais com a confiança dos Céus. Cf. SENTINELAS.

ARATH Demônio que auxilia em descobrir ladrões, conjurado para emprestar seu poder num feitiço de adivinhação. Aparece mencionado por nome no *Manual de Munique*, do séc. XV. Cf. MANUAL DE MUNIQUE.

ARATIEL Chefe presidente na hierarquia do príncipe demoníaco Aseliel. Por meio de seu serviço a Aseliel, Aratiel está associado à direção leste. Detém o título de chefe presidente e tem trinta espíritos principais e vinte espíritos ministradores a seu comando. Segundo a *Ars Theurgia*, ele se manifesta com modos dóceis, corteses e numa forma belíssima de se ver, mas aparece apenas durante as horas diurnas. Cf. ARS THEURGIA, ASELIEL.

ARATRON Demônio mencionado na tradução de Mathers do *Grimório de Armadel*. Diz-se de Aratron que é capaz de revelar o conhecimento sobre a alma. Também possui detalhes sobre a rebelião dos anjos e a subsequente Guerra no Céu. Há um aviso no *Grimório de Armadel* que sugere que é uma má ideia passar tempo demais na companhia de qualquer um dos espíritos familiares deste demônio. Seu nome também aparece no *Tratado Sobre Magia Angelical*, de Rudd. Aqui, ele é um espírito Olímpico conectado a Saturno. O nome *Aratron* pode ser uma variação do demônio *Ariton*. Cf. ARITON, MATHERS, RUDD.

ARAYL Servo do rei demoníaco Raysiel, Arayl detém o título de arquiduque, com quarenta espíritos menores sob seu comando. Arayl é um demônio noturno e só aparece durante as horas entre o crepúsculo e o amanhecer. Seu nome e selo aparecem na *Ars Theurgia*, um livro que lida com uma variedade de espíritos associados aos pontos cardeais. Por meio de Raysiel, está associado à direção norte. Cf. ARS THEURGIA, RAYSIEL.

ARBATEL DA MAGIA Às vezes conhecido apenas como *Arbatel*. Este texto, publicado pela primeira vez em latim na cidade da Basileia, na Suíça, em 1575, se distingue pelo fato de ser um dos poucos grimórios que lida exclusivamente com magia transcendental. A principal ocupação do *Arbatel* são espíritos planetários ou Olímpicos, não constando nele qualquer menção a entidades demoníacas. Não deve ser confundido nem com o *Almadel*, incluído no *Lemegeton*, nem com o *Armadel*, frequentemente descrito como o *Grimório de Armadel*.

ARBIEL Demônio mencionado na *Ars Theurgia*. Segundo este texto, Arbiel é um dos doze duques a serviço do príncipe infernal Hydriel. Hydriel não governa qualquer direção específica, e por isso dizem que ele e todos os demônios que lhe servem vagam pelos vários pontos cardeais. Descrito como um espírito aéreo, Arbiel tem uma forma sutil e é mais fácil visualizá-lo num cristal ou espelho para catoptromancia. Ao se manifestar, aparece como uma serpente com a cabeça de uma mulher e tem apreço em especial por lugares úmidos e pantanosos. Cf. *Ars Theurgia*, Hydriel.

ARCHIODEMATH Segundo o *Manual de Munique* do séc. xv, este demônio é guardião de uma das direções cardeais. Deve ser invocado adequadamente como parte de um feitiço divinatório para revelar a identidade real de um ladrão. Cf. *Manual de Munique*.

ARCISAT Duque do demônio Asyriel. Arcisat aparece na *Ars Theurgia*, que afirma que ele governa mais de vinte espíritos menores. Está associado à direção sul e às horas diurnas. Cf. *Ars Theurgia*, Asyriel.

ARCON O nome deste demônio provavelmente deriva de um verbo grego que significa "governar". Arcon aparece na *Magia Sagrada de Abramelin, o Mago*, que o descreve como servo do senhor infernal Belzebu. Cf. Belzebu, Mathers.

AREAN Demônio da hierarquia do leste, como delineado na *Ars Theurgia*. Arean serve ao príncipe infernal Aseliel na capacidade de chefe presidente. Tem poder sobre trinta espíritos principais e outros vinte espíritos ministradores. Está associado às horas diurnas e se manifesta apenas neste período. Ao aparecer, ele assume uma forma cortês em seus modos e bela de se ver. Cf. *Ars Theurgia*, Aseliel.

AREPACH Um dos vários demônios associados aos pontos cardeais, pelo menos segundo a *Ars Theurgia*. Arepach serve na hierarquia do rei demoníaco Raysiel, que governa no norte. Descrito como dono de uma índole particularmente perversa e obstinada, Arepach é um demônio da noite, manifestando-se apenas durante as horas de escuridão, entre o crepúsculo e o amanhecer. Detém o título de arquiduque e, de acordo, tem vinte outros espíritos menores sob seu comando. Cf. *Ars Theurgia*, Raysiel.

ARGILON Demônio que dizem servir ao governante infernal Astarote. Como servo de Astarote, Argilon detém todos os mesmos poderes que seu mestre infernal, incluindo a habilidade de causar visões e revelar questões secretas que dizem respeito ao passado, presente e futuro. O nome de Argilon aparece em todos os quatro manuscritos sobreviventes da *Magia Sagrada de Abramelin, o Mago*. Cf. Astarote, Mathers.

ARIDIEL Na hierarquia demoníaca associada aos quatro pontos cardeais delineada na *Ars Theurgia*, Aridiel serve sob o rei demoníaco Caspiel, o Imperador do Sul. Detendo o título de duque, Aridiel é um dos doze demônios com este título, recebido em honra pelo seu serviço direto a Caspiel. TPossui não menos do que 2260 espíritos ministradores sob seu comando. Cf. *Ars Theurgia*, Caspiel.

ARIEL Aparece como um demônio caçador de tesouros nos *Sexto e Sétimos Livros de Moisés*. Está incluído com os Sete Grandes Príncipes dos Espíritos que, como o texto avisa, inclui entre eles alguns dos anjos de maior escalão que caíram de seu estado prévio de graça. Na literatura mais ampla sobre anjos e demônios, Ariel aparece ora em meio aos caídos, ora entre os que ainda são leais ao Trono de Deus. Seu nome significa "Leão de Deus" e este aspecto leonino muitas vezes se reflete em textos mágicos — onde frequentemente é descrito como possuidor de uma cabeça de leão.

ARIFIEL Demônio a serviço de Carnesiel, o Imperador Infernal do Leste. Arifiel detém o título de duque e pode ser conjurado individualmente ou junto de seu superior imediato. Tanto Arifiel quanto Carnesiel aparecem numa vasta hierarquia de demônios associados aos pontos cardeais, como delineado na *Ars Theurgia*. Cf. *Ars Theurgia*, Carnesiel.

CURIOSIDADES DEMONÍACAS

OS SÁTIROS DEMONÍACOS DE EDOM

Isaías 34:14 fala de seres denominados "sátiros" [ou "bodes selvagens", dependendo da tradução] que bradam uns aos outros, aos balidos, em meio às ruínas de Edom. Os sátiros nada mais são do que os *Se'irim*, uma classe de seres da antiga demonologia judaica vista como feras hirsutas comparadas com bodes.

Os *Se'irim* aparecem também em *Levítico* 17:7 e *2 Crônicas* 11:15. A palavra em si pode ser traduzida mais ou menos como "demônio hirsuto", por isso muitas vezes é vertida como "sátiro", um espírito silvestre dos antigos mitos gregos que costuma ser representado com as pernas hirsutas de um bode. É interessante que, nos mitos gregos, os sátiros, com suas pernas de bode, eram associados aos ritos orgíacos de vinho e excessos sexuais. Nessas imagens, eles aparecem como companheiros de Dioniso, o deus grego do vinho e da celebração, frequentemente representados nas artes em pleno ato de sequestrar belas e jovens donzelas para se aproveitarem delas no ermo da floresta, em meio ao frenesi causado pela bebida.

Dizem que Azazel é o chefe dos *Se'irim*. Em *Levítico* 16:8, é descrito como um habitante do deserto, assombrando os mesmos locais selvagens e desolados que os próprios sátiros demoníacos. Há indicações de que pelo menos algumas das tribos semíticas primitivas (provavelmente não hebraicas) ofereciam sacrifícios aos *Se'irim*, inclusive o próprio Jeroboão teria indicado sacerdotes para os *Se'irim*, segundo o Velho Testamento. Mas Josias mais tarde destruiu os locais de sua adoração, enxergando-os como um ultraje à fé dos israelitas. Há a sugestão de que as práticas que acompanhavam a adoração dessas entidades envolviam a cópula de mulheres com bodes (uma prática que, de novo, evoca as representações gregas dos sátiros). Em muitas versões modernas da Bíblia, o nome do demônio Azazel é traduzido simplesmente como "o bode expiatório", um nome também dado ao bode sacrificado a ele todos os anos como forma de purificar os filhos de Israel de seus pecados.

Os *Se'irim* talvez sejam responsáveis por uma das associações mais duradouras no imaginário entre animais e demônios, fora da associação a serpentes. Ao longo da Idade Média, sobretudo durante a época da caça às bruxas, dizia-se que o Diabo aparecia na forma de um bode. Aos poucos, isso deu origem à crença popular de que um bode chamado Leonard presidiria os Sabás das Bruxas!

O deus grego Pã é uma das várias deidades antigas cujos atributos foram consolidados na versão cristã do Diabo. Imagem de Joseph Vargo.

Uma guerra entre anjos irrompe nos Céus. Das ilustrações de Gustave Doré para o Paraíso Perdido.

ARIOTH Demônio que dizem governar ao lado de Magoth e Kore, pelo menos na tradução de Mathers, de 1898, da *Magia Sagrada de Abramelin, o Mago*. Em outras versões deste texto, Arioth serve apenas ao demônio Magoth. O nome deste demônio é uma possível variação do nome em hebraico *Arioch*, que significa "leão feroz". Arioch aparece como um demônio em vários grimórios. Cf. Kore, Magoth, Mathers.

ARITON Por vezes também conhecido como Egin ou *Egyn*, o nome deste demônio provavelmente deriva da palavra grega *arhreton*, que, segundo a definição de Mathers, significa "secreto" ou "misterioso". Na *Magia Sagrada de Abramelin, o Mago*, Ariton é listado em meio a oito outros subpríncipes numa hierarquia demoníaca expandida que inclui rostos bem conhecidos como Belzebu, Asmodeus e Astarote. Também é mencionado como um dos quatro demônios que presidem sobre as direções cardeais. Sob o nome alternativo de Egyn, ele governa o norte. Segundo tanto Mathers quanto Agrippa, o equivalente a Ariton nas fontes judaicas é o demônio Azael. No material do *Abramelin*, a este demônio é atribuído o poder de descobrir tesouros ocultos. Ele sabe o passado, o presente e o futuro, é capaz de fazer as pessoas terem visões e de obrigar os espíritos a aparecerem e assumirem qualquer forma, além de conceder familiares. No mais, Ariton tem a reputação de deter o poder para ressuscitar os mortos. Ele revela as identidades de ladrões, dá às pessoas o poder de voar e pode manifestar guerreiros para proteger seu mestre. Notavelmente, um demônio de nome Aratron aparece como um espírito de Saturno em várias obras. Cf. Agrippa, Aratron, Azael, Egin, Mathers.

ARMADIEL Governando com o título de rei da direção nordeste, Armadiel é o terceiro demônio mais nobre na hierarquia do grande Imperador Infernal do Norte, Demoriel. Muitos demônios que detêm um título semelhante têm dúzias de duques menores que lhes servem. Armadiel, porém, tem apenas quinze arquiduques que executam seus desejos. Seus nomes e sigilos podem ser encontrados na *Ars Theurgia*. Armadiel se encontra também numa lista de demônios dada na *Steganographia* de Tritêmio. Cf. Ars Theurgia, Demoriel.

ARMANY Demônio associado à direção cardeal leste, Armany serve na hierarquia de Carnesiel, o Imperador Infernal do Leste. Segundo a *Ars Theurgia*, Armany detém o título de duque. Cf. Ars Theurgia, Carnesiel.

ARMAROS Um dos duzentos Anjos Sentinelas que dizem ter abandonado o Céu para desposar mulheres mortais. Também conhecidos como *Grigori* ou *Irin*, a história dos Sentinelas aparece no *Livro de Enoque*, bem como no hagadá judaico. Além dos pecados da carne, dizem que estes anjos caídos teriam ensinado conhecimentos proibidos à humanidade antes do Dilúvio. Armaros teria ensinado a lançar encantamentos. Cf. Sentinelas.

ARMASIA Um dos vários demônios que dizem ser governados pelo arquidemônio Belzebu na *Magia Sagrada de Abramelin, o Mago*. No manuscrito francês do séc. XV que serviu de fonte a Mathers, o nome deste demônio é grafado como *Amatia*. Mathers sugere que este nome é derivado de uma palavra grega que significa "ignorância". Cf. Belzebu, Mathers.

ARMENA Um dos vários arquiduques que servem ao rei infernal Raysiel. Armena é descrito como possuidor de uma natureza aérea e não se manifesta com facilidade aos mortais sem auxílio de um espelho para catoptromancia ou cristal. Segundo a *Ars Theurgia*, Armena tem cinquenta espíritos menores sob seu comando, agindo como ministradores durante as horas diurnas. Por meio de sua lealdade a Raysiel, Armena está associado à corte do norte. Cf. *Ars Theurgia*, Raysiel.

ARMESIEL Duque infernal que tem um total de 1320 espíritos ministradores atendendo às suas necessidades. O próprio Armesiel serve ao príncipe errante Emoniel. Segundo a *Ars Theurgia*, Armesiel tem a liberdade para se manifestar durante as horas diurnas tanto quanto as noturnas. Ele é atraído a florestas. Armesiel aparece também numa lista de demônios da *Steganographia* de João Tritêmio, composta por volta de 1499. Cf. *Ars Theurgia*, Emoniel.

ARNOCHAP Demônio associado ao vento oeste. Segundo a tradução de Peterson do *Livro Jurado de Honório*, Arnochap funciona como servo de Harthan, o rei dos espíritos da Lua. Dentre os seus poderes, constam a capacidade de fazer chover e ajudar as pessoas a se prepararem para jornadas. Os anjos Gabriel, Miguel, Samyhel e Atithael têm poder sobre ele. Cf. HARTHAN, *LIVRO JURADO*.

AROAN Demônio mencionado na tradução de Henson da *Ars Theurgia*. Segundo este texto, Aroan é um servidor do rei demoníaco Gediel, que governa sob o Imperador Infernal do Sul. Demônio noturno, Aroan portanto atende apenas durante as horas de escuridão. Detém o título de duque e tem vinte espíritos menores sob ele. Cf. *ARS THEURGIA*, GEDIEL.

AROC Na corte do demônio Malgaras, Aroc serve como arquiduque. Por meio de Malgaras, ele está associado à direção oeste. Segundo a *Ars Theurgia*, Aroc governa mais de 30 espíritos que lhe servem. Aparece apenas durante as horas noturnas. Cf. *ARS THEURGIA*, MALGARAS.

AROGOR Em sua tradução de 1898 da *Magia Sagrada de Abramelin, o Mago*, Mathers entende que o nome deste demônio significa "ajudante". Arogor é um servo do arquidemônio Belzebu. Há uma forte indicação de que o nome deste demônio originalmente era para ser um palíndromo, assim como vários demônios sob Belzebu que têm nomes que podem ser lidos tanto normalmente quanto de trás para frente. Esta variação seria *Arogora*. A única forma de ter certeza quanto a esta possibilidade, porém, seria encontrar o manuscrito original a partir do qual derivariam todas as cópias atuais do material do *Abramelin*. Cf. BELZEBU, MATHERS.

AROIS Arquiduque diurno com dez espíritos ministradores sob seu comando. Arois é mencionado na *Ars Theurgia*, a qual afirma que ele serve ao rei infernal Malgaras. Por meio de sua aliança com Malgaras, está associado à corte do oeste. Cf. *ARS THEURGIA*, MALGARAS.

AROLEN Segundo Mathers, o nome deste demônio significa "fortemente agitado", de origem hebraica. A tradução de Mathers da *Magia Sagrada de Abramelin, o Mago* lista Arolen dentre os servidores de Belzebu. Cf. BELZEBU, MATHERS.

ARON O nome deste demônio, também dado como Aran, aparece no grimório elisabetano conhecido como *Livro de Oberon*. Lá ele é identificado como um senhor que comanda mais de 45 legiões de espíritos menores. Dentre seus poderes consta a habilidade de revelar o passado, o presente e o futuro. Sabe a localização de coisas secretas e ocultas e é capaz de adquirir grandes honras, favores e promoções para aqueles que sabem como conjurá-lo. Cf. *LIVRO DE OBERON*.

AROTOR Demônio mencionado na *Magia Sagrada de Abramelin, o Mago*, onde consta que Arotor serve ao rei demoníaco Magoth. Em sua tradução do material do *Abramelin*, Mathers sugere que o nome deste demônio significa "lavrador" ou "pecuarista". Em outras versões desta obra, seu nome é grafado *Arator*. É possível que seu nome a princípio fosse um palíndromo mágico. Cf. MAGOTH, MATHERS.

ARÔTOSAEL Demônio que causa doença e malefícios, Arôtosael aflige os olhos, causando ferimentos e cegueira. Seu nome é também grafado Artosael. Segundo o *Testamento de Salomão*, Arôtosael pode ser expulso ao se invocar o nome do arcanjo Uriel. Notavelmente, Uriel é identificado como um demônio na *Ars Theurgia*. Cf. *ARS THEURGIA*, URIEL.

AROZIEL Demônio noturno leal ao príncipe Dorochiel. Aroziel aparece na *Ars Theurgia*, que afirma que ele detém o título de arquiduque. Há quarenta espíritos menores para executar seus comandos. Dizem que ele se manifesta apenas numa hora específica na primeira metade da noite. Por meio de Dorochiel, está associado ao oeste. Cf. *ARS THEURGIA*, DOROCHIEL.

ARPIRON Também conhecido como *Harpinon*, dizem que este demônio serve ao arquidemônio Magoth. Arpiron aparece na tradução de 1898 da *Magia Sagrada de Abramelin, o Mago* de Mathers e é invocado como parte dos trabalhos do Sagrado Anjo Guardião que são centrais ao texto. Cf. Magoth, Mathers.

ARRABIN Um dos vários servidores demoníacos atribuídos à regência de Magoth, Arrabin aparece na *Magia Sagrada de Abramelin, o Mago*. Na tradução de Mathers desta obra, consta que ele serve ao arquidemônio Kore. Em outras versões do material do *Abramelin*, o nome deste demônio é grafado *Arrabim*. Cf. Kore, Magoth, Mathers.

ARRNONIEL Demônio que dizem comandar 2400 espíritos ministradores. Arrnoniel serve na hierarquia do príncipe infernal Bidiel, descrito como um espírito errante do ar. Um grande duque na *Ars Theurgia*, Arrnoniel supostamente se manifesta trajando uma forma humana agradável. Cf. Ars Theurgia, Bidiel.

ARS THEURGIA O segundo livro da obra conhecida como *Lemegeton* ou *Chave Menor de Salomão*. A palavra *theurgia* vem de uma raiz grega que significa "rito sacramental" ou "mistério", e a magia teúrgica em si é um tipo de magia que envolve a evocação de espíritos benévolos, tendo sido praticada originalmente pelos neoplatônicos. Durante a Renascença, a teurgia passou a ter a conotação de "magia branca", em oposição às artes goéticas, genericamente vistas como "magia negra". A *Ars Theurgia* contém uma lista extensa de demônios associados aos pontos cardeais e dispostos em hierarquias, de modo que cada hierarquia é associada a uma direção. Há um imperador infernal para supervisionar cada uma das direções, junto com príncipes, reis e duques demoníacos que lhes servem, por sua vez associados a aspectos destas direções como noroeste ou sul-sudeste. Entende-se que os demônios da *Ars Theurgia* associados a uma direção específica governam aquela direção e podem ser encontrados nela ao serem invocados. Sua posição é entendida como fixa. Além desses pontos fixos, a *Ars Theurgia* contém ainda os nomes de um grande número de espíritos errantes, descritos aqui e ali como príncipes e duques. Os príncipes errantes não estão associados a qualquer direção específica, mas vagam, com suas cortes, de lugar em lugar.

Os demônios da *Ars Theurgia* são apresentados como espíritos do ar e acredita-se que possuam uma natureza aérea, que não permite serem vistos de maneira clara a olho nu. Como resultado, são evocados usando-se um espelho para catoptromancia ou um cristal especialmente preparado conhecido como "*shew-stone*" ou "*show-stone*". Notavelmente, um cristal desses também foi empregado pelo Dr. John Dee em seu trabalho com os espíritos enoquianos. Apesar de sua associação tácita ao elemento ar devido à sua natureza sutil, muitos dos espíritos da *Ars Theurgia* também têm associações a outros elementos. Eles costumam estar limitados aos horários do dia ou da noite, e a maioria das cortes contém demônios associados com ambas.

A data exata do material contido na *Ars Theurgia* é desconhecida. Dentro do *Lemegeton*, apenas o livro conhecido como o *Almadel* tem uma data interna que estabelece pelo menos quando foi copiado, o que fixa a data de escritura da versão do *Almadel* presente no acervo de Sloane, no British Museum, como 1641. Dos cinco livros tradicionalmente inclusos no *Lemegeton*, a *Ars Goécia*, ou *Goécia*, é possivelmente o mais antigo, e há fortes conexões que podem ser traçadas entre o material da *Goécia* e o da *Ars Theurgia*. O mais significativo é que ambos empregam o uso de selos, ou sigilos, demoníacos em sua invocação dos respectivos espíritos. Notavelmente, todos os principais espíritos da *Ars Theurgia* aparecem na *Steganographia* de João Tritêmio. As descrições da maioria destes espíritos, incluindo suas afiliações com as direções e os números de seus duques e subduques são semelhantes, se não idênticas, entre os dois textos. Isto determina a data em que este sistema particular de espíritos foi estabelecido como sendo, pelo menos, no final do séc. XV, se não antes. Cf. Goécia, Lemegeton, Tritêmio.

ARTENEGELUN Um demônio pestilento, creditado com o poder de causar febre, tremores e fraqueza em qualquer alvo. Artenegelun é mencionado no *Liber de Angelis* como parte de um feitiço designado para castigar cruelmente um inimigo. Servindo ao rei infernal Bilet, uma vez conjurado, este demônio prosseguirá com seus iguais para infligir grande sofrimento e pestilência a qualquer um que seja o alvo do mago. A única cura é o mago ceder e encerrar o feitiço. Cf. BILETH, *LIBER DE ANGELIS*.

ARTINO Um dos doze arquiduques que dizem servir ao demônio Dorochiel. Está associado ao oeste e às horas diurnas. Na *Ars Theurgia*, consta que ele é acompanhado por 40 espíritos ministradores. Manifesta-se apenas nas horas entre o amanhecer e o meio-dia. Cf. *ARS THEURGIA*, DOROCHIEL.

ARTIS Grande duque que aparece vestindo duas coroas e brandindo uma espada na mão. Seu ofício é ensinar e responder a todas as perguntas que lhe forem feitas. Além disso, ele concede amor e graça a todas as pessoas, e 36 legiões de espíritos menores lhe servem. Pode ser encontrado no *Livre des Espertiz*, um grimório do séc. XVI na língua francesa. Cf. *LIVRE DES ESPERITZ*.

ASAEL No *Livro de Enoque*, Asael aparece como um dos Anjos Sentinelas que escolheu abandonar o Céu após jurar um pacto com Shemyaza. Os Sentinelas foram divididos em grupos de dez, com cada um desses grupos sendo liderados por seus "decanos". Asael consta entre esses chefes e é mencionado também em *Demonology and Devil-Lore* de Conway como um dos quatro demônios que personificam as forças dos elementos. Seu nome pode ser uma variante de Azael. Os outros demônios são Samael, Maccathiel e Azazel. Cf. AZAEL, AZAZEL, MACCATHIEL, SAMAEL, SENTINELAS, SHEMYAZA.

ASAHEL Um dos vários demônios que servem ao príncipe infernal Aseliel nas horas diurnas. Segundo a *Ars Theurgia*, Asahel detém o título de chefe presidente, com uma corte de trinta espíritos principais e vinte espíritos ministradores sob seu comando. Por meio de sua afiliação a Aseliel, ele está associado à hierarquia do leste. Cf. *ARS THEURGIA*, ASELIEL.

ASBIBIEL Um servo do rei demoníaco Armadiel, Asbibiel detém o título de duque e tem um total de 84 espíritos menores que lhe servem. Seu nome e selo podem ser encontrados na *Ars Theurgia*, onde consta que ele aparece apenas na 13ª seção do dia, se o dia for dividido em quinze porções de igual duração. Está afiliado ao norte. Cf. ARMADIEL, *ARS THEURGIA*.

ASBIEL Anjo caído mencionado no *Livro de Enoque*. Consta que Asbiel deu conselhos perversos aos Anjos Sentinelas. Como resultado deste conselho, duzentos sentinelas escolheram abandonar o Céu e sucumbir às tentações da carne. Cf. SENTINELAS.

ASCARIELL Também grafado Askariell. Um espírito conjurado num cristal a fim de encantá-lo como uma *shew-stone* para catoptromancia. Uma vez presente na pedra, o demônio pode ser usado como um tipo de mensageiro, convocando outros espíritos para que apareçam na pedra a pedido de seu dono. Segundo o *Livro de Oberon*, Ascariel tem uma aparência agradável e veste uma guirlanda. *Shew-stones* de cristal eram usadas amplamente pelos magos elisabetanos e renascentistas, o mais famoso deles sendo o Dr. John Dee. Cf. JOHN DEE, *LIVRO DE OBERON*.

ASELIEL Rei infernal mencionado na *Ars Theurgia*. Aseliel rege a direção sul-sudeste, na hierarquia maior do leste, sob a supervisão do imperador Carnesiel. Em suas conjurações, Aseliel também recebe o título de príncipe. Ele tem dez espíritos dirigentes que lhe servem durante as horas diurnas e outros vinte que servem durante as horas noturnas. Segundo a *Ars Theurgia*, este demônio e todos os seus servos se manifestam em formas belíssimas de se ver e se portam de forma cortês e amável com aqueles com quem interagem. Aseliel também aparece na *Steganographia* de Tritêmio, onde detém um título e associações semelhantes. Cf. *ARS THEURGIA*, CARNESIEL.

ASFLAS Servo do rei demoníaco Albunalich, que governa, no norte, o elemento terra. Asflas é um demônio trabalhador descrito como paciente e dotado de um temperamento constante. Segundo a edição de Driscoll do *Livro Jurado*, Asflas guarda zelosamente os tesouros da terra, mas concederá ouro e pedras preciosas aos que ganharem os seus favores. Tem uma predileção por certos incensos e perfumes e é mais fácil ele se manifestar se eles forem queimados em sua honra. É capaz de dizer o futuro, conferir conhecimento de coisas por vir e também é versado nos eventos do passado. Tem o poder de manipular as emoções, inspirando rancor até mesmo entre amigos. É um guardião que detém com avareza os tesouros da terra e, se alguém de quem ele desgoste procurar tais tesouros, ele irá cansá-lo e frustrá-lo. Cf. ALBUNALICH, ALFLAS, *LIVRO JURADO*.

ASIMIEL Demônio a serviço de Camuel, o príncipe infernal do sudeste. O nome e selo de Asimiel aparecem na *Ars Theurgia*, onde consta que ele pertence às horas noturnas. Apesar de sua associação com a noite, Asimiel se manifesta durante o dia. Detém o título de duque e tem cem espíritos menores que lhe servem. Asiriel é também mencionado na *Steganographia* de João Tritêmio, onde aparece com o mesmo título e afiliações. Cf. *ARS THEURGIA*, CAMUEL.

ASMADIEL Duque infernal na hierarquia do demônio Macariel. Como um demônio de seu patamar, Asmadiel comanda quatrocentos espíritos menores. Segundo a *Ars Theurgia*, aparece com maior frequência na forma de um dragão de muitas cabeças, apesar de ter comando sobre uma grande diversidade de formas. Diferentemente de muitos dos espíritos mencionados na *Ars Theurgia*, Asmadiel não tem associações com qualquer hora em particular, mas pode, em vez disso, se manifestar a qualquer hora do dia ou da noite. Cf. *ARS THEURGIA*, MACARIEL.

ASMAIEL Demônio com o título de arquiduque na hierarquia de Armadiel, rei da direção nordeste. Segundo a *Ars Theurgia*, Asmaiel comanda um total de 84 espíritos menores. Se o dia for dividido em quinze porções de igual duração, a hora de Asmaiel cai na 9ª porção. Ele se recusa a aparecer em qualquer outra hora do dia. Cf. ARMADIEL, *ARS THEURGIA*.

O cristal, ou shew-stone, de John Dee, supostamente dado a ele em novembro de 1582 pelo anjo Uriel para propósitos de clarividência e cura, séc. XVII. Imagem cortesia da Wellcome Collection, Londres.

ASMIEL Um demônio associado às horas diurnas, Asmiel serve ao rei infernal Symiel. Tem a reputação de ter boa índole e ser obediente. Seu título é o de duque, governando mais de sessenta espíritos menores. Seu nome e selo aparecem na *Ars Theurgia*, onde é identificado com a direção norte. Asmiel também aparece como um dos muitos demônios listados na tradução de Mathers da *Magia Sagrada de Abramelin, o Mago*. Este material diz de Asmiel que ele é um servo dos quatro príncipes demoníacos das direções cardeais: Oriens, Paimon, Ariton e Amaimon. Assim sendo, ele pode ser conjurado e controlado pelo nome de seus superiores. Cf. AMAIMON, ARITON, ARS THEURGIA, MATHERS, ORIENS, PAIMON, SYMIEL.

ASMODAY Variante do nome do demônio Asmodeus que, em vários textos, passou a ser visto como uma entidade separada e distinta. Na obra do Dr. Rudd do começo do séc. XVII, *Um Tratado Sobre Magia Angelical*, Asmoday (sob a grafia *Asmodai*) é curiosamente descrito como um demônio que "tem uma Ideia chamada Muriel incorporada a duas figuras geomânticas, chamadas Populus durante o dia e Via durante a noite".[2] Nada mais é dito para ajudar a encontrar sentido nessa declaração enigmática. Além de nos oferecer essa frase curiosa, a obra do Dr. Rudd descreve Asmodai como um espírito ligado à Lua.

Asmoday também é identificado como um dos 72 demônios goéticos. Segundo a *Goécia*, ele é um rei com 72 legiões de espíritos sob ele. Ao se manifestar, ele chega montado num dragão. Sua forma é monstruosa, tendo três cabeças, de touro, carneiro e homem, uma cauda de serpente e pés com membranas, além de vomitar fogo. Ele tenta enganar as pessoas quanto à sua verdadeira natureza, muitas vezes dando o nome *Sidonay* em vez de Asmoday. Aqueles que o procuram são aconselhados a pressioná-lo até que ele reconheça seu verdadeiro nome. Como um demônio goético, Asmoday é capaz de tornar as pessoas invisíveis e revelar os paradeiros de tesouros ocultos. Além disso, também ensina aritmética, astronomia, geometria e artesanatos. Ele tem o poder de conceder um item encantado conhecido como "o Anel das Virtudes". Na *Pseudomonarchia Daemonum*, Asmoday é mencionado em associação ao Vaso de Bronze de Salomão. Aqui é descrito como sendo o terceiro no escalão dos 72 reis infernais selados no vaso pelo patriarca bíblico. Segundo a *Goécia do Dr. Rudd*, ele é um rei infernal que serve a Amaimon, o governante demoníaco do leste. Neste texto, seu nome é grafado *Asmodai* e é coibido pelo anjo Vasariah.

Segundo o *Livro de Oberon*, um texto mágico da Inglaterra elisabetana, Asmoday é um dos doze ministros primários de Amaimon, o rei que governa o sul. Neste texto, Asmoday ensina música, aritmética, astronomia e geometria. Também é capaz de conceder o poder da invisibilidade e revelar a localização de tesouros ocultos. Sua aparência é quimérica: tem uma cauda de serpente, pés de burro e três cabeças (de burro, touro e carneiro). Ao falar, sai fogo de sua(s) boca(s). No grimório francês *Livre des Esperitz*, ele é capaz de conceder aos que o invocam o período de um ano inteiro durante o qual todos os seus desejos serão atendidos. Cf. AMAIMON, ASMODEUS, LIVRE DES ESPERITZ, LIVRO DE OBERON, RUDD, SALOMÃO, SIDONAY, WIERUS.

ASMODEUS Descrito como "o rei dos demônios", Asmodeus aparece no *Livro de Tobias*. Segundo consta na história, o demônio Asmodeus se apaixonou pela belíssima Sara, filha de Raguel. Asmodeus desejou Sara para si, por isso recusou-se a permitir que ela se casasse com qualquer homem humano. Por consequência, a cada vez que Sara se casava, o demônio vinha ao leito conjugal e matava o seu novo marido. Sete homens foram vítimas deste demônio ciumento, até que Tobias, o autor epônimo do livro, recebeu uma visita do anjo Rafael, que lhe deu instruções sobre como lidar com o amante demoníaco. Tobias se casou com Sara e espantou o demônio. Diz-se que Asmodeus fugiu para os pontos mais longínquos do Egito, onde foi aprisionado pelo anjo Rafael. No *Testamento de Salomão*, Asmodeus tem um papel significativo também. Aqui ele é conjurado pelo Rei Salomão, que exige dele que afirme seus nomes e funções. Esta versão de Asmodeus alega ter sido encarregado da destruição da fidelidade, seja ao separar o homem da mulher por meio de calamidades ou fazendo com que os maridos se desviem.

---

2 *Adam McLean,* A Treatise on Angel Magic, *p. 51.*

CURIOSIDADES DEMONÍACAS

A MARCA DO DEMÔNIO

Símbolos e sigilos curiosos em muitos dos grimórios registrados na Europa. Em livros como a *Ars Theurgia* e *Goécia*, eles são chamados de "selos" e por vezes *karakteres*. Tais imagens marcantes e muitas vezes simétricas são uma parte necessária do ritual de evocação demoníaca. A *Goécia do Dr. Rudd* declara especificamente que cada selo deve ser desenhado e usado como um "lamen", um talismã ou amuleto mágico carregado sobre o peito, acima do coração. Os amuletos poderiam ser compostos de metal, mas muitas vezes eram nada mais do que imagens e palavras inscritas sobre um pedaço de pergaminho. Segundo a *Goécia do Dr. Rudd*, os selos atribuídos aos demônios são necessários para controlá-los. Os espíritos se recusam a obedecer a qualquer um se o selo não estiver visivelmente exposto no peito do evocador. Mas o que são essas imagens curiosas e de onde se originam?

 É difícil rastrear a origem precisa dos selos demoníacos presentes na tradição dos grimórios. É certo que estão relacionados a uma variedade de selos e talismãs construídos por magos para se obter uma variedade de efeitos. Alguns estão relacionados a quadrados mágicos, um sistema que usa as correspondências alfanuméricas das letras hebraicas para criar sigilos que representam os nomes dos espíritos. No entanto, esses símbolos enigmáticos podem ter suas raízes em uma outra tradição também. No sistema mágico do mundo helênico, foram desenvolvidos *karakteres* que lembram um alfabeto. Tais *karakteres*, junto de símbolos talismânicos, eram muitas vezes inscritos nas tabuinhas de maldição produzidas no antigo mundo grego e romano. Mas os caracteres místicos não eram letras em qualquer idioma conhecido. Em vez disso, representavam o próprio conceito da magia. Entendia-se que os símbolos — em parte porque não possuíam uma aplicação mundana como letras em uma língua real — possuíam um poder intrínseco. Inscrevê-los sobre um rolo de pergaminho ou tabuinha de maldição era um modo de gravar aquele poder na própria superfície que portaria o feitiço. A impronunciabilidade e o sentido enigmático desses caracteres acrescentavam poder ao seu apelo místico, ao mesmo tempo em que permitiam que o conhecimento e uso de tais símbolos permanecesse na mão de uma classe de elite de escribas e magos.

 É possível que os sigilos demoníacos presentes nos livros como a Goécia e a *Ars Theurgia* tivessem suas origens nos *karakteres*. Com o tempo, certos símbolos se tornaram padronizados, até que o sigilo para cada demônio se tornasse uma questão de tradição, copiados de novo e de novo pelos indivíduos mergulhados na cultura dos grimórios.

Consta também que ele destrói a beleza das virgens, fazendo-as definharem. Num trecho que ecoa o *Livro de Tobias*, Asmodeus admite que o anjo Rafael tem poder sobre ele e que também pode ser espantado queimando-se a bile de um certo tipo de peixe.

Além disso, no *Testamento*, Asmodeus alega ter nascido "da semente de um anjo em uma das filhas da humanidade",[3] uma declaração que o associa firmemente à tradição dos Anjos Sentinelas. Esta declaração também se reflete no trecho do hagadá judaico que diz respeito à vida de Noé. Aqui consta que Asmodeus teria nascido da união do anjo caído Shamdon com a donzela luxuriosa Naamah. Supostamente ele teria sido aprisionado pelo Rei Salomão usando ferro, um metal muitas vezes apresentado como anátema aos demônios. É curioso que, no folclore das ilhas britânicas, o ferro seja também um metal capaz de ferir ou espantar as fadas.

O *Grimório de Armadel* menciona Asmodeus junto a Leviatã, afirmando que ambos os demônios são capazes de ensinar sobre a perversidade dos outros diabos. Porém, o texto aconselha o conjurador a não evocar nenhum dos dois seres, citando o fato de que são mentirosos. *O Mago*, de Francis Barrett, representa uma imagem de Asmodeus, associando-o ao pecado da ira. Ele é mencionado no *Livro da Magia Negra e dos Pactos* de Arthur Edward Waite, de 1910, onde é listado como o superintendente dos cassinos do Inferno. Esta hierarquia demoníaca deriva dos escritos de Charles Berbiguier, demonólogo do séc. XIX.

Grafado como *Asmodée* na tradução de Mathers da *Magia Sagrada de Abramelin, o Mago*, este demônio é identificado como um dos oito subpríncipes que governam todos os outros demônios. Segundo este texto, Asmodeus tem o poder de manifestar comida, tipicamente na forma de vastos e impressionantes banquetes. Também pode desvelar os segredos de qualquer pessoa e tem o poder de transmutar metais e transmogrificar pessoas e animais, alterando suas formas à vontade. Ele ainda aparece como o 32º demônio da *Goécia* sob o nome *Asmoday*. No grimório conhecido como *Janua Magica Reserata* ou *Chaves ao Portal da Magia*, Asmodeus aparece numa hierarquia de nove graus de espíritos malignos que remete às nove ordens dos anjos. Segundo este texto, Asmodeus preside sobre os *Ultores Scelorum*, ou "Os Que Vingam o Mal". Esta é a quarta ordem dos demônios nessa hierarquia, na qual ele reina como príncipe. Variações do nome deste demônio incluem Asmoday, Ashmedai, Asmodée e Asmodai. Cf. ASMODAY, BERBIGUIER, *GOÉCIA*, *JANUA MAGICA RESERATA*, LEVIATÃ, MATHERS, SALOMÃO, WAITE.

ASMOO Demônio mencionado no grimório elisabetano conhecido como *Livro de Oberon*. Seu nome é grafado também como *Asmo* no mesmo texto. Aparece numa lista de sete senadores infernais chamados para controlar outros espíritos menores. Consta que Asmoo, cujo nome provavelmente é uma variação de *Asmoday*, mais bem conhecido, serve a Tantavalerion, um ser identificado como o governante supremo de todos os espíritos. Cf. ASMODAY, BOELL, DANALL, *LIVRO DE OBERON*, ORYMELL, PASCARY, SALARICA, TANTAVALERION, TYGRA.

ASOREGA Demônio associado à *Magia Sagrada de Abramelin, o Mago*. É o servo dos quatro príncipes infernais das quatro direções: Oriens, Paimon, Ariton e Amaimon. Asorega é mencionado em dois dos manuscritos sobreviventes do material do *Abramelin*: o manuscrito guardado na biblioteca de Wolfenbüttel e a edição publicada em Colônia por Peter Hammer. Na tradução de Mathers, o nome de Asorega é dado como *Astrega*. Cf. AMAIMON, ARITON, MATHERS, ORIENS, PAIMON.

ASORIEL Duque poderoso sob comando do demônio Cabariel. Asoriel aparece com cinquenta espíritos que atendem aos seus pedidos. É um dos demônios associados aos pontos cardeais, tal como definido na *Ars Theurgia*. Tanto Asoriel quanto seu superior imediato servem na hierarquia do oeste, sob o rei demoníaco Amenadiel. Cf. AMENADIEL, *ARS THEURGIA*, CABARIEL.

---

3 Conybeare, Testamento de Salomão, p. 25.

ASPAR Na *Ars Theurgia*, Aspar é mencionado como um arquiduque noturno a serviço do rei demoníaco Malgaras, com vinte espíritos menores sob seu comando. Aparece aos mortais apenas durante as horas de escuridão e está associado ao oeste. Cf. *Ars Theurgia*, Malgaras.

ASPERIM Segundo Mathers, o nome deste demônio é derivado da palavra latina *aspera*, que significa "áspero", "duro", "difícil", "perigoso". O significado do seu nome é talvez um aviso sutil quanto à natureza verdadeira deste demônio. Asperim é um dos muitos demônios que servem na hierarquia dos quatro príncipes demoníacos das direções cardeais e é conjurado como parte dos longos ritos detalhados na *Magia Sagrada de Abramelin, o Mago* para contato com o Sagrado Anjo Guardião. Cf. Amaimon, Ariton, Mathers, Oriens, Paimon.

ASPHIEL Chefe presidente que dizem servir ao príncipe Aseliel durante as horas noturnas. O nome e selo de Asphiel aparecem na *Ars Theurgia*. Segundo este texto, ele governa mais de trinta espíritos principais e vinte espíritos ministradores que agem como seus servos. Ele é parte da hierarquia do leste por conta de sua obediência a Aseliel. Cf. *Ars Theurgia*, Aseliel.

ASPHOR Demônio que detém o título de arquiduque na corte do rei infernal Dorochiel, associado às horas diurnas, manifestando-se apenas entre o meio-dia e o anoitecer. Segundo a *Ars Theurgia*, comanda não menos que quatrocentos espíritos menores. Sua direção é o oeste. Cf. *Ars Theurgia*, Dorochiel.

ASPIEL Servo do rei infernal Malgaras. Aspiel aparece na *Ars Theurgia*, onde consta que ele detém o título de arquiduque. Governa trinta espíritos menores e só condescende a aparecer durante as horas noturnas. Afiliado à corte do oeste, Aspiel aparece também nesta mesma obra com o título de duque a serviço do demônio Asyriel. Aqui consta que Aspiel atende durante as horas noturnas, com dez espíritos menores para atender às suas necessidades. Por meio de Asyriel, esta versão de Aspiel está aliada ao sul. Cf. *Ars Theurgia*, Asyriel, Malgaras.

ASSABA Um dos vários duques infernais a serviço do rei demoníaco Gediel. Segundo a *Ars Theurgia*, Assaba tem um total de vinte espíritos menores a seu comando. Suas afiliações incluem as horas diurnas e a direção sul. Cf. *Ars Theurgia*, Gediel.

ASSAIBI Um demônio que serve ao rei infernal Maymon, associado ao planeta Saturno e à direção norte. Assaibi aparece na tradução de Peterson do *Livro Jurado de Honório*. Enquanto um espírito saturnino, Assaibi tem a reputação de poder inspirar sentimentos de tristeza, raiva e ódio. Assaibi responde aos anjos Bohel, Cafziel, Michrathon e Satquiel. Há uma forte probabilidade de que este demônio e o demônio *Assalbi* sejam um só — mas um erro de transcrição foi cometido em algum ponto do caminho. Cf. Assalbi, *Livro Jurado*, Maymon.

ASSALBI Ministro do rei infernal Albunalich que rege o elemento terra a partir da direção norte. Como uma criatura da terra, Assalbi detém poder sobre todas as coisas enterradas, sobretudo ouro e pedras preciosas. Consta que tem a capacidade de cansar e frustrar completamente qualquer um que procure tesouros enterrados. Guarda com grande avareza os tesouros da terra, mas os confere a qualquer um a quem ele favoreça. É um espírito oracular, conferindo conhecimento do futuro, bem como também do passado. É capaz de despertar discórdia entre as pessoas, fazendo com que amigos se odeiem e cometam atos violentos. Comparar com *Assaibi* na versão de Driscoll do *Livro Jurado*. Cf. Albunalich, Assaibi, *Livro Jurado*.

ASSUEL Demônio que detém o título de duque na corte do rei infernal Maseriel. Assuel é afiliado às horas diurnas e, por meio de seu serviço a Maseriel, também à direção sul. Segundo a *Ars Theurgia*, ele tem trinta espíritos menores sob seu comando. Cf. *Ars Theurgia*, Maseriel.

ASTAEL Demônio associado às horas diurnas cujo nome e sigilo aparecem na *Ars Theurgia*, afiliado ao demônio Raysiel, rei infernal do norte. O próprio Astael detém o título de duque e tem cinquenta espíritos menores sob seu comando. Cf. *Ars Theurgia*, Raysiel.

O demônio Astarote, no Dictionnarie Infernal *de Collin de Plancy. Dos arquivos da* Dark Realms Magazine.

ASTAROTE Também grafado *Astaroth*, um dos 72 demônios mencionados na *Goécia*. Seu nome aparece na *Pseudomonarchia Daemonum* de Wierus, onde consta que detém o título de duque e comanda mais de quarenta legiões de espíritos menores. Ao aparecer, ele assume a forma de um anjo obsceno e asqueroso, montado em um dragão infernal e carregando uma víbora na mão direita. Na edição de 1863 do *Dictionnaire Infernal* de de Plancy, é representado como um homem nu com asas de anjo montado em um dragão. Em *O Mago*, de Francis Barret, Astarote é listado como o príncipe da ordem demoníaca dos acusadores e inquisidores. A única diferença entre as descrições de Astarote na obra de de Plancy e em *O Mago* é que o demônio monta um lobo ou cachorro, não um dragão. Consta que Astarote é capaz de ensinar as "ciências liberais" e, como muitos espíritos goéticos, também discorrer sobre questões do passado, presente e futuro, além dos segredos do conhecimento oculto. Astarote pode conferir ainda conhecimentos celestiais: dizem que fala abertamente sobre o criador dos espíritos, a queda dos espíritos e os vários pecados cometidos que inspiraram sua queda. A *Pseudomonarchia* também afirma que Astarote tem um hálito horrivelmente fétido. Por esta razão, o mago é aconselhado a manter distância do demônio e a segurar um anel mágico de prata próximo ao rosto para se proteger de qualquer malefício.

Astarote aparece no *Livro de Oberon*, um manual elisabetano de magia cerimonial. Aqui, Astarote consta entre uma dúzia de espíritos principais que servem a Amaimon, rei do sul. Ao se manifestar, chega cavalgando um dragão infernal e carregando, em uma das mãos, uma serpente peçonhenta. O *Livro de Oberon* o descreve como um espírito horrível a quem não se deve permitir que se aproxime do conjurador. Aos que ousarem trabalhar com ele, dizem que ele dá respostas verdadeiras sobre quaisquer eventos no passado, presente e futuro. Também ensina as sete artes liberais.

O nome de Astarote é dado como *Elestor* no texto de Lansdowne conhecido como *As Verdadeiras Chaves de Salomão*. Aqui lê-se que ele governa todos os espíritos das Américas. Na *Goécia do Dr. Rudd*, consta que é coibido pelo nome do anjo Reiaiel. Na *Magia Sagrada de Abramelin, o Mago*, Astarote é um dos oito subpríncipes que regem todos os outros demônios. Tem o poder de descobrir minas e transmutar metais e é capaz de revelar a localização de qualquer tesouro — contanto que não seja protegido por meios mágicos. Astarote tem poderes impressionantes de destruição, causando tempestades e demolindo prédios e é capaz ainda de transformar homens e animais.

Este demônio tem origens bíblicas. O Livro de *Juízes* e o primeiro Livro de *Samuel* se referem a ele como "as Ashtaroth", um nome mencionado em conexão com "os Baalim", outros deuses estrangeiros proibidos aos israelitas. Muitos leitores posteriores passaram a interpretar estas palavras como sendo nomes próprios. Porém, na época dos antigos israelitas, Baals e Astarotes eram termos genéricos para divindades. Os Baals eram divindades masculinas, enquanto as Astarotes denotavam divindades femininas. Isso implica que, no processo de se tornar um demônio, Astarote passou por uma mudança de gênero em algum ponto da história.

O termo *Astaroth* deriva do nome da deusa semítica Astarte, um nome que aparece em fontes em ugarítico, fenício e acadiano, cognato da deusa babilônica Ishtar. Por conta de suas associações a assuntos proibidos na Bíblia, a saber, as religiões vistas como falsas e heréticas pelos antigos israelitas, Astarte/Astarote foi demonizada junto de uma multidão de outras divindades estrangeiras. Ela, agora ele, desde então tem sido um demônio — pelo menos no que diz respeito ao imaginário da civilização ocidental.

Talvez porque Astarte fosse uma deusa tão reverenciada na época, o demônio Astarote seja tipicamente representado como detentor de um título tão significativo entre as hordas infernais. Num documento dúbio produzido como prova contra o pároco Urbain Grandier, acusado de praticar bruxaria e diabolismo na França do séc. XVII, Astarote era um dos vários demônios bem conhecidos cujos nomes aparecem em uma assinatura como testemunha do pacto de Grandier com Satã. No *Grande Grimório*, Astarote é listado como Grande Duque do Inferno. Na hierarquia infernal de Berbiguier, Astarote é um dos Ministros do Inferno, listado como Grande Tesoureiro. Segundo o espúrio *Grimório do Papa Honório*, Astarote é o demônio da quarta-feira. Variações do nome deste demônio incluem *Ashtaroth*, *Ashteroth*, *Ashtoreth*, *Astareth* e *Astarot*. Enquanto príncipe dos *Criminatores*, ele preside sobre a oitava ordem dos espíritos malignos na hierarquia infernal descrita no *Janua Magia Reserata*. Segundo este texto, seu nome grego é Diabolos. Cf. Amaimon, Barrett, Berbiguier, De Plancy, *Goécia*, *Grande Grimório*, *Janua Magia Reserata*, *Livro de Oberon*, Rudd, Scot, Wierus.

ASTIB Um duque do rei infernal Barmiel. Consta que Astib serve a seu mestre durante as horas noturnas. Seu nome é mencionado na *Ars Theurgia*. Por meio de sua afiliação a Barmiel, Astib está associado à direção sul. Embora detenha o título de duque, este demônio não tem quaisquer servos ou espíritos ministradores. Cf. *Ars Theurgia*, Baal, Barmiel.

ASTOLIT Demônio associado à *Magia Sagrada de Abramelin, o Mago*. Segundo este texto, Astolit responde ao demônio Paimon, um dos quatro príncipes infernais das quatro direções. Cf. Mathers, Paimon.

ASTOR Servo do demônio Asyriel. Astor é um arquiduque com quarenta servos encarregados de executar os seus comandos. Segundo a *Ars Theurgia*, está associado às horas diurnas e se manifesta apenas neste período do dia. Por meio de Asyriel, Astor tem relação à hierarquia do sul. Cf. *Ars Theurgia*, Asyriel.

ASTURIEL Em sua tradução da *Magia Sagrada de Abramelin, o Mago*, Mathers sugere que o nome deste demônio derive de uma palavra hebraica que significa "portador de autoridade". Asturiel é um dos muitos demônios que servem a Oriens, Paimon, Ariton e Amaimon, os quatro príncipes demoníacos das direções cardeais. Cf. Amaimon, Ariton, Mathers, Oriens, Paimon.

ASURIEL Um duque do príncipe infernal Usiel, que serve a seu mestre à noite. Asuriel tem vinte espíritos ministradores a seu comando e, segundo a *Ars Theurgia*, tem o poder de esconder tesouros de ladrões por meio de feitiços e encantamentos. É capaz de revelar itens ocultos por estes mesmos meios. Dada sua conexão com Usiel, está associado à corte do oeste. Cf. *Ars Theurgia*, Usiel.

ASYRIEL Rei poderoso mencionado na *Ars Theurgia*. Asyriel é o terceiro espírito no escalão dos servos do demônio Caspiel, Imperador Infernal do Sul. O próprio Asyriel governa a partir da direção sudoeste e tem um total de quarenta duques demoníacos sob seu comando, dentre os quais vinte lhe servem durante o dia e outros vinte durante as horas noturnas. Segundo a *Ars Theurgia*, Asyriel e sua corte demoníaca são seres de boa índole e obedecem sem demora àqueles que detêm o conhecimento para comandá-los. Cf. *Ars Theurgia*, Caspiel.

ATAF Anjo maligno mencionado na *Espada de Moisés*. Este ser deve ser evocado pelo mago, junto de vários outros, para separar um homem da sua esposa. Além de afligirem o inimigo do mago para destruir sua família, dizem que estes anjos presidem sobre uma variedade de transtornos, incluindo dor, inflamação e hidropisia, uma condição associada a doenças cardíacas. Cf. *Espada de Moisés*, Gaster.

O selo de Asyriel, demônio da Ars Theurgia. *Baseado no desenho da edição Henson do Lemegeton. Por M. Belanger.*

ATHESIEL Um demônio que aparece apenas uma vez por dia na 11ª porção do tempo quando as horas do dia são divididas em quinze partes iguais. Servindo ao príncipe errante Icosiel, Athesiel detém o título de duque e tem domínio sobre mais de 2200 espíritos menores. Segundo a *Ars Theurgia*, ele e os outros duques que respondem a Icosiel têm uma preferência por propriedades particulares e é mais provável encontrá-los nestas localizações. Cf. *Ars Theurgia*, Icosiel.

ATLOTON Um servidor dos príncipes das direções cardeais: Oriens, Ariton, Amaimon e Paimon. Atloton é mencionado no material da *Magia Sagrada de Abramelin, o Mago*. Cf. Amaimon, Ariton, Mathers, Oriens, Paimon.

ATNIEL Um dos doze duques infernais que dizem servir ao rei demoníaco Maseriel durante as horas diurnas. Na *Ars Theurgia*, consta que Atniel governa mais de trinta espíritos menores, estando associado às horas diurnas e à direção sul. Cf. *Ars Theurgia*, Maseriel.

ATRANRBIABIL Demônio associado ao elemento fogo. Serve na hierarquia do rei infernal Jamaz, que tem poder sobre este elemento. Como um demônio do fogo, dizem que Atranrbiabil tem a cabeça quente, sendo de uma natureza ligeira e enérgica, com um aspecto incandescente. Tem poder sobre a morte e a decomposição, sendo capaz de matar com uma só palavra e fazer levantar-se um exército de mil soldados — presumivelmente fazendo com que levantem da sepultura. Se alguma coisa já se decompôs, ele consegue reverter estes efeitos, restaurando-a de volta a seu estado original, também sendo capaz de prevenir a decomposição completamente. Atranrbiabil aparece na edição de 1977 de Daniel Driscoll do *Livro Jurado*, onde consta que pode ser atraído a fim de se manifestar se um indivíduo queimar os perfumes adequados. O texto não oferece nenhuma forma de pronunciar o nome complicado deste demônio. Cf. Jamaz, *Livro Jurado*.

ATRAURBIABILIS Um servo do demônio Iammax, rei infernal dos espíritos do planeta Marte. Atraurbiabilis aparece na tradução de Peterson do *Livro Jurado de Honório*. Segundo este texto, Atraurbiabilis tem o poder de semear a destruição, o assassinato e a guerra. Ao se manifestar, ele é pequeno e esguio, com uma coloração que remete a carvões em brasa. Este demônio é um dos cinco sob regência de Iammax, descritos como sujeitos ao vento leste, além de terem sua afiliação com o sul. Os anjos Samahel, Satihel, Ylurahihel e Amabiel têm poder sobre este demônio. Comparar com *Atranrbiabil*, mencionado na tradução de Driscoll do *Livro Jurado*. Cf. Atranrbiabil, Iammax, *Livro Jurado*.

ATRAX No texto extrabíblico conhecido como *Testamento de Salomão*, Atrax é mencionado como o 16º demônio dos 36 espíritos associados aos decanos do zodíaco. Todos estes demônios são horrores quiméricos, possuindo corpos de homens com cabeças de animais. São também demônios de aflições e doenças. No caso de Atrax, ele se deleita em atormentar a humanidade com febres e pode ser espantado invocando-se o nome do Trono de Deus. Estes detalhes aparecem na tradução de Conybeare desta obra. Numa versão posterior e mais precisa, feita a partir de uma coletânea mais completa de fontes textuais, McCown dá o nome deste demônio como *Katrax*. Em vez de "o Trono do Altíssimo", é o nome do deus grego Zeus que é citado como o "anjo" com o poder de afastá-lo. Cf. Salomão.

ATRIEL Um dos demônios a serviço do rei infernal Maseriel. Atriel é mencionado na *Ars Theurgia*, onde recebe o título de duque. Tem comando sobre mais de trinta espíritos ministradores e está associado às horas noturnas, servindo a seu mestre apenas durante estas horas. Como parte da corte do demônio Maseriel, Atriel tem afiliações com a direção do sul. Cf. *Ars Theurgia*, Maseriel.

AUDAMEOTH O demônio do 22º decano do zodíaco. O nome de Audameoth aparece na tradução de McCown do *Testamento de Salomão*, onde lhe é dado o título de *Rhyx*, ou "rei". Seu nome está inteiramente ausente nas traduções anteriores desta obra seminal, sobretudo porque McCown teve a oportunidade de trabalhar a partir de uma coletânea mais completa dos textos. Consta que Audameoth tem o poder de causar dores no coração. Ao se pronunciar o nome do anjo Raiouoth, é possível espantá-lo. Cf. Salomão.

AUEL No *Liber de Angelis*, este anjo é evocado num feitiço para se obter controle sobre demônios. O feitiço em si pede uma efígie de cera e o sangue de um galo preto e de uma pomba branca. Não fica claro pelo texto se Auel é ou não um anjo caído, mas ele é evocado com o demônio Baal. Se Auel ainda consta em meio à hierarquia celeste, é de se perguntar por que é que ele mantém tal companhia. Cf. Baal, *Liber de Angelis*.

AURAS Demônio que aparece na forma de um onagro. Sua função é transportar cadáveres, levando-os aonde quer que seu conjurador deseje. Segundo o *Livro de Oberon*, ele responde a qualquer pergunta que lhe seja feita. Sua corte é a de Egin, rei do norte, onde é um dos doze principais ministros. Cf. Egin, *Livro de Oberon*.

AUTOTHITH O 34º demônio associado aos 36 decanos do zodíaco. Autothith aparece na obra pseudepigráfica *Testamento de Salomão*. Neste texto, Autothith se proclama como um demônio do conflito. Tem o poder de causar brigas e rancores entre as pessoas, mas pode ser expulso ao se invocar o poder do Alfa e do Ômega. A tradução de McCown, em vez disso, diz Alfa e Beta. Apesar de a tradução de McCown, no geral, ser vista como a mais precisa das duas, é estranha esta diferença. O nome do demônio também sofre uma leve alteração. Em McCown ele é chamado de *Rhyx Authouth* — *Rhyx* sendo um título que quer dizer "rei". Cf. Salomão.

AVNAS Um dos 72 demônios da *Goécia*. Seu nome também é grafado como *Amy*. Avnas é um grande presidente no Inferno, com 36 legiões de espíritos menores sob seu comando. Segundo a *Pseudomonarchia Daemonum*, de Wierus, é parte da Ordem dos Anjos e parte da Ordem das Potestades. Revela tesouros que tenham sido ocultados sob a guarda de outros espíritos, fornece espíritos familiares e ensina tanto astrologia quanto ciências liberais. Ao se manifestar, aparece como uma chama incandescente, mas pode assumir uma forma humana ao ser comandado. Este demônio é mencionado também na *Descoberta da Bruxaria* de Scot e na *Goécia do Dr. Rudd*. Neste texto posterior, seu nome é grafado como *Auns* e entende-se que pode ser coibido pelo anjo Ieialel. Cf. Goécia, Rudd, Scot, Wierus.

AXIÔPHÊTH Demônio pestilento e perverso que aflige suas vítimas com tuberculose e hemorragia. Às vezes é chamado também simplesmente de Phêth, uma versão abreviada de seu nome completo. Axiôphêth aparece no texto extrabíblico *Testamento de Salomão*, sendo listado como o 27º demônio associado aos 36 decanos do zodíaco. Consta que todos estes demônios aparecem com as cabeças de feras com corpos humanos e que todos atormentam a humanidade com algum tipo de aflição. Como seus irmãos infernais, Axiôphêth pode ser espantado pela pronúncia de um nome sagrado — normalmente, o nome de um anjo com poder sobre o demônio. Em alguns casos, é um dos nomes de Deus em hebraico. No caso de Axiôphêth, porém, o nome que tem poder sobre ele é dado como "o décimo primeiro éon". O verdadeiro sentido desta expressão se perdeu nos séculos. Na tradução de McCown do *Testamento*, que varia um pouco dada a ampliação das fontes textuais, este demônio aflige as pessoas com diarreia e hemorroidas. Seu nome é apresentado como *Rhyx Axesbuth*, *Rhyx* sendo um título que quer dizer "rei".

Pode ser espantado pelo poder de seu próprio nome, em vez de um nome tão obscuro quanto "décimo primeiro éon". Cf. Salomão.

AXOSIEL O comandante de 1840 legiões, Axosiel é um dos arquiduques que servem ao príncipe Soleviel. Segundo a *Ars Theurgia*, Axosiel aparece livremente a qualquer hora do dia ou da noite, mas serve a seu mestre demoníaco apenas a cada dois anos. Cf. Ars Theurgia, Soleviel.

AYAL Um dos nomes do demônio noturno Lilith, transliterado a partir do hebraico original. O nome de Lilith aparece associado a amuletos textuais em hebraico para proteção. Ayal consta na publicação de T. Schrire de 1966, *Hebrew Magic Amulets*. Cf. Lilith.

AYCOLAYTOUM No texto mágico do séc. xv conhecido como *Liber de Angelis*, Aycolaytoum é um demônio associado aos poderes do planeta Júpiter. Serve ao rei infernal Marastac e pode ser conjurado para forçar a vontade de uma mulher para que ela ame o mago incondicionalmente. O nome deste demônio pode ser uma corruptela ou mesmo um jogo de palavras com a palavra acólito, cujas origens se encontram no grego *akóulouthos*, "seguidor" ou "atendente". No contexto do feitiço, é possível que a intenção seja evocar o sentido de "seguidor", pois o demônio tem o poder de transformar a vítima do feitiço numa "seguidora" do mago. Cf. Liber de Angelis, Marastac.

AYM Grande e poderoso duque que dizem governar um total de 36 legiões de espíritos infernais. É um dos 72 demônios goéticos. Segundo o *Pseudomonarchia Daemonum*, de Wierus, ele tem três cabeças — de serpente, de homem e de gato — e chega montado numa víbora, carregando um tição em brasa na mão. Consta que Aym tem o poder de deixar as pessoas sagazes e de dar respostas verdadeiras sobre questões particulares. Com seu tição, dizem que é capaz de incendiar torres e cidades. Seu nome alternativo é *Harborym*. Na *Descoberta da Bruxaria*, de Scot, seu nome secundário é grafado *Harborim*. Na *Goécia*, a grafia de seu nome é *Aim* e sua cabeça humana é descrita como tendo duas estrelas sobre ela. A *Goécia do Dr. Rudd* afirma que ele pode ser coibido pelo nome do anjo Melahel. Cf. Goécia, Rudd, Scot, Wierus.

AYYALU Na edição de Driscoll de 1977 do *Livro Jurado de Honório*, Ayyalu é mencionado como um dos ministros do rei demoníaco Harthan. Suas associações são ao elemento água e à direção oeste, e sua natureza é despeitada, mas também sagaz e agradável. Tem o poder de conceder força e resolução, sendo também de capaz de ajudar os outros a vingar qualquer malefício que tenha sido feito. Além disso, é capaz de deslocar objetos de um lugar a outro e fornecer escuridão quando necessário, possivelmente para ajudar em roubos. Ao se manifestar, seu corpo é de um aspecto sarapintado e bastante robusto. Cf. Harthan, *Livro Jurado*.

AZAEL Um dos quatro anjos malignos que dizem guardar as direções cardeais, Azael é mencionado no grimório fáustico *Magia Naturalis et Innaturalis*, publicado em Passau em 1505. Neste texto, Azael é associado ao elemento água. Henrique Cornélio Agrippa provavelmente tinha este texto em mente quando menciona Azael em conexão com os demônios das direções cardeais. Ele diz que Azael é um nome alternativo usado pelos "Doutores Hebreus"[4] para Paimon, rei do oeste. O ocultista S. L. MacGregor Mathers repete as mesmas informações em sua edição da *Magia Sagrada de Abramelin, o Mago*. Cf. AGRIPPA, MATHERS, PAIMON.

AZATHI Um dos vários demônios mencionados no *Manual de Munique*. Azathi auxilia o mago em questões de adivinhação. É conjurado num feitiço que pede para que se use um menino jovem e virgem como intermediário para interagir com os espíritos. Cf. MANUAL DE MUNIQUE.

AZAZEL Em *Levítico* 16, Azazel é mencionado em associação com o bode expiatório como parte do ritual judaico que se tornou o Yom Kippur (Dia do Perdão). Nestes trechos, dois bodes são escolhidos, então tira-se a sorte para determinar qual bode vai para Iavé e qual bode vai para Azazel. O bode destinado a Iavé é sacrificado e seu sangue usado para purificar as porções interiores do templo. O bode destinado a Azazel é mantido vivo e, depois de todos os pecados do povo serem confessados sobre ele, o animal é levado ao deserto rumo ao que se presume ser um destino funesto.

Embora estes trechos no *Levítico* não deem detalhes sobre quem ou o que Azazel possa ser, sua localização em meio à desolação do deserto permite traçar uma associação nítida com os Anjos Sentinelas mencionados no *Livro de Enoque*. Aqui Azazel, por vezes sob as variações Asael e Azael, é agrilhoado pelos pés e mãos no deserto como castigo em seu papel em desviar os Filhos Celestiais.

---

4 Agrippa, *Three Books of Occult Philosophy*, edição inglesa de Donald Tyson, p. 533.

O *Livro de Enoque* contém duas histórias paralelas que explicam a corrupção das Sentinelas. Na primeira, Shemyaza desvia seu povo por meio do pecado da luxúria. Na segunda, a culpa é de Azazel pela disseminação de conhecimento proibido. Mais especificamente, ele ensina a criar armas de guerra. Ambas as linhas desta história resultam em retaliação celeste: a destruição dos filhos das Sentinelas, seu aprisionamento no deserto e, por fim, o Dilúvio. Assim começa uma rica história de rebelião e perversidade associada a esta figura. Junto de seu compatriota Shemyaza, por vezes chamado de Shemhazai, Azazel tem um papel de destaque no folclore judaico. Nas *Crônicas de Jeramel*, Azazel aparece junto ao anjo Azah (possível forma abreviada de Shemyaza), onde os dois são sentenciados a serem pendurados eternamente entre o Céu e a Terra como castigo pelo seu papel em trazer o mal ao plano dos mortais. Azazel, porém, foge e permanece na terra, impenitente. Como um anjo maligno obstinado em desviar os outros do caminho, ele é mencionado na hagadá, nas *Lendas dos Judeus* de Ginsburg e no *Midrash de Shemhazai e Aza'el*. Aparece também no folclore islâmico, mencionado por nome no Corão associado aos anjos caídos Harut e Marut. Por vezes é identificado também pelos muçulmanos como o "anjo pavão" dos Yazidi, um grupo religioso, muitas vezes vítima de preconceitos, ligado aos curdos. Os Yazidi são erroneamente chamados de adoradores do diabo, como resultado disso. Azazel, sob a grafia Azazil, por vezes recebe o nome sagrado do Satã islâmico, Íblis, ostentado antes de sua queda. A relação entre Azazel e o anjo pavão provavelmente está relacionada à sua representação no *Livro de Enoque*. Além de ensinar a construir armas e armaduras, Azazel também compartilhou os segredos para fabricação de cosméticos, joias e tinturas. O uso de roupas multicoloridas com frequência é denunciado como um sinal de perversidade no material do Velho Testamento, às vezes de forma explícita, por conta das próprias predileções de Azazel por coisas coloridas.

Na publicação de 1921 do Reverendo W. O. E. Oesterley, *Imortalidade e o Mundo Invisível*, o autor propõe um argumento convincente de que Azazel é uma corruptela deliberada de um nome em hebraico que significa "força de Deus". Henrique Cornélio Agrippa oferece Azazel como uma versão hebraica do demônio Amaimon, rei do sul. Esta atribuição pode ser derivada de *Magia Naturalis et Innaturalis*, um texto associado à tradição fáustica e publicado em Passau em 1505. Nesta obra, Azazel está associado ao elemento do ar. Mathers repete as informações de Agrippa em sua tradução da *Magia Sagrada de Abramelin, o Mago*. Cf. AGRIPPA, AMAIMON, SENTINELAS, SHEMYAZA.

AZEMO Um dos vários demônios que dizem servir a Camuel, o príncipe infernal do sudeste. Azemo é mencionado na *Ars Theurgia*, onde consta que pertence às horas noturnas. Apesar de sua afiliação noturna, Azemo, em todo caso, se manifesta durante o dia. Trata-se de um duque poderoso do Inferno, com dez espíritos ministradores que lhe servem. Cf. *ARS THEURGIA*, CAMUEL.

AZIABELIS Também grafado como Aziabel nos *Sexto e Sétimo Livros de Moisés*, dizem que este demônio aparece na forma de um homem vestindo uma grande coroa de pérolas. Um dos "Sete Grandes Príncipes dos Espíritos", Aziabelis governa os espíritos da água e das montanhas. Ao ser conjurado, muitas vezes é de trato amistoso para com o mago e pode comandar os espíritos sob seu domínio para que lhe entreguem seus tesouros.

AZIEL Segundo os *Sexto e Sétimo Livros de Moisés*, este espírito é um dos sete grandes príncipes infernais. Consta que aparece na forma de um touro selvagem. É um excelente caçador de tesouros, revelando itens valiosos que tenham sido ocultados na terra e no mar.

AZIMEL Um dos vários duques infernais mencionados na corte do rei demoníaco Maseriel. O nome e selo de Azimel aparecem na *Ars Theurgia*, onde consta que ele governa trinta espíritos menores, estando afiliado às horas diurnas e à direção sul. Cf. *ARS THEURGIA*, MASERIEL.

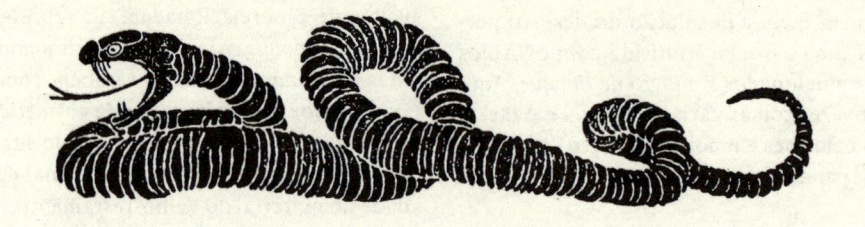

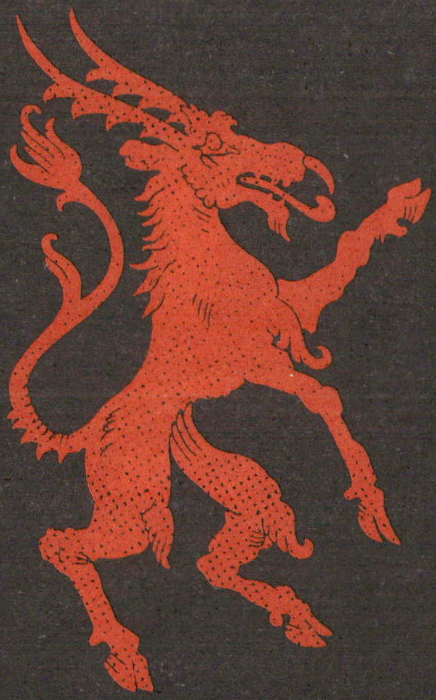

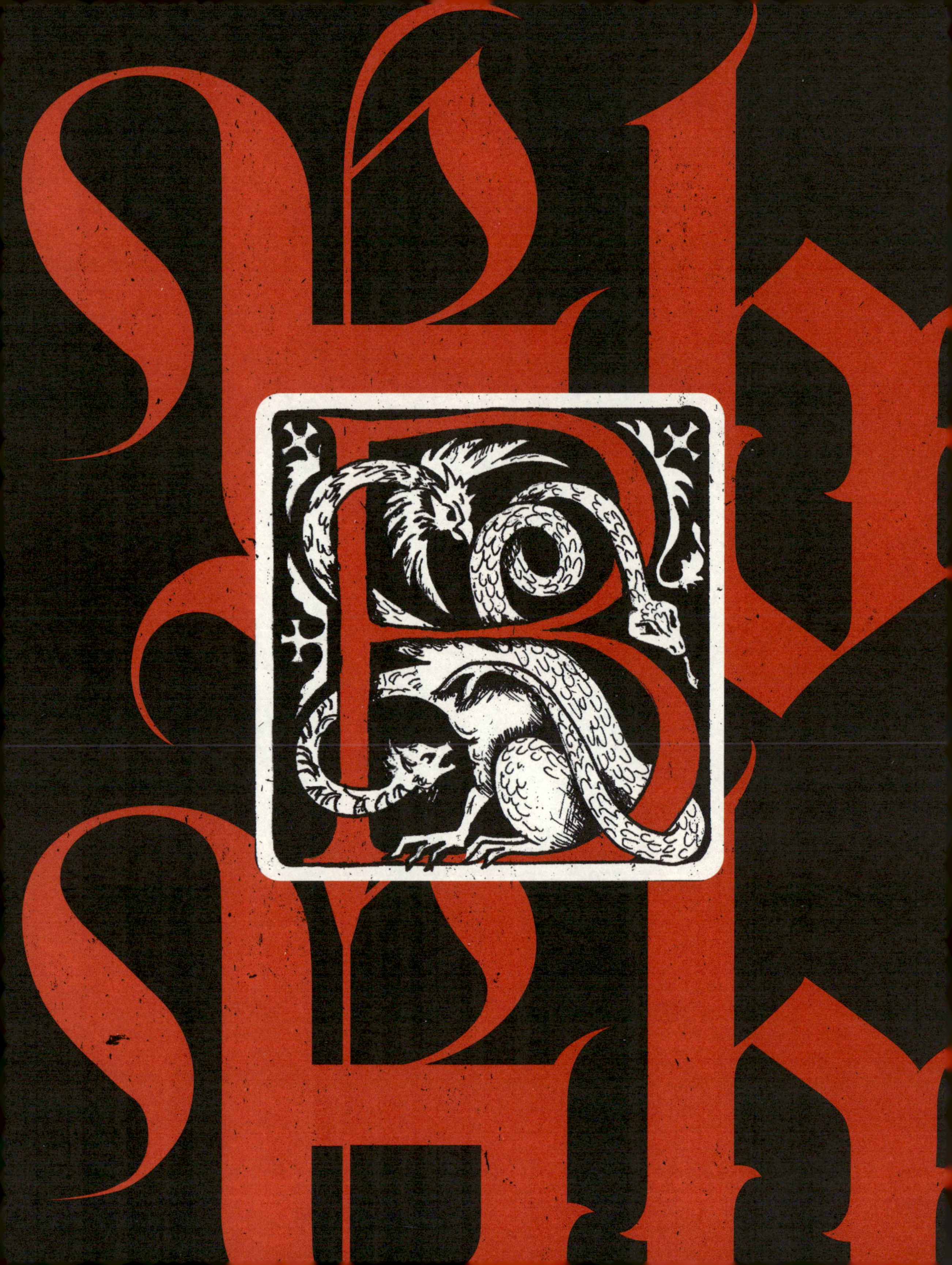

BAABA Demônio mencionado na *Ars Theurgia*. Baaba aparece na corte de Barmiel, o primeiro e principal espírito do sul sob o imperador Caspiel. Baaba detém o título de duque e consta que ele serve a seu senhor infernal durante as horas noturnas. Apesar de seu título, Baaba não tem quaisquer servos ou espíritos menores sob seu comando. Cf. *Ars Theurgia*, Barmiel, Caspiel.

BAAL A palavra do idioma cananeu para "deus" ou "senhor". Quando os israelitas chegaram ao Canaã, eles se depararam com o culto a Baal. A veneração a Baal era comum nessa terra antiga, e todo lugar tinha o seu próprio Baal particular. Os Baals (*Baalim*) eram divindades masculinas, enquanto as suas contrapartes femininas eram as Astarotes (*Astharoth*). A religião de Baal, por um tempo, foi uma concorrente direta da religião de Iavé, e esta competição deu origem às infinitas polêmicas suscitadas pelos Patriarcas contra Baal no Velho Testamento. O incidente com o bezerro de ouro foi provavelmente o resultado da veneração a Baal, e em vários pontos do Velho Testamento os filhos de Israel são proibidos diretamente de oferecer sacrifícios "aos Baals". A batalha ideológica apresentada no Velho Testamento entre a veneração a Baal e a veneração a Iavé deitou as bases para que Baal fosse demonizado na cultura abraâmica posterior. Seu título, "Príncipe Baal", é ridicularizado em *2 Reis* 1:2, 3 e 16, onde seu nome é dado como *Baal-zebub*, ou "Senhor das Moscas". Este nome, conhecido como Belzebu, em algum momento passou a ser igualado a um dos maiores diabos do Inferno. Outro Baal, "Baal-peor", aparece em *Números* 25:3 e em *Deuteronômio* 4:3, mais tarde originando o demônio Belfegor. Há ecos também de Baal e sua forma plural, *Baalim*, que ressurgem com frequência na literatura infernal, com o estatuto de um dos maiores demônios do Inferno. Bael, uma forma alternativa de Baal, desenvolveu-se de tal forma que já representa uma divindade completamente à parte. No *Livro de Oberon* elisabetano, seu nome é dado como *Baall*, sendo um dos doze servidores de maior escalão de Oriens, rei do leste. Nesse texto, Baall é capaz de inflamar o amor de homens ou mulheres. Ele também tem o poder de tornar as pessoas invisíveis. Ao aparecer, toma a forma de um rei e fala com uma voz rouca e cavernosa. Cf. Astarote, Bael, Balam, Belzebu, Belfegor, *Livro de Oberon*, Oriens.

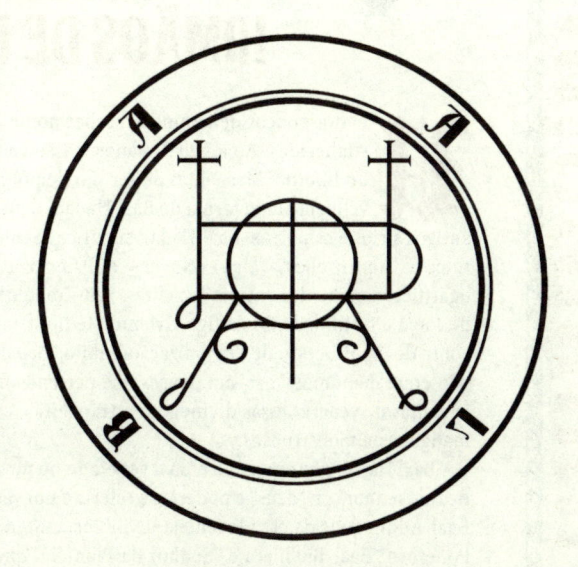

Sigilo do demônio Baal, tal como registrado no Livro dos Encantamentos de John Harries. *Começo do séc. XIX. Imagem de Catherine Rogers.*

CURIOSIDADES DEMONÍACAS

OS MUITOS IRMÃOS DE BELZEBU

Um dos poucos demônios a receber nome próprio na Bíblia, Belzebu é um dos mais reconhecidos. Ao longo dos anos, passou a ser visto como um dos principais dignitários do Inferno. Mas, antes de ser um demônio, ele foi um deus. O nome Belzebu é provavelmente uma forma de Baal Hadad, deus da tempestade que aparece na mitologia dos antigos sírios e cananeus. Baal Hadad significa "Senhor dos Trovões". Ele também ostentava os títulos de "Aquele que Cavalga as Nuvens" e "Príncipe Baal". Seu nome é registrado nas obras do povo ugarítico, vizinho dos antigos israelitas. Seu símbolo cúltico era o touro, um símbolo generalizado de força e fertilidade no Antigo Oriente Médio. Baal Hadad é lembrado hoje como Belzebu por conta de um processo de demonização: muitos dos demônios mencionados no Velho Testamento não eram demônios, mas sim deuses que pertenciam a culturas rivais. Para dissuadir os antigos israelitas de venerar essas divindades estrangeiras, os deuses passaram a ser representados como malignos ou monstruosos.

Baal Hadad não era o único Baal venerado no mundo antigo. Na verdade, a palavra *Baal* significava "senhor" ou "deus" e poderia se referir a um vasto número de divindades individuais. Havia Baal-Addir, deus da cidade fenícia de Biblos, cujo nome significava "Baal Poderoso" ou "Senhor Poderoso". Baal-Biq'h era o "Senhor da Planície" que emprestou seu nome à cidade de Ba'albek, ou Balbeque (mais tarde conhecida como Heliópolis). Baal chegou ao antigo Egito por meio dos hicsos, um povo semita que invadiu a Delta do Nilo por volta de 1700 a.C. No Egito, ele passou a ser associado ao deus Set.

Baal-Hammon aparece numa inscrição fenícia encontrada na cidade de Zincirli. O principal deus de Cartago, é possível que seu nome signifique "Senhor dos Altares de Incenso". Identificado com Cronos pelos gregos e Saturno pelos romanos, Baal-Hammon era um deus da fertilidade com um lado sombrio. Os registros indicam que sacrifícios de crianças eram parte de seu culto, uma prática que certamente teria se prestado a sua demonização. Baal Karmelos pega seu nome emprestado do Monte Carmelo, onde se acreditava que era sua morada. Venerado pelo imperador romano Vespasiano, Baal Karmelos era adorado com oferendas imoladas e, por vezes, procurado para propósitos oraculares. Baal Marq'd tinha um santuário perto de onde hoje é Beirute, sendo chamado de Balmarkos pelos gregos. Seu nome significava "Senhor da Dança" e parece estar associado a trabalhos de cura. Baal Qarnain, o "Senhor dos Dois Chifres", ganhou seu nome por conta dos dois picos das montanhas próximos ao Golfo da Tunísia. Provavelmente uma manifestação local de Baal-Hammon, ele passou a ser chamado em períodos posteriores de *Saturnus Balcarnensis*. E, por fim, um dos Baals mais venerados era Baal Shamem, por vezes chamado de *Baal Sammin*. Conhecido como "Senhor do Céu", era venerado na antiga Síria, Chipre, Cartago e norte da Mesopotâmia. Suas feições apareciam em moedas selêucidas, onde ostenta uma meia lua em sua fronte e carrega um sol com sete raios na mão. Dentre os romanos, era chamado de Caelus, que simplesmente significa "céu".

BAALBERITH Demônio nomeado ao título de Ministro dos Tratados do Inferno na obra do séc. XIX de Berbiguier, *Les Farfadets*. Além de aparecer em *Les Farfadets*, o nome de Baalberith também se encontra no documento apresentado como prova no julgamento de Urbain Grandier, no séc. XVII. O documento, de origem dúbia, seria um suposto pacto, assinado por Grandier com Satã e por um número de outros demônios de alto escalão como testemunhas. Grandier foi acusado de bruxaria e diabolismo em Loudun, na França, e esse pequeno documento foi uma das coisas que o levaram à fogueira. Baalberith aparece como "escrivão" e, no que diz respeito a esse documento, ele parecia operar no papel de escriba ou secretário dos pactos de Satã. É interessante que o nome de Baalberith parece definir com clareza esta descrição particular de seu emprego. *Baal* significava "senhor" em várias antigas línguas semíticas e era comum como título de uma ordem de deuses cananeus, os quais foram todos devidamente rejeitados pelos israelitas monoteístas e no geral condenados como demônios. *Berith* é uma palavra em hebraico para "aliança", que se refere às alianças sagradas estabelecidas entre o Senhor Deus e seu povo escolhido, sendo usada como um dos nomes de Deus. Aqui, pervertida e transformada no nome de um demônio, parece sugerir que Baalberith é o "Senhor das Alianças", o que, em jargão demoníaco, faria dele o Senhor dos Pactos. Notavelmente, Berith aparece como demônio na *Goécia* e em outras obras da literatura dos grimórios. Cf. BERBIGUIER, BERITH.

BAASAN Um dos reis infernais que serve ao lado de Belial na corte de Paimon, governante dos espíritos do oeste. Tem o poder de conferir invisibilidade e seu nome aparece no grimório elisabetano conhecido como *Livro de Oberon*. Cf. BELIAL, LIVRO DE OBERON.

BACHIEL Demônio na corte do sul. Segundo a *Ars Theurgia*, Bachiel é um servo do rei demoníaco Maseriel. Detém o título de duque e tem trinta espíritos inferiores sob seu comando. Trata-se de um demônio noturno, que serve ao seu mestre infernal apenas durante as horas de escuridão. Cf. *ARS THEURGIA*, MASERIEL.

BACIAR Demônio da *Ars Theurgia* governado por Raysiel, rei infernal do norte. Baciar aparece durante as horas diurnas, ao longo das quais serve ao seu rei Raysiel. Detém o título de duque e tem cinquenta espíritos menores como subordinados. Cf. *ARS THEURGIA*, RAYSIEL.

BADAD Segundo Mathers, o nome deste demônio vem do hebraico e significa "o Solitário". Badad serve na hierarquia de Oriens, Paimon, Ariton e Amaimon, os quatro príncipes demoníacos das direções cardeais. É conjurado durante um dos muitos dias dedicados ao rito do Sagrado Anjo Guardião, tal como delineado na *Magia Sagrada de Abramelin, o Mago*. Cf. AMAIMON, ARITON, MATHERS, ORIENS, PAIMON.

BADALAM Demônio mencionado no *Manual de Munique*. É evocado em um feitiço cujo propósito é de amarrar e compelir uma mulher para que passe a amar certa pessoa. Badalam é descrito como um senhor infernal e apresentado como detentor do poder de comandar uma série de demônios subordinados para que assediem e atormentem o alvo. O texto menciona Satã como um dos demônios associados a ele — estranhamente, porém, ele é apresentado como um subordinado de Badalam. Cf. *MANUAL DE MUNIQUE*, SATÃ.

BAEL Uma variação de grafia do nome Baal, que passou também a representar um demônio à parte. Ele aparece como o primeiríssimo demônio da *Goécia*. No *Tratado sobre Magia Angelical* do começo do séc. XVII, o estudioso Thomas Rudd associa Bael com poderes sobre o leste. Segundo Wierus, em *Pseudomonarchia Daemonum*, Bael (grafado também como Baell e Baëll em sua obra) é o primeiro rei do leste. Consta que Baell fala com uma voz rouca. Ao se manifestar, assume uma forma com três cabeças: a cabeça de um homem, de um gato e de um sapo. Ele tem 66 legiões de espíritos sob seu comando e

O demônio Bael, da edição de 1863 do Dictionnaire Infernal de Collin de Plancy. Dos arquivos da Dark Realms Magazine.

é capaz de tornar os homens invisíveis. Na *Goécia do Dr. Rudd*, Vehuiah é o nome do anjo que consta ter poder sobre ele. O *Livro dos Encantamentos* galês afirma que ele tem diversas formas, por vezes assumindo todas elas ao mesmo tempo. Seu selo deve ser usado como *lamen* no peito de qualquer um que seja ousado o suficiente para invocá-lo. Cf. Baal, Goécia, Livro dos Encantamentos, Rudd, Wierus.

BAFAMAL Um dos vários demônios mencionados na hierarquia do governante infernal Astarote, Bafamal aparece na edição de Mathers da *Magia Sagrada de Abramelin, o Mago*. Cf. Astarote, Mathers.

BAHAL Demônio que dizem servir a seu mestre Astarote exclusivamente. Bahal aparece na tradução de Mathers da *Magia Sagrada de Abramelin, o Mago* associado aos trabalhos do Sagrado Anjo Guardião. Cf. Mathers.

BAKARON Demônio mencionado em conexão com os trabalhos do Sagrado Anjo Guardião que são centrais à *Magia Sagrada de Abramelin, o Mago*. Consta que Bakaron serve a seu senhor infernal Asmodeus. Em sua tradução de 1898 desse material, o ocultista Mathers sugere que o nome deste demônio deriva de um termo em hebraico para "primogênito". Nessa versão, seu nome é grafado *Bacaron*. Cf. Asmodeus, Mathers.

BALAKEN Segundo o ocultista S. L. Mathers, o nome deste demônio tem conexão com uma palavra que significa "os devastadores". Balaken é um servidor do príncipe infernal Oriens. Por conta de sua relação com Oriens, Balaken está associado ao leste. Tanto Oriens quanto Balaken são mencionados na *Magia Sagrada de Abramelin, o Mago*. Variações do nome deste demônio incluem Balachan e Balachem. Cf. Mathers, Oriens.

BALALOS Demônio a serviço de Oriens, Paimon, Ariton e Amaimon, os quatro reis infernais das direções cardeais. Balalos aparece na *Magia Sagrada de Abramelin, o Mago*. Em sua tradução dessa obra, feita em 1898, o ocultista S. L. Mathers sugere que o nome deste demônio pode ter sido derivado de uma raiz grega que significa "lançar". Cf. Amaimon, Ariton, Mathers Oriens, Paimon.

BALAM Demônio da Ordem das Dominações, Balam é o 51º demônio da *Goécia*. Também aparece na *Pseudomonarchia Daemonum* de Wierus, onde é descrito como sendo um grande e terrível rei. Tem quarenta legiões a seu comando e o poder de tornar as pessoas invisíveis. Ao se manifestar, aparece com três cabeças: de touro, de homem e de carneiro. Ele cavalga um urso e conversa com uma voz rouca. Seus olhos parecem queimar como chamas e, em vez de pernas, tem uma cauda de serpente. No *Livro dos Encantamentos* galês, governa 36 legiões e pode deixar qualquer um invisível, segundo sua vontade. Tem a reputação de dar respostas verdadeiras ao que quer que lhe seja perguntado. Segundo a *Descoberta da Bruxaria*, de Scot, ele traz consigo um gavião ao punho. Na *Goécia do Dr. Rudd*, consta que é coibido pelo anjo Hahasiah. Cf. Goécia, Livro dos Encantamentos, Rudd, Scot, Wierus.

BALANCHUS Demônio conjurado no quarto de alguém para que seja interrogado. Seu nome aparece num feitiço do séc. XVI registado no *Livro de Oberon*. Neste feitiço, o demônio é conjurado com incenso de aloe (ágar ou pau-de-águila) e um breve encantamento, mas isto só pode ser feito na quarta-feira na hora de Mercúrio. Se for bem-sucedido, Balanchus aparecerá na forma de homem barbado e responderá a qualquer pergunta que lhe seja feita. O feitiço aparece nas páginas finais do grimório conhecido como *Livro de Oberon*. Embora Balanchus seja chamado especificamente enquanto seu conjurador está na cama, não há sugestão de um elemento sexual, por isso Balanchus provavelmente não deve ser um íncubo. Cf. *Livro de Oberon*.

BALATH Demônio causador de doenças e moléstias, ele abate as pessoas saudáveis e é capaz de privar-lhes da razão. Também tem poderes de transporte, carregando as pessoas magicamente de um lugar a outro. Ele é bem versado nas ciências e é capaz de conquistar fama e estima para quem quer que o conjure. Seu nome aparece no *Livro de Oberon*, onde é listado junto dos doze principais servidores de Paimon, rei do oeste. Ao ser conjurado, Balath aparece como uma figura deformada e fala com uma voz rouca e arranhada. Cf. *Livro de Oberon*, Paimon.

BALFORI Servo do arquidemônio Belzebu. Balfori aparece na *Magia Sagrada de Abramelin, o Mago*, mas, em certas versões, seu nome é grafado *Baalsori*. Cf. Belzebu, Mathers.

BALIDCOH Demônio ligado ao elemento da terra, descrito como trabalhador e paciente, dono de um temperamento constante. Sua aparência é bela e iluminada, e é um dos guardiões dos tesouros da terra. Balidcoh serve como ministro ao rei infernal Albunalich, sendo capaz de conferir dádivas de ouro e pedras preciosas a quem conquistar os seus favores. Para os outros, ele protege seus tesouros com avareza, frustrando completamente suas tentativas de desvelar as riquezas da terra. Segundo a edição de Daniel Driscoll, de 1977, do *Livro Jurado*, é também um espírito oracular, tendo a capacidade de revelar coisas tanto do futuro quanto do passado. Tem o poder de causar chuvas e também de incitar rancor e violência entre os homens. Cf. Albunalich, *Livro Jurado*.

BALIDET Na obra do séc. XVII do Dr. Rudd, *Tratado sobre Magia Angelical*, Balidet é descrito como ministro do rei Maymon, um dos espíritos que governam o oeste. Cf. Maymon, Rudd.

BALSUR Demônio que comanda um total impressionante de 3880 espíritos menores. Balsur detém o título de duque e, segundo a *Ars Theurgia*, é uma das várias centenas de duques a serviço do demônio Amenadiel, Imperador Infernal do Oeste. Cf. Amenadiel, *Ars Theurgia*.

BAOXES Poderoso duque na hierarquia do norte que comanda milhares de espíritos menores. Baoxes serve ao rei demoníaco Baruchas, pelo menos segundo a *Ars Theurgia*. Baoxes aparece apenas durante as horas e minutos que caem na quinta porção do dia, quando o dia é dividido em quinze porções de igual duração. Cf. *Ars Theurgia*, Baruchas.

BAPHOMET Demônio comumente representado como um ser com cabeça de bode, com frequência hermafrodita, às vezes com asas. Baphomet teve sua estreia nos anais da demonologia nos documentos ligados aos julgamentos dos Templários. Por uma variedade de motivos, em sua maioria monetários, essa ordem de cavaleiros tornou-se suspeita aos olhos dos europeus, e o grupo inteiro foi preso e julgado — muitos dos cavaleiros, inclusive, acabaram executados. Dentre as acusações feitas contra os Templários, constava que eles haviam abandonado a fé cristã e veneravam, em vez disso, um ídolo curioso com o nome de *Baphomet*. O material sobrevivente, graças aos trovadores franceses que estiveram ativos durante os séculos XII e XIII, sugere que *Bafomet* era originalmente uma corruptela do nome Maomé, comumente grafado como *Mahomet* na época. Se isso for verdade, então, em relação aos Templários, a figura de Baphomet pode ter sido evocada como uma implicação de que eles haviam se convertido à fé de seus inimigos, os muçulmanos. Nas confissões dos membros dos Templários, extraídas

Baphomet, o Bode do Sabá. Imagem baseada num desenho à pena da obra francesa do séc. XIX, La Magie Noire.

sob tortura, Baphomet costuma ser descrito como uma figura com três cabeças, um gato e uma cabeça decepada. Porque essas descrições foram dadas em situações extremas, não há como saber se Baphomet tinha ou não qualquer conexão com as atividades e crenças dos Templários — mas deve-se notar que não há qualquer referência a este ser, seja na *Regra dos Templários* ou outro documento que seja, dentre os relacionados à Ordem. O mistério desta figura sobreviveu, porém, e Baphomet reapareceu no séc. XIX como um ídolo demoníaco associado ao oculto. Em 1854, o ocultista Eliphas Lévi incluiu uma imagem de Baphomet em seu livro *Dogma e Ritual da Alta Magia*, descrevendo o demônio como o "Bode do Sabá". A imagem usada por Lévi tem uma forte semelhança com as representações do Diabo que aparecem nos primeiros baralhos do Tarô e acabou se tornando a imagem de fato associada a este ser.

BARAQUIEL Anjo Sentinela mencionado no *Livro de Enoque*. É listado como um dos "decanos", comandando, portanto, uma pequena tropa desses anjos caídos. Quando os Sentinelas abandonaram o Céu para virem à terra, eles supostamente trouxeram consigo segredos proibidos. Dizem que Baraquiel ensinou a arte da astrologia a seus discípulos humanos. Em outros pontos do texto, seu nome é grafado *Baraqel*. Cf. SENTINELAS.

BARBAIS Espírito silvestre capaz de ensinar a língua das aves e bestas. Também tem o poder de desfazer bruxaria e se manifesta na forma de um arqueiro selvagem (poderíamos descrevê-lo melhor como um caçador). É um dos doze principais servidores de Oriens, rei do leste. Não deve ser confundido com Barbas, também da corte de Oriens. Seu nome pode ser uma variação de *Barabares*, também descrito no *Livro de Oberon*. Cf. BARBARES, BARBAS, *LIVRO DE OBERON*, ORIENS.

BARBARES Demônio mencionado no *Livro de Oberon*, que aparece em dois verbetes separados (números 51 e 53). Em ambos, é associado a arqueiros e feras. No primeiro caso, consta que ele assume a forma de um caçador ou arqueiro. Na segunda entrada, ele também aparece como um arqueiro, mas é meio homem, meio fera, como nas representações tradicionais do signo zodiacal de Sagitário. Detém influência sobre muitos governantes e é capaz de revelar inúmeros tesouros ocultos. Além disso, confere o poder de compreender a fala dos pássaros e outros animais. Dizem que chega acompanhado por quatro menestréis ostentando quatro trombetas de ouro, prata, marfim e latão. O *Livro de Oberon*, o grimório elisabetano em que ele aparece, o identifica como sendo ao mesmo tempo um senhor e um visconde. Dependendo do verbete consultado, há 26 ou 29 legiões de espíritos menores que lhe servem. Uma versão alternativa fornece o seu nome como Barbates. Compare este nome e poderes com os do demônio goético *Barbatos*, identificado na *Pseudomonarchia Daemonum*, na *Descoberta da Bruxaria*, de Scot, e na *Chave Menor de Salomão*, de Mathers. Ele também tem muitas coisas em comum com o demônio Barbais, igualmente citado no Livro de Oberon, e é possível que um dos dois seja uma grafia alternativa do nome do outro. Vale notar que *barbaros* é uma palavra grega que significa "estrangeiro" ou "forasteiro" e deu origem à palavra "bárbaro" e cognatos modernos. Cf. BARBAIS, BARBATOS, *LIVRO DE OBERON*.

BARBARUS No grimório do séc. XV conhecido como *Manual de Munique*, Barbarus é descrito como detentor dos títulos tanto de conde quanto de duque. Ao conjurá-lo, ele chega anunciado por trombetas marciais. Segundo o texto, este demônio tem o poder de revelar a localização de qualquer tesouro que não seja protegido por magia. Sendo um demônio nobre na hierarquia do Inferno, ele tem 36 legiões de diabos sob seu comando. Notem a similaridade entre este nome e o demônio goético mais bem conhecido, Barbatos. Cf. BARBATOS, *MANUAL DE MUNIQUE*.

BARBARYES Demônio marcial, Barbaryes aparece na forma de um soldado armado com uma lança e carregando um estandarte. Ele deixa os inimigos cegos, sugando sua força e ensurdecendo-os também. É capaz ainda de usar sua influência para transformar os outros em amigos. Mencionado no *Livro de Oberon*, um grimório datado da Inglaterra elisabetana, é identificado como um príncipe, com cinquenta legiões que lhe servem. Cf. *LIVRO DE OBERON*.

BARBAS Barbas aparece no *Livre des Esperitz*, um grimório francês do séc. XVI. É um demônio bem posicionado na corte do leste no elisabetano *Livro de Oberon*. Nesse texto, Barbas é parte de uma dúzia de outros espíritos que servem ao Rei Oriens no mais elevado e mais influente patamar. Seu nome tem também a grafia alternativa de Corbas. Ao se manifestar, ele assume a forma de um homem e detém o título de chefe. Entre seus poderes, consta a capacidade de transformar homens em animais. Existem vários demônios no *Livro de Oberon* com nomes parecidos, dentre os quais há pelo menos alguns que podem representar grafias alternativas para o mesmo demônio, incluindo Barbais e Barbares. Cf. BARBAIS, BARBARES, LIVRO DE OBERON, ORIENS.

BARBATOS Um dos 72 demônios listados na *Goécia*. Também aparece na *Pseudomonarchia Daemonum*, de Johannes Wierus, e na *Descoberta da Bruxaria*, de Reginald Scot. Em ambos os textos, ele é identificado como um conde. O *Tratado sobre Magia Angelical* de Dr. Rudd, dá seu título como sendo um duque. Na maioria desses textos, consta que ele governa trinta legiões de espíritos menores. A *Goécia de Dr. Rudd* oferece o número de trezentos, em vez disso. Ao se manifestar, Barbatos tem a reputação de aparecer com um grande bando que inclui tropas e companhias de espíritos infernais, junto a quatro reis. É capaz de ensinar todo tipo de línguas inumanas, desde o ladrar dos cães ao canto dos pássaros e mugido do gado. Tem o poder de detectar tesouros que tenham sido ocultados por encantamentos. Originalmente era da Ordem das Virtudes. Ele aparece quando o sol está em Sagitário e pode ser coibido pelo anjo Cahatel. Seu nome aparece ainda no grimório galês conhecido como *O Livro dos Encantamentos*. Neste texto, ele é de novo um duque que governa trinta legiões. Cf., GOÉCIA, LIVRO DOS ENCANTAMENTOS, RUDD, SCOT, WIERUS.

BARBIL Demônio que dizem servir ao rei infernal Barmiel. Por meio de Barmiel, ele tem afiliações com o sul. Segundo a *Ars Theurgia*, Barbil detém o título de duque e tem vinte espíritos menores sob seu comando. Consta que ele serve ao seu senhor e mestre apenas durante as horas diurnas. Cf. ARS THEURGIA, BARMIEL.

BARBIS Demônio noturno na corte do rei Barmiel. Barbis é mencionado na *Ars Theurgia*, onde consta que detém o título de duque. Sob seu comando, há vinte espíritos ministradores. Ele tem elos com o sul. Cf. ARS THEURGIA, BARMIEL.

BARBUEL Segundo os *Sexto e Sétimo Livros de Moisés*, este demônio aparece na forma de um porco do mato. É mestre de todas as artes e todas as coisas ocultas, além de ter a habilidade de produzir tesouros para o mago. Na obra em que aparece, é elencado dentre os Sete Grandes Príncipes dos Espíritos. Há evidências nesse texto que indicam que Barbuel teria relação com o demônio goético Marbas. *Nos Sexto e Sétimo Livros de Moisés*, o nome de Marbas é grafado como Marbuel, com apenas uma letra de diferença em relação a Barbuel. Cf. MARBAS.

BARCHAN No manual mágico do séc. XV conhecido como *Liber de Angelis*, Barchan é o principal demônio envolvido na construção do Anel do Sol. Este talismã astrológico, uma vez devidamente construído, permite que o mago conjure um cavalo preto sempre que precisar. Além do mais, o anel pode ser usado para amarrar as línguas de seus inimigos. O uso do anel exige uma série de sacrifícios animais, e o mago é aconselhado a usar o anel sempre que esses sacrifícios forem realizados. Cf. LIBER DE ANGELIS.

BARCHIEL Demônio ligado a brejos e outros lugares úmidos. Dizem que é bom e cortês, tendo 1320 espíritos menores que o atendem. O próprio Barchiel, por sua vez, serve a Hydriel, o que chamam de um príncipe errante, que se desloca de um lugar a outro, com sua companhia. Segundo a *Ars Theurgia*, Barchiel se manifesta na forma de serpente com a cabeça de uma virgem. Em outros momentos da *Ars Theurgia*, este demônio é descrito como companheiro do duque infernal Larmol. Tanto Barchiel quanto Larmol têm elos com o príncipe errante Menadiel. Essa versão de Barchiel só aparece na segunda hora do dia, imediatamente após a hora de Larmol, que só se manifesta na primeira hora. Cf. ARS THEURGIA, HYDRIEL, LARMOL, MENADIEL.

CURIOSIDADES DEMONÍACAS

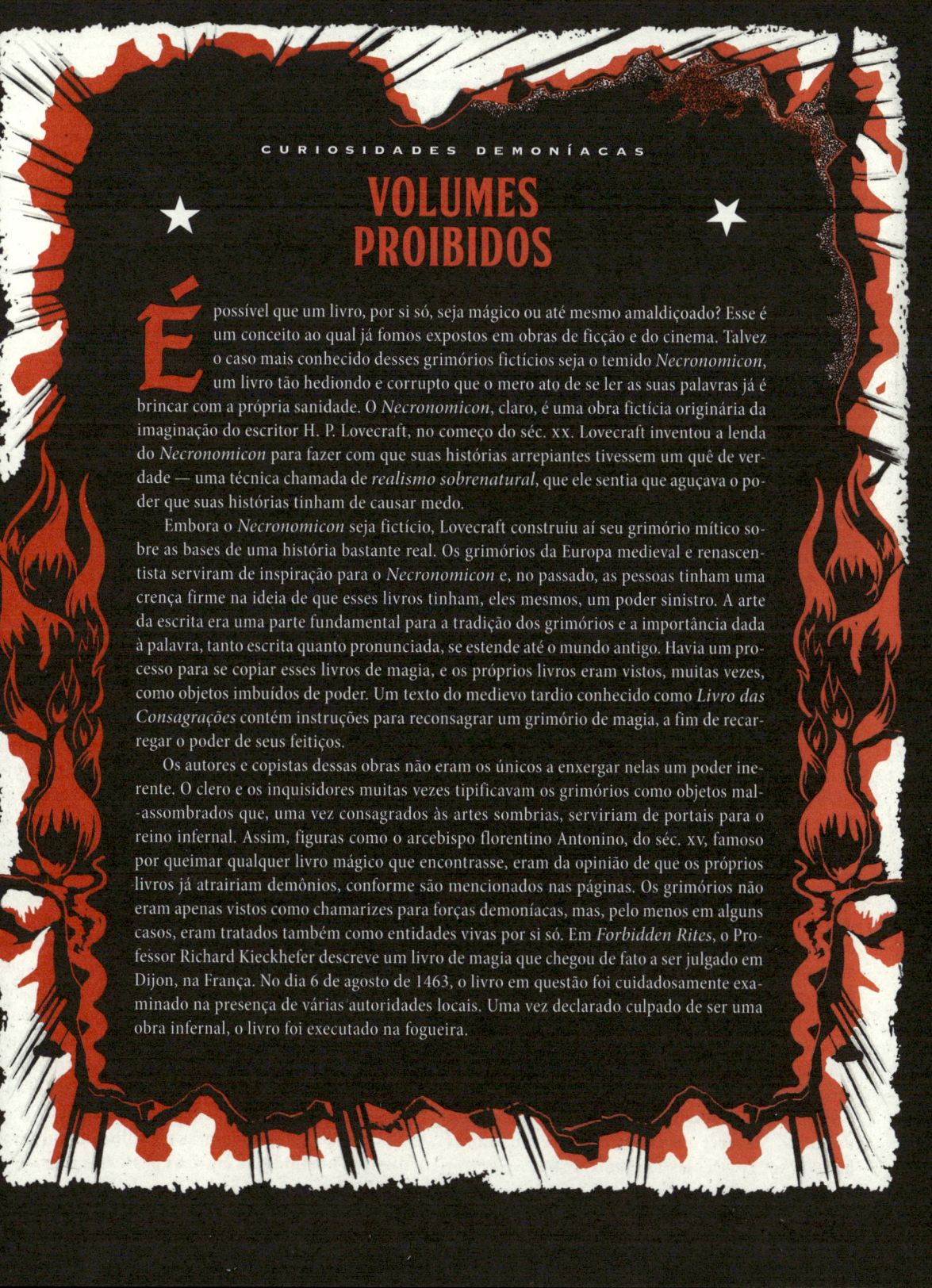

VOLUMES PROIBIDOS

É possível que um livro, por si só, seja mágico ou até mesmo amaldiçoado? Esse é um conceito ao qual já fomos expostos em obras de ficção e do cinema. Talvez o caso mais conhecido desses grimórios fictícios seja o temido *Necronomicon*, um livro tão hediondo e corrupto que o mero ato de se ler as suas palavras já é brincar com a própria sanidade. O *Necronomicon*, claro, é uma obra fictícia originária da imaginação do escritor H. P. Lovecraft, no começo do séc. XX. Lovecraft inventou a lenda do *Necronomicon* para fazer com que suas histórias arrepiantes tivessem um quê de verdade — uma técnica chamada de *realismo sobrenatural*, que ele sentia que aguçava o poder que suas histórias tinham de causar medo.

Embora o *Necronomicon* seja fictício, Lovecraft construiu aí seu grimório mítico sobre as bases de uma história bastante real. Os grimórios da Europa medieval e renascentista serviram de inspiração para o *Necronomicon* e, no passado, as pessoas tinham uma crença firme na ideia de que esses livros tinham, eles mesmos, um poder sinistro. A arte da escrita era uma parte fundamental para a tradição dos grimórios e a importância dada à palavra, tanto escrita quanto pronunciada, se estende até o mundo antigo. Havia um processo para se copiar esses livros de magia, e os próprios livros eram vistos, muitas vezes, como objetos imbuídos de poder. Um texto do medievo tardio conhecido como *Livro das Consagrações* contém instruções para reconsagrar um grimório de magia, a fim de recarregar o poder de seus feitiços.

Os autores e copistas dessas obras não eram os únicos a enxergar nelas um poder inerente. O clero e os inquisidores muitas vezes tipificavam os grimórios como objetos mal-assombrados que, uma vez consagrados às artes sombrias, serviriam de portais para o reino infernal. Assim, figuras como o arcebispo florentino Antonino, do séc. XV, famoso por queimar qualquer livro mágico que encontrasse, eram da opinião de que os próprios livros já atrairiam demônios, conforme são mencionados nas páginas. Os grimórios não eram apenas vistos como chamarizes para forças demoníacas, mas, pelo menos em alguns casos, eram tratados também como entidades vivas por si só. Em *Forbidden Rites*, o Professor Richard Kieckhefer descreve um livro de magia que chegou de fato a ser julgado em Dijon, na França. No dia 6 de agosto de 1463, o livro em questão foi cuidadosamente examinado na presença de várias autoridades locais. Uma vez declarado culpado de ser uma obra infernal, o livro foi executado na fogueira.

O selo do demônio Barmiel. É um espírito principal do sul, na Ars Theurgia. *Desenho baseado no Lemegeton de Henson. De M. Belanger.*

BARFAS Demônio associado às horas diurnas. Detém o título de arquiduque e supervisiona vinte espíritos menores. Barfas é mencionado na *Ars Theurgia*, onde consta que serve na corte do rei demoníaco Malgaras. Por conta de sua associação a Malgaras, está conectado ao oeste. Cf. Ars Theurgia, Malgaras.

BARFOS Na *Ars Theurgia*, Barfos é um demônio da corte de Usiel. Por meio dessa associação a Usiel, está afiliado ao oeste. Barfos detém o título de duque e comanda quarenta legiões de espíritos. Tem o poder de ocultar tesouros por meio de magia e encantamentos, mantendo-os a salvo de curiosos e ladrões em potencial. Também tem a reputação de ser capaz de quebrar os feitiços de ofuscamento feitos pelos outros, revelando coisas que tenham sido ocultadas. Ele serve a seu mestre infernal durante as horas noturnas. Cf. Ars Theurgia, Usiel.

BARIET Servidor do demônio Gediel. Bariet serve ao seu rei infernal durante as horas diurnas. Seu nome e selo aparecem na *Ars Theurgia*. Por meio de Gediel, Bariet é aliado à direção cardeal sul. Detém o título de duque e tem vinte espíritos ministradores que atendem às suas necessidades. Cf. Ars Theurgia, Gediel.

BARKAN O rei dos espíritos do sol, pelo menos segundo o *Livro de Oberon* elisabetano. Barkan aparece com seus ajudantes Bybell, Mylalu e Buesaba. Todos são altos e corpulentos, com pele dourada, e se movem como brilhos que refletem a luz do sol pelo céu. Barkan carrega um cetro e veste um traje de tons amarelos e dourados, dignos de suas correspondências solares. Tem o poder de conferir honras e títulos de nobreza, dissipar hostilidades entre as pessoas e causar ou curar doenças, além de adquirir qualquer objeto brilhante — ouro, joias e outros belos tesouros. Se alguém começar a suar de repente, eis um sinal de que o rei Barkan está próximo. Cf. Buesaba, Bybell, Livro de Oberon, Mylalu.

BARMIEL O primeiro e principal espírito mencionado na hierarquia de Caspiel, o Imperador Infernal do Sul. Barmiel aparece na *Ars Theurgia*, onde consta que governa um total de trinta duques demoníacos. Dez desses duques lhe servem durante o dia enquanto os outros vinte lhe servem durante as horas da noite. Segundo a *Ars Theurgia*, Barmiel é um demônio de índole essencialmente boa, inclinado a obedecer àqueles que souberem como comandá-lo. O nome deste demônio também aparece na *Steganographia*, de Tritêmio, composto por volta de 1499. Cf. Ars Theurgia, Caspiel.

BARON Grande príncipe que aparece na forma de um homem. Segundo o *Livro de Oberon*, seu ofício é o de adquirir tesouros, no valor de até 6000 libras. É conjurado com um círculo, cetro e dois tipos de espadas. Particularmente macabro é o talismã textual necessário para controlá-lo: deve ser escrito na pele do feto de um cão com o sangue de uma tarambola. Seu nome aparece com diversas variações no *Livro de Oberon*: Baaran, Bareth e Baryth, dentre as quais esta última pode ter alguma conexão com o demônio goético Berith. Cf. Berith, Livro de Oberon.

BAROS Demônio noturno na corte do rei infernal Maseriel. Por meio de sua associação a Maseriel, ele é afiliado ao sul. Baros detém o título de duque e tem trinta espíritos menores subordinados. Seu nome e selo aparecem na *Ars Theurgia*. Cf. Ars Theurgia, Maseriel.

BARRETT, FRANCIS O autor de *The Magus, or Celestial Intelligencer* (*O Mago, ou o Informante Celestial*). Pouco se sabe sobre Barrett, além do que fica sugerido com base nesse livro. Barrett provavelmente nasceu nas décadas de 1770 ou 1780. *O Mago* foi publicado em 1801 e um anúncio no frontispício indica que Barrett gerenciava uma escola de estudos ocultos em sua casa, em Londres, na Norton Street, n° 99, na área de Marylebone. Embora o livro tenha o nome de Barrett como autor, trata-se, na verdade, mais de um compilado de textos mágicos pré-existentes. O livro pega emprestado trechos de uma grande variedade de fontes, incluindo seleções dos *Três Livros de Filosofia Oculta*, de Cornélio Agrippa, e do *Heptameron*, de Pietro d'Abano (na tradução inglesa de Robert Turner, de 1655). Joseph Peterson, pesquisador de ocultismo, enxerga Barrett como um plagiador que só roubava e reimprimia o material alheio, apresentando-se como se fosse material próprio. Considerando que Barrett gerenciava uma escola de magia, há uma pequena possibilidade de que o Mago tivesse sido desenvolvido como uma cartilha, por isso seu propósito seria o de ser uma compilação instrutiva desse material anterior. Porém, Barrett se esforça muito pouco dentro do escopo do *Mago* para expandir os conceitos de magia natural e celestial expostos pelos seus antecessores. Cf. Agrippa.

BARSAFAEL Demônio ligado a enxaquecas, Barsafael pode ser expulso pela invocação do nome do anjo Gabriel. Este demônio, junto a vários outros a quem é atribuído o poder de causar doenças e enfermidades nos seres humanos, aparece na obra pseudepigráfica *Testamento de Salomão*. Seu nome é grafado também Barsafel. Cf. Salomão.

BARSU Demônio com o título de duque na hierarquia do príncipe infernal Usiel. Consta que Barsu revela tesouros. É capaz de ocultá-los também, protegendo-os contra quem possa descobri-los e roubá-los. Há trinta espíritos menores sob seu comando. O nome e selo deste demônio aparecem na *Ars Theurgia*. Ele jura lealdade à corte do oeste. Cf. Ars Theurgia, Usiel.

BARSY Demônio invocado por arqueiros para não errarem seu alvo. Como era de esperar, ele se manifesta na forma de um arqueiro. Também tem a reputação de ser capaz de começar guerras. Seu nome aparece no grimório elisabetano conhecido como *Livro de Oberon*, onde é descrito como um grande governante e capitão, com trinta legiões sob seu comando. Cf. Livro de Oberon.

BARTAX Evocado para descobrir tesouros, este demônio assume a aparência de um senhor de idade. No *Livro de Oberon*, consta que ele detém a posição de governante, com quatro legiões que lhe são subordinadas. Cf. Livro de Oberon.

BARTHAS Grande príncipe que se manifesta em uma forma belíssima. Ele responde ao que lhe for perguntado e revela coisas ocultas. Também é capaz de alterar a fisionomia alheia à vontade e ensinar astronomia perfeitamente. Segundo o *Livre des Esperitz*, grimório francês do séc. XVI, Barthas governa 36 legiões de demônios. Cf. Livre des Esperitz.

BARTON Este demônio aparece como um grande urso com uma cauda de dragão, mencionado no *Livro de Oberon*, onde consta que ensina os conhecimentos relacionados a ervas e pedras. Também tem o poder de transportar as pessoas magicamente através de longas distâncias. Nas hierarquias infernais, ele detém o título de duque, com trinta legiões de diabos inferiores em sua companhia. Cf. Livro de Oberon.

BARTYN Demônio mencionado no grimório elisabetano conhecido como *Livro de Oberon*. Consta que Bartyn assume o aspecto de um urso. Sob essa forma, ele ensina àqueles que o conjuram as propriedades secretas de pedras e ervas. Tem a reputação de poder transportar as pessoas, mas o texto não deixa claro se seria como um ato de teletransporte ou simplesmente permitindo que o mago o cavalgue, montado sobre suas costas. Descrito como um duque poderoso, consta que Bartyn tem vinte legiões de espíritos que lhe servem. Cf. Livro de Oberon.

BARUCH Um dos muitos demônios mencionados na *Ars Theurgia*, Baruch não deve ser confundido com o rei infernal Baruchas, mencionado no mesmo texto. Baruch é descrito como um "demônio companheiro", acompanhando em todas as coisas o seu parceiro Chamor. Porque Chamor se manifesta na quinta hora do dia, Baruch se manifesta na sexta. Serve ao príncipe errante Menadiel. Cf. Ars Theurgia, Baruchas, Chamor, Menadiel.

BARUCHAS Demônio encontrado na *Ars Theurgia*, que dizem governar como um rei a direção cardeal entre o leste e o lés-nordeste. Baruchas é o quarto demônio na linhagem direta sob Demoriel, o Imperador Infernal do Norte. Baruchas tem um grande número de servidores demoníacos que lhe são subordinados. Todos detém o título de arquiduque e contam com várias dúzias de espíritos menores atendentes. É interessante que o nome *Baruch* se encontra na Bíblia. O profeta Jeremias, segundo o livro epônimo, tinha um escriba com esse nome, a quem é atribuído um texto apócrifo, *O Livro de Baruch*. Esse livro não é reconhecido como canônico por qualquer igreja, exceto as do cristianismo oriental, como a Igreja Ortodoxa Grega. Apesar das similaridades entre o nome deste demônio e o escriba bíblico, não há qualquer indicação de alguma conexão direta entre os dois. Posteriormente na *Ars Theurgia*, o nome deste demônio é grafado *Barachus*. O Rei Baruchas aparece também na *Steganographia* de João Tritêmio. Cf. Ars Theurgia, Demoriel.

BARUEL Na tradução de 1898 da *Magia Sagrada de Abramelin, o Mago*, Mathers entende que o nome deste demônio significa "sustento dado por Deus". Consta que Baruel serve ao demônio Magoth. Na edição de Mathers, consta que este demônio também serve a Kore. Cf. Kore, Magoth, Mathers.

BARUTH No *Manual de Munique*, Baruth é um dos vários demônios mencionados em um feitiço divinatório, sendo associado à arte da catoptromancia. É provável que seu nome seja uma variação do demônio Baruch. Cf. Baruch, Manual de Munique.

BASIEL Arquiduque na corte de Malgaras. Por conta de sua lealdade a Malgaras, tem elos com o oeste. Basiel tem apenas dez espíritos menores sob seu comando. É mencionado na *Ars Theurgia*, onde consta que serve a seu mestre demoníaco durante a noite, manifestando-se apenas nas horas entre o anoitecer e a aurora. Cf. ARS THEURGIA, MALGARAS.

BASON Um dos doze principais ministros na corte do oeste, sob o Rei Paimon. Este demônio de três cabeças cavalga um urso selvagem e carrega um açor no punho. Das suas três cabeças, uma é de corvo, outra de cão e a última humana. Ao falar, ele vomita fogo. Dizem que responde a todas as perguntas e tem o poder de conferir invisibilidade. Seu nome aparece no *Livro de Oberon*, um grimório elisabetano. Cf. LIVRO DE OBERON, PAIMON.

BATARIEL Um dos anjos caídos mencionados no *Livro de Enoque*. Tais anjos, chamados de Sentinelas, *Irin* ou *Grigori*, se organizavam em grupos de dez, de modo que cada grupo tinha seu próprio chefe, um decano (literalmente "chefe de dez"). Batariel é descrito como um desses decanos. Ele ajudou a levar os Anjos Sentinelas à sua ruína. Cf. SENTINELAS.

BATHIN O 18º demônio mencionado na Goécia, Bathin aparece em um grande número de textos, incluindo o *Tratado sobre Magia Angelical*, de Rudd, *A Descoberta da Bruxaria*, de Scot, e a *Pseudomonarchia Daemonum*, de Wierus. Scot oferece o nome alternativo de Mathim para este demônio. Sua fonte, a *Pseudomonarchia*, apresenta grafias levemente diferentes para ambos os nomes. Segundo o texto, o nome deste demônio é *Bathym* ou, alternativamente, *Marthim*. Ambos os textos concordam que se trata de um duque grande e poderoso, governando trinta legiões de espíritos infernais. Consta que aparece como um homem robusto com uma cauda de serpente. Ele chega montado num cavalo amarelado, como o espectro da Morte no livro bíblico do *Apocalipse*. Tem o poder de transportar as pessoas, repentinamente, de um lugar a outro. Além disso, compreende as virtudes de ervas e pedras preciosas, estando presumivelmente disposto a compartilhar esse conhecimento com aqueles que o conjuram. Governa um total de trinta legiões de espíritos infernais. Segundo a *Goécia do Dr. Rudd*, o anjo Caliel tem o poder de comandar e coibir este demônio. Cf. GOÉCIA, RUDD, SCOT, WIERUS.

BATTERNIS Segundo a tradução de Mathers da *Magia Sagrada de Abramelin, o Mago*, o nome deste demônio se baseia numa palavra com o sentido de "valer-se de vãs repetições" e pode, por isso, ser interpretado com o sentido de "o Balbuciador". Batternis serve ao senhor infernal Magoth. Em outras versões do material do *Abramelin*, seu nome é fornecido como *Batirmiss* e *Batrinas*. Cf. MAGOTH, MATHERS.

BATTHAN Segundo a tradução de Peterson do *Livro Jurado de Honório*, Batthan é o rei dos espíritos do sol. Batthan e sua corte são demônios cintilantes, de pele dourada e um comportamento inteiramente cortês. Batthan tem o poder de tornar as pessoas ricas, poderosas e bem quistas. Também é capaz de mantê-las saudáveis magicamente. Os anjos Rafael, Cashael, Dardyhel e Hanrathaphael têm poder sobre este demônio. Cf. LIVRO JURADO.

BAXHATHAU Servo do demônio Batthan. Baxhathau é um dos demônios conectados com o sol. Os anjos Rafael, Cashael, Dardyhel e Hanrathaphael o governam, junto a todos os espíritos solares. Segundo a tradução de Peterson do *Livro Jurado de Honório*, este demônio é capaz de tornar as pessoas ricas, poderosas e bem quistas. Baxhathau é um dos quatro demônios da hierarquia do sol, que consta também ser sujeito ao vento norte. Cf. BATTHAN, LIVRO JURADO.

BAYSUL Demônio a serviço do rei infernal Abdalaa. Baysul é mencionado por nome no manual mágico do séc. XV conhecido como *Liber de Angelis*, onde é evocado como parte de um feitiço para compelir o amor de uma mulher. Cf. ABDALAA, LIBER DE ANGELIS.

BAYTIVAKH Nome, transliterado do hebraico, atribuído ao demônio noturno Lilith. Há um grande número de amuletos textuais hebraicos sobreviventes com propósito de proteger as mulheres e crianças contra os ataques de Lilith. Segundo o livro de T. Schrire, *Hebrew Magic Amulets*, de 1966, Baytivakh é um dos muitos nomes de Lilith que se encontram nesses amuletos. Cf. LILITH.

BEALPHARES

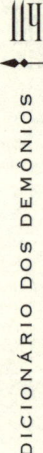

Nos Mistérios Mitraicos, a grande besta só pode ser morta por seu criador. O mesmo é válido para o Beemote bíblico. Da Encyclopedia of Occultism, de Lewis Spence, cortesia da Dover Publications.

BEALPHARES Na obra do começo do séc. XVII de Dr. Rudd, *Um Tratado sobre Magia Angelical*, este demônio aparece como um grande rei ou príncipe do ar. Seu nome também surge na *Descoberta da Bruxaria*, de Scot. Nesse texto, Bealphares aparece num feitiço de evocação, onde o espírito é chamado e mandado embora de novo, como uma forma de pegar prática em conjuração. Ele aparece no *Livro de Oberon* sob a grafia *Beallphares*. Aqui ele é um demônio eficiente e confiável que serve na corte de Oriens, rei do leste. É descrito como um excelente transportador, buscando tesouros e itens perdidos ou roubados. Cf. Livro de Oberon, Oriens, Rudd, Scot.

BEBALL Rei dos reinos infernais mencionado em conexão com o demônio Paimon na *Pseudomonarchia Daemonum*, de Wierus. Segundo esse texto, Beball atende ao demônio Paimon, apesar de ambos terem o título de rei. Se um sacrifício for feito a Paimon, Beball tipicamente aparece, junto a seu parceiro Abalam, como parte da companhia de Paimon. Na *Goécia*, os dois demônios atendem pelos nomes de *Labal* e *Abali*. Cf. Abalam, Paimon, Wierus.

BECHAR Demônio mencionado nas *Verdadeiras Clavículas de Salomão*. Consta que Bechar é subordinado ao chefe Sirachi — este, por sua vez, subordinado direto de Lúcifer. Dados os seus poderes, Bechar poderia ser facilmente chamado de demônio de fenômenos fortianos. Dizem que ele governa chuvas de sangue, sapos e outros fenômenos, além de ter o poder para causar outros fenômenos meteorológicos. Cf. Lúcifer, Sirachi.

BECHAUD Demônio mencionado no *Grimorium Verum*, de Peterson. Deve ser conjurado apenas nas sextas-feiras. Serve a Syrach, um dos duques do Inferno, e é o terceiro demônio na companhia do duque. Ao ser conjurado pelo mago, é possível comandar Bechaud para que demonstre como exerce seu poder sobre tempestades de todos os tipos, despertando geadas, relâmpagos e vendavais. No mais, ele ainda tem poder sobre sapos, sendo presumivelmente capaz também de fazê-los cair do céu. Cf. Syrach.

BÉCHET O demônio que governa a sexta-feira. Béchet aparece no *Grimório do Papa Honório*. É provavelmente uma variante dos demônios Bechar e Bechaud dos dois grimórios relacionados, o *Grimorium Verum* e as *Verdadeiras Clavículas de Salomão*. Cf. Bechar, Bechaud, Grimorium Verum, Verdadeiras Clavículas de Salomão.

BEDARY Duque na hierarquia do Imperador Infernal do Leste, Carnesiel. O selo de Bedary, indispensável para se conjurar este demônio, aparece no segundo livro da *Chave Menor de Salomão*, conhecido como *Ars Theurgia*. Cf. Ars Theurgia, Carnesiel.

BEEMOTE Esta grande besta, chamada *Behemoth* em hebraico, descrita em detalhes no capítulo quarenta do *Livro de Jó*, é um poder terrível que caminha sobre a terra. Definido como um herbívoro que pasta "como um boi", Beemote é, em todo caso, uma fera terrível e mortífera. A criatura tem ossos como ferro e bronze, com uma cauda tão poderosa que varre o terreno com a força de um cedro. Reside perto de ribeiros e brejos, e supostamente nenhuma armadilha é capaz de aprisioná-lo. Em histórias posteriores, é representado em guerra contra o grande Leviatã, uma criatura marinha igualmente feroz e poderosa. Consta que Beemote perfura o Leviatã com seus grandes chifres no que o Leviatã salta do mar para atacar. No fim, Deus mata a ambas as feras horrendas com sua espada poderosa. Há paralelos entre Beemote e uma criatura da mitologia babilônica, Bahamut. Ambos representam forças primordiais implacáveis. Muitas das tradições bíblicas do Beemote parecem espelhar, de perto, as imagens mitraicas que mostram o deus Mitras matando um touro. É provável que a ideia de Beemote tenha sido, pelo menos em parte, inspirada pelo Touro do Céu, uma criatura mítica associada à deusa Ishtar que tem um papel significativo no *Épico de Gilgamesh*. Na hierarquia infernal de Berbiguier (muitas vezes atribuída, equivocadamente, a Johannes Wierus), a Beemote é dado um título relativamente inferior na hierarquia demoníaca. Ele detém a posição de Grande Escansão, como se fosse um Ganimedes infernal. Cf. Leviatã.

BELAMITH Segundo a *Clavicula Salomonis*, Belamith tem o poder de conferir invisibilidade àqueles que o evocam. É conjurado como parte de um feitiço com esse propósito sob supervisão de Almiras, um demônio descrito como Mestre da Invisibilidade. O mesmo feitiço e, por isso, o mesmo grupo de demônios, também aparece na tradução de Mathers da *Magia Sagrada de Abramelin, o Mago*. Cf. Almiras, Clavicula Salomonis, Mathers.

BELBEL Demônio que dizem ter como alvo os corações e as mentes dos homens, sendo capaz de distorcê-los. É um dos demônios associados aos 36 decanos do zodíaco no *Testamento de Salomão*. Segundo o texto, composto aproximadamente por volta dos séculos finais antes de Cristo, Belbel pode ser expulso invocando-se o nome do anjo Araêl. No mesmo texto, este anjo também tem poder sobre o demônio Sphandôr. Segundo uma tradução posterior, de McCown, derivada de uma coletânea mais completa dos textos-fonte, o anjo que detém poder sobre Belbel se chama, na verdade, Kerael. Cf. Salomão, Sphandôr.

BELETH Rei poderoso e terrível que monta um cavalo amarelado, assim como a Morte no *Livro do Apocalipse*. É mencionado num grimório galês conhecido como *Livro dos Encantamentos*, onde consta que pertence à Ordem das Potestades. O som de trombetas e outros instrumentos musicais marca a sua presença. Não é um espírito fácil de se lidar, e o *Livro dos Encantamentos* admoesta aqueles que o conjuram para que tenham por perto uma varinha de amendoeira e um anel de prata preparados previamente para ajudar a obter a obediência de Beleth.

Seu principal ofício diz respeito ao amor entre homens e mulheres, que ele é capaz de inspirar. Há 85 ou 55 legiões sob seu comando — o texto, escrito à mão, não deixa claro. Cf. LIVRO DOS ENCANTAMENTOS.

BELFEGOR Mencionado como "Baal-peor" em *Números* 25:3 e *Deuteronômio* 4:3, Belfegor começou sua trajetória como um deus de Moab. Nas lutas contínuas entre os primeiros Patriarcas bíblicos a fim de manter pura sua religião, ele foi demonizado para que os filhos de Israel não se desviassem de sua veneração monoteísta a Iavé. Segundo a apresentação de Waite para o *Grande Grimório*, Belfegor tem o cargo, no inferno, devidamente apontado, de embaixador da França. Essa atribuição curiosa deriva do demonologista francês Charles Berbiguier. Cf. BAAL, BERBIGUIER, WAITE.

BELFERITH Identificado especialmente como um *demon malignus* ou "demônio maligno", no *Manual de Munique*, o nome de Belferith aparece ligado a uma maldição. Quando o mago busca afligir um inimigo privando-o de seus sentidos, este demônio, junto de vários outros, deve ser invocado e enviado no rastro do alvo para realizar sua tarefa. Cf. MANUAL DE MUNIQUE.

BELIAL Por vezes grafado como *Beliaal* ou *Beliar*, este nome é derivado de um termo hebraico que costuma ser traduzido como "imprestável" ou "sem valor". Belial aparece várias vezes no Velho Testamento da Bíblia, sobretudo na versão inglesa King James (KJV). Aqui, a palavra quase sempre é usada em conjunção com uma classe de pessoas, como "filhos" ou "filhas de Belial". Nas traduções mais modernas da Bíblia, incluindo a New King James Version, o nome Belial costuma ser omitido desses trechos e traduzido de forma mais direta como "impiedade" ou "perversidade". Em *2 Coríntios* 6:15, Belial é representado em oposição direta a Cristo, e este trecho é lido por muitos para indicar que *Belial* é outro nome para Satã.

Por conta do tratamento dado a este nome no material do Velho Testamento, há algum debate sobre a questão de se Belial era para ser um nome próprio ou não. Poucos tradutores bíblicos modernos procuram abordá-lo como um nome próprio. Porém, em todo caso, Belial desfruta de uma bela reputação em vários livros ligados à tradição bíblica, dentre os quais o principal é o *Testamento dos Doze Patriarcas*. Elencado em meio às escrituras apócrifas ("ocultas") associadas ao Velho Testamento, os *Testamentos dos Doze Patriarcas* supostamente contêm os comandos e palavras finais dos doze filhos de Jacó, pai da nação de Israel. Nesses livros, Belial, grafado *Beliar* pelo autor dos Testamentos, um judeu helenizado, é representado diretamente como adversário de Deus. Como o Satã com o qual estamos mais familiarizados, Beliar é um tentador, assim, quando os filhos de Israel se desviam do caminho dos justos, eles caem nas suas mãos. Em outro texto apócrifo, *A Ascensão de Isaías*, Belial, chamado de *Beliar* e *Matanbuchus*, é representado como um anjo da anomia e o verdadeiro mestre do mundo terreno.

Belial aparece num texto famoso dos Manuscritos do Mar Morto, designado 1QM, conhecido como a "Guerra dos Filhos da Luz e dos Filhos das Trevas". Aqui Belial é descrito como o "anjo da hostilidade". Seu domínio é a escuridão, e ele existe para trazer perversidade e culpa aos filhos do homem. Na guerra cósmica representada neste documento, Belial é o líder dos Filhos das Trevas, e todos os anjos que lhes são subordinados são anjos da destruição. Belial aparece em outro fragmento de Qumran conhecido como o *Testamento de Amram*. Aqui ele é representado de forma semelhante, como o chefe dos exércitos dos Filhos das Trevas, trabalhando em oposição direta a Miguel, chefe dos exércitos dos Filhos da Luz. Nesse texto, Belial é descrito como dotado de um aspecto sinistro e pavoroso, com "o semblante como uma víbora[1]". Seus títulos incluem "Rei do Mal" e "Príncipe das Trevas".

Na *Goécia*, Belial aparece como o 68º demônio goético. A ele é atribuído o título de Rei entre os demônios, e consta que teria sido criado apenas depois de Lúcifer. Ao ser evocado, ele confere ofícios e outras distinções a seus suplicantes, além de fazer com que o mago desfrute de favores tanto de

---

1 Jean-Yves Lacoste, Encyclopedia of Christian Theology, *p. 66.*

Na Goécia do Dr. Rudd, o selo do demônio Belial tem algumas leves diferenças em relação a outras versões da Goécia. Imagem de um talismã criado por M. Belanger.

amigos quanto de inimigos. Consta que ele fala com uma voz agradável e aparece na forma de não um, mas dois belos anjos sobre uma carruagem de fogo. A descrição dos dois anjos é quase certamente um erro de transmissão do texto, pois todos os outros grimórios que tratam de Belial descrevem um único anjo em sua aparição. Segundo o *Livro dos Encantamentos*, Belial foi criado logo depois de Lúcifer e pertence à mesma ordem angelical, surgindo na forma de um belo anjo sentado sobre uma carruagem de fogo. Ele é capaz de conferir excelentes espíritos familiares e governa oitenta ou cinquenta legiões. No *Livro de Oberon*, seu nome é grafado *Beliall* e é identificado como um dos doze principais espíritos que atendem a Paimon, rei do oeste. Segundo o texto, ele aparece como um anjo de voz melíflua conduzido por uma "cadeira" de fogo (o que é um possível erro, pois talvez devesse ser originalmente "carruagem"). Seus poderes neste texto dizem respeito à fama e favores. É mencionado também no *Tratado sobre Magia Angelical*, de Dr. Rudd.

Numa hierarquia tradicional compilada pelo demonologista Charles Berbiguier, Belial é elencado como o embaixador do Inferno na Turquia. Também desfrutou de vasta popularidade na Europa do séc. XV por conta de uma história moralizante registrada no *Buche de Belial*, de Jacobus de Teramos. Esta obra pinta Belial como um tentador ativo da humanidade, e a tradição do *Buche de Belial* pode ter ajudado a inspirar a lenda de Fausto. Na tradução de Mathers da *Magia Sagrada de Abramelin, o Mago*, Belial é identificado como um dos quatro principais espíritos que supervisionam todos os outros. Nesta obra, é elencado ao lado de Satã, Leviatã e Lúcifer.

Na *Pseudomonarchia Daemonum*, de Wierus, o nome deste demônio é dado como *Beliall*. Junto a Bileth e Asmoday, é listado como um dos três demônios de maior escalão dentre os 72 reis infernais aprisionados pelo Rei Salomão num vaso de bronze. Nesse texto, ele é descrito como o pai e sedutor de todos os outros anjos que caíram. É um espírito extremamente traiçoeiro, que só diz a verdade se for compelido sob ameaça de nomes divinos. Ao se manifestar, a *Pseudomonarchia* diz que assume a forma, de novo, de um belo anjo sobre uma carruagem de fogo. Posteriormente, no mesmo trecho, consta que assume a forma de um exorcista agrilhoado por espíritos. Ele governa um total de oitenta legiões, algumas das quais pertencem à Ordem das Virtudes e outras à Ordem dos Anjos. Também fornece excelentes espíritos familiares. Segundo a *Goécia do Dr. Rudd*, Belial é coibido pelo anjo Habuiah. O texto afirma ainda que Belial pertence à mesma ordem angelical de Lúcifer. Numa hierarquia de espíritos malignos registrada na *Janua Magica Reserata*, Belial é mencionado como o Príncipe da Terceira Ordem, conhecida como *Vasa Iniquitatus*, ou "Vaso da Iniquidade". Cf. Asmoday, Berbiguier, Bileth, Goécia, Janua Magica Reserata, Leviatã, Livro de Oberon, Livro dos Encantamentos, Lúcifer, Matanbuchas, Paimon, Rudd, Mathers.

BELL Outro nome para o demônio Belzebu, numa grafia que aparece no grimório elisabetano conhecido como *Livro de Oberon*. Segundo o texto, trata-se de um dos três diabos primários que supervisionam todos os outros espíritos infernais. Consta que ele é capaz de dar ouro e prata, ensinar todas as ciências e fornecer servos demoníacos. Bell, também chamado de Bellsabube e Bellzebub no texto, é descrito como príncipe dos diabos, tendo sido da Ordem dos Querubim antes da queda. Milhões de diabos ou espíritos perversos o atendem. Curiosamente, o *Livro de Oberon* afirma que foi venerado como o Deus de Caronte antes da época do rei Salomão. Caronte, é claro, era o barqueiro semidivino do submundo dos mitos gregos. O *Livro de Oberon* avisa que ele tem fama de matar os conjuradores que o invocam da forma incorreta. Cf. Belzebu, Livro de Oberon.

BELSAY Arquiduque governado por Raysiel, um rei infernal do norte. Belsay é um demônio noturno, com a reputação de ser teimoso e ter mau temperamento. Manifesta-se apenas durante as horas da noite. Seu nome e sigilo aparecem na *Ars Theurgia*, onde consta que comanda vinte espíritos infernais. Cf. Ars Theurgia, Raysiel.

BELZEBU O nome deste demônio aparece pela primeira vez na Bíblia em *2 Reis*, onde é descrito como sendo o falso deus venerado pelos filisteus na cidade de Ecrom. Textos rabínicos interpretavam este nome como tendo o sentido de Senhor do Monturo, por isso, Senhor das Moscas. Belzebu, Beelzebub ou *Baal-zebub*, como aparece na Bíblia, provavelmente significa "Príncipe Baal", mas a sonoridade de *zebub* é próxima o suficiente de *zebal*, "produzir esterco", a ponto de permitir que o nome fosse distorcido pelos antigos que se opunham à adoração desta divindade do Oriente Médio. Apesar de Belzebu certamente ser visto como um falso deus no Velho Testamento, é só no Novo Testamento que ele ganha a pompa de chefe dos demônios. O trecho em *Mateus* 12:24 descreve Belzebu como Príncipe dos Demônios, o que garantiu o seu lugar na hierarquia infernal para a posteridade.

Na edição de Mathers do *Grimório de Armadel*, Belzebu, sob o nome *Belzebut*, supostamente se une a Lúcifer e Astarote para ensinar o conjurador sobre a rebelião e queda dos anjos. Na *Magia Sagrada de Abramelin, o Mago*, consta que Belzebu tem o poder de transformar homens em animais e vice-versa. É um semeador da discórdia e ajuda a rogar pragas e causar malefícios. Mencionado como um dos oito subpríncipes que governam todos os outros demônios, na edição de 1863 do *Dictionnaire Infernal*, de Collin de Plancy, Belzebu é representado diretamente como uma mosca infernal com uma imagem de caveira e ossos cruzados nas asas. No *Grande Grimório*, Belzebu, sob a grafia *Belzebuth*, é listado como Príncipe do Inferno. No livro de 1821 do francês Charles Berbiguier, Belzebu suplanta Satã como governante do Inferno. A ele é dado o título, bastante pitoresco, de Chefe Supremo do Império Infernal e de Fundador da Ordem da Mosca.

CURIOSIDADES DEMONÍACAS

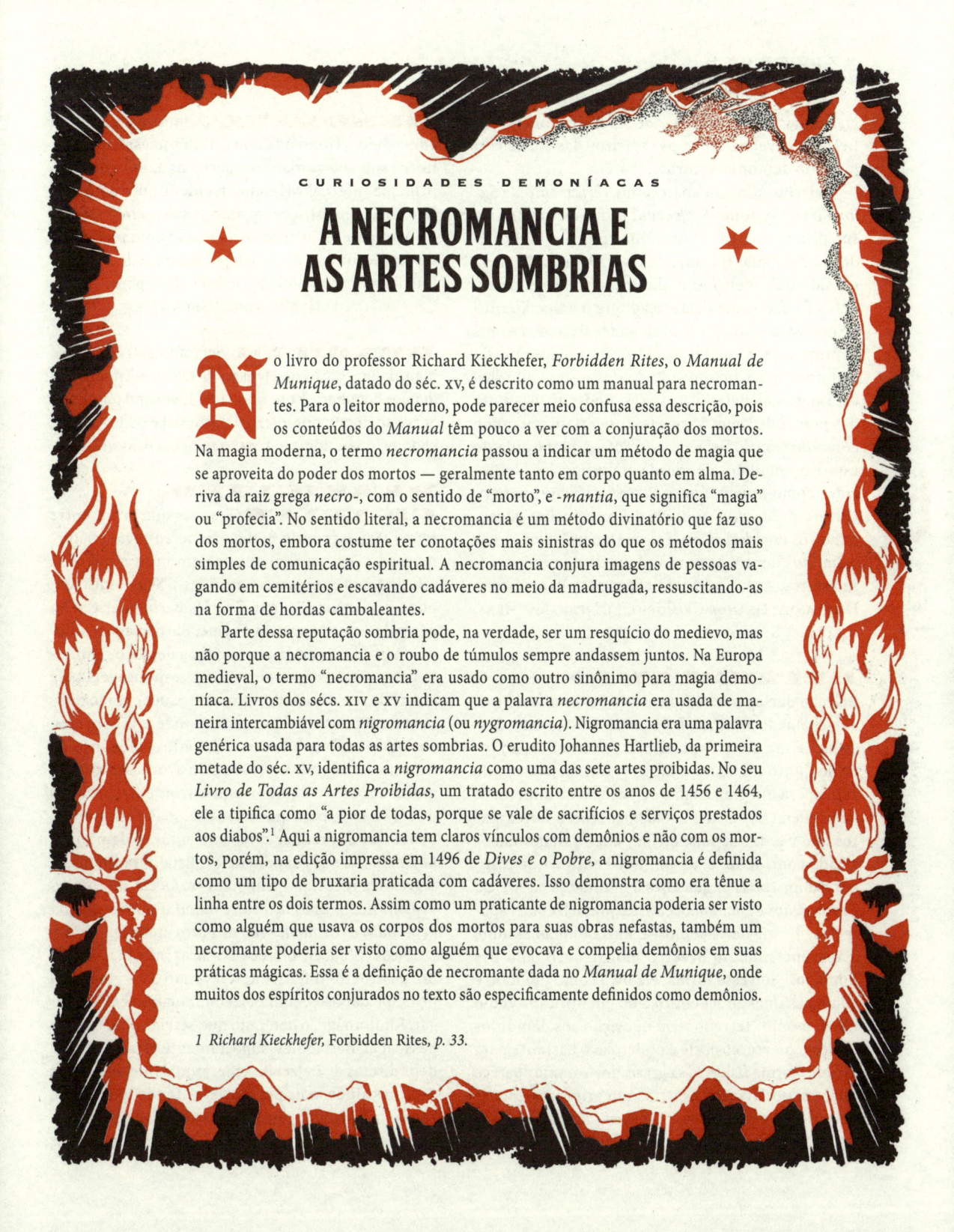

A NECROMANCIA E AS ARTES SOMBRIAS

No livro do professor Richard Kieckhefer, *Forbidden Rites*, o *Manual de Munique*, datado do séc. xv, é descrito como um manual para necromantes. Para o leitor moderno, pode parecer meio confusa essa descrição, pois os conteúdos do *Manual* têm pouco a ver com a conjuração dos mortos. Na magia moderna, o termo *necromancia* passou a indicar um método de magia que se aproveita do poder dos mortos — geralmente tanto em corpo quanto em alma. Deriva da raiz grega *necro-*, com o sentido de "morto", e *-mantia*, que significa "magia" ou "profecia". No sentido literal, a necromancia é um método divinatório que faz uso dos mortos, embora costume ter conotações mais sinistras do que os métodos mais simples de comunicação espiritual. A necromancia conjura imagens de pessoas vagando em cemitérios e escavando cadáveres no meio da madrugada, ressuscitando-as na forma de hordas cambaleantes.

Parte dessa reputação sombria pode, na verdade, ser um resquício do medievo, mas não porque a necromancia e o roubo de túmulos sempre andassem juntos. Na Europa medieval, o termo "necromancia" era usado como outro sinônimo para magia demoníaca. Livros dos sécs. xiv e xv indicam que a palavra *necromancia* era usada de maneira intercambiável com *nigromancia* (ou *nygromancia*). Nigromancia era uma palavra genérica usada para todas as artes sombrias. O erudito Johannes Hartlieb, da primeira metade do séc. xv, identifica a *nigromancia* como uma das sete artes proibidas. No seu *Livro de Todas as Artes Proibidas*, um tratado escrito entre os anos de 1456 e 1464, ele a tipifica como "a pior de todas, porque se vale de sacrifícios e serviços prestados aos diabos".[1] Aqui a nigromancia tem claros vínculos com demônios e não com os mortos, porém, na edição impressa em 1496 de *Dives e o Pobre*, a nigromancia é definida como um tipo de bruxaria praticada com cadáveres. Isso demonstra como era tênue a linha entre os dois termos. Assim como um praticante de nigromancia poderia ser visto como alguém que usava os corpos dos mortos para suas obras nefastas, também um necromante poderia ser visto como alguém que evocava e compelia demônios em suas práticas mágicas. Essa é a definição de necromante dada no *Manual de Munique*, onde muitos dos espíritos conjurados no texto são especificamente definidos como demônios.

1 Richard Kieckhefer, Forbidden Rites, p. 33.

Nas *Clavículas Verdadeiras de Salomão*, consta que Belzebu governa todos os espíritos das Américas, junto ao demônio Astarote.

Belzebu também aparece no *Testamento de Salomão* sob o nome *Beelzeboul*. Aqui ele reivindica sua primazia entre os demônios por ser, não filho de um anjo, mas um anjo de fato. Além disso, alega ter sido o Primeiro Anjo do Primeiro Firmamento antes de cair, uma declaração que o associa tanto a Shemyaza quanto a Azazel, na tradição dos Anjos Sentinelas, e a Lúcifer nas visões mais comuns da demonologia. Como resultado desse suposto estatuto angelical, Belzebu alega responder apenas a um dos nomes de Deus. Vários textos grafam seu nome como *Belzebuth*. Belzebu aparece na hierarquia de espíritos malignos delineada em grimórios conhecidos como *Janua Magica Reserata* (*Chaves para os Portais da Magia*). Aqui ele é um príncipe governando os *Pseudothei*, ou "Falsos Deuses". Eles são os primeiros dentre as nove ordens de demônios. Cf. Astarote, Azazel, Baal, Belzebuth, Berbiguier, De Plancy, Grande Grimório, Lúcifer, Mathers, Salomão, Shemyaza.

BELZEBUTH Variante do nome Belzebu que aparece no grimório veneziano do séc. xvii chamado *Segredos de Salomão*. Neste texto, Belzebuth é um dos três principais governantes do Inferno, junto a Lúcifer e Elestor. Detém o título de príncipe, a um grau abaixo da posição de imperador de Lúcifer. *Os Segredos de Salomão*, como vários textos que vieram depois, atribui chefes demoníacos a cada continente e, assim, Belzebuth é quem supervisiona todas as questões demoníacas na África. Em *Segredos de Salomão*, consta que Belzebuth aparece na forma de uma mosca, mas também assume a aparência de um bezerro monstruoso com pés humanos. Sob essa forma, ele uiva como um lobo e vomita chamas ao ser enfurecido. Identificado como um demônio "terreno" (em oposição aos demônios "aéreos" ou etéreos), ele é poderoso o bastante para assumir forma física. Essa grafia deste nome aparece também no *Livre des Esperitz*, um grimório francês do séc. xvi. Cf. Belzebu, Elestor, Livre des Esperitz, Lúcifer, Segredos de Salomão.

BENODIEL Demônio a quem foi concedido o título de duque. Tem 390 espíritos menores sob seu comando e serve na companhia do príncipe infernal Menadiel na hierarquia do oeste. Benadiel tem restrições quanto às suas manifestações e pode aparecer apenas durante a 7ª hora planetária do dia. Segundo a *Ars Theurgia*, depois dele segue-se imediatamente a hora de Nedriel, que aparece na 8ª. Cf. Ars Theurgia, Menadiel, Nedriel.

BENOHAM Segundo a *Ars Theurgia* contida na edição de Henson da *Chave Menor de Salomão*, Benoham é um duque da hierarquia do leste. Serve ao imperador infernal Carnesiel e pode ser evocado pelo seu nome. Cf. Ars Theurgia, Carnesiel.

BERBIGUIER, CHARLES Francês que viveu entre 1765 e 1851, o próprio Berbiguier acreditava ser atormentado por um exército de demônios a quem se referia como os *farfadets* ("duendes"). Seu nome completo era Alexis-Vincent-Charles Berbiguier e vivia perto de Terre-Neuve du Thyme. Ele não apenas alegava ter sido repetidamente vítima desses demônios (entre outras coisas, eles foram responsáveis pela morte de seu esquilo de estimação, Coco), como também ter trocado extensa correspondência com eles, enviando e recebendo cartas de vários emissários do Inferno. Berbiguier escreveu e ilustrou sua autobiografia em três volumes e a publicou entre os anos de 1818 e 1821, para que outras pessoas pudessem se beneficiar e aprender como enfrentar os demônios, por meio de suas experiências. Esta obra imensa e digressiva recebeu o título *Les Farfadets, ou tous les démons ne sont pas de l'autre mond* (*Os Duendes: ou nem todos os demônios são de outro mundo*).

Nessa obra, ele oferece extensas informações sobre a corte do Inferno, descrevendo Satã como um príncipe deposto, com Belzebu reinando em seu lugar. Rhotomago, o demônio que servia como o algoz pessoal de Berbiguier, supostamente estaria sob ordens diretas de Belzebu. A hierarquia infernal ganha detalhes ainda mais pitorescos — tendo, pelo visto, baseado o seu conceito de corte infernal na corte de Luís xiv, Berbiguier define os papéis dos vários demônios que não se encontram em nenhuma outra hierarquia demoníaca. Tais papéis incluem um Cavalheiro do Quarto de Dormir, um Senhor dos Cassinos e até mesmo um Grande Despenseiro do Inferno! A palavra, em francês, *panetiere* (*pantler* em inglês), deriva de *pain*, "pão", e descrevia um cargo, na corte dos reis europeus, de mestre da despensa.

A obra de Berbiguier era conhecida por Collin de Plancy, o demonógrafo proeminente responsável pelo extenso *Dictionnaire Infernal*. De Plancy havia feito comentários pejorativos acerca de Berbiguier, chamando-o de o "Dom Quixote dos demônios". Ainda assim, ele incluiu o material de Berbiguier sobre demônios em seu próprio dicionário. Vários estudiosos do ocultismo, incluindo A. E. Waite, se basearam no material de Berbiguier por meio de de Plancy, com frequência confundindo as fontes originais da hierarquia. Waite, por exemplo, atribui boa parte da obra de Berbiguier a Johannes Wierus. Cf. BELZEBU, DE PLANCY, RHOTOMAGO, WAITE, WIERUS.

BERITH O 28º demônio da *Goécia*. Tanto a *Pseudomonarchia Daemonum*, de Wierus, quanto a *Descoberta da Bruxaria*, de Scot, afirmam que Berith é conhecido por três nomes diferentes. Alguns o conhecem como *Beal*, uma possível variação de Bael/Baal. Entre os necromantes, consta que ele é chamado de Bolfri (Scot grafa *Bolfry*). Por fim, dizem que seu nome entre os judeus é Berith (que Scot grafa Berithi). *Berith* é, na verdade, uma palavra do hebraico, mas não tem nada a ver com qualquer coisa infernal. Em hebraico, *berith* quer dizer "aliança" e é usada para se referir à aliança entre Deus e seu povo escolhido. É um enigma como foi que essa palavra exatamente acabou indo parar na demonologia como o nome de um demônio, mas, considerando o vasto número de palavras do hebraico — sobretudo os nomes de Deus — que foram cooptadas por magos medievais cristãos em suas invocações, essa corruptela da palavra *Berith* não há de surpreender.

Tanto na *Pseudomonarchia Daemonum* quanto na *Descoberta de Bruxaria*, de Scot, consta que Berith aparece na forma de um soldado de vermelho. Suas roupas e cavalo são igualmente rubros. Esses detalhes estabelecem firmemente Berith como um demônio marcial, pois se acreditava que o planeta Marte estava associado a soldados, guerras e à cor vermelha. Dizem que transforma todos os metais em ouro e confere dignidades. Também discorre sobre o oculto e todas as coisas que dizem respeito ao passado, presente e futuro. Nesses assuntos, consta que ele dá respostas verdadeiras, mas, num trecho posterior, é especificamente descrito como um mentiroso — o que pode ser um aviso de que mente exceto se for compelido pelo conjurador. Ostenta a fama de um duque grande e terrível, com 26 legiões de espíritos subordinados. A *Goécia do Dr. Rudd* também oferece os nomes alternativos de *Beale* e *Bolfry* e diz que é governado pelo anjo Seechiah. No *Manual de Munique*, Berith é o guardião do leste, evocado para fornecer uma capa de invisibilidade. No *Livro de Oberon*, é descrito como um dos doze principais demônios que servem ao rei do sul, Amaimon. Sua aparência preferida é a de um cavaleiro com duas coroas vermelhas e um cavalo vermelho, reafirmando suas conexões astrológicas com o planeta Marte. No *Livre des Esperitz*, seu nome é grafado como *Berteth*. Seus poderes abrangem, igualmente, transformações alquímicas e o poder da influência na sociedade. Cf. AMAIMON, BAAL, BAEL, *GOÉCIA*, *LIVRE DES ESPERITZ*, *LIVRO DE OBERON*, RUDD, SCOT, WIERUS.

BESCHARD Demônio subordinado ao Duque Syrach mencionado no grimório veneziano do séc. XVII, a *Clavicula Salomonis de Secretis*, ou *Segredos de Salomão*. Beschard é um conde com a reputação de comandar o clima. É capaz de despertar chuva de granizo, relâmpagos, geadas e até mesmo fenômenos sobrenaturais como chuvas de sapos, pedras e sangue, mas também pode ser evocado para acalmar tempestades. Cf. *SEGREDOS DE SALOMÃO*, SYRACH.

BETASIEL Segundo a *Ars Theurgia*, Betasiel é um arquiduque sob o comando de Raysiel, um rei demoníaco do norte. Betasiel serve a seu mestre apenas durante as horas diurnas e aparece aos mortais também apenas nesse período de tempo. Há cinquenta espíritos menores que lhe servem. Cf. *ARS THEURGIA*, RAYSIEL.

BETEL No *Grimório de Armadel*, tal como traduzido pelo ocultista S. L. MacGregor Mathers, Betel é descrito como um espírito dócil. É melhor evocá-lo em espaços externos, preferivelmente em florestas ou jardins isolados. Dizem que ensina a sabedoria de Adão e revela tanto as virtudes do Criador quanto as leis que regem essas virtudes. Como muitos dos demônios no *Armadel*, Betel parece ter acesso a uma boa quantidade de sabedoria celeste, apesar de seu estatuto infernal. Cf. MATHERS.

BETOR Demônio capaz de revelar os nomes e ofícios dos Anjos das Trevas. Betor é mencionado na edição de Mathers do *Grimório de Armadel*, onde consta que também pode auxiliar o mago a obter um anjo das trevas como espírito familiar. Cf. MATHERS.

BIALOT Um dos vários demônios que dizem servir aos arquidemônios Astarote e Asmodeus. Bialot aparece na tradução de Mathers da *Magia Sagrada de Abramelin, o Mago*. Cf. ASTAROTE, ASMODEUS, MATHERS.

BIANAKITH Segundo o *Testamento de Salomão*, Bianakith é o 36º demônio conectado aos 36 decanos do zodíaco. Possuindo o corpo de um homem com a cabeça de uma fera, Bianakith é um demônio pestilento particularmente vil. É capaz de atormentar suas vítimas ao fazer seus corpos definharem e sua carne apodrecer, decompondo-se enquanto ainda estão vivas. Como muitos dos demônios mencionados no *Testamento*, Bianakith tem como ponto fraco nomes divinos ou mágicos. Para se afastar esse demônio da casa de alguém, três nomes devem ser inscritos na porta da frente da casa afetada — são eles Mêltô, Ardu e Anaath. Presume-se que sejam os nomes de anjos. Numa tradução posterior do *Testamento*, esse demônio aparece sob o nome de Rhyx Mianeth. *Rhyx* é um título que significa "rei". Cf. SALOMÃO.

BIDIEL Demônio descrito como príncipe errante do ar na *Ars Theurgia*. Bidiel é o último espírito mencionado como tal nessa obra. Consta que ele tem vinte duques sob seu comando. Além disso, outros duzentos duques inferiores e muitos outros espíritos menores lhes são subordinados. Tem a reputação de ser um espírito bom e de fácil temperamento. Manifesta-se em uma forma humana que é bela de se ver. Sob a grafia *Bydiel*, o nome deste demônio também se encontra na *Steganographia* de Tritêmio. Cf. ARS THEURGIA, TRITÊMIO.

BIFRONS Demônio dotado do poder de deslocar os corpos dos mortos de um local a outro. Bifrons é mencionado na *Descoberta da Bruxaria*, de Scot, na *Pseudomonarchia Daemonum*, de Wierus, e no *Livro dos Encantamentos*. Consta que assume, primeiro, a forma de um monstro, mas também pode aparecer como um homem. Ele ensina astrologia, geometria e outras artes e ciências, bem como as virtudes de madeiras e pedras preciosas. Também esvazia caixões e acende fogos fátuos sobre as covas. Embora nem a *Pseudomonarchia* nem a *Descoberta da Bruxaria*, de Scot, lhe atribuam um título específico, em todo caso, consta que rege um total de 26 legiões de espíritos. Tanto na Goécia quanto no *Livro dos Encantamentos*, Bifrons recebe o título de conde. Segundo esses textos, ele tem apenas seis legiões de espíritos subordinados. A *Goécia do Dr. Rudd* afirma que o anjo Ariel (possivelmente grafado como *Ariet*) tem o poder de coibi-lo. Cf. GOÉCIA, LIVRO DOS ENCANTAMENTOS, RUDD, SCOT, WIERUS.

BILETH Grande e terrível rei do Inferno com 85 legiões de espíritos sob seu comando. Dizem que pertence à Ordem das Dominações, dentre as ordens angelicais, e ainda nutre a esperança de um dia retornar ao sétimo trono do Céu. Wierus, na *Pseudomonarchia Daemonum*, grafa o seu nome como *Byleth*. Segundo esse texto e a *Descoberta da Bruxaria*, de Scot, este demônio é capaz de envolver as pessoas em amores tolos e equivocados, mas pode ser difícil comandá-lo. Ao ser evocado pela primeira vez, assume uma aparência furiosa para enganar o mago. Essa aparição é anunciada por trombetas e todo tipo de música, e o próprio Bileth se manifesta montado sobre um cavalo amarelado. O conjurador é avisado a não se deixar intimidar pela manifestação inicial de Bileth. Em vez disso, deve manter uma varinha de amendoeira na mão e forçar o demônio a se manifestar numa forma mais amigável dentro de um triângulo especial construído fora do círculo de evocação. Se a falta de espaço não permitir a construção de um tal triângulo, tanto Wierus quanto Scot sugerem colocar

A Bruxa de Endor faz se erguer o espírito de Samuel de volta do mundo dos mortos para o Rei Saul. Demônios povoam a cena de fundo. Gravura de J. Taylor no estilo de S. Rosa, 1813. Imagem cortesia da Wellcome Collection, Londres.

CURIOSIDADES DEMONÍACAS

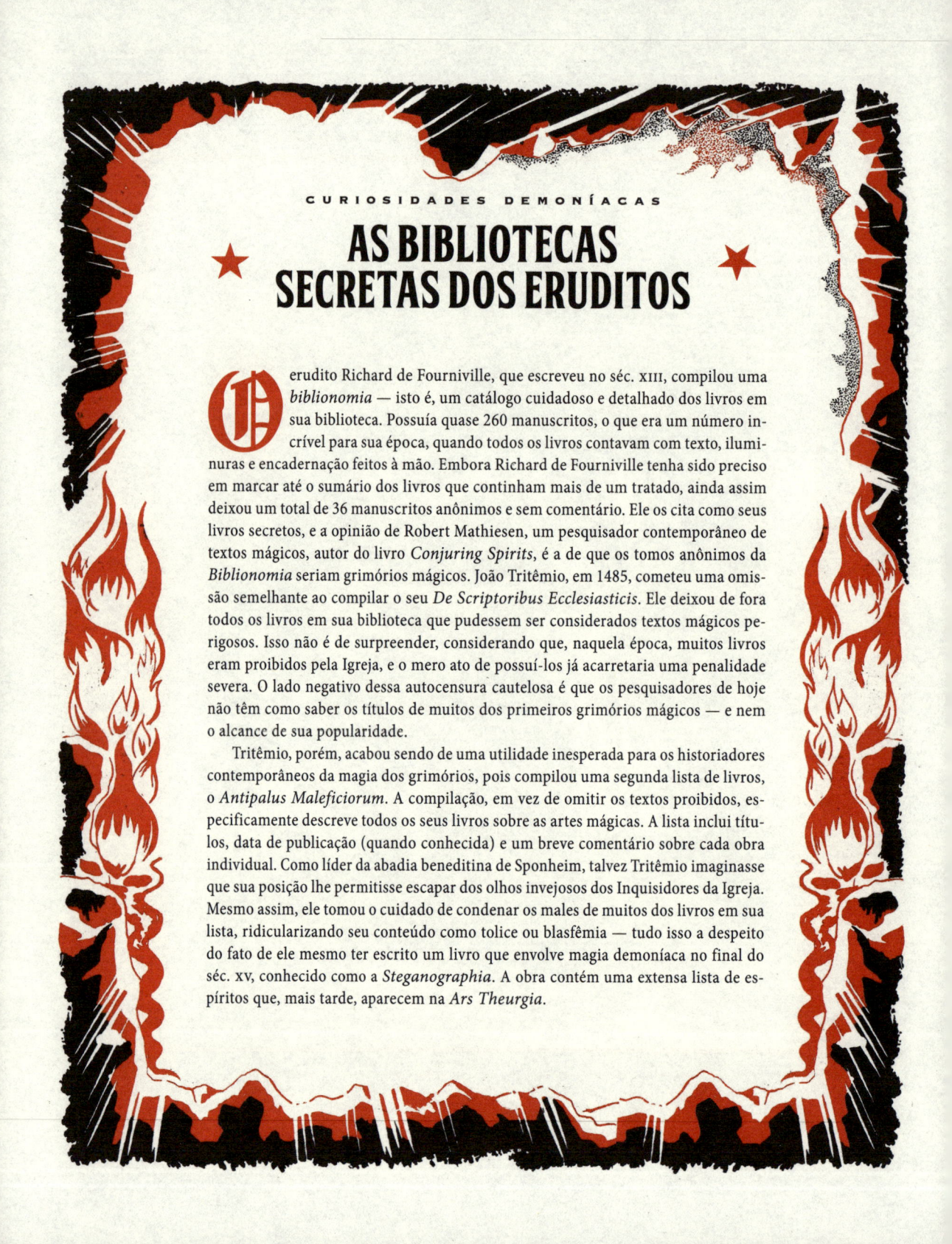

AS BIBLIOTECAS SECRETAS DOS ERUDITOS

O erudito Richard de Fourniville, que escreveu no séc. XIII, compilou uma *biblionomia* — isto é, um catálogo cuidadoso e detalhado dos livros em sua biblioteca. Possuía quase 260 manuscritos, o que era um número incrível para sua época, quando todos os livros contavam com texto, iluminuras e encadernação feitos à mão. Embora Richard de Fourniville tenha sido preciso em marcar até o sumário dos livros que continham mais de um tratado, ainda assim deixou um total de 36 manuscritos anônimos e sem comentário. Ele os cita como seus livros secretos, e a opinião de Robert Mathiesen, um pesquisador contemporâneo de textos mágicos, autor do livro *Conjuring Spirits*, é a de que os tomos anônimos da *Biblionomia* seriam grimórios mágicos. João Tritêmio, em 1485, cometeu uma omissão semelhante ao compilar o seu *De Scriptoribus Ecclesiasticis*. Ele deixou de fora todos os livros em sua biblioteca que pudessem ser considerados textos mágicos perigosos. Isso não é de surpreender, considerando que, naquela época, muitos livros eram proibidos pela Igreja, e o mero ato de possuí-los já acarretaria uma penalidade severa. O lado negativo dessa autocensura cautelosa é que os pesquisadores de hoje não têm como saber os títulos de muitos dos primeiros grimórios mágicos — e nem o alcance de sua popularidade.

Tritêmio, porém, acabou sendo de uma utilidade inesperada para os historiadores contemporâneos da magia dos grimórios, pois compilou uma segunda lista de livros, o *Antipalus Maleficiorum*. A compilação, em vez de omitir os textos proibidos, especificamente descreve todos os seus livros sobre as artes mágicas. A lista inclui títulos, data de publicação (quando conhecida) e um breve comentário sobre cada obra individual. Como líder da abadia beneditina de Sponheim, talvez Tritêmio imaginasse que sua posição lhe permitisse escapar dos olhos invejosos dos Inquisidores da Igreja. Mesmo assim, ele tomou o cuidado de condenar os males de muitos dos livros em sua lista, ridicularizando seu conteúdo como tolice ou blasfêmia — tudo isso a despeito do fato de ele mesmo ter escrito um livro que envolve magia demoníaca no final do séc. XV, conhecido como a *Steganographia*. A obra contém uma extensa lista de espíritos que, mais tarde, aparecem na *Ars Theurgia*.

uma tigela com vinho do lado de fora do círculo para atrair o espírito. Há alguns perigos em se lidar com Bileth, e o mago é instruído também a usar um anel de prata no dedo médio da mão esquerda e a mantê-lo próximo ao rosto como método de proteção. Consta que esse método deve ser usado ao se evocar o demônio Amaimon. Há aparentemente alguma compensação que faz com que todo esse esforço para se invocar Bileth valha a pena. Além de conquistar o amor das outras pessoas, consta que Bileth se torna um amigo íntimo e ajudante obediente, depois de você conjurá-lo da forma adequada e apaziguar seu ego orgulhoso.

Posteriormente, na *Pseudomonarchia*, Bileth é creditado com o fato de ter elos com o primeiro dos necromantes. Segundo essa porção do texto, Cã, o Filho de Noé, foi o criador da arte da necromancia, e o primeiro demônio que chamou foi Bileth. Subsequentemente, fundou uma arte em nome deste demônio, condenada como uma abominação perversa pelo autor do texto que serviu de fonte a Wierus. Na *Pseudomonarchia*, seu nome tem as grafias alternativas *Byleth* e *Beleth*. Bileth ainda é mencionado em conexão com a lenda do Vaso de Bronze de Salomão. Dizem que ele foi o chefe dos 72 reis infernais selados no vaso pelo Patriarca bíblico. Sob o nome *Beleth*, aparece como o 13º espírito da *Goécia*. Na *Goécia do Dr. Rudd*, consta que é coibido pelo anjo Iezalel. No *Liber de Angelis*, este demônio, sob o nome *Bilet*, seria um rei do Inferno, que supervisiona um grande número de demônios dedicados ao sofrimento e a doenças. No *Livro de Oberon*, Bileth é um dos doze principais espíritos a serviço de Amaimon, rei do sul. Esse texto afirma que ele deixa as pessoas invisíveis e possui o poder de abençoar ou amaldiçoar objetos.

Ainda aparece em vários feitiços registrados no *Manual de Munique* e é encontrado no *Livro Jurado de Honório* como ministro do rei demoníaco Harthan. Na edição de Driscoll dessa obra, Bileth está associado ao elemento da água. Na tradução de Peterson dessa obra, ele tem elos com os espíritos da lua, em vez disso. Outras variações do seu nome incluem *Beleth*, *Byleth* e *Bilet*. Cf. Amaimon, Goécia, Harthan, Liber de Angelis, Livro de Oberon, Livro Jurado, Manual de Munique, Rudd, Scot, Wierus.

BILGALL Demônio descrito na obra de magia elisabetana conhecida como *Livro de Oberon*. Consta que Bilgall aparece na forma de um boi com a cabeça de um homem. Numa ilustração posterior do mesmo texto, a cabeça aparece barbada; e o boi tem uma cauda de serpente. Bilgall é conjurado por meio de uma *shew-stone* de cristal, um instrumento de catoptromancia usado famosamente pelo mago elisabetano Dr. John Dee. Ao ser conjurada, Bilgall aparece vomitando chamas da sua boca. Isso, você leu certo, *conjurada*. O pronome feminino pode ter sido um erro do manuscrito, mas não há como saber. O gênero, assim como a aparência, é um atributo maleável para os demônios. Lúcifer é evocado como superior de Bilgall, junto aos demônios Portisan, Fortisan e Alingon. Cf. Alingon, Fortisan, John Dee, *Livro de Oberon*, Lúcifer, Portisan.

BILICO O nome deste demônio significa "o Senhor das Manifestações", pelo menos segundo o ocultista S. L. MacGregor Mathers. Em sua tradução da *Magia Sagrada de Abramelin, o Mago*, Mathers elenca Bilico entre os demônios governados pelo senhor infernal Belzebu. Outra versão deste nome é *Bilek*. Cf. Belzebu, Mathers.

BILIFARES O "Senhor da Divisão", segundo a tradução de Mathers, feita em 1898, da *Magia Sagrada de Abramelin, o Mago*. Este demônio responde a Belzebu, atuando como um dos muitos servidores desse outro grande demônio. Seu nome também tem a grafia alternativa de *Belifares* e pode ser uma derivação de Bealphares, demônio mencionado na *Descoberta da Bruxaria*, de Scot. Cf. Bealphares, Belzebu, Mathers, Scot.

BILIFOR Mathers compreende que o nome deste demônio significa "senhor da glória" em sua edição da *Magia Sagrada de Abramelin, o Mago*. Neste texto, consta que Bilifor é governado pelo demônio maior Belzebu. Outras versões do material do *Abramelin* grafam seu nome como *Bilifot*. Cf. Belzebu, Mathers.

BIRIEL Demônio governado, ao mesmo tempo, por Asmodeus e Magoth. Em sua tradução da *Magia Sagrada de Abramelin, o Mago*, Mathers sugere que o nome deste demônio signifique "fortaleza de Deus". Embora a lista de servidores demoníacos atribuída a Asmodeus e Magoth apareça em uma outra versão do material do *Abramelin*, este demônio em particular é exclusivo à edição de Mathers. Cf. Asmodeus, Magoth, Mathers.

BITUR Grande marquês que assume a forma de um belo jovem. É capaz de comandar o amor das mulheres e o respeito de homens poderosos. Além disso, tem o poder para devastar castelos, cidades e vilas. Seu nome aparece no *Livre des Esperitz*, um grimório francês do séc. XVI. Há 36 legiões de espíritos menores que servem em sua companhia. Cf. *Livre des Esperitz*.

BOAB Segundo o *Livro de Oberon*, este demônio detém o título de prelado, o que faz de Boab um dos poucos demônios com um título tradicionalmente associado a uma autoridade religiosa e não secular. Sua aparência é assombrosa: armado como um soldado, ele chega cavalgando um cavalo preto, sua cabeça é de leão e seus olhos brilham como fogo. Fala com voz rouca e tem dentes de boi, grandes e chatos. Seu principal poder é o de possibilitar ao conjurador compreender os latidos dos cães. Também é capaz de transpor ouro e prata, deslocando essas riquezas de um lugar a outro (presumivelmente usando esse poder para enriquecer quem o conjura). Como muitos demônios do *Livro de Oberon*, também é dotado do conhecimento de coisas ocultas. Seu nome alternativo é Boall (não confundir com Boell), e consta que comanda 44 legiões de espíritos menores. Cf. Boell, *Livro de Oberon*.

BOBÊL Elencado como 13º demônio dentre os 36 associados aos decanos do zodíaco, Bobêl aparece na tradução de Conybeare do *Testamento de Salomão*. Segundo esta versão do texto, é coibido pelo anjo Adonaêl. Na tradução posterior de McCown, porém, seu nome é Phobothel e o poder que o controla é ninguém menos que Adonai. McCown, notavelmente, trabalha com uma seleção mais completa de manuscritos sobreviventes. Em ambas as versões, Bobêl/Phobothel é um demônio pestilento, que afrouxa os tendões, causando fraqueza. Cf. Salomão.

BOELL Provavelmente uma variação de Bael, Boell aparece como um dos sete senadores demoníacos que dizem servir ao supremo imperador Tantavalerion. Este governante demoníaco e seus subordinados imediatos são chamados para manter os outros espíritos na linha em um feitiço que aparece no grimório elisabetano conhecido como *Livro de Oberon*. Cf. Asmoo, Danall, *Livro de Oberon*, Orymell, Pascary, Salarica, Tantavalerion, Tygra.

BOFAR Chefe-comandante que dizem servir ao grande demônio Aseliel. Segundo a *Ars Theurgia*, Bofar está associado às horas da noite e à hierarquia do leste. Governa mais de trinta espíritos principais. Além disso, ele tem outros vinte espíritos ministradores que lhe servem. Ao se manifestar, assume uma forma bela e cortês. Cf. *Ars Theurgia*, Aseliel.

BOLFERTH Mensageiro leal a Paimon, rei do oeste. Seu nome aparece no *Livro de Oberon*, um grimório da Inglaterra elisabetana. Cf. *Livro de Oberon*.

BONOHAM Governante das regiões do fogo, Bonoham é descrito como um grande duque na hierarquia do Inferno. Seu nome aparece no *Tratado sobre Magia Angelical* do Dr. Rudd. Cf. Rudd.

BONYEL Na *Ars Theurgia*, Bonyel é um arquiduque subordinado ao rei demoníaco Symiel. Sendo um espírito nobre, Bonyel tem noventa espíritos menores que lhe atendem. Aparece apenas nas horas noturnas e é conhecido por sua índole boa e obediente. É aliado à corte do norte. Cf. *Ars Theurgia*, Symiel.

BORASY Arquiduque que dizem servir ao demônio Malgaras. Segundo a *Ars Theurgia*, Borasy é acompanhado por trinta espíritos menores e é associado às horas diurnas, por isso não aparece se for conjurado à noite. Enquanto um demônio a serviço de Malgaras, Borasy tem elos com a direção oeste. Cf. ARS THEURGIA, MALGARAS.

BOROB Servo do senhor infernal Belzebu e um dos vários servos infernais cujo nome representa um palíndromo. Borob aparece na *Magia Sagrada de Abramelin, o Mago*. Na tradição mágica desta e de outras obras, palíndromos — palavras que podem ser lidas do mesmo modo normalmente e de trás para frente — eram vistos como dotados de uma natureza mágica intrínseca. É interessante que, no material do *Abramelin*, muitos dos servos demoníacos de Belzebu têm nomes palindrômicos. Cf. BELZEBU, MATHERS.

BOS Demônio ligado a práticas divinatórias, Bos aparece no texto mágico do séc. XV conhecido como *Manual de Munique*, como parte de um feitiço para encantar uma superfície a fim de usá-la na prática de catoptromancia. Cf. MANUAL DE MUNIQUE.

BOTHOTHÊL O 13º espírito dos 36 demônios associados aos decanos do zodíaco, tal como descrito no *Testamento de Salomão*. Bothothêl é um demônio causador de enfermidades que aflige os mortais com tremedeiras e fraqueza nos nervos. Para proteger alguém contra os malefícios deste demônio, deve-se invocar o nome do anjo Adonaêl. Cf. SALOMÃO.

BOTIS O 17º espírito da *Goécia*. Na *Pseudomonarchia Daemonum*, de Wierus, Botis é, ao mesmo tempo, conde e presidente. Segundo a obra, conta com sessenta legiões de espíritos menores sob seu comando. Ele se manifesta primeiro na forma do pior tipo de víbora, mas pode ser comandado a assumir a aparência de um homem. Sua forma humana ainda detém aspectos de sua natureza infernal, com grandes dentes e dois chifres. Também chega brandindo uma espada. É capaz de reconciliar amigos e inimigos, além de responder a perguntas sobre passado, presente e futuro. Scot oferece *Otis* como um de seus nomes alternativos e descreve sua aparência original como uma víbora horrorosa. A *Goécia do Dr. Rudd* descreve Botis como um "príncipe a serviço de um conde", acrescentando ainda que o anjo Loviah tem o poder de coibi-lo. Cf. GOÉCIA, RUDD, SCOT, WIERUS.

BRAMSIEL Grande duque que serve ao príncipe errante Bidiel. Bramsiel e seus colegas de ducado comandam, cada um, um total de 2400 espíritos ministradores. Segundo a *Ars Theurgia*, ele assume uma forma humana agradável ao se manifestar. Cf. ARS THEURGIA, BIDIEL.

BRUFIEL Demônio cujo nome e selo aparecem, ambos, na *Ars Theurgia*. Aqui consta que serve ao príncipe infernal Macariel. Brufiel detém o título de duque e um total de quatrocentos espíritos menores sob seu comando. Consta que é capaz de assumir uma variedade de formas, mas tem preferência por aparecer como um dragão de muitas cabeças. Cada uma das cabeças é de uma virgem, bela e meiga. Não há nenhuma hora específica do dia à qual ele esteja associado, podendo se manifestar a qualquer hora durante o dia ou a noite. Cf. ARS THEURGIA, MACARIEL.

BRUFOR Demônio que ensina sobre a raça dos demônios, pelo menos segundo a edição de Mathers do *Grimório de Armadel*. O texto afirma que Brufor revela, de bom grado, a hierarquia do Inferno, junto aos nomes e títulos de todos os demônios a quem quer que o conjure. É capaz de conceder o poder para coibir espíritos infernais e expulsá-los. Supostamente, também ensina os outros como obrigar um demônio a explicar suas formas favoritas de atormentar os mortais. Sob essas funções, ele tem semelhanças marcantes com o demônio Ornias do *Testamento de Salomão*, embora nenhuma relação entre os dois apareça em qualquer um dos textos. Apesar do fato de que Brufor parece funcionar mais ou menos como o alcaguete do Inferno, o *Grimório de Armadel* desaconselha o mago a tentar conjurá-lo. Cf. MATHERS, ORNIAS, SALOMÃO.

BRULEFER Na edição de Peterson do *Grimorium Verum*, consta que este demônio tem o poder de inflamar o amor das pessoas do sexo oposto. Também tem a reputação de ensinar astronomia.

Sob a grafia Bruselfer, ele aparece na versão da *Clavícula de Salomão* de 1709 mantida na Wellcome Library, um texto ligado aos *Segredos de Salomão*. Nesse manuscrito, ele serve a Hael e Sergulaf, ministros do Duque Resbiroth. Cf. Clavicula Salomonis, Grimorium Verum, Hael, Resbiroth, Sergulaf.

BRYMAN Também chamado pelo nome de *Myniciorom*, este demônio aparece no grimório elisabetano conhecido como *Livro de Oberon*. Ao ser conjurado, Bryman aparece como um pequeno ganso com uma atitude confiante. Com um discurso agradabilíssimo, ficará feliz em discorrer sobre as propriedades ocultas de tudo, desde flores a metais, madeiras, peixes, aves, feras, águas, ervas e pedras. Embora sua aparência seja inofensiva, este demônio também tem um lado sombrio. É capaz de fazer alguém entrar em coma e morrer, mas exige um sacrifício se você quiser fazer livre uso desse seu poder. Detém o título de conde e tem um total de trinta legiões de espíritos menores que lhe servem como seus subordinados. Cf. Livro de Oberon.

BRYMIEL Demônio cujo nome e selo aparecem na *Ars Theurgia* em conexão com a corte do príncipe errante Uriel. Brymiel detém o título de duque e tem um total de 650 espíritos menores sob seu comando. Prefere assumir a forma de uma serpente com cabeça humana, o que talvez seja muito apropriado, porque é descrito como dotado de uma natureza desonesta e inteiramente maligna. Cf. Ars Theurgia, Uriel.

BUBANA Demônio na hierarquia de Astarote e Asmodeus. Bubana é mencionado na tradução de Mathers da *Magia Sagrada de Abramelin, o Mago*. Mathers apresenta o nome deste demônio como tendo o sentido de "vazio". Cf. Astarote, Asmodeus, Mathers.

BUCAFAS Servo de Carnesiel, o Imperador Infernal do Leste. Segundo a *Ars Theurgia*, Bucafas detém o título de duque. Cf Ars Theurgia, Carnesiel.

BUCAL Grande duque que assume a aparência de um anjo. É capaz de fazer grandes profundezas e abismos aparecerem em pleno ar sem que nada do tipo exista ali de verdade. Um total de 28 legiões de espíritos menores compõem sua companhia. Mencionado no *Liber des Esperitz*, ele dá respostas verdadeiras se for solicitado. Cf. Livre des Esperitz.

BUCON Demônio do sofrimento e da discórdia, Bucon provoca nas pessoas ódio e ciúme. Aparece na versão de 1709 da *Clavícula de Salomão* guardada na Wellcome Library na Inglaterra. Segundo o texto, é subordinado a Hael e Sergulaf, ambos os quais servem na corte do Duque Resbiroth. Cf. Clavicula Salomonis, Hael, Resbiroth, Sergulaf.

BUDAR Demônio noturno disposto a aparecer apenas durante as horas de escuridão. Budar serve ao rei infernal Asyriel e, por isso, é aliado à corte do sul. Seu nome e selo aparecem na *Ars Theurgia*. Segundo este texto, ele tem um total de dez espíritos menores a seu comando. Cf. Ars Theurgia, Asyriel.

BUDARIM Um dos vários demônios que servem na hierarquia de Caspiel, o Imperador Infernal do Sul. Budarim detém o título de duque, com a reputação de ter uma natureza teimosa e grosseira. Comanda um total de 2260 espíritos inferiores. Budarim aparece na *Ars Theurgia*. No *Tratado sobre Magia Angelical*, de Rudd, este demônio aparece com o nome *Budarym*. Aqui, é um espírito evocado junto com Larmol, um duque na corte do Imperador Caspiel. Tanto Larmol quanto Budarym aparecem na obra de Rudd, associados à *Tabula Mercurii*. Cf. Ars Theurgia, Caspiel, Larmol, Rudd.

BUDIEL Demônio mencionado na *Ars Theurgia* a partir da tradução de Henson do *Lemegeton* completo. Budiel serve na hierarquia do leste. Seu superior imediato é o príncipe infernal Camuel, que governa no sudeste. O próprio Budiel é um duque e comanda seus próprios dez espíritos ministradores. É um demônio das horas diurnas, mas se manifesta durante a noite. Cf. Ars Theurgia, Camuel.

BUER O décimo demônio mencionado na *Goécia*. Segundo a *Pseudomonarchia Daemonum*, de Wierus, este demônio detém o título de presidente e supervisiona cinquenta legiões de espíritos menores. Tem a reputação de conferir os melhores familiares — espíritos auxiliares que muitas vezes, acredita-se, tomam a forma de pequenos animais, como gatos ou sapos. Além disso, ele ensina uma grande variedade de disciplinas, desde filosofia moral e natural até lógica. Também ensina as virtudes das ervas e é capaz de curar doenças. Há uma omissão no texto, onde consta que ele aparece sob um signo específico, mas não diz qual signo seria. Essa omissão é retificada na *Goécia do Dr. Rudd*, onde consta que Buer aparece quando o sol está em Sagitário. É coibido pelo anjo Aladiah. O *Livro dos Encantamentos* afirma também sua conexão com Sagitário. Ele ainda aparece na *Descoberta da Bruxaria*, de Scot. Cf. Goécia, Livro dos Encantamentos, Rudd, Scot, Wierus.

BUESABA Demônio que é capaz de aparecer na forma de um homem ou mulher de grande estatura e pele dourada, trajando uma túnica amarela brilhante. É um dos três ajudantes que servem ao rei demoníaco Barkan, regente dos espíritos do Sol. Buesaba tem o poder de conferir títulos de nobreza, como de duque e conde, sendo capaz de ajudar ainda as pessoas a ganharem respeito e apoio de seus pares. Resolve conflitos e hostilidades, além de obter riquezas. Seu nome aparece no *Livro de Oberon*, junto a outros dois ajudantes do Rei Barkan, Bybell e Mylalu. Cf. Barkan, Bybell, Livro de Oberon, Mylalu.

BUFIEL Demônio noturno regido pelo duque errante Buriel. Bufiel assume a forma monstruosa de uma serpente imensa com uma cabeça humana sempre que se manifesta. Ele despreza tanto a luz que aparece apenas durante as horas de escuridão. Seu poder se estende sobre 880 espíritos menores. O nome e selo de Bufiel aparecem na *Ars Theurgia*. Segundo este texto, ele e seus compatriotas são tão malevolentes que todos os outros espíritos os desprezam. Cf. Ars Theurgia, Buriel.

BUGAN Demônio com vastos poderes alquímicos. Bugan é capaz de transmutar qualquer metal ou transformar água em vinho e até mesmo em óleo. Detém o título de rei, e há 44 legiões de espíritos menores que o atendem. Seu nome aparece no *Livre des Esperitz*, onde consta que ele também torna as pessoas sábias. Cf. Livre des Esperitz.

BULFAS Grande príncipe que também semeia a discórdia e a guerra. Segundo o *Livre des Esperitz*, grimório francês do séc. XVI, o conjurador deve agir com grande força para coibi-lo antes que ele possa fazer o que lhe for pedido. Há 36 legiões sob seu comando. Cf. Livre des Esperitz.

BUK Segundo a tradução de Mathers da *Magia Sagrada de Abramelin, o Mago*, Buk faz parte de um grande número de demônios a serviço dos arquidemônios Asmodeus e Astarote. Segundo o texto, o nome deste demônio significa, supostamente, "perplexidade". Cf. Astarote, Asmodeus, Mathers.

BULDUMÊCH Este demônio é mencionado como o 18º dos 36 espíritos infernais associados aos decanos do zodíaco. Aparece no *Testamento de Salomão*, onde consta que ataca maridos e esposas, dividindo-os por meio da raiva e fazendo com que fiquem indispostos um com o outro. Quando Buldumêch se faz presente em um dado lar, é possível fazê-lo fugir invocando os nomes dos três patriarcas bíblicos: Abraão, Isaac e Jacó. Numa tradução posterior e mais precisa desse texto-fonte, os seres dotados de poder sobre este demônio são chamados simplesmente de *Os Oito Pais*. O nome do demônio também varia, aparecendo aqui a grafia de Modebel. Cf. Salomão.

BULLS Este demônio com um nome peculiar aparece na hierarquia noturna do príncipe infernal Dorochiel. Dado o estilo da maioria dos nomes angelicais (sejam eles anjos caídos ou não), é possível que o nome original deste demônio fosse *Buells*. Segundo a *Ars Theurgia*, onde seu nome aparece, Bulls se manifesta apenas em uma hora específica na primeira metade da noite. Por meio de Dorochiel, jura lealdade à corte do oeste. Munido de seu título de arquiduque, ele tem quarenta espíritos que lhe são subordinados. Cf. Ars Theurgia, Dorochiel.

BUNE O 26º espírito mencionado na *Goécia*, Bune é um duque grande e poderoso. Dizem dele que governa um total de trinta legiões infernais. Na *Pseudomonarchia Daemonum*, consta que Bune aparece na forma de um dragão com três cabeças, sendo a terceira de um homem. Tem poder sobre os mortos e é capaz de fazê-los mudar de lugar, além de conseguir reunir congregações de demônios nos sepulcros dos mortos. Dizem que fala com uma voz divina e é capaz de tornar quem o evoca rico, eloquente e sábio. Possui muitos dos mesmos poderes que lhe são atribuídos na *Descoberta da Bruxaria*, de Scot. Na *Goécia do Dr. Rudd*, o nome deste demônio é dado como *Bim*. Segundo esse texto, é possível coibi-lo com o poder do anjo Haaiah. No *Livre des Esperitz* francês, ele detém o título de duque e comanda 35 legiões. Cf. Goécia, Livre des Esperitz, Rudd, Scot, Wierus.

BUNIET Demônio associado à direção sul. O nome de Buniet e seu selo aparecem na tradução de Henson da *Ars Theurgia*. Segundo esse texto, ele serve ao rei infernal Asyriel, que governa no sudoeste. Buniet detém o título de arquiduque e tem quarenta espíritos inferiores sob seu comando. Tem elos com as horas diurnas e apenas se manifesta nessas horas. Cf. Ars Theurgia, Asyriel.

BURASEN Um dos vários demônios cujos nomes aparecem na *Magia Sagrada de Abramelin, o Mago*. Segundo esse texto, Burasen é um servo do rei infernal Amaimon. Mathers sugere que seu nome derive de raízes hebraicas. A leitura que oferece é estranha e complexa: ele entende que o nome significa "aqueles que destroem por meio de um hálito fumegante e sufocante". Na edição de 1725 de Peter Hammer do material do *Abramelin*, o nome deste demônio é dado como *Bumaham*. Aparece com a mesma grafia na versão guardada na biblioteca de Dresden. Cf. Amaimon, Mathers.

BURFA Um dos vários demônios noturnos que servem na corte do príncipe Usiel, associado ao oeste. Seu nome aparece na *Ars Theurgia*, onde consta que governa quarenta espíritos ministradores. Ele tem o poder de revelar ou ocultar tesouros e também é capaz de quebrar encantamentos. Cf. Ars Theurgia, Usiel.

BURIEL Um dos tais "duques errantes" cujos nomes e selos aparecem na *Ars Theurgia*. Segundo essa obra, Buriel e toda sua companhia são desprezados por todos os outros espíritos. Sua natureza é tão absolutamente maligna que eles só podem ser chamados à noite, porque fogem da luz do dia. Buriel tem a reputação de aparecer em uma forma realmente monstruosa: uma serpente com cabeça humana que fala com a voz rouca de homem. Não tem associações com qualquer ponto cardeal em particular. Em vez disso, ele e sua companhia vagam por onde ele quiser. Buriel também aparece na *Steganographia* de João Tritêmio. Cf. Ars Theurgia, Tritêmio.

BURIOL Demônio governado pelo rei infernal Amaimon. O nome de Buriol aparece na *Magia Sagrada de Abramelin, o Mago*. Segundo a tradução de Mathers, o nome deste demônio significa "o fogo devorador de Deus". Também é grafado *Bariol*. Cf. Amaimon, Mathers.

BURISIEL Um dos doze duques que servem ao demônio Demoriel, cujos nomes e selos são dados especificamente no texto mágico do séc. XVII conhecido como *Ars Theurgia*. Por conta de sua afiliação com Demoriel, Burisiel tem elos com a direção norte. Além do mais, ele está associado ao quarto par de horas planetárias do dia. Estas horas são calculadas ao se dividir o dia em doze porções iguais de tempo, chamadas de *horas planetárias*. A duração exata dessas horas difere, dependendo da duração do dia na época do ano. Burisiel tem limitações para se manifestar e aparece apenas durante as horas designadas. Sendo um demônio nobre, ele supervisiona um total de 1140 espíritos ministradores. Cf. Ars Theurgia, Demoriel.

BURIUL Na tradução de Mathers da *Magia Sagrada de Abramelin, o Mago*, Buriul é parte de uma multidão de servidores demoníacos que dizem operar sob a direção tanto de Asmodeus quanto de Astarote. Como tal, pode ser conjurado e compelido com os nomes de seus superiores. Segundo Mathers, o nome deste demônio pode ser interpretado como tendo o sentido de "em terror e tremor". Cf. ASTAROTE, ASMODEUS, MATHERS.

BUSIEL Na *Ars Theurgia*, o nome de Busiel aparece em conjunção com o príncipe infernal Dorochiel, portanto, na hierarquia do oeste. Aqui, ele serve na capacidade de arquiduque, com quatrocentos espíritos menores subordinados. Consta que aparece apenas na segunda metade do dia, nas horas entre o meio-dia e o anoitecer. Cf. ARS THEURGIA, DOROCHIEL.

BUSIN Demônio com poderes necromânticos, Busin é capaz de transportar cadáveres magicamente. Além disso, consegue compelir um dos muitos espíritos sob seu comando para que reanime um corpo. Ao ser possuído, o cadáver será capaz de conversar e fazer tudo que uma pessoa viva faria, exceto consumir alimentos. O nome de Busin aparece no grimório elisabetano conhecido como *Livro de Oberon*, onde é listado como um dos doze principais ministros sob Amaimon, rei do sul. O texto descreve sua aparência como a de uma bela mulher que fala com uma voz rouquenha. Comparar com o demônio goético Bune. Cf. AMAIMON, BUNE, LIVRO DE OBERON.

BUTARAB Um dos vários demônios que dizem servir ao arquidemônio Magoth na *Magia Sagrada de Abramelin, o Mago*. Segundo a tradução de Mathers, Butarab é também um servo de Kore. Em outras versões do material do *Abramelin*, o nome deste demônio é grafado como Butharuth e Butharath. Cf. KORE, MAGOTH, MATHERS.

BYBELL Demônio que faz com que quem estiver próximo comece a suar. Bybell é um dos ajudantes do Rei Barkan, que governa os espíritos do sol. Aparece como um ser alto e de membros grossos, com pele de tons dourados. É capaz de se manifestar como um ser de qualquer gênero, além de assumir a forma de um leão ou um ganso. Seu ofício é o de refinar as pessoas e apaziguar hostilidades, sendo também capaz de causar ou curar doenças. É mencionado no *Livro de Oberon* junto a Mylalu e Buesaba, os ajudantes adicionais da corte do Rei Barkan. Cf. BARKAN, BUESABA, LIVRO DE OBERON, MYLALU.

BYLETH Demônio da corte da Lua, Byleth é um dos quatro ajudantes que trabalham com o Rei Harkam. Seu nome aparece no *Livro de Oberon*, onde consta que possui o poder de conferir valores em prata, tornar os cavalos velozes, revelar segredos e transportar objetos. Se assumir forma humana, é capaz de aparecer como um rei armado com flechas ou como uma caçadora. Tempestades sempre irrompem ao seu redor. Cf. ACUTEBA, BYLETHOR, HARKAM, *LIVRO DE OBERON*, MYLU.

BYLETHOR Um dos quatro espíritos que servem ao Rei Harkam como seus ajudantes. Bylethor é um espírito da Lua e, por isso, aparece com roupas verdes ou prateadas. Sua pele é da cor de uma nuvem escura, e tem presas como as de um porco do mato. Possui poderes de transporte e é capaz de deslocar, magicamente, um objeto de um lugar para outro. Também aumenta a velocidade de cavalos. Sabe todas as coisas secretas e ocultas do passado, presente e futuro e é capaz de obter prata para o conjurador. Uma tempestade irrompe sempre que se manifesta. É mencionado no *Livro de Oberon*, um grimório da Inglaterra elisabetana. Cf. ACUTEBA, BYLETH, HARKAM, *LIVRO DE OBERON*, MYLU.

CAAP No grimório francês *Livre des Esperitz*, Caap é um grande príncipe que aparece na forma de cavaleiro. Dá respostas verdadeiras a tudo que lhe for solicitado e leva ouro e prata onde o conjurador quiser. Governa vinte legiões. Seu nome talvez seja uma variação do demônio goético *Gaap*. Cf. Gaap, Livre des Esperitz.

CABARIEL Príncipe poderoso que governa a direção cardeal entre oeste e oés-noroeste. Cabariel é o quarto na hierarquia do demônio Amenadiel, Imperador do Oeste. Ele mesmo comanda cinquenta arquiduques durante o dia e outros cinquenta nas horas noturnas. Tem preferência por aparecer em locais remotos e isolados, como bosques ocultos e ilhas verdes. Dotado de uma natureza aérea que não permite que se manifeste claramente a olho nu, Cabariel é mais fácil de ser visto com auxílio de um cristal ou espelho para catoptromancia — pelo menos, segundo a *Ars Theurgia*. Cabariel também aparece na *Steganographia*, de Tritêmio. Cf. Amenadiel, Ars Theurgia, Tritêmio.

CABARIM Duque na hierarquia do demônio Demoriel. Segundo a *Ars Theurgia*, Demoriel é um Imperador Infernal do Norte, por isso Cabarim também está afiliado a essa direção cardeal. Cabarim é um duque com domínio sobre 1140 espíritos menores. Só se manifesta durante o segundo par de horas planetárias do dia. Cf. Ars Theurgia, Demoriel.

CABERYON Demônio mencionado no *Livro de Oberon*. Detém o título de ministro e é listado como o segundo dentre os quatro conselheiros do Rei Oberion. Oberion ocupa uma posição interessante entre fada e anjo caído, pois o *Livro de Oberon* o identifica como as duas coisas. Há a possibilidade de que todos os demônios da corte de Oberion se encaixem na mesma categoria, incluindo Caberyon. Cf. Livro de Oberon, Oberion.

CABIEL Um dos vários demônios que servem ao rei infernal Malgaras durante as horas diurnas. Na *Ars Theurgia*, consta que detém o título de arquiduque, com trinta espíritos subordinados que lhe servem. Sua afiliação é com a direção oeste. Cf. Ars Theurgia, Malgaras.

CABRON Demônio mencionado na *Ars Theurgia*. Consta que Cabron serve ao príncipe infernal Dorochiel. Ele mesmo detém o título de arquiduque e tem um total de quatrocentos espíritos menores a seu comando. Associado às horas diurnas, ele só se manifesta entre o meio-dia e o anoitecer. Sua conexão com Dorochiel o insere na hierarquia do oeste. Cf. Ars Theurgia, Dorochiel.

CADRIEL Arquiduque na hierarquia de Dorochiel, príncipe infernal da direção cardeal entre oeste e oés-noroeste. A *Ars Theurgia* descreve Cadriel como um demônio noturno que serve a seu mestre nas horas entre a meia-noite e o amanhecer. Supostamente ele supervisiona não menos do que quatrocentos espíritos subordinados. Cf. Ars Theurgia, Dorochiel.

CAGYNE Um dos doze principais ministros de Paimon, rei do oeste, Cagyne é mencionado no *Livro de Oberon*, um texto que também fornece o nome alternativo de *Cogin*. Este demônio aparece na forma de um cavalo amarelado e tem poder sobre os mortos. Consta que é capaz de fazer qualquer alma falar diante de seu conjurador, contanto que a alma não esteja sob o controle de qualquer outro poder celestial ou infernal. Essa cláusula sugere que Cagyne tenha poder sobre as almas do Limbo, um estado intermediário usado historicamente pela Igreja como um depósito para as almas que não pertencem nem ao Céu, nem ao Inferno. Cf. Livro de Oberon, Paimon.

CAIM Um dos 72 demônios associados à *Goécia*, Caim era supostamente um membro da Ordem dos Anjos antes de cair. Segundo a *Descoberta da Bruxaria*, de Scot, detém o título de presidente e tem um total de trinta legiões de espíritos sob seu comando. Consta que se manifesta primeiro na forma de tordo, mas também pode assumir forma humana. Ao assumir forma humana, ele brande uma espada afiada na mão. Dizem que dá respostas na forma de cinzas em brasa. Dentre os seus poderes, dizem que é capaz de fazer as pessoas compreenderem as falas inumanas de aves, cães e gado. Ele pode até mesmo conceder aos mortais a habilidade de compreender os significados nos sons de rios, oceanos e córregos. Suas melhores habilidades estão em responder sobre o futuro. Na *Pseudomonarchia Daemonum*, de Wierus, seu nome é grafado *Caym*. Segundo Collin de Plancy, Martinho Lutero, o fundador da Reforma Protestante, alegava ter se encontrado com este demônio. Na *Goécia do Dr. Rudd*, seu nome é grafado *Camio*. Aqui, consta que se curva ao poder do anjo Nanael. Cf. DE PLANCY, *GOÉCIA*, RUDD, SCOT, WIERUS.

CALACH Servo do demônio Ariton, mencionado na *Magia Sagrada de Abramelin, o Mago*. A tradução de Mathers desta obra nos dá seu nome como *Galak*. Mathers, de acordo, relaciona esse nome a uma raiz grega que significa "leitoso". Cf. ARITON, MATHERS.

CALEOS Demônio mentiroso, que deve ser coibido com cuidado, ou então tentará enganar a todos que interagirem com ele. Ao se manifestar, assume a forma de um cavaleiro montado sobre um crocodilo. Ostenta duas coroas sobre sua cabeça, e seu principal ofício é o de conferir fama e estima, além de compartilhar conhecimentos para encontrar tesouros. Seu nome aparece no grimório elisabetano conhecido como *Livro de Oberon*, onde é descrito dentre os doze principais servos de Paimon, rei do oeste. Cf. *LIVRO DE OBERON*, PAIMON.

CALIM Demônio da hierarquia do leste, Calim serve ao príncipe infernal Camuel. Segundo a *Ars Theurgia*, Calim é um duque e governa uma centena de espíritos ministradores. Sua associação é com as horas da noite, mas aparece também de dia. Cf. *ARS THEURGIA*, CAMUEL.

CALVAMIA Demônio que atende ao rei do nordeste, Armadiel. Calvamia é um duque poderoso, servido por 84 espíritos menores. Seu nome e selo aparecem na *Ars Theurgia*. Muitos dos demônios descritos nesse texto também estão associados a certas horas do dia. No caso de Calvamia, se o dia for dividido em 15 porções iguais, a sua porção é a quarta, e ele só pode aparecer durante essas horas. Cf. ARMADIEL, *ARS THEURGIA*.

CAM Grande presidente que aparece na forma de um tordo, mas depois assume forma humana. Carrega na mão uma espada afiada e parece pisar sobre cinzas em brasa. É um bom debatedor, segundo o *Livro dos Encantamentos*. Seu ofício é o de conferir o entendimento de muitas línguas do mundo natural: aves, cães, gado e até mesmo a voz das águas. Dá respostas verdadeiras sobre coisas futuras. Antes de sua queda, ele pertencia à Ordem dos Anjos. Há trinta legiões que lhe servem. Cf. CAIM, *LIVRO DOS ENCANTAMENTOS*.

CAMAL Demônio governado por Astarote. O nome de Camal aparece na tradução de Mathers da *Magia Sagrada de Abramelin, o Mago*. Segundo Mathers, o nome deste demônio significa "desejar a Deus". Cf. ASTAROTE, MATHERS.

CAMARION Servidor do demônio Belzebu, cujo nome aparece na *Magia Sagrada de Abramelin, o Mago*. Existem várias versões manuscritas desta obra, e o manuscrito francês do séc. XV usado como fonte por Mathers para sua tradução da obra contém uma variante do seu nome. Nessa versão, é grafado *Lamarion*, uma diferença certamente decorrente de erros de transcrição. Cf. BELZEBU, MATHERS.

CAMBORES Servo do demônio Sarabocres. Segundo a edição de Peterson do *Livro Jurado de Honório*, Cambores está associado ao planeta Vênus. Sendo assim, tem o poder de despertar amor e luxúria, mas também o riso. Ao se manifestar, dizem que

CURIOSIDADES DEMONÍACAS

ASSECLAS DO DIABO

Ao longo da Idade Média, as pessoas na Europa acreditavam que o Diabo e seus asseclas eram uma presença bastante real no mundo. Esses demônios não somente eram capazes de seduzir e atormentar a humanidade, como também recrutavam certos mortais para o seu lado, conferindo-lhes o dom de poderes blasfemos. O medo da bruxaria teve um efeito tão nefasto sobre os europeus que eles se voltaram contra seus vizinhos, torturando milhares de pessoas até a morte com base na suspeita de que estariam praticando as artes sombrias. Essas caças a bruxas foram um período sinistro da história europeia que durou mais ou menos do séc. XIV até o XVII. Chamada de "a Loucura das Bruxas", ou *Witchcraze*, por alguns pesquisadores, como Anne Llewellyn Barstow e Jeffrey Burton Russell, essa terminologia reflete a natureza histérica dos temores da época quanto à bruxaria.

A vasta maioria das pessoas acusadas de praticarem bruxaria eram indivíduos marginalizados e cidadãos de segunda classe. Mulheres em números alarmantes foram acusadas e, embora não tenham sido só as mulheres que foram torturadas e mortas por praticar bruxaria nessa época, a imagem da bruxa que se tornou popular era a de uma mulher — geralmente velha e decrépita.

Um conceito central à noção da bruxaria europeia nessa época era o do Sabá das Bruxas. Os Sabás eram reuniões — muitas vezes descritas como uma orgia — que aconteciam nas florestas. Acreditava-se que as bruxas chegavam voando, ou pelo voo do espírito, sem o corpo, ou atravessando o céu montadas em peneiras ou vassouras. Dizia-se que as bruxas dançavam nuas na floresta nos Sabás, comendo alimentos asquerosos e, por vezes, sacrificando crianças. Acreditava-se que elas tramavam contra os vizinhos nessas reuniões bárbaras, planejando os males que iriam fazer nos meses seguintes. E, é claro, elas também se encontravam com o Diabo — muitas vezes na forma de um homem alto com a pele preta como fuligem ou na forma de um grande bode preto.

Talvez não seja surpreendente que quase todas as confissões de bruxas que descreveram coisas como voar até o Sabá das Bruxas ou o sacrifício de crianças ao Diabo tenham sido obtidas sob extrema tortura. Os poucos relatos voluntários vieram de indivíduos que até mesmo alguns inquisidores precisaram admitir que eram simplesmente malucos. O medo do Diabo e, mais que isso, o medo do vizinho, inspiraram um período de fato sinistro na história europeia, cujo impacto ainda estamos tentando compreender.

Uma gravura do Diabo da Inglaterra do séc. XVII. Costumava-se dizer que o Diabo aparecia na forma de um homem alto com uma pele preta como carvão. Cortesia da Dover Publications.

ele tem uma forma de estatura mediana e pele mais branca que a neve. Cambores é um dos quatro demônios na corte de Sarabocres, governado pelos ventos leste e oeste. Cf. Livro Jurado, Sarabocres.

CAMBRA Demônio na corte de Amaimon, rei do sul. Cambra aparece como um cisne e tem poder sobre as aves. Segundo o *Livro de Oberon*, Cambra é capaz de domesticar qualquer ave, transformando-a num animal de estimação. Também tem conhecimento sobre as virtudes de ervas e pedras, sendo capaz de ensiná-las, se for solicitado. Cf. Amaimon, *Livro de Oberon*.

CAMBRIET Demônio mencionado na *Ars Theurgia*, associado a horas e minutos específicos do dia. Só pode aparecer durante a oitava porção do dia, quando o dia for dividido em quinze períodos de igual duração de tempo. Dotado do título de duque, Cambriet tem 2200 espíritos subordinados. É servo do rei demoníaco Icosiel. Por algum motivo ele tem uma atração especial por casas e costuma se manifestar nesses espaços. Cf. Ars Theurgia, Icosiel.

CAMEL Governado por Demoriel, o Imperador Infernal do Norte, Camel é mencionado na *Ars Theurgia*. Nesse texto, consta que tem 1140 espíritos sob seu comando. Se o dia for dividido em doze seções de duas horas cada, Camel está associado ao sétimo par de horas planetárias. É possível que o nome deste demônio fosse *Camiel*, um nome que aparece várias vezes nas hierarquias de outros senhores demoníacos na *Ars Theurgia*. Cf. Ars Theurgia, Demoriel.

CAMIEL O nome deste demônio aparece com frequência na *Ars Theurgia*, mas, cada vez que isso acontece, parece se referir a um demônio distinto e separado, pois Camiel tem qualidades muito diferentes, dependendo de onde mencionam seu nome. Aparece como um demônio na corte do príncipe Hydriel, onde surge na forma de uma grande serpente com a cabeça de uma bela mulher. Consta que essa versão de Camiel é atraída a locais úmidos, como brejos. Ele (ou talvez ela) tem a reputação de ter 1320 ministros para atender às suas necessidades. Camiel também aparece sob comando do demônio Amenadiel, o Grande Imperador do Oeste. Aqui, consta que Camiel detém o título de duque, governando um total de 3880 espíritos. Camiel é mencionado de novo na corte do duque errante Bursiel. Sob esta manifestação, supõe-se que Camiel seja um ser de grande malevolência. Ele teme a luz do dia e se manifesta apenas à noite. Camiel e seus espíritos companheiros sob Bursiel são detestados por todos os outros espíritos por conta de sua natureza velhaca e maligna. Essa versão de Camiel é semelhante em aparência à que serve a Hydriel. Ao se manifestar, aparece como uma serpente terrível com cabeça humana. Comanda um total de 880 espíritos ministradores. Por fim, ele aparece ainda como um dos vários duques que servem ao demônio Malgaras. Aqui, Camiel pertence às horas diurnas e comanda trinta espíritos ministradores menores. Cf. Amenadiel, Ars Theurgia, Bursiel, Hydriel, Malgaras.

CAMODIEL Duque na hierarquia de Emoniel, um príncipe errante cuja companhia é descrita na *Ars Theurgia*. Camodiel é descrito como dotado de uma índole basicamente boa e prefere se manifestar em áreas de floresta. Ao aparecer, é provável que chegue acompanhado por, pelo menos, um dos 1320 espíritos que o atendem. Cf. Ars Theurgia, Emoniel.

CAMONIX Segundo a *Magia Sagrada de Abramelin, o Mago*, Camonix é um demônio que serve exclusivamente ao governante infernal Astarote. Seu nome pode estar associado a uma palavra grega ligada à batalha. Cf. Astarote, Mathers.

CAMORY Demônio teimoso e grosseiro que serve ao Imperador do Sul, Caspiel. Camory detém o título de duque e é um dos doze duques infernais que atendem diretamente a Caspiel. Ele mesmo tem um total de 2260 espíritos menores sob seu comando. Camory é descrito como um espírito aéreo, o que quer dizer que sua natureza tem mais a ver com o ar do que com a terra ou a carne. Por conta disso, a *Ars Theurgia* recomenda fazê-lo aparecer em um cristal para catoptromancia ou um recipiente de vidro especialmente preparado, para que ele possa ser visto a olho nu. Cf. Ars Theurgia, Caspiel.

CAMOY Espírito particularmente maligno que pode ser chamado como parte de uma maldição. Este demônio e seus semelhantes têm o poder de confundir as pessoas, e no *Manual de Munique* há um feitiço que mostra ao mago como soltar esses diabretes terríveis nos seus inimigos. Cf. Manual de Munique.

CAMUEL Embora às vezes apareça como um anjo, Camuel, na *Ars Theurgia*, é elencado como o terceiro espírito da hierarquia sob o rei infernal Carnesiel, Imperador do Leste. Nesse texto, consta que Camuel governa a direção sudeste, com dez duques infernais que executam seus comandos. No *Tratado sobre Magia Angelical* do Dr. Rudd, Camuel é, de novo, identificado como um demônio. Aqui ele é descrito nos termos do "Principal Rei do Leste", aparentemente ocupando o lugar de Carnesiel nesse papel. Camuel também é mencionado na *Steganographia* de João Tritêmio, uma obra datada do final do séc. xv. Cf. Ars Theurgia, Carnesiel.

CAMYEL Demônio mencionado na *Ars Theurgia*, Camyel serve ao príncipe infernal Camuel, aliado à corte do leste. Dotado do título de duque, tem poder sobre um total de cem espíritos ministradores. Está associado às horas diurnas, mas se manifesta à noite. Aparece em uma forma belíssima, conversando de maneira cortês com quem quer que procure dialogar com ele. Cf. Ars Theurgia, Camuel.

CANIBORES Demônio dedicado à luxúria, à paixão e aos prazeres terrenos, Canibores aparece na tradução de Driscoll do *Livro Jurado*. Presidente da ordem que serve ao rei demoníaco Sarabocres, Canibores não pode ser conjurado visivelmente. Em vez disso, ele deve ser procurado por meio de seus três asseclas, Tracatat, Nassar e Naassa. Segundo o *Livro Jurado*, Canibores tem uma natureza maleável, seu corpo reluz como uma estrela fulgurante, e é capaz de despertar luxúria e paixão entre todas as pessoas. Também possui o poder de produzir "prazeres infinitos" no sexo oposto. Cf. Livro Jurado, Naassa, Nassar, Sarabocres, Tracatat.

CANILEL Um demônio que dizem servir ao rei infernal Barmiel, o primeiro e principal espírito do sul. O nome de Canilel e seu selo aparecem no texto mágico do séc. xvii conhecido como *Ars Theurgia*. Segundo este texto, Canilel detém o título de duque. Há vinte espíritos menores que lhe servem, e está associado às horas da noite. Cf. Ars Theurgia, Barmiel.

CAPRIEL Na *Ars Theurgia*, Capriel aparece na hierarquia do demônio Carnesiel, Imperador Infernal do Leste. Dotado do título de duque, Capriel pode ser conjurado e compelido em nome de seu imperador. Cf. Ars Theurgia, Carnesiel.

CARAHAM Um dos vários demônios na *Magia Sagrada de Abramelin, o Mago*, cujo nome é motivo de discussão. No manuscrito francês do séc. xv usado como fonte por Mathers, o nome deste demônio é dado como *Came*. Na versão de 1720 guardada na biblioteca de Dresden, o nome é *Carah*, enquanto a versão da biblioteca de Wolfenbüttel dá o nome *Larach*. Considerando que a fonte original do séc. xiv do material do *Abramelin* se perdeu nas eras, não há como saber qual é a grafia correta. Todas as versões concordam, porém, que este demônio responde a Paimon, um dos quatro príncipes infernais das direções cardeais. Cf. Mathers, Paimon.

CARASCH Demônio governado pelos arquidemônios Astarote e Asmodeus. Carasch é mencionado na tradução de 1898 de Mathers da *Magia Sagrada de Abramelin, o Mago*. Mathers arrisca uma etimologia de seu nome, sugerindo que derive de uma raiz hebraica com o significado de "o Voraz". Cf. Astarote, Asmodeus, Mathers.

CARASIBA Demônio com restrições para se manifestar, aparecendo apenas durante um período bastante específico do dia. A *Ars Theurgia* contém uma fórmula para calcular esse horário. Segundo o livro, o dia deve ser dividido em quinze porções de igual duração. Dentre as horas e minutos que caem em cada uma dessas porções, Carasiba se manifesta apenas na 12ª seção do dia. É um duque

Demônios descendo na forma de gafanhotos para atormentar os ímpios. Ilustração bíblica do séc. XVI de Apocalipse 9:1-11. Gravura. Artista desconhecido. Imagem cortesia da Wellcome Collection, Londres.

poderoso que serve ao rei demoníaco Armadiel, por isso tem conexões com a hierarquia do norte. Há 84 espíritos menores subordinados a Carasiba. Cf. ARMADIEL, ARS THEURGIA.

CARBA Na *Ars Theurgia*, Carba é elencado como um arquiduque com quarenta espíritos menores sob seu comando. Ele mesmo serve na hierarquia do príncipe demoníaco Dorochiel, estando associado às horas diurnas, por isso manifesta-se aos mortais apenas antes do meio-dia. Sua direção é o oeste. Cf. ARS THEURGIA, DOROCHIEL.

CARDIEL Cavaleiro infernal que comanda um total de dois mil espíritos menores. O nome e selo de Cardiel aparecem na *Ars Theurgia*, onde consta que ele serve ao grande demônio Pirichiel. Cf. ARS THEURGIA, PIRICHIEL.

CARGA Arquiduque na corte do rei demoníaco Asyriel. Carga tem seu próprio séquito de quarenta espíritos menores, a quem comanda. Na *Ars Theurgia*, consta que Carga se manifesta apenas nas horas diurnas e é associado à direção sul. Cf. ARS THEURGIA, ASYRIEL.

CARIEL Demônio mencionado na *Ars Theurgia*. Segundo esse texto, Cariel serve ao príncipe infernal Camuel, um governante da hierarquia do leste. O próprio Cariel é um duque e supervisiona um total de dez espíritos ministradores. Pertence às horas diurnas, mas é melhor conjurá-lo à noite. Cf. Ars Theurgia, Camuel.

CARIFAS Demônio da companhia do Imperador Amenadiel. Na tradução de Henson da *Ars Theurgia*, Carifas está conectado à direção oeste. Detém o título de duque e comanda um total de 3880 espíritos menores. É parte da centena de duques que servem a seu mestre infernal, mas um dos únicos doze mencionados especificamente neste texto do séc. xvii. Cf. Amenadiel, Ars Theurgia.

CARMAS Demônio que serve ao Rei Iammas, governante dos espíritos de Marte. Carmas aparece vestido de vermelho para indicar sua afiliação aos poderes planetários marciais. Particularmente violento, este demônio causa batalhas, mortes e assassinatos, além de incêndios. Em sua forma humana, tem chifres e garras, sendo anunciado por trovões e relâmpagos. É mencionado no grimório elisabetano conhecido como o *Livro de Oberon*, onde consta que ele serve junto a três outros demônios marciais. Cf. Iammas, Itamall, Livro de Oberon, Palframe, Palframen.

CARMEHAL Servo do rei infernal Iammax, que rege os espíritos de Marte. Carmehal aparece na tradução de Joseph Peterson do *Livro Jurado de Honório*. Este demônio é um dos cinco governados por Iammax, descritos como sujeitos ao vento leste. Enquanto um espírito de Marte, Carmehal causa assassinatos, guerra e derramamento de sangue. Seu aspecto é seco e esguio, com a pele da cor da brasa. Consta que os anjos Samahel, Satihel, Ylurahihel e Amabiel detêm poder sobre ele. Comparar com o demônio Carnical na tradução de Driscoll do *Livro Jurado*. Cf. Carnical, Iammax, Livro Jurado.

CARMELYON O terceiro conselheiro da corte de Oberion. É possível que Carmelion se situe na linha tênue entre demônio e fada — certamente este é o caso de seu superior, Oberion. Aparece no epônimo *Livro de Oberon*, identificado, ao mesmo tempo, como rei das fadas e ex-anjo da luz. Considerando que Carmelyon serve como um de seus quatro principais ministros, há uma grande chance de que ele esteja num mesmo estado misto de ser. Cf. Livro de Oberon, Oberion.

CARMERIN Senhor demoníaco com comando sobre trinta legiões, cujo nome aparece no texto mágico conhecido como *Livro de Oberon*. Esse mesmo livro oferece o nome *Cayenam* como uma versão alternativa (não é raro que esses textos reúnam nomes alternativos). É um demônio que gosta de espiar as mulheres, e sua maior utilidade é para os aspirantes a *voyeur*. Assim como vários outros demônios dotados do poder de coagir mulheres sexualmente, ele mesmo se manifesta na forma de uma mulher, aparecendo como se cavalgasse um camelo e ostentando uma dupla coroa. Compare sua aparência e poderes com os de Gemyem e Gemon, ambos do mesmo texto. Cf. Livro de Oberon, Gemon, Gemyem.

CARMOLA Grande príncipe que é capaz de conferir o poder de compreender a linguagem dos pássaros. É capaz de tornar as pessoas invisíveis e também capturar ladrões e assassinos. Segundo o grimório francês do séc. xvi, *Livre des Esperitz*, dá respostas verdadeiras a qualquer pergunta que lhe seja feita e supervisiona 26 legiões de espíritos. Cf. Livre des Esperitz.

CARMOX Demônio associado ao planeta Marte. Segundo a tradução de Peterson do *Livro Jurado de Honório*, Carmox serve ao rei infernal Iammax. Carmox tem o poder de incitar raiva e derramamento de sangue, levando as pessoas a cometer assassinatos e iniciar guerras. Provavelmente trata-se de uma variação do demônio Carnax. Cf. Carnax, Iammax, Livro Jurado.

Ao serem conjurados, muitos demônios aparecem primeiro em formas inumanas. A maioria é monstruosa, mas outros surgem como anjos, com várias asas e uma aura de fogo. Ilustração de Kirsten Brown.

CARNAX Na edição de Driscoll do *Livro Jurado de Honório*, Carnax é um ministro do rei demoníaco Jamaz. Por meio de Jamaz, tem uma conexão com o elemento fogo, por isso Carnax tem um semblante que lembra o fogo. Ele é enérgico, rápido e forte, com um temperamento que pode ser descrito como impetuoso e "cabeça quente". Tem o poder de causar morte, mas também de evitar a decomposição. Além disso, é capaz de restaurar o que quer que tenha se decomposto de volta a seu estado original. Seus familiares têm a forma de soldados, e é capaz de fazer surgir um exército de mil soldados para qualquer propósito que ele considere digno. Provavelmente é uma variação do demônio Carmox. Cf. Carmox, Jamaz, *Livro Jurado*.

CARNESIEL Na *Ars Theurgia*, um dos livros da *Chave Menor de Salomão*, Carnesiel é mencionado como o Principal Imperador do Leste. Há mil grandes duques e cem duques menores que lhe servem, bem como uma multidão de outros espíritos ministradores. Ao ser conjurado com seu selo, ele aparece, seja de dia, seja de noite. Como parte de uma extensa lista de espíritos associados aos pontos cardeais, Carnesiel se assenta no topo da hierarquia dos espíritos associados ao leste. Todos os espíritos que lhe são subordinados podem ser conjurados e compelidos em seu nome. Carnesiel também aparece na *Steganographia* de Tritêmio. Cf. *Ars Theurgia*, Tritêmio.

CURIOSIDADES DEMONÍACAS

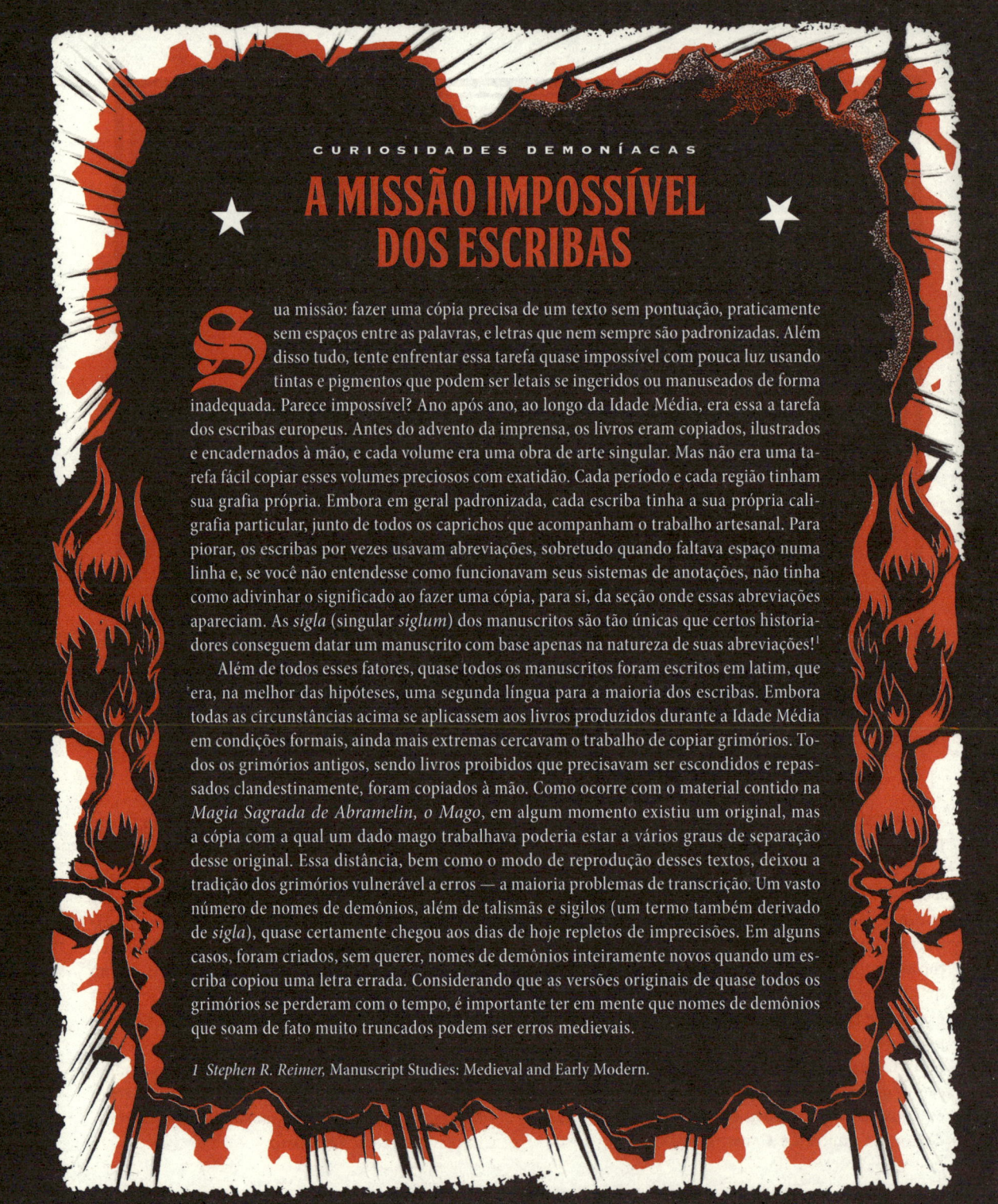

A MISSÃO IMPOSSÍVEL DOS ESCRIBAS

Sua missão: fazer uma cópia precisa de um texto sem pontuação, praticamente sem espaços entre as palavras, e letras que nem sempre são padronizadas. Além disso tudo, tente enfrentar essa tarefa quase impossível com pouca luz usando tintas e pigmentos que podem ser letais se ingeridos ou manuseados de forma inadequada. Parece impossível? Ano após ano, ao longo da Idade Média, era essa a tarefa dos escribas europeus. Antes do advento da imprensa, os livros eram copiados, ilustrados e encadernados à mão, e cada volume era uma obra de arte singular. Mas não era uma tarefa fácil copiar esses volumes preciosos com exatidão. Cada período e cada região tinham sua grafia própria. Embora em geral padronizada, cada escriba tinha a sua própria caligrafia particular, junto de todos os caprichos que acompanham o trabalho artesanal. Para piorar, os escribas por vezes usavam abreviações, sobretudo quando faltava espaço numa linha e, se você não entendesse como funcionavam seus sistemas de anotações, não tinha como adivinhar o significado ao fazer uma cópia, para si, da seção onde essas abreviações apareciam. As *sigla* (singular *siglum*) dos manuscritos são tão únicas que certos historiadores conseguem datar um manuscrito com base apenas na natureza de suas abreviações![1]

Além de todos esses fatores, quase todos os manuscritos foram escritos em latim, que era, na melhor das hipóteses, uma segunda língua para a maioria dos escribas. Embora todas as circunstâncias acima se aplicassem aos livros produzidos durante a Idade Média em condições formais, ainda mais extremas cercavam o trabalho de copiar grimórios. Todos os grimórios antigos, sendo livros proibidos que precisavam ser escondidos e repassados clandestinamente, foram copiados à mão. Como ocorre com o material contido na *Magia Sagrada de Abramelin, o Mago*, em algum momento existiu um original, mas a cópia com a qual um dado mago trabalhava poderia estar a vários graus de separação desse original. Essa distância, bem como o modo de reprodução desses textos, deixou a tradição dos grimórios vulnerável a erros — a maioria problemas de transcrição. Um vasto número de nomes de demônios, além de talismãs e sigilos (um termo também derivado de *sigla*), quase certamente chegou aos dias de hoje repletos de imprecisões. Em alguns casos, foram criados, sem querer, nomes de demônios inteiramente novos quando um escriba copiou uma letra errada. Considerando que as versões originais de quase todos os grimórios se perderam com o tempo, é importante ter em mente que nomes de demônios que soam de fato muito truncados podem ser erros medievais.

[1] *Stephen R. Reimer*, Manuscript Studies: Medieval and Early Modern.

CARNICAL Segundo a tradução de 1977 do *Livro Jurado*, Carnical é um demônio a serviço de Jamaz, o rei infernal do fogo. Sendo um demônio desse elemento, Carnical tem um aspecto que lembra a chama e consta que possui uma natureza "cabeça-quente" e apressada, rápida e enérgica. Tem poderes sobre o processo de decomposição, podendo reverter seus efeitos ou repeli-los por completo. É capaz ainda de causar a morte com uma única palavra e trazer um exército de mil soldados, possivelmente de volta do além. Compare Carnical com o demônio Carmehal na edição de Peterson do *Livro Jurado*. Cf. Carmehal, Jamaz, Livro Jurado.

CARNOR Demônio na hierarquia de Caspiel, o Imperador Infernal do Sul. Segundo a *Ars Theurgia*, Carnor detém o título de duque. É um dos doze duques que servem a Caspiel, cujos nomes e selos constam especificamente nessa obra do séc. XVII sobre como conjurar e compelir espíritos. Supostamente, Carnor supervisiona 2260 espíritos menores. Cf. Ars Theurgia, Caspiel.

CAROMOS Segundo a *Magia Sagrada de Abramelin, o Mago*, Caromos é um servidor demoníaco do príncipe Ariton. Na tradução de Mathers dessa obra, o nome Caromos é apresentado com o sentido de "alegria", derivado de uma raiz grega. Em outras versões do material do *Abramelin*, o nome deste demônio é grafado como *Calamosy*. Cf. Ariton, Mathers.

CARON Demônio governado pelo rei infernal Malgaras. Caron é um arquiduque noturno, com trinta espíritos menores sob seu comando. Seu nome aparece na *Ars Theurgia*. Por meio de sua conexão com Malgaras, ele tem elos com a corte do oeste. Caron também aparece como um servo do demônio Ariton na *Magia Sagrada de Abramelin, o Mago*. É provável que Caron seja uma variante do nome Caronte, *Kharon*, em grego, o barqueiro que faz a travessia dos mortos pelo rio Estinge, rumo ao Hades. Por conta das associações com o submundo, Caronte com frequência era demonizado. Cf. Ariton, Ars Theurgia, Malgaras, Mathers.

CARPIEL Demônio da *Ars Theurgia* que dizem servir ao rei infernal Barmiel. Por meio de suas associações a Barmiel, Carpiel tem elos com o sul. Ele detém o título de duque e governa vinte espíritos ministradores. É um dos dez duques demoníacos que servem a Barmiel ao longo das horas do dia. Por vezes é tentador associar o nome dos demônios a palavras sonoramente parecidas, mas não há a menor indicação de que Carpiel tenha qualquer semelhança com uma carpa. Cf. Ars Theurgia, Barmiel.

CARSIEL Na *Ars Theurgia*, Carsiel é mencionado dentre a dúzia de arquiduques em serviço do príncipe demoníaco Dorochiel. Associado às horas diurnas, Carsiel comanda um total de quarenta espíritos ministradores. Por conta de sua associação a Dorochiel, tem elos com a hierarquia do oeste. Cf. Ars Theurgia, Dorochiel.

CARTAEL Demônio cujo nome e selo aparecem no livro conhecido como *Ars Theurgia*. Consta que Cartael serve na hierarquia do norte e seu superior imediato é o rei demoníaco Baruchas. O próprio Cartael detém o título de duque e comanda milhares de espíritos inferiores. Aparece apenas nas horas e minutos que se enquadram na 14ª porção do dia quando o dia é dividido em quinze partes. Cf. Ars Theurgia, Baruchas.

CASAEL Demônio cujo nome talvez seja uma variação de Carsiel. Essa grafia do seu nome aparece na *Ars Theurgia* em conjunção com o príncipe infernal Dorochiel. Consta que Casael serve como arquiduque, com quatrocentos espíritos subordinados. Está associado à segunda metade do período diurno, manifestando-se entre o meio-dia e o anoitecer. Sua direção é o oeste. Cf. Ars Theurgia, Carsiel, Dorochiel.

CASBRIEL Demônio noturno maligno que odeia tanto a luz que se recusa a se manifestar durante as horas diurnas. Casbriel serve ao demônio Buriel, descrito na *Ars Theurgia* como um "duque errante", o que significa que, entre os espíritos associados aos pontos cardeais, Buriel e sua companhia mudam de localidade e procedem como quiserem. Casbriel é de uma tal natureza velhaca e malévola que ele e seus compatriotas são desprezados por todos os outros espíritos. Dentro de sua própria hierarquia, é popular o suficiente para comandar 880 espíritos menores. Ao se manifestar, Casbriel assume uma forma monstruosa. Aparece como uma serpente imensa com cabeça humana. Cf. *Ars Theurgia*, Buriel.

CASIET Um dos vários demônios que dizem servir na corte do oeste, subordinados ao rei infernal Malgaras. Casiet detém o título de arquiduque e comanda trinta espíritos ministradores. Segundo a *Ars Theurgia*, ele está associado às horas diurnas, manifestando-se apenas nesse período do dia. O nome deste demônio pode ser derivado de um erro de transcrição, pois está a uma letra de diferença do que seria um nome mais comum, Casiel. Cf. *Ars Theurgia*, Carsiel, Malgaras.

CASON Segundo o grimório do séc. XV conhecido como o *Manual de Munique*, este grande duque do Inferno comanda não menos que 45 legiões de diabos. Ao ser conjurado, aparece como um senescal de corte, conferindo ao mago qualquer dignidade que ele desejar. Este demônio é capaz de discorrer sobre assuntos que dizem respeito ao passado, presente ou futuro, além de conferir favores ao mago, seja de amigos ou inimigos. Seu nome pode ser uma variação de *Curson*, um nome alternativo dado ao demônio goético Purson na *Descoberta da Bruxaria*, de Scot. Cf. *Manual de Munique*, Purson, Scot.

CASPIEL Grande e importante imperador mencionado na *Ars Theurgia*. Caspiel é parte de uma multidão de demônios associados aos pontos cardeais. Seu domínio é o sul. Ele tem um vasto arranjo de demônios que lhe servem, incluindo duzentos grandes duques e quatrocentos duques menores. Os duques que lhe são subordinados são descritos como grosseiros e teimosos. Caspiel é de uma natureza aérea. Por consequência, se ele se manifestar, costuma ser por meio de imagens em um espelho ou uma *shewstone* especialmente preparada. No *Tratado*

Escriba copiando páginas de um manuscrito. De um livreto sobre a arte do escriba, por Jackie Williams.

sobre Magia Angelical, Caspiel é identificado também como o principal demônio que rege o sul. Aparece ainda na *Steganographia,* de João Tritêmio. Cf. Ars Theurgia, Tritêmio.

CASTUMI Demônio da invisibilidade, Castumi aparece como parte de um feitiço para ficar invisível, delineado na *Clavicula Salomonis*. Segundo o texto, Castumi serve a Almiras, o demoníaco Mestre da Invisibilidade. Seu nome também aparece em feitiços de invisibilidade na *Magia Sagrada de Abramelin, o Mago* de Mathers. Cf. Almiras, Clavicula Salomonis, Mathers.

CAUDES Servo do demônio Batthan. Caudes aparece na tradução de Peterson do *Livro Jurado de Honório*. Aqui, consta que ele está associado ao sol e tem o poder de trazer riquezas a qualquer mortal. Também confere boa saúde e o favor de amigos. Caudes é governado pelos anjos Rafael, Cashael, Dardyhel e Hanrathaphael. É um dos quatro demônios na hierarquia do sol sujeitos ao vento norte. Cf. Batthan, Livro Jurado.

CAVAYR Demônio em serviço do rei Baruchas. Como tal, integra a corte do norte. Cavayr detém o título de duque e supervisiona milhares de espíritos inferiores. Ele tem a restrição de aparecer apenas num período de tempo bastante específico. A obra conhecida como *Ars Theurgia* oferece a seguinte fórmula para calcular quando Cavayr é capaz de se manifestar ao longo do dia: divida o tempo em quinze porções de mesma duração. Cavayr pertence à quarta porção. Cf. Ars Theurgia, Baruchas.

CAYROS Demônio que faz parte do grupo, mencionado na *Ars Theurgia*, de arquiduques em serviço do príncipe infernal Dorochiel. Cayros é um demônio noturno, limitado a aparecer diante do seu mestre nas horas entre a meia-noite e o amanhecer. Possui elos com a hierarquia do oeste. Sendo um demônio nobre, ele tem quatrocentos espíritos ministradores que executam seus desejos. Cf. Ars Theurgia, Dorochiel.

CAZUL Segundo a *Ars Theurgia*, Cazul é um demônio de índole maligna e fraudulenta, associado à noite. É um subordinado direto do demônio Cabariel, o príncipe que rege a direção cardeal entre oeste e oés-noroeste. Para aqueles ousados o suficiente para o conjurar, Cazul tipicamente aparece apenas à noite em companhia de cinquenta espíritos menores que atendem às suas vontades. Cf. Ars Theurgia, Cabariel.

CERBERE Grande marquês que concede o dom da compreensão perfeita de todas as ciências e engrandece as pessoas com riqueza e honras. Há dezenove legiões que lhe servem. Aparece no *Livre des Esperitz*, um grimório francês do séc. xvi. Seu nome certamente deriva de Cérbero, o cão de três cabeças que guardava os portões de Hades no mito grego. Por acaso, o nome de Cérbero significa "malhado" (assim como o nome inglês comum para cães, *Spot*). Cf. Livre des Esperitz.

CHABRI Um dos dez arquiduques atribuídos à corte do príncipe errante Uriel. Segundo a *Ars Theurgia*, Chabri tem 650 companheiros e servos para o atenderem. Sua reputação é de um ser dotado de uma natureza maléfica, teimosa, desobediente e falsa em todos os seus negócios. Ao se manifestar, assume a forma de uma serpente monstruosa com cabeça humana. Cf. Ars Theurgia, Uriel.

CHAMOR Demônio mencionado na *Ars Theurgia*. Chamor é um dos seis arquiduques da corte de Menadiel, um príncipe errante do ar. Há 390 espíritos menores que lhe servem. Além disso, tem com o demônio Baruch uma relação específica de companhia. Chamor se manifesta na quinta hora do dia, e Baruch sempre vem na sequência, surgindo na sexta hora planetária. Seu nome também é grafado *Clamor*. Cf. Ars Theurgia, Baruch, Menadiel.

CHAMORIEL Um dos doze duques que seguem o demônio Hydriel, um príncipe errante do ar. Chamoriel comanda um total de 1320 espíritos menores. É mencionado na *Ars Theurgia*, texto que também contém o selo que o conjura e compele.

Embora Chamoriel seja um espírito do ar, ele é atraído a localidades úmidas e molhadas, preferindo se manifestar em brejos e pântanos. Ao aparecer, Chamoriel se comporta de uma maneira educada e cortês, que parece destoar de sua aparência: a forma manifesta de Chamoriel é o de uma serpente com uma cabeça humana. Cf. Ars Theurgia, Hydriel.

CHAMOS Segundo a hierarquia demoníaca de Charles Berbiguier, Chamos serve no domicílio real do Inferno. Em *Les Farfadets*, obra do séc. XIX de Berbiguier, Chamos é listado como Senhor Camarista e Cavaleiro da Ordem da Mosca. O ocultista A. E. Waite apresenta Chamos sob esta mesma capacidade ao tratar do *Grande Grimório* em seu *Livro da Magia Negra e Pactos*. Chamos é quase certamente uma variação de *Chemosh*, ou Quemós, um antigo deus moabita mencionado na Bíblia. No texto bíblico, Quemós é conhecido como "o destruidor", "o conquistador" e "a abominação de Moab". Como era o caso com quase todos os deuses estrangeiros, os antigos israelitas não gostavam muito de Quemós, por isso sua transformação de deus em demônio. Cf. Berbiguier, *Grande Grimório*, Quemós, Waite.

CHANAEL Demônio diurno governado pelo rei infernal Raysiel. Chanael detém o título de arquiduque e tem um número não especificado de atendentes que existem para executar seus comandos. O nome de Chanael aparece na *Ars Theurgia*. Por conta de Raysiel, Chanael jura lealdade à corte do norte. Cf. Ars Theurgia, Raysiel.

CHANSI Um dos trinta duques que, segundo consta, servem na corte do rei infernal Barmiel. Segundo a *Ars Theurgia,* Barmiel é o primeiro e principal espírito do sul. Por conta de sua lealdade a esse demônio, Chansi também tem conexão com o sul. Sendo um demônio nobre, Chansi supervisiona seus próprios vinte espíritos ministradores. Serve a seu rei nas horas diurnas. Cf. Ars Theurgia, Barmiel.

CHARAS Demônio em serviço de Aseliel, príncipe da hierarquia do leste. Segundo a *Ars Theurgia*, Charas pertence às horas diurnas. Seu título é o de chefe-presidente e tem trinta espíritos principais e vinte ministradores sob seu comando. Cf. Ars Theurgia, Aseliel.

CHARIEL Duque do demônio Hydriel. Chariel tem 1320 espíritos menores sob seu comando. Consta que este demônio tem um grande amor por lugares úmidos e molhados, por isso é mais fácil ele se manifestar em espaços como pântanos. Assume a forma de uma serpente imensa com cabeça humana. Embora sua aparência possa ser assustadora, a *Ars Theurgia* garante aos leitores que Chariel é um espírito bom e cortês. Cf. Ars Theurgia, Hydriel.

CHARIET Um dos doze principais duques que servem na hierarquia do demônio Caspiel, Imperador do Sul. Consta que Chariet é um espírito teimoso, com uma disposição grosseira. Detém domínio sobre 2260 espíritos menores e pode ser conjurado e compelido em nome de seu imperador ou controlado por meio do uso de seu nome e selo. O selo se encontra na *Ars Theurgia*, o segundo livro da *Chave Menor de Salomão*. Cf. Ars Theurgia, Caspiel.

CHARNOS Um dos vários demônios que, segundo consta, servem ao príncipe infernal Aseliel durante as horas noturnas. Na *Ars Theurgia*, Charnos é descrito como um chefe-presidente associado ao leste por conta de sua lealdade a Aseliel. Consta que governa trinta espíritos principais e outros vinte ministradores, que atendem a seus comandos. Cf. Ars Theurgia, Aseliel.

CHAROBLEL Demônio conhecido por se manifestar em uma forma humana que é bela e agradável ao olhar. Charoblel serve ao príncipe infernal Bidiel, sendo um de seus dez grandes duques. Supervisiona uma companhia de 2400 espíritos menores. Seu nome e selo aparecem na *Ars Theurgia*. Cf. Ars Theurgia, Bidiel.

CHAROEL Duque infernal atendido por quatrocentos espíritos ministradores. Charoel aparece na hierarquia do demônio Macariel, descrito como um príncipe errante na *Ars Theurgia.* Charoel e seus companheiros têm a liberdade de aparecer a qualquer hora do dia ou da noite. Possui diversas formas, mas prefere aparecer como um dragão de muitas cabeças. Também aparece como um dos doze arquiduques que, segundo consta, servem ao demônio Soleviel, outro príncipe errante do ar. Essa outra versão de Charoel serve a seu mestre demoníaco apenas ano sim, ano não. Há 1840 espíritos ministradores que existem para executar seus comandos. Cf. *Ars Theurgia*, Macariel, Soleviel.

CHARSIEL Demônio mencionado na *Ars Theurgia*. Charsiel serve na hierarquia de Menadiel, um dos tais príncipes errantes do ar, que se deslocam de um lugar a outro, com sua imensa companhia. O próprio Charsiel supervisiona um total de 390 espíritos menores. Também tem elos com o demônio Curasin, que age como seu companheiro. Aonde Charsiel for, Curasin o segue. Charsiel, de acordo, só pode aparecer na nona hora do dia, e Curasin aparece na décima. Cf. *Ars Theurgia*, Curasin, Menadiel.

CHASOR Um dos doze duques infernais que dizem servir ao rei demoníaco Maseriel nas horas do dia. Chasor é mencionado na *Ars Theurgia*, onde consta que ele governa seus próprios trinta espíritos menores. Por conta de seu serviço a Maseriel, Chasor tem elos com o sul. Cf. *Ars Theurgia*, Maseriel.

CHATAS No *Liber de Angelis*, Chatas é mencionado como um dos demônios a serviço do rei infernal Barchan. Chatas é conjurado como parte de um feitiço para construir um Anel do Sol. Esse potente talismã astrológico exige o sangue de um pássaro branco durante a sua construção. Uma vez concluído, ele pode ser usado para prender a língua dos inimigos ou conjurar um grande corcel preto para servir como sua montaria. Vários feitiços associados a esse talismã exigem sacrifício de animais, e o texto avisa o mago para que use esse anel sempre que for realizá-los. Cf. Barchan, *Liber de Angelis*.

CHAUDAS Demônio mencionado na tradução de Peterson do *Livro Jurado de Honório*. Chaudas é um ministro de Batthan, o rei dos espíritos do sol. Possui elos com o leste e a habilidade de trazer ao conjurador riquezas e poder mundano. Além disso, é capaz de tornar as pessoas saudáveis e amadas. Sua forma, ao se manifestar, é imensa, com a pele da cor do sol. Os anjos Rafael, Cashael, Dardyhel e Hanrathaphael têm poder sobre ele. Cf. Batthan, *Livro Jurado*.

CHERASA Afiliado à esfera planetária de Saturno. Dotado de corpo longilíneo, boca que culmina em um bico maligno e pele escura, mas translúcida, este demônio tem aparência monstruosa. Como muitos demônios, é capaz de assumir outras formas, incluindo a de porco, de corujão-orelhudo, de dragão ou de velha apoiada em uma bengala. Seu ofício é o de inspirar ódio e assassinato, tentar as pessoas com pensamentos malignos e semear o caos e a discórdia. É associado à cor preta e ao metal chumbo. Mencionado no *Livro de Oberon*, consta que serve junto a outros espíritos igualmente monstruosos na corte do Rei Maymon. Cf. Albewe, Aldee, Etheye, *Livro de Oberon*, Malyke, Maymon.

CHEROS Este demônio é mencionado como ministro de Almiras, o Mestre da Invisibilidade. Na tradução de Mathers da *Clavicula Salomonis*, tanto Cheros quanto seu superior, Almiras, são conjurados para emprestar seus poderes em um feitiço de invisibilidade. Este demônio aparece também na tradução de Mathers da *Magia Sagrada de Abramelin, o Mago*, em associação a um feitiço de invisibilidade. Cf. Almiras, *Clavicula Salomonis*, Mathers.

CHOMIELL Demônio que, segundo consta, se manifesta apenas no 12º par de horas planetárias do dia. O nome e selo de Chomiell aparecem na *Ars Theurgia*, onde serve a Demoriel, o Imperador Infernal do Norte. Por conta de seu serviço a Demoriel, Chomiell também é associado ao norte. É um duque poderoso, com domínio sobre 1140 espíritos menores. Este demônio aparece também no *Tratado sobre Magia Angelical*, de Rudd, sob a grafia Chomiel. Cf. *Ars Theurgia*, Demoriel.

CHREMOAS Na *Ars Theurgia*, Chremoas é um dos dez grandes duques que servem ao príncipe infernal Bidiel. Chremoas supervisiona não menos que 2400 espíritos inferiores. Ao se manifestar, dizem que assume uma forma humana que é bela e agradável de se ver. Cf. *Ars Theurgia*, Bidiel.

CHRUBAS Demônio que serve na hierarquia do norte. Detém o título de duque, subordinado imediato do rei demoníaco Symiel, que rege a direção cardeal entre norte e nor-nordeste. Segundo a *Ars Theurgia*, Chrubas tem como subordinados um total de cem espíritos menores. Eles atendem às necessidades do seu duque e executam seus comandos. Cf. *Ars Theurgia*, Symiel.

CHUBA Segundo a *Ars Theurgia*, Chuba é um demônio que serve ao rei infernal Baruchas. Detentor do título de duque, Chuba supervisiona milhares de espíritos inferiores. Ele se manifesta num espelho ou cristal para catoptromancia, mas apenas em horas e minutos muito específicos do dia. Se o dia for dividido em quinze partes iguais, então Chuba pertence à 12ª porção do dia. Por conta de sua associação a Baruchas, Chuba é aliado da hierarquia do norte. Cf. *Ars Theurgia*, Baruchas.

CHURIBAL Demônio da corte de Demoriel, Imperador do Norte. Segundo a *Ars Theurgia*, Churibal é um duque com 1140 espíritos ministradores sob seu comando. Se o dia for dividido em doze seções de duas horas cada, consta que Churibal aparece apenas no 10º par de horas planetárias. Cf. *Ars Theurgia*, Demoriel.

CHUSCHI Em sua tradução da *Magia Sagrada de Abramelin, o Mago*, Mathers sugere que o nome deste demônio derive da palavra hebraica que significa "silencioso". Chuschi, O Silencioso, é invocado então como parte do elaborado ritual do Sagrado Anjo Guardião. Ele serve a todos os quatro príncipes demoníacos que supervisionam as direções cardeais: Oriens, Paimon, Ariton e Amaimon. Cf. Amaimon, Ariton, Mathers, Oriens, Paimon.

CIMERIES Na *Pseudomonarchia Daemonum*, consta que Cimeris é associado a partes da África. Segundo o texto, este demônio detém o título de marquês. Governa vinte legiões de espíritos menores e ensina gramática, lógica e retórica, além de ter o poder de revelar coisas ocultas. Na *Descoberta da Bruxaria*, de Scot, consta que ele transforma os homens em soldados. Seu nome aparece também entre os 72 demônios da *Goécia*, onde às vezes é grafado como *Cimeies*. Na *Goécia do Dr. Rudd*, consta que é governado pelo anjo Marakel. Segundo o *Livro dos Encantamentos galês*, ele assume a forma de um soldado que cavalga um poderoso corcel e é capaz de fazer com que um homem assuma a aparência de um soldado, tal como ele próprio aparece. Nesse texto, seu nome é grafado *Cimerjes*. Cf. *Goécia*, *Livro dos Encantamentos*, Rudd, Scot, Wierus.

CIRECAS Demônio noturno mencionado na tradução de Henson da *Ars Theurgia*. Segundo esse texto, Cirecas é associado à corte do sul. Seu mestre direto é o rei demoníaco Gediel, o segundo espírito sob o Imperador Infernal do Sul, Caspiel. O próprio Cirecas detém o título de duque, com domínio sobre vinte espíritos menores. Cf. *Ars Theurgia*, Gediel.

CITGARA Servo do demônio Camuel. Por conta de sua lealdade a Camuel, Citgara tem elos à corte do leste. Na *Ars Theurgia*, consta que Citgara detém o título de duque e conta com cem espíritos menores sob seu comando. Possui elos com as horas diurnas, mas é conjurado à noite. Cf. *Ars Theurgia*, Camuel.

CLANIEL Um dos doze arquiduques que servem ao príncipe errante Macariel na *Ars Theurgia*. Claniel é capaz de aparecer em qualquer hora do dia ou da noite e conta com quatrocentos espíritos menores que lhe servem. Embora supostamente possa aparecer em uma variedade de formas, Claniel prefere assumir a forma de um dragão de muitas cabeças. Cf. *Ars Theurgia*, Macariel.

O lúgubre rei Hades guarda os portões do Inferno. À sua esquerda, encontram-se o cão de três cabeças, Cérbero, e uma figura que pode ser Prosérpina. De uma gravura de T. Stothard, 1792. Imagem cortesia da Wellcome Collection, Londres.

CURIOSIDADES DEMONÍACAS

NOMES QUE TERMINAM EM -EL

Se prestar atenção em vários nomes deste livro, você vai reparar numa convenção tradicional na grafia da maior parte dos nomes de anjos. Quase todos os nomes de anjos terminam ou em *-iel* ou em *-ael*. A raiz semítica *el* significa "Senhor" ou "Deus" e, no caso dos anjos, geralmente é lido com o sentido de "de Deus". Assim, o nome do anjo Rafael é lido como "cura de Deus", pois a raiz *raph* significa "curar". Geralmente isso é interpretado como uma demonstração da devoção daquele anjo ao Criador. Porém, o nome também poderia ser interpretado como "deus da cura" — uma leitura sugestiva da possibilidade de que todos os anjos já foram membros de algum antigo panteão anterior ao monoteísmo judaico.

Muitos demônios começaram sua carreira como anjos e vários deles ainda detêm nomes que soam angelicais, apesar de sua condição decaída. O que, é claro, suscita alguns problemas para discernir com clareza quem caiu e quem não caiu, pois seus nomes podem ser virtualmente idênticos. Até mesmos os grimórios mágicos que se propõem descrever métodos para conjurar demônios e fazer uso de suas habilidades reconhecem que esses seres infernais são, por natureza, trapaceiros e traiçoeiros, e que, se não forem devidamente coibidos e compelidos, vão tentar enganar as pessoas. O erudito do séc. XVII Thomas Rudd elaborou uma solução: ele delineou uma longa sessão de perguntas e respostas com o propósito de enganar os demônios para que revelem suas naturezas infernais. Ele começa obtendo o nome do espírito e termina pedindo para que ele concorde que todos os que caíram foram condenados justamente. A ideia aqui é a de que um anjo caído vai contestar essa afirmação, revelando-se ao tentar discutir o assunto.

Os asseclas de Lúcifer povoam os céus do Inferno, indistinguíveis das Hostes Celestiais. Das ilustrações de Doré para o Paraíso Perdido de Milton.

CLAUNECH Mencionado na edição de Peterson do *Grimorium Verum*, Claunech é o primeiro da hierarquia dos demônios que servem sob o Duque Syrach. Tem a reputação de ser bem-quisto por Lúcifer e, portanto, dotado de muitos poderes, sobretudo no que diz respeito à riqueza. Para o mago que estiver disposto a trabalhar amigavelmente com ele, Claunech poderá revelar a localização de tesouros ocultos e rapidamente conceder grandes riquezas ao seu mestre. Nos *Segredos de Salomão*, grimório veneziano, seu nome é grafado *Claunth*. Cf. Grimorium Verum, Lúcifer, Segredos de Salomão, Syrach.

CLAVICULA SALOMONIS Também conhecida como *Chave de Salomão* ou *Clavícula do Rei Salomão*. Não deve ser confundida com a *Chave Menor de Salomão*, também chamada de *Lemegeton*. A *Clavícula de Salomão* consiste, em sua maior parte, em correspondências planetárias, uma variedade de fórmulas mágicas e uma série de imagens talismânicas, ou "pantáculos", associadas às sete esferas celestes. Há múltiplas versões desta obra, muitas das quais podem ser encontradas nos acervos Sloane e Harley do British Museum, incluindo os manuscritos Harley 3981 e Sloane 3091. Ambos datam do séc. xviii, mas a origem desta obra é muito mais antiga. Tritêmio menciona um exemplar da *Clavicula Salomonis* em sua lista de obras de necromancia, incluída em seu *Antipalus Maleficiorum*, compilado no começo do séc. xvi. Como resultado, sabemos que, pelo menos, alguma versão da *Clavicula* foi composta antes de 1500. A tradução mais lida dessa obra foi produzida pelo ocultista S. L. MacGregor Mathers em 1889. Mathers inclui dentre as suas fontes sete manuscritos para esta tradução, incluindo Harley ms 3981, Sloane mss 1307 e 3091, King ms 288 e dois manuscritos do acervo de Lansdowne, números 1202 e 1203. Não são necessariamente os manuscritos mais antigos, nem os mais precisos, mas a obra de Mathers ainda é amplamente usada como referência pelos estudantes contemporâneos do ocultismo.

Nem todos os manuscritos com o título de *Clavículas de Salomão* são derivados da mesma obra. Dentre eles consta o Lansdowne ms 1203, do British Museum, intitulado *Les Véritables Clavicules de Salomon*, provavelmente datado de meados do séc. xviii e, excetuando-se alguns pantáculos perto do fim do livro, trata-se de uma obra bastante diferente em conteúdo das *Clavículas* que serviram de fonte a Mathers. Cf. Lemegeton, Mathers.

CLAVIS INFERNI Publicado pelos pesquisadores do oculto Stephen Skinner e David Rankine com o título, em inglês, de *Grimoire of St. Cyprian* (*Grimório de São Cipriano*), trata-se de uma transcrição de um manuscrito guardado na Wellcome Library, em Londres, sob a designação Wellcome ms 2000. Ele é creditado a "M: L: Cypriani", provavelmente uma referência a São Cipriano de Antioquia, que viveu por volta do séc. iii e iv d.C. Antes de sua conversão, São Cipriano desfrutava de ampla reputação como um mago poderoso. Como resultado, há vários grimórios atribuídos a ele, especialmente na Escandinávia. Uma tradição cipriana também sobreviveu em grimórios espanhóis e portugueses, mas este texto em questão vem de uma tradição diferente. No momento, exceto pelo fato de que se trata de uma obra da Europa ocidental, é incerta a proveniência deste grimório cipriano em particular. O manuscrito, constituído de meras vinte páginas de papel velino, é datado de "mcccccllxvii", que provavelmente deveria ser 1717, mas Rankine e Skinner sugerem uma data de 1757. Na opinião dos oficiais da biblioteca, a caligrafia do texto situa a sua data de composição mais para a segunda metade do século (não era incomum que décadas e até mesmo séculos fossem subtraídos da data real de publicação dos grimórios, por isso é provável que o erro seja intencional). O título completo do grimório é *Clavis Inferni sive magia alba et nigra approbata Metratona*,[1] ou *A Chave do Inferno*

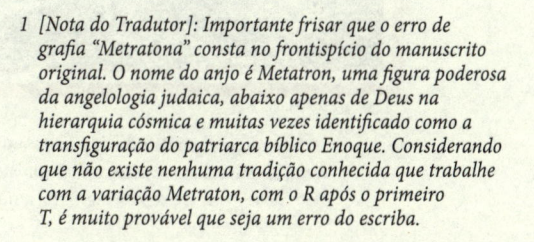

---

1 [Nota do Tradutor]: *Importante frisar que o erro de grafia "Metratona" consta no frontispício do manuscrito original. O nome do anjo é Metatron, uma figura poderosa da angelologia judaica, abaixo apenas de Deus na hierarquia cósmica e muitas vezes identificado como a transfiguração do patriarca bíblico Enoque. Considerando que não existe nenhuma tradição conhecida que trabalhe com a variação Metraton, com o R após o primeiro T, é muito provável que seja um erro do escriba.*

Mago conjura uma mulher a partir do seu espelho. Um número perturbador de feitiços tinha como objetivo coagir mulheres para se conseguir sexo. Verniz mole de F. Rops, séc. XIX. Imagem cortesia da Wellcome Collection, Londres.

com *Magia Branca e Negra aprovada por Metatron*.² Ele se ocupa principalmente com os reis demoníacos das quatro direções (neste caso, Maymon, Egyn, Urieus e Paymon) e fornece diversas ilustrações coloridas e elaboradas dos espíritos, seus sigilos e as figuras necessárias para se poder conjurá-los em segurança. O texto está em latim, com grego e hebraico, tudo obscurecido pelo uso criptográfico de um código simples que altera a posição das palavras em cada frase.

CLERACA Mathers sugere que o nome deste demônio significa "o escriturário" (*clerk*, no inglês de Mathers). Consta que Cleraca serve aos reis demoníacos Amaimon e Ariton. A grafia do nome deste demônio aparece na tradução de Mathers de 1898 da *Magia Sagrada de Abramelin, o Mago*. Em outras versões do material do *Abramelin*, o nome é grafado ou como *Kloracha* ou *Klorecha*. Cf. Amaimon, Ariton, Mathers.

CLISTHERT Este demônio, mencionado no *Grimorium Verum* de Peterson, é o oitavo demônio que serve ao Duque Syrach. Sob o comando do mago, ele transforma, num instante, o dia em noite ou a noite em dia. Cf. Grimorium Verum, Syrach.

CLYSSAN Duque poderoso dentre a centena de duques governados pelo príncipe demoníaco Cabariel, dentre os quais cinquenta lhe servem durante o dia e outros cinquenta durante a noite. Clyssan se ocupa com seus ofícios durante o dia, preferindo se manifestar nas horas diurnas. Ele tem a reputação de ter boa índole e ser obediente, com cinquenta espíritos menores que lhe servem. Por meio de sua associação a Cabariel, tem elos com a direção oeste. Clyssan e seus compatriotas aparecem no segundo livro da *Chave Menor de Salomão*, conhecido como *Ars Theurgia*. Cf. Ars Theurgia, Cabariel.

2 *O termo* aprovada, *neste caso, significa "testada", sendo usado para validar a eficácia da magia. Este uso do termo é antigo e se encontra até mesmo na coletânea de fórmulas conhecida como o* Livro Egípcio dos Mortos. *Cf. R. O. Faulkner,* The Ancient Egyptian Book of the Dead.

COAP Grande príncipe com poder sobre as mulheres. Ele as trata como propriedade, pode fazê-las ir a qualquer lugar e até mesmo mudar sua aparência, conferindo-lhes ares exóticos, se assim for da preferência do mago. Supervisiona 27 legiões de espíritos menores. Seu nome aparece no *Livre des Esperitz*, um grimório francês do séc. xvi. Seu nome é uma variação do demônio goético *Gaap*, por vezes grafado também *Goap*. Cf. Gaap, Goécia, Livre des Esperitz.

COBEL O nome deste demônio aparece duas vezes no manuscrito francês do séc. xv usado como fonte por Mathers para sua tradução da *Magia Sagrada de Abramelin, o Mago*. Seu nome é grafado *Cobel* ou *Sobel*. Georg Dehn, estudioso do material do *Abramelin*, sugeriu que a fonte de Mathers tem defeitos incontornáveis, e tal parece ser o caso com este demônio. Em todas as outras versões sobreviventes do texto da *Magia Sagrada de Abramelin, o Mago*, seu nome é grafado *Lobel*. Independentemente da grafia, consta que este demônio serve ao governante infernal Magoth. Cf. Magoth, Mathers.

COBUSIEL Demônio que serve na corte de Soleviel, príncipe errante do ar descrito na *Ars Theurgia*. Cobusiel detém o título de duque e supervisiona 1840 espíritos menores. Alterna seus anos de serviço com outro duque da corte de Soleviel, servindo a seu mestre apenas ano sim, ano não. Cf. Ars Theurgia, Soleviel.

CODRIEL Um dos doze duques na corte do demônio Amenadiel, cujos nomes e selos aparecem na *Ars Theurgia*. Por meio de seu serviço a Amenadiel, Codriel tem elos com o oeste. Detém o título de duque e consta que governa não menos de 3880 espíritos menores. Cf. Amenadiel, Ars Theurgia.

COELEN Um dos muitos demônios mencionados na *Magia Sagrada de Abramelin, o Mago*, Coelen é conjurado como parte do longo ritual do Sagrado Anjo Guardião. Mathers sugere que o nome deste demônio estaria relacionado à palavra latina para "céu" e talvez signifique "advindo dos céus".

Dada sua identificação como um demônio em serviço dos quatro príncipes infernais das quatro direções, essa informação parece sugerir que Coelen seria originalmente um anjo que acabou caído. Cf. MATHERS.

COLIEL Demônio governado pelo rei infernal Gediel. Coliel serve a seu mestre durante o dia e tem vinte servos que o ajudam a executar seus deveres. Detém o título de duque e, por conta de seus serviços a Gediel, é associado à hierarquia do sul, tal como estabelecida na *Ars Theurgia*. Cf. ARS THEURGIA, GEDIEL.

COLVAM Segundo a interpretação de Mathers, o nome deste demônio quer dizer "vergonha". Na tradução de Mathers da *Magia Sagrada de Abramelin, o Mago*, consta que Colvam serve sob a dupla liderança de Magoth e Kore. Variações do seu nome incluem *Kobhan* e *Kofan*. Cf. KORE, MAGOTH, MATHERS.

COOLOR Demônio mencionado no *Livro de Oberon*. Segundo o texto, detém o título de príncipe, com treze legiões de espíritos menores que lhe servem. Seu principal poder é o de encontrar tesouros ocultos. Ao ser conjurado, aparece como uma criança alada montando um dragão de duas cabeças. Suas asas são como as de um açor, o que faz com que seja idêntico em aparência, embora não em nome, ao 50º demônio da *Pseudomonarchia Daemonum*, Volac. Cf. LIVRO DE OBERON, VOLAC.

CORCARON Demônio em serviço dos governantes infernais Asmodeus e Astarote. Corcaron aparece na tradução de Mathers da *Magia Sagrada de Abramelin, o Mago*. Cf. ASMODEUS, ASTAROTE, MATHERS.

CORILON Demônio governado pelo príncipe infernal Belzebu. Corilon é mencionado na *Magia Sagrada de Abramelin, o Mago* na tradução do ocultista S. L. MacGregor Mathers. Cf. BELZEBU, MATHERS.

CORMES Demônio com o poder de ajudar a revelar a identidade de ladrões. Cormes é um de vários demônios deste tipo evocados num feitiço que aparece no *Manual de Munique*, do séc. XV. Também é associado a catoptromancia e adivinhação. Cf. MANUAL DE MUNIQUE.

CORNYX Demônio com poder sobre pássaros. Seu nome aparece no *Livro de Oberon*, que alega que ele reúne pássaros em um só lugar e os captura, presumivelmente para entregá-los ao seu conjurador. Descrito como um capitão, é servido por sete legiões de espíritos menores. Cf. LIVRO DE OBERON.

COROCON Na *Magia Sagrada de Abramelin, o Mago*, Corocon é um demônio que serve ao arquidemônio Magoth. No manuscrito do séc. XV usado como fonte por Mathers para sua tradução da obra, o nome do demônio é grafado *Corodon* e consta que serve ao governante infernal Kore. Cf. KORE, MAGOTH, MATHERS.

CORSONE Demônio cuja forma preferida de manifestação é a de um homem com rosto de leão, coroado por um diadema e carregando uma víbora. Segundo o *Livro de Oberon*, onde esta versão do seu nome aparece, ele tem um corpo terreno, o que significa que é poderoso o suficiente para uma manifestação física completa. Embora o texto não situe Corsone claramente em qualquer corte demoníaca, seu corpo "terreno" pode indicar uma afiliação ao elemento da terra, o que o insere sob o rei do norte. O único poder atribuído a ele no *Livro de Oberon* é a habilidade de revelar tesouros enterrados. Corsone ostenta o título de conde e detém poder sobre seis legiões de espíritos menores. Seu nome é bastante semelhante ao de Curson, um demônio goético que faz sua primeira aparição na *Pseudomonarchia Daemonum*. Cf. CURSON, GOÉCIA, LIVRO DE OBERON, WIERUS.

CRÔNICAS DE JERAMEL Uma vasta coletânea de material histórico e folclórico judaico, editada e traduzida pelo pesquisador de estudos hebraicos Dr. Moses Gaster. Essa obra imensa foi publicada em 1899 sob o título inglês de *The Chronicles of Jerahmeel, or the Hebrew Bible Historiale* (*As Crônicas de Jeramel, ou o Historial da Bíblia Hebraica*). O compilador original das *Crônicas* se apresenta como Eleasar ben Asher, o Levita. Segundo Gaster, Eleasar viveu no séc. XIV e não foi o compilador original da obra. Essa distinção, Gaster confere à figura enigmática de Jeramel, mencionado em certas porções do livro — por isso o título que lhe foi dado. Embora parte do material das *Crônicas* date de épocas recentes, como a das cruzadas, a maior parte da obra trata de períodos mais antigos, remontando ao tempo de vida de figuras bíblicas como Noé e Moisés. As *Crônicas* são de particular interesse para a presente obra, porque contêm variações em hebraico e aramaico dos primeiros livros da Bíblia, elaborando mais a caracterização de figuras como Samael, Lilith e os Anjos Sentinelas. As lendas judaicas em torno desses nomes acabaram indo parar na tradição cristã, e muitos conceitos estabelecidos em material como as *Crônicas* se encontram nas descrições dessas figuras, tanto na magia dos grimórios quanto na demonologia cristã. Cf. GASTER, LILITH, SAMAEL, SENTINELAS.

CROWLEY, ALEISTER Escritor, poeta, montanhista e possivelmente espião, Crowley foi uma das figuras mais polêmicas associadas à magia dentre todas que viveram no séc. XX. Nascido Edward Alexander Crowley em Warwickshire, Inglaterra, em 1875, ele mais tarde mudou seu nome para Aleister, uma forma gaélica do nome Alexandre. Filho de pastor, Crowley desenvolveu interesse pelo oculto a partir de dezembro de 1896. Entrou para a Ordem Hermética da Aurora Dourada, onde estudou ao lado do poeta irlandês William Butler Yeats e do ocultista A. E. Waite. Crowley criou proximidade com S. L. MacGregor Mathers, um dos membros fundadores da Ordem. Sua relação com Mathers, porém, tornou-se conflituosa, e Crowley decidiu fundar seu próprio sistema mágico. Ele se envolveu com um grupo de origem alemã conhecido como a Ordo Templi Orientis (O.T.O.) e por fim fundou sua própria tradição, com o nome Thelema. Também fundou sua própria ordem, conhecida como A. A., geralmente entendida com o sentido de *Astrum Argenteum* ou Astro Argênteo.

Crowley foi um indivíduo brilhante, mas espalhafatoso, e tinha um evidente pendor para comportamentos sensacionalistas. Atendia pelo nome de a "Grande Besta" e se identificava com o número 666. Havia muitas histórias alucinadas que circulavam sobre suas crenças e práticas, mas, em vez de procurar esclarecer os boatos, o excêntrico Crowley com frequência preferia colocar mais lenha na fogueira. Como resultado, ele costuma ser lembrado como hedonista, viciado em drogas, promíscuo e praticante das artes sombrias. Tinha um grande fascínio pelos demônios da *Goécia* e dizia ter conjurado, com êxito, vários deles. Se havia ou não o uso de drogas alucinógenas envolvido na evocação desses seres é um assunto sobre o qual muito se conjectura. Crowley morreu em 1947 e suas obras mais influentes incluem *Magia em Teoria e Prática* e *O Livro da Lei*. Ele também é responsável por estabelecer, em inglês, a convenção de soletrar a palavra *magick* com *k*, para diferenciar a arte oculta do ilusionismo. Cf. *GOÉCIA*, MATHERS.

CRUCHAN Demônio na hierarquia do príncipe errante Bidiel. Cruchan tem aparência agradável, assumindo uma bela forma humana sempre que se manifesta aos mortais. Segundo a *Ars Theurgia*, ele tem 2400 servos que executam seus comandos. É descrito como um "grande duque". Cf. *ARS THEURGIA*, BIDIEL.

CRUHIET Demônio governado pelo príncipe errante Emoniel. Cruhiet detém o título de duque e tem 1320 espíritos menores sob seu comando. Segundo a *Ars Theurgia*, Cruhiet e seus companheiros todos têm um grande apreço por áreas de floresta e são capazes de manifestar durante o dia ou durante a noite igualmente. Cf. *ARS THEURGIA*, EMONIEL.

CUBI Um dos vários arquiduques que servem ao demônio Malgaras. A *Ars Theurgia* elenca trinta espíritos menores sob ele. Segundo o texto, Cubi tem a limitação de se manifestar apenas durante as horas noturnas. Sua direção é o oeste. Cf. *ARS THEURGIA*, MALGARAS.

CUBIEL Demônio associado às horas diurnas, cujo nome aparece na *Ars Theurgia*. Cubiel serve ao príncipe infernal Aseliel, que pertence à hierarquia do leste. Elencado como um grande presidente, Cubiel tem trinta espíritos principais e vinte espíritos ministradores sob seu comando. Sua forma de manifestação é bela e cortês. Cf. *Ars Theurgia*, Aseliel.

CUGIEL Demônio que serve ao príncipe infernal Cabariel, por isso é aliado à corte do oeste. Cugiel detém o título de arquiduque e é um dos cinquenta que servem a Cabariel durante as horas noturnas. Segundo a *Ars Theurgia*, ele é de uma natureza maligna e relutante a obedecer a quem quer que queira lidar com ele. Cugiel prefere logros e ardis à obediência e gentilezas. Cf. *Ars Theurgia*, Cabariel.

CULMAR Demônio noturno que possui uma natureza particularmente maligna e obstinada. Culmar aparece na *Ars Theurgia*, onde é descrito como portador do título de arquiduque, a serviço do demônio Raysiel, rei infernal do norte. Culmar aparece apenas à noite e tem quarenta espíritos menores sob seu comando. Pode ser conjurado e compelido por meio do uso combinado de seu nome e sigilo. Cf. *Ars Theurgia*, Raysiel.

CUMARIEL Duque do demônio Icosiel. Consta que Cumariel tem 2200 espíritos menores que o atendem. Segundo a *Ars Theurgia*, tem apreço por lares e tendência a se manifestar dentro da casa das pessoas. Ele tem limitações para se manifestar em certas horas e minutos do dia, sendo capaz de aparecer apenas na 12ª porção do dia, quando o dia é dividido em quinze medidas de tempo. Porque seu senhor Icosiel é um duque errante, Cumariel não tem afiliação com qualquer direção em particular. Em outros trechos da *Ars Theurgia*, Cumariel aparece na hierarquia infernal do leste, onde consta que detém o título de duque. Aqui ele serve diretamente a Carnesiel, o Imperador Demoníaco do Leste. Cf. *Ars Theurgia*, Carnesiel, Icosiel.

CUPHAL Duque governado pelo príncipe Cabariel. Por conta de seu mestre infernal, Cuphal tem associações com a hierarquia do oeste. Seu nome aparece na *Ars Theurgia*. Cf. *Ars Theurgia*, Cabariel.

CUPRIEL Demônio noturno com a limitação de jamais aparecer nas horas diurnas. Cupriel odeia a luz e foge dela. É um servo do demônio Buriel, descrito como "duque errante" na obra do séc. XVII conhecida pelo título de *Ars Theurgia*. Cupriel e seu superior são espíritos do ar que vagam pelos pontos cardeais, jamais permanecendo no mesmo lugar por muito tempo. Segundo a *Ars Theurgia*, Cupriel é um ser verdadeiramente vil e maligno. Ele e todos os outros que servem a Buriel são desprezados por outros espíritos, embora haja ainda 880 espíritos menores dispostos a servirem-no. Quando Cupriel aparece aos mortais, assume a forma de uma serpente monstruosa com uma cabeça humana. Embora a cabeça da serpente seja a de uma bela mulher, ainda assim ele fala com a voz grave de um homem. Cf. *Ars Theurgia*, Buriel.

CUPRISIEL Cavaleiro que serve na companhia de Pirichiel, príncipe errante do ar. Segundo a *Ars Theurgia*, Cuprisiel e seus companheiros cavaleiros têm, cada um, 2 mil espíritos ministradores sob seu comando. Cf. *Ars Theurgia*, Pirichiel.

CURASIN Duque menor governado pelo arquiduque Charsiel. Charsiel tem a limitação de aparecer apenas na nona hora do dia. Porque Curasin acompanha o seu superior em todas as coisas, ele se manifesta apenas na décima hora do dia. Na *Ars Theurgia*, tanto Curasin quanto Charsiel pertencem à corte do príncipe errante Menadiel. Cf. *Ars Theurgia*, Charsiel, Menadiel.

CURIEL Demônio da noite, conhecido por seus modos teimosos. Curiel é governado pelo rei infernal Symiel, por isso tem elos com a corte do norte. Detentor do título de arquiduque, Curiel tem um total de quarenta espíritos menores que atendem às suas necessidades. Aparece na *Ars Theurgia*. Em outros pontos do livro, Curiel é mencionado como um demônio noturno na hierarquia do príncipe Aseliel. Aqui Curiel detém o título de grande presidente e governa trinta espíritos principais e vinte espíritos menores. Por meio de sua associação com Aseliel, Curiel tem elos com o leste. Cf. *Ars Theurgia*, Aseliel, Symiel.

CURIOSIDADES DEMONÍACAS

★ OS QUATRO ARCANJOS ★

A demonologia, como a conhecemos, tem raízes nas civilizações da Crescente Fértil. O mundo dos antigos sumérios fervilhava de espíritos — tanto benéficos quanto hostis —, e os sumérios repassaram esse legado demoníaco a seus herdeiros culturais, os impérios da Babilônia, Assíria e Acade. Como a maioria das pessoas bem sabe, os antigos israelitas eram um povo sincrético, o que significa que costumavam tomar emprestadas as ideias de outras religiões e foram, aos poucos, integrando-as à sua própria. Durante o período do Cativeiro na Babilônia (605–536 a.C.), os israelitas foram expostos à elaborada demonologia da Mesopotâmia. Quando foram embora da Babilônia, levaram consigo uma rica tradição de demônios e anjos. Lilith deriva da mitologia babilônica, onde começou sua carreira como um espírito assombrando uma árvore que recebe uma breve menção no *Épico de Gilgamesh*.

Os três arcanjos mencionados diretamente por nome na Bíblia também podem ter derivado da tradição babilônica. Tanto Miguel quanto Gabriel aparecem citados por nome no Cânone Bíblico. Rafael é mencionado no *Livro de Tobias*, considerado apócrifo em algumas tradições e pode não aparecer na versão da Bíblia de qualquer tradição. O quarto arcanjo nunca foi identificado claramente nos livros canônicos — um fato que fez com que muitos nomes diferentes já tivessem sido oferecidos para tratar desse quarto filho do Céu. Uriel é o nome mais comum, mas Ariel e Oriel aparecem com frequência.

A origem babilônica dos arcanjos é certamente a opinião proposta no Talmude por Rabbi Shimon ben Lakish, um sábio judeu, bastante pitoresco, que viveu no séc. III d.C. Conhecido como um homem imensamente forte e imenso, ben Lakish foi uma das maiores autoridades da lei judaica e sua teoria da gênese babilônica do que hoje conhecemos como os quatro arcanjos ainda é mantida por pesquisadores modernos.

O arcanjo Miguel lidera a batalha na guerra celestial. Detalhe de uma gravura de Albrecht Dürer, 1498. Imagem cortesia da Wellcome Collection, Londres.

CURSAS Demônio noturno leal ao príncipe infernal Dorochiel. Cursas é mencionado na *Ars Theurgia*, onde consta que ele comanda quarenta espíritos menores. Detém o título de arquiduque e se manifesta apenas na primeira metade da noite, entre o anoitecer e a meia-noite. Por conta de sua associação a Dorochiel, jura lealdade à corte do oeste. Cf. *Ars Theurgia*, Dorochiel.

CURSON Grande rei do Inferno, que aparece como um homem com rosto de leão. Curson se manifesta montado num cavalo, anunciado por trombetas. Veste uma coroa e apanha uma serpente com uma das mãos. Segundo o grimório do séc. XV conhecido como o *Manual de Munique*, tem o poder de fornecer espíritos familiares ao mago. Revela os locais onde se encontram tesouros e é capaz de frustrar quaisquer proteções. Ao ser comandado, é capaz de assumir um corpo como o de um homem ou como o de um espírito do ar. Dá respostas sobre o passado, presente ou futuro. Diferentemente de muitos demônios, Curson também é bem versado em assuntos divinos e é capaz de responder a perguntas sobre a natureza de Deus e também a criação do mundo, envolvendo o mago em profundos debates teológicos. Ele tem 22 legiões de diabos sob seu comando. Na *Descoberta da Bruxaria*, de Scot, Curson é chamado pelo nome do demônio goético Purson. No *Tratado sobre Magia Angelical*, de Rudd, aparece sob o nome *Corson*. Cf. *Goécia*, Purson, Rudd, Scot.

CURTNAS Demônio que aparece na forma de uma serpente monstruosa com cabeça de mulher. Seu nome e o selo que é usado para conjurá-lo e comandá-lo aparecem na *Ars Theurgia*. É supostamente um membro da corte do príncipe errante Uriel, onde detém o título de duque. Conta com um total de 650 espíritos menores com companheiros infernais adicionais para executarem os seus comandos. Curtnas é tudo, menos um espírito bonzinho. A *Ars Theurgia* o descreve como maligno e desonesto em todas as questões. Cf. *Ars Theurgia*, Uriel.

CUSIEL Demônio na corte do rei infernal Asyriel. Por meio de Asyriel, Cusiel está associado à corte do sul, tal como descrito na *Ars Theurgia*. Cusiel detém o título de duque e tem vinte espíritos menores sob seu comando. É associado às horas diurnas e serve a seu mestre apenas nesse período. Cf. *Ars Theurgia*, Asyriel.

CUSRIET Arquiduque na corte do sul, Cusriet aparece na *Ars Theurgia*, onde consta que serve ao rei infernal Asyriel. Segundo o texto, tem elos com as horas noturnas e serve a seu mestre infernal apenas nesse período. Há quarenta espíritos menores que lhe servem. Cf. *Ars Theurgia*, Asyriel.

CUSYNE Um dos muitos demônios que servem na hierarquia infernal do príncipe Dorochiel, por isso é parte da corte do oeste. Cusyne está associado às horas noturnas, manifestando-se apenas num período específico entre o anoitecer e a meia-noite. Segundo a *Ars Theurgia*, ele é um arquiduque e supervisiona uma divisão de quarenta espíritos menores. Cf. *Ars Theurgia*, Dorochiel.

CUTROY Espírito escudeiro com poderes impressionantes de causar ilusões. Cutroy é mencionado no *Manual de Munique*, onde consta que é capaz de ajudar a conjurar um castelo inteiro, bem fortificado, em pleno ar. Segundo o texto, Cutroy realiza essa proeza apenas em lugares remotos, longe dos olhos de curiosos. Uma oferenda de leite e mel faz com seja mais fácil de dobrar este demônio à vontade de um mortal. Cf. *Manual de Munique*.

CYNASSA Ministro do demônio Sarabocres. Segundo a edição de Driscoll do *Livro Jurado*, a natureza de Cynassa é como o metal mercúrio, brilhante e maleável. Ao se manifestar, seu corpo é de estatura moderada e dotado das cores de uma estrela cintilante. Tem o poder de incitar amor e luxúria entre mortais, ampliando significativamente a sensibilidade das pessoas ao prazer. Além de inspirar paixões voluptuosas, Cynassa também tem o poder de fornecer itens de luxo como perfumes caros e tecidos suntuosos. Na tradução de Peterson do *Livro Jurado*, Cynassa também aparece como ministro de Sarabocres. Tem elos com o planeta Vênus, e consta que os anjos Hanahel, Raquyel e Salguyel detêm poder sobre ele. Cf. *Livro Jurado*, Sarabocres.

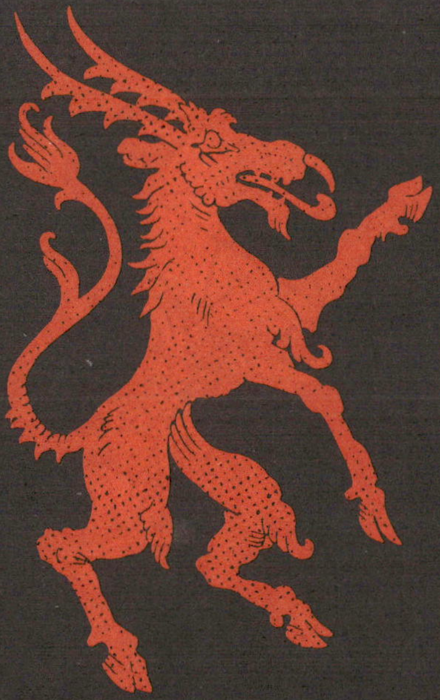

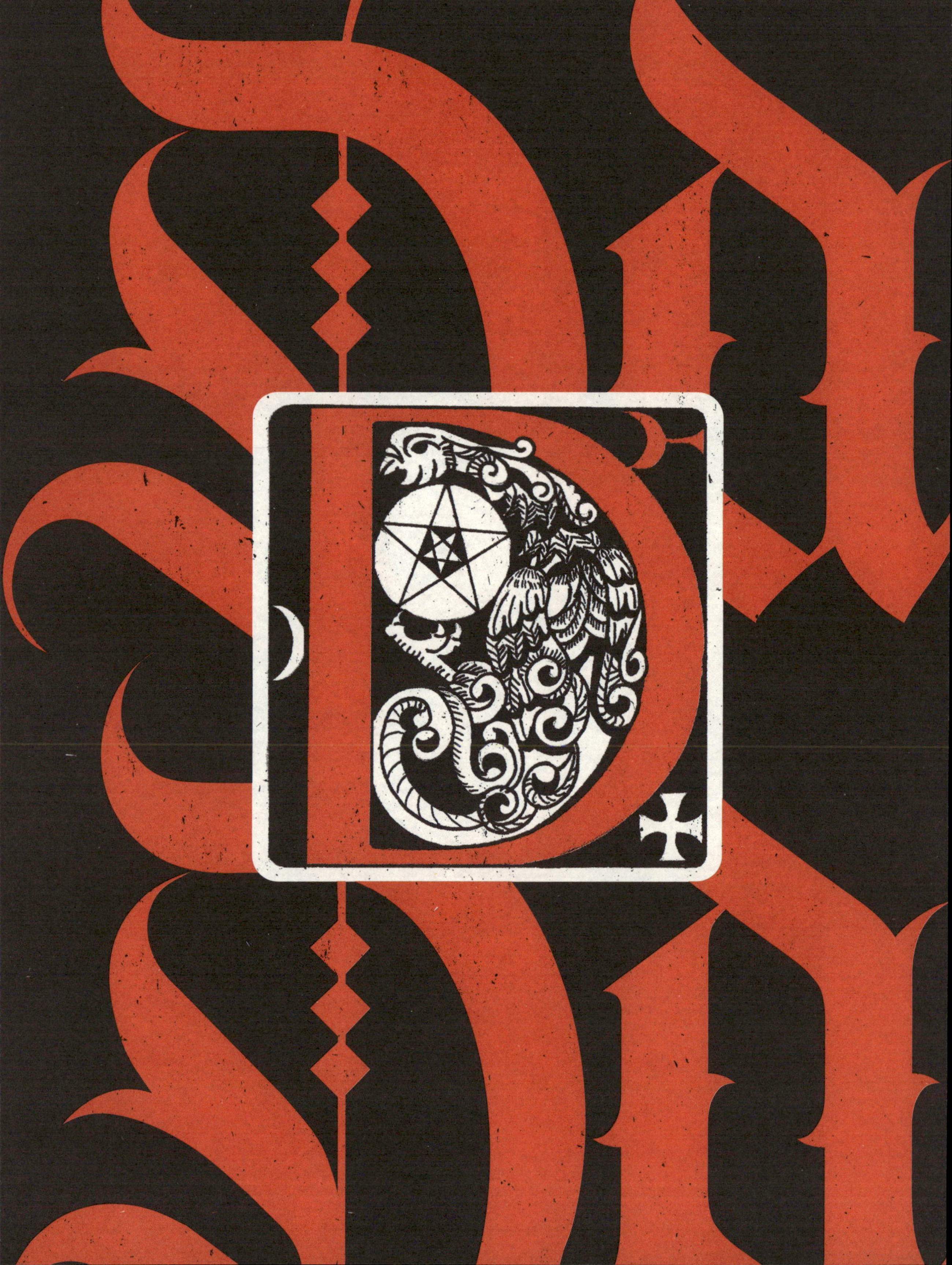

DABERINOS Demônio associado ao 11º par de horas planetárias do dia. Segundo a *Ars Theurgia*, Daberinos tem restrições para se manifestar apenas durante um período limitado de tempo todos os dias. Quando o dia é dividido em doze conjuntos de duas horas cada, este demônio é capaz de aparecer no 11º par de horas planetárias. Trata-se de um duque a serviço do imperador infernal Demoriel, que governa o norte. O próprio Daberinos tem domínio sobre mais de 1140 espíritos menores, que existem para executar sua vontade. Cf. Ars Theurgia, Demoriel.

DABUEL Segundo a *Magia Sagrada de Abramelin, o Mago*, Dabuel é um demônio com o poder de conferir invisibilidade. Seu superior demoníaco é Almiras, que detém o título de Mestre da Invisibilidade. Dabuel também responde ao demônio Cheros, que serve a Almiras como seu ministro. O mesmo feitiço de invisibilidade e, portanto, o mesmo grupo de demônios também aparece na tradução de Mathers da *Clavicula Salomonis*. Cf. Almiras, Cheros, Mathers.

DAGIEL Demônio listado na *Ars Theurgia*, onde consta que trabalha na hierarquia do norte. Serve especificamente ao rei demoníaco Symiel e detém o título de arquiduque. Dagiel tem comando sobre mais de cem espíritos menores que o atendem. Está associado às horas diurnas e não se manifesta à noite. Cf. Ars Theurgia, Symiel.

DAGLAS Demônio que aparece na *Magia Sagrada de Abramelin, o Mago*, cujo nome é grafado também com as variações *Daglos* e *Daglus*. Segundo a tradução de Mathers de 1898, Daglas serve aos governantes infernais Magoth e Kore. Em todas as outras edições sobreviventes desta obra, Daglas serve apenas a Magoth. Cf. Kore, Magoth, Mathers.

DAGON Divindade cananeia venerada pelos povos filisteus, tal como descrito na Bíblia. Há um boato persistente de que Dagon era representado com a parte de cima do corpo de um homem e a parte inferior de um peixe. A realidade desta representação no momento é motivo para debate. Tal natureza pisciana não parece ter a ver com os ofícios deste antigo deus, que era uma divindade ligada aos grãos e à fertilidade, não a peixarias. A raiz semítica de seu nome, *dag*, significa "grão" ou "cereal". O pai do grande deus Baal, Dagon em algum momento foi suplantado por esta divindade mais popular em seu papel como deus da fertilidade. Assim como ocorreu com muitos deuses que competiam com a religião de Iavé no princípio da nação dos antigos israelitas, Dagon acabou indo parar nas listas de seres demoníacos, apesar de não parecer dotado de nenhum grande título de nobreza. Na hierarquia infernal de Berbiguier, Dagon é o Grande Despenseiro da Casa Real do Inferno. Despenseiro é uma antiga função de corte, um encarregado da despensa. Por mais bizarra que possa ser a hierarquia demoníaca de Berbiguier, ela foi repetida tanto no *Dictionnaire Infernal* de de Plancy quanto no *Livro da Magia Negra e dos Pactos*, de A. E. Waite. Cf. Baal, Berbiguier, De Plancy, Waite.

DAGULER Um dentre os vários servidores demoníacos sob comando dos arquidemônios Astarote e Asmodeus. Daguler é mencionado na tradução de Mathers da *Magia Sagrada de Abramelin, o Mago*. Em outras versões desta obra, o nome deste demônio é dado ou como *Dagulez* ou *Paguldez*. Cf. Astarote, Asmodeus, Mathers.

DALEP Em sua tradução da *Magia Sagrada de Abramelin, o Mago*, o ocultista S. L. MacGregor Mathers relaciona o nome deste demônio a uma raiz hebraica que significa "putrefação líquida".

Consta que Dalep serve ao rei infernal Amaimon, listado como um dos governantes das quatro direções cardeais. Cf. Amaimon, Mathers.

Dalété Espírito mencionado no *Grimório de Armadel*, tal como traduzido por Mathers. Dalété tem a reputação de oferecer visões àqueles que o procuram. O texto também afirma que este demônio é capaz de revelar os segredos da formação mística do primeiro homem, Adão. Cf. Mathers.

Dam Grande conde que aparece em uma forma bela de se ver, embora sua beleza seja enganosa. Detém poder sobre a vida e a morte, podendo fazer as pessoas definharem ou morrerem. É capaz de obrigar as mulheres a dançarem nuas e a se entregarem, pois ele conhece todos os seus segredos. Também é capaz de transportar tesouros, trazendo ouro e prata ou qualquer outro objeto de valor que alguém deseje. Há 25 legiões de espíritos inferiores trabalhando sob seu comando. Esta criatura vil é mencionada no grimório francês do séc. xvi conhecido como *Livre des Esperitz*. Cf. *Livre des Esperitz*.

Damariell Cavaleiro infernal governado pelo príncipe errante Pirichiel. Segundo a *Ars Theurgia*, Damariell tem 2 mil espíritos inferiores que o atendem sob seu comando. Porque segue a liderança de Pirichiel, Damariell não tem qualquer direção fixa e se desloca de um lugar para o outro. Cf. *Ars Theurgia*, Pirichiel.

Danael Um dos vários arquiduques mencionados na hierarquia do príncipe demoníaco Dorochiel. Danael comanda quatrocentos espíritos menores. Seu nome e selo aparecem na *Ars Theurgia*. Sua afiliação é com a corte do oeste. Danael também aparece no *Livro de Enoque*. Aqui, é mencionado como um dos "decanos" dentre os Anjos Sentinelas. Estes tenentes dos anjos caídos seguiram seus chefes Shemyaza e Azazel em seu êxodo ilícito do Céu. Cf. *Ars Theurgia*, Azazel, Sentinelas, Shemyaza.

Danall Um dos sete senadores infernais que servem ao imperador Tantavalerion. Danall e seus colegas são chamados para compelir outros espíritos a responderem a seu chamado e também para impedi-los que causem malefícios ou façam traquinagens no conjurador. Seu nome aparece no *Livro de Oberon*, um grimório da Inglaterra elisabetana. Cf. Asmoo, Boell, *Livro de Oberon*, Orymell, Pascary, Salarica, Tantavalerion, Tygra.

Daniel Na *Ars Theurgia*, Daniel é mencionado como um dos dez espíritos ministradores que atendem a Camuel. Ele mesmo, por sua vez, tem dez espíritos ministradores e pertence às horas diurnas. Apesar de sua associação com as horas do período diurno, Daniel é evocado durante a noite. Tem elos com a corte do leste. Cf. *Ars Theurgia*, Camuel.

Dantalion Grande e poderoso duque, consta que Dantalion governa mais de 36 legiões de espíritos menores. É mencionado como o 71º demônio da *Goécia*. Segundo este texto, conhece os pensamentos de todos os homens e mulheres e é capaz, portanto, de declarar os segredos mais íntimos de qualquer indivíduo. Também pode usar seus poderes ilusórios para criar uma imagem de qualquer pessoa de qualquer lugar do mundo. Esta imagem será precisa em todos os aspectos, independentemente da distância. Ao se manifestar, dizem que ele tem o corpo de um homem segurando um livro na mão direita. Tem muitas faces, porém, e estas faces pertencem a homens e mulheres de todo tipo. Além desses outros poderes, pode despertar o amor e ensinar todas as artes e ciências. Segundo a *Goécia do Dr. Rudd*, o anjo Haiaiel tem o poder de coibi-lo. Neste texto, seu nome é grafado como *Dantaylion*. Também aparece no *Livro dos Encantamentos* galês. Cf. Goécia, *Livro dos Encantamentos*, Rudd.

Darascon Na tradução de Mathers da *Magia Sagrada de Abramelin, o Mago*, Darascon faz parte de uma hoste de demônios que servem aos quatro príncipes infernais das direções cardeais: Oriens, Paimon, Ariton e Amaimon. Como acontece com a maioria dos demônios subservientes, Darascon pode ser conjurado e compelido em nome de seus superiores. Cf. Amaimon, Ariton, Mathers, Oriens, Paimon.

DARBORL Arquiduque na hierarquia noturna do príncipe demoníaco Dorochiel. Darborl é mencionado na *Ars Theurgia*, onde consta que detém o título de arquiduque. Há quarenta espíritos ministradores que lhe servem. Por meio de Dorochiel, jura lealdade ao oeste e se manifesta apenas num período de tempo específico entre o anoitecer e a meia-noite. Cf *Ars Theurgia*, Dorochiel.

DAREK Segundo a publicação de 1898 da *Magia Sagrada de Abramelin, o Mago,* tal como traduzida por Mathers, Darek é um dos demônios que servem ao governante infernal Astarote. O nome deste demônio difere em outras versões do material do *Abramelin*, aparecendo como *Barak* e *Barook*. Estas versões podem indicar que o nome foi originalmente derivado do nome hebraico *Baruch*, que quer dizer "bento", "bendito", "abençoado". Cf. Astarote, Mathers.

DARIAL Demônio do ódio, um dos dois demônios a serviço do rei infernal Zombar. Darial é mencionado no *Liber de Angelis*, onde aparece como parte de um feitiço para disseminar a discórdia entre os homens. Se um mago construir uma imagem de chumbo e invocar Darial e seus semelhantes pelo nome, esta imagem passará a carregar o seu poder discordante. Ao ser enterrada em uma estrada perto de qualquer habitação humana, a imagem começará a causar divisões entre todas as pessoas que passarem por ela, preenchendo-as com ódio e fazendo-as se voltarem umas contra as outras como cães selvagens. Cf. Liber de Angelis, Zombar.

DARIEL Anjo, presumivelmente caído, que é evocado junto do demônio Baal no *Liber de Angelis*. O feitiço em questão alega conferir ao mago aspirante o poder sobre os demônios e exige o sangue de um galo preto junto ao de uma pomba branca. Há uma figura de cera envolvida também. Cf. Baal, Liber de Angelis.

DAROKIN O nome deste demônio pode ter sido derivado de uma palavra caldeia que significa "caminhos" ou "estradas". Darokin aparece na tradução de Mathers da *Magia Sagrada de Abramelin, o Mago*, onde consta que serve aos arquidemônios Astarote e Asmodeus. Em outros manuscritos sobreviventes do material do *Abramelin*, o nome deste demônio é grafado *Darachim*. Cf. Astarote, Asmodeus, Mathers.

DE PLANCY, COLLIN Escritor francês que viveu entre 1793 e 1887. Pertenceu ao movimento dos livres-pensadores e foi influenciado pelos escritos de Voltaire. De Plancy ganhou fama como ocultista e demonologista, cuja obra mais reconhecida é o seu *Dictionnarie Infernal*, ou "Dicionário Infernal", publicado em 1818. Edições posteriores foram relançadas em 1822 e 1863. De Plancy é o autor de quase quarenta outros títulos, em sua maior parte obras sobre lendas, folclore e história. Os verbetes no seu *Dicionário Infernal* indicam que tinha familiaridade com a obra de seu conterrâneo Charles Berbiguier. Cf. Berbiguier.

DEBAM Demônio cujo significado do nome é dado como "força". Debam aparece numa lista de servidores demoníacos governados conjuntamente por Magoth e Kore. Esta liderança conjunta se encontra apenas na edição de Mathers da *Magia Sagrada de Abramelin, o Mago*. Em todas as outras versões do livro, Debam serve apenas a Magoth. Cf. Kore, Magoth, Mathers.

DECARABIA O 69º demônio da *Goécia*. Este demônio tem uma aparência bastante incomum: consta que se manifesta na forma de uma estrela. Nem o texto da *Pseudomonarchia Daemonum*, de Wierus, nem o da *Descoberta da Bruxaria*, de Scot, nem o do *Livro dos Encantamentos* inclui a palavra *estrela*, mas um símbolo que lembra uma estrela é usado para representar a forma do demônio. A *Goécia do Dr. Rudd* dá um passo além e declara que este demônio aparece como uma estrela dentro de um pentagrama e inclui a imagem dessa estrela no texto. Infelizmente, essa forma peculiar é apenas temporária, e o demônio é capaz de assumir uma forma humana após sua manifestação inicial.

O principal poder deste demônio envolve pássaros. Dizem que é capaz de fazer todo e qualquer tipo de pássaro se manifestar diante de seu mestre. Eles bebem e cantam e se comportam como se fossem

DECARIEL

O selo do demônio Decarabia se destaca entre os outros sigilos da Goécia, pois seu desenho é sugestivo das fases da lua. Imagem de um talismã feito por M. Belanger.

domesticados enquanto a sua presença for desejada. Também domina o conhecimento de ervas e pedras preciosas, sendo capaz de repassá-lo, se for solicitado. A *Descoberta da Bruxaria*, de Scot, declara que ele comanda trinta legiões. A *Pseudomonarchia Daemonum* identifica Decarabia como um rei e como conde. Na *Goécia do Dr. Rudd*, recebe o título de marquês. O texto também diz que o anjo Roehel tem o poder de coibi-lo. Uma versão alternativa de seu nome é *Carabia*. Cf. Goécia, Livro dos Encantamentos, Rudd, Scot, Wierus.

DECARIEL Na *Ars Theurgia*, Decariel é descrito como um poderoso duque. Atende na hierarquia do norte sob os comandos do rei demoníaco Baruchas. Enquanto demônio nobre, Decariel tem milhares de espíritos menores que atendem a ele e executam seus comandos. Aparece apenas nas horas e minutos que caem na 15º porção do dia quando este for dividido em quinze repartições iguais de tempo. Cf. Ars Theurgia.

DECCAL Traduzido por Mathers como "O Temeroso", o nome deste demônio pode ter a ver com a palavra latina para o número dez. Deccal aparece na *Magia Sagrada de Abramelin, o Mago*, onde é mencionado como parte da extensa hierarquia dos quatro príncipes demoníacos das direções cardeais: Oriens, Paimon, Ariton e Amaimon. Cf. Amaimon, Ariton, Mathers, Oriens, Paimon.

CURIOSIDADES DEMONÍACAS

É TUDO GREGO

As nossas palavras nos idiomas modernos para *demônio* derivam originalmente de uma palavra grega, muitas vezes transliterada como *daimon* ou *daemon*. Muitos livros do Novo Testamento da Bíblia foram compostos por indivíduos falantes de línguas semíticas que escreviam em grego. Quando precisaram de uma palavra para descrever um espírito impuro, como os demônios que acreditavam possuir o homem de Gerasa em *Lucas* 8 e *Marcos* 5, usaram a palavra *daimon* para designá-los. O problema com esse uso, pelo menos até onde diz respeito aos gregos, é que a palavra *daimon* não é categórica em indicar que um espírito é maligno ou impuro. Aos antigos gregos, *daimones* eram espíritos que existiam em algum lugar acima da humanidade, mas abaixo dos deuses. Segundo a *Nova Enciclopédia Schaff-Herzog de Conhecimento Religioso*, a palavra *daimones* era às vezes usada até mesmo como sinônimo para *theos*, ou deus! Embora sempre inconstantes em seu tratamento com a humanidade, os *daimones* não eram vistos como de todo malignos. Os seguidores do filósofo Platão acreditavam na existência de dois tipos de *daimones*: *eudaimones* e *kakodaimones*. Desses, os *eudaimones* eram bons em sua essência e muitas vezes cumpriam o papel de gênios ou guias espirituais. Assim, eram capazes de instruir e orientar as pessoas, ajudando-as a manter saúde e equilíbrio entre o corpo e a alma. Já os *kakodaimones* eram demônios ruins. Mais caóticos do que malignos, buscavam encorajar o desequilíbrio entre o corpo e a alma.[1]

A crença dos antigos gregos em demônios bons e ruins deixou muitos pensadores da Europa renascentista com perguntas filosóficas. Uma parte fundamental do pensamento renascentista envolvia uma redescoberta e reafirmação dos valores dos ensinamentos clássicos. As obras de pensadores gregos como Platão, Aristóteles e Sócrates eram bastante estimadas. Ao mesmo tempo, a Europa era agressivamente cristã e os pensadores gregos eram todos pagãos irredimíveis, todos eles. Suas crenças sobre demônios eram especialmente desagradáveis — pelo menos para a maioria dos indivíduos associados à Renascença europeia. Alguns estudiosos renascentistas na verdade ficaram fascinados pela noção de bons e maus demônios, sobretudo pela ideia grega, em particular, do gênio individual que era capaz de orientar e instruir o filósofo ávido. Embora a noção de um gênio fosse suspeitamente próxima da ideia europeia do familiar das bruxas, pelo menos alguns autores da Renascença se envolveram com magia demoníaca com o desejo expresso de atrair um desses demônios benévolos.

1 Noel L. Bran. The Debate Over the Origin of the Genius During the Italian Renaissance, p. 195.

DEE, DR. JOHN Erudito, bastante viajado, que serviu famosamente como astrólogo da corte da Rainha Elizabeth I. Dr. John Dee (1527-1608) foi cientista, matemático, alquimista, astrólogo, criptógrafo e talvez mestre espião. Nos círculos do ocultismo, é mais conhecido por ter inventado o sistema da magia enoquiana (que não tem a ver com o *Livro de Enoque*), um sistema que envolve trabalhar com entidades que se acredita serem anjos. Dee "descobriu" a magia enoquiana com a ajuda de Edward Kelley, um indivíduo duvidoso que trabalhou para ele como seu médium. Kelley sentava durante longas noites olhando para um cristal convexo chamado de *shew-stone*. Segundo o relato do próprio Dee, essa *shew-stone* lhe foi dada em novembro de 1582 pelo anjo Uriel como recompensa por suas preces e dedicação às artes místicas.

Dee era um leitor voraz e tinha uma coleção extensa de grimórios e obras de ocultismo. Vários desses manuscritos podem ser encontrados agora na coletânea de obras esotéricas da biblioteca do British Museum. Embora tivesse sido sustentado pela Coroa durante uma boa parte de sua vida, a obra de Dee, em todo caso, lhe rendeu uma grande notoriedade e censura. Quando a Rainha Maria de Teck ascendeu ao trono em 1553, ele foi acusado de tentar matar a nova soberana por meios mágicos. Dee foi preso em Hampton Court e, embora tenha sido libertado logo depois, poucas pessoas esqueceram a acusação. Em 1604, ele enviou uma petição a Jaime I pedindo proteção contra os boatos e histórias em torno de sua obra. O trabalho de Dee com Kelley e os espíritos enoquianos foi apresentado no livro de 1659 de Méric Casaubon, *A True and Faithful Relation of What Passed Between Dr. John Dee and Some Spirits* [Um Relato Verdadeiro e Fiel do que se Passou Entre o Dr. John Dee e Alguns Espíritos].

DEILAS Demônio noturno na corte do rei infernal Malgaras. Segundo a *Ars Theurgia*, além de servir a Malgaras, Deilas supervisiona vinte espíritos subordinados. Tem elos com o oeste. Cf. *Ars Theurgia*, Malgaras.

DEMEDIEL Cavaleiro infernal na companhia do demônio Pirichiel, um príncipe errante do ar. Na *Ars Theurgia*, consta que Demediel e seus colegas cavaleiros executam os desejos de Pirichiel. O próprio Demediel tem um total de 2 mil espíritos ministradores que o auxiliam em seus deveres. Cf. *Ars Theurgia*, Pirichiel.

DEMOR Demônio ilusionista descrito no *Manual de Munique*. Segundo este texto, pode ser atraído com uma oferenda de leite e mel, sendo melhor chamá-lo em locais remotos e secretos. Como um suposto "espírito escudeiro", tem o poder de conjurar um castelo inteiro, realista, em pleno ar. O texto também oferece seu nome como *Denior*. Cf. *Manual de Munique*.

DEMORIEL Um dos quatro demônios mencionados na *Ars Theurgia* em conexão com as direções cardeais. Segundo este texto, Demoriel é o principal Imperador do Norte e governa este ponto cardeal com uma companhia de quatrocentos arquiduques e seiscentos duques menores. Demoriel pode ser chamado a qualquer hora do dia ou da noite. Quem desejar conjurá-lo é aconselhado se retirar até um local privado e distante de tudo, para que seus experimentos com sua manifestação não sejam perturbados. Dizem que possui uma natureza aérea, por isso é melhor enxergá-lo a olho nu por intermédio de uma pedra de cristal ou espelho para catoptromancia. Demoriel também aparece na *Steganographia* de João Tritêmio, uma obra que provavelmente influenciou a *Ars Theurgia*. Cf. *Ars Theurgia*, Tritêmio.

DERISOR Demônio trapaceiro especializado na magia da zombaria e do engano. Pode ser chamado para auxiliar com ilusões e feitiços que obscureçam as coisas e as tornam invisíveis. Derisor aparece na *Magia Sagrada de Abramelin, o Mago* e também na tradução de Mathers da *Clavicula Salomonis*. Cf. *Clavicula Salomonis*, Mathers.

DESCOBERTA DA BRUXARIA O inglês Reginald Scot bancou a publicação deste livro do próprio bolso, em 1584, como uma refutação do pânico da caça às bruxas que tomou a maior parte da Europa da sua época. Uma grande porção do livro se preocupa não com magia real, mas com a prestidigitação e outros truques de ilusionismo usados por saltimbancos e outros indivíduos para imitar atos mágicos. O principal propósito de Scot era refutar a loucura da bruxaria no geral, e seu alvo específico era o fanático *Maleus Maleficarum*, ou "Martelo das Bruxas", escrito pelos inquisidores católicos Kramer e Sprenger. Scot, de fato, trata de questões como a arte do mago em seu livro, copiando vários textos mágicos em parte ou inteiros. Um recurso significativo de que Scot se vale era a *Pseudomonarchia Daemonum*, uma lista de demônios compilada pelo erudito Johannes Wierus em 1563 e incluída em sua obra maior, *De Praestigiis Daemonum*. Uma outra fonte é um manuscrito sobre magia publicado em 1570 por um autor conhecido apenas por suas iniciais, "T.R.". O livro de Scot teve uma influência imensa, mas não exatamente pelos motivos que ele tinha em mente ao publicá-lo. Um autor anônimo fez alguns acréscimos ao livro de Scot em 1665, e este indivíduo era tudo menos cético em relação à magia e à bruxaria se comparado com o próprio Scot. Como resultado, esta obra se tornou mais uma fonte para magia e bruxaria do que um argumento contra a existência dessas artes. Uma seção particularmente popular envolve uma reimpressão quase palavra por palavra da *Pseudomonarchia Daemonum*, de Wierus, em tradução inglesa. Joseph Peterson, pesquisador de assuntos ligados ao ocultismo, sugere que a obra de Scot possa ter influenciado edições posteriores do *Lemegeton*, especificamente o seu primeiro livro, conhecido comumente como a *Goécia*. Cf. Goécia, Lemegeton, Scot, Wierus.

DESTATUR Demônio mentiroso especializado em feitiços que enganam os sentidos, Destatur aparece nas traduções de Mathers da *Magia Sagrada de Abramelin, o Mago* e da *Clavicula Salomonis*. Dizem que é especialmente útil em criar ilusões e feitiços de invisibilidade. Cf. Clavicula Salomonis, Mathers.

DEYDO Demônio do texto elisabetano conhecido como o *Livro de Oberon*, cujo nome é dado também como *Deyoo*. Consta que Deydo tem o poder de fazer as árvores crescerem e florescerem fora de temporada. Também pode ser usado como instrutor, ensinando línguas, matemática e ciências. Detentor do título de conde, um total de 414 legiões lhe servem como subordinadas. Ao ser conjurado, assume a forma inesperada de uma criança. Cf. Livro de Oberon.

DICTIONNAIRE INFERNAL Ou *Dicionário Infernal*, uma obra francesa escrita pelo demonografista Collin de Plancy e publicada pela primeira vez em Paris em 1818. Ele rapidamente se tornou uma das maiores autoridades sobre demonologia em sua época. O livro foi, posteriormente, reimpresso várias vezes ao longo do séc. XIX. Uma edição revisada e ampliada saiu em 1863, com uma nova introdução escrita por de Plancy. Esta edição incluía imagens produzidas pelo artista Louis Breton e gravadas por M. Jarrault para serem reproduzidas.

Esta obra recebeu críticas ao longo dos anos, em parte porque de Plancy incluiu uma grande quantidade de relatos anedóticos sobre demônios e possessões. De Plancy, por exemplo, é responsável por integrar a hierarquia infernal de Charles Berbiguier ao cânone popular da demonologia, embora o próprio de Plancy considerasse Berbiguier como, no máximo, uma fonte suspeita. Algumas das reclamações mais recentes sobre a pesquisa de de Plancy envolvem seus critérios para definir o que é um demônio. Muitos de seus demônios eram, na verdade, deuses retirados de religiões não cristãs, incluindo a fé dos hindus. Cf. Berbiguier.

DIMIRAG Em sua tradução da *Magia Sagrada de Abramelin, o Mago*, feita em 1898, Mathers entende que o nome deste demônio significa "compulsão". Infelizmente, sua leitura se baseia na grafia equivocada de seu nome, que aparece diferente em outras versões do material do *Abramelin*. Em outras fontes, seu nome é *Garinirag*. Notavelmente, trata-se de um palíndromo — uma palavra que pode ser lida do mesmo jeito tanto de frente para trás quanto de trás para frente. Palíndromos foram usados de forma extensiva como palavras mágicas, especialmente nas formas mais antigas de magia grega e romana, o que influenciou alguns aspectos das tradições dos grimórios. Como resultado, é altamente provável que a versão mais longa de seu nome seja a correta. Não importando, porém, como o seu nome é grafado, todo o material do Abramelin concorda que este demônio serve ao arquidemônio Belzebu. Cf. BELZEBU, MATHERS.

DIMURGOS Servo dos governantes infernais Astarote e Asmodeus, Dimurgos é mencionado na tradução de Mathers da *Magia Sagrada de Abramelin, o Mago*. O nome deste demônio pode ter sido derivado do termo grego *demiourgos*, "demiurgo", que significa um artesão ou funcionário público. No gnosticismo, o Demiurgo era o criador imperfeito e maligno que concebe o mundo material. Por vezes é associado com Samael. Cf. ASTAROTE, ASMODEUS, MATHERS, SAMAEL.

DIOPOS Segundo Mathers, o nome deste demônio é derivado de uma palavra grega que significa "feitor". Diopos aparece na tradução de Mathers da *Magia Sagrada de Abramelin, o Mago*. Consta que serve aos arquidemônios Asmodeus e Magoth. Cf. ASMODEUS, MAGOTH, MATHERS.

DIORON Servidor dos arquidemônios Astarote e Asmodeus. Dioron aparece na tradução de Mathers da *Magia Sagrada de Abramelin, o Mago*. Nesse texto, o tradutor sugere que o nome deste demônio tem relações com a palavra grega para "atraso". Em outras edições do material do *Abramelin*, seu nome é dado como *Dosom*. Cf. ASMODEUS, ASTAROTE, MATHERS.

DIRALISIN Demônio cujo nome talvez signifique "crista da rocha", Diralisin aparece numa lista de demônios que servem ao rei infernal

Imagem de uma bruxa conjurando um demônio, retirada da Cosmographia Universalis (1544), de Sebastian Munster. Cortesia da Dover Publications.

Belzebu. Ele consta na tradução de Mathers da *Magia Sagrada de Abramelin, o Mago*, mas em outras versões desse material seu nome é grafado *Diralisen*. Cf. Belzebu, Mathers.

DISCOBERMATH Segundo o *Manual de Munique*, este demônio é um de vários que têm poder sobre as direções cardeais. Discobermath é evocado em um feitiço para obter informações sobre um ladrão. Cf. Manual de Munique.

DISON Segundo a tradução de Mathers da *Magia Sagrada de Abramelin, o Mago*, o nome deste demônio significa "cindido". Consta que Dison serve a Paimon, um dos quatro príncipes infernais das direções cardeais. Em outras versões do material do Abramelin, o nome deste demônio é dado como *Ichdison*. Cf. Mathers, Paimon.

DISTOLAS Grande marquês que aparece com uma forma agradável. Fornece pedras preciosas e é capaz de conceder um cavalo mágico que viaja até "300 léguas" (ou 1448 quilômetros) em uma hora. Há vinte espíritos menores que o atendem em sua companhia. Seu nome aparece no *Livre des Esperitz*, onde pode ser uma variação de *Stolas*, da *Pseudomonarchia Daemonum*. Cf. Livre des Esperitz, Pseudomonarchia Daemonum, Stolas.

DIUSION Grande rei que assume a forma de um belo homem. Responde a quaisquer perguntas que lhe sejam feitas e é capaz de revelar a localização de tesouros enterrados. Comanda 24 legiões. Seu nome se encontra no *Livre des Esperitz*, um grimório do séc. XVI da França, onde é provavelmente uma variação do nome *Gusion*. Cf. Gusion, Livre des Esperitz.

DIVIEL Mencionado na *Ars Theurgia*, consta que Diviel serve na hierarquia do príncipe infernal Dorochiel. Detém o título de arquiduque e comanda um total de quatrocentos espíritos ministradores. A cada dia, ele só pode aparecer entre o meio-dia e o anoitecer. Sua direção é o oeste. Cf. Ars Theurgia, Dorochiel.

DOBIEL Demônio noturno a serviço do príncipe Camuel. Dobiel é mencionado na *Ars Theurgia*. Aqui, seu título é o de duque, e comanda um total de cem espíritos ministradores. Por conta de sua lealdade a Camuel, tem laços com a corte do leste. Cf. Ars Theurgia, Camuel.

DODIEL Na corte do rei demoníaco Malgaras, Dodiel serve como arquiduque do período diurno. Jura lealdade à corte do oeste. Segundo a *Ars Theurgia*, há trinta espíritos que atendem às suas vontades. Cf. Ars Theurgia, Malgaras.

DOMINUS PENARUM Este demônio, conhecido como Senhor dos Tormentos, aparece no *Liber de Angelis* como parte de um feitiço amoroso. Pode parecer estranho conjurar uma criatura com um nome tão sinistro numa tentativa de conquistar o amor de alguém, mas não há nada de terno ou agradável neste feitiço em particular. Servindo ao rei infernal Marastac, Dominus Penarum está associado à energia jupiteriana, o que significa que tem a ver com poder e controle. Este demônio é chamado para dobrar completamente a vontade da mulher desejada, para que ela seja amarrada ao mago e não tenha qualquer escolha a não ser vir até ele e se entregar. Neste contexto, seu nome faz sentido, pois muitos desses feitiços de amarração exigem que a vítima seja atormentada até o momento em que ela cede à sua compulsão. Como o Senhor dos Tormentos, este demônio está mais do que qualificado para infernizar a vida do alvo. Cf. Liber de Angelis, Marastac.

DOODALL Usado como intermediário para reunir outros espíritos, o nome deste demônio aparece no *Livro de Oberon*. Nesse texto, é descrito como um poderoso soldado que detém o título de cavaleiro, comandando mais de seis legiões. Com frequência, é usado para consultar outros espíritos quanto a calamidades ou má sorte que tenha recaído à pessoa que o invocou. Por meio deste contato, Doodall descobre possíveis remédios para problemas anteriores, além de métodos para evitar problemas futuros. Cf. Livro de Oberon.

DOOLAS Grande príncipe com poder sobre vinte legiões de espíritos menores, Doolas aparece no grimório elisabetano conhecido como *Livro de Oberon*. Fornece espíritos domiciliares e é capaz também de atrair serpentes. Como muitos demônios, tem conhecimento sobre tesouros escondidos e os espíritos que os protegem. Ao ser evocado, assume a forma de uma criança com asas de anjo montada sobre um dragão de duas cabeças. Cf. *Livro de Oberon*.

DORAK Demônio governado por Belzebu. Aparece na tradução de Mathers da *Magia Sagrada de Abramelin, o Mago*. Nesta obra, Mathers sugere que o nome deste demônio derive de um termo hebraico que significa "avançando" ou "andando para frente". Dorak aparece apenas no manuscrito francês do séc. xv que serviu de fonte a Mathers. Cf. Belzebu, Mathers.

DORIEL Duque a serviço do demônio Demoriel. Doriel é um dos doze desses duques cujos nomes e selos são dados na *Ars Theurgia*. Segundo esse texto, Doriel comanda 1140 espíritos menores. Está associado ao quinto par de horas planetárias do dia e só se manifesta aos mortais durante este período. Está associado à corte do norte. Cf. *Ars Theurgia*, Demoriel.

DOROCHIEL Na *Ars Theurgia*, Dorochiel é elencado como o segundo espírito abaixo de Amenadiel, o Imperador do Oeste. Dorochiel governa como um príncipe poderoso, tendo como domínio a direção entre o oeste e o oés-noroeste. Possui quarenta arquiduques que lhe servem durante o dia e outros quarenta durante a noite. Existe um sigilo único que permite conjurar e coagir este demônio poderoso. Este padrão geométrico complexo aparece na *Ars Theurgia*, junto ao nome de Dorochiel. Seu nome é dado como *Dorothiel* na *Steganographia* de João Tritêmio. Cf. Amenadiel, *Ars Theurgia*.

DRABOS Demônio que dizem assumir a forma de uma serpente monstruosa com cabeça humana. A cabeça invariavelmente tem o rosto de uma jovem — um detalhe que só realça sua monstruosidade. Drabos serve na hierarquia do príncipe errante Uriel, tal como definido na *Ars Theurgia*. Tem um total de 650 companheiros e servos que lhes são subordinados. Consta que é falso e desobediente, possuidor de uma natureza maligna no geral. Cf. *Ars Theurgia*, Uriel.

DRAGON Demônio, com um nome bastante adequado, da corte do príncipe errante Uriel. A *Ars Theurgia* define Dragon como um espírito dotado de uma natureza teimosa, maligna e desonesta. Detém o título de duque e tem 650 espíritos menores sob seu comando. A forma que assume é a de uma serpente imensa com cabeça humana. Cf. *Ars Theurgia*, Uriel.

DRAMAS Um dos vários demônios que dizem servir a Astarote e Asmodeus. Dramas aparece na tradução de Mathers da *Magia Sagrada de Abramelin, o Mago*. Seu nome provavelmente de fato tem a ver com a raiz grega da palavra "drama". Cf. Astarote, Asmodeus, Mathers.

DRAMIEL Na *Ars Theurgia*, Dramiel é mencionado como um dos doze duques que servem ao demônio Emoniel. Por meio de sua associação a Emoniel, Dramiel tem preferência por se manifestar em bosques e locais semelhantes. Suas aparições não são restritas a quaisquer horas específicas do dia, sendo capaz de se manifestar seja durante o dia ou durante a noite. Consta que tem um total de 1320 espíritos ministradores a seu comando. Cf. *Ars Theurgia*, Emoniel.

DRAP Grande duque que fala com uma voz grave e profunda. Deixa as pessoas cegas e surdas se assim for comandado. No *Livre des Esperitz*, em que ele aparece, consta que tem comando sobre quatro ou 24 legiões de espíritos menores. Um erro no texto faz com que não seja possível saber o número exato. Cf. *Livre des Esperitz*.

DRAPLOS Um dos dez duques infernais mencionados na hierarquia do demônio Uriel. Segundo a *Ars Theurgia*, Draplos tem domínio sobre um total de 650 espíritos menores. Ao se manifestar, assume a forma de uma serpente com o rosto de uma donzela. É desagradável em seu trato, pois sua índole é tanto maligna quanto desonesta. Cf. *Ars Theurgia*, Uriel.

*Detalhe de uma ilustração que representa o Dr. John Dee e Edward Kelley
no ato de conjurar os mortos. Cortesia da Dover Publications.*

Mesmo os anjos que servem fielmente às Hostes Celestiais podem ser formidáveis e agressivos. Das ilustrações de Doré para a Bíblia.

DRASIEL Demônio em comando de um total de 390 espíritos menores. Serve na corte de Menadiel, um príncipe errante da *Ars Theurgia*. Drasiel aparece apenas na terceira hora planetária do dia. Seu companheiro se chama Amasiel. Amasiel o segue em todos os seus afazeres, aparecendo na hora planetária seguinte à de Drasiel. Cf. AMASIEL, ARS THEURGIA, MENADIEL.

DREWCHALL Demônio da guerra que ajuda a conquistar fortalezas ao fazer adormecer aqueles responsáveis por vigiá-las. É mencionado no *Livro de Oberon*, onde consta que aparece como um grande cervo com chifres. Além de fazer os guardas dormirem, Drewchall também é capaz de criar a ilusão de um grande exército, presumivelmente para intimidar os inimigos, a fim de que se rendam. O *Livro de Oberon* diz que tem o título de príncipe ou rei, sem qualquer esclarecimento quanto a qual das duas opções é a definitiva. Há 36 legiões de demônios menores que lhe servem. Cf. LIVRO DE OBERON.

DRISOPH Servo do demônio Amaimon. Drisoph é mencionado na *Magia Sagrada de Abramelin, o Mago*, onde consta que serve ao rei demoníaco Amaimon. Na tradução de 1898 de Mathers desta obra, o nome deste demônio é grafado como *Dresop*. Mathers identifica em seu nome uma raiz hebraica com o sentido de "agressores trêmulos". O nome pode na verdade ter mais a ver com a raiz grega *sophia*, que significa "sabedoria". Nas crenças gnósticas, *Pistis Sophia* era um aspecto feminino de Deus que representava a sabedoria divina. Num ato egoísta de criação, ela gerou o maligno Demiurgo. Cf. AMAIMON, MATHERS.

DROHAS Ministro do demônio Zobha, um grande presidente dos reinos subterrâneos. Na edição de Driscoll do *Livro Jurado de Honório*, Drohas sabe quais são os tesouros enterrados sob a terra e é capaz de fornecer ouro e prata em grande abundância. Tem poder sobre questões terrenas, sendo capaz de conferir grandes honras e dignidades. Consta que Drohas tem também um lado destrutivo, podendo derrubar construções e outras estruturas, presumivelmente pela manipulação de terremotos. Na tradução de Peterson do *Livro Jurado*, Drohas é um demônio ligado aos ventos oeste e sudoeste que serve a Habaa, o rei dos espíritos do planeta Mercúrio. Enquanto um demônio ligado ao planeta Mercúrio, esta versão de Drohas é, em sua maior parte, um espírito professor, que revela conhecimentos secretos e fornece familiares úteis. Cf. HABAA, *LIVRO JURADO*, ZOBHA.

DRSMIEL Anjo caído que governa feitiços de infidelidade e dificuldades no casamento. Drsmiel é mencionado na *Espada de Moisés*. Aqui ele aparece num feitiço direcionado a fazer mal a um inimigo e pode ser evocado para ajudar a separar um homem de sua esposa. Consta ainda que preside sobre uma variedade de moléstias, incluindo dores agudas, inflamações e hidropisia, ou inchaços. Cf. *ESPADA DE MOISÉS*, GASTER.

DRUBIEL Segundo a *Ars Theurgia*, Drubiel é um demônio que serve ao duque errante Bursiel. É um espírito de profunda malevolência, detestando a luz e tudo que ela representa. Manifesta-se apenas nas horas escuras da noite e assume a forma de uma serpente monstruosa com cabeça humana. Drubiel e seus companheiros são malignos a ponto de serem odiados por todos os outros espíritos. Dentro de sua própria hierarquia, tem domínio sobre 880 espíritos menores. Cf. *ARS THEURGIA*, BURSIEL.

DRUSIEL Demônio que serve ao duque errante Bursiel. Drusiel aparece aos mortais na forma de uma serpente monstruosa com uma cabeça humana. A cabeça desta serpente parece ser o de uma bela mulher, mas, ao começar a falar, Drusiel ainda se comunica com uma voz masculina profunda e rouquenha. É um demônio ligado às horas da noite e jamais aparecerá durante o dia, pois despreza a luz. Comanda 880 espíritos. Segundo a *Ars Theurgia*, Drusiel e sua laia são abominados por todos os outros espíritos, por conta de sua natureza maligna. Uma segunda versão do nome deste demônio aparece na *Ars Theurgia*. Aqui ele é mencionado como um duque com domínio sobre não menos que quatrocentos espíritos subordinados. Esta versão de Drusiel serve ao príncipe errante Macariel e aparece em qualquer hora do dia ou da noite. Segundo a *Ars Theurgia*, prefere assumir a forma de um dragão de muitas cabeças ao se manifestar, apesar de, na verdade, ser capaz de assumir uma variedade de formas. Cf. Ars Theurgia, Bursiel, Macariel.

DUBARUS Demônio diurno que serve ao rei infernal Raysiel. Dubarus e Raysiel são, ambos, parte da hierarquia do norte. Na *Ars Theurgia*, Dubarus é descrito como arquiduque, tendo cinquenta espíritos menores que executam seus comandos. Sua natureza é aérea, o que significa que não é fácil percebê-lo sem o auxílio de uma *shewstone*. Um vidro também pode ser fornecido para que ele apareça. Cf. Ars Theurgia, Raysiel.

DUBIEL Demônio da noite, traiçoeiro e malevolente, mencionado na *Ars Theurgia*. Dubiel é um duque poderoso a serviço do príncipe infernal Cabariel. Consta que Dubiel tem cinquenta espíritos menores sob seu comando. Todos esses asseclas infernais partilham de sua índole perversa e existem primariamente para executar a sua vontade. Cf. Ars Theurgia, Cabariel.

DUBILON Um dos doze duques infernais da hierarquia de Demoriel, cujos nomes e selos aparecem na *Ars Theurgia*. Demoriel é o Imperador Infernal do Norte, por isso, dado seu serviço a ele, Dubilon é também afiliado a essa direção. Também tem elos com um período específico de tempo todos os dias. Se o dia for dividido em doze conjuntos de duas horas planetárias cada, Dubilon tem conexões com o oitavo par de horas, manifestando-se apenas nesses momentos. Cf. Ars Theurgia, Demoriel.

DUCAY Grande marquês capaz de tornar alguém influente em assuntos mundanos e ser amado pelas mulheres. Tem o poder de compreender todas as línguas e transportar as pessoas instantaneamente de um lugar a outro. Seu nome aparece no grimório francês conhecido como *Livre des Esperitz*, onde lhe é atribuída uma companhia de 25 legiões. Cf. Livre des Esperitz.

DULID Demônio governado por Magoth e Kore. Dulid aparece na tradução de Mathers da *Magia Sagrada de Abramelin, o Mago*. Em outras versões desse texto, seu nome é grafado Duellid. Cf. Kore, Magoth, Mathers.

DUSIRIEL Demônio que serve como um dos doze duques do príncipe infernal Hydriel. Hydriel e todos de sua corte têm conexões com a água, por isso Dusiriel prefere aparecer em pântanos e outras localidades úmidas. Coerente com sua predileção por espaços molhados, Dusiriel assume a forma de uma *naga* ao aparecer, um ser fabuloso com o corpo de serpente e a cabeça de uma bela mulher. Embora sua aparência seja monstruosa, Dusiriel tem a reputação de ser uma criatura basicamente boa, comportando-se com modos civilizados e corteses. Comanda um exército considerável de espíritos menores — seus ministros chegam ao número de 1320. Seu nome e selo aparecem na *Ars Theurgia*, onde consta que seu superior imediato, Hydriel, não tem qualquer direção cardeal fixa. Em vez disso, vaga de um local a outro com sua companhia. Cf. Ars Theurgia, Hydriel.

DYDONES Um dos vários demônios mencionados no *Manual de Munique*. Dydones detêm poder em questões de catoptromancia e adivinhação, aparecendo num feitiço justiceiro para obter informações sobre qualquer roubo que tenha sido cometido. Cf. Manual de Munique.

DYELAGOO Demônio com poderes metamórficos, capaz de alterar a aparência de alguém ou deixá-la invisível à vontade. Seu nome aparece no texto mágico elisabetano conhecido como *Livro de Oberon*, onde é elencado como um grande príncipe com vinte legiões de espíritos menores que lhe são subordinados. Tem a reputação de aparecer, ao ser conjurado, na forma de um belo anjo, e o texto o descreve como um espírito confiável de se trabalhar. Como muitos dos espíritos no *Livro de Oberon*, consta que revela a localização de tesouros ocultos. Pode ser evocado para compelir o amor das mulheres e conquistar favores tanto de amigos quanto de inimigos. Cf. Livro de Oberon.

DYRUS Demônio cujo nome é evocado num feitiço para revelar a identidade de um ladrão. Dyrus aparece no *Manual de Munique*, onde é associado às artes da catoptromancia e da adivinhação. Cf. Manual de Munique.

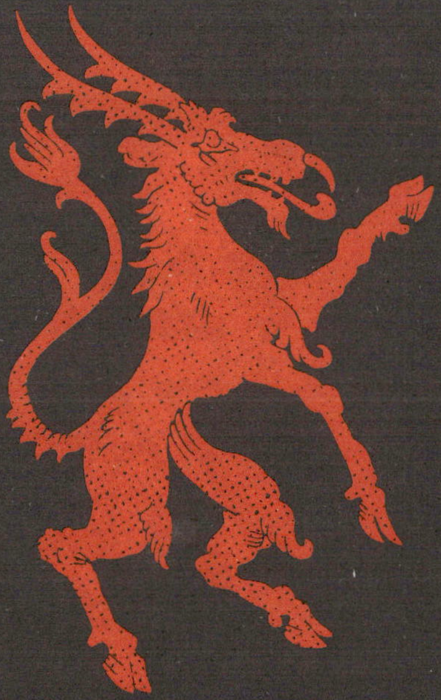

EAROS Demônio afiliado à direção cardeal sul. Na *Ars Theurgia*, consta que Earos serve na corte do rei infernal Maseriel. Nessa obra ele detém o título de duque e tem poder sobre um total de trinta espíritos menores. Sua afiliação é com a noite, e serve a seu mestre apenas durante as horas de escuridão. Cf. *Ars Theurgia*, Maseriel.

EARVIEL Demônio mencionado na corte do rei infernal Maseriel. Na tradução de Henson da *Ars Theurgia*, Earviel recebe o título de duque, e consta que ele não tem menos que trinta espíritos menores para o atender. Está associado ao sul e só se manifesta durante as horas diurnas. Cf. *Ars Theurgia*, Maseriel.

EBAL Descrito como um *spiritus infernalis*, este demônio aparece mencionado por nome no manual mágico conhecido como *Manual de Munique*. Ebal é evocado como parte de um feitiço amoroso. Tem poder sobre o amor e a paixão, sendo capaz de fazer uma mulher se tornar tão obcecada que não terá paz até ceder a seus desejos. Cf. *Manual de Munique*.

EBARON Demônio atribuído ao governo de Paimon, um dos quatro príncipes infernais das direções cardeais. Ebaron aparece na *Magia Sagrada de Abramelin, o Mago*. Cf. Mathers, Paimon.

EBEYETH Demônio que aparece na forma de uma cabeça com uma coroa. O *Livro de Oberon* o descreve como um rei e grande governante. Ele tem oitenta legiões que lhe servem e ensina quais espíritos dão os melhores familiares. Cf. *Livro de Oberon*.

EBRA Demônio com a reputação de ser útil para expulsar outros espíritos. Segundo a *Ars Theurgia*, Ebra é particularmente bom em limpar casas mal-assombradas e afastar outros espíritos das trevas. Sua utilidade vem com um preço, no entanto, pois o próprio Ebras é um espírito perverso e enganoso, ao qual nenhuma questão secreta jamais deve ser confiada. Detém o título de duque e serve ao rei demoníaco Pamersiel, o primeiro e principal espírito do leste abaixo do imperador Carnesiel. Cf. *Ars Theurgia*, Carnesiel, Pamersiel.

EBUZOBA Segundo o *Liber de Angelis*, este demônio tem o poder de despertar a paixão e a luxúria. É subordinado ao rei infernal Abdalaa, sendo convocado para compelir o amor de uma mulher. Cf. Abdalaa, *Liber de Angelis*.

EDRIEL Poderoso duque a serviço do demônio Emoniel. Edriel tem a reputação de conseguir se manifestar tanto durante o dia quanto durante a noite, dando preferência para ambientes de floresta. Seu nome, junto ao selo usado para conjurá-lo e comandá-lo, aparece na *Ars Theurgia*. Existem 1320 espíritos menores para realizar suas vontades. Cf. *Ars Theurgia*, Emoniel.

EFIEL Demônio diurno que dizem se manifestar apenas durante as horas entre a aurora e o meio-dia. Efiel detém o cargo de arquiduque na corte do rei demoníaco Dorochiel. Por meio de Dorochiel ele jura lealdade à corte do oeste. Segundo a *Ars Theurgia*, Efiel tem seus próprios quarenta asseclas infernais. Cf. *Ars Theurgia*, Dorochiel.

EFRIGIS Demônio cujo nome talvez signifique "aquele que treme", pelo menos segundo a tradução de Mathers da *Magia Sagrada de Abramelin, o Mago*. Na obra do *Abramelin*, Efrigis é identificado como um servo demoníaco do rei infernal Amaimon. Pode ser que haja alguma relação entre seu nome e a palavra árabe *ifrit*, que se refere a um tipo de Djinn, um espírito associado ao elemento do fogo. Cf. Amaimon, Mathers.

Egin, que governa como rei de todos os espíritos do norte, tal como se vê no grimório do séc. XVIII Clavis Inferni. É representado com seu sigilo e o que parece ser um urso. Imagem cortesia da Wellcome Collection, Londres.

EGAKIREH Também grafado *Egachir*, consta que este demônio serve ao governante infernal Magoth. Seu nome aparece na *Magia Sagrada de Abramelin, o Mago*. Segundo a tradução de Mathers desta obra, Egakireh é governado também pelo demônio Koreh. Cf. Kore, Magoth, Mathers.

EGIN Por vezes grafado *Egyn* ou *Aegyn*, é um dos grandes reis chamados nas quatro direções. Segundo vários grimórios, incluindo o *Livro de Oberon* elisabetano, governa todos os espíritos do norte. A *Clavis Inferni* dá o seu nome como Egyn e o coloca sob o controle do anjo Uriel. Neste texto, é associado ao elemento da terra. Seu animal é o urso.

Um belo número de 12 mil legiões de espíritos menores servem na companhia de Egin. Seus poderes são diversos, dignos de seu título. Ele é capaz de ensinar medicina, canto, a *ars notoria*, nigromancia e uma técnica chamada de *memorativia*, o que é quase certamente uma referência à *signacula memorativa*, sinais mnemônicos em hebraico usados na Cabala para comunicação com anjos. Além disso, Egin tem o poder de falar sobre diversas partes do mundo, revelar pedras e metais preciosos, fontes d'água e todas as coisas ocultas na terra. Pode dar aulas sobre ciências naturais e sobre a natureza do mundo da criação, e tem conhecimento também sobre o Abismo. Tem influência sobre os poderes mundanos e é capaz de conferir títulos de nobreza, além de consagrar livros (presumivelmente usados por magos e conjuradores) e é capaz de ajudar as pessoas a obter sucesso em jogos. Ao se manifestar, ele veste a forma de um homem e seu rosto é claro (talvez radiante). Sua boca cospe fogo e tem duas presas protuberantes em suas bochechas. Ostenta uma coroa com pedras preciosas e tem um nariz longo e agudo, com narinas bem marcadas. Cavalga um dragão e traz consigo, no seu lado direito, duas serpentes brilhantes, um detalhe que pode remontar às referências a "serafim ardentes" na Bíblia. Seu nome aparece em vários grimórios e ele e os outros três reis das direções cardeais são parte integral da cerimônia para se conjurar todos os espíritos que lhes servem. No grimório francês do séc. XVI chamado *Livre des Esperitz*, seu nome é dado como *Equi*. Na *Descoberta da Bruxaria* de Scot, o rei do norte é identificado não como Egin, mas como o demônio Zimimar. Cf. Clavis Inferni, Livre des Esperitz, Livro de Oberon, Scot, Zimimar.

EKALIKE Um dos mais de trezentos demônios mencionados na *Magia Sagrada de Abramelin, o Mago*. Na tradução de Mathers dessa obra, o nome de Ekalike talvez tenha relação a uma possível raiz grega que significa "quieto" ou "em repouso". Ekalike é um demônio que serve aos quatro príncipes infernais das direções cardeais: Oriens, Paimon, Ariton e Amaimon. Cf. Amaimon, Ariton, Mathers, Oriens, Paimon.

EKDULON O "espoliador". O nome deste demônio aparece na *Magia Sagrada de Abramelin, o Mago*. Segundo este texto, é leal aos quatro príncipes das direções cardeais: Oriens, Paimon, Ariton e Amaimon. Cf. Amaimon, Ariton, Mathers, Oriens, Paimon.

EKOROK Segundo o ocultista do séc. XIX S. L. MacGregor Mathers, o nome deste demônio é derivado do hebraico e significa "tua infertilidade". Seu nome aparece na *Magia Sagrada de Abramelin, o Mago,* como um servo do príncipe infernal Ariton. Cf. Ariton, Mathers.

ELADEB Demônio associado ao planeta Mercúrio. Na tradução de Peterson do *Livro Jurado*, Eladeb é mencionado como um ministro do rei demoníaco Habaa. Segundo esse texto, Eladeb é governado pelos anjos Miguel, Mihel e Sarapiel, que são os anjos com poder sobre a esfera de Mercúrio. Enquanto um espírito mercurial, Eladeb é um mestre do conhecimento secreto. Ao se manifestar, consta que ele tem uma forma que lembra um vidro translúcido ou uma chama branca incandescente. Cf. Habaa, Livro Jurado.

ELAFON Segundo Mathers, o nome deste demônio deriva de uma palavra grega que significa "veado". Elafon aparece na tradução de Mathers da *Magia Sagrada de Abramelin, o Mago*, onde consta que ele serve a dois dos reis infernais das direções cardeais, Amaimon e Ariton. Cf. Amaimon, Ariton, Mathers.

ELANTIEL Demônio subordinado ao chefe Sirachi, Elantiel é mencionado nas *Verdadeiras Clavículas de Salomão*. Segundo este texto, tem domínio sobre riquezas. Também é conhecido como *Chaunta*. Cf. Verdadeiras Clavículas, Sirachi.

ELATON Servo demoníaco dos reis infernais Amaimon e Ariton. Elaton aparece na tradução de Mathers da *Magia Sagrada de Abramelin, o Mago*. Com base nessa grafia, Mathers sugere que seu nome tenha a ver com a palavra latina *elatio*. Na versão do material do *Abramelin* guardada na biblioteca de Wolfenbüttel na Alemanha, o nome deste demônio é dado como *Yeyatron*. Na edição de Peter Hammer, aparece ainda como *Yriatron*. Cf. Amaimon, Ariton, Mathers.

ELBURION No *Testamento de Salomão*, Elburion alega ser venerado falsamente como um deus. Associado às sete estrelas das Plêiades, este demônio alega que seus adoradores outrora acendiam

Grotescos como esta imagem, do artista Joseph Vargo, muitas vezes eram incluídos como elementos arquitetônicos em igrejas medievais para lembrar os fiéis dos horrores do Inferno.

velas em seu nome. Segundo o texto, Elburion não é seu nome verdadeiro, mas infelizmente não é revelado qual seria este nome no *Testamento*. Cf. Salomão.

Elcar Demônio ligado às horas do dia que, apesar disso, se manifesta à noite. Elcar serve ao príncipe infernal Camuel e por isso é associado à direção leste. Na *Ars Theurgia*, consta que Elcar detém o título de duque e supervisiona um total de dez espíritos menores. Cf. Ars Theurgia, Camuel.

Elelogap Também conhecido pelo nome *Elcogap*, este demônio aparece na tradução de Peterson do *Grimorium Verum*. Segundo esse texto, tem o poder de influenciar qualquer viagem pelo mar. Uma variação deste nome pode ser encontrada nos *Segredos de Salomão*, que provavelmente influenciou o *Verum*. Aqui o demônio é tratado pelo nome Elelogaphatel, sendo evocado em um feitiço para fazer chover. Serve ao Duque Agaleraptarkimath. Cf. Agaleraptarkimath, Grimorium Verum, Segredos de Salomão.

Elerion Nome que significa "o que ri" ou "zombeteiro". Elerion aparece na tradução de Mathers da *Magia Sagrada de Abramelin, o Mago*, onde consta que serve ao rei infernal Ariton. Em outras versões do material do Abramelin, seu nome é grafado *Elamyr*. Cf Ariton, Mathers.

Elestor Duque infernal mencionado no grimório veneziano do séc. xvii *Segredos de Salomão*. Nesse texto, Elestor é identificado como Conde do Inferno, um dos três maiores poderes infernais. Lúcifer é seu imperador, e "Belzebuth" (uma variação de Belzebu), seu príncipe. Elestor é entendido como um demônio incrivelmente violento, e o texto inclui diversas admoestações sobre os riscos de interagir com ele. Um perigo em particular é o cinto que ele traz amarrado em sua barriga, constituído de vários nós. Ao se enfurecer, ele o usa como um chicote para punir seus subordinados, dando tantos golpes que tem a fama de conseguir até mesmo levar as pessoas à morte. O texto *Segredos de Salomão* atribui a cada um dos principais governantes demoníacos continentes específicos sobre os quais eles detêm maior poder. Para Elestor, seus locais de poder são as Américas do Norte e do Sul. Seu sigilo tem forte semelhança com as clavas de guerra nativas. No *Grimorium Verum*, que contém uma hierarquia semelhante de poderes infernais, Elestor é substituído por Astarote. Cf. Astarote, Belzebu, Grimorium Verum, Lúcifer, Segredos de Salomão.

CURIOSIDADES DEMONÍACAS

SELADO COM SANGUE

Uma noção central à ideia cristã de bruxaria na Idade Média era a do Pacto com o Diabo. Conhecidos como *Pacta Daemonis*, eram em essência contratos entre a bruxa e o Diabo. Acreditava-se que ele concedia poderes especiais em troca de certos serviços. Com frequência, esses pactos deviam ser assinados, segundo a crença, com o sangue da própria bruxa, não era incomum que o Diabo exigisse como pagamento a sua alma imortal. As bruxas, por outro lado, receberiam poderes a partir do pacto. Assim, era por meio de um acordo com o Diabo que as bruxas aprendiam a criar tempestades, fazer gear para destruir as plantações de seus vizinhos e azedar leite.

A tradição mágica delineada nos grimórios não trata particularmente de pactos. Mas era possível vislumbrar nas práticas da tradição dos grimórios uma arte nefasta que exigiria consórcio com diabos. No entanto, os próprios praticantes da magia dos grimórios tinham a impressão de estar envolvidos numa arte sagrada. Basta olhar as evocações da *Magia Sagrada de Abramelin, o Mago* ou do *Livro Jurado de Honório* para se observar isso. É certo que havia práticas mais sinistras encontradas entre os feitiços codificados por alguns dos grimórios, mas ainda assim contrastavam muito com as acusações típicas feitas contra as bruxas: pactos com o Diabo, orgias na floresta, sacrifício de crianças e assim por diante. Muito da magia dos grimórios europeus — mesmo os feitiços que envolvem a evocação de espíritos identificados expressamente como demônios — exige da parte do mago um estado de pureza ritual e costuma ser precedida por jejuns, orações e muitas vezes uma confissão completa. Na *Magia Sagrada de Abramelin, o Mago*, os demônios são conjurados e obrigados a jurar lealdade ao mago, não o contrário.

A ideia das *Pacta Daemonis* foi, na verdade, uma criação do delírio europeu de caça às bruxas, perpetuada pelo folclore e histórias moralistas como as que cercam o personagem lendário do Dr. Fausto — um estudioso que vende a alma ao Diabo. Um Pacto com o Diabo era o único modo para o povo simples acreditar que seus vizinhos conseguiriam obter o tipo de poder temível atribuído às bruxas. Os estudiosos da Igreja também tinham dificuldade em aceitar que as bruxas tivessem permissão para realizar feitiços que iam tão claramente contra Deus e a natureza — a não ser que algum tipo de contrato especial estivesse envolvido.

Embora a tradição dos grimórios e a caça às bruxas europeia tenham se desenvolvido lado a lado, a noção dos pactos não viria a se tornar parte da magia de grimórios até o séc. XIX. Nesta época, vários grimórios espurios foram escritos com o propósito de lucrar com a reputação temerosa desses livros proibidos de magia. O grimório conhecido como *Le Dragon Rouge*, escrito em 1822 (mas alegando a data de 1522) é um dos primeiros a conter instruções explícitas para se fazer um pacto com o Diabo.

ELIGOR O 15º demônio da *Goécia*, Eligor aparece tanto na *Pseudomonarchia Daemonum*, de Johannes Wierus, quanto na *Descoberta da Bruxaria*, de Scot. É descrito como um grande duque com sessenta legiões de espíritos que lhe servem. Assume a forma de um belo cavaleiro carregando uma lança, estandarte e cetro. É capaz de ver o futuro e responder a perguntas que digam respeito a assuntos marciais, prevendo o resultado de duelos. Além disso, também pode ajudar a obter favores de senhores e cavaleiros. Na *Goécia do Dr. Rudd*, seu nome é grafado *Eligos*. Dizem que sua especialidade é despertar o amor de senhores e pessoas importantes. O anjo Hasiel tem o poder de coibi-lo. Cf. Goécia, Rudd, Scot, Wierus.

ELIMI Demônio que supostamente atormentou e possuiu várias freiras num convento de Loudun, na França. O nome de Elimi aparece no suposto pacto de Urbain Grandier, um padre do séc. XVII acusado de conspirar com demônios para corromper as freiras, um crime pelo qual foi queimado na fogueira.

ELITEL Segundo a *Ars Theurgia*, Elitel é um poderoso duque a serviço do príncipe infernal Cabariel. Elitel é um dos cinquenta duques demoníacos que servem a Cabariel durante o dia. Outros cinquenta lhe servem durante a noite. Sendo um demônio com um título significativo, Elitel tem cinquenta espíritos menores que atendem às suas necessidades e executam suas ordens. Seu nome e sigilo aparecem numa lista de demônios associados aos pontos cardeais. Cf. Ars Theurgia, Cabariel.

ELLET Demônio mencionado na *Ars Theurgia* na tradução de Henson do *Lemegeton* completo. Ellet é um dos doze duques infernais que dizem servir ao rei demoníaco Maseriel durante as horas da noite. Sendo um demônio nobre, Ellet tem comando sobre trinta espíritos menores. Sua afiliação é com a direção sul. Cf. Ars Theurgia, Maseriel.

ELMIS O nome deste demônio aparece numa lista extensa delineada na tradução de Mathers da *Magia Sagrada de Abramelin, o Mago*. Consta que Elmis serve a Oriens, Paimon, Ariton e Amaimon, os quatro príncipes demoníacos das direções cardeais. Segundo Mathers, o nome deste demônio deriva de uma palavra copta que significa "voador". Cf. Amaimon, Ariton, Mathers, Oriens, Paimon.

ELONIM Servo do demônio Ariton. Seu nome está ausente da tradução de Mathers da *Magia Sagrada de Abramelin, o Mago*, mas Elonim aparece na versão desta obra guardada na biblioteca de Wolfenbüttel na Alemanha. Na edição de Peter Hammer publicada em Colônia, o nome deste demônio é dado como *Ekorim*. Cf. Ariton, Mathers.

ELPINON Servo de Belzebu, este demônio é chamado como parte do rito do Sagrado Anjo Guardião descrito na *Magia Sagrada de Abramelin, o Mago*. Na tradução de 1898 de Mathers, baseada num manuscrito francês do séc. XV, seu nome é grafado Elponen. Cf. Belzebu, Mathers.

ELZEGAN Na tradução de Mathers da *Magia Sagrada de Abramelin, o Mago*, ele explica o nome deste demônio como tendo o sentido de "ele vira de lado", o que pode implicar que Elzegan afasta as pessoas do caminho correto, desviando-as. O nome de Elzegan aparece ao lado de um vasto arranjo de outros demônios, todos os quais servem a Oriens, Paimon, Ariton e Amaimon, os quatro príncipes infernais das direções cardeais. Cf. Amaimon, Ariton, Mathers, Oriens, Paimon.

EMLON Também chamado *Maltrans*, um mensageiro do sul que serve diretamente ao Rei Amaimon. Emlon é um rei também e aparece ao lado de seus colegas mensageiros, Ocarbydatonn e Madyconn quando Amaimon é conjurado. Seu nome aparece no *Livro de Oberon*. Em outras partes do manuscrito, seus companheiros se chamam Femell, Alphasis e Rodabell. Cf. Alphasis, Amaimon, Femell, Livro de Oberon, Madyconn, Ocarbydatonn, Rodabell.

EMOGENI Demônio de dotes divinatórios, Emogeni é evocado para auxiliar na descoberta da identidade de um ladrão. O feitiço para evocá-lo aparece no *Manual de Munique*. A segunda metade de

Bruxas fazendo um pacto com o Diabo. Do Compendium Maleficarum, *de Francesco Maria Guazzo, 1608. Cortesia da Dover Publications.*

seu nome pode ter a ver com a raiz grega de "gênio", muitas vezes usada para denotar uma classe de guias espirituais. Cf. Manual de Munique.

EMONIEL O quinto espírito descrito pela *Ars Theurgia* como um príncipe errante. Emoniel governa mais de cem príncipes e arquiduques com mais outros vinte duques menores que fazem as suas vontades. Além dos príncipes e duques, Emoniel também tem dúzias de espíritos menores para atender às suas necessidades. Emoniel e seus seguidores têm a reputação de habitar, em sua maior parte, áreas de floresta. Embora esteja associado a ambientes naturais, Emoniel, em todo caso, é um espírito aéreo, o que significa que sua substância é mais sutil do que física e que é improvável que ele apareça visivelmente sem o auxílio de um cristal. O nome deste demônio pode ser encontrado na *Steganographia* de Tritêmio. Cf. Ars Theurgia, Tritêmio.

EMPHASTISON Na sua tradução da *Magia Sagrada de Abramelin, o Mago*, Mathers sugere que o nome deste demônio derive do grego, com o sentido de "imagem" ou "representação". Assim sendo, Emphastison pode ter relação a efígies e outras imagens, muitas vezes construídas em cera, usadas para representar o alvo de um feitiço ou maldição. Emphastison é listado dentre os muitos demônios que servem aos quatro reis demoníacos que guardam as direções cardeais: Oriens, Paimon, Ariton e Amaimon. Cf. AMAIMON, ARITON, MATHERS, ORIENS, PAIMON.

EMUEL Segundo a *Ars Theurgia*, Emuel é um demônio com quatrocentos espíritos menores sob seu comando. Detém o título de arquiduque e serve ao príncipe demoníaco Dorochiel na segunda metade do dia, entre o meio-dia e o anoitecer. Tem associações com a direção cardeal oeste. Cf. ARS THEURGIA, DOROCHIEL.

ENAIA "O Aflito", Enaia aparece na tradução de Mathers da *Magia Sagrada de Abramelin, o Mago*, onde consta que serve aos quatro príncipes demoníacos das direções cardeais. Enquanto subordinado de Oriens, Paimon, Ariton e Amaimon, Enaia partilha de seus poderes e, ao ser conjurado, pode auxiliar o mago evocando espíritos, respondendo a perguntas sobre o passado, presente e futuro ou mesmo dando ao mago o poder de voar. Cf. AMAIMON, ARITON, MATHERS, ORIENS, PAIMON.

ENARKALÊ Demônio da invisibilidade e da ilusão, Enarkalê aparece na edição de Peterson do *Grimorium Verum*. É chamado como parte de um feitiço. Cf. GRIMORIUM VERUM.

ENEI Demônio que dizem servir a Asmodeus na *Magia Sagrada de Abramelin, o Mago*. No manuscrito francês do séc. XV que serviu de fonte a Mathers, o nome deste demônio é grafado *Onei*. Cf. ASMODEUS, MATHERS.

ENENUTH No texto extrabíblico *Testamento de Salomão*, Enenuth é mencionado como um dos demônios dos 36 decanos do zodíaco. É um demônio causador de aflições, sendo capaz de atormentar os vivos com sofrimentos e doenças. A especialidade de Enenuth parece estar ligada às reclamações da velhice, pois consta que tem o poder de enfraquecer os dentes até que amoleçam e caiam. Além disso, confunde a mente e causa mudanças constantes de ideia — uma possível referência à demência senil. Por mais medonha que seja essa entidade demoníaca, ela pode ser afastada com a pronúncia de um único nome: Allazoôl. Na tradução de McCown do *Testamento*, o nome de Enenuth é grafado *Enautha*, onde recebe o título de *Rhyx*, com o sentido de "rei". O nome que o controla é o do anjo Kalazael. Cf. SALOMÃO.

ENÊPSIGOS Demônio ligado à lua, segundo o *Testamento de Salomão*. Enêpsigos é um dos vários demônios no *Testamento* cuja forma é especificamente feminina. Ela tem uma forma tripla, à qual Salomão aprisiona com uma tripla corrente. Essa triplicidade associada ao demônio, bem como sua relação com a lua, parece ligá-la a formas antigas da Deusa Tríplice, muitas vezes associada à bruxaria. Esta conexão parece ser fundamentada pela afirmação de que Enêpsigos pode ser evocada para realizar o ato mágico de "fazer descer a lua". Trata-se de um antigo poder atribuído a bruxas e usado para explicar eclipses lunares. Acreditava-se que as bruxas se reuniam em cavernas à noite e literalmente puxavam a lua da esfera celeste, prendendo-a sob a terra para realizar os seus próprios desígnios. Consta que Enêpsigos pode ser coibida pelo nome do anjo Rathanael. Cf. SALOMÃO.

ENIURI Demônio que, pelo que consta, serve ao arquidemônio Asmodeus, Eniuri é um dos vários demônios mencionados na *Magia Sagrada de Abramelin, o Mago*, cujo nome varia imensamente entre diferentes versões deste texto. O manuscrito de 1720 na biblioteca de Dresden dá o seu nome como *Jemuri*, ao passo que o da biblioteca de Wolfenbüttel diz *Iemuri*. Por fim, a edição de 1725 publicada por Peter Hammer dá a grafia *Ieniuri*. Não há nenhum manuscrito original que tenha sobrevivido contra o qual essas cópias possam ser comparadas. Cf. ASMODEUS, MATHERS.

ENNONIEL O primeiro dos doze duques listados como principais servos do príncipe errante Emoniel. Segundo a *Ars Theurgia*, Ennoniel tem uma índole basicamente boa e pode aparecer tanto de dia quanto de noite. É atraído a áreas de floresta e é mais provável que se manifeste nessas localidades. Sendo um demônio nobre, Ennoniel comanda um total de 1320 espíritos menores. Cf. ARS THEURGIA, EMONIEL.

EPHIPPAS Demônio que aparece no extrabíblico *Testamento de Salomão*. Neste texto, o Rei Salomão primeiro ouve falar de Ephippas, porque este demônio havia assumido a forma de um vento maligno. Sob essa forma, atacou um país distante, matando todos em seu caminho. O Rei Salomão fez o demônio ser preso num frasco e levado até ele. Valendo-se de um anel especial que lhe foi dado pelo Senhor Deus, Salomão então interroga o demônio quanto à sua natureza. Por conta do poder do anel, Ephippas não tem escolha senão obedecer. Ele revela que é capaz de fazer adoecer e murchar as árvores, destruindo montanhas inteiras com seu vento infernal. Pode revelar tesouros — de ouro e prata a pedras preciosas. Além disso tudo, tem o poder de comandar um "pilar aéreo" capaz de mover até mesmo os mais pesados objetos. Quando Ephippas revela este último detalhe sobre suas capacidades, o Rei Salomão se dá conta exatamente do que deve ser feito com esta criatura infernal. Ao invocar seu poder sobre os demônios, o Rei Salomão comanda Ephippas para que o auxilie em construir seu templo. Em obediência ao comando de Salomão, Ephippas então levanta uma pedra imensa rejeitada por todos os construtores porque era pesada demais para eles trabalharem com ela. Com este pilar de vento, Ephippas desloca a pedra com facilidade e ela se torna a pedra angular do templo — pelo menos, segundo o *Testamento de Salomão*. Mais tarde neste texto, Ephippas ajuda o Rei Salomão a aprisionar o filho de Belzebu, Abezithibod, demônio que outrora assombrava as águas do Mar Vermelho. Cf. ABEZITHIBOD, BELZEBU, SALOMÃO.

ERAMAEL Demônio mencionado nas *Verdadeiras Clavículas de Salomão*. Consta que Eramael serve a um dos quatro principais espíritos que estão sob a direção de Satanachia, um dos chefes sob o demônio Lúcifer. Cf. VERDADEIRAS CLAVÍCULAS, LÚCIFER, SATANACHIA.

EREKIA Segundo S. L. MacGregor Mathers, o nome deste demônio significa "aquele que rompe". Erekia aparece na *Magia Sagrada de Abramelin, o Mago*, onde consta que serve ao rei infernal Amaimon. Outras grafias de seu nome incluem *Erkeya* e *Erkaya*. Cf. AMAIMON, MATHERS.

ERENUTES Demônio cujo nome aparece na tradução de Mathers da *Magia Sagrada de Abramelin, o Mago*. É um dos vários espíritos que servem na hierarquia dos quatro príncipes demoníacos das direções cardeais: Oriens, Paimon, Ariton e Amaimon. Cf. AMAIMON, ARITON, MATHERS, ORIENS, PAIMON.

ERGONION Um dos muitos servidores demoníacos de Belzebu, seu nome é listado na *Magia Sagrada de Abramelin, o Mago*. Em sua tradução de 1898 desta obra, o ocultista S. L. MacGregor Mathers dá o nome deste demônio como *Ergamen*. Cf. BELZEBU, MATHERS.

ESPADA DE MOISÉS Obra que alega ter sido publicada a partir de um manuscrito único, presumivelmente em hebraico. O livro foi produzido pelo Dr. Moses Gaster em Londres, em 1896. Gaster foi um pesquisador muitíssimo respeitado do idioma hebraico, responsável por publicar uma série de obras associadas à crença e folclore judaicos, disponíveis em inglês. A *Espada de Moisés* é um texto mágico judaico que talvez seja datado do séc. IX. O livro delineia um método mágico com claras influências salomônicas e cabalísticas. Muitos dos feitiços do livro envolvem maldições e magia agressiva. Há demônios e chamados "anjos maus" que são evocados para executar a maior parte desse trabalho sinistro. Cf. GASTER.

ESPOEL Segundo a *Ars Theurgia*, Espoel é um demônio com o título de duque. Serve ao rei infernal Maseriel durante as horas diurnas e tem trinta espíritos menores sob sua liderança. É afiliado ao sul. Cf. *ARS THEURGIA*, MASERIEL.

ETALIZ Segundo a tradução de Mathers da *Magia Sagrada de Abramelin, o Mago*, o nome deste demônio está ligado à palavra hebraica que quer dizer "cavar" ou "arar". Etaliz é um dos vários demônios que servem tanto a Astarote quanto Asmodeus. Cf. ASTAROTE, ASMODEUS, MATHERS.

ETHAN Nome dado como um dos servos demoníacos dos arquidemônios Asmodeus e Astarote na tradução de Mathers da *Magia Sagrada de Abramelin, o Mago*. Cf. ASTAROTE, ASMODEUS, MATHERS.

ETHANIM Nome curioso que Mathers apresenta como tendo o sentido ou de um jumento ou de uma fornalha, na sua tradução da *Magia Sagrada de Abramelin, o Mago*. Consta que Ethanim serve aos príncipes demoníacos das quatro direções: Oriens, Paimon, Ariton e Amaimon. Cf. AMAIMON, ARITON, MATHERS, ORIENS, PAIMON.

ETHEYE Demônio pertencente à esfera planetária de Saturno. Serve ao Rei Maymon, junto a seus colegas ministros Cherasa, Aldee, Malyke e Albewe. Etheye pode aparecer como um porco ou corujão-orelhudo ou algo inteiramente monstruoso. Se for compelido a assumir forma humana, pode aparecer como um velho ou uma velha. Ambos trajam túnicas pretas e carregam ou uma bengala ou uma foice. Sua função é a de espalhar o caos, o ódio e a discórdia, incitando até mesmo mutilações e assassinatos. Aparece no *Livro de Oberon*, um grimório inglês escrito na época de Shakespeare. Cf. ALBEWE, ALDEE, CHERASA, LIVRO DE OBERON, MALYKE, MAYMON.

ETHIEL Demônio noturno na hierarquia do príncipe infernal Usiel. Ethiel comanda dez espíritos próprios. Seu nome e selo aparecem na *Ars Theurgia*. Neste texto, consta que Ethiel tem alguns dos mais potentes poderes de ilusão no que diz respeito a esconder objetos preciosos ou revelar a localização de tesouros ocultos por meios mágicos. Está associado ao oeste. Cf. ARS THEURGIA, USIEL.

ETIMIEL Demônio conectado às horas do dia, Etimiel detém o título de duque. Serve ao demônio Cabariel, que governa a direção entre o oeste e o oés-noroeste. Etimiel tem cinquenta espíritos ministradores que lhe servem, e o selo para conjurá-lo e compeli-lo aparece na *Ars Theurgia*. Cf. ARS THEURGIA, CABARIEL.

EURONYMOUS Segundo o demonologista Charles Berbiguier, Euronymous é o Príncipe da Morte. Detém um título respeitável dentro da hierarquia do Inferno concebida por esse curioso autor francês. Dentre suas distinções, Euronymous já foi agraciado com a Grande Cruz da Ordem da Mosca, de Belzebu. Ele passou da obra *Les Farfadets*, de Berbiguier, para o *Dictionnaire Infernal*, de de Plancy, estabelecendo seu nome no cânone da demonologia. Eurynomous é quase certamente um erro de transcrição do nome grego *Eurynomos*, figura que aparece numa grande pintura da Assembleia em Delfos, executada pelo artista Polignoto do séc. v a.C. Em *Art of the Greeks*, de Henry Beauchamp Walters, Eurynomos é descrito como "um demônio de aspecto selvagem"[1] que cuida das sombras do Hades em meio aos juncos das margens do rio Aqueronte. Mais tarde, no mesmo texto, consta que Eurynomos devora, no Hades, a carne dos mortos. É representado como tendo uma pele de coloração preta azulada reminiscente de uma mosca-varejeira. Cf. BERBIGUIER, DE PLANCY.

EXTERON Na tradução de 1898 da *Magia Sagrada de Abramelin, o Mago*, o ocultista S. L. MacGregor Mathers afirma que o nome deste demônio significa "estrangeiro" ou "distante". Exteron é um servidor demoníaco na hierarquia de Astarote e Asmodeus. Cf. ASTAROTE, ASMODEUS, MATHERS.

EZEQUIEL Um dos vários anjos caídos mencionados no *Livro de Enoque*, Ezequiel é um dos Sentinelas a quem foi confiado o conhecimento secreto dos céus. Além de perseguir as mulheres humanas, em sua luxúria, pecou ao ensinar saberes proibidos à humanidade. Ezequiel compartilhou o conhecimento das nuvens, incluindo como oracular presságios e portentos com base nos padrões no céu. Cf. SENTINELAS.

---

1 Henry Beauchamp Walters, *The Art of the Greeks*, p. 149.

CURIOSIDADES DEMONÍACAS

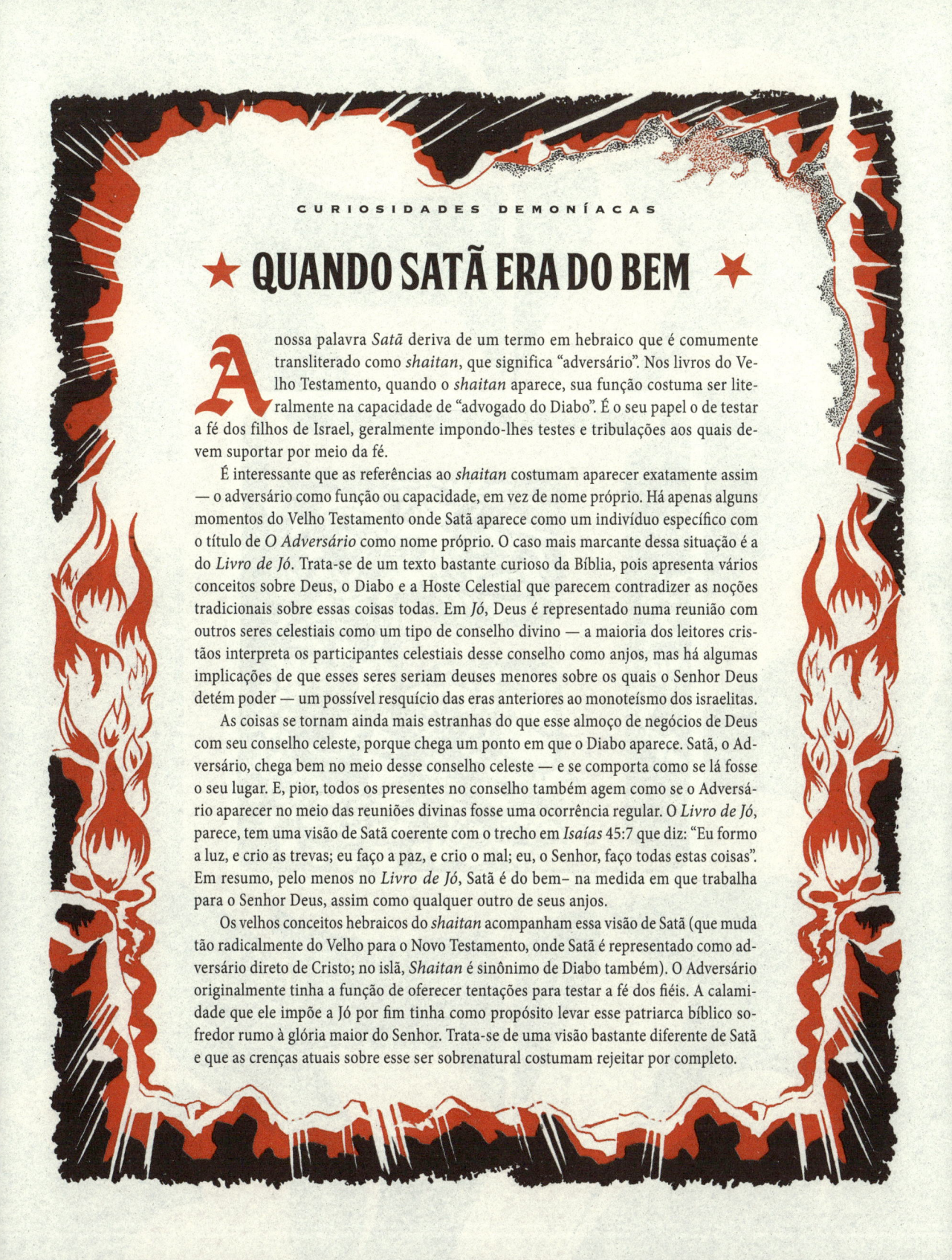

★ QUANDO SATÃ ERA DO BEM ★

A nossa palavra *Satã* deriva de um termo em hebraico que é comumente transliterado como *shaitan*, que significa "adversário". Nos livros do Velho Testamento, quando o *shaitan* aparece, sua função costuma ser literalmente na capacidade de "advogado do Diabo". É o seu papel o de testar a fé dos filhos de Israel, geralmente impondo-lhes testes e tribulações aos quais devem suportar por meio da fé.

É interessante que as referências ao *shaitan* costumam aparecer exatamente assim — o adversário como função ou capacidade, em vez de nome próprio. Há apenas alguns momentos do Velho Testamento onde Satã aparece como um indivíduo específico com o título de *O Adversário* como nome próprio. O caso mais marcante dessa situação é a do *Livro de Jó*. Trata-se de um texto bastante curioso da Bíblia, pois apresenta vários conceitos sobre Deus, o Diabo e a Hoste Celestial que parecem contradizer as noções tradicionais sobre essas coisas todas. Em *Jó*, Deus é representado numa reunião com outros seres celestiais como um tipo de conselho divino — a maioria dos leitores cristãos interpreta os participantes celestiais desse conselho como anjos, mas há algumas implicações de que esses seres seriam deuses menores sobre os quais o Senhor Deus detém poder — um possível resquício das eras anteriores ao monoteísmo dos israelitas.

As coisas se tornam ainda mais estranhas do que esse almoço de negócios de Deus com seu conselho celeste, porque chega um ponto em que o Diabo aparece. Satã, o Adversário, chega bem no meio desse conselho celeste — e se comporta como se lá fosse o seu lugar. E, pior, todos os presentes no conselho também agem como se o Adversário aparecer no meio das reuniões divinas fosse uma ocorrência regular. O *Livro de Jó*, parece, tem uma visão de Satã coerente com o trecho em *Isaías* 45:7 que diz: "Eu formo a luz, e crio as trevas; eu faço a paz, e crio o mal; eu, o Senhor, faço todas estas coisas". Em resumo, pelo menos no *Livro de Jó*, Satã é do bem– na medida em que trabalha para o Senhor Deus, assim como qualquer outro de seus anjos.

Os velhos conceitos hebraicos do *shaitan* acompanham essa visão de Satã (que muda tão radicalmente do Velho para o Novo Testamento, onde Satã é representado como adversário direto de Cristo; no islã, *Shaitan* é sinônimo de Diabo também). O Adversário originalmente tinha a função de oferecer tentações para testar a fé dos fiéis. A calamidade que ele impõe a Jó por fim tinha como propósito levar esse patriarca bíblico sofredor rumo à glória maior do Senhor. Trata-se de uma visão bastante diferente de Satã e que as crenças atuais sobre esse ser sobrenatural costumam rejeitar por completo.

E

FABAR Demônio ligado a práticas divinatórias, Fabar aparece no *Manual de Munique*, onde é chamado para ajudar a transformar uma unha humana (ainda presa ao dedo), em um espelho para catoptromancia. Pode ajudar quem o chama a perceber todo tipo de coisas secretas e ocultas. Cf. *Manual de Munique*.

FABARIEL Demônio diurno que serve ao príncipe infernal Usiel na corte do oeste. Fabariel comanda trinta espíritos ministradores e detém o título de duque. Na *Ars Theurgia*, é mencionado como um dos mais hábeis demônios em revelar tesouros ocultos. Consta que tem poder para ocultar objetos preciosos por meio do uso de fórmulas e encantamentos. Cf. *Ars Theurgia*, Usiel.

FABATH Demônio conjurado para se obter informações a fim de ajudar a levar um ladrão à justiça. Seu nome aparece no 40º feitiço do *Manual de Munique*. Tem conexões com as artes da catoptromanca e da adivinhação. Cf. *Manual de Munique*.

FABIEL Servo do príncipe infernal Dorochiel. Fabiel aparece na *Ars Theurgia*, onde consta que detém o título de arquiduque e serve na hierarquia do oeste. Tem associações com as horas diurnas, preferindo ser conjurado antes do meio-dia. Quarenta espíritos ministradores o acompanham. Cf. *Ars Theurgia*, Dorochiel.

FACCAS Este demônio faz a sua aparição no texto mágico do séc. xv conhecido como *Liber de Angelis*. É um dos dois demônios que dizem servir ao rei infernal Zombar. Faccas é um demônio do ódio e da discórdia. É mencionado como parte de um feitiço envolvendo uma imagem de chumbo que, uma vez encantada, deve ser enterrada num lugar por onde as pessoas passem. A influência deste demônio fará com que as pessoas se voltem umas contra as outras, recaindo em brigas e discussões. Cf. *Liber de Angelis*, Zombar.

FAGANI Na tradução de 1898 da *Magia Sagrada de Abramelin, o Mago*, de Mathers, o nome deste demônio é dado com o sentido de "devoradores". Consta que Fagani serve exclusivamente ao governante infernal Astarote. Cf. Astarote, Mathers.

FALCAS Outro nome para o demônio Lewteffar, descrito no *Livro de Oberon*. Cf. Lewteffar, *Livro de Oberon*.

FASEUA Espírito infernal da noite, Faseua detém o título de duque na hierarquia do rei demoníaco Asyriel. Seu nome e selo aparecem na tradução de Henson da *Ars Theurgia*. Segundo este texto, há dez servos que lhe são subordinados. Tem afiliações com a direção sul. Cf. *Ars Theurgia*, Asyriel.

FATURAB Este nome curioso aparece em todas as versões sobreviventes da *Magia Sagrada de Abramelin, o Mago*. Consta que Faturab serve ao demônio Magoth. Em sua apresentação do material do *Abramelin*, o ocultista S. L. MacGregor Mathers também elenca Kore como um demônio em comando de Faturab. Cf. Kore, Magoth, Mathers.

FEBAT Segundo o *Manual de Munique*, Febat deve ser conjurado por aqueles que procuram obter o poder da adivinhação. Ele pode ter alguma relação com Fabath, um demônio evocado num feitiço semelhante que aparece no mesmo manuscrito. Cf. Fabath, *Manual de Munique*.

FEGOT Demônio mencionado nas *Verdadeiras Clavículas de Salomão*. É um dos vários servos do chefe Sirachi, um agente de Lúcifer. Fegot é um demônio ilusionista, sendo capaz de criar monstros pesadelares e quimeras que parecem ser reais. Cf. Verdadeiras Clavículas, Lúcifer, Sirachi.

FELSMES Este demônio é conjurado para encantar uma unha humana de modo que revele imagens. O feitiço para se obter este método divinatório aparece no texto mágico do séc. xv conhecido como *Manual de Munique*. A unha precisa ainda estar presa ao dedo de uma pessoa viva que, por sua vez, usa a sua superfície como um espelho de catoptromancia para atos divinatórios. Cf. Manual de Munique.

FEMELL Demônio evocado sempre que os quatro reis das direções cardeais são chamados em uma cerimônia. Funciona como um mensageiro e aparece com Alphasis, Emlon e Rodabell. Femell consta no *Livro de Oberon*, um grimório da Inglaterra elisabetana. Deve ser coibido antes de Baal ser conjurado. Duas variantes de seu nome são dados pelo *Livro de Oberon*: Bellferit e Bellfarto. Estes nomes também aparecem em *Príncipes Demoníacos*, onde são grafados como Belferit e Belfarto. O texto identifica este demônio como um mensageiro de Oriens, rei do leste. Cf. Alphasis, Emlon, Livro de Oberon, Príncipes Demoníacos, Rodabell.

FEMOR Demônio que aparece no segundo livro da *Chave Menor de Salomão*, conhecido como *Ars Theurgia*, com a reputação de ser teimoso e impertinente. É um dos doze duques que dizem servir ao Imperador Infernal do Sul, Caspiel. Enquanto um demônio nobre, Femor comanda 2260 espíritos menores. Cf. Ars Theurgia, Caspiel.

FEREMIN Demônio citado no *Manual de Munique*, onde consta que aparece montado num cavalo. É conjurado para ajudar a criar uma rédea mágica. Dizem que tal item encantado fará aparecer um corcel infernal capaz de levar seu dono com rapidez a qualquer local desejado. Feremin é descrito como um espírito que serve aos pecadores. Cf. Manual de Munique.

FERSEBUS Demônio que dizem servir ao arquidemônio Magoth. Na tradução de 1898 da *Magia Sagrada de Abramelin, o Mago*, feita por Mathers, consta que Fersebus serve a Kore, o que o texto deixa implícito ser um demônio. Fersebus é provavelmente uma grafia alternativa do nome deste demônio, pois todas as versões sobreviventes do material do *Abramelin* dão seu nome como *Fernebus*. Cf. Kore, Magoth, Mathers.

FERSONE Demônio com o título de rei mencionado no *Livro de Oberon*. Aparece como um homem com rosto leão. Quarenta arautos e menestréis tocam música diante dele para anunciar sua chegada. Conhece o passado, presente e futuro, revela tesouros ocultos e tem 72 legiões sob seu comando. O *Livro de Oberon* diz que este demônio deseja sacrifícios daqueles que o evocam, e o custo é alto: não satisfeito com a mera fumaça do incenso ou mesmo o sangue de um animal, Fersone exige a oferenda de uma "donzela audaz" (i.e. sem pudores). O texto não diz nada do que o demônio fará se ela lhe for oferecida. Cf. Livro de Oberon.

FESSAN Demônio erudito, Fessan é bem versado na astronomia e na aritmética. Sua aparição se dá na forma de uma labareda e ele fala com voz suave e rouca. No *Livro de Oberon*, que registra seu nome, consta que é um dos doze principais servos do rei demoníaco do norte, Egin. Cf. Egin, Livro de Oberon.

FEWRAYN Demônio que ensina línguas, Fewrayn é mencionado no grimório elisabetano conhecido como o *Livro de Oberon*. Consta que aparece de forma suave, com o rosto de uma mulher, e que detém o título de governador ou de marquês (o texto diz ambas as coisas). Este demônio é capaz de conferir a habilidade de falar e compreender línguas estrangeiras. Pode ser chamado também em magia amorosa, uma área em que ele tem como alvo as mulheres, em especial. Consta que há nove legiões de espíritos menores que lhe servem. Apesar de sua aparência feminina, usa-se pronomes masculinos no verbete deste demônio, sugerindo que seu gênero é mais complicado que a binaridade humana. Cf. Livro de Oberon.

FINAXOS Servidor dos demônios Astarote e Asmodeus, o nome de Finaxos aparece na tradução de Mathers da *Magia Sagrada de Abramelin, o Mago*. Em outras versões desse material, o nome deste demônio é dado como *Tinakos*. Cf. ASTAROTE, ASMODEUS, MATHERS.

FINIBET Este demônio é conjurado para dar uma ajudinha infernal num processo de adivinhação. Segundo o *Manual de Munique*, tem o poder de encantar a superfície reflexiva de uma unha humana para que revele imagens que dizem respeito à identidade de um ladrão. Cf. MANUAL DE MUNIQUE.

FIRIEL Demônio associado ao oeste. Firiel é mencionado no grimório do séc. XV conhecido como *Manual de Munique*. Neste texto, ele é um dos quatro demônios conjurados para fornecer uma capa encantada. Este item infernal tem a reputação de conferir a quem o veste o poder da invisibilidade. Os demônios devem ser chamados numa quarta-feira, em um lugar remoto, durante a primeira hora do dia na lua crescente. O uso da capa não vem sem riscos, no entanto. Segundo o texto, a não ser que as devidas precauções sejam tomadas, Firiel e seus compatriotas matarão qualquer um que use a capa após um período de uma semana e três dias. Cf. MANUAL DE MUNIQUE.

FLAUROS Na *Pseudomonarchia Daemonum*, de Wierus, consta que Flauros aparece na forma de um poderoso leopardo. Também pode assumir uma forma humana, mas, ao fazê-lo, sua natureza demoníaca se revela em seu rosto horrendo e olhos ardentes. Dizem que detém o título de duque, com vinte legiões de espíritos menores que executam seus comandos. Pode agir de forma mentirosa e traiçoeira, mas também pode ser forçado a destruir os inimigos de alguém, abatendo-os com fogo. Se forem tomadas as devidas providências para fazê-lo dar respostas verdadeiras, ele é capaz de falar do passado, presente e futuro, como também da divindade, da Criação e da Queda. Segundo a *Descoberta da Bruxaria*, de Scot, também pode ser comandado para proteger alguém contra tentações. Flauros aparece ainda na *Goécia*. Na *Goécia do Dr. Rudd*, consta que governa ou três ou 36 legiões de espíritos. O texto também grafa seu nome como *Haures*, o que é *Hauros* em outros textos. Consta que o anjo Mehiel é o que tem poder para coibir este demônio. Cf. GOÉCIA, RUDD, SCOT, WIERUS.

FLAVOS Demônio chamado para destruir os inimigos do conjurador. No *Livro dos Espíritos* francês (*Livre des Esperitz*), ele é identificado como um grande duque que confere respostas verdadeiras a qualquer pergunta que lhe for feita. Em sua corte há vinte legiões o servindo. Comparar com o demônio goético Flauros. Cf. FLAUROS, LIVRE DES ESPERITZ.

FLAXON O nome significa "fender", pelo menos segundo o ocultista S. L. MacGregor Mathers. Flaxon aparece na *Magia Sagrada de Abramelin, o Mago*, onde é listado dentre os demônios que servem ao príncipe infernal Ariton. Nas versões do material do *Abramelin* guardadas nas bibliotecas alemãs de Wolfenbüttel e Dresden, o nome deste demônio é grafado como *Filaxon*. Cf. ARITON, MATHERS.

FLEURÈTY Demônio que aparece tanto no *Grimorium Verum* quanto no *Grande Grimório*, Fleurèty é elencado como tenente-general na hierarquia do Inferno. Possuindo algumas qualidades em comum com *brownies* e outros seres do folclore das fadas, a Fleurèty é atribuído o poder de realizar qualquer tarefa que lhe for dada da noite para o dia. Caso lhe seja pedido, ele tem o poder de fazer chover ou cair granizo em qualquer local desejado. Há muitos espíritos poderosos sob seu comando, incluindo os demônios goéticos Bathin, Purson e Eligos (Eligor). Cf. BATHIN, ELIGOR, GRANDE GRIMÓRIO, GRIMORIUM VERUM, PURSON.

FOCALOR O 41º demônio da *Goécia*. Segundo a *Pseudomonarchia Daemonum*, Focalor tem poder sobre os ventos e mares. É capaz de revirar navios de guerra e afogar as pessoas nas águas. Embora tenha o poder de matar, também pode receber o comando para deixar as pessoas intactas, e consta que ele consente, de boa vontade, a esse tipo de pedido. Na *Descoberta da Bruxaria*, de Scot, é um dos demônios sobre o qual dizem ainda ter esperanças de retornar ao Céu. É um grande duque com três legiões de espíritos a seu serviço. Ao se manifestar, assume

CURIOSIDADES DEMONÍACAS

ANJOS PARA ALGUNS...

Os Serafim[1] são a mais alta ordem dos anjos — pelo menos segundo comentadores bíblicos como Pseudo-Dionísio, o Areopagita, e São Tomás de Aquino. A hierarquia angelical tríplice promovida pelos dois autores tornou-se a visão mais amplamente aceita de como os anjos se ordenaram no Céu. Há nove ordens, ou "coros", e os Serafim se encontram no topo — uns bons sete níveis acima de arcanjos como Miguel e Gabriel. Por isso pode ser uma surpresa descobrir que, originalmente, a palavra *saraph* ou *seraph* pode ter sido usada para designar não um anjo, mas um demônio.

O estudioso bíblico Reverendo W. O. E. Oesterley, que serviu como capelão ao Bispo de Londres no começo do século XX, propõe uma etimologia bastante convincente da palavra em sua publicação de 1921, *Imortalidade e o Mundo Invisível*. O termo *seraph* vem da raiz hebraica *saraph*, que significa "queimar". Então, Serafim quer dizer "aqueles que queimam" — mas não num bom sentido. Ao longo do Velho Testamento, o termo aparece associado a serpentes. Oesterley cita, primeiro, para defender seu argumento, *Números* 21:6: "Então o Senhor mandou entre o povo serpentes ardentes, que picaram o povo; e morreu muita gente em Israel". O termo usado para "serpentes ardentes" pode ser lido de forma literal como "serpentes-serafim". Mais adiante, no mesmo trecho, Moisés oferece uma cura de inspiração divina para essa picada mortífera das serpentes. A cura envolve construir um "*seraph*" e colocá-lo num poste. Quem quer que tenha sido mordido e olhe para a imagem continuará vivo. Muitos interpretam o trecho de modo a entender que a imagem em si é a imagem de um anjo, mas a palavra *seraph* é usada, de novo e de novo, em conjunção com serpentes mortíferas, e Oesterley acredita que o sentido original era para representar não um anjo, mas uma serpente. Em *Deuteronômio* 8:15, há uma menção a "serpentes e escorpiões serafim" no deserto, e Isaías 14:29 fala de um basilisco que sairá da raiz da serpente, e "o seu fruto será uma serpente ardente, voadora" — um trecho onde literalmente se lê "*seraph* voador". A partir disso, Oesterely argumenta que os Serafim, no princípio, eram qualquer coisa, menos anjos. Em vez disso, trata-se de demônios teriomórficos que assombravam o deserto e atormentavam os filhos de Israel com mordidas ardentes e flamejantes. Nunca foi explicado direito como os Serafim fizeram essa transição de demônios serpenteantes para anjos celestiais.

[1] [NT]: Apesar de "serafins" e "querubins" ser uma construção comum em português, na tradução foi mantida a construção hebraica, com o sufixo -im que indica o plural masculino, sendo *saraph* o termo no singular.

a forma de um homem com asas de grifo. Segundo a *Goécia do Dr. Rudd*, é coibido pelo nome do anjo Hahahel. Nesse livro, seu nome é dado como *Forcalor*. No *Livro dos Encantamentos*, seu nome é grafado *Focator*. Aqui, ele é um poderoso duque com comando sobre 31 legiões, cujo ofício é matar. Cf. Goécia, Livro dos Encantamentos, Rudd, Scot, Wierus.

FOLIATH Um dos vários demônios mencionados no *Manual de Munique*, Foliath é parte de uma operação que exige o uso de um jovem menino, de preferência virgem. O mago invoca os nomes com a criança por perto e então usa o menino como um intermediário entre ele mesmo e os espíritos infernais. Este método de adivinhação tem grande semelhança com ritos semelhantes registrados nos papiros do Egito helenizado do séc. III, particularmente os registrados no *Papiro de Leyden*. Cf. Manual de Munique.

FORAS O 31º demônio da *Goécia*. Na *Descoberta da Bruxaria*, Foras é descrito como um grande presidente. Tem um total de 29 legiões de espíritos sob seu comando. Por vezes seu nome é dado como *Forcas*. Na *Pseudomonarchia Daemonum*, é grafado *Forras*. Supostamente é capaz de conferir inteligência, eloquência e longevidade aos que estiverem dispostos a tratar com ele. Também tem o poder de deixar as pessoas invisíveis. Foras é um demônio professor, com conhecimentos em lógica e ética, além de saber as propriedades mágicas de ervas e pedras preciosas. Para encerrar, ele é capaz de recuperar itens perdidos e revelar tesouros ocultos. Ao se manifestar, assume a forma de um homem de constituição forte e poderosa. Segundo a Goécia do Dr. Rudd, ele é coibido pelo anjo "Lectabal", ou Lecabel. Cf. Goécia, Rudd, Scot, Wierus.

FORCAS No *Livre des Esperitz*, grimório francês do séc. XVI, Forcas é um príncipe com trinta legiões. No *Livro de Oberon*, um grimório da Inglaterra elisabetana, seu nome consta como *Forcase*. Aqui ele é um grande príncipe capaz de revelar tesouros e restaurar a visão aos cegos. É servido por dez legiões e, ao se manifestar, assume a forma de um "grande homem" — possivelmente uma referência aos "homens poderosos" (*Gibburim*) ou gigantes da Bíblia. Comparar com o demônio goético Foras. Cf. Foras, Livre des Esperitz, Livro de Oberon.

FORFASON Servo do demônio Ariton. Forfason tem conexões com a *Magia Sagrada de Abramelin, o Mago*, embora seu nome esteja ausente na tradução de Mathers desta obra. Ele aparece na edição de Peter Hammer, bem como também na versão guardada na biblioteca de Dresden. No manuscrito guardado na biblioteca Wolfenbüttel, também na Alemanha, seu nome é grafado *Forfaron*. Cf. Ariton, Mathers.

FORMAN No *Livro de Oberon*, Forman é o rei de todos os espíritos que se enquadram dentro da esfera planetária de Júpiter. Consta que ele aparece como um homem de estatura mediana, com uma pele avermelhada ou de tom marrom amarelado. Fala com voz suave, mas treme ao se mover. Também tem outras formas e pode aparecer como um homem cavalgando um veado, uma menina coroada de louros,

Uma variação do selo de Foras que aparece na Goécia do Dr. Rudd. *Tinta sobre pergaminho, por M. Belanger.*

um homem vestindo uma túnica e uma mitra e até mesmo como um pavão. Suas roupas são de um azul profundo e pode trazer consigo uma espada desembainhada. Tem o poder de resolver conflitos, acalmar inimigos e tornar as pessoas joviais, além de libertar os condenados e conferir o amor das mulheres. É servido pelos espíritos Gewthren e Gewthem. Comparar com Formione. Cf. FORMIONE, GEWTHEM, GEWTHREN, LIVRO DE OBERON.

FORMECONES Mencionado no *Livro de Oberon*, Formecones é um demônio professor com a reputação de possuir um conhecimento maravilhoso em astronomia e ciência. Conhece as virtudes das ervas e pedras e todo tipo de sabedoria. Além de ensinar as propriedades das pedras, também busca pedras preciosas para o seu mestre. Ao ser conjurado, aparece primeiro como um touro, mas pode ser persuadido a assumir forma humana. Detém o título de príncipe, com 36 legiões que lhe servem. Cf. LIVRO DE OBERON.

FORMIONE O rei dos espíritos de Júpiter. Formione é um demônio mencionado na tradução de Joseph Peterson do *Livro Jurado de Honório*. Segundo esse texto, é supervisionado pelos anjos Satquiel, Rafael, Pahamcocihel e Asassaiel. Tem o poder de trazer amor e alegria às pessoas, concedendo a elas uma variedade de emoções positivas. Também ajuda as pessoas a obterem favores das outras. Tem conexões com as direções leste e sul. Cf. LIVRO JURADO.

FORNEUS O 30º demônio da *Goécia*. Segundo a *Pseudomonarchia Daemonum*, Forneus é um grande marquês com 29 legiões de espíritos que lhe servem. Alguns desses asseclas infernais pertencem à Ordem dos Anjos e outros à Ordem dos Tronos. Em aparência, ele lembra um monstro marinho. Pode ser chamado para ensinar línguas e tornar as pessoas maravilhosamente habilidosas em retórica. É capaz também de causar o amor de inimigos tanto quanto de amigos e garantir fama. Segundo a *Goécia do Dr. Rudd*, é coibido pelo anjo Omael. Neste texto, seu nome é grafado *Forners*. Cf. GOÉCIA, RUDD, SCOT, WIERUS.

FORNNOUC Rei poderoso que governa, no leste, o elemento do ar. É descrito como cheio de vida, mas de natureza excêntrica. Segundo a edição de Driscoll do *Livro Jurado*, Fornnouc é um espírito curandeiro. A ele é atribuído o poder de curar qualquer fraqueza e prevenir que qualquer enfermidade se manifeste. Àqueles que conquistam sua boa vontade, Fornnouc também consente em ser um tutor inspirador. No séc. XIV, a data provável de composição do *Livro Jurado*, o elemento do ar era associado à razão e ao intelecto humanos. Por esse motivo, qualquer tutor demoníaco originário deste elemento teria grande erudição. Cf. LIVRO JURADO.

FORTESON Demônio que serve a Magoth e Kore, pelo menos segundo a edição de Mathers da *Magia Sagrada de Abramelin, o Mago*. Outras versões identificam Forteson como um servidor apenas de Magoth. Mathers sugere que o nome deriva de uma palavra grega que significa "sobrecarregado". Seu nome tem a grafia alternativa de *Fortesion* na versão do material do *Abramelin* guardado na biblioteca de Wolfenbüttel. No *Livro de Oberon*, é chamado de Fortisan e serve sob os comandos de Lúcifer. Nesse texto, Fortisan é mencionado, junto a seus companheiros Alingon e Portisan num feitiço para conjurar o demônio Bilgall. Cf. ALINGON, BILGALL, KORE, LIVRO DE OBERON, LÚCIFER, MAGOTH, MATHERS, PORTISAN.

FRASMIEL Demônio que comanda 650 espíritos menores. Na *Ars Theurgia*, Frasmiel serve ao príncipe errante Uriel na capacidade de duque. Frasmiel e seus colegas de título são todos infames por conta de sua natureza teimosa e maléfica. São desonestos e enganosos em todos os seus negócios. Ao se manifestar, Frasmiel assume a forma de uma serpente monstruosa com uma cabeça humana. Cf. ARS THEURGIA, URIEL.

FRASTIEL Servo do chefe Sirachi, Frastiel é mencionado nas *Verdadeiras Clavículas de Salomão*, onde tem a reputação de deter poder sobre a vida e a morte. É capaz de trazer qualquer um de volta à vida ou, alternativamente, de fazer com que qualquer ser mortal pereça. Por vezes é conhecido pelo nome *Frulhel*. Cf. VERDADEIRAS CLAVÍCULAS, SIRACHI.

*Gravura de Hans Burgkmair representando os Quatro Cavaleiros do Apocalipse.
De um exemplar alemão do* Novo Testamento *impresso por Silvan Othmar em 1523.*

FRIBLEX Demônio, segundo o *Livro de Oberon*, que detém os cargos tanto de duque quanto de marquês. É semelhante a um anjo em aparência e seu temperamento é descrito como sendo meigo e verdadeiro. Segundo o texto, há seis legiões que lhe servem. Não há quaisquer poderes específicos listados, mas o livro diz que ele é poderoso. Dentro do mesmo verbete, seu nome é grafado também como *Friplex*. Cf. Livro de Oberon.

FRIMOTH Demônio da paixão e da luxúria capaz de incitar ou extinguir o desejo. Também tem o poder de fazer as mulheres sofrerem abortos espontâneos. Segundo as *Verdadeiras Clavículas de Salomão*, Frimoth serve ao demônio Sirachi. Aparece ainda na tradução de Peterson do *Grimorium Verum*. Aqui ele é um servo do duque infernal Syrach, situando-se no quarto nível da hierarquia. Detém muitos dos mesmos poderes, exercendo particular influência sobre as paixões e prazeres femininos. Seu nome é usado também na construção de uma varinha mágica. Nos *Segredos de Salomão*, seu nome é grafado *Frimodth*. Aqui, ele incita paixões, mas pode ser usado para causar um tipo mais literal de calor: é evocado num feitiço para ajudar a esquentar alguém que esteja passando frio. Cf. Verdadeiras Clavículas, Segredos de Salomão, Sirachi, Syrach.

FRITATH No *Manual de Munique*, este demônio é usado em conjunção com as quatro direções cardeais. É um dos vários demônios que devem ser evocados antes de se realizar um feitiço divinatório. Cf. Manual de Munique.

FRULTHIEL Um dos dezoito demônios que servem ao duque Syrach nos *Segredos de Salomão*. Frulthiel tem poder sobre os vivos e os mortos e é capaz de trazer qualquer pessoa de qualquer época e fazê-la responder a perguntas. Também consegue ressuscitar um cadáver durante tempo o bastante para que ele possa falar. Cf. Segredos de Salomão, Syrach.

FRUTHMERL Demônio de paladar refinado e habilidades sem paralelo em elaborar cardápios para jantares. Mencionado no grimório veneziano *Segredos de Salomão*, consta que Fruthmerl é capaz de conjurar festins requintadíssimos. Não há obra-prima culinária que esteja além de seu alcance, pois ele é capaz de trazer vinhos finos e iguarias à mesa, além de frutas suculentas, lebres gordas, tordos saborosos e perdizes recheados. É um dos dezoito ministros de alto escalão que servem ao Duque Syrach. Cf. Segredos de Salomão, Syrach.

FTHERUTHI Demônio com o título de duque, atendendo na corte do Príncipe Belzebu. Junto a Agaleraptarkimath, Ftheruthi é supostamente um dos poderes mais proeminentes do bando de Belzebu. Seu nome aparece nos *Segredos de Salomão*, um grimório do séc. XVII confiscado durante a Inquisição de Veneza. Cf. Agaleraptarkimath, Belzebu, Segredos de Salomão.

FUREAS Demônio tutelar mencionado no *Livro dos Encantamentos* galês, que aparece na forma de um homem cruel brandindo uma arma longa e afiada. Monta um cavalo amarelado. Seus ofícios incluem ensinar filosofia, astrologia, retórica e lógica. Sob seu comando há vinte legiões. Seu nome é provavelmente uma variante de *Furcas*. Cf. Livro dos Encantamentos, Furcas.

FURCAS Demônio que dizem aparecer na forma de um homem cruel com um cabelo grisalho e uma barba longa. Chega montado num cavalo pálido e carrega uma longa lança. Furcas é mencionado tanto na *Pseudomonarchia Daemonum* quanto na *Descoberta da Bruxaria*, de Scot. Também aparece como o 50º demônio da *Goécia*. A ele é creditado o título de cavaleiro e consta que comanda vinte legiões. Apesar de sua aparência intimidante, Furcas é, antes de mais nada, um demônio professor. Dizem que instrui as pessoas em filosofia, retórica, astronomia e lógica. Também ensina as artes

CURIOSIDADES DEMONÍACAS

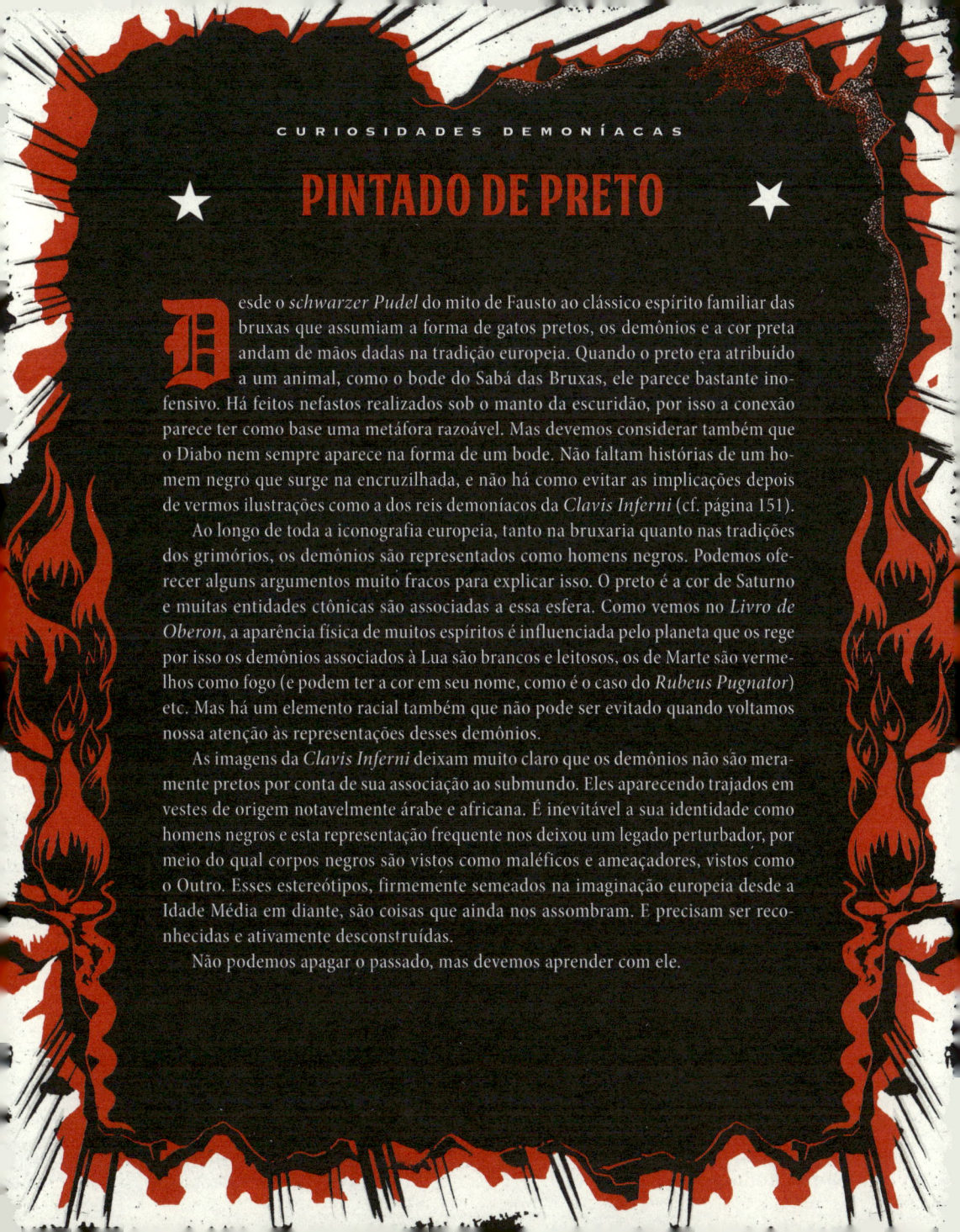

PINTADO DE PRETO

Desde o *schwarzer Pudel* do mito de Fausto ao clássico espírito familiar das bruxas que assumiam a forma de gatos pretos, os demônios e a cor preta andam de mãos dadas na tradição europeia. Quando o preto era atribuído a um animal, como o bode do Sabá das Bruxas, ele parece bastante inofensivo. Há feitos nefastos realizados sob o manto da escuridão, por isso a conexão parece ter como base uma metáfora razoável. Mas devemos considerar também que o Diabo nem sempre aparece na forma de um bode. Não faltam histórias de um homem negro que surge na encruzilhada, e não há como evitar as implicações depois de vermos ilustrações como a dos reis demoníacos da *Clavis Inferni* (cf. página 151).

Ao longo de toda a iconografia europeia, tanto na bruxaria quanto nas tradições dos grimórios, os demônios são representados como homens negros. Podemos oferecer alguns argumentos muito fracos para explicar isso. O preto é a cor de Saturno e muitas entidades ctônicas são associadas a essa esfera. Como vemos no *Livro de Oberon*, a aparência física de muitos espíritos é influenciada pelo planeta que os rege por isso os demônios associados à Lua são brancos e leitosos, os de Marte são vermelhos como fogo (e podem ter a cor em seu nome, como é o caso do *Rubeus Pugnator*) etc. Mas há um elemento racial também que não pode ser evitado quando voltamos nossa atenção às representações desses demônios.

As imagens da *Clavis Inferni* deixam muito claro que os demônios não são meramente pretos por conta de sua associação ao submundo. Eles aparecendo trajados em vestes de origem notavelmente árabe e africana. É inevitável a sua identidade como homens negros e esta representação frequente nos deixou um legado perturbador, por meio do qual corpos negros são vistos como maléficos e ameaçadores, vistos como o Outro. Esses estereótipos, firmemente semeados na imaginação europeia desde a Idade Média em diante, são coisas que ainda nos assombram. E precisam ser reconhecidas e ativamente desconstruídas.

Não podemos apagar o passado, mas devemos aprender com ele.

ocultas da quiromancia (leitura de mãos) e piromancia (adivinhação pelo fogo). Furcas é o único dos 72 demônios goéticos com o título de cavaleiro. David Rankine e Stephen Skinner, os editores da *Goécia do Dr. Rudd*, sugerem que este é o resultado de um erro de leitura de uma palavra latina na descrição deste demônio feita pela *Pseudomonarchia Daemonum*. A intenção do autor, como eles sugerem, era que o termo *miles*, "soldado", estivesse associada à descrição de sua aparência, não seu título. Em vez disso, eles atribuem a Furcas o título de duque. Segundo a *Goécia do Dr. Rudd*, pode ser coibido em nome do anjo Daniel. Cf. Goécia, Rudd, Scot, Wierus.

FURFUR Este demônio com um nome peculiar tem uma forma igualmente peculiar. Segundo a *Pseudomonarchia Daemonum*, ele assume a forma de um veado com uma cauda de chamas. Detém o título de conde e supervisiona 26 legiões de espíritos. É o 34º demônio mencionado na *Goécia*. Furfur é um demônio capcioso e dará respostas mentirosas a todas as questões, exceto se for compelido pelo uso de magia e nomes divinos. É capaz de assumir uma forma humana se lhe for solicitado e, ao fazê-lo, dizem que fala com uma voz rouca. Seus poderes são muitos e variados. É capaz de inspirar amor entre um homem e uma mulher, também podendo responder a perguntas de assunto oculto e divino. Além disso, a ele é creditado o poder de causar raios, trovões e tremores. Na *Goécia do Dr. Rudd*, ele não causa tremores, mas rajadas violentas de vento, o que faz dele claramente um demônio associado a tempestades. O texto também alega que o anjo Lehahiah tem o poder de compeli-lo e coibi-lo. Furfur aparece ainda na *Descoberta da Bruxaria* de Scot. No *Livro dos Encantamentos* galês, ele é um grande e poderoso conde que comanda mais de 25 legiões. Desperta o amor entre um homem e sua esposa e causa tempestades violentas, ainda que provavelmente não as duas coisas ao mesmo tempo. No *Livre des Esperitz* francês, detém o título de conde e aparece na forma de um anjo. Cf. Goécia, Livres des Esperitz, Livro dos Encantamentos, Rudd, Scot, Wierus.

FURSIEL Subordinado do demônio Raysiel. Por meio de sua aliança com seu mestre, Fursiel serve na hierarquia associada ao norte. Detém o título de arquiduque e tem cinquenta espíritos menores que lhe servem. Segundo a *Ars Theurgia*, ele se vê ativo apenas durante as horas diurnas. Cf. Ars Theurgia, Raysiel.

FURTIEL Segundo a *Ars Theurgia*, Furtiel é um demônio maligno e velhaco que serve ao duque errante Buriel. Furtiel comanda 880 espíritos menores que o seguem e o acompanham. Tem conexões com as horas da noite e detesta o dia. Foge da luz e se manifesta apenas na escuridão. Ao se manifestar, assume a forma de uma serpente monstruosa com cabeça humana. É um ser tão malevolente que todos os outros espíritos, exceto os de sua própria hierarquia, o desprezam. Cf. Ars Theurgia, Buriel.

FUTIEL Demônio noturno que dizem ter um total de quatrocentos espíritos ministradores a seu comando. Futiel é mencionado como arquiduque na *Ars Theurgia*, onde consta que serve ao príncipe infernal Dorochiel da meia-noite até a alvorada, todas as noites. Sua região é o oeste. Cf. Ars Theurgia, Dorochiel.

FYRUS Demônio mencionado no texto do séc. xv conhecido como *Manual de Munique*. Fyrus está associado a questões de justiça e adivinhação. Em termos mais particulares, é capaz de ajudar a revelar a identidade de um ladrão. Cf. Manual de Munique.

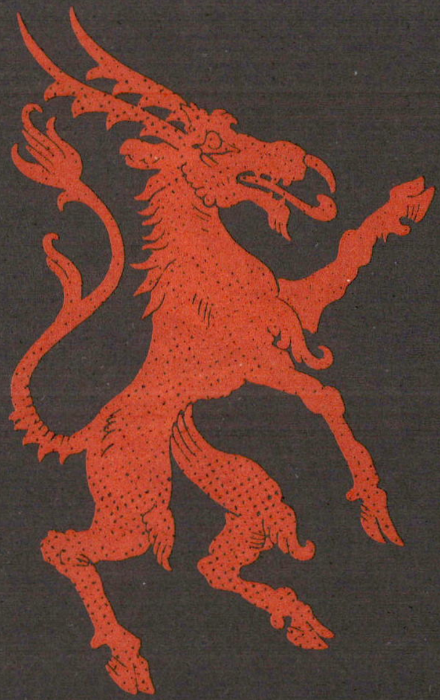

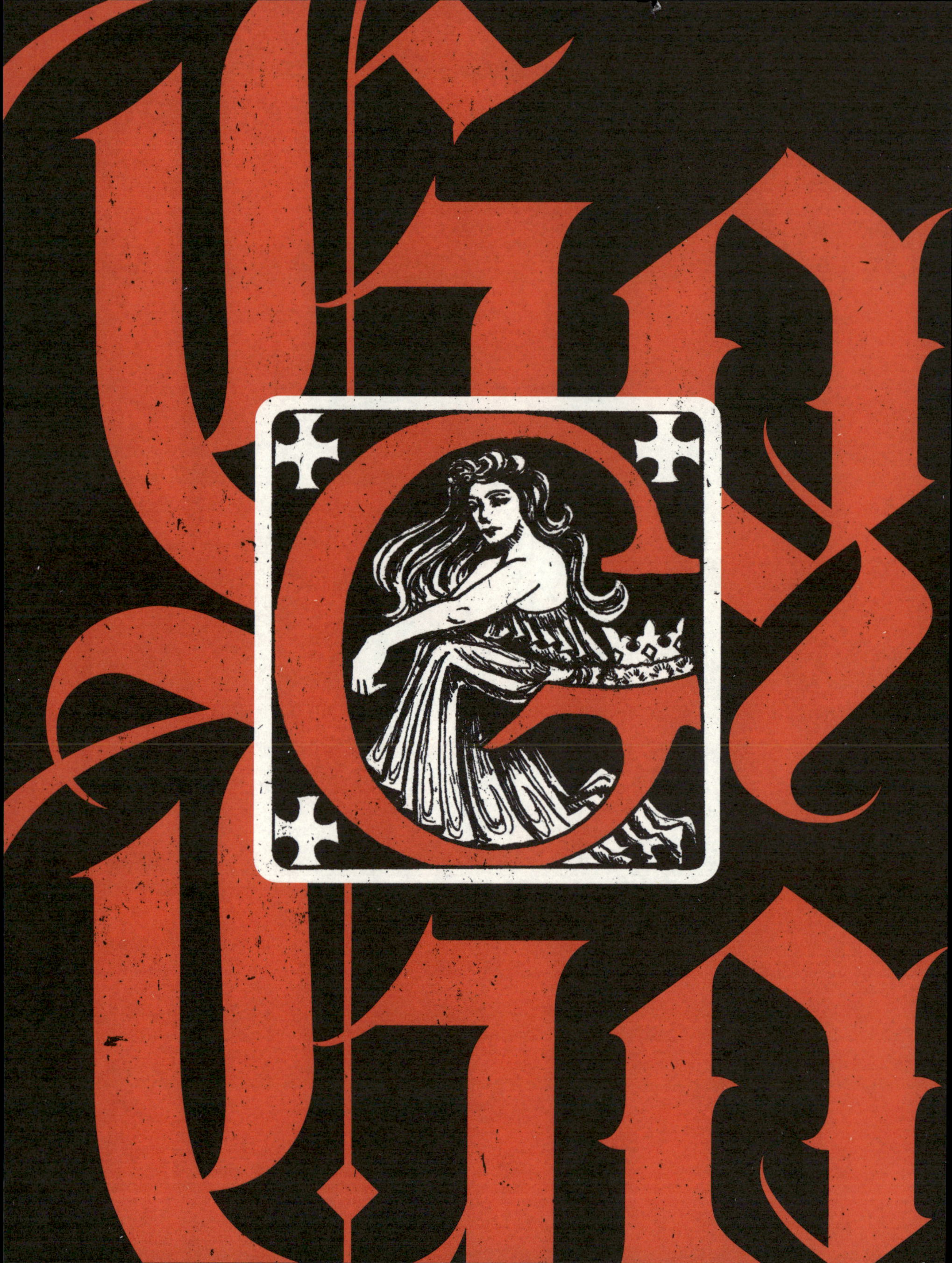

GAAP Demônio mencionado tanto na *Pseudomonarchia Daemonum*, de Johannes Wierus, quanto na *Descoberta da Bruxaria*, de Scot. Gaap é também um dos tradicionais 72 demônios da *Goécia*. É descrito, ao mesmo tempo, como um príncipe e um presidente, mas evidências da *Goécia do Dr. Rudd* sugerem que o seu título real deveria ser o de rei. Conta com um total de 66 legiões sob seu comando. No Céu, teria supostamente pertencido à Ordem Angelical das Potestades. Dizem que ele aparece quando um certo signo se encontra no meridiano, mas esse signo exato não é especificado na *Pseudomonarchia*. Na *Goécia*, consta que aparece quando o sol se encontra em certos signos do sul (mas também não é dito quais signos). Ao assumir forma humana, aparece como um médico e dizem que ele tem um excelente "remédio" para mulheres, inflamando nelas o amor pelos homens. Seu poder é comparado ao do rei infernal Bileth e age como um guia para os quatro principais reis. Além de sua habilidade de fazer as mulheres sentirem luxúria pelos homens, a ele é creditado um grande número de poderes. Dizem que é capaz de roubar espíritos familiares de outros conjuradores. Ensina filosofia e ciências liberais, respondendo a perguntas que dizem respeito ao passado, presente e futuro. Além disso, consegue inspirar amor e ódio entre as pessoas e tem o poder de transportar os indivíduos de um país a outro. Pode deixar as pessoas invisíveis e também privar-lhes dos sentidos. Por fim, tem o poder de consagrar as coisas sob o domínio do rei infernal Amaimon, embora não seja evidente qual seria a utilidade deste poder. Versões alternativas de seu nome incluem *Tap* e *Goap*. Na *Goécia do Dr. Rudd*, consta que Gaap pertence a Amaimon, aliando-o, assim, à corte do leste. É coibido pelo anjo Iehuiah. Na hierarquia de Binsfeld dos demônios ligados aos Sete Pecados Capitais, Gaap é igualado a Satã. Ele é também mencionado no *Livro dos Encantamentos* galês, que afirma que aparece quando o sol se encontra em um dos signos do sul. Detém o título de príncipe e governa 66 legiões. Mais adiante, neste mesmo manuscrito, seu título é dado como presidente. Ensina filosofia e ciência, transporta as pessoas de lugar a lugar e é capaz de despertar amor ou ódio. Cf. AMAIMON, BILETH, *GOÉCIA*, *LIVRO DOS ENCANTAMENTOS*, RUDD, SATÃ, SCOT, WIERUS.

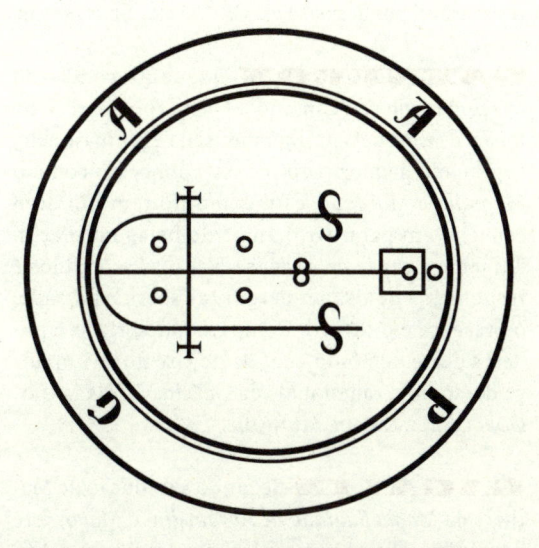

Selo do demônio Gaap, baseado na versão desenhada à mão no Livro dos Encantamentos *de John Harries. O grimório galês do começo do séc. XIX tem diversas variações raras dos sigilos tradicionais. Imagem de Catherine Rogers.*

GABIO Um dos vários demônios cujos nomes aparecem na *Ars Theurgia* em conexão com o rei infernal Barmiel. Consta que Gabio serve a Barmiel durante as horas noturnas. Detém o título de duque, mas não possui quaisquer servos ou espíritos ministradores. Por meio de seu serviço a Barmiel, Gabio está associado ao sul. Cf. *ARS THEURGIA*, BARMIEL.

GADRIEL Anjo caído mencionado no *Livro de Enoque*. Gadriel supostamente teria ensinado à humanidade "todos os golpes da morte". Assim como o anjo caído Azazel, consta que teria ensinado a raça humana a criar armas e armaduras. Além disso, ele tem os créditos por ter sido o anjo responsável por desviar Eva. Cf. Azazel, Sentinelas.

GAENERON Duque que conta com 27 legiões sob seu comando. Gaeneron aparece na forma de uma bela mulher montada em um camelo. Segundo o grimório do séc. xv conhecido como o *Manual de Munique*, este demônio tem um dom especial em garantir o amor de belas mulheres. Também é capaz de revelar tesouros escondidos e responder a quaisquer perguntas sobre o passado, o presente e o futuro. Compare a descrição e poderes deste demônio com os de Gremory, um dos 72 demônios tradicionais da *Goécia*. Cf. Gremory, Goécia, Manual de Munique.

GAGALIN Segundo a tradução de Mathers da *Magia Sagrada de Abramelin, o Mago*, este demônio serve aos reis infernais Amaimon e Ariton. Mathers tenta associar o nome deste demônio à palavra "gânglio", mas é uma conexão bastante duvidosa. Em outra versão do material do Abramelin, guardada na biblioteca de Wolfenbüttel, na Alemanha, o nome deste demônio é apresentado como *Gagolchon*. Cf. Amaimon, Ariton, Mathers.

GAGALOS Demônio mencionado na apresentação da *Magia Sagrada de Abramelin, o Mago* feita por Mathers. Consta que serve aos arquidemônios Asmodeus e Astarote. Mathers sugere que o nome Gagalos poderia ser derivada de uma palavra grega que significa "tumor". Cf. Astarote, Asmodeus, Mathers.

GAGISON Servo do demônio Oriens, segundo a *Magia Sagrada de Abramelin, o Mago*. Em sua tradução dessa obra, o ocultista Mathers sugere que o nome deste demônio seja derivado de um termo hebraico que significa "amassar". Cf. Mathers, Oriens.

GAHATHUS Demônio mencionado na edição de Peterson do *Livro Jurado de Honório*. Segundo o texto, Ganathus é um servo do rei infernal Batthan. Está associado à esfera do sol, por isso têm o poder de conferir riquezas, fama e favores mundanos. Ao se manifestar, seu corpo surge reluzente e com uma pele dourada. Este demônio faz parte dos quatro que servem na hierarquia solar, supostamente sujeitos ao vento norte. Cf. Batthan, *Livro Jurado*.

GALAND Demônio mencionado no grimório do séc. xvii, *Segredos de Salomão*. Servidor poderoso na corte do Duque Syrach, Galand é um demônio pestilento. É capaz de afligir sua vítima com doenças venéreas e parasitas pubianos, mas também pode ser evocado para curar essas aflições. É mencionado em um feitiço elaborado para causar a morte de um inimigo. Uma das variações de seu nome aparece como *Galant*. Nas *Verdadeiras Chaves de Salomão*, consta que seria um servo do chefe Sirachi. Cf. Segredos de Salomão, Sirachi, Syrach, Verdadeiras Chaves.

GALLATH Demônio associado à arte da adivinhação. É mencionado no *Manual de Munique* do séc. xv, associado a um feitiço de catoptromancia. É chamado para ajudar a revelar a identidade de um ladrão e fazer justiça para sua vítima. Cf. Manual de Munique.

GALTIM Duque infernal cujo nome também pode ser grafado como *Galtym*. Aparece no *Manual de Munique*, junto a uma variedade de outros demônios conjurados para auxiliar em uma série de feitiços. Cf. Manual de Munique.

GAMASU Demônio na hierarquia de Usiel, consta que a especialidade de Gamasu é revelar e ocultar tesouros escondidos. É habilidoso com ilusões e encantamentos. A *Ars Theurgia* descreve o seu título como o de duque e afirma ainda que ele tem trinta espíritos menores que lhe servem. Ele se manifesta apenas durante as horas diurnas e serve na região oeste. Cf. *Ars Theurgia*, Usiel.

CURIOSIDADES DEMONÍACAS

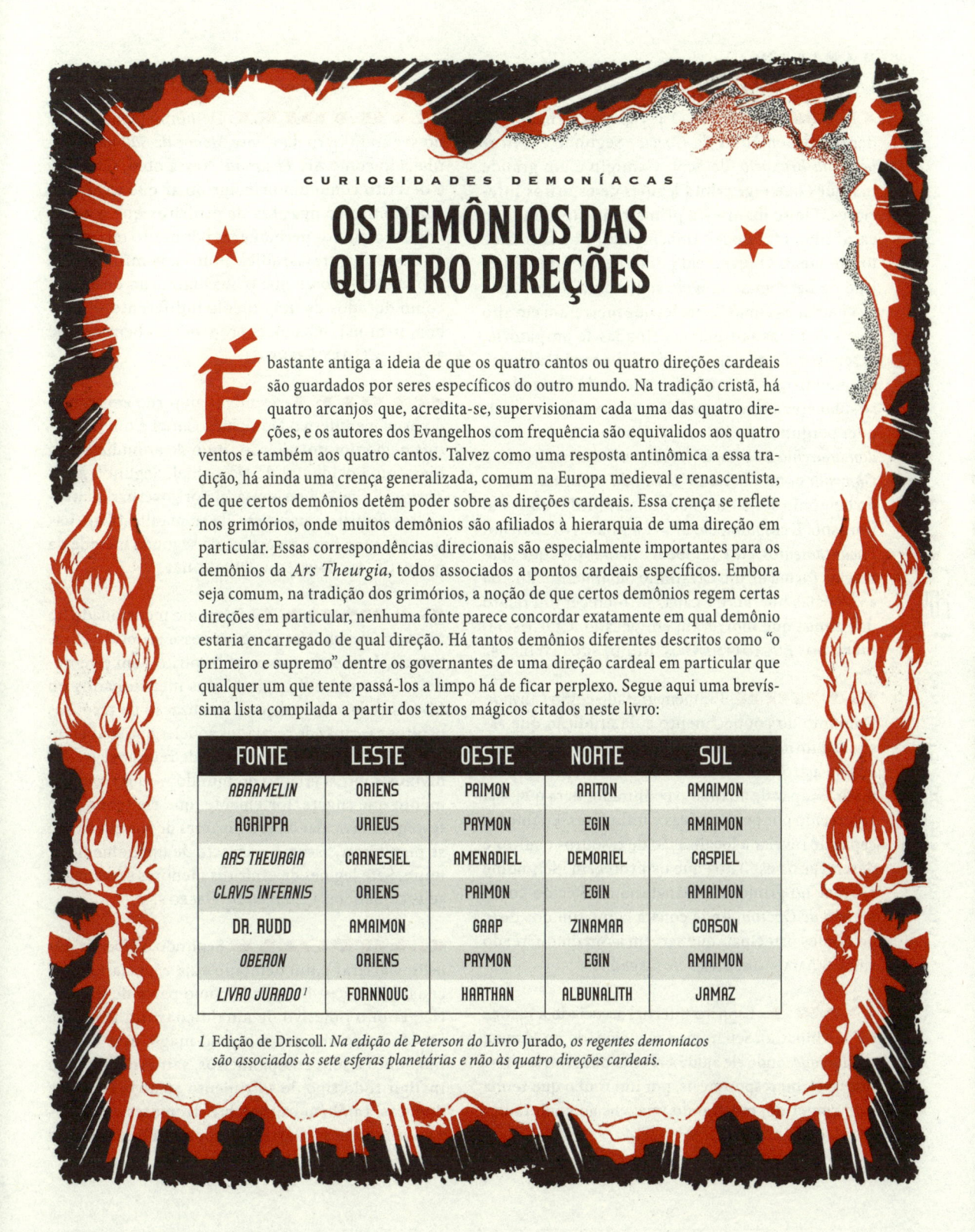

OS DEMÔNIOS DAS QUATRO DIREÇÕES

É bastante antiga a ideia de que os quatro cantos ou quatro direções cardeais são guardados por seres específicos do outro mundo. Na tradição cristã, há quatro arcanjos que, acredita-se, supervisionam cada uma das quatro direções, e os autores dos Evangelhos com frequência são equivalidos aos quatro ventos e também aos quatro cantos. Talvez como uma resposta antinômica a essa tradição, há ainda uma crença generalizada, comum na Europa medieval e renascentista, de que certos demônios detêm poder sobre as direções cardeais. Essa crença se reflete nos grimórios, onde muitos demônios são afiliados à hierarquia de uma direção em particular. Essas correspondências direcionais são especialmente importantes para os demônios da *Ars Theurgia*, todos associados a pontos cardeais específicos. Embora seja comum, na tradição dos grimórios, a noção de que certos demônios regem certas direções em particular, nenhuma fonte parece concordar exatamente em qual demônio estaria encarregado de qual direção. Há tantos demônios diferentes descritos como "o primeiro e supremo" dentre os governantes de uma direção cardeal em particular que qualquer um que tente passá-los a limpo há de ficar perplexo. Segue aqui uma brevíssima lista compilada a partir dos textos mágicos citados neste livro:

FONTE	LESTE	OESTE	NORTE	SUL
ABRAMELIN	ORIENS	PAIMON	ARITON	AMAIMON
AGRIPPA	URIEUS	PAYMON	EGIN	AMAIMON
ARS THEURGIA	CARNESIEL	AMENADIEL	DEMORIEL	CASPIEL
CLAVIS INFERNIS	ORIENS	PAIMON	EGIN	AMAIMON
DR. RUDD	AMAIMON	GAAP	ZINAMAR	CORSON
OBERON	ORIENS	PAYMON	EGIN	AMAIMON
LIVRO JURADO[1]	FORNNOUC	HARTHAN	ALBUNALITH	JAMAZ

1 Edição de Driscoll. *Na edição de Peterson do* Livro Jurado, *os regentes demoníacos são associados às sete esferas planetárias e não às quatro direções cardeais.*

GAMIGIN O 4º espírito mencionado dentre os demônios da *Goécia*. Segundo a *Descoberta da Bruxaria*, de Scot, Gamigin é um grande marquês que rege trinta legiões de espíritos inferiores. Ele se manifesta primeiramente como um cavalinho, mas pode também assumir a forma de um homem. O principal poder de Gamigin é um tipo de necromancia. Pela sua reputação, é capaz de chamar as almas daqueles que morreram em alto mar e de todas as almas confinadas ao purgatório, fazendo com que apareçam com corpos "aéreos", i.e., não físicos. Além disso, é capaz de obrigá-los a se submeter a interrogatórios, respondendo a qualquer pergunta que seja feita. Wierus, em sua *Pseudomonarchia Daemonum*, escreve o seu nome como *Gamygin* e, na *Goécia do Dr. Rudd*, a forma inicial do demônio seria ou como um cavalinho ou como um asno. É coibido pelo anjo Elemiah. No *Livro dos Encantamentos*, ele é também um marquês que aparece na forma de um cavalinho ou jumento. Ensina as ciências liberais e é capaz de oferecer um relato das almas que morreram em pecado. Cf. Goécia, Livro dos Encantamentos, Rudd, Scot, Wierus.

GAMOR Também grafado como *Gaymor*. Demônio do conhecimento e da erudição que assume a forma de uma centelha flamejante. Gamor ensina astronomia e todas as outras ciências. Além disso, é capaz de auxiliar o conjurador para que seja favorecido por pessoas ricas e influentes. É também capaz de revelar a localização de tesouros ocultos e descrever os espíritos que os protegem. Seu nome aparece no grimório elisabetano conhecido como o *Livro de Oberon*, onde consta como um dos doze demônios principais que servem a Amaimon, rei do sul. Cf. Amaimon, Livro de Oberon.

GANA Espírito infernal associado à justiça e à adivinhação. Seu nome é mencionado no *Manual de Munique*, onde ele ajuda a revelar quem seria o responsável, ou responsáveis, por um roubo que tenha sido cometido, mostrando imagens ao conjurador. Cf. Manual de Munique.

GARADIEL Demônio mencionado no segundo livro da *Chave Menor de Salomão*, conhecido como *Ars Theurgia*. Nessa obra, Garadiel é descrito como um príncipe do ar que vaga com sua imensa companhia de espíritos que o atendem, sem nunca permanecer por muito tempo em qualquer lugar. Garadiel, junto aos milhares de espíritos menores que o auxiliam, são descritos como dotados de uma índole indiferente — nem boa, nem má, mas mais propensa ao bem do que ao mal. Cf. Ars Theurgia.

GARIEL Demônio noturno em serviço do príncipe infernal Dorochiel. Gariel é um dos vários demônios dotados do título de arquiduque na hierarquia ocidental de Dorochiel. Segundo a *Ars Theurgia*, Gariel é responsável por governar quatrocentos espíritos menores. Ele se manifesta apenas durante uma hora específica da segunda metade da noite. Cf. Ars Theurgia, Dorochiel.

GARSONE Demônio mencionado no *Livro de Oberon*. Nas margens desse grimório elisabetano, é descrito como um "espírito bom e verdadeiro". Como muitos demônios mencionados no *Livro de Oberon*, conhece a localização de tesouros ocultos e é capaz de revelá-los àqueles que souberem conjurá-lo. Além disso, é capaz de revelar segredos divinos sobre a criação do mundo — um conhecimento que sugere, fortemente, que ele tenha sido testemunha ocular do evento antes de sua queda. Ao se manifestar, assume o aspecto de um homem comum. Sete legiões de espíritos menores servem aos seus comandos. Cf. Livro de Oberon.

GARTIRAF Segundo o *Liber de Angelis*, Gartiraf é um demônio cuja especialidade é causar doenças. É evocado como parte de um feitiço com o objetivo de amaldiçoar um inimigo. Obedecendo aos caprichos do mago, este demônio, junto a seus companheiros, sairá voando para infligir todo tipo de sofrimento ao alvo. Além de doenças, também causa febre, tremores e fraqueza nos membros. Gartiraf responde a Bilet, um rei infernal também evocado nesse feitiço, que, por sua vez, é uma variação do demônio goético Bileth. Cf. BILETH, *LIBER DE ANGELIS*.

GASARONS Mencionado na *Magia Sagrada de Abramelin, o Mago*, consta que Gasarons serve ao demônio Oriens. Outras versões do material do *Abramelin* apresentam seu nome como *Gezeron*. Cf ORIENS, MATHERS.

GASTER, DR. MOSES Renomado pesquisador da cultura hebraica que viveu entre 1856 e 1939. Nascido na Romênia, recebeu seu título de doutor em Leipzig em 1878 e então foi estudar no Seminário Teológico Judaico em Breslau. A instabilidade política na Romênia o levou à Inglaterra em 1885, onde ele se estabeleceu na Congregação Espanhola e Portuguesa em Londres. Em 1887, foi nomeado o *hakham* (sábio) de sua congregação, um honorífico em reconhecimento de sua erudição. Gaster produziu vários livros sobre folclore e crenças judaicas, muitos dos quais foram traduções de obras raras ou incomuns, como a *Espada de Moisés* e as *Crônicas de Jeramel*. Embora boa parte de seu acervo de manuscritos tenha sido avariada durante a Segunda Guerra Mundial, Gaster conseguiu salvar uma quantidade impressionante de material, incluindo códices e rolos em hebraico sobre assuntos que vão desde astronomia a liturgia. O acervo Moses Gaster hoje reside na Universidade de Manchester, na Inglaterra. Cf. *CRÔNICAS DE JERAMEL*, *ESPADA DE MOISÉS*.

GASYAXE Demônio com uma vasta gama de talentos, Gasyaxe aparece no grimório elisabetano conhecido como *Livro de Oberon*. É descrito como um grande governante que ensina como capturar espíritos, ajudando a determinar as forças e talentos de cada um. Também ajuda a determinar se um espírito tem a tendência, ou não, de dar respostas verdadeiras. O próprio Gasyaxe pode ser empregado ainda em um ritual de necromancia em que ele é conjurado na cabeça de um defunto (o texto não especifica se é necessário ter um cadáver inteiro ou só a cabeça). Ao ser conjurado deste modo por meio de um cadáver, Gasyaxe usará a voz do morto para ensinar magia, necromancia e outras ciências. Quando não está sendo obrigado a habitar a carne abandonada dos outros, este demônio assume a forma de uma lebre. Consta que ele tem dezesseis legiões de espíritos menores subordinados. Geenex, outro demônio descrito na mesma seção do *Livro de Oberon*, partilha de quase todas as qualidades de Gasyaxe, por isso é possível que Geenex seja apenas um nome alternativo para o mesmo demônio. Cf. GEENEX, *LIVRO DE OBERON*.

GAZON Grande duque que fala de assuntos do passado, presente e futuro. Confere honras e ajuda as pessoas a subirem na sociedade, fazendo com que todos as respeitem e adorem. Identificado no *Livre des Esperitz*, seu nome se traduz, em francês, como "relva" ou "gramado", mas é possível que a semelhança seja meramente acidental. Cf. *LIVRE DES ESPERITZ*.

GEBATH Demônio mencionado no *Manual de Munique*. Segundo o texto, Gebath é associado a práticas de adivinhação e catoptromancia. O nome deste demônio provavelmente foi apropriado da língua hebraica. No Talmude, Gebath é uma cidade fronteiriça mencionada várias vezes em associação a Antipátrida. Segundo a *Jewish Encyclopedia*, ela pode ter a ver com a cidade de Gabbatha. Há vários nomes demoníacos usados em grimórios mágicos que são empréstimos diretos do hebraico ou corruptelas de palavras desse idioma. Cf. *MANUAL DE MUNIQUE*.

GEDIEL Segundo a *Ars Theurgia*, Gediel é o segundo espírito subordinado ao demônio Caspiel, o Imperador Infernal do Sul. O próprio Gediel governa como o rei do sul e do oeste. Conta com vinte espíritos principais que lhe servem durante o dia e outros vinte durante a noite. Seu temperamento é até que bastante benigno, para um demônio. A *Ars Theurgia* o descreve como amoroso, cortês e ávido para trabalhar com aqueles que o chamarem. Gediel também aparece numa lista de demônios da *Steganographia* de João Tritêmio, escrita por volta de 1499. Cf. *ARS THEURGIA*, CASPIEL.

GEENEX Demônio que oferece instruções para a construção de um espelho encantado com o propósito de revelar a localização de itens perdidos ou roubados. Geenex também ensina como capturar espíritos e obrigá-los a dizer a verdade. Além disso, ensina àqueles que o conjuram a construir anéis mágicos para obter respostas de certos espíritos. Seu nome aparece no *Livro de Oberon*, onde consta que detém o título de cavaleiro, com vinte legiões sob seu comando. É capaz de aparecer na forma de um valente capitão militar, mas é mais comum assumir a forma de lebre. Assim como o demônio Gasyaxe, também presente no *Livro de Oberon*, Geenex pode ser conjurado na cabeça de um defunto para responder a perguntas. Dadas as semelhanças entre a sua aparência e poderes, é possível que Geenex e Gasyaxe sejam dois nomes diferentes para um mesmo demônio. Cf. Gasyaxe, *Livro de Oberon*.

GELOMA Demônio mencionado na *Magia Sagrada de Abramelin, o Mago*, o nome de Geloma aparece numa extensa lista de demônios identificados como servos dos príncipes infernais das quatro direções cardeais: Oriens, Paimon, Ariton e Amaimon. Em 1898, o ocultista S. L. MacGregor Mathers realizou uma tentativa de tradução da obra com base num manuscrito francês do séc. XV, onde sugere que o nome de Geloma possa ter sido derivado de uma palavra em hebraico com o sentido de "enrolar". Cf. Amaimon, Ariton, Mathers, Oriens, Paimon.

GEMER Grande rei que ensina a virtude das ervas e todas as ciências. Cura os doentes e é capaz de atormentar pessoas saudáveis causando-lhes doenças. Há quarenta legiões de espíritos que lhe servem. Seu nome aparece no *Livre des Esperitz*, um grimório francês do séc. XVI. Talvez tenha conexões com o demônio goético Gemory. Cf. Gemory, *Livre des Esperitz*.

GEMITIAS Demônio que, sob as circunstâncias adequadas, concede o dom da clarividência, segundo consta. No *Manual de Munique* do séc. XV, aparece num ritual para auxiliar o mago nas artes divinatórias. É conjurado com o auxílio de um menino, que serve de mediador entre os demônios e o mago. Cf. Manual de Munique.

GEMMOS Demônio que aparece cavalgando um cavalo vermelho, Gemmos era membro da Ordem dos Arcanjos antes de sua queda. Ao ser conjurado, aparece como um cavaleiro, que fala com voz forte e poderosa. Ele revela informações sobre objetos roubados e ensina física e lógica, mas seu maior valor repousa em seu conhecimento da alquimia. É capaz de ensinar aqueles que o conjurarem a transformar todos os metais no mais puro ouro. Confere a tão cobiçada pedra filosofal e é também um bom médico. Seu nome aparece no grimório elisabetano conhecido como *Livro de Oberon*, onde é identificado como um senhor poderoso que conta com 27 legiões subordinadas. Cf. *Livro de Oberon*.

GEMON Demônio descrito como um capitão valente. Seu nome aparece no *Livro de Oberon*, um grimório da Inglaterra elisabetana. Segundo este volume, Gemon é capaz de encontrar tesouros ocultos e dar respostas verdadeiras a perguntas sobre assuntos ligados ao passado, presente e futuro. Ao se manifestar, assume a forma de uma bela mulher, que ostenta uma coroa e cavalga um camelo. Há vários outros demônios mencionados no *Livro de Oberon* que se manifestam com uma aparência quase idêntica, incluindo Gamyem e Carmerin. Notavelmente, Paimon, o rei do oeste, também tem uma forma tradicional que aparece com um aspecto feminino cavalgando um camelo. Dada a facilidade com a qual as letras C e G podem ser confundidas na transcrição desses antigos manuscritos, combinada com o fato de que muitos demônios têm múltiplas variações dos seus nomes, é possível que vários nomes que constam no *Livro de Oberon* não sejam demônios distintos, mas sim versões de um mesmo ser. É igualmente possível que todos partilhem de uma mesma manifestação porque operam todos a partir da corte do rei do oeste, mas essa afiliação não é explicitada no texto. De qualquer forma, deve-se comparar os poderes e aparência desse grupo de demônios aos de uma entidade goética mais bem conhecida, *Gemory*, mencionada em várias versões da *Clavicula Salomonis*, além da *Pseudomonarchia Daemonum*. Cf. Carmerim, Clavicula Salominis, Gemyem, Gemory, *Livro de Oberon*, Paimon, *Pseudomonarchia Daemonum*.

GEMORY O 56º demônio da *Goécia*. Gemory é um duque forte e poderoso encarregado de 56 legiões de espíritos menores. Grafado como Gomory na *Pseudomonarchia Daemonum*, de Wierus, consta que este demônio dá respostas verdadeiras a questões sobre o passado, presente e futuro, além de saber os paradeiros de tesouros ocultos. A *Descoberta da Bruxaria*, de Scot, atribui a Gemory a habilidade de conquistar o amor das mulheres — sobretudo jovens donzelas. Embora Gemory seja descrito com pronomes masculinos, ele assume a aparência de uma bela mulher. Nessa forma, ele veste uma coroa ducal na cintura e cavalga um camelo. Na *Goécia do Dr. Rudd*, seu nome é grafado *Gremory*. Segundo o texto, o anjo Polial tem poder sobre este demônio. No *Livro dos Encantamentos* galês, ele/ela também aparece na forma de uma bela mulher, mas aqui o usa um cinto de duquesa na cintura. O seu ofício é, de novo, o de obter o amor das mulheres, mas aqui elas podem ser jovens ou velhas. Cf. Goécia, *Livro dos Encantamentos*, Rudd, Scot, Wierus.

GEMYEM Segundo o *Livro de Oberon* elisabetano, este demônio se manifesta como uma bela mulher montada num camelo. Ela ostenta uma coroa ducal, o que é muito adequado, dado o título de duque que este demônio possui (no entanto, mais adiante, no mesmo trecho, consta que ele é um príncipe). Os poderes de Gemyem incluem clarissenciência e a descoberta de tesouros ocultos. Gemyem também detém poder sobre o amor e a luxúria, ajudando o conjurador a compelir as atenções de mulheres, sobretudo donzelas. Curiosamente, consta que Gemyem também conhece "em quais lugares aparecem meias mulheres"[1]. Esta declaração traz à tona perguntas interessantes sobre os conceitos elisabetanos de gênero. Compare a descrição deste demônio com a de *Gemory* e o nome ao de *Gamigin*, ambos os quais são demônios tradicionalmente incluídos entre os 72 goéticos. Cf. Gamigin, Gemory, *Livro de Oberon*.

GEREMITTURUM Este demônio, dotado de um nome que é um verdadeiro trava-línguas, aparece em um feitiço do *Manual de Munique* para descobrir a identidade de um ladrão. Ele auxilia em práticas divinatórias. Cf. *Manual de Munique*.

GEREVIL O ocultista Mathers, ao trabalhar a partir de um manuscrito francês do séc. xv, identifica este demônio como um dos vários que servem aos quatro príncipes demoníacos das direções cardeais: Oriens, Paimon, Ariton e Amaimon. Segundo Mathers, o nome de Gerevil deriva de uma palavra hebraica que significa "objeto para cleromancia". Cf. Amaimon, Ariton, Mathers, Oriens, Paimon.

GERIEL Demônio da *Ars Theurgia* que detém o título de duque e comanda um total de 2260 espíritos menores. Geriel é um dos doze duques em serviço do rei demoníaco Caspiel. Por meio de sua associação a Caspiel, Geriel é parte de uma hierarquia associada à direção sul. Mais adiante na *Ars Theurgia*, Geriel reaparece como um duque na hierarquia do norte. Aqui ele serve ao rei demoníaco Baruchas e comanda milhares de espíritos ministradores. Essa versão de Geriel tem restrições para se manifestar e aparece apenas durante as horas e minutos que caem na 10ª porção do dia, se o dia for dividido em quinze partes iguais. Cf. *Ars Theurgia*, Baruchas, Caspiel.

GESEGAS Demônio cujo nome aparece em vários dos manuscritos da *Magia Sagrada de Abramelin, o Mago*. Gesegas serve aos quatro príncipes infernais das direções cardeais: Oriens, Paimon, Ariton e Amaimon. Na tradução de Mathers desta obra, o nome deste demônio é dado como *Gosegas*, o que o tradutor sugere que signifique "trêmulo". Cf. Amaimon, Ariton, Mathers, Oriens, Paimon.

---

[1] Daniel Harms, James R. Clark, and Joseph H. Peterson, The Book of Oberon, *p. 201*.

GEWTHEM

Ao longo da literatura dos grimórios, os demônios costumam ser descritos como "espíritos do ar", por conta de seus corpos etéreos e mutáveis. Ilustração de Kirsten Brown.

GEWTHEM Demônio na corte de Forman, rei dos espíritos planetários de Júpiter. Gewthem serve ao lado de seu colega Gewthren. Ambos são espíritos agradáveis que falam com um tom de voz suave, apesar dos movimentos inquietos. Gewthem é capaz de curar ou causar doenças, atrair o amor das mulheres, suavizar conflitos ou remover condenações. Seu nome aparece no *Livro de Oberon*. Compare-o com *Guth*, outro espírito semelhante em nome e ofício, também associado à hierarquia jupiteriana. Cf. Forman, Gewthren, Guth, *Livro de Oberon*.

GEWTHREN Espírito de Júpiter que serve ao Rei Forman. Gewthren é um espírito manso com fala suave. Ameniza conflitos e torna possível até mesmo a convivência com inimigos. Detém o poder de curar ou causar doenças, além de poder atrair o amor das mulheres. Aparece no *Livro de Oberon*, mencionado ao lado de Gewthren, seu colega de ministério. Compare seu nome e ofício com os de Guthyrn. Cf. Gewthem, Guthryn, *Livro de Oberon*.

GEYLL Grande conde mencionado no *Livro de Oberon*, Geyll é conjurado para trazer riqueza e fama. Sua forma preferida é a de elefante, embora possa ser compelido a assumir forma humana. Também tem poder sobre bestas selvagens e é capaz de atraí-las à vontade, entregando-as ao domínio do seu mestre. Ao falar, sua voz é rouca. Há cinquenta legiões de espíritos menores sob seu comando. Cf. *Livro de Oberon*.

GILARION Servidor demoníaco do senhor infernal Asmodeus, Gilarion aparece no manuscrito francês do séc. xv que serviu de fonte a Mathers para sua tradução da *Magia Sagrada de Abramelin, o Mago*. O nome deste demônio também aparece como *Gillamon*. Cf. Asmodeus, Mathers.

GIMELA Demônio cujo nome provavelmente deriva da letra hebraica "guimel". Segundo a tradução de Mathers do *Grimório de Armadel*, Gimela concede o poder de viajar com rapidez, permitindo que um mortal percorra até cem léguas em uma hora. Como se isso não bastasse, é também capaz de transportar as pessoas instantaneamente de um lugar para outro. Como muitos outros espíritos mencionados no *Grimório de Armadel*, Gimela também discorre sobre os mistérios bíblicos. Assim sendo, consta que é capaz de revelar a forma da serpente que tentou Eva, além de conferir os mistérios dessa serpente àqueles que buscam poderes proscritos. Cf. MATHERS.

GINAR Demônio mencionado como parte dos trabalhos do Sagrado Anjo Guardião na *Magia Sagrada de Abramelin, o Mago*. Consta que Ginar serve ao governante infernal Astarote. Em todas as outras versões sobreviventes do manuscrito, seu nome é grafado Giriar. Cf. ASTAROTE, MATHERS.

GLASYA LABOLAS Um dos 72 demônios tradicionalmente associados à *Goécia*, Glasya Labolas tem diversas variações do seu nome, que incluem *Glacia Labolas* e *Glasya-la Bolas*, dentre outras. Na *Pseudomonarchia Daemonum*, de Wierus, consta que ele é conhecido ainda pelos nomes *Caacrinolaas* e *Caassimolar*, só para confundir ainda mais. A reputação deste demônio é a de ser um presidente que governa 36 legiões de espíritos menores. Ao se manifestar, aparece como um cão com asas de grifo. Consta que tem o poder de deixar as pessoas invisíveis. Também ensina o conhecimento das artes e é capaz de explicar todas as ocorrências do presente e do futuro. Embora muitas habilidades atribuídas a este demônio pareçam relativamente benignas, em todo caso, ele é descrito também como o capitão de todos os homicidas. A *Goécia* inclusa no *Lemegeton* diz que ele tem o poder de ensinar todas as artes em um instante. Além disso, essa obra atribui a ele o poder de incitar matanças e derramamento de sangue. Na *Goécia do Dr. Rudd*, é governado pelo anjo Nathhajah ou Nith-Haiah. Cf. GOÉCIA, RUDD, SCOT, WIERUS.

GLESI Em sua introdução à *Magia Sagrada de Abramelin, o Mago*, Mathers relaciona este nome a uma raiz hebraica que descreve o "reluzir horrível de um inseto". Nessa obra, Glesi aparece como um dos vários servidores demoníacos sob comando do rei infernal Amaimon. O nome deste demônio também é grafado *Glysy*. Cf. AMAIMON, MATHERS.

GLITHREL Demônio a serviço do Duque Syrach. Glithrel conjura muitas maravilhas, fazendo com que os espectadores pensem que o dia é noite e a noite é dia. Seu nome aparece no grimório séc. XVII *Clavicula Salomonis de Secretis*. Cf. SEGREDOS DE SALOMÃO, SYRACH.

GLITIA Segundo as *Verdadeiras Chaves de Salomão*, este demônio é capaz de fazer aparecerem, do nada, banquetes suntuosos e vinhos finos. É um dos vários demônios ilusionistas em serviço do chefe Sirachi. Cf. SIRACHI, VERDADEIRAS CHAVES.

GLOBA Este duque infernal aparece na forma de um homem ordinário. É um demônio da luxúria e da fertilidade, que força as mulheres a se submeterem sexualmente e as deixa inférteis, caso uma gravidez pudesse ser inconveniente ao homem que as estiver violentando. Seu nome aparece no *Livro de Oberon*, onde consta que há vinte legiões de espíritos a seu serviço. Cf. LIVRO DE OBERON.

GLOOLAS Identificado no *Livro de Oberon* como um grande rei ou príncipe com comando sobre vinte legiões de espíritos. Ao se manifestar, aparece na forma de um cão alado. Como muitos dos demônios mencionados no *Livro de Oberon*, a ele é atribuída uma quase onisciência, que abrange saber tudo do passado, presente e futuro. Também é capaz de deixar as pessoas invisíveis. Além disso, pode dar relatos das atividades tanto de amigos quanto de inimigos. Compare seu nome e aparência aos de Glasya Labolas, o 18º espírito descrito na *Pseudomonarchia Daemonum*. Cf. GLASYA LABOLAS, LIVRO DE OBERON, WIERUS.

GODIEL Na *Ars Theurgia*, Godiel é descrito como um duque infernal na hierarquia do rei demoníaco Amenadiel. É associado à região oeste e seu superior imediato é o demônio Cabariel, um príncipe poderoso que rege a direção entre o oeste e o oés-noroeste. Godiel é um dos cem duques que servem a Cabariel, metade durante o dia e metade à noite. O ofício deste demônio é associado às horas diurnas, por isso ele se manifesta apenas enquanto o dia está claro. Tem a reputação de ser uma criatura obediente, com bom temperamento, de um modo geral. Em outros momentos da *Ars Theurgia*, Godiel aparece como um dos vários demônios que servem ao príncipe infernal Usiel durante as horas noturnas. Aqui Godiel é listado como um duque, contando com quarenta espíritos menores subordinados. É um revelador de segredos, ajudando os mortais a descobrir tesouros ocultos, mas sua magia também pode ser usada com propósitos contrários, ocultando tesouros dos olhos de curiosos e ladrões em potencial. Cf. AMENADIEL, ARS THEURGIA, CABARIEL, USIEL.

GOÉCIA O primeiro livro, com o título latino *Ars Goetia*, do grimório conhecido como *Lemegeton*, ou a *Chave Menor de Salomão*. Embora o mais antigo exemplar do *Lemegeton* date de 1641, o pesquisador do ocultismo David Rankine sugere que a própria Goécia seja, pelo menos, 350 ou quatrocentos anos mais antiga do que isso. A *Goécia* apresenta uma série de 72 demônios, junto a seus selos. Os selos, por vezes chamados de "sigilos", são símbolos geométricos de origem incerta e parte integral do processo para se conjurar e coibir os demônios. Embora muitos livros da tradição dos grimórios possam desconversar sobre a natureza dos espíritos que pretendem conjurar, apresentando alguns deles como seres essencialmente bons, os demônios da *Goécia* são especificamente identificados como espíritos malignos. É notável que o erudito Thomas Rudd apresente este livro sob um outro título no seu manuscrito salomônico do séc. XVII, chamado *Liber Malorum Spirituum* — o *Livro dos Espíritos Malignos*. A *Goécia* é provavelmente o mais conhecido dos cinco livros da *Chave Menor de Salomão*, devido ao fato de que uma tradução parcial foi empreendida pelos ocultistas S. L. MacGregor Mathers e Aleister Crowley no começo do séc. XX. Essa tradução jamais foi finalizada, e a *Goécia* recebeu uma publicação individual sob o título inglês de *Lesser Key of Solomon* em 1904.

A *Goécia do Dr. Rudd* apresenta uma lista completa dos 72 demônios com pequenas variações em seus nomes e selos, fazendo parte do acervo Harley dos manuscritos que remetem ao erudito Thomas Rudd, que viveu no séc. XVII. Os ocultistas Stephen Skinner e David Rankine são da opinião de que a obra de Rudd representa uma versão mais antiga e mais precisa da *Goécia* do que aquela contida nas edições sobreviventes do *Lemegeton*. Notavelmente, a Goécia do Dr. Rudd inclui também os nomes e selos dos 72 anjos do *Shem HaMephorash*. Estes, por sua vez, devem ser combinados aos demônios goéticos para ser conjurados com eles, de modo a ajudar a controlar e compelir os espíritos infernais. Muitas versões da *Goécia* incluem a palavra *Shemhamphorash* sem qualquer explicação do que isso significa. A *Goécia do Dr. Rudd* parece confirmar a suspeita, de longa data, de que esses 72 nomes angelicais são parte integral das conjurações goéticas.

Há alguns debates sobre a idade exata do material contido na *Goécia*. Embora seja possível traçar uma linhagem conceitual que remete ao *Testamento de Salomão* a partir dos primeiros séculos da era cristã, a lista dos demônios no *Testamento* e na *Goécia* não têm praticamente nenhum nome em comum, com a possível exceção do demônio salomônico Ornias, que talvez seja o mesmo que o goético Orias. A datação do *Lemegeton* em si costuma localizá-lo no séc. XVII, mas há evidências textuais que demonstram que os demônios da *Goécia* são pelo menos cem anos mais antigos do que isso. Os nomes desses espíritos malignos aparecem na *Pseudomonarchia Daemonum*, de Wierus, um catálogo de demônios acrescentado à sua obra de 1563, *De Praestigiis Daemonum*. O próprio Wierus derivou a sua lista de uma obra mais antiga, citada por ele sob o título *Liber Officiorum Spirituum*. O *Livre des Esperitz* francês parece ter derivado dessa fonte também. Se esse *Liber* for o mesmo *de officio spirituum* referenciado no catálogo de Tritêmio de obras necromânticas em seu *Antipalus Maleficiorum*, então a obra data, pelo menos, de meados de 1500, ou possivelmente muito antes. O pesquisador Joseph Peterson, que estuda grimórios, aponta para o fato de que a versão manuscrita da *Goécia* da coleção Sloane contém nomes e omissões que aparecem na tradução de Reginald Scot de 1584 da *Pseudomonarchia*, publicada em sua obra maior, a *Descoberta da Bruxaria*. Por conta disso, Peterson sugere que essa edição da *Goécia* teria sido escrita após a publicação da obra de Scot e que é provável que ela a use como fonte. Embora esse dado possa

CURIOSIDADES DEMONÍACAS

A PELE DE UM CABRITO VIRGEM

Muitos dos manuscritos da tradição dos grimórios descrevem feitiços e instruções aos leitores para que essas fórmulas sejam escritas na pele de um cabrito virgem. Alguns leitores modernos interpretaram essas instruções como sugestões de sacrifício animal, mas na verdade elas têm mais a ver com a arte dos escribas. O que é que esses autores antigos queriam dizer, exatamente, ao mencionarem pergaminho virgem?

Durante a Idade Média, na Europa, o pergaminho era o material preferido para escrever, feito da pele de animais. Havia peles de qualidades e custos variados à disposição, e ficou definido como a forma comum do pergaminho, especificamente, aquele que era feito da pele de ovelhas e cabras jovens, e outros animais não bovinos. Também foi introduzido um pergaminho de melhor qualidade, chamado de *vellum*, ou papel velino, feito primariamente a partir da pele de filhotes de cabrito ou, então, de vez em quando, de ovelha ou coelho. A melhor qualidade de pergaminho era chamada de *velino uterino*, feito exclusivamente da pele de um cabrito natimorto, abortado ou recém-nascido. Sua superfície lisa e a pureza de sua cor branca faziam com que fosse muitíssimo desejado, por isso era caro ao extremo e raramente usado para produção de manuscritos. A cor era importante também, e as guildas de pergaminhos se esforçavam para criar peles da cor mais branca possível. Peles amareladas eram indesejáveis e consideradas de qualidade inferior. Para se obter o pergaminho mais branco, o animal escolhido precisaria também ser branco. Por conta do custo, o pergaminho era usado com cuidado e muitas vezes reutilizado. Um feitiço que exigisse a "pele virgem de um cabrito" exigia ser escrito em uma folha novinha, nunca usada, de pergaminho de pele de cabra.

– Jackie Williams, escriba tradicional

Escribas medievais preparando as peles para fabricar livros. De um livreto, com iluminuras, sobre a arte do escriba, de Jackie Williams.

ajudar a estabelecer uma possibilidade inicial de datação para os manuscritos Sloane no acervo do British Museum, ele não permite ainda estabelecer uma data para a fonte da tradição goética em si. Considerando que versões dos demônios goéticos aparecem também no manual necromântico do séc. xv conhecido como *Manual de Munique*, é seguro afirmar que a tradição goética seria bastante antiga. A própria palavra *Goetia* deriva de uma raiz em grego antigo, *goeteia*, com o sentido de "bruxaria" ou "feitiçaria". A palavra em si pode ter se originado da raiz *goês*, que significa "resmungar, uivar", o que, por sua vez, a associa, tangencialmente, à necromancia e às almas dos mortos. Durante a Renascença, as artes goéticas passaram a ser associadas à "magia negra", em contraste com a teurgia, vista como "magia branca". Cf. CROWLEY, LEMEGETON, MATHERS, RUDD, SCOT, SHEMHAMPHORASH, TRITÊMIO, WIERUS.

GOGUE Nome bíblico que aparece em conjunção com *Magogue*. Gogue, ou Gog, aparece pela primeira vez em *Ezequiel* 38 e 39, onde a voz de Deus diz ao "Filho do Homem" para que "dirija o seu rosto contra Gogue e a terra de Magogue". *Apocalipse* 20:7-8 contém a seguinte referência: "E, acabando-se os mil anos, Satanás será solto da sua prisão, e sairá a enganar as nações que estão sobre os quatro cantos da terra, Gogue e Magogue, cujo número é como a areia do mar, para as ajuntar em batalha". Embora Gogue e Magogue sejam mencionados múltiplas vezes no *Livro de Ezequiel*, é difícil discernir o que é que os termos significam de fato. Gogue é claramente algum tipo de líder que se opõe aos filhos de Israel. Já Magogue parece ser a terra onde esse líder reina, mas não dá para saber, pelo texto, se era para ser um país literal ou metafórico. No *Apocalipse*, os nomes são interpretados como inimigos da Igreja. A partir desses trechos, surgiu uma tradição bastante vívida segundo a qual tanto Gogue quanto Magogue são vistos como entidades individuais, tipicamente representados como gigantes. Esses nomes acabaram chegando à demonologia dos grimórios, onde, no entanto, costumam ser grafados como *Guth* e *Maguth* ou *Magot*. Cf. MAGOGUE, MAGOTH.

GOLEG Um dos vários servidores demoníacos de Astarote e Asmodeus mencionados na tradução de Mathers de 1898 da *Magia Sagrada de Abramelin, o Mago*. Em outra versão do manuscrito do *Abramelin* guardada na biblioteca Wolfenbüttel, o nome deste demônio é grafado Golog. Goleg também pode ser visto entre os servidores demoníacos atribuídos ao arquidemônio Asmodeus, mas sob essa descrição ele aparece em todos os manuscritos do *Abramelin*, exceto o que serviu de fonte a Mathers. É notável que, assim como vários outros nomes de demônios registrados no material do *Abramelin*, Golog é um palíndromo. Cf. ASTAROTE, ASMODEUS, MATHERS.

GOLEN "O troglodita". Segundo a tradução de Mathers da *Magia Sagrada de Abramelin, o Mago*, Golen serve ao arquidemônio Astarote. Em outras versões do material do *Abramelin*, seu nome aparece como Golog, um demônio também visto na hierarquia governada por Astarote e Asmodeus. Cf. ASTAROTE, ASMODEUS.

GOMEH Demônio especializado em truques e ilusões, consta que Gomeh oferece assistência com feitiços que envolvem enganar os sentidos. Este demônio aparece na *Magia Sagrada de Abramelin, o Mago* e na *Clavicula Salomonis*, nas traduções de Mathers. Cf. CLAVICULA SALOMONIS, MATHERS.

GONOGIN Um dos vários demônios que, segundo dizem, servem exclusivamente ao governante infernal Astarote. O nome de Gonogin aparece na tradução de Mathers da *Magia Sagrada de Abramelin, o Mago*. Na versão do material do *Abramelin* guardada na biblioteca de Wolfenbüttel, o nome deste demônio é grafado como *Gomogin*. A versão guardada na biblioteca de Dresden oferece uma variação peculiar: *Gomoynu*. Cf. ASTAROTE, MATHERS.

GOOROX Demônio dotado de grande conhecimento sobre astronomia e ciências liberais, capaz também de ensinar as virtudes das ervas e pedras preciosas. Seu nome aparece no grimório elisabetano conhecido como *Livro de Oberon*, onde é identificado como um conde que conta com trinta legiões de espíritos subordinados. Ao ser conjurado, ele se manifesta primeiro como um touro, mas pode ser coagido a assumir forma humana. Cf. LIVRO DE OBERON.

GORDONSOR Um dos doze espíritos principais na corte de Paimon, rei do oeste. Ele aparece como um anjo bom, mas de rosto obscuro. Mencionado no *Livro de Oberon*, consta que ele é eficiente e verdadeiro e que realiza, com força e rapidez, todas as tarefas com as quais for encarregado. Cf. LIVRO DE OBERON, PAIMON.

GORILON Em sua tradução da *Magia Sagrada de Abramelin, o Mago*, o ocultista S. L. MacGregor Mathers afirma que o nome deste demônio significaria "partir ao meio". Consta que Gorilon serve aos quatro príncipes demoníacos que guardam as direções cardeais: Oriens, Paimon, Ariton e Amaimon. Embora Mathers sugira que o nome deste demônio derive de uma palavra copta, permanece incerta qual seria a etimologia exata do nome. Cf. AMAIMON, ARITON, MATHERS, ORIENS, PAIMON.

GORSAY Grande duque capaz de fazer com que as pessoas sejam boas em seu trabalho, seus deveres e suas palavras. Ele apanha assassinos e ladrões, sendo capaz de levá-lo aonde o conjurador mandar. Também pode trazer dor e sofrimento aos seus inimigos. Há quinze legiões de espíritos menores que o têm como seu mestre. Seu nome aparece no *Livre des Esperitz*, um grimório francês do séc. XVI. Cf. LIVRE DES ESPERITZ.

GORSYAR Ao ser conjurado, Gorsyar chega montado em um urso. Ostenta uma coroa na cabeça, digna de seu título de rei, carrega uma víbora e tem rosto de leão. Em posse de apenas seis legiões de espíritos que lhe servem, ele supervisiona menos demônios do que a maioria dos reis. Seus poderes incluem encontrar coisas perdidas e ocultas, particularmente tesouros. Conhece as respostas para perguntas secretas e é um revelador de conhecimentos. Cf. LIVRO DE OBERON.

GOTIFAN Segundo a interpretação de Mathers, o nome deste demônio significa "esmagador" ou "revirador", em sua introdução à *Magia Sagrada de Abramelin, o Mago*. Consta que Gotifan serve ao arquidemônio Belzebu e ambos são evocados como parte do ritual do Sagrado Anjo Guardião que ocupa um papel central no trabalho do *Abramelin*. Em outras versões deste texto, seu nome é grafado como *Iotifar*. Cf. BELZEBU, MATHERS.

GOYLE Demônio com o poder de tornar as pessoas encantadoras e carismáticas. Na verdade, os termos exatos do texto em inglês dizem que "*Goyle makes men gorgeous and gay*", como se lê no *Livro de Oberon*, escrito na Inglaterra durante o período elisabetano, quando a palavra *gay* ainda significava "alegre". Mencionado dentre os doze ministros de alto escalão que atendem o rei demoníaco do norte, Egin, consta que Goyle aparece como um "leão rampante". Cf. EGIN, LIVRO DE OBERON.

GRAMON Na *Magia Sagrada de Abramelin, o Mago*, consta que Gramon serve ao senhor infernal Belzebu. Ambos são invocadosevocados como parte do ritual do Sagrado Anjo Guardião em que culminam os trabalhos do *Abramelin*. Cf. BELZEBU, MATHERS.

GRANDE GRIMÓRIO
Livro com a reputação de ser o mais sinistro de todos os livros de magia à disposição do mago aspirante. O ocultista Arthur Edward Waite, ao escrever o seu *Livro de Magia Negra e Pactos*, apresenta o *Grande Grimório* como um "volume atroz" e omite várias porções em sua tradução da obra, numa tentativa de proteger os praticantes incautos do perigo que seria tentar lançar alguns de seus feitiços mais terríveis. O *Grande Grimório* alega revelar um sistema de magia das trevas que pretende ensinar o aspirante a conjurar demônios. Ele se destaca entre os grimórios no sentido de que apresenta também um método de forjar pactos com poderes demoníacos e inclui os nomes dos demônios superiores, seus sigilos e sua posição na hierarquia demoníaca. Uma edição

Ilustração de um livro de espíritos, da obra The Magus, *de Francis Barret (1801). Do acervo de Grillot de Givry, cortesia da Dover Publications.*

francesa desta obra, datada de 1845, alega ter como base um texto mais antigo, publicado em 1522. Essa versão mais antiga teria sido supostamente escrita por um certo Antonio Venitiana del Rabina, nome que pode ser traduzido mais ou menos como Antônio de Veneza, o Rabino. Apesar disso, o livro alega ter sido publicado originalmente em Roma, numa tentativa tortuosa de associá-lo a outros textos supostamente diabólicos produzidos por membros da Igreja Católica. É muito provável que a data de publicação e a identidade do autor sejam invenções, com a intenção de fazer a obra parecer ser mais antiga e importante do que é. Não é impossível que o material contido nesse grimório date do começo do séc. XIX, quando uma fascinação com magia das trevas e pactos diabólicos estava em alta. É notável que o *Grande Grimório* tenha tanta coisa em comum com um outro grimório francês do séc. XIX, *Le Dragon Rouge*. Há, na verdade, tanto material cognato entre os dois textos que seria muito provável ambos serem meras versões diferentes de uma mesma obra espúria. Cf. LE DRAGON ROUGE, WAITE.

GRASEMIN Servidor infernal dos reis demoníacos Amaimon e Ariton. Grasemin aparece na tradução de Mathers da *Magia Sagrada de Abramelin, o Mago*. Há uma outra versão alternativa de seu nome, grafada *Irasomin*. A discrepância pode ser por conta de um erro de transcrição. Cf. AMAIMON, ARITON, MATHERS.

GREMIEL Demônio cujo nome e selo aparecem na *Ars Theurgia*. Gremiel pertence à hierarquia de Macariel, um príncipe errante do ar. Conta com um total de quatrocentos espíritos menores sob seu comando e tem a liberdade de poder aparecer a qualquer hora do dia ou da noite. Quando Gremiel aparece, ele tem o poder de assumir uma variedade de formas, mas prefere a de dragão de muitas cabeças. Cf. ARS THEURGIA, MACARIEL.

GRESSIL Demônio da impureza, do asco e da imundície. Seu adversário especial é o santo São Bernardo. Gressil aparece na *História Admirável*, de Sebastien Michaelis. Seu nome e adversário são supostamente revelados pelo demônio Berith. Cf. BERITH.

GRIMÓRIO DE ARMADEL

A menção mais antiga de que temos registro deste livro se encontra numa bibliografia de obras de ocultismo compilada por Gabriel Naude em 1625. Teria supostamente sido escrito por Armadel, figura mítica associada a vários livros de magia. No séc. XVII, diversos livros, sem relação entre si, foram produzidos em seu nome. É notável — e muito suspeito — o quanto este nome se assemelha ao de outras duas obras mágicas bem estabelecidas. Uma delas é o *Arbatel da Magia*, obra datada de 1575. A outra é o *Almadel*, texto atribuído ao Rei Salomão e geralmente incluído como parte do *Lemegeton*. Há a possibilidade de o *Grimório de Armadel* ser um texto espúrio, produzido com a intenção de capitalizar com o reconhecimento dos nomes dos outros dois livros. Se é um livro de magia legítimo ou não, essa ainda é uma questão para se debater. De qualquer forma, uma versão francesa (MS 88) chamada *Liber Armadel* consta no acervo da Bibliothèque de l'Arsenal, em Paris, que foi utilizada como fonte para a tradução de S. L. MacGregor Mathers, empreendida por volta de 1900, sob o título inglês *The Grimoire of Armadel*. A maior parte das informações contidas nesse livro dizem respeito a anjos, mas ele contém também alguns espíritos infernais. Um outro texto não relacionado, sob o título *Les Vrais Clavicules du Roi Salomon par Armadel* ("As Verdadeiras Chaves do Rei Salomão, por Armadel") aparece no final do manuscrito Lansdowne 1202, guardado no British Museum. As primeiras duas partes desse manuscrito foram usadas por Mathers para sua tradução da *Clavicula Salomonis*, ou *Chave de Salomão*. Ele omitiu o terceiro livro, alegando que a *Chave de Salomão* seria, na verdade, composta de apenas dois livros, e que o material do Armadel tinha muito em comum com o *Grimorium Verum*. De fato, o ocultista Joseph Peterson inclui uma tradução desse texto francês no final de sua edição de 2007 do *Grimorium Verum*. Cf. CLAVICULA SALOMONIS, GRIMORIUM VERUM, LEMEGETON, MATHERS.

GRIMÓRIO DO DRAGÃO VERMELHO

Também conhecido como *Le Dragon Rouge* ou *Le Veritable Dragon Rouge* ("O Verdadeiro Dragão Vermelho"). É quase certo que este livro seja, na verdade, outra versão do *Grande Grimório*, publicada em Paris no começo do século XIX, apesar das alegações do próprio livro de ser datado de 1522. O *Grimório do Dragão Vermelho* e o *Grande Grimório* contêm várias imagens em comum, uma das mais notáveis é a representação do demônio dos pactos conhecido como Lucifuge Rofocale. Talvez a diferença mais significativa entre os dois livros seja sua suposta composição. Há alegações de que o *Grande Grimório* teria sido escrito em Roma por Antonio Venitiana del Rabbina, ao passo que o *Dragão Vermelho* alega ser obra de Alibek, o egípcio, tendo sido publicado pela primeira vez no Cairo. Cf. GRANDE GRIMÓRIO.

GRIMÓRIO DO PAPA HONÓRIO

Este livro é uma amálgama estranha de rituais católicos com material retirado de grimórios como a *Clavicula Salomonis* e o *Grimorium Verum*. Ele foi já condenado, no séc. XIX, tanto pelo erudito Éliphas Lévi quanto pelo ocultista A. E. Waite, como um dos livros mais perversos e diabólicos dentre todos os livros sobre as artes sombrias. A maior parte das versões desta obra data dos sécs. XVII e XVIII. Trata-se, com quase certeza, de uma obra espúria, que explora deliberadamente a magia das trevas com o intento de capitalizar com a reputação de um grimório do séc. XIII, o *Livro Jurado de Honório*.

O *Grimório do Papa Honório* alega ter sido composto pelo próprio papa, que provavelmente deveria ser o Papa Honório I, o qual serviu como pontífice entre 625 e 638. Quarenta anos após sua morte, um anátema foi declarado no Terceiro Conselho de Constantinopla, e ele foi excomungado postumamente. Apesar de suas opiniões não serem das mais populares, não há qualquer indicação de que Honório I tivesse praticado, em qualquer momento, qualquer forma de magia.

Ao longo dos séculos XVI e XVII, porém, havia medos persistentes em meio à população de que certos membros do clero praticavam necromancia e magia das trevas. É interessante ainda que Bento XIII (Pedro de Luna, considerado um Antipapa pela Igreja Católica) tenha sido acusado de necromancia pelo Conselho de Pisa em 1409. Este Bento XIII (distinto de Pietro Francesco Orsini, que também assumiu o nome Bento XIII em 1724) deteve o cargo entre 1395 e 1417, em oposição a Bonifácio IX, Inocêncio VII e Gregório XII, durante um período controverso entre as lideranças da Igreja Católica. Após os seus cômodos serem vasculhados minuciosamente, um volume raro de necromancia teria sido descoberto, segundo relatos, escondido embaixo da cama do pontífice. As alegações contra Bento XIII podem ter servido para estabelecer uma lenda sobre o envolvimento do papa em artes diabólicas, o suficiente para tornar mais verossímil aos leitores a ideia da existência de todo um livro de magia das trevas escrito por um papa. Cf. CLAVICULA SALOMONIS, GRIMORIUM VERUM, LIVRO JURADO, WAITE.

GRIMORIUM VERUM

Livro de magia das trevas que inclui uma extensa lista de demônios. O nome significa "O Grimório Verdadeiro". Esta obra faz questão de incluir evocações para vários dos mais detestados e temidos demônios no cristianismo, incluindo Lúcifer, Astarote e Belzebu. Existem duas versões desta obra, uma francesa e outra italiana. A versão italiana ostenta o título *La Clavicola del Re Salomone*, o que o associa à *Clavicula Salomonis*, pelo menos em nome, ainda que não em conteúdo. Há edições italianas publicadas em 1880 e 1868. A edição francesa, publicada em 1817, inclui como sua data de publicação original o ano de 1517 e alega ter sido escrita pela primeira vez na antiga cidade de Mênfis por Alibeck, o Egípcio. É notável ainda que Alibeck, o Egípcio, seja também o nome dado como o autor de versões do *Le Dragon Rouge*, mas, no caso desta obra, o local de publicação é dado como a cidade do Cairo. Não há qualquer referência de que o *Grimorium Verum* seja anterior ao séc. XIX, e é bastante provável que a edição francesa tenha subtraído uns trezentos anos de sua data de publicação para fazer o livro parecer mais antigo e legítimo. O *Grimorium Verum*, o *Grande Grimório* e *Le Dragon Rouge* são todos, provavelmente, produtos de uma demanda, no começo do séc. XIX, por livros em formato de grimório dedicados expressamente à magia das trevas. Tais obras, no entanto, não são completamente espúrias. Uma de suas principais fontes de inspiração pode ter sido o grimório veneziano conhecido como *Segredos de Salomão*, escrito no séc. XVII e tomado pelos inquisidores. Cf. ASTAROTE, BELZEBU, CLAVICULA SALOMONIS, GRANDE GRIMÓRIO, LE DRAGON ROUGE, LÚCIFER, SEGREDOS DE SALOMÃO.

GROMENIS

Servo do demônio Astarote, Gromenis é mencionado na tradução de Mathers da *Magia Sagrada de Abramelin, o Mago*. Em outra versão do material do *Abramelin* guardada na biblioteca de Wolfenbüttel, o nome deste demônio é grafado como *Iromenis*. Cf. ASTAROTE, MATHERS.

GUAGAMON

O nome de um demônio que aparece na tradução de Mathers da *Magia Sagrada de Abramelin, o Mago*. Segundo este texto, Guagamon serve aos grandes demônios Astarote e Asmodeus. Seu nome é grafado *Yragamon* em outras versões do material do *Abramelin*. Cf. ASTAROTE, ASMODEUS, MATHERS.

GUDIEL

Segundo a *Ars Theurgia*, o demônio Gudiel está associado à segunda metade do dia, nas horas entre o meio-dia e o anoitecer. Serve na hierarquia do príncipe infernal Dorochiel e, por isso, está associado à região oeste. Conta com quatrocentos espíritos menores que atendem à sua vontade. Seu título é o de arquiduque e consta que ele teria uma natureza boa e obediente. Cf. ARS THEURGIA, DOROCHIEL.

GUGONIX

Demônio que supostamente serve tanto a Astarote quanto a Asmodeus, Gugonix é mencionado na edição de Mathers da *Magia Sagrada de Abramelin, o Mago*, onde escapa até mesmo às tentativas desse ocultista diligente de desvendar sua etimologia. Na edição de Peter Hammer do material do *Abramelin*, o nome deste demônio é grafado *Gagonir*. Cf. ASTAROTE, ASMODEUS, MATHERS.

GULAND Segundo a tradução de Peterson do *Grimorium Verum*, este demônio tem poder sobre doenças. Ao comando do mago, é capaz de causar qualquer doença em qualquer ser vivo. Conjurado apenas aos sábados, Guland serve como o 14º demônio sob o Duque Syrach. Cf. GRIMORIUM VERUM, SYRACH.

GUSOIN O 11º demônio mencionado na *Goécia*, Gusoin é descrito como um grande e potente duque com quarenta legiões de espíritos menores sob seu comando. Como muitos demônios, consta que dá respostas sobre o passado, presente e futuro. Além disso, é capaz de reconciliar amigos e distribuir dignidades. Segundo a *Descoberta da Bruxaria*, de Scot, aparece na forma de um "*Xenophilus*". Muita tinta já correu como tentativa de explicar o que exatamente é a aparência de um "*Xenophilus*", pois não há nenhuma descrição que tenha sobrevivido de um tal animal do mundo antigo. Porém, é possível que *Xenophilus* não fosse um animal, mas um nome próprio. Um Xenófilo, em particular, aparece no segundo volume da *História Natural*, de Plínio,[2] sendo o nome de um filósofo e músico pitagórico. Esse camarada teria vivido em perfeita saúde até os 105 anos, uma proeza impressionante no mundo dos antigos gregos. Seu nome talvez possa ter sido usado aqui para sugerir que Gusoin apareça como um sábio idoso, o que seria bastante adequado, considerando que a maior parte dos demônios goéticos eram procurados por conta de sua sabedoria e conhecimentos. Uma outra figura notável chamada Xenófilo foi um oficial grego que serviu na cidadela de Susa, onde, em dado momento, acabou desertando os seus e se unindo a Antígono.[3] É claro que a grafia exata pode também ter sua importância para entender o que, ao certo, o autor queria dizer da forma deste demônio. Na *Pseudomonarchia*, de Wierus, consta que *Gusoyn*, outra grafia de Gusoin, aparece *in forma zenophali*. Zenófilo ainda é um nome próprio, mas, sob essa grafia, ele se refere talvez a um cônsul romano que esteve ativo na África cristã entre 320 e 330 d.C.[4] Seu nome aparece nas cartas de Atanásio e também na *Gesta apud Zenophilum*, parte de um dossiê romano que registra uma investigação realizada em 320 d.C. por Zenófilo e outros a fim de determinar quais cristãos na comunidade da Numídia haviam entregado seus exemplares das escrituras ao estado como parte dos esforços romanos para controlar a disseminação do cristianismo. Se o texto se refere a esse Zenófilo, então os sentimentos anticristãos associados a este nome conferem a Gusion um ar muito mais nefasto. Na *Goécia do Dr. Rudd*, consta que responde ao anjo Laviah, Loviah ou Laoviah. Os editores do texto sugerem que Xenophilus deve ser entendido como uma palavra grega, *xenophalloi*, o que confere ao termo uma conotação bastante diferente. O *Livro dos Encantamentos*, grimório de um curandeiro do começo séc. XIX, do País de Gales, declara explicitamente que "Xenophiles" seria uma figura histórica que teria vivido até os 150 anos sem nunca ficar doente, o que ajuda a pôr um fim a esse debate. Cf. GOÉCIA, LIVRO DOS ENCANTAMENTOS, RUDD, SCOT, WIERUS.

GUTH Ministro de Formione, o rei dos espíritos de Júpiter mencionado na tradução de Joseph Peterson do *Livro Jurado*. Este demônio é descrito como sujeito aos ventos do norte. Sendo um espírito de Júpiter, Guth é capaz de inspirar emoções positivas entre os mortais, como o amor e a alegria. Ele também pode trazer-lhes favores mundanos. É governado pelos anjos Satquiel, Raphael, Pahamcocihel e Asassaiel. Seu nome talvez derive da figura bíblica Gogue. Cf. FORMIONE, GOGUE, *LIVRO JURADO*.

GUTHAC Demônio trapaceiro que deve ser conjurado em feitiços que envolvem zombarias e ciladas. Guthac aparece na *Magia Sagrada de Abramelin, o Mago* e pode ajudar o mago com ilusões e invisibilidade. Ele aparece com esses mesmos poderes na tradução de Mathers da *Clavicula Salomonis*. Cf. MATHERS.

---

2 Pliny, Natural History, *vol. 2, p. 207.*
3 William Smith, Dictionary of Greek and Roman Antiquities, *vol. 3, p. 1297.*
4 T. D. Barnes, "Proconsuls of Africa, 337–92," Phoenix, pp. 144–153.

GUTHOR Demônio ligado a trapaças, enganos e ilusões, mencionado na tradução de Mathers da *Clavicula Salomonis* e também na *Magia Sagrada de Abramelin, o Mago*. Guthor pode ser evocado para ajudar uma pessoa a ficar invisível. Cf. MATHERS.

GUTHRYN Demônio que, segundo consta, tem o poder de conferir favores e status mundanos. Segundo a edição de Peterson do *Livro Jurado de Honório*, é um dos ministros de Formione, o rei dos espíritos de Júpiter. Aqui ele é descrito como sujeito aos ventos do norte. Além de sua habilidade de fazer com que as pessoas se tornem mais favoráveis aos olhos dos outros, também é capaz de inspirar emoções positivas, como amor e alegria. Compare com o demônio *Gutthyn* na tradução de Driscoll da mesma obra. Cf. FORMIONE, GUTTHYN, LIVRO JURADO.

GUTLY Ministro do rei infernal Fornnouc, por isso aliado ao elemento do ar. Gutly é um espírito vívido, ativo e ágil. A tradução de Driscoll do *Livro Jurado*, no entanto, também o descreve como uma figura inconstante. Ele pode agir como tutor para aqueles que conquistarem os seus favores. Sendo um demônio do elemento ar, tem o conhecimento de todas as ciências racionais e eruditas. Gutly e seus companheiros na corte do rei Fornnouc são também espíritos de cura, capazes de prevenir enfermidades e curar fraquezas já existentes. Compare com o demônio Guth, ministro de Formione. Cf. FORMIONE, FORNNOUC, GUTH, LIVRO JURADO.

GUTTHYN Demônio mencionado na edição de Driscoll do *Livro Jurado*, Gutthyn é o terceiro ministro subordinado ao rei infernal Fornnouc. Gutthyn é aliado ao elemento do ar, por isso supervisiona as questões associadas à mente e à inteligência e serve como um tutor demoníaco àqueles que conquistarem os seus favores. Ele cura enfermidades e fraquezas, mas apenas ao ser abordado com as devidas oferendas. Consta que é um espírito bastante vívido, ativo e ágil (presumivelmente tanto corporal quanto mentalmente). Esteja avisado, porém, que sua índole é das mais inconstantes. Cf. FORNNOUC, GUTLY, LIVRO JURADO.

GUZIEL Na *Espada de Moisés*, este ser, descrito como um anjo maligno, é evocado como parte de uma maldição. Guziel é evocado para arruinar um inimigo, amarrando sua mente, sua boca, sua garganta e sua língua. Uma vez que a cabeça da vítima tenha sido confundida e ela tornada incapaz de falar em sua própria defesa, ela se afunda ainda mais em sua ruína conforme este anjo perverso e seus três irmãos trabalham para preencher a sua barriga com veneno. Cf. ESPADA DE MOISÉS, GASTER.

GYELL Segundo o *Livro de Oberon*, Gyell é um demônio cujo título é incerto, talvez sendo um conde. Comanda sete legiões e aparece na forma de um elefante. Cf. LIVRO DE OBERON.

GYTON Segundo o texto mágico conhecido como *Manual de Munique*, Gyton é um dos demônios que devem ser conjurados para transformar uma unha humana em um aparato para catoptromancia. Cf. MANUAL DE MUNIQUE.

CURIOSIDADES DEMONÍACAS

IMAGENS GRAVADAS E FORMAS COLOSSAIS

Na Bíblia, sobretudo no Velho Testamento, uma palavra que é consistentemente traduzida como *demônio* é o termo hebraico *shedim*. O nome Shedim, que aparecem apenas nessa forma plural, com frequência descreve os deuses falsos das outras culturas, o que se aplica especialmente àqueles que exigiam sacrifícios humanos, como em *Deuteronômio* 32:17. É provável que a palavra derive do acadiano *shedu*, que se refere a um tipo de espírito guardião comum à mitologia da Babilônia e Acade. Os shedu eram tipicamente representados como imensas criaturas híbridas que combinavam aspectos de touros, leões, serpentes e seres humanos. Muitas vezes ostentavam asas, para indicar sua natureza extramundana. Esses espíritos poderiam ser benéficos ou malévolos, dependendo da situação e de sua disposição na hora. Os shedu eram quase sempre mencionados em conjunção com outra variedade de espíritos, os *lamassu*, tanto que ambos os nomes, na verdade, poderiam ser usados de forma intercambiável. O Reverendo Oesterely, em seu *Imortalidade e o Mundo Invisível*, descreve os lamassu como "formas colossais". Com frequência eram usados para proteger passagens e entradas. Nas casas comuns, era usual construírem uma tabuleta contendo uma imagem gravada de um shedu que era enterrada sob o limiar. Nas cidades e palácios, estátuas colossais flanqueavam as entradas — e exemplos podem ser encontrados nos museus hoje. Muitos desses guardiões de portais assumiam a forma de touros alados, com frequência dotados de rostos humanos com longas barbas. O contato direto com essas antigas estátuas ou as histórias sobre elas podem ter servido de inspiração para demônios descritos de forma semelhante, como Bilgall do *Livro de Oberon*. As descrições de vários outros demônios podem ter sido influenciadas também pelo conhecimento de estátuas pagãs do mundo antigo. O demônio goético Marbas (bem como vários outros em toda a tradição dos grimórios) é descrito tradicionalmente como um homem com cabeça de leão, que carrega uma serpente nas mãos. O *leiocephalus* era um ícone popular do culto de Mithras, representado como um homem alado com cabeça de leão, cujo corpo era enroscado por uma grande serpente.

O leiocephalus (literalmente, "cabeça de leão") era uma figura cúltica popular entre os seguidores de Mithras. Arte de Catherine Rogers.

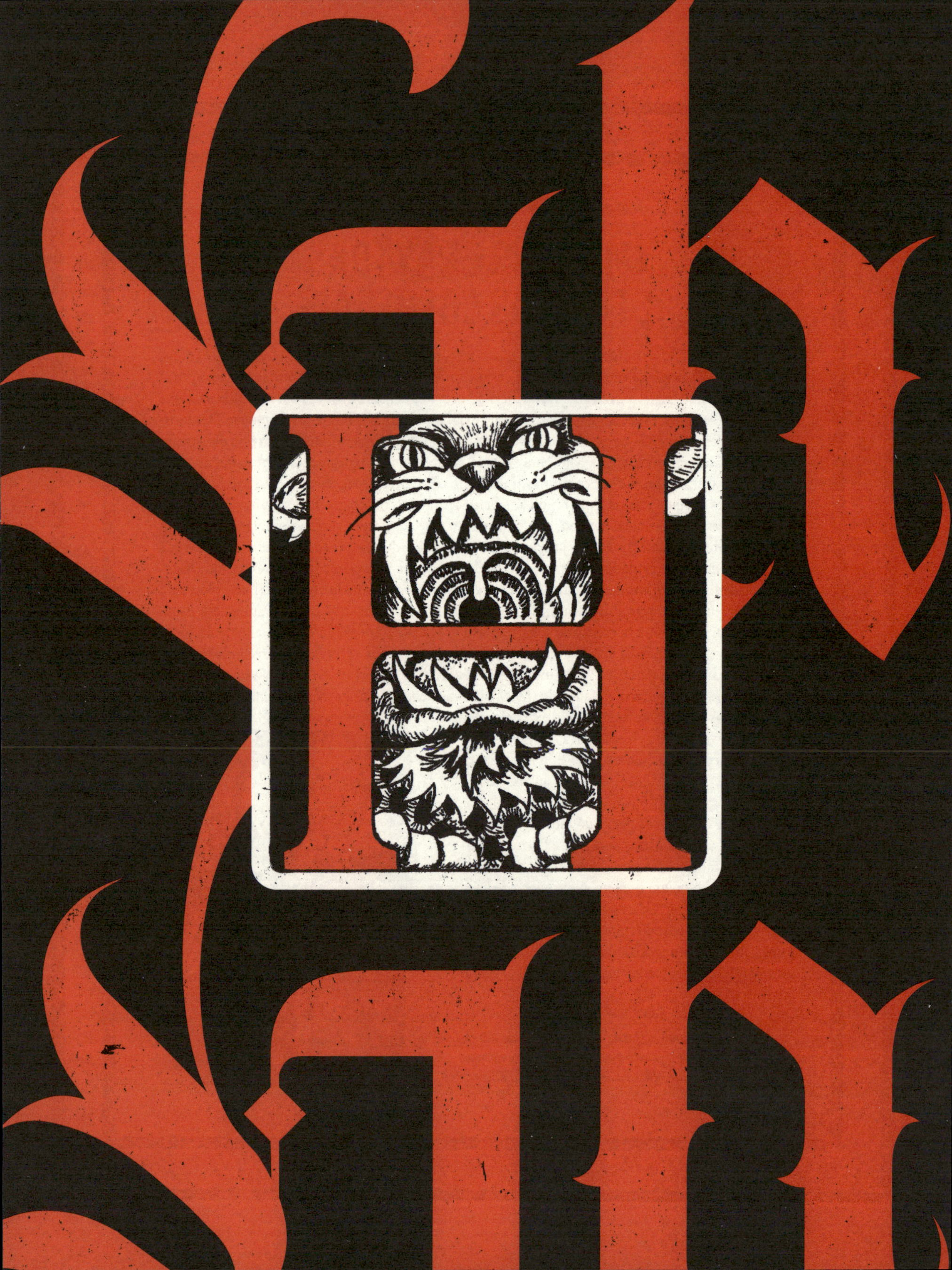

HAAGENTI Um dos 72 demônios mencionados na *Goécia*. Haagenti também aparece na *Pseudomonarchia Daemonum*, de Wierus, e na *Descoberta da Bruxaria*, de Scot. Consta que ele é um demônio alquímico, com o poder de transformar metais reles em ouro. Também é capaz de transformar água em vinho e vice-versa. Seu título é o de presidente, e ele comanda 33 legiões de espíritos. Sua forma de manifestação é a de um touro com asas de grifo, mas também é capaz de assumir uma forma humana. Na *Goécia do Dr. Rudd*, consta que é possível controlá-lo com o nome do anjo Mihael. O *Livro dos Encantamentos* galês o descreve como um presidente que governa 33 legiões. Seu principal poder é o de transmutação. Cf. Goécia, Livro dos Encantamentos, Rudd, Scot, Wierus.

HABAA O rei dos espíritos do planeta Mercúrio. Sendo um espírito mercurial, Habaa tem o poder de dar respostas sobre o passado, o presente e o futuro. Também é capaz de revelar os segredos dos espíritos, bem como o de todos os mortais. Segundo a tradução de Peterson do *Livro Jurado de Honório*, ao se manifestar, ele assume um corpo mutável cuja pele é cintilante, como vidro. Os anjos Miguel, Mihel e Sarapiel detêm poder sobre ele, bem como sobre todos os espíritos de Mercúrio. Cf. Livro Jurado.

HABHI Na *Magia Sagrada de Abramelin, o Mago*, Mathers identifica Habhi como um dos demônios que servem a Oriens, Amaimon, Ariton e Paimon. Segundo sua definição do nome deste demônio, ele significaria "oculto". Cf. Amaimon, Ariton, Mathers, Oriens, Paimon.

HABNTHALA Um ministro do demônio Harthan, rei do elemento da água. Segundo a edição de Driscoll do *Livro Jurado*, ao se manifestar, Habnthala aparece com um aspecto sarapintado e um corpo grande e forte. Sua natureza é sagaz e agradável, e ele também é observador, mas por vezes ciumento. Pode ser conjurado para deslocar as coisas, invisivelmente, de um lugar para outro, criar escuridão e cometer vinganças. Além disso, ele ajuda os outros a obterem força em suas resoluções. Cf. Livro Jurado, Harthan.

HACAMULI Em sua versão da *Magia Sagrada de Abramelin, o Mago*, Mathers sugere que o nome deste demônio seja derivado de uma raiz hebraica que significa "murchar" ou "desaparecer". Hacamuli é um servo do senhor demoníaco Belzebu, sendo conjurado como parte do ritual do Sagrado Anjo Guardião que ocupa um papel central no texto do *Abramelin*. Em outras versões da obra, seu nome é grafado *Hayamen*. Cf. Belzebu, Mathers.

HACEL Este demônio, pelo que dizem, ensina línguas e letras. Segundo as *Verdadeiras Chaves de Salomão*, Hacel também ensina a descobrir o significado de letras ocultas e secretas, o que pode ser uma referência oblíqua à prática esteganográfica estabelecida por Tritêmio no séc. xv. Cf. Tritêmio, Verdadeiras Chaves.

HACHAMEL Servidor demoníaco de Paimon, mencionado na *Magia Sagrada de Abramelin, o Mago*. O manuscrito usado pelo ocultista S. L. Mathers para sua tradução desta obra oferece o nome deste demônio, em vez disso, como *Achaniel*. Mathers o interpreta como "a verdade de Deus". Tanto Hachamel quanto Achaniel lembram os nomes dos anjos, mas é evidente que este anjo em particular já não está mais filiado às Hostes Celestiais. Hachamel soa razoavelmente parecido com *Hochmiel*,

Mercurius
Inter Venerem et Lunam apparet. Domus ejus principalis Virgo, minus principalis Gemini.

Mercúrio com seu caduceu alado. Os espíritos de cada esfera celestial costumavam ser associados a atributos correspondentes ao planeta que os rege. Gravura de N. Dorigny, 1695. Imagem cortesia da Wellcome Collection, Londres.

o anjo a quem é creditada a transmissão do material do *Livro Jurado de Honório*. Seu nome deriva da palavra hebraica *hochmah* (ou *chokmah*), que significa "sabedoria". Dado o caráter judaico do material do *Abramelin*, é possível que esta raiz esteja por trás também do nome de Hachamel. Cf. MATHERS, PAIMON.

HAEL No *Grimorium Verum*, Hael é elencado como o primeiro espírito que serve ao demônio Nebiros. Detém grande poder sobre a linguagem e, ao ser conjurado, é capaz de fazer o mago falar qualquer idioma que quiser. Além disso, é capaz de instruir o mago na arte de escrever letras variadas e diversas. Como muitos demônios com acesso aos mistérios do mundo espiritual, Hael pode revelar detalhes sobre coisas ocultas. Junto ao demônio Seruglath, Hael comanda vários de seus próprios demônios também. Segundo os *Segredos de Salomão*, faz parte de uma dupla de demônios de alto escalão que servem ao duque infernal Resbiroth. Além de ensinar tudo sobre as letras e a escrita, ele possibilita que as pessoas compreendam até mesmo a mais difícil das cifras — uma habilidade particularmente útil para um mago renascentista, numa época em que muitos livros de magia eram escritos em código. Seu colega de ministério é Sergulaf. Juntos, eles supervisionam oito outros demônios poderosos. Cf. *GRIMORIUM VERUM*, NEBIROS, RESBIROTH, *SEGREDOS DE SALOMÃO*, SERGULAF, SERUGLATH.

HAGION Demônio cujo nome significa "sagrado" ou "santo". Mathers, em sua tradução da *Magia Sagrada de Abramelin, o Mago*, o associa à palavra grega *hagios*, uma interpretação que parece correta, até que comparemos a grafia do nome Hagion, retirado do manuscrito que serviu de fonte a Mathers, com outras versões sobreviventes do material do *Abramelin*. Nessas outras versões, o nome é grafado ou como *Nagar* ou *Nagan*. Porque o texto original se perdeu e todas as versões sobreviventes são meras cópias, não há como saber qual versão seria a correta. Consta que Hagion, ou Nagan, serve à dupla liderança dos demônios Magoth e Kore. Cf. KORE, MAGOTH, MATHERS.

HAGOG Demônio associado ao ritual do Sagrado Anjo Guardião da *Magia Sagrada de Abramelin, o Mago*. Consta que Hagog serve ao demônio superior Magoth. Nas versões do material do *Abramelin* guardadas nas bibliotecas de Dresden e Wolfenbüttel, na Alemanha, seu nome é grafado *Hagoch*. Cf. MAGOTH, MATHERS.

HAIBALIDECH Demônio mencionado na tradução do *Livro Jurado de Honório* de Joseph H. Peterson. Consta que Haibalidech serve ao rei demoníaco Maymon que, neste texto, governa a direção norte e o planeta Saturno. Haibalidech responde aos anjos Bohel, Cafziel, Michrathon e Satquiel, que governam o planeta Saturno. Tem o poder de conjurar tempestades de neve e gelo. É também capaz de incitar sentimentos negativos como raiva, tristeza e ódio. Cf. *LIVRO JURADO*, MAYMON.

HALI Demônio associado ao elemento terra, Hali serve ao rei infernal Albunalich. Sua hierarquia é descrita na tradução de Driscoll de 1977 do *Livro Jurado*. Segundo essa obra, Hali detém o título de ministro e aparece numa forma corpulenta e de grandes proporções, com um rosto belo e iluminado. Consta que ele tem poder sobre o ouro e pedras preciosas, as quais protege com grande avareza, mas está disposto a partilhá-las com aqueles que conquistarem os seus favores. Todos os outros, ele leva à exaustão e completa frustação se procurarem os tesouros da terra. Tem a habilidade de inspirar sentimentos ruins entre as pessoas, incitando o rancor e até mesmo levando-as à violência. Além disso, é capaz de repassar conhecimentos, tanto referentes ao passado quanto ao futuro, e fazer cair chuvas temperadas. Cf. ALBUNALICH, *LIVRO JURADO*.

HALIGAX Um dos vários demônios que, segundo consta, servem aos governantes infernais Asmodeus e Astarote. Haligax é mencionado na tradução de Mathers da *Magia Sagrada de Abramelin, o Mago*. Em outras versões do material do *Abramelin*, seu nome é apresentado como *Haynax*. Cf. ASTAROTE, ASMODEUS, *LIVRO JURADO*.

HALPHAS O 38º demônio da *Goécia*, Halphas é um demônio marcial que se manifesta, dizem, na forma de uma cegonha com uma voz rouca. Segundo a *Descoberta da Bruxaria*, de Scot, ele é mais conhecido por sua habilidade de ampliar o arsenal de uma cidade, reunindo armas e munições. Se for consultado para pedir reforços, ele tem o poder de enviar guerreiros a qualquer lugar que indicar. Dentre os asseclas do Inferno, Halphas detém o título de conde e comanda um total de 26 legiões de espíritos. Seu nome também é listado na *Pseudomonarchia Daemonum*, de Wierus. Na *Goécia do Dr. Rudd*, aparece não como uma cegonha, mas como um pombo-bravo. Aqui, seu nome é grafado *Malthas* e consta que seria coibido pelo anjo Hamiah. No grimório galês conhecido como o *Livro dos Encantamentos*, ele aparece também como um pombo-bravo. Seu ofício é o de construir torres e fornecer munição. Cf. Goécia, Livro dos Encantamentos, Rudd, Scot, Wierus.

HAMAS Espírito noturno infernal a serviço do rei demoníaco Asyriel. Asyriel é o terceiro espírito subordinado a Caspiel, o Imperador Infernal do Sul, pelo menos segundo a *Ars Theurgia*. Por isso, Hamas também é associado à direção sul. Consta que serve apenas durante as horas da noite. Dotado do título de duque, conta com dez espíritos menores para executar seus comandos. Cf. Ars Theurgia, Asyriel, Caspiel.

HAMORPHIEL Demônio mencionado na *Ars Theurgia*. Hamorphiel é um duque de Pamersiel, o primeiro e principal espírito do leste sob o imperador Carnesiel. Consta que Hamorphiel é de uma índole maligna, que jamais deve ser confiado com assuntos secretos e que é dado a enganar o conjurador. Devido à sua natureza inerentemente agressiva, consta que seria útil em expulsar outros espíritos das trevas, sobretudo os que habitam casas mal-assombradas. Cf. Ars Theurgia, Pamersiel.

HANAN A aparência natural deste demônio é de uma chama viva, mas ele também pode assumir forma humana se lhe for exigido. Grande príncipe mencionado no *Livro de Oberon*, ele detém poder sobre oito legiões de espíritos menores, e dizem que favorece a todos que forem capazes de conjurá-lo. Sempre que houver tesouros ocultos protegidos por espíritos, ele é capaz de descrever quantos são esses guardiões espirituais, seus tipos e como lidar com eles. Além disso, tem a reputação de ser bem versado em astronomia. Cf. Livro de Oberon.

HANIEL Espírito que aparece em vários textos, tanto como anjo caído e como um ser celestial. Na tradução de Mathers do *Grimório de Armadel*, consta que Haniel tem poder sobre a alquimia e é capaz de ensinar a transformação de todas as pedras preciosas. Também fornece tantas joias quanto o conjurador pode desejar. O texto afirma que Haniel deve ser evocado nas sextas-feiras, ao amanhecer. Cf. Mathers.

HANNI No grimório do séc. xv conhecido como *Manual de Munique*, este presidente infernal comanda trinta legiões de diabos. Ao ser conjurado, aparece na forma de uma chama pura e viva. No entanto, pode ser compelido a assumir uma forma humana menos perigosa, sob comando do mago. Hanni, um espírito poderoso, é capaz de fazer com que o mago seja favorecido por príncipes e magnatas. Além disso, ensina astronomia e as artes liberais, além de conceder espíritos familiares. Por fim, tem o poder não apenas de revelar tesouros, mas também de revelar a localização de tesouros protegidos por outros espíritos. Presume-se que também possa ajudar o mago a libertar o tesouro de seus guardiões do outro mundo. Embora seus nomes sejam bem diferentes, compare a aparência e poderes de Hanni com os do demônio goético conhecido como Avnas ou Amy. Cf. Avnas, Livro Jurado.

HANYEY Demônio associado à esfera planetária de Mercúrio. É capaz de abrir fechaduras, agradar a juízes, conceder vitória em batalha e libertar espíritos. Segundo o *Livro de Oberon*, serve ao rei demoníaco Saba e aparece na forma de um soldado armado, bastante atraente e que se comunica com uma voz agradável. Cf. Alvedio, Livro de Oberon, Saba, Yron.

CURIOSIDADES DEMONÍACAS

MISTICISMO JUDAICO DE SEGUNDA MÃO

Boa parte da tradição dos grimórios da Idade Média e da Renascença foi influenciada pelas tradições mágicas dos judeus. Demônios e anjos têm ambos um papel significativo no sistema judaico conhecido como Cabala — mas, ainda que a Cabala seja parte de um sistema místico, acreditava-se que muitos de seus conceitos teriam uma aplicação mais direta em trabalhos mágicos. Muito da magia cabalística gira em torno de algo chamado de Árvore da Vida, um tipo de escada mística que representa um mapa da realidade. Ela tem dez degraus, ou pontos, conhecidos como *Sephiroth*. Cada um desses degraus na escada é entendido como uma emanação diferente da divindade, descendo ao reino mortal. Na magia cabalística, um indivíduo treinado procura subir a escada da Árvore da Vida por meio de práticas rigorosas que envolvem jejuns, meditação e cerimônias. Encontros com demônios e anjos são parte dessa jornada mística, e a visão do Trono de Deus seria o objetivo final. Nomes sagrados da divindade, escritos em hebraico, têm um papel nesse processo, junto dos nomes hebraicos de anjos e demônios encontrados no caminho. Os filósofos cristãos na Europa Medieval tinham um conhecimento limitado do sistema cabalístico — mas sabiam o suficiente para atribuírem-no grande poder. Como consequência, os grimórios da Europa — muitos compostos por praticantes cristãos de magia — tomaram muitas coisas emprestadas do sistema, adotando os nomes hebraicos de Deus, além de conceitos como a significância das letras, das palavras e dos números. O texto mais influente de todos é o *Sepher Yetzirah*, composto nos primeiros séculos da era cristã. Foi esse tratado em hebraico que deitou as bases para a Cabala. Muitos nomes e conceitos derivados do misticismo judaico chegaram horrivelmente deturpados aos grimórios. Apesar disso, esses elementos judaicos em essência podem ser encontrados em boa parte da magia cristã da Europa medieval e renascentista. É importante apontar que o uso dos conceitos apropriados, como o do *Shem HaMephorash* e do Tetragrama, se deu sem a consulta ou permissão dos judeus. Esse mesmo sentimento antissemita é evidente em certos elementos também, como na demonização da palavra *Berith*.

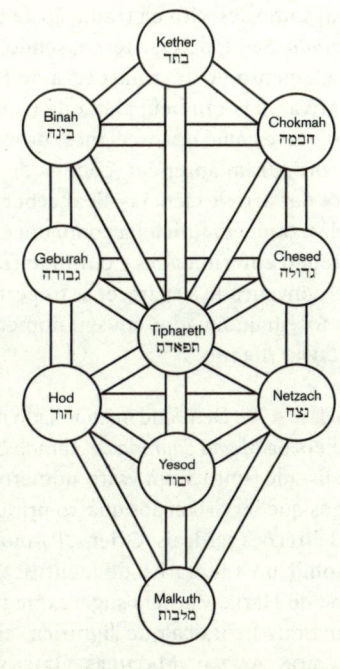

HARCHASE Lê-se no *Livro de Oberon* que este demônio, que conta com 26 legiões subordinadas, é capaz de revelar todos os locais onde se encontram tesouros ocultos. É também capaz de conferir invisibilidade. Seu título é o de rei e aparece na forma de um urso feroz. Cf. Livro de Oberon.

HAREX Demônio associado ao elemento do ar, Harex serve na corte do rei infernal Fornnouc, tal como descrito na tradução de Driscoll do *Livro Jurado*. Segundo esse texto, sendo um demônio do elemento do ar, a natureza de Harex é vívida e ativa, mas também cheia de caprichos. No entanto, serve como um excelente tutor para aqueles que procuram aprender, com os demônios, os segredos das artes e ciências. Se receber as devidas oferendas, também funciona como um curandeiro, combatendo enfermidades e curando fraquezas. É possível convencê-lo a aparecer se os perfumes adequados forem queimados em seu nome. Cf. Fornnouc, Livro Jurado.

HARIL Demônio mencionado na tradução de Mathers da *Magia Sagrada de Abramelin, o Mago*. Haril é listado junto a um vasto número de outros demônios que serviriam aos quatro príncipes infernais das direções cardeais: Oriens, Paimon, Ariton e Amaimon. Numa tentativa de identificar a origem do nome de Haril, Mathers sugere que tenha a ver com uma raiz hebraica que significa "espinhoso". Cf. Amaimon, Ariton, Mathers, Oriens, Paimon.

HARISTON Demônio com poderes sobre o fogo. Hariston é capaz de permitir que uma pessoa atravesse as chamas em segurança, sem se queimar. Serve aos demônios Hael e Sergulaf na corte do Duque Resbiroth, todos os quais são mencionados nos *Segredos de Salomão*, um grimório do séc. xvii confiscado pela Inquisição em Veneza. Cf. Hael, Resbiroth, Segredos de Salomão, Sergulaf.

HARISTUM Demônio do *Grimorium Verum*, Haristum serve aos demônios Hael e Sergulath, seu parceiro. Tem poder sobre o fogo vivo e é capaz de ensinar as pessoas a atravessar o fogo em segurança e sem se queimar. Considerando que o *Grimorium Verum* provavelmente foi derivado dos *Segredos de Salomão*, é provável que seu nome seja uma variação de Hariston. Cf. Grimorium Verum, Hael, Hariston, Sergulath.

HARITH Servo de Formione, o rei dos espíritos de Júpiter mencionados na tradução de Joseph Peterson do *Livro Jurado*. É capaz de conferir favores às pessoas e promover emoções positivas como felicidade e alegria. Harith é descrito como associado à direção leste, presumivelmente aos ventos orientais. Cf. Formione, Livro Jurado.

HARKAM No *Livro de Oberon*, Harkam é o rei dos espíritos da Lua. Ele se move como uma tempestade poderosa em alto-mar, e sua pele é da cor de uma nuvem escura e sinistra. Seus olhos são úmidos, sua cabeça calva e os dentes são presas, como de um javali. Sempre que ele aparece, irrompe uma terrível tempestade. Tem poder sobre a prata e segredos, conferindo riquezas ou revelando as coisas mais profundamente guardadas. É capaz de transportar objetos ou encantar cavalos para que corram como o vento. É capaz de assumir a forma de homem ou mulher, vaca, rena ou ganso. Ao se manifestar como mulher, aparece na forma de uma caçadora; como homem, na forma de um rei armado com flechas. Harkam conta com quatro ajudantes: Bylethor, Mylu, Byleth e Acuteba. Cf. Acuteba, Byleth, Bylethor, Livro de Oberon, Mylu.

HAROMBRUB "Exaltado em Grandeza". Segundo S. L. MacGregor Mathers, seu nome deriva de uma raiz hebraica. Este demônio aparece na *Magia Sagrada de Abramelin, o Mago*, onde consta que serve ao príncipe infernal Ariton. Na edição do séc. xvii de Peter Hammer do *Abramelin*, seu nome aparece sob a grafia alternativa Horasul. Cf. Ariton, Mathers.

HARPAX Demônio associado aos 36 decanos do zodíaco. Segundo o *Testamento de Salomão*, tem o poder de afligir as suas vítimas com insônia. Pode ser abjurado pelo uso do nome *Kokphnêdismos*.

Na tradução posterior, de McCown, do *Testamento*, este nome é dividido em dois, *Kok* e *Phedismos*. Nessa versão ainda, Harpax conta com o título de *Rhyx*, ou "rei", e seu nome é grafado *Hapax*. Cf. SALOMÃO.

HARTHAN Demônio cujo nome aparece na tradução de Driscoll do *Livro Jurado*. É descrito como um rei do elemento da água, portanto associado à direção oeste. Segundo o texto, ao se manifestar, ele aparece com um corpo de grandes proporções e aspecto sarapintado. Sua natureza é sagaz e agradável, mas também é observador e sujeito a sentir ciúmes. Confere força e resolução àqueles que necessitam. Realiza vinganças e fornece escuridão quando necessário — presumivelmente para ajudar a cometer algum ato escondido. Nessa mesma linha, é ainda capaz de deslocar as coisas de um lugar a outro. Na tradução de Peterson desse mesmo material, Harthan é mencionado como o rei dos espíritos da Lua. Nesse texto, consta que ele tem poder de alterar os pensamentos das pessoas e ajudar com jornadas. Cf. *LIVRO JURADO*.

HAUGES Demônio da tradução de Mathers da *Magia Sagrada de Abramelin, o Mago*. Consta que Hauges serve aos reis demoníacos Amaimon e Ariton. Mathers se esforça para tentar associar o nome deste demônio a uma palavra grega que significa "brilho". Este demônio também aparece com uma variação de seu nome, *Harog*. Cf. AMAIMON, ARITON, MATHERS.

HAUROS Também chamado *Hauvos*. No *Livro dos Encantamentos*, o grimório de um curandeiro do País de Gales, do séc. XIX, Hauros é um grande duque que aparece a princípio na forma de um poderoso leopardo. Em sua forma humana, tem olhos de fogo e um aspecto terrível. Se for comandado a aparecer dentro do triângulo traçado no chão, dará respostas verdadeiras, mas contará mentiras sobre todas as coisas se essas precauções não forem tomadas. Fica feliz em discorrer sobre a divindade, a criação do mundo e a queda dos espíritos, incluindo ele próprio. Hauros destrói e incendeia todos os seus inimigos, se assim for comandado. Depois que você começar a trabalhar com Hauros, ele protegerá você zelosamente contra as tentações de outros espíritos ou entidades. Há 36 legiões de espíritos menores que lhe servem. Cf. FLAUROS, *GOÉCIA*, *LIVRO DOS ENCANTAMENTOS*.

HEBETHEL Demônio na hierarquia do rei Harthan, que governa o elemento da água. Hebethel é capaz de fornecer escuridão e deslocar as coisas de um lugar a outro. Fornece auxílio para vinganças e ajuda os outros a obter força e resolução. Sua forma para manifestação costuma ser corpulenta, com aparência sarapintada. Quanto à sua natureza, é descrito como uma figura sagaz e agradável, mas também um tanto ciumenta. Segundo a edição de Driscoll do Livro Jurado, é possível invocá-lo com o auxílio dos perfumes adequados. Na tradução de Peterson do *Livro Jurado*, Hebethel é associado ao demônio Harthan, mas aqui Harthan é identificado como o rei dos espíritos da Lua. Cf. HARTHAN, *LIVRO JURADO*.

HEGERGIBET Demônio que protege as direções cardeais e faz par com o demônio Sathan no *Manual de Munique*. *Sathan* seria uma variação de Satã, Satanás, e as duas potências infernais são invocadas em associação com a direção norte. Cf. *MANUAL DE MUNIQUE*.

HEKESHA Nome atribuído ao demônio Lilith. Acreditava-se que demônios do tipo Lilith atacavam as pessoas à noite, indo particularmente atrás de crianças em seus berços. Sendo uma forma de Lilith, Hekesha está associada à noite e à escuridão. Seu nome é um dos muitos que, no passado, eram gravados em amuletos especiais para proteção contra suas investidas. Este nome é registrado em uma coletânea de 1966 do autor T. Schrire, intitulada *Hebrew Magic Amulets*. Cf. LILITH.

HEME Segundo a *Ars Theurgia*, Heme é um demônio na corte do príncipe infernal Usiel. Serve durante as horas diurnas e detém o título de duque. Há quarenta espíritos ministradores que lhe servem. Heme tem o poder de obscurecer ou revelar tesouros ocultos. Seu nome pode ter sido derivado do termo médico *heme*, usado para descrever o pigmento rico em ferro do sangue. Cf. *ARS THEURGIA*, USIEL.

HEMIS Na sua tradução de 1898 da *Magia Sagrada de Abramelin, o Mago*, Mathers interpreta o nome deste ser como tendo relação direta à palavra grega *hemi*, que significa "metade". Este demônio aparece numa lista de servidores infernais do arquidemônio Magoth. Consta que ele serve também a Kore, mas este nome aparece como um líder da hierarquia demoníaca apenas na versão do *Abramelin* que serviu de fonte a Mathers. Nas outras versões sobreviventes da obra, o nome deste demônio aparece como *Somis*. Cf. Kore, Magoth, Mathers.

HEMOSTOPHILÉ Este nome curioso aparece na tradução de Mathers do *Grimório de Armadel*. Provavelmente trata-se de uma corruptela do nome tradicional *Mefistófeles*, mas o prefixo *hemo-* sugere que também tenha algo a ver com sangue. Segundo o texto, Hemostophilé é capaz de mostrar como conjurar diabos e ajudar as pessoas a adquirir servos infernais. É um demônio enganador que muda a forma das pessoas, bem como suas paixões. Talvez por conta de seu domínio sobre ilusões, o texto oferece avisos contra a conjuração deste demônio. Cf. Mathers, Mefistófeles.

HEPATH Na *Clavicula Salomonis de Secretis*, ou *Segredos de Salomão*, Hepath é mencionado dentre os dezoito poderosos servidores do demoníaco Duque Syrach. Um demônio do teletransporte e da manifestação, Hepath tem o poder de fazer aparecer gente conforme a vontade do conjurador, desde exércitos até imperadores e entes queridos desaparecidos. O texto não deixa claro se ele transporta essas figuras a partir de locais físicos ou se são seres que ele faz surgir do além. Cf. Segredos de Salomão, Syrach.

HEPHESIMIRETH No *Testamento de Salomão*, Hephesimireth é mencionado como um dos 36 demônios associados aos decanos do zodíaco. Sendo um demônio pestilento, é capaz de atormentar suas vítimas causando-lhes doenças prolongadas. Para espantar este demônio, basta invocar os nomes dos Serafim e Querubim. Na tradução de Conybeare deste texto, Hephesimireth é associado com o 31º decano do zodíaco. Numa tradução posterior de McCown, geralmente aceita como mais precisa, aparece como o demônio do 30º decano do zodíaco. Seu nome também varia, com o acréscimo do título de *Rhyx*, ou rei, e sendo grafado como *Physikoreth*. Cf. Salomão.

HEPOTH Demônio ilusionista mencionado nas *Verdadeiras Chaves de Salomão*, segundo a reputação de Hepoth, ele tem o poder de fazer com que qualquer homem, mulher ou criança de qualquer região distante pareça surgir à distância. Segundo o grimório onde seu nome aparece, Hepoth é um servo do chefe Sirachi, ele mesmo um servo de Lúcifer. Cf. Lúcifer, Sirachi, Verdadeiras Chaves.

HEPTAMERON Esta obra, tradicionalmente atribuída a Pietro d'Abano, foi publicada quase duzentos anos após sua morte, em 1316 d.C. Por este motivo, muitos estudiosos disputam a alegação de que Abano seria o autor do texto. O pesquisador do ocultismo Joseph Peterson sugere que a versão mais antiga deste texto foi produzida em Veneza, em 1496. Uma parte da rica tradição dos grimórios da Renascença, o *Heptameron* serviu como principal recurso para Agrippa em seus *Três Livros de Filosofia Oculta*. O *Heptameron* também apresenta alguns detalhes em comum com grimórios como o *Livro Jurado de Honório*. Por exemplo, um dos "anjos" responsáveis por reger a sexta-feira no *Heptameron* se chama Sarabotes, um nome que apresenta uma semelhança bastante suspeita com o demônio Sarabocres do *Livro Jurado*. Embora alguns destes nomes pareçam ser identificados como demônios em outros livros, o *Heptameron* identifica, de forma bastante específica, todos os seus espíritos apresentados no grimório como anjos — e não do tipo caído. A muitos dos seus espíritos são atribuídas posições em um dos sete céus, um esquema originalmente derivado de fontes judaicas e mais tarde adaptado às sete esferas planetárias. Embora o *Heptameron* seja um texto mágico de tremenda influência, pelo fato de os espíritos contidos nele serem expressamente identificados como anjos, nenhum dos seus nomes foi incluído neste livro — embora variações de alguns destes nomes supostamente angelicais apareçam como demônios no *Livro Jurado*. Cf. Agrippa, Livro Jurado.

CURIOSIDADES DEMONÍACAS

★ VÍTIMAS SACRIFICIAIS ★

Ao longo da Idade Média, persistiam as crenças de que demônios procuravam crianças para sacrificarem ao Diabo. Os demônios bíblicos mais antigos, como Moloch, certamente prepararam o terreno para uma crença generalizada no sacrifício de crianças, mas a ideia pode ter sido perpetuada por um certo tipo de magia divinatória popular desde os tempos do Egito helenizado. Feitiços tradicionais que envolvem uma vasilha e uma lamparina exigem um menino jovem e virgem para o ritual — não como sacrifício, mas como médium para os espíritos. O medo e o sensacionalismo em torno das artes mágicas, porém, permitiram que práticas essencialmente inofensivas como essa inspirassem uma variedade de histórias supersticiosas. Uma delas, registrada por Nicholas Remy, envolvia o demônio Abrahel. Remy trabalhava como procurador-geral do ducado de Lorraine durante o séc. XVI. Segundo o autor, o demônio manipulador Abrahel apareceu, pela primeira vez, a um jovem pastor de cabras numa forma que lembrava uma menina da vila. O pastor, cujo nome é dado apenas como Pierron, era da aldeia de Dalhem, localizada entre os rios Moselle e Saar. O demônio seduziu Pierron e, depois de ter conquistado seus afetos, exigiu que Pierron sacrificasse seu único filho para provar sua devoção. Pierron naturalmente tinha um pé atrás, mas o demônio garantiu ao jovem e ingênuo pastor que o menino ficaria bem, desde que ele seguisse suas ordens. Com o coração pesaroso, Pierron cedeu às demandas do demônio. Uma vez sacrificado o menino, Abrahel teria supostamente ressuscitado a criança. Pierron decidiu que foi enganado nesse acordo, pois o comportamento e personalidade de seu filho foram radicalmente alterados após a morte e ressurreição infernais. Nessa altura, Pierron enfim procurou ajuda do clero local para se livrar do demônio. Seu filho, segundo consta, teria morrido de novo no ano seguinte. O relato de Remy foi citado pelo teólogo e historiador Dom Augustin Calmet, na obra *Traité sur les apparitions des esprits et sur les vampires ou les revenans de Hongrie, de Moravie, &c.* ("Tratado sobre as aparições de espíritos e sobre os vampiros ou mortos-vivos da Hungria, da Morávia etc."), de 1746.

A criança prometida ao Diabo por seus pais. De Ritter vom Turn, *de Geoffrey Landry, impresso em 1493 por Michael Furter.*

HERAMAEL Este demônio, mencionado no *Grimorium Verum*, editado por Peterson, é aparentemente uma maravilha ambulante da medicina. Um dos quatro grandes espíritos a serviço do demônio Satanachia, Heramael ensina como curar doenças. É capaz de instruir o mago quanto à natureza de todas as plantas e ervas, revelando seus habitats, seus poderes e os melhores momentos para colhê-las. É capaz de ensinar precisamente como prepará-las para produzir as curas mais potentes e milagrosas. O grimório *Segredos de Salomão* oferece *Heramuel* como uma forma alternativa do seu nome. Cf. GRIMORIUM VERUM, SATANACHI, SATANACHIA, SEGREDOS DE SALOMÃO.

HERESIEL Poderoso duque que conta com 2200 espíritos menores sob seu comando. O próprio Heresiel jura lealdade ao demônio Icosiel, o 6º príncipe errante do ar descrito na *Ars Theurgia*. Heresiel e seus colegas de ducado são todos atraídos a lares particulares, locais onde têm permissão de se manifestar durante horas específicas do dia. No caso do demônio Heresiel, as horas de minutos de sua manifestação caem na 14ª porção do dia, se este for dividido em quinze partes iguais. Cf. ARS THEURGIA, ICOSIEL.

HERG Na sua apresentação da *Magia Sagrada de Abramelin, o Mago*, Mathers sugere que o nome deste demônio derive de uma raiz hebraica que significa "matar". Herg pertence à hierarquia de demônios que servem apenas ao arquidemônio Astarote, segundo consta. Na versão de 1720 do material do *Abramelin* guardada na biblioteca de Dresden, o nome deste demônio aparece como *Hirich*. Cf. ASTAROTE, MATHERS.

HERGOTIS É possível que o nome deste demônio derive de uma raiz grega que significa "trabalhador". Hergotis aparece na *Magia Sagrada de Abramelin, o Mago*, onde consta que ele serve ao rei infernal Amaimon. Nas versões do material do *Abramelin* guardadas nas bibliotecas de Dresden e Wolfenbüttel, na Alemanha, seu nome é grafado *Cargosik*. Cf. AMAIMON, MATHERS.

HERMIALA Na tradução de Mathers da *Magia Sagrada de Abramelin, o Mago*, Hermiala serve aos demônios Astarote e Asmodeus. Em outra versão do material do *Abramelin* guardada na biblioteca de Wolfenbüttel, na Alemanha, o nome deste demônio é grafado *Ermihala*. Cf. ASTAROTE, ASMODEUS, MATHERS.

HERMON Um dos dez duques infernais que servem na hierarquia do príncipe errante Uriel. Hermon, apesar de ter um nome bastante banal, costuma se manifestar na forma de uma serpente uma cabeça humana. Sua natureza é maligna, sem nenhum tipo de arrependimento,, e qualquer um que interaja com ele deve tomar cuidado, pois ele tem uma reputação de ser desonesto em todos os seus afazeres. Seu nome e selo, que permitem compelir este demônio, aparecem na *Ars Theurgia*. Segundo este texto, ele conta com 650 espíritos menores que lhe servem como subordinados. Cf. ARS THEURGIA, URIEL.

HETATHIA Na tradução de Mathers do *Grimório de Armadel*, consta que este demônio ensina a ciência e a sabedoria de Moisés, bem como os segredos dos magos egípcios. Sua reputação é a de ter o poder de conferir a perfeita sabedoria e ensinar a causar medo no coração dos homens. Cf. MATHERS.

HIEPACTH Elencado como o 11º demônio subordinado ao Duque Syrach no *Grimorium Verum*, na edição de Peterson, Hiepacth tem a habilidade de arrebatar qualquer pessoa e fazer com que ela apareça num instante na frente do mago. Cf. GRIMORIUM VERUM, SYRACH.

HIFARION O nome deste demônio aparece associado aos trabalhos do Sagrado Anjo Guardião na tradução de Mathers da *Magia Sagrada de Abramelin, o Mago*. O tradutor sugere que seu nome significa "pequeno cavalo". Hifarion é supostamente um servo do demônio Asmodeus, mas seu nome aparece apenas no manuscrito francês do séc. XV do material do *Abramelin* que serviu de fonte a Mathers. Cf. ASMODEUS, MATHERS.

HIMACTH Demônio mencionado nas *Verdadeiras Chaves de Salomão*. Segundo este texto, Himacth serve como um dos três principais espíritos subordinados ao arquidemônio Belzébut, uma das variações de Belzebu. Cf. Belzebu, Verdadeiras Chaves.

HINBRA Segundo o *Livro de Oberon*, Hinbra fala com uma voz tão suave que é quase impossível ouvi-lo... o que faz sentido, porque seu ofício é o de contar segredos. É também capaz de conquistar amizades e conferir fama ao seu evocador. Apesar de sua voz tímida, ele se manifesta na forma de um gigante. Hinbra serve, junto a onze outros demônios, à vontade de Egin, rei do norte, e consta entre os ministros do mais alto escalão deste demônio. Cf. Egin, Livro de Oberon.

HIPOGON Demônio mencionado na *Magia Sagrada de Abramelin, o Mago*, onde consta que Hipogon serve ao demônio Magoth. Seu nome talvez tenha a ver com o prefixo grego *hipo*, que significa "sob", "abaixo de". No manuscrito francês do séc. xv que serviu de fonte a Mathers, seu nome é grafado *Hepogon*. Nessa versão do material do *Abramelin*, que costuma destoar de todas as restantes, consta que este demônio serve ao governante infernal Kore. Cf. Kore, Magoth, Mathers.

HIPOLOS Servidor do arquidemônio Astarote, Hipolos aparece na tradução de Mathers da *Magia Sagrada de Abramelin, o Mago*. Tanto na versão do *Abramelin* guardada na biblioteca de Dresden quanto na versão de Wolfenbüttel, o nome deste demônio é grafado como *Hipolepos*, uma palavra que talvez seja, na verdade, derivada da raiz grega *hipo*, com o sentido de "sob", e *lepis*, "escamas". Na linguagem contemporânea, *hypolepis* é uma palavra usada para designar o nome científico de um gênero de samambaias. Cf. Astarote, Mathers.

HISSAIN Na *Ars Theurgia*, Hissain é mencionado como um dos vários duques infernais que servem ao príncipe demoníaco Usiel ao longo das horas diurnas. É afiliado à corte do oeste. Capaz de revelar coisas ocultas, Hissain também previne o roubo e a descoberta de tesouros por meio do uso de encantamentos. Há trinta espíritos menores que existem para executar seus comandos. Cf. Ars Theurgia, Usiel.

HISTÓRIA ADMIRÁVEL Um livro publicado em 1613 por Sebastien Michaelis, originalmente com o título em francês *Histoire admirable de la possession et conversion d'une penitente*, recontando o exorcismo que ele realizou em uma freira. Segundo Michaelis, durante o processo do exorcismo, o demônio Berith explicou a ele a hierarquia do Inferno. Berith também revelou os pecados que eram a província especial de cada demônio, bem como o seu adversário divino específico. O adversário do demônio tipicamente é um santo que foi tentado pelo pecado daquele demônio, porém não cai em tentação. Esta armadura da fé, por sua vez, dava ao santo o poder de vencer o demônio daquele pecado em particular. Cf. Berith.

HOLASTRI Segundo a interpretação de Mathers, o nome deste demônio significa "cercar", termo supostamente derivado de um termo copta, pelo entendimento do autor. Na sua tradução da *Magia Sagrada de Abramelin, o Mago*, Holastri aparece numa lista de demônios a serviço do arquidemônio Belzebu. Cf. Belzebu, Mathers.

HOLBA Servo de Asmodeus. Em sua tradução da *Magia Sagrada de Abramelin, o Mago*, Mathers associa o nome deste demônio a uma palavra que significa "gordura", compreendendo-o como "O Obeso". Em outras versões deste texto, o nome deste demônio é grafado *Hyla*. Cf. Asmodeus, Mathers.

HOOAB Demônio da luxúria, com poderes específicos sobre as mulheres. É chamado em um feitiço para encantar as mulheres a fim de se obter sexo. Além disso, é capaz até mesmo de alterar sua aparência para que não sejam reconhecidas durante o ato. Ao ser chamado, aparece como um melro, mas também pode assumir forma humana. O *Livro de Oberon*, onde consta seu nome, diz que detém o título de príncipe e governador, afirmando que há um total de 26 legiões de espíritos menores que lhe servem. Cf. LIVRO DE OBERON.

HORANAR Na tradução de Mathers da *Magia Sagrada de Abramelin, o Mago*, Horanar aparece como um dos vários demônios que servem a Astarote e Asmodeus. Mathers trabalhou a partir de um manuscrito francês do séc. XV guardado na Bibliothèque de l'Arsenal, em Paris. Outros manuscritos sobreviventes grafam o nome deste demônio como *Horamar*. Cf. ASTAROTE, ASMODEUS, MATHERS.

HOSEN Demônio subordinado aos quatro reis infernais das direções cardeais, servindo a Oriens, Paimon, Ariton e Amaimon igualmente. Hosen aparece na *Magia Sagrada de Abramelin, o Mago*, e Mathers sugere que seu nome significaria "potente" ou "vigoroso". Cf. AMAIMON, ARITON, MATHERS, ORIENS, PAIMON.

HUDAC Prevaricador e ilusionista, Hudac aparece na tradução de Mathers da *Clavicula Salomonis*. É evocado em feitiços associados a enganos e fraudes, mas pode ainda auxiliar o mago a obter invisibilidade. A edição de Mathers da *Magia Sagrada de Abramelin, o Mago* também faz referência a este demônio. Aqui, ele é associado novamente a trapaças, ilusões e enganos. Cf. MATHERS.

HUICTUGARAS Este demônio, mencionado no *Grimorium Verum*, na edição de Peterson, possui poder sobre o sono. É capaz de amaldiçoar alguém com insônia ou fazer com que seja acometido por uma sonolência irresistível. É o 18º e último ser a serviço do Duque Syrach. Cf. GRIMORIUM VERUM, SYRACH.

HUMET Também grafado *Humots*. Um tipo de bibliotecário infernal, este demônio pode ser comandado para trazer, num instante, quaisquer livros que uma pessoa deseje. Seu nome aparece no *Grimorium Verum*, na edição de Peterson. É o 12º demônio na hierarquia de Duque Syrach, mas também aparece nas *Verdadeiras Chaves de Salomão*. Nesta obra, Humet mantém ainda sua associação com livros. Nos *Segredos de Salomão*, um grimório do séc. XVII que provavelmente serviu de base para o *Verum*, o nome deste demônio é grafado *Humeth*. Cf. GRIMORIUM VERUM, SEGREDOS DE SALOMÃO, SYRACH.

HURCHETMIGA-ROTH Demônio com poder sobre guardas e sentinelas. É capaz de ajudá-los a se manter vigilantes ou fazer com que caiam no sono — um truque conveniente quando você quer assassinar prisioneiros e fazer parecer que foi suicídio. É um subordinado ao duque infernal Syrach, mencionado no grimório veneziano *Segredos de Salomão*, do séc. XVII. Cf. GRIMORIUM VERUM, SYRACH, SEGREDOS DE SALOMÃO.

HURSIEL Na *Ars Theurgia*, consta que Hursiel detém o título de cavaleiro. Serve como subordinado ao demônio Pirichiel, um príncipe errante do ar. Hursiel conta com um total de 2 mil espíritos menores que atendem ao seu chamado. Cf. ARS THEURGIA, PIRICHIEL.

HUTGIN Em sua obra, em três volumes e riquíssima em imaginação, *Les Farfadets*, o escritor francês Charles Berbiguier identifica este demônio como embaixador do Inferno na Itália. Embora as opiniões de Berbiguier sejam mais delirantes do que bem-informadas, o enciclopedista Collin de Plancy reproduz, em todo caso, sua hierarquia demoníaca pitoresca no clássico *Dictionnaire Infernal*. Cf. BERBIGUIER, DE PLANCY.

HYACHONAABABUR Servo do demônio Iammax, rei infernal dos espíritos do planeta Marte. Segundo a tradução de Peterson do *Livro Jurado de Honório*, está associado à região sul. Sua aparência é seca e magra, e tem o poder de incitar guerras e destruição. Este demônio é um dos cinco sob o governo de Iammax descritos como sujeitos ao vento leste. Cf. IAMMAX, LIVRO JURADO.

HYCANDAS Subordinado ao Rei Barchan, Hycandas está associado ao sol. Este demônio é convocado para auxiliar na criação de um potente talismã mágico conhecido como o Anel do Sol. O primeiro passo envolve encontrar uma ave branca — pode ser de qualquer espécie, contanto que seja branca. O sacrifício desse animal dá início ao processo de criação do talismã. Este anel é usado para amarrações, mas também para conjurar um corcel preto em qualquer lugar e sempre que o mago desejar. A operação completa para a criação e uso deste talismã aparece no texto mágico do séc. xv chamado *Liber de Angelis*. Cf. Barchan, *Liber de Angelis*.

HYDRIEL Príncipe errante do ar que se desloca com sua companhia pelos vários pontos cardeais. Governa cem grandes duques e duzentos duques menores, com incontáveis espíritos inferiores que o acompanham também. Hydriel, como sugerido por seu nome, tem um grande amor por águas e lugares úmidos, como pântanos e brejos, por isso tem uma maior disposição para aparecer nesses locais. Ao se manifestar, Hydriel lembra a figura mitológica de uma *naga*, com a cabeça de uma donzela, mas o corpo de uma serpente. Segundo a *Ars Theurgia*, o texto mágico do séc. xvii que contém o nome e selo de Hydriel, ele é um demônio bastante cortês e disposto a fazer o bem. Hydriel também é mencionado na *Steganographia* de João Tritêmio. Cf. Ars Theurgia, Tritêmio.

HYICIQUIRON Ministro do rei demoníaco Abas, que governa os reinos inferiores do subterrâneo. Mencionado na edição de Driscoll do *Livro Jurado*, consta que Hyiciquiron conhece a localização de todo tipo de metais preciosos. Se ele receber os devidos agrados, é capaz de fornecer tanto prata quanto ouro vindo diretamente das entranhas da terra. É descrito como possuidor de índole voraz e consegue trazer prédios e outras estruturas abaixo se lhe der vontade — uma possível referência ao poder de causar terremotos. Cf. Abas, *Livro Jurado*.

HYYCI Ministro do demônio Habaa, rei dos espíritos do planeta Mercúrio. Segundo a tradução de Peterson do *Livro Jurado*, Hyyci revela os segredos guardados por mortais e espíritos. É capaz também de revelar questões quanto ao passado, presente e futuro. Sua esfera é governada pelos anjos Miguel, Mihel e Sarapiel. Cf. Habaa, *Livro Jurado*.

Alguns acreditam que súcubos e íncubos são capazes de alterar não apenàs sua aparência, mas também seu gênero. Imagem de Kirsten Brown.

CURIOSIDADES DEMONÍACAS

SOBRE O GÊNERO DOS DEMÔNIOS

Ao longo deste livro, com raras e notáveis exceções, eu tenho me referido aos demônios universalmente pelo pronome masculino. Não se trata do resultado de algum chauvinismo inconsciente da minha parte, mas sim das crenças associadas a esses seres nos grimórios e manuscritos dos quais derivam. Via de regra, os demônios, assim como os anjos, recebem uma representação masculina como padrão. Mesmo os vários demônios que, segundo consta, assumiriam formas femininas, ainda assim eram chamados por pronomes masculinos. Por exemplo, no *Tratado sobre a Magia Angelical*, de Rudd, o demônio Gemori é descrito como um ser masculino, mas apresenta-se na forma de uma bela mulher com coroa. Em outro momento da *Goécia*, o texto instrui o conjurador a exigir que o demônio assuma uma "forma agradável" caso a manifestação original seja repulsiva ao praticante. Os demônios, presume-se, teriam o poder de aparecer em qualquer forma que quisessem.

Dada sua habilidade camaleônica de mudar de aspecto, será que podemos sequer aplicar noções tradicionais de gênero e/ou sexo aos demônios? (para não falar nada dos anjos, sua contraparte celestial) Se forem entendidos como seres de puro espírito, sequer há a necessidade de gênero, mas muitos autores medievais acreditavam que eles possuíam, pelo menos, um tipo de corpo — que seria "aéreo", feito de substância etérea.

Será que um corpo desse tipo requer um sexo biológico ou qualquer coisa que se pareça com órgãos genitais? A crença em demônios do tipo íncubo e súcubo certamente parece implicar a existência de uma anatomia demoníaca funcional. O fato é que muita tinta já foi gasta sobre a questão das genitálias demoníacas. Boa parte das fontes concorda que a maioria dos demônios seria masculina. Ao mesmo tempo, muitas das mesmas fontes tinham dificuldades em imaginar um demônio com um pênis. Embora sexo com o Diabo fosse uma das atividades que acreditavam ser praticada pelas bruxas quando supostamente voavam para os seus sabás na floresta, ficava implícito nas confissões forçadas arrancadas das bruxas que o órgão sexual do demônio era, de algum modo, artificial. A questão se tornou um tipo de obsessão entre caçadores de bruxas e inquisidores, que torturavam as vítimas suspeitas de bruxaria durante horas a fim de descobrir como é que era um demônio sem as calças — uma obsessão muito peculiar para se ter sobre qualquer criatura, seja um demônio ou não.

L

IABIEL Segundo a *Espada de Moisés*, Iabiel é um anjo maligno que pode ser evocado em operações que envolvem as artes sombrias. Tem um papel crucial em um feitiço cujo objetivo é atormentar um inimigo, separando-o de sua esposa. Consta que também tem o poder de causar dores agudas, inflamações e hidropisia, uma condição muitas vezes suscitada por problemas cardíacos. Cf. *Espada de Moisés*, Gaster.

IACHADIEL Na tradução de Mathers da *Clavicula Salomonis*, este nome está associado ao amuleto conhecido como o Quinto Pantáculo da Lua. Iachadiel é descrito como um anjo, mas consta que serve para causar perdas e destruição. É evocado para realizar feitiços de necromancia. Sua condição como anjo caído parece ser esclarecida no comentário que afirma que ele pode ser evocado também pelos nomes *Abdon* e *Dalé*. Embora não esteja claro qual seria o sentido ou origem do nome Dalé, é provável que Abdon seja uma corruptela de *Abaddon*, ou Abadom. Como apontado em outros lugares, Abadom é amplamente conhecido como o Anjo do Abismo. Cf. Abadom, Mathers.

IALCHAL Demônio gentil e iluminado associado à esfera do sol. Ialchal aparece na edição Peterson do *Livro Jurado*, onde consta que serve como ministro de Batthan, o rei dos espíritos do sol. Ialchal é capaz de trazer amor, favores e riquezas aos mortais. Ele também mantém a saúde. Os anjos Rafael, Cashael, Dardyhel e Hanrathaphael detêm poder sobre ele. Cf. Batthan, *Livro Jurado*.

IAMAI Um dos servos demoníacos do senhor infernal Belzebu, Iamai é mencionado na *Magia Sagrada de Abramelin, o Mago*. É interessante que o nome deste demônio é um palíndromo: Pode ser lido igual normalmente ou de trás para frente. Esse tipo de jogo de palavras em particular tem um papel significativo na tradição mágica representada por obras como o *Abramelin*. Palíndromos muitas vezes eram vistos como tendo propriedades mágicas por conta de sua estrutura. Cf. Belzebu, Mathers.

IAMMAS Demônio que aparece na forma de um rei armado cavalgando um lobo. Ostenta chifres de veado, garras de grifo e urra como um touro feroz. É o regente dos espíritos de Marte e veste os trajes vermelhos correspondentes à sua posição. Trovões e relâmpagos prenunciam a sua chegada. Semeia discórdia, inspira assassinatos e tem o poder de matar e colocar fogo nas coisas. Refestela-se na batalha e é capaz de fornecer 2 mil soldados para lutar pela causa de quem o conjura. Aparece no *Livro de Oberon*, onde consta que é atendido por quatro ministros. Seu nome provavelmente é uma variação de *Iammax*, também um rei de Marte. Cf. Carmas, Iammax, Itamall, *Livro de Oberon*, Palframe, Palframen.

IAMMAX O rei dos espíritos de Marte, Iammax influencia assassinatos e guerras, além de causar a morte e destruição de todas as coisas terrenas. Consta que é governado pelos anjos Samahel, Satihel, Ylurahihel e Amabiel. Seu nome aparece na tradução de Peterson do *Livro Jurado de Honório* e é afiliado à região sul. Cf. *Livro Jurado*.

IARABAL Espírito infernal do sol, Iarabal serve ao rei demoníaco Batthan, sendo um dos quatro da hierarquia que, segundo consta, também está sujeita ao vento norte. Segundo a tradução de Peterson do *Livro Jurado de Honório*, Iarabal tem o poder de conceder às pessoas amor, riqueza e boa saúde, além de status e favores mundanos. Responde aos anjos Rafael, Cashael, Dardyhel e Hanrathaphael, que governam a esfera do sol. Cf. Batthan, *Livro Jurado*.

IARESIN Demônio em serviço dos príncipes infernais das quatro direções: Oriens, Paimon, Ariton e Amaimon. Iaresin aparece na tradução de S. L. MacGregor Mathers da *Magia Sagrada de Abramelin, o Mago*. Mathers sugere que seu nome seja derivado de uma palavra hebraica que significa "possessor". Cf. AMAIMON, ARITON, MATHERS, ORIENS, PAIMON.

IAT Este demônio pode ser conjurado para auxiliar o mago em qualquer feitiço relacionado à trapaça e ao engano. É um mestre das mentiras e ilusões, que aparece em uma lista com vários outros demônios semelhantes na *Magia Sagrada de Abramelin, o Mago*. Também faz uma aparição, com essas mesmas capacidades, na *Clavicula Salomonis*. Cf. *CLAVICULA SALMONIS*, MATHERS.

IAX Este nome aparece no *Testamento de Salomão*, associado ao demônio Roêlêd. Roêlêd é um demônio pestilento que integra o grupo dos demônios dos 36 decanos zodiacais, e o nome *Iax* é invocado para espantá-lo. Embora o texto não o afirme diretamente, Iax parece ser um nome alternativo para Roêlêd. Cf. ROÊLÊD, SALOMÃO.

ICHTHION Demônio que aparece na obra pseudepigráfica *O Testamento de Salomão*. Ichthion é um dos 36 demônios associados aos decanos zodiacais. Consta que aparece na forma de um corpo humano com cabeça animalesca e causa espasmos e cãibras musculares. Num dia em que está com um humor especialmente sádico, é capaz também de paralisar completamente os músculos de suas vítimas. Este demônio causador de doenças e sofrimento pode ser espantado com o nome *Adonaêth*, provavelmente uma variação de *Adonai*, um dos nomes em hebraico de Deus. Seu nome também é grafado *Ichthnon*. Cf. SALOMÃO.

ICOSIEL A *Ars Theurgia* descreve Icosiel como o sexto príncipe errante do ar. Possui a reputação de ser de índole boa e obediente e conta com um total de cem duques sob seu comando. Além desses duques, conta com trezentos companheiros e uma multidão de outros espíritos que o atendem e executam seus desejos. Icosiel e sua corte são atraídos a propriedades urbanas e rurais, por isso é mais fácil que eles se manifestem em residências privadas. O nome deste demônio também se encontra na *Steganographia*, de Tritêmio. Cf. *ARS THEURGIA*, TRITÊMIO.

IEROPAÊL Segundo o *Testamento de Salomão*, Ieropaêl é um demônio pestilento associado aos 36 decanos zodiacais. Sua aparência é a de um monstro quimérico, com corpo humano e cabeça animalesca. Atormenta a humanidade causando nas pessoas convulsões e epilepsia. Ieropaêl pode ser espantado ao se invocar três nomes: Indarizê, Sabunê e Denôê. Numa tradução posterior e mais precisa, de McCown, há apenas dois nomes, *Iouda* e *Zizabou*. O nome do demônio em si aparece como *Ieropa*. Cf. SALOMÃO.

IESSE Demônio que se manifesta se forem queimados os perfumes certos em sua homenagem. Iesse serve na corte do rei infernal do ar, Fornnouc. Segundo a edição de Driscoll do *Livro Jurado*, Iesse é capaz de curar a fraqueza e a enfermidade, além de servir para inspirar aqueles sob sua tutela que conquistarem seus favores. Embora tenha uma mente rápida e ágil, trata-se de um demônio cheio de caprichos e sujeito a mudanças súbitas de humor. Na tradução de Peterson do *Livro Jurado*, Iesse aparece na corte de Formione, o rei dos espíritos de Júpiter. Sendo um espírito jovial, governa as emoções positivas e os favores mundanos. Esse texto também o descreve como associado ao leste, presumivelmente aos ventos orientais. Cf. FORMIONE, FORNNOUC, *LIVRO JURADO*.

IGARAK Demônio cujo nome aparece na extensa lista de servos infernais sujeitos aos quatro príncipes demoníacos das direções cardeais, que se encontra na tradução de Mathers da *Magia Sagrada de Abramelin, o Mago*. Mathers vai longe ao tentar oferecer uma possível origem para o nome deste demônio, sugerindo que Igarak na verdade deriva de uma palavra celta, *carac*, que significa "terrível". Em outras versões do material do *Abramelin*, o nome deste demônio é grafado *Igarag*. É possível que ele fosse originalmente um palíndromo. Cf. AMAIMON, ARITON, MATHERS, ORIENS, PAIMON.

IGILON Mencionado na tradução de Mathers da *Magia Sagrada de Abramelin, o Mago*, Igilon é um demônio que serve a Paimon, Ariton, Oriens e Amaimon, os quatro príncipes infernais das direções cardeais. Cf. AMAIMON, ARITON, MATHERS, ORIENS, PAIMON.

IGIS Segundo a tradução de Mathers da *Magia Sagrada de Abramelin, o Mago*, Igis é um de tantos demônios governados pelos príncipes demoníacos das direções cardeais: Oriens, Paimon, Ariton e Amaimon. Mathers baseou seu trabalho no material do Abramelin contido em um manuscrito francês do séc. xv. Em outras versões remanescentes da obra, o nome deste demônio aparece como *Sigis*. Cf. AMAIMON, ARITON, MATHERS, ORIENS, PAIMON.

IKON Um dos vários demônios governados por Belzebu na *Magia Sagrada de Abramelin, o Mago*. O nome de Ikon talvez seja derivado da palavra grega para "ícone" ou "imagem". O manuscrito usado como fonte por Mathers para sua tradução é a única versão do *Abramelin* onde seu nome aparece como *Ikonok*. Cf. BELZEBU, MATHERS.

ILAGAS Demônio governado por Oriens, Paimon, Ariton e Amaimon. Esta versão do nome deste demônio só aparece na tradução de Mathers da *Magia Sagrada de Abramelin, o Mago*. Na versão guardada na biblioteca de Wolfenbüttel, na Alemanha, seu nome aparece como *Isagas*. Cf. AMAIMON, ARITON, MATHERS, ORIENS, PAIMON.

ILARAX "O Alegre". Ilarax aparece numa lista de demônios a serviço do governante infernal Magoth. Na edição de Mathers da *Magia Sagrada de Abramelin, o Mago*, Ilarax obedece, ao mesmo tempo, a Magoth e Kore. Seu nome também é grafado *Ilerak*. Cf. KORE, MAGOTH, MATHERS.

ILESON Demônio que serve ao governante infernal Astarote. É mencionado na tradução de Mathers da *Magia Sagrada de Abramelin, o Mago*. Em todas as outras versões dessa obra, o nome deste demônio é grafado *Iloson*. Cf. ASTAROTE, MATHERS.

ILLIRIKIM Demônio sob o poder do governante infernal Amaimon, mencionado na *Magia Sagrada de Abramelin, o Mago*. A tradução de Mathers dessa obra afirma que seu nome significa "aqueles que soltam um urro longo e demorado". Cf. AMAIMON, MATHERS.

IMINK Demônio que serve a Oriens, Paimon, Ariton e Amaimon, os quatro príncipes infernais das direções cardeais. Imink aparece na *Magia Sagrada de Abramelin, o Mago*, obra traduzida por S. L. MacGregor Mathers a partir de um manuscrito francês do séc. xv. Embora seja dúbia a etimologia do nome deste demônio, Mathers sugere que Imink quer dizer "devorador". Cf. AMAIMON, ARITON, MATHERS, ORIENS, PAIMON.

INACHIEL Duque infernal que serve ao demônio Soleviel, um príncipe potente e poderoso que peregrina pelos ares com sua companhia. Há 1840 espíritos menores que executam a vontade de Inachiel. Ele é um dos doze arquiduques que respondem a Soleviel e serve a seu mestre ano sim, ano não. Segundo a *Ars Theurgia*, ele não tem qualquer restrição para se manifestar, podendo aparecer seja durante as horas do dia, seja durante as horas da noite. Cf. ARS THEURGIA, SOLEVIEL.

INNYHAL Espírito infernal de Marte. Serve como ministro ao demônio Iammax, o rei dos espíritos de Marte. Segundo a edição de Peterson do *Livro Jurado de Honório*, Innyhal detém poder sobre a morte, a destruição, guerra e massacres. Esse carinha amigável é um dos cinco sob o governo de Iammax, descritos como sujeitos ao vento leste. Os anjos Samahel, Ylurahihel e Amabiel, que governam a esfera de Marte, detêm poder sobre este demônio. Cf. IAMMAX, *LIVRO JURADO*.

INOKOS Um dos vários demônios que servem aos reis infernais Asmodeus e Magoth. Dentre as versões da *Magia Sagrada de Abramelin, o Mago*, o nome deste demônio ou sua hierarquia constam no manuscrito traduzido por Mathers e em mais uma outra, um manuscrito de 1608, originalmente cifrado, guardado na biblioteca de Wolfenbüttel. Nessa versão, o nome deste demônio é grafado *Unochos*. Cf. ASMODEUS, MAGOTH, MATHERS.

CURIOSIDADES DEMONÍACAS

OBRA DO DIABO

No medievo, o Diabo parece estar por toda parte da Europa. Se acreditarmos em toda a febre da Caça às Bruxas, o próprio Satanás passava muito tempo viajando pelo campo e seduzindo pobres senhorinhas inocentes para levá-las para voar com ele rumo a orgias selvagens nas florestas. Os caçadores de bruxas, aplicando doses cavalares de tortura, arrancavam as confissões mais pitorescas, elaboradas e completamente inacreditáveis das supostas bruxas, muitas das quais detalhavam os modos variados e ardilosos com os quais o Diabo e seus muitos demônios procuravam corromper e obter almas humanas.

Segundo o folclore, porém, os demônios não foram sempre um empecilho para a humanidade. De vez em quando, o Diabo ou um dos seus companheiros poderia ser empregado para ações mais produtivas. Grillot de Givry, em seu *Witchcraft, Magic and Alchemy*, um compêndio repleto de belas ilustrações, reconta várias histórias que atribuem proezas de grande engenhosidade a seres demoníacos. Uma variedade de pontes e outros projetos arquitetônicos teriam sido supostamente construídos com o auxílio do Diabo, incluindo estruturas sacras como capelas e catedrais. Mas a que preço? Tradicionalmente, o Coisa-Ruim exigia a alma da primeira criatura viva que fizesse uso de sua obra. Os aldeões, espertos, aparentemente aceitavam o auxílio do Diabo, mas depois davam um jeito de passar-lhe a perna na hora de pagar o preço combinado. Essa narrativa deu origem à história da *Wolfstür*, a "Porta do Lobo", na catedral de Aachen, na Alemanha, onde um lobo teria sido supostamente levado à nova catedral em sua inauguração, para que essa fera selvagem fosse vítima do Diabo, no lugar da alma de alguma pessoa direita. Uma crença popular semelhante é registrada nos vitrais da velha igreja de Saint-Cado, na França. Aqui, dizem que o Diabo teria terminado a construção de uma ponte local. Como esperado, ele exigiu, por pagamento, a alma do primeiro ser vivo que a atravessasse. São Cadoc apareceu no dia em que a ponte foi concluída, trazendo um gato da vila. O felino, aterrorizado, atravessou a ponte primeiro, assim enganando o diabo.

São Cadoc entregando ao Diabo um gato pela construção da ponte. Do acervo de Grillot de Givry, cortesia da Dover Publications.

IOGION Segundo S. L. MacGregor Mathers, ocultista do séc. XIX, o nome deste demônio tem a ver com a raiz grega que quer dizer "os rumores da batalha". Mathers encontrou o nome deste demônio na extensa lista da *Magia Sagrada de Abramelin, o Mago*. Segundo o material do *Abramelin*, Iogion faz parte de um vasto arranjo de demônios que servem aos quatro príncipes demoníacos das direções cardeais: Oriens, Paimon, Ariton e Amaimon. Cf. AMAIMON, ARITON, MATHERS, ORIENS, PAIMON.

IPAKOL Demônio cujo nome talvez tenha sido derivado de uma raiz hebraica com o sentido de "exalar". Ipakol aparece na tradução de S. L. MacGregor Mathers da *Magia Sagrada de Abramelin, o Mago*. Segundo o texto, Ipakol é governado pelos demônios Oriens, Paimon, Ariton e Amaimon, os quatro príncipes infernais das direções cardeais. Cf. AMAIMON, ARITON, MATHERS, ORIENS, PAIMON.

IPARKAS Segundo Mathers, o nome deste demônio é derivado de uma palavra com o sentido de "comandante da cavalaria". Na *Magia Sagrada de Abramelin, o Mago*, Iparkas serve aos quatro príncipes das direções cardeais: Oriens, Paimon, Ariton e Amaimon, por isso partilha do poder de seus mestres em conferir conhecimentos, familiares e visões ao mago que audaciosamente conjurá-lo. Cf. AMAIMON, ARITON, MATHERS, ORIENS, PAIMON.

IPOS O 22º demônio mencionado na Goécia, Ipos é um grande conde e príncipe. A *Pseudomonarchia Daemonum* oferece seu nome como *Ipes*, e com uma terceira variação ainda, *Ayporos*. Tanto na *Pseudomonarchia*, de Wierus, quanto na *Descoberta da Bruxaria*, de Scot, este demônio tem a reputação de conhecer o passado e o futuro. Também possui o poder de tornar os homens audaciosos e sagazes. Ipos se manifesta na forma peculiar de um anjo com uma cabeça de leão, pés de ganso e cauda de lebre. Scot o descreve como "mais obscuro e imundo que um leão"[1]. Ele comanda 36 legiões. Na *Goécia do Dr. Rudd*, consta que é coibido pelo nome do anjo Ieiael. Cf. *GOÉCIA*, RUDD, SCOT, WIERUS.

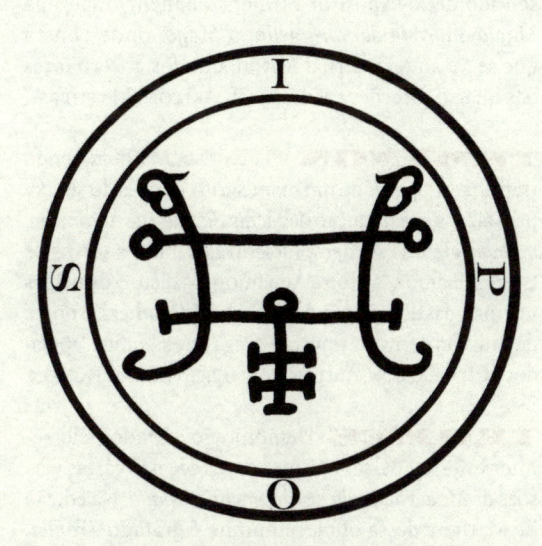

---

1 Reginald Scot, *The Discoverie of Witchcraft*, p. 219.

O selo do demônio Ipos exibe poucas variações entre diferentes versões da Goécia. Tinta sobre pergaminho, por M. Belanger.

IRIX Nome que possivelmente significa "gavião" ou "falcão", pelo menos segundo o ocultista S. L. MacGregor Mathers. Em sua tradução de 1898 da *Magia Sagrada de Abramelin, o Mago*, consta que Irix serve à dupla liderança dos demônios Magoth e Kore. Em outras versões do material do *Abramelin*, o nome deste demônio é grafado *Hyris*. Cf. Kore, Magoth, Mathers.

IRMASIAL Demônio mencionado nas *Verdadeiras Chaves de Salomão*. Segundo o texto, Irmasial é um dos quatro principais espíritos sob a direção do chefe Satanachi e agente de Lúcifer. Sob o nome alternativo de Irmasliel, este demônio aparece no grimório veneziano do séc. xvii *Segredos de Salomão*. Nesse texto, Irmasliel governa tanto a química quanto a alquimia. É capaz de ensinar a transmutação dos metais e também conhece o segredo para fabricar algo chamado de "pó de projeção". Irmasliel, cujo nome aparece às vezes como Tmrael no texto, é um dos quatro demônios de alta patente da corte do Duque Satanachi. Cf. Lúcifer, Satanachi, *Segredos de Salomão*, *Verdadeiras Chaves*.

IRMENOS Nome que o ocultista S. L. MacGregor Mathers associa a uma raiz grega com o sentido de "o expositor". Irmenos é mencionado na *Magia Sagrada de Abramelin, o Mago*, onde consta que serve ao rei infernal Ariton, um dos governantes das quatro direções cardeais. Cf. Ariton, Mathers.

IRMINON O ocultista Mathers, tendo trabalhado a partir de um manuscrito francês do séc. xv para fazer a sua tradução da *Magia Sagrada de Abramelin, o Mago*, elenca este demônio entre os muitos servos de Oriens, Paimon, Ariton e Amaimon, os quatro príncipes infernais das direções cardeais. Segundo Mathers, o nome de Irminon deriva de uma raiz grega que significa "apoiador". Cf. Amaimon, Ariton, Mathers, Oriens, Paimon.

IROMES Demônio governado pelo senhor infernal Belzebu. Iromes aparece nas várias versões da *Magia Sagrada de Abramelin, o Mago*. Na edição de Mathers dessa obra, seu nome é grafado *Tromes*. Como é de se esperar, a interpretação de Mathers lhe dá o sentido de "trauma", mas provavelmente está equivocada. Cf. Belzebu, Mathers.

IRRORON Segundo o ocultista do séc. xix S. L. MacGregor Mathers, é possível que o nome deste demônio derive de uma raiz latina que significa "aspergir com orvalho". Mathers registra o nome de Irroron em uma extensa lista de servos demoníacos que agem sob os quatro príncipes infernais das direções cardeais: Oriens, Paimon, Ariton e Amaimon. Todos estes demônios, junto a um vasto elenco de outras entidades infernais, são mencionados na *Magia Sagrada de Abramelin, o Mago*. Cf. Amaimon, Ariton, Mathers, Oriens, Paimon.

ISCHIGAS Servo do arquidemônio Astarote, Ischigas aparece na tradução de Mathers da *Magia Sagrada de Abramelin, o Mago*. Em outra versão do material do *Abramelin* guardada na biblioteca de Wolfenbüttel na Alemanha, o nome deste demônio é grafado *Ychigas*. Cf. Astarote, Mathers.

ISCHIRON "O Poderoso". Consta que Ischiron, também grafado com a variante *Ysquiron*, serve ao governante infernal Magoth. Aparece na *Magia Sagrada de Abramelin, o Mago*. Na tradução de Mathers desse material, Ischiron é governado também por Kore. Cf. Kore, Magoth, Mathers.

ISEKEL Na edição de Mathers da *Magia Sagrada de Abramelin, o Mago*, Isekel é um demônio que age como um servo dos quatro príncipes infernais das direções cardeais: Oriens, Paimon, Ariton e Amaimon. Cf. Amaimon, Ariton, Mathers, Oriens, Paimon.

ISIAMON Demônio cujo nome talvez derive de uma raiz hebraica com o sentido de "desolação". Na tradução de Mathers da *Magia Sagrada de Abramelin, o Mago*, consta que Isiamon serve ao governante infernal Astarote. Outra versão do nome deste demônio é grafada como *Asianon*. Cf. Astarote, Mathers.

ISIGI Segundo o ocultista Mathers, o nome deste demônio significa "errar". Na *Magia Sagrada de Abramelin, o Mago*, consta que Isigi serve aos arquidemônios Astarote e Asmodeus. Todos os outros

CURIOSIDADES DEMONÍACAS

ESPÉCIES BÍBLICAS DE DEMÔNIOS

Os antigos israelitas acreditavam em uma vasta e pitoresca variedade de demônios. Alguns deles, como Ashteroth, ou Astarote, já foram venerados como deuses semíticos, mas, em algum momento, acabaram rebaixados a uma condição demoníaca após a conversão ao monoteísmo. Outros, como os Lilin (por vezes grafados *Lilim*), foram adotados a partir das tradições de outros países com as quais os israelitas tiveram contato. Os Lilin se originaram na Suméria e na Babilônia, mas sua evolução os transformou, no fim, em monstros especificamente judaicos. Os Lilin são associados a Lilith, o demônio noturno por excelência da tradição judaica. Muitas vezes representada como a primeira mulher de Adão, Lilith era amplamente temida por conta de seus supostos ataques contra mulheres em trabalho de parto. Também era culpada pela morte súbita de crianças no berço, e uma vasta variedade de talismãs em hebraico foram construídos numa tentativa de proteger as crianças contra as suas investidas. Na tradição judaica, ela é associada à noite, porque seu nome traz fortes similaridades com a palavra para noite, *layelah*. Porém, é mais adequado associá-la a tempestades, porque a raiz sumeria de seu nome, *lil*, significa "vendaval".

Além dos Lilin, há várias referências aos Shedim tanto no Antigo Testamento quanto no *Midrash* judaico (os comentários oficiais sobre a Bíblia Hebraica). Shedim é um termo que pode se referir à espécie dos demônios como um todo, mas o nome por vezes é traduzido como "os violentos". Como os Lilin, os Shedim quase certamente chegaram aos antigos israelitas por meio dos babilônios. Na mitologia babilônica, os Shedu são espíritos — alguns bons, alguns maus — muitas vezes mencionados com os *Lamassu*, ou "formas colossais". Os *Ruchin*, outra classe de espíritos da tradição judaica, provavelmente eram demônios da tempestade. Seu nome deriva da palavra hebraica *ruach*, ou "vento". Os Lilin, os Ruchin e os Shedim podem todos ser elencados sob a categoria geral de *Mazzikin*, um termo coletivo que se traduz como "espíritos nocivos". Os Mazzikin se popularizaram nos últimos anos por conta do autor Neil Gaiman, que transformou essa espécie plural de demônios em uma única e sedutora demônia, a *Mazikeen*, cujo rosto é belo e intacto em uma metade e pútrido e corrompido na outra. Mazikeen aparece na obra fictícia *Sandman* e numa série *spin-off* sobre o anjo caído Lúcifer.

Amuleto hebraico de tradição popular construído para proteger a mãe e o filho contra Lilith durante o parto. Período medieval. Imagem cortesia da Wellcome Collection, Londres.

manuscritos sobreviventes do trabalho do *Abramelin* grafam o nome deste demônio como *Igigi*. Cf. Astarote, Asmodeus, Mathers.

ITAMALL Demônio da morte e da destruição, Itamall serve ao Rei Iammas, senhor dos espíritos de Marte. Itamall pode aparecer na forma de uma donzela portando um escudo ou como um rei armado, montado sobre um lobo. Seus trajes são vermelhos como uma forma de demonstrar sua lealdade ao planeta da guerra, e sua pele tem uma tonalidade semelhante. Seu poder é incendiar as coisas, matar as pessoas e incitar lutas e assassinatos. Aparece junto a três outros ministros no *Livro de Oberon*, um grimório elisabetano. Cf. Carmas, Iammas, *Livro de Oberon*, Palframe, Palframen.

ITRASBIEL Demônio usado para afugentar outros espíritos de casas mal-assombradas. Itrasbiel é mencionado na *Ars Theurgia*, onde consta que ele serve a Pamersiel como um duque na hierarquia do leste. Itrasbiel é um espírito maligno e traiçoeiro: arrogante, agressivo e difícil de controlar. Em todo caso, a *Ars Theurgia* mantém que ele pode ser útil para confrontar outros espíritos das trevas, para expulsá-los. Cf. Ars Theurgia, Pamersiel.

ITULES Um dos vários demônios mencionados na *Ars Theurgia* em associação com Pamersiel, o primeiro e principal espírito do leste sob o imperador infernal Carnesiel. Itules é um espírito mal-humorado, sobre o qual dizem ser arrogante e teimoso, além de perverso e traiçoeiro. Seu título é o de duque e pode ser usado para expulsar espíritos de casas mal-assombradas — presumindo-se que o conjurador esteja disposto a combater fogo com fogo. Cf. Ars Theurgia, Carnesiel, Pamersiel.

IUDAL No *Testamento de Salomão*, Iudal é descrito como um demônio causador de doenças e aflições. Atormenta a humanidade com surdez e doenças que afetam a audição. Se alguém quiser vencer este demônio, é preciso apenas invocar o nome do anjo que o governa, Uruel. Cf. Salomão.

O selo de Itrasbiel, um demônio da Ars Theurgia usado para expulsar outros espíritos. Arte de M. Belanger.

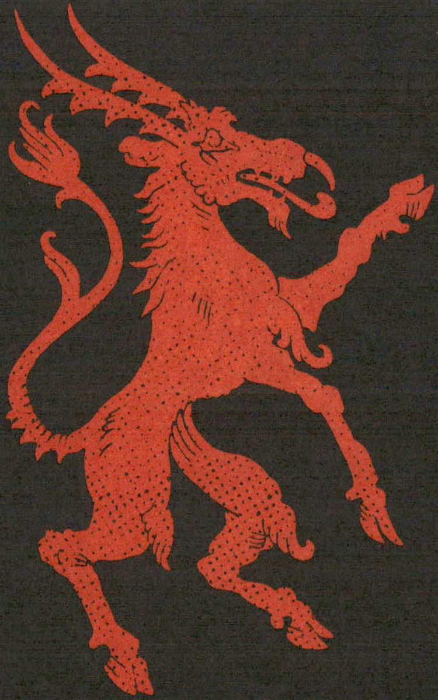

J.

JAMAZ Na edição de Driscoll do *Livro Jurado*, Jamaz é identificado como o rei infernal do elemento do fogo. Sendo um demônio ígneo, consta que Jamaz é impulsivo e cabeça quente, mas também forte e enérgico, sendo capaz de agir com generosidade para com aqueles que ele favorece. Seu semblante lembra o fogo, e detém poder sobre a morte e a decomposição. Como consequência, é capaz de restaurar o que quer que já tenha se decomposto ou postergar a decomposição de um item ou objeto. Causa morte com uma única palavra e também convoca um exército de mil soldados. Driscoll sugere que Jamaz realiza esta proeza ressuscitando esses soldados diretamente de suas covas. Além disso, confere familiares, todos os quais, mantendo a coerência com sua qualidade marcial, têm a aparência de soldados. Cf. *Livro Jurado*.

JAMBEX O *Livro de Oberon* identifica este demônio como um capitão, um marquês e um grande governador, com comando sobre 25 legiões de espíritos. É evocado em um feitiço amoroso no qual consagra uma imagem de cera especialmente preparada. Segundo o texto, essa imagem é capaz de fazer com que qualquer homem ou mulher que sejam expostos a ela se apaixonem pela pessoa para quem ela foi criada. Jambex prefere aparecer na forma de uma mulher com uma voz agradável. Nessa forma, ele tem um dom especial para compelir o amor dos homens. Apesar da sua aparência, o texto usa o tempo inteiro pronomes masculinos, o que sugere uma grande maleabilidade de gênero, sexo e aparência quando estamos tratando de demônios. Cf. *Livro de Oberon*.

JANIEL Poderoso duque na hierarquia do norte. Segundo a *Ars Theurgia*, Janiel tem milhares de espíritos ministradores em sua companhia. Responde ao rei infernal Baruchas e só se manifesta na sétima porção do dia, quando o dia é dividido em quinze seções de tempo de igual duração. Cf. *Ars Theurgia*, Baruchas.

JANUA MAGICA RESERATA Texto cuja fonte primária da qual deriva é um manuscrito com a designação Sloane MS 3825, onde aparece ao lado das *Nove Chaves Celestiais* e da *Décima Chave*, um apêndice escrito com caligrafia diferente. O título latino pode ser traduzido como as *Chaves para os Portais da Magia*. No sistema bibliotecário britânico, o documento tem um título mais simples: *Treatise on Magic* (*Tratado sobre Magia*). Escrito à mão, este grimório provavelmente foi produzido no começo do séc. XVII. Acredita-se que um dos seus donos, em algum momento da história, teria sido Elias Ashmole (1617-1692), político inglês cujas práticas de astrologia e alquimia são bem conhecidas. A principal preocupação do livro é com magia angelical, mas também apresenta uma hierarquia de nove ordens de demônios que representam um reflexo infernal direto das nove ordens angelicais. O livro discute os títulos dos espíritos e a importância das correspondências e da cadeia de comando, enumerando os vários tipos de espíritos que podem ser evocados e controlados, incluindo os infernais, celestiais e terrestres. A hierarquia dos príncipes infernais delineada nas nove ordens mais tarde encontra ecos na obra de Francis Barrett, *The Magus*, do séc. XIX, o que demonstra sua ascendência. Cf. Barrett.

JASZIEL Demônio descrito na *Ars Theurgia*, que detém o título de duque e serve na hierarquia do norte do rei demoníaco Armadiel. Há 84 espíritos menores subordinados a ele. Jasziel tem restrições para se manifestar, aparecendo apenas durante um período bastante específico do dia. A *Ars Theurgia* oferece a seguinte fórmula para calcular esse horário: divida o dia em quinze porções iguais. Quaisquer horas e minutos que se enquadrarem na décima porção pertencem a Jasziel. Este demônio aparece apenas nesse período designado. Cf. Armadiel, *Ars Theurgia*.

JEQUON Nome por vezes também grafado como *Yequon*. É um anjo caído mencionado no *Livro de Enoque*. Jequon aparece em 1 *Enoque* 68:4, onde é identificado como o anjo que desviou todos os outros. Nas porções anteriores do *Livro de Enoque*, os anjos Shemyaza e Azazel levam a culpa no lugar dele. Cf. Azazel, Sentinelas, Shemyaza.

JOMJAEL Anjo caído mencionado no *Livro de Enoque*, Jomjael foi um dos Anjos Sentinelas, ou *Grigori*, encarregados de cuidar da humanidade. Em vez disso, ele se apaixonou por mortais e abandonou o Céu para desposar uma mulher humana. Consta entre os "decanos", os tenentes dos Anjos Sentinelas dotados do propósito de liderar os restantes. Seus superiores imediatos são os anjos Shemyaza e Azazel. Cf. Azazel, Sentinelas, Shemyaza.

JOOREX O nome deste demônio, se for gravado em um anel usado no dedo indicador, permite que quem o use ganhe em todos os jogos. Joorex aparece no *Livro de Oberon* elisabetano, onde consta que aparece na forma de um cervo. Ao se pronunciar, sua voz é tímida e muito difícil de se ouvir. Além de auxiliar aqueles que o conjuram para ganhar em jogos de azar, este demônio tem conhecimento sobre astronomia e também ensina a construir instrumentos musicais. Embora o texto não diga qual o seu título em específico, consta que Joorex governa nove legiões de espíritos inferiores. Cf. *Livro de Oberon*.

JUBUTZIS Demônio mencionado no *Manual de Munique*, do séc. xv. Jubutzis está envolvido em um feitiço divinatório para ajudar a revelar a identidade de um ladrão. Cf. *Manual de Munique*.

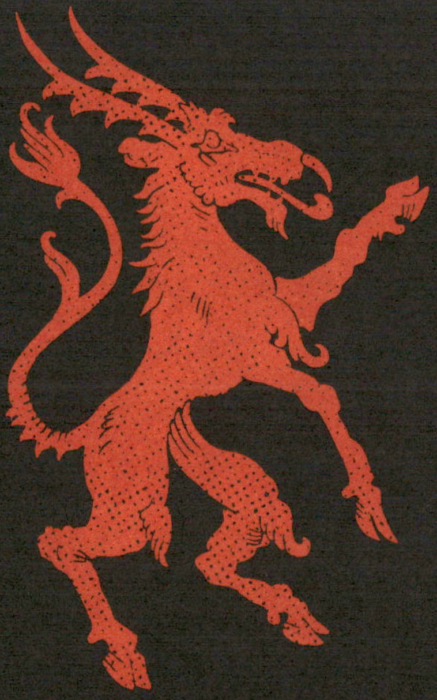

K

KABADA Um servo do arquidemônio Belzebu. Kabada e seus pares aparecem na *Magia Sagrada de Abramelin, o Mago*. Cf. BELZEBU, MATHERS.

KABERSA O nome deste demônio pode ser derivado de um termo em hebraico que significa "ampla medida". Kabersa aparece na edição de Mathers da *Magia Sagrada de Abramelin, o Mago*. Nesse texto, ele é identificado como um servo do príncipe infernal Paimon, um dos governantes das direções cardeais. Outras versões do material do *Abramelin* apresentam o nome deste demônio como *Kalgosa*. Cf. MATHERS, PAIMON.

KADOLON Segundo a tradução de Mathers da *Magia Sagrada de Abramelin, o Mago*, Kadolon é um demônio que opera como servo dos quatro príncipes das direções cardeais: Oriens, Paimon, Ariton e Amaimon. Cf. AMAIMON, ARITON, MATHERS, ORIENS, PAIMON.

KAFLES Demônio governado por Paimon, um dos quatro príncipes infernais das direções cardeais mencionado na *Magia Sagrada de Abramelin, o Mago*. Na sua tradução dessa obra, feita em 1898, o ocultista S. L. Mathers grafa o nome deste demônio como *Roffles* e o interpreta como uma palavra em hebraico com o sentido de "o tremor do leão". Cf. MATHERS, PAIMON.

KAIROXANONDALON Identificado como o quinto demônio dentre os 36 espíritos associados aos decanos do zodíaco. Seu nome aparece como *Iudal* na tradução de Conybeare do *Testamento de Salomão*, mas McCown, que trabalha com uma coletânea mais ampla de textos-fonte em sua tradução mais recente, corrige esse erro. Consta que Kairoxanondalon obstrui os ouvidos, causando surdez. Seu nome pode ser derivado de uma palavra para "tocha". O nome que o coíbe seria o do anjo Ourouel. Cf. SALOMÃO.

KAITAR Demônio capaz de habitar montanhas ou outros locais elevados. O nome de Kaitar provavelmente deriva de um termo em hebraico para "coroa" ou "pico". Kaitar aparece na edição de Mathers da *Magia Sagrada de Abramelin, o Mago*, onde consta que serve aos demônios Magoth e Kore. Em outras versões desse texto, o nome deste demônio é grafado ou como *Caytar* ou *Cayfar*. Cf. KORE, MAGOTH, MATHERS.

KAMUSIL Um dos vários demônios que, dizem, servem tanto a Magoth quanto a Kore. Segundo a tradução de Mathers da *Magia Sagrada de Abramelin, o Mago*, o nome deste demônio significa "ascendência" ou "elevação". Cf. KORE, MAGOTH, MATHERS.

KARELESA Servo demoníaco de Belzebu cujo nome aparece na *Magia Sagrada de Abramelin, o Mago*. Na apresentação de Mathers dessa obra, seu nome é grafado como *Carelena*. Cf. BELZEBU, MATHERS.

KARMAL Segundo o *Liber de Angelis*, este demônio tem relação com o planeta Marte. Como resultado, ele está associado a todas as coisas que envolvem soldados e guerras. É um subordinado ao rei infernal conhecido apenas como o *Rubeus Pugnator* e é evocado para auxiliar na criação do potente Anel de Marte. Ao ser conjurado adequadamente, Karmal empresta seu poder destrutivo ao anel para que o mago possa usar este talismã para arruinar todos os seus inimigos. Cf. *LIBER DE ANGELIS*, RUBEUS PUGNATOR.

O anjo da morte convocado para matar todos os primogênitos do Egito. Imagem da Bíblia ilustrada de Gustave Doré.

KASDEJA Anjo caído mencionado no *Livro de Enoque*, Kasdeja foi um dos Anjos Sentinelas encarregados de supervisionar o bem-estar da humanidade. Ao romper com a confiança do Céu, consta que teria revelado a maior parte dos conhecimentos proibidos e controversos à humanidade. Primeiro e antes de tudo, Kasdeja ensinou métodos de cometer aborto, descritos como "castigar os infantes no útero". Também ensinou como castigar espíritos e demônios, feitiços para "os castigos da alma" via picada de cobra e até mesmo feitiços contra insolação.[1] Cf. SENTINELAS.

KATANIKOTAÊL No *Testamento de Salomão*, Katanikotaêl é o 11º demônio que pertence ao grupo dos 36 pestilentos algozes demoníacos associados aos decanos zodiacais. Katanikotaêl é um ser particularmente desdenhoso, causando perturbações e conflitos domésticos e fazendo as pessoas perderem a cabeça. Também é capaz de fazer os residentes de um dado lar se sentirem desconfortáveis. Apesar de a maior parte dos demônios zodiacais do *Testamento* terem um anjo específico que pode ser evocado para expulsá-los, Katanikotaêl deve, em vez disso, ser exorcizado de um dado lar valendo-se de uma água benta preparada especialmente para isso. A "cura" para sua presença exige sete folhas de louro nas quais são inscritos nomes divinos. Essas folhas então são lavadas na água. Segundo consta, é a aspersão da água onde os louros foram lavados que faz com que esse demônio vá embora. Cf. SALOMÃO.

KATARON Segundo o ocultista Mathers, o sentido do nome deste demônio pode derivar de um termo grego com o sentido de "lançar ao chão". Kataron serve ao governante infernal Astarote e é evocado como parte do ritual do Sagrado Anjo Guardião, que ocupa um papel central na *Magia Sagrada de Abramelin, o Mago*. Cf. ASTAROTE, MATHERS.

KATINI Este demônio serve na hierarquia supervisionada por Oriens, Paimon, Ariton e Amaimon, os quatro príncipes demoníacos das direções cardeais. Segundo a *Magia Sagrada de Abramelin, o Mago*, é um dos quatro demônios menores evocados como parte dos extensos rituais do Sagrado Anjo Guardião. Cf. AMAIMON, ARITON, MATHERS, ORIENS, PAIMON.

KATOLIN No material do *Abramelin*, este demônio é governado por Magoth. Na tradução de Mathers da *Magia Sagrada de Abramelin, o Mago*, Katolin também serve a Kore. A versão do material do *Abramelin* guardada na biblioteca de Wolfenbüttel, na Alemanha, nos dá o nome *Nasolico*. A versão da biblioteca de Dresden grafa *Natolico*. Não há nenhum manuscrito original que tenha sobrevivido para podermos comparar. Cf. KORE, MAGOTH, MATHERS.

KAWTEEAH Um dos vários nomes atribuídos ao demônio noturno Lilith. Acreditava-se que Lilith, em todos os seus nomes, vagava à noite, vitimando bebês e crianças. Entendia-se que ela também atacava mulheres em trabalho de parto. Na tradição judaica, os demônios Lilith eram associados à noite, à escuridão e à morte. Este nome em hebraico, transliterado em inglês, aparece na obra de 1966 do autor T. Schrire, *Hebrew Magic Amulets*. É um dos vários nomes de Lilith gravados em antigos talismãs para proteger mulheres e recém-nascidos das investidas deste demônio. Cf. LILITH.

KAYNE Demônio ladrão que assume a forma de um corvo para sair voando e roubar tesouros das casas de reis. Segundo o *Livro de Oberon*, o grimório elisabetano onde ele aparece, Kayne detém o título de duque e supervisiona um total de vinte legiões subordinadas. Ele nem sempre precisa aparecer como um corvo e também pode ser compelido a se manifestar em forma humana. Cf. *LIVRO DE OBERON*.

KELE Servidor demoníaco de Asmodeus e Magoth, pelo menos segundo a edição de Mathers da *Magia Sagrada de Abramelin, o Mago*. Mathers sugere que o nome deste demônio significa "consumir". Uma variação do seu nome aparece em apenas uma das outras versões do material do *Abramelin*, o manuscrito guardado na biblioteca Wolfenbüttel, onde aparece como *Kela*. Cf. ASMODEUS, MAGOTH, MATHERS.

---

1 R. H. Charles, *The Book of Enoch the Prophet*, p. 65.

O anjo Rafael ensina Tobias a frustrar o demônio Asmodeus queimando a bile de um peixe. Gravura de S. F. Ravenet (1767) baseada numa pintura de Eustache Le Sueur. Wellcome Collection, Londres.

KELEN "O Ligeiro". Kelen e uma multidão de outras entidades demoníacas aparecem todos na *Magia Sagrada de Abramelin, o Mago*. Seus mestres infernais são Oriens, Paimon, Ariton e Amaimon, os quatro príncipes demoníacos das direções cardeais. Cf. Amaimon, Ariton, Mathers, Oriens, Paimon.

KEMAL Segundo o ocultista S. L. MacGregor Mathers, o nome deste demônio significa "desejo de Deus". Kemal claramente sofreu uma queda em algum momento da história, pois é listado, na *Magia Sagrada de Abramelin, o Mago*, como um dos servos de Belzebu. Cf. Belzebu, Mathers.

KERIEL Duque do demônio Barmiel mencionado na *Ars Theurgia*. Por conta de sua associação a Barmiel, Keriel está ligado à hierarquia do sul. Serve a seu mestre infernal durante as horas diurnas e conta com vinte espíritos menores sob seu comando. Cf. Ars Theurgia, Barmiel.

KERYTH Demônio evocado para responder a perguntas sobre itens perdidos e objetos ocultos na terra. Aqueles que desejam conjurá-lo são instruídos a trabalhar no primeiro quarto da noite e a inscrever uma figura específica no quintal de suas casas. Eles devem escrever sua pergunta num pedaço

CURIOSIDADES DEMONÍACAS

AS CINCO NAÇÕES MALDITAS

A tradução de Mathers da *Clavicula Salomonis*, ou a *Chave do Rei Salomão*, contém um apêndice intrigante que diz ser um antigo fragmento da *Chave de Salomão* traduzido originalmente por Éliphas Lévi. Esse fragmento descreve, entre outras coisas, as dez ordens diferentes dos seres celestiais associados a cada uma das dez Sefiroth da Árvore da Vida e as dez ordens diferentes de demônios que se opõem a elas. Dentro dessa seção do fragmento, há referências às "cinco nações malditas". Esse texto já foi reproduzido em uma variedade de livros sobre demônios e até hoje continua sendo uma lista fascinante, ainda que misteriosa, de seres malignos. Segundo esse fragmento, as cinco nações malditas incluem:

1. Os Amalekitas, conhecidos como os Agressores
2. Os Geburim (ou Gibborim), conhecidos como os Violentos
3. Os Raphaim (por vezes grafado Rephaim), chamados de os Covardes
4. Os Nephilim, conhecidos como os Voluptuosos
5. Os Anakim, chamados no texto de "os Anarquistas"

Coerente com a natureza cabalística do texto, consta que cada uma das Cinco Nações Malditas seria derrotada por uma das diferentes letras hebraicas do Tetragrama, o nome inefável de Deus. Assim, *Iud* vence os Anarquistas. A primeira letra *Heh* vence os Violentos. Os Covardes são sobrepujados pelo *Vau*, que o texto associa à espada do arcanjo Miguel. Os Nephilim são vencidos pelo segundo *Heh*, e os agressores pelo *Shin*, uma letra que não aparece no Tetragrama, mas é descrita como "o Fogo do Senhor e a Lei Balanceadora da Justiça".[1]

---

1 S. L. MacGregor Mathers, Clavicula Salomonis, p. 124.

de papel, deixá-lo no centro da figura e então ir dormir. Segundo o *Livro de Oberon*, Keryth escreverá a resposta no papel de manhã cedo. Cf. Livro de Oberon.

KETEB Demônio mencionado em Salmos 91:6, junto ao demônio do meio-dia — que aparentemente não tem nome próprio. Segundo o Reverendo W. O. E. Oesterley em *Imortality and the Unseen World*, obra definitiva sobre o assunto, publicada em 1921, o nome Keteb tem raiz hebraica. Em versões modernas da Bíblia, a palavra costuma ser traduzida como "peste". Nesse sentido, Keteb pode estar associado a uma multidão de demônios sumérios e babilônicos causadores de doenças. No comentário rabínico aos salmos conhecido como *Midrash Tehillim*, Keteb é descrito como um demônio venenoso, recoberto com escamas e pelos. Segundo relatos, ele teria apenas um olho funcional no seu rosto, pois o outro estaria situado, inexplicavelmente, no centro de seu coração. É um demônio crepuscular, cujo poder se manifesta em sua plenitude, nem durante as horas de completa escuridão, nem à plena luz do dia, mas nos pontos intermediários. Supostamente ele se encontra mais ativo entre as datas de 17 de julho a 9 de agosto.

KHAILAW Segundo a publicação de *Hebrew Magic Amulets* do ocultista T. Schrire, Khailaw é um dos muitos nomes do demônio Lilith. Na tradição judaica, Lilith é um demônio noturno com tendência para atacar crianças e mulheres grávidas. Era particularmente temida por mulheres em trabalho de parto e qualquer complicação durante o parto costumava ser atribuída a ela. No passado, inscreviam-se amuletos com esses nomes que eram usados para proteger as pessoas contra as investidas desses demônios. Cf. Lilith.

KHAVAW RESHVUNAW Um dos nomes transliterados de Lilith, derivado de um tratado sobre amuletos mágicos hebraicos. É um nome cuja tradução significa, algo próximo de, "A Primeira Eva". No Talmude e nas tradições rabínicas posteriores, acreditava-se que Lilith fosse a primeira mulher de Adão. Ao desafiar tanto a Adão quanto a Deus, ela foi expulsa do Jardim, e Adão ganhou uma esposa mais dócil, Eva. Em suas errâncias, indo para longe do Jardim, acredita-se que Lilith tenha parido demônios. Ela nutre, desde então, uma inveja e ódio de longa data pelas mulheres, e na tradição judaica complicações de parto e morte súbita de crianças no berço são creditadas a ela. Há um grande número de amuletos textuais sobreviventes, construídos com a intenção de proteger contra as investidas de Lilith. Esses amuletos textuais apresentam vários nomes de Lilith, cada um dos quais, acreditava-se, teria algum poder sobre o demônio. Este nome, junto com vários outros, aparece na publicação de 1966, *Hebrew Magic Amulets*, de T. Schrire. Cf. Lilith.

KHIL Demônio que comanda os tremores da terra, Khil pode ser convocado para causar terremotos em qualquer parte do mundo. Mencionado no *Grimorium Verum*, na edição de Peterson, serve como o sexto demônio sob o duque infernal Syrach. Compare seu nome e poderes com os do demônio *Khleim*, das *Verdadeiras Chaves de Salomão*. Cf. Grimorium Verum, Khleim, Syrach, Verdadeiras Chaves.

KILIGIL Na *Magia Sagrada de Abramelin, o Mago*, Kiligil é mencionado como um demônio que serve ao arquidemônio Magoth. No manuscrito francês do séc. xv que serviu de fonte para Mathers para sua tradução da obra, Kiligil é governado também por Kore. Cf. Kore, Magoth, Mathers.

KILIK Demônio cujo nome Mathers pressupõe derivar do hebraico, com o sentido de "enrugado pela idade". Kilik é mencionado na *Magia Sagrada de Abramelin, o Mago*, onde consta que seria governado pelos quatro príncipes infernais das direções cardeais: Oriens, Paimon, Ariton e Amaimon. Como tal, ele pode ser conjurado e compelido pelos nomes de seus superiores. Cf. Amaimon, Ariton, Mathers, Oriens, Paimon.

KILIKIM Servo do demônio Amaimon cujo nome aparece na *Magia Sagrada de Abramelin, o Mago*. Na tradução de Mathers dessa obra, seu nome é grafado *Illirikim*. Segundo a interpretação de Mathers, seu nome significa "aqueles que chiam". Cf. Amaimon, Mathers.

Demônios dançando com seus servos mortais.
Gravura do Compendium Maleficarum, *de Guazzo,
cortesia da Dover Publications.*

As deusas Deméter e Perséfone (Koré) acompanham um iniciado nos Mistérios de Elêusis. Imagem da Encyclopedia of Occultism, *de Lewis Spence, cortesia da Dover Publications.*

KIPOKIS Demônio que serve ao senhor infernal Belzebu. Kipokis aparece na *Magia Sagrada de Abramelin, o Mago*. Seu nome também conta com a grafia alternativa de *Ipokys*. Cf. BELZEBU, MATHERS.

KIRIK Demônio governado por Astarote e Asmodeus. Seu nome aparece na tradução de Mathers da *Magia Sagrada de Abramelin, o Mago*. Cf. ASTAROTE, ASMODEUS, MATHERS.

KLEIM Demônio ligado a terremotos, Kleim é mencionado nas *Verdadeiras Chaves de Salomão*, onde consta que serve a Sirachi, o chefe imediato de Lúcifer. Kleim tem poder sobre cidades e casas, presumivelmente porque é capaz de inspirar tremores de terra para colocá-las sob ameaça. Uma versão alternativa de seu nome é *Klic*. Cf. KHIL, LÚCIFER, SIRACHI, *VERDADEIRAS CHAVES*.

KLEPOTH Demônio ilusionista mencionado nas *Verdadeiras Chaves de Salomão*. Segundo o texto, Klepoth é capaz de conjurar uma música ilusória que parece ser de verdade. Também pode fazer uma pessoa ter a sensação de estar rodopiando e dançando mesmo que esteja parada em pé. Serve ao chefe Sirachi, que serve diretamente a Lúcifer. Klepoth também aparece na edição de Peterson do *Grimorium Verum*. Aqui ele é chamado para realizar a preparação ritual do cajado do mago. Além disso, a ele é creditado o poder de permitir que o mago veja todo tipo de danças. Klepoth serve como o quinto demônio sob o governo do duque infernal Syrach. Nos *Segredos de Salomão*, ele ajuda a trapacear em jogos de cartas, sussurrando no seu ouvido as cartas que o seu oponente tiver na mão. Além de ajudar a ganhar no jogo, Klepoth materializa um bando de impertinentes que aparecem inesperadamente para vaiar ou ainda uma trupe elegante em trajes finos de seda para impressionar e divertir. O nome deste demônio é muito próximo da palavra *Qlippoth*, um termo cabalístico. Embora as opiniões variem, as *Qlippoth* cabalísticas costumam ser compreendidas como as emanações da Árvore Sombria da Vida. Cf. *GRIMORIUM VERUM*, LÚCIFER, *SEGREDOS DE SALOMÃO*, SIRACHI, SYRACH, *VERDADEIRAS CHAVES*.

KLIO Demônio destrutivo que pode ser convocado para sacudir as casas e revirar cidades inteiras com terremotos. Klio serve na corte do duque infernal Syrach, ele mesmo sendo um dos subordinados de Lúcifer. Seu nome aparece no texto do séc. XVII conhecido como *Segredos de Salomão*, grimório de magia infernal confiscado pelos inquisidores de Veneza. Embora o texto não indique qualquer conexão entre as duas coisas, é notável como o nome de Klio se assemelha ao de Clio, a musa grega da história. Cf. LÚCIFER, *SEGREDOS DE SALOMÃO*, SYRACH.

KLOTHOD Demônio cujo nome significa "batalha", pelo menos segundo o *Testamento de Salomão*. Klothod integra um grupo de sete demônios femininos convocados e aprisionados pelo Rei Salomão nessa obra extrabíblica datada dos últimos séculos antes da era cristã. Klothod e suas irmãs certamente personificam as Plêiades, uma nuvem estelar que costuma ser representada por sete irmãs na mitologia mundial. Enquanto demônio, Klothod tem a reputação de causar discórdia e brigas entre os homens. Suas irmãs são tão ruins quanto ela, pois atendem pelos nomes de Engano, Contenda, Inveja, Poder, Erro e "a Pior". Consta que Salomão teria colocado todas as sete para trabalhar, construindo as fundações de seu grande templo. Cf. SALOMÃO.

KOBAL Elencado dentre os Mestres da Celebração na hierarquia infernal de Berbiguier, Kobal tem a reputação de servir como o Diretor de Palco do Inferno. Essa visão pitoresca da hierarquia infernal aparece na autobiografia em três volumes de Berbiguier, *Les Farfadets*. O nome de Kobal quase certamente deriva da palavra grega *kobaloi*, que designava uma classe de espíritos maliciosos, a partir da qual obtemos o termo moderno *kobold*. Kobal também é mencionado na tradução de Waite do *Grande Grimório*. Cf. BERBIGUIER, *GRANDE GRIMÓRIO*, WAITE.

KOKOBIEL Anjo ligado às estrelas, Kokobiel é um dos Anjos Sentinelas caídos que o *Livro de Enoque* menciona. Segundo o texto, Kokobiel foi encarregado de guardar conhecimentos sagrados sobre as constelações. Ao abandonar os Céus, ensinou esses segredos à humanidade, embora fosse proibido. Seu nome por vezes é grafado *Kochbiel* ou *Koshbiel*. Cf. Sentinelas.

KOLOFE Segundo Mathers, em sua apresentação da *Magia Sagrada de Abramelin, o Mago*, o nome deste demônio deriva de uma palavra grega com o sentido de "pico" ou "culminação de uma conquista". Kolofe serve ao rei demoníaco Astarote. Cf. Astarote, Mathers.

KORE Na edição de Mathers da *Magia Sagrada de Abramelin, o Mago*, Kore é identificado como um dos principais espíritos que regem um grupo de demônios menores. No texto, Kore costuma ser emparelhado com o demônio Magoth, outro dos oito subpríncipes infernais que servem diretamente aos diabos Satã, Lúcifer, Leviatã e Belial. A hierarquia conjunta de Magoth e Kore só se encontra na versão de Mathers do *Abramelin*. Em todas as outras versões, esse grupo de demônios é regido apenas por Magoth. Kore, ou Koré, é outro nome para a deusa grega Perséfone, consorte de Hades. Hades era o senhor do Submundo, na mitologia grega, e Perséfone, sua noiva relutante. Por conta de suas associações com o Submundo, essas antigas divindades foram, por vezes, integradas à demonologia da Idade Média e da Renascença. É notável que Charles Berbiguier identifique Perséfone como uma rainha do Inferno, e sua condição como governante infernal se repete no *Dictionnaire Infernal*, de Collin de Plancy. É claro que, para os antigos gregos, não havia nada de infernal nessa deusa. Associada aos ritos dos Mistérios de Elêusis, ela era uma divindade poderosa e respeitada no mundo antigo. Sua versão romana era casada com Plutão. Cf. Belial, Leviatã, Lúcifer, Magoth, Mathers, Plutão, Satã.

KUMEATÊL Demônio causador de doenças e moléstias, Kumeatêl aflige as vítimas com surtos de tremedeira e torpor. É o 14º dos 36 demônios associados aos decanos do zodíaco. Seu nome aparece no texto extrabíblico do *Testamento de Salomão*. Kumeatêl é governado pelo anjo Zôrôel, cujo nome, ao ser invocado, faz com que Kumeatêl fuja. Numa tradução posterior e mais precisa dessa obra, seu nome, em vez disso, é grafado como *Leroel*. Causa calafrios, tremedeiras e dor de garganta. Os nomes "Iax" e "Salomão" o fazem fugir. Cf. Salomão.

KUNOS PASTON No *Testamento de Salomão*, este demônio aparece ao Rei Salomão na forma de um cavalo com a parte traseira do corpo de um peixe. Esta estranha besta quimérica está associada às profundezas das águas. Naufraga navios para roubar o ouro e a prata que houver dentro. Embora suas tripulações por vezes morram afogadas nesses naufrágios, o demônio não tem o menor interesse em suas mortes, preferindo, em vez disso, atirar suas vítimas para longe de seus domínios abissais. Outro efeito, menos perigoso, é que ele causa enjoo marítimo. Consta que é capaz de aparecer na forma de um homem ou como as ondas do oceano. É tão forte seu elo com esse elemento que ele morre se ficar sem água. Pode ser contido em nome do anjo Iameth. Cf. Salomão.

KURTAÊL Este é um dos vários demônios pestilentos listados no material extrabíblico do *Testamento de Salomão*. A Kurtaêl é atribuído o poder de causar cólicas intestinais e outros malefícios, que aplica para atormentar a humanidade. Se Kurtaêl estiver afetando alguém, é possível expulsá-lo ao se invocar o nome do anjo Iaôth, que detém poder sobre ele. Numa tradução posterior do mesmo texto, o nome deste demônio é grafado como *Kourtael*, mas o anjo com poder sobre ele permanece o mesmo. Cf. Salomão.

KWPHIN No *Livro de Oberon*, Kwphin é um espírito identificado como um irmão de Lambricon, da corte do norte. Presume-se que seja um demônio (pois Lambricon é assim identificado) que teria sido morto por Santa Catarina. O texto menciona *Catarina de Siena*, uma santa que, famosamente, veio de encontro a demônios várias vezes. Não há nenhuma menção específica a *Kwphin*, no entanto, em sua hagiografia. Cf. Lambricon, Livro de Oberon.

Sta. Catarina de Siena enfrenta um demônio. Gravura da Wellcome Collection, Londres.

LABISI Servo do demônio Amaimon mencionado na *Magia Sagrada de Abramelin, o Mago*. Na edição de Peter Hammer e na versão guardada na biblioteca de Dresden, este nome é grafado como Lapisi. Cf. AMAIMON, MATHERS.

LABONETON Nome cujo significado Mathers interpreta como "tomar" ou "apanhar" em sua versão da *Magia Sagrada de Abramelin, o Mago*. Consta que Laboneton serve à dupla liderança dos demônios Magoth e Kore. Cf. KORE, MAGOTH, MATHERS.

LABOUX Demônio governado por Asmodeus e Astarote, pelo menos segundo a tradução de Mathers da *Magia Sagrada de Abramelin, o Mago*. Cf. ASTAROTE, ASMODEUS, MATHERS.

LADIEL Demônio recalcitrante que aparece durante as horas noturnas. Segundo sua reputação, Ladiel possui uma índole maligna e enganosa, preferindo recorrer a trapaça e ardis ao lidar com as pessoas. Seu título é o de duque e conta com cinquenta espíritos ministradores subordinados que atendem às suas necessidades. Serve na hierarquia do oeste, e seu superior imediato é o príncipe infernal Cabariel. O nome e sigilo de Ladiel aparecem na *Ars Theurgia*. Cf. *ARS THEURGIA*, CABARIEL.

LAFTALIUM No manual mágico do séc. XV conhecido como *Liber de Angelis*, Laftalium aparece num feitiço para fazer mal a um inimigo. Sendo um demônio pestilento que serve ao rei infernal Bileth, Laftalium é capaz de causar sofrimento a uma vítima ao ser conjurado, afetando os membros, para que fiquem fracos e trêmulos, e queimando o corpo inteiro com uma febre terrível. Não há cura para esses sintomas, e apenas o próprio mago pode anular o feitiço. Cf. BILETH, *LIBER DE ANGELIS*.

LAGAN Grande rei e presidente. Segundo o *Livro dos Encantamentos*, aparece na forma de um touro com asas de grifo e detém poderes de transmutação, transformando todos os metais em ouro. É capaz de transformar água em vinho e vinho em sangue, um truque que talvez seja uma paródia do rito católico da transubstanciação. Pertence à Ordem das Dominações e governa 33 legiões. Cf. *LIVRO DOS ENCANTAMENTOS*.

LAGASUF Demônio que consta na tradução de Mathers da *Magia Sagrada de Abramelin, o Mago*. Lagasuf é governado pelos quatro príncipes infernais das direções cardeais: Oriens, Paimon, Amaimon e Ariton. Segundo Mathers, que tentou esboçar uma etimologia de cada nome dos demônios mencionados no material do *Abramelin*, o nome de Lagasuf seria derivado de uma raiz em hebraico que significa "o Pálido". Cf. AMAIMON, ARITON, MATHERS, ORIENS, PAIMON.

LAGINX Demônio cujo nome aparece na tradução de Mathers da *Magia Sagrada de Abramelin, o Mago*. Consta que serve tanto a Astarote quanto a Asmodeus. Em outra versão do material do *Abramelin* guardada na biblioteca de Wolfenbüttel, na Alemanha, o nome deste demônio é grafado como *Lagiros*. Cf. ASTAROTE, ASMODEUS, MATHERS.

LAMAEL Demônio governado por Amenadiel, o Imperador Infernal do Oeste. Lamael é mencionado na tradução de Henson da *Ars Theurgia*, onde consta que detém o título de duque. Conta com 3880 espíritos ministradores sob seu comando. Cf. AMENADIEL, *ARS THEURGIA*.

LAMALON Segundo a tradução de Mathers da *Magia Sagrada de Abramelin, o Mago*, o nome deste demônio vem de um termo em hebraico que significa "desviar". Lamalon é um servo do grande demônio Belzebu, e ambos são evocados como parte dos trabalhos do Sagrado Anjo Guardião que servem como principal foco do material do *Abramelin*. Cf. Belzebu, Mathers.

LAMAS Arquiduque sob o governo do rei demoníaco Raysiel. Segundo a *Ars Theurgia*, tanto Lamas quanto Raysiel estão associados ao norte. Dotado da reputação de ter índole má e teimosa, Lamas governa vinte espíritos menores que existem para executar os seus comandos. O nome deste demônio é muito próximo, em grafia, de *Lammas*, tradicional data comemorativa pagã celebrada no dia primeiro de agosto. Essa celebração tem origem num festival da colheita comemorado nas Ilhas Britânicas durante o medievo. Apesar das semelhanças em grafia, não há qualquer associação clara entre o demônio Lamas e o festival Lammas. Cf. *Ars Theurgia*, Raysiel.

LAMBRICON Ou *Lambracaron*, demônio evocado junto a Egin, o rei do norte. Lambricon aparece no *Livro de Oberon*, que oferece *Lambracaron* como uma versão alternativa do seu nome. Seu irmão Kwphin teria sido supostamente morto por Santa Catarina, uma tragédia que Lambricon ainda não conseguiu superar. Cf. Egin, *Livro de Oberon*.

LAMENIEL Demônio que assume a forma de uma serpente com cabeça humana. Lameniel é um dos doze duques que servem ao poderoso Hydriel. Seu nome e sigilo, ambos usados para se conjurar e coibir este demônio, aparecem na *Ars Theurgia*. Segundo o texto, Lameniel e seus colegas de ducado são todos espíritos aéreos que vagam de lugar a lugar dentre as direções cardeais. Apesar de sua natureza aérea, Lameniel é atraído, em todo caso, a lugares úmidos e molhados, preferindo aparecer em banhados, brejos e pântanos. Ao se manifestar, assume a forma de uma grande serpente com a cabeça de uma mulher. Apesar dessa aparência monstruosa, Lameniel tem a reputação de bom temperamento, comportando-se de forma civilizada e polida. Há mil espíritos ministradores que o acompanham, executando seus desejos e cuidando de suas necessidades. Em outros pontos da *Ars Theurgia*, Lameniel aparece como um dos dez grandes duques que servem ao príncipe infernal Bidiel, um espírito aéreo que vaga sem local fixo. Consta que esta versão de Lameniel tem nada menos do que 2400 espíritos menores para executar os seus desejos. Ao se manifestar, assume a forma de um belo ser humano. Cf. *Ars Theurgia*, Bidiel, Hydriel.

LAMOLON Na *Magia Sagrada de Abramelin, o Mago*, consta que Lamolon serve ao rei infernal Belzebu. O nome de Lamolon aparece em proximidade com o de outro demônio, Amolon. Dadas as similaridades entre os dois nomes, há uma chance de não serem demônios distintos e separados, mas sim o resultado de um erro de transcrição que acabou transformando um nome em dois. Cf. Amolon, Belzebu, Mathers.

LAPHOR Um dos vários demônios associados aos pontos cardeais. Laphor detém o título de duque e serve a Carnesiel, o Imperador Infernal do Leste. Segundo sua descrição, ele tem uma natureza bastante "aérea" e, ao ser conjurado, é preciso fazê-lo aparecer em um cristal de catoptromancia, para que sua forma seja visível a olho nu — pelo menos segundo a *Ars Theurgia*, onde consta o nome deste demônio. Cf. *Ars Theurgia*, Carnesiel.

LARAEL Demônio que serve como um dos vários arquiduques na hierarquia de Symiel, rei da direção cardeal entre o norte e o nór-nordeste. Larael é um demônio que se manifesta apenas durante o dia. Segundo a *Ars Theurgia*, há sessenta espíritos ministradores que o acompanham. Cf. *Ars Theurgia*, Symiel.

LARFOS Demônio governado pelo príncipe infernal Dorochiel. Serve na corte do oeste, na capacidade de arquiduque. Larfos está associado à segunda metade do dia, manifestando-se apenas numa hora específica entre o meio-dia e o anoitecer. De acordo com a *Ars Theurgia*, Larfos conta com quatrocentos espíritos menores em sua companhia. Cf. *Ars Theurgia*, Dorochiel.

LARIEL Servo do rei demoníaco Armadiel. Tanto Lariel quanto o seu superior estão associados à hierarquia do norte, tal como delineado na obra do séc. XVII conhecida como *Ars Theurgia*. Segundo este texto, Lariel conta com um total de 84 espíritos menores que atendem às suas necessidades. Se o dia for dividido em quinze porções de tempo, a hora de Lariel é a terceira dessas porções. Tem limitações para se manifestar, aparecendo apenas nessas horas do dia. Cf. ARMADIEL, *ARS THEURGIA*.

LARMOL No *Tratado sobre Magia Angelical*, de Rudd, Larmol é identificado como um dos doze duques que atendem a Caspiel, o Imperador do Sul. Larmol aparece associado a um diagrama mágico do planeta Mercúrio, uma das sete *tabulae* de Enoque apresentadas por Rudd em sua obra. Na *Ars Theurgia*, Larmol é um dos seis arquiduques que servem ao príncipe errante Menadiel. Aqui ele conta com 390 servos que o atendem. Segundo o texto, ele se manifesta apenas na primeira hora do dia, sempre acompanhado por outro demônio que também serve a Menadiel. Este companheiro, chamado Barchiel, está associado à hora que vem imediatamente após a hora de Larmol, manifestando-se apenas nesses momentos. Cf. *ARS THEURGIA*, BARCHIEL, CASPIEL, MENADIEL, RUDD.

LARMOT Um dos doze duques poderosos que servem ao demônio Caspiel, o Imperador Infernal do Sul. Larmot e seus irmãos demoníacos têm a reputação de possuírem uma natureza muito difícil. Segundo a *Ars Theurgia*, são espíritos grosseiros e teimosos. Larmot é também o que se chama de "espírito do ar", o que quer dizer que sua natureza essencial é mais sutil do que física. Ao se manifestar, pode ser difícil vê-lo com olhos mortais sem o auxílio de uma *shew-stone* ou outro cristal para catoptromancia. Conta com não menos que 2260 espíritos menores que lhe servem. Seu nome pode muito bem ser uma variação do demônio Larmol encontrado no *Tratado sobre Magia Angelical* de Rudd. Cf. *ARS THEURGIA*, CASPIEL, RUDD.

LARPHIEL Um dos quinze duques sob o governo do demônio Icosiel, um príncipe errante do ar. Larphiel prefere aparecer em casas, mas tem restrições para se manifestar apenas durante horas e minutos específicos a cada dia. A *Ars Theurgia* contém a fórmula para calcular quando ele aparece: se o dia for dividido em quinze partes iguais, a hora de Larphiel é definida como a sexta porção de tempo, e aparece apenas nesse horário a cada dia. Ao se manifestar, costuma ser acompanhado por, pelo menos, alguns de seus 2200 espíritos menores. Cf. *ARS THEURGIA*, ICOSIEL.

LAS PHARON No texto mágico do séc. XVII conhecido como *Ars Theurgia*, Las Pharon é mencionado como um dos vários duques infernais em serviço do príncipe demoníaco Usiel. Las Pharon está associado à região do oeste e às horas noturnas, manifestando-se a cada dia apenas após escurecer. Supostamente detém o poder de revelar a localização de tesouros escondidos por meio de feitiços e encantamentos. É capaz também de ocultar objetos por meios semelhantes. Há apenas dez espíritos ministradores sob seu comando. Cf. *ARS THEURGIA*, USIEL.

LASSAL Demônio mencionado no *Liber de Angelis*, associado à lua e seus poderes. Aparece num feitiço de compulsão destinado a privar uma pessoa de sua vontade. Cf. *LIBER DE ANGELIS*.

LAUNÉ Este demônio é descrito como um embusteiro que fará de tudo para enganar quem for tolo o suficiente para tentar conjurá-lo. Seu nome aparece na tradução de Mathers do *Grimório de Armadel*, onde consta que é o guardião de mistérios terríveis. Supostamente é capaz de revelar segredos sobre a natureza e habitação dos demônios, além dos nomes secretos dos asseclas do Inferno, o que é especialmente útil para o caso daqueles demônios que passaram por uma mudança significativa de nome como resultado de sua queda. Cf. MATHERS.

LAUTRAYTH No *Manual de Munique*, Lautrayth é descrito como um espírito que atende aos pecadores, conjurado num feitiço para se obter os serviços de um corcel infernal. Segundo o texto, quando Lautrayth é chamado, chega montado num grande cavalo. Tem o poder de encantar uma rédea para aquele que o conjurar, um item capaz de fazer aparecer um demônio na forma de um cavalo que o transportará para toda parte. Cf. *Manual de Munique*.

LAYCON Demônio mencionado num feitiço para se criar livros. Segundo o *Livro de Oberon*, Laycon e vários outros demônios-escribas podem produzir, com grande rapidez, livros sobre assuntos como alquimia, nigromancia, conjuração e todas as ciências. Pelo que é possível inferir do texto do feitiço, os demônios parecem trabalhar da noite para o dia, deixando os livros prontos para o conjurador de manhã cedo. Uma variação deste nome aparece como *Lasys*. Cf. *Livro de Oberon*.

LAZABA Na *Ars Theurgia*, Lazaba é elencado dentre os arquiduques do demônio Raysiel, que serve a este rei infernal do norte durante as horas noturnas. Sendo um demônio noturno, Lazaba aparece apenas durante as horas entre o anoitecer e o amanhecer. Conta com quarenta espíritos ministradores que atendem às suas necessidades e é descrito como um ser dotado de uma índole maligna e obstinada. Porém é possível compeli-lo e obrigá-lo a se comportar, se você estiver em posse de seu nome e sigilo. Cf. *Ars Theurgia*, Raysiel.

LEBAN Grande gigante que carrega as pessoas aonde quer que elas queiram ir. Identificado no grimório elisabetano conhecido como *Livro de Oberon*, Leban é descrito como um cavaleiro e um soldado poderoso. Há quarenta legiões de espíritos menores que lhe servem. Além de transportar as pessoas, este demônio obediente também transpõe colinas, castelos, riquezas e até mesmo montanhas inteiras, dispondo-as conforme os comandos de seu mestre. Cf. *Livro de Oberon*.

LECHER A palavra em inglês *lecher* ("devasso") normalmente é usada para descrever uma pessoa lasciva; apesar disso, este demônio não tem nada a ver com luxúria ou magia sexual. Em vez disso, Lecher pode ser evocado para ajudar você a fazer amigos. Além disso, tem vasto conhecimento de segredos científicos. Lecher aparece como um cavaleiro com rosto vermelho de leão, e carrega grande tristeza na voz. Serve na corte do oeste, sob Paimon, onde consta como um dos doze ministros do mais alto escalão. Seu nome aparece no grimório elisabetano conhecido como *Livro de Oberon*. Cf. *Livro de Oberon*, Paimon.

LEGIÃO No Novo Testamento, tanto o Evangelho de Marcos quanto o de Lucas contam a história de um homem geraseno possuído por diabos. O homem vem até Jesus na esperança de ser curado, e Jesus expulsa os demônios, conduzindo-os a uma vara de porcos. Antes de Jesus exorcizar o espírito, ele exige saber o seu nome. Acreditava-se que o nome correto de um demônio era parte integral do trabalho para coibi-lo ou exorcizá-lo, pelo menos desde a época dos sumérios. Segundo o texto, o demônio responde, "Meu nome é Legião, pois somos muitos"[1]. Dada a localização e a época em que ocorre esse incidente, o nome *legião* provavelmente se referia a uma legião do exército romano. Uma legião romana típica contava com aproximadamente 6 mil homens bem armados, e essas unidades de infantaria do Império Romano eram universalmente temidas ao longo de todo o Mediterrâneo. Essa passagem bíblica pode ter sido o motivo para a representação dos demônios, em tantos grimórios, como senhores de *legiões* de espíritos menores. Na *Descoberta da Bruxaria*, Scot afirma que uma legião infernal consiste em 6.666 espíritos. Cf. Scot.

LEMEGETON Também chamado de *Clavicula* ou *Chave Menor de Salomão* (*Lesser Key of Solomon*, na publicação em inglês), este tratado instrui o leitor quanto à refinada arte de se conjurar e compelir espíritos. O *Lemegeton* está associado

---

[1] Marcos 5:9

CURIOSIDADES DEMONÍACAS

DEMÔNIOS CONJURADOS EM NOME DE DEUS

Pode parecer contraintuitivo para alguns leitores modernos a ideia de conjurar demônios em nome de Deus, mas fazia todo o sentido para os praticantes de magia do medievo. Tudo na Europa medieval girava em torno de hierarquias. Tanto na sociedade secular quanto na religiosa, todos tinham o seu lugar numa cadeia de comando. Costumava-se representar as legiões de espíritos como imitações das hierarquias humanas, por isso todos os espíritos eram entendidos dentro de sua própria cadeia de comando. Assim como um escudeiro respondia a um cavaleiro e um vassalo a seu suserano, que era o dono da terra, todo demônio (e todo anjo) tinha alguém acima dele nessa cadeia, a quem ele tinha que responder. Para se compelir e controlar um desses espíritos, com frequência bastava saber o nome do superior daquele espírito e comandar a sua obediência em seu nome.

É claro que, na Europa medieval e renascentista, não havia autoridade maior do que a autoridade de Deus, por isso a maioria das evocações ia direto ao cerne da questão, compelindo os espíritos tanto do Céu quanto do Inferno em nome do Criador. Uma variedade de nomes e títulos para o Todo-Poderoso existiam como parte da tradição dos grimórios, muitos dos quais costumavam ser inscritos em torno do círculo de conjuração ao mesmo tempo em que eram pronunciados em voz alta em longas preces. Dentre os nomes, o Tetragrama — considerado o mais sagrado nome de Deus — é um dos mais comuns. Outros nomes de Deus usados em evocações demoníacas na Idade Média e na Renascença incluem *Adonai*, *Sabaoth*, *Elohim* e *El Shaddai*. Todos são nomes divinos de origem judaica, que aparecem no Velho Testamento. Os exorcistas modernos trabalham na sombra dessa mesma tradição quando buscam compelir demônios e espíritos impuros em nome de Jesus Cristo.

O Selo de Deus, tal como representado na edição de Driscoll do Livro Jurado de Honório. Segundo o texto, este símbolo é essencial para se compelir os espíritos conjurados.

LEMEGETON

Cristo expulsando os demônios. Ilustração de Epistel. Ephes. V. v. 1 de uma Bíblia em língua alemã, séc. XVIII. Imagem cortesia da Wellcome Collection, Londres.

intimamente à crença, comum em toda a Europa medieval, de que à figura bíblica do Rei Salomão foi concedido o poder de comandar demônios e que, subsequentemente, esse poder foi usado para escravizar vários seres infernais para ajudarem a concluir a obra de seu grande templo. A maioria dos exemplares atuais deste livro datam do séc. XVII e derivam da tradução de um par de manuscritos catalogados como Sloane 3825 e Sloane 2731, guardados no acervo do British Museum. A tradição da qual o *Lemegeton* deriva, porém, é muito mais antiga do que os manuscritos Sloane. Muitos dos espíritos que aparecem nessa obra se encontram em outros manuscritos, como a *Pseudomonarchia Daemonum*, compilada por Johannes Wierus em 1563, e o *Manual de Munique*, um manual de necromancia do séc. XV traduzido nos últimos anos pelo pesquisador Richard Kieckhefer.

Tradicionalmente, o *Lemegeton* é constituído por cinco livros: a *Ars Goetia* (ou só *Goécia*), a *Ars Theurgia*, a *Ars Paulina*, o *Almadel* e a *Ars Notoria*. A *Goécia*, por vezes conhecida como *Theurgia-Goetia*, trata de espíritos expressamente identificados como malignos. Já a *Ars Theurgia* pretende lidar com "bons" demônios, todos os quais são associados a direções específicas segundo os pontos cardeais. A *Ars Paulina* diz respeito aos nomes dos anjos associados às horas do dia e da noite, bem como os anjos do zodíaco. O *Almadel* se preocupa com a evocação de anjos ligados às quatro direções. Por fim, a *Ars Notoria*, ou *Arte Notarial* de Salomão, é um livro peculiar de imagens e orações apresentadas como dotadas do poder de ampliar magicamente a sabedoria, a memória e as habilidades de comunicação. Não é uma obra única, mas um estilo de livro que era popular na Idade Média e Renascença. O ocultista Mitch Henson, que produziu uma tradução do *Lemegeton* em 1999, sugere que a *Ars Notoria* não era originalmente parte do *Lemegeton*, mas foi acrescentada como apêndice na edição de James Turner de 1657.

Como provavelmente fica sugerido por essa descrição, o *Lemegeton* que chegou a nós não é um livro escrito de capa a capa pelo mesmo indivíduo, mas sim uma compilação de uma série de manuscritos associados. Além disso, nem todos os livros do *Lemegeton* foram compostos na mesma época. O *Almadel*, segundo sua datação interna, é de 1641, enquanto as semelhanças entre os demônios goéticos e os da *Pseudomonarchia* sugerem que a *Goécia* é, no mínimo, um século mais antiga do que isso. O *Testamento de Salomão*, obra pseudepigráfica provavelmente composta nos primeiros séculos da era cristã, certamente serviu de inspiração, senão de fonte, para boa parte do material contido no *Lemegeton*. Se existe, no entanto, qualquer linhagem de descendência direta entre esses livros, ela já se perdeu ao longo das eras. Cf. Ars Theurgia, Goécia, Manual de Munique, Wierus.

LEMEL Um dos vários servidores demoníacos que, segundo consta, estão sob comando de Astarote e Asmodeus. O nome de Lemel aparece na tradução de Mathers da *Magia Sagrada de Abramelin, o Mago*, onde ele é obrigado a jurar sua lealdade ao mago como parte dos trabalhos do Sagrado Anjo Guardião. Existem, pelo menos, três outras versões do material do *Abramelin*, que contêm variações na grafia em muitos desses nomes de demônios. Tanto o manuscrito guardado na biblioteca de Dresden quanto a edição de Peter Hammer publicada em Colônia grafam o nome deste demônio como *Leniel*. Cf. Astarote, Asmodeus, Mathers.

LEMODAC Demônio que serve a Macariel, um príncipe errante do ar. Consta que Lemodac assume a forma de um dragão com muitas cabeças, mas, segundo a *Ars Theurgia*, tem o poder de assumir uma grande variedade de formas. Há quatrocentos espíritos menores sob seu comando, e não está limitado a se manifestar durante qualquer hora específica do dia ou da noite. Por consequência, Lemodac pode se manifestar sempre que tiver vontade. Seu título infernal é o de duque. Cf. Ars Theurgia, Macariel.

LEONARD Segundo o *Dictionnaire Infernal*, de Collin de Plancy, Leonard é o Grande Mestre dos Sabás e Inspetor General da Feitiçaria, da Bruxaria e das Artes Sombrias. É capaz de assumir muitas formas, mas no geral prefere aparecer numa forma humanoide com características caprinas. Dizem que tem três chifres e olhos incandescentes, além de um rosto no traseiro, que ele expõe aos presentes no Sabá para que o beijem. Leonard aparece na lista de demônios da apresentação do *Grande Grimório* feita por Waite, que o autor atribui incorretamente ao erudito Johannes Wierus, do séc. XVI. Leonard é elencado no topo da hierarquia, ao lado de seres nobres como Satã e Belzebu, dotado do título de Cavaleiro da Ordem da Mosca, uma distinção supostamente estabelecida por Belzebu. A conexão entre Leonard e o Sabá das Bruxas surge da crença medieval de que o Diabo presidia essas selvagens orgias noturnas na forma de um bode. Cf. Belzebu, Berbiguier, De Plancy, Satã, Wierus.

LEPACA Em sua tradução da *Magia Sagrada de Abramelin, o Mago*, o ocultista S. L. MacGregor Mathers sugere que o nome deste demônio significa "o que abre" ou "o que revela". Consta que Lepaca serve ao comando do governante infernal Astarote. Uma variação na grafia de seu nome é *Lepacha*. Cf Astarote, Mathers.

LERAIE O 14º demônio da *Goécia*. Este nome aparece sob muitas formas, dependendo da fonte consultada. Na *Pseudomonarchia Daemonum*, de Wierus, seu nome é *Loray*. O mesmo texto sugere que ele é, às vezes, chamado de *Oray*. Na *Descoberta da Bruxaria*, de Scot, o nome deste demônio é

Leraie, um dado curioso, considerando que Scot estava meramente traduzindo a *Pseudomonarchia*, de Wierus. Na *Goécia do Dr. Rudd*, seu nome é *Leraic*, mas nos outros manuscritos atribuídos ao Dr. Rudd (incluindo o *Tratado sobre Magia Angelical*), surgem as variações de grafia *Leraje*, *Leraye* e *Leraiel*. Quando chegamos ao volume *Goetic Evocation*, de Steve Savedow, o nome já virou *Leriakhe*. Apesar da confusão quanto às suas possibilidades de grafia, quase todas as fontes concordam que este demônio aparece na forma de um arqueiro, completo com arco e uma aljava cheia de flechas. Trata-se de um demônio marcial, com o poder de putrefazer todas as feridas causadas por flechas. Consta que ele também instiga batalhas. Seu título é o de marquês, dotado de um regimento de trinta legiões sob seu comando. Na *Goécia do Dr. Rudd*, é chamado de *Leraic* e coibido pelo anjo Mebahel. Cf. Goécia, Rudd, Scot, Wierus.

LES FARFADETS Obra cujo título completo é *Les Farfadets, ou Tous les démons ne sont pas de l'autre monde* ("Os Duendes, ou nem todos os demônios são do outro mundo"), a autobiografia em três volumes de Charles Berbiguier, francês que alegava ter travado uma luta desesperada contra as forças do Inferno desde a ocasião em que uma cartomante de má reputação leu a sua sorte. Publicado entre 1820 e 1822, esta obra detalha a luta de Berbiguier com seu demônio pessoal, Rhotomago, que serviria, diz ele, diretamente ao arquidemônio Belzebu. Berbiguier inclui suas próprias ilustrações em sua obra e provavelmente a bancou do próprio bolso. Berbiguier faz uma série de alegações curiosas em sua autobiografia. Afirma, com riqueza de detalhes, ter mantido correspondência com vários príncipes e dignitários do Inferno, trocando cartas físicas e bastante reais com esses seres. Suspeitava que várias pessoas vivas estavam aliadas a essas criaturas e descreve esses indivíduos em termos de embaixadores infernais na Terra. Vários deles eram médicos ou outros funcionários com quem Berbiguier havia se desentendido em sua cruzada para provar que sofria de influências demoníacas. É quase certo que Berbiguier sofria mesmo era de delírios e de algum transtorno mental, mas pelo menos algumas de suas ideias sobre demônios

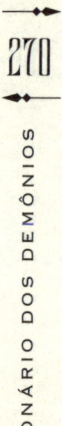

"O Flagelo dos Duendes", autorretrato de Berbiguier, em seu livro Les Farfadets. *Imagem cortesia da Dover Publications.*

— incluindo uma extensa hierarquia que inclui até um Grande Dispenseiro do Inferno — acabaram indo parar em obras mais sérias de demonologia. O caso mais notável é o do demonógrafo Collin de Plancy, que incluiu a hierarquia infernal de Berbiguier em sua edição de 1822 do *Dictionnaire Infernal*. Embora de Plancy tivesse creditado Berbiguier e sua obra *Les Farfadets* como fonte de suas informações, quando o ocultista A. E. Waite reprisou sua hierarquia na apresentação do *Grande Grimório*, ele cometeu o erro de atribuí-la ao erudito Johannes Wierus, do séc. XVI, autor da *Pseudomonarchia Daemonum*. A tradução de Waite do *Grande Grimório* aparece em sua obra de 1910, *O Livro da Magia Negra e Pactos*, mas também pode ser conferida, sozinha, numa edição reimpressa pelo editor Darcy Kuntz. Por conta da citação de Waite, a hierarquia infernal de Berbiguier teve uma sobrevida muito maior do que a memória de sua própria vida e obra, já esquecidas. Cf. Belzebu, De Plancy, Grande Grimório, Rhotomago, Waite, Wierus.

LEVIATÃ Nome que, em hebraico (*Leviathan*), significa "retorcido" ou "enroscado", mencionado cinco vezes na Bíblia. Curiosamente, o salmo 104 implica que Deus criou o Leviatã para "com ele brincar". Uma descrição desta fera imensa, que aparece no capítulo 41 do *Livro de Jó*, sugere que se tratava de uma criatura marinha. Os mitos judaicos posteriores identificam Leviatã diretamente como um monstro marinho, um ser terrível capaz de devorar uma baleia por dia. Há uma lenda que remete ao Rashi, um rabino da França do séc. XI, que explica que Deus criou dois leviatãs, um macho e uma fêmea, mas matou a fêmea logo depois, porque, caso essas criaturas procriassem, a humanidade não teria chance contra elas. Outra história no Talmude sugere que, no dia do Juízo Final, Deus matará o Leviatã, usando sua carne para preparar um banquete para os justos e seu couro para criar a tenda onde esse banquete ocorrerá. Em muitas histórias, o Leviatã é comparado com a grande fera, o Beemote. No julgamento de Urbain Grandier, surgiu um documento quanto a um pacto que representaria o contrato de venda da sua alma imortal entre Grandier e Satã. Grandier, um padre treinado pelos Jesuítas, foi queimado na fogueira em 1634 na cidade francesa de Loudun, após ter supostamente orquestrado a possessão de várias freiras que estavam sob seus cuidados. O Leviatã era um dos vários diabos de grande distinção que teriam assinado o pacto de Grandier. Ele também é mencionado nos *Sexto e Sétimo Livros de Moisés*, em um dado feitiço. Há uma grande chance de o Leviatã ser um resquício das influências babilônicas, representando, na verdade, uma versão judaica do monstro sumério-babilônico Tiamat, também associado à água. Na tradução de Mathers da *Magia Sagrada de Abramelin, o Mago*, o Leviatã é identificado como um dos quatro principais espíritos, ao lado de Lúcifer, Satã e Belial. Cf. Beemote, Belial, Lúcifer, Satã.

LEWTEFFAR O nome deste demônio talvez seja baseado em Lúcifer, com o qual estamos mais familiarizados. Lewteffar aparece no grimório elisabetano conhecido como *Livro de Oberon*, onde é descrito como um príncipe que rege mais de vinte legiões. Dotado da cabeça de um diabo e a cauda de uma víbora, sua aparência já é bizarra o bastante, mas, para complementar, ele também tem uma coroa de arco-íris. Seu hálito de fogo é fedorento, seu peito é uma ferida aberta e, além do mais, tem mãos de urso e pés de toupeira. Um terceiro olho espia a partir de sua testa e seus olhos são esbugalhados. É incapaz de atravessar água corrente. O texto avisa que Lewteffar é mentiroso e fica desesperado muito rápido sob pressão. Dentre os seus poderes, consta a habilidade de causar loucura e discórdia. Também é dotado de extrema erudição e pode ensinar todos os aspectos da necromancia, astronomia, astrologia, geomancia e ciências liberais. Confere riquezas, além de influências mundanas, mas também é capaz de fazer as mulheres se apaixonarem. Em troca disso tudo, exige um sacrifício e aparece apenas na sétima hora do dia. Há dois nomes alternativos para ele também: Falcas e Abarak. Aparentemente *Abarak* é um nome secreto, pois o texto diz que, mesmo ao ser pressionado, ele não admite reconhecê-lo. Compare-o com o nome *Abraxas*, um ser divino associado aos gnósticos. Cf. Abracas, Falcas, *Livro de Oberon*, Lúcifer.

CURIOSIDADES DEMONÍACAS

O BEIJO DO DIABO

As pessoas tinham uma obsessão com bruxas na Idade Média. Todos tinham medo de que sua vizinha pudesse ser uma bruxa, e esse medo explodiu de tal forma, tão fora de proporção, que homens, mulheres e até mesmo crianças foram acusados, julgados e executados por bruxaria. A bruxaria era um assunto confuso para as pessoas comuns, sobretudo quando se considera os muitos poderes atribuídos às bruxas. Por isso, autores como o monge ambrosiano Francesco Maria Guazzo, que compilaram obras, no caso, o *Compendium Maleficarum*, explicando exatamente o que as bruxas faziam e de que forma. E é claro que o livro de Guazzo, e também o famoso *Malleus Maleficarum* (*O Martelo das Bruxas*), continha uma boa quantidade de noções estranhas — quase nenhuma praticada por qualquer pessoa que fosse, exceto pelas bruxas concebidas pelas imaginações lúbricas dos autores. Talvez uma das tradições mais bizarras atribuídas às bruxas por essas obras seria o Beijo do Diabo.

Conhecido como *osculum infame*, ou beijo maldito, que seria supostamente a saudação tradicional entre bruxas. Se pudermos acreditar nos vários tratados escritos na época, elas vinham de todos os cantos para participar do Sabá das Bruxas. No evento, que nada mais era que uma festa selvagem, onde todas ficavam nuas, na floresta (geralmente com sacrifício de crianças também, só de farra), as bruxas se encontravam com seu senhor e mestre, Satã. Pelo visto, ele gostava de ganhar um beijinho de suas seguidoras para mostrar que gostavam dele, mas, Satã sendo Satã, não aceitava qualquer beijo. O *osculum infame* era um beijo dado diretamente no traseiro do Diabo. Quando ele não aparecia em forma humana, muitas vezes esse beijo maldito era aplicado no traseiro de um bode. Algumas confissões de bruxas — inevitavelmente arrancadas sob tortura — afirmam que o beijo também poderia ser no traseiro de um gato. Autores como Guazzo e seus contemporâneos Heinrich Kramer e Jakob Sprenger, os inquisidores católicos que produziram o *Malleus Maleficarum*, tinham óbvias preocupações com os perigos da bruxaria. Ao lermos suas obras com a lente do tempo, no entanto, é difícil não sermos tentados a nos voltar nossas preocupações, com maior intensidade, aos próprios autores.

Representação do osculum infame, supostamente dado pelas bruxas no traseiro do Diabo. Do Compendium Maleficarum, *de Guazzo, cortesia da Dover Publications.*

LIBER DE ANGELIS Livro de feitiços e espíritos guardado no acervo de Osbern Bokenham, frei agostiniano inglês que viveu na primeira metade do séc. xv. O *Liber de Angelis* é, por vezes, equivocadamente atribuído a ele, mas Bokenham não é seu autor. O livro não foi nem mesmo transcrito por Bokenham, mas apenas constava em seu acervo. Provavelmente produzido entre 1441 e 1445, há evidências de que teria sido compilado a partir de fontes variadas e não copiado diretamente de um manuscrito preexistente. Embora a obra seja atribuída a um indivíduo com o pseudônimo de Messayaac (uma transcrição do hebraico *Maschiach* ou Messias), pouco se sabe do verdadeiro autor, ou autores. O livro é guardado pela Universidade de Cambridge sob a designação MS Dd. xi. 45, e foi apresentado ao público por meio da série *Magic in History*, publicada pela Penn State Press.

LIBER OFFICIORUM SPIRITUUM Livro citado por Johannes Wierus como fonte para a sua *Pseudomonarchia Daemonum*. Seu título pode ser traduzido como *Livro dos Ofícios dos Espíritos*. Essa compilação de nomes de demônios foi somada como apêndice à obra maior de Wierus, *De Praestigiis Daemonum*, publicada em 1653. Não se sabe nem o nome do autor, nem a data exata de publicação do *Liber Officiorum Spirituum*, mas, considerando-se sua inclusão na obra de Wierus, é seguro afirmar que é anterior à década de 1650. O pesquisador do ocultismo Joseph Peterson aponta que há alterações e variações nos nomes dos demônios, tal como aparecem na obra de Wierus, o que sugere que o *Liber Officiorum Spirituum* era parte de uma tradição bastante antiga já quando Wierus o usou como fonte. Um exemplar desse livro aparece possivelmente também no catálogo de obras de ocultismo feito por Tritêmio sob o título *De Officio Spirituum*, o que situa a publicação da obra em algum ponto antes de 1508, quando Tritêmio compilou seu catálogo. É uma grande possibilidade a de que Wierus tenha tomado ciência dessa obra por meio de Tritêmio, que serviu de mentor ao próprio mentor de Wierus nas artes ocultas, Henrique Cornélio Agrippa. Tritêmio descreve o livro como uma obra abominável e completamente diabólica. Também parece ser a fonte para o *Livre des Esperitz* francês. Cf. Agrippa, *Livre des Esperitz*, Tritêmio, Wierus.

LIBLEL Demônio sob o domínio de Malgaras, o rei infernal do oeste. Liblel aparece na *Ars Theurgia*, onde consta que governa trinta espíritos menores. Seu título é o de arquiduque e serve apenas durante as horas noturnas. Cf. Ars Theurgia, Malgaras.

LICANEN Demônio mencionado na *Magia Sagrada de Abramelin, o Mago*, onde consta que trabalha como servidor de um demônio maior, Belzebu. Esta grafia deste nome aparece na tradução de Mathers realizada em 1898. Em outras versões da obra, o nome aparece como *Eralicarison*. Cf. Belzebu, Mathers.

LIGILOS Um dos demônios que, segundo consta, servem ao rei infernal Ariton. Ligilos é mencionado na *Magia Sagrada de Abramelin, o Mago*, mas aparece apenas nos exemplares dessa obra guardados nas bibliotecas alemãs de Wolfenbüttel e Dresden. Cf. Ariton, Mathers.

LILITH Criatura demoníaca com uma história longa e pitoresca, atualmente representada como o demônio noturno por excelência. Lilith remonta à mitologia dos babilônios e dos sumérios, onde aparece reconhecivelmente como a *Ardat Lili*, uma donzela fantasma que ataca os homens enquanto eles dormem. Supostamente, este ser morreu sem ter provado dos prazeres do sexo, por isso anseia por aquilo que nunca pôde ter em vida. Seus enlaces amorosos eram considerados fatais, no entanto, e por isso este habitante da noite era imensamente temido. Embora se acreditasse que a Ardat Lili assombrasse as noites, a conexão entre Lilith e a noite provavelmente foi estabelecida por conta da similaridade entre o seu nome e o da palavra em hebraico para "noite", *laileh* ou *layla*. O nome de Lilith não se originou no hebraico, no entanto, e por isso essa associação é um tanto enganosa. Seu nome deriva, mais corretamente, da palavra suméria *lil*, que significava "tempestade". Nesse sentido, ela se encaixa perfeitamente na demonologia suméria tradicional, onde muitos demônios eram associados a forças destrutivas como tempestades, terremotos e doenças.

No seu começo de carreira, Lilith não era um ser individualizado. Em vez disso, *lilin* ou *lilitu* eram uma classe de demônios que, acreditava-se, assombrava os ermos e desertos. Talvez por esse motivo Lilith costuma ser associada a corujas e outras feras selvagens. A tradução para o inglês de *Isaías* 34:14 na versão King James traduz "Lilith" diretamente como uma *screech owl* (coruja-das-torres). Sua conexão a estas aves talvez remonte a uma das suas primeiras aparições por escrito. Uma das primeiras referências a Lilith na literatura aparece no *Épico de Gilgamesh*, onde ela aparece como um demônio que habita a árvore Huluppa, junto a um dragão e um pássaro chamado Zu. Quando o herói sumério Gilgamesh mata o dragão que se aninhou nas raízes da árvore, consta que Lilith destrói sua casa e foge para a floresta. Esse trecho antiquíssimo da literatura pode muito bem ter estabelecido muitas das associações tradicionais de Lilith, desde aves e dragões até sua morada nos espaços ermos do mundo.

Posteriormente, Lilith passou a ocupar um espaço central na demonologia judaica. No texto *Erebim* (18b), do Talmude, consta que, enquanto Adão estava amaldiçoado (antes do nascimento de Set), ele gerou demônios — tanto *shedim* quanto *lilin*, uma forma plural de Lilith. Há um trecho semelhante no *Nidda* (16b)[2]. Logo após a morte de Abel e a expulsão de Caim, durante 130 anos, Adão não se deitou com sua mulher, Eva. Lilith veio a ele, em vez disso, e gerou toda sorte de demônios com sua semente. As fontes rabínicas posteriores a identificaram como a primeira mulher de Adão, expulsa do Éden porque se recusava a se submeter completamente a seu domínio. Aqui de novo, ela foge para o ermo, onde muitas tradições afirmam que ela se tornou a mãe dos demônios após copular com anjos caídos como Lúcifer e Samael. O folclore judaico, em obras como o *Agadá* e as *Crônicas de Jeramel*, com frequência a representa como a consorte desses anjos caídos.

É certo que Lilith era amplamente temida pelos judeus, por isso foram concebidos diversos amuletos de proteção, para afastar seus malefícios, que sobrevivem até hoje. Dizem que ela tinha um apreço em particular por atacar crianças pequenas e mães em trabalho de parto, uma crença à qual atestam os diversos talismãs contra Lilith construídos para proteger essas duas classes de seres humanos. Assim como sua antecessora, a Ardat Lili, acreditava-se que Lilith vitimava os homens, seduzindo-os e matando-os depois. Embora permaneça obscuro como foi que se desenvolveu nas tradições cristãs, ela acaba sendo representada como consorte de Lúcifer ou Satã. Embora não apareça por nome no *Testamento de Salomão*, vale notar que vários dos demônios femininos descritos demonstram qualidades bastante semelhantes às de Lilith. Dada a quantidade de nomes atribuídos a este ser, não é absurdo considerar que cada um deles seja apenas uma variação de Lilith sob nomes distintos.

Como muitos demônios com raízes no folclore judaico, Lilith conseguiu ainda entrar na tradição, predominantemente cristã, dos grimórios da Europa medieval e renascentista. Entre os representantes dessas obras consta o *Manual de Munique*, um livro alemão do séc. XV onde Lilith aparece num feitiço para encantar um espelho. Como era de se esperar, esse objeto é chamado de "Espelho de Lilith". Seu nome nesta obra é grafado como *Lylet* ou *Bylet*, um detalhe que talvez demonstre uma associação ente Lilith e o demônio Bileth, mencionado em outros grimórios. Cf. BILETH, LÚCIFER, *MANUAL DE MUNIQUE*, SAMAEL, SATÃ.

LIRION Servo dos quatro príncipes demoníacos das direções cardeais, Lirion pode ser evocado e compelido em nome de seus superiores: Oriens, Paimon, Ariton e Amaimon. O nome de Lirion aparece em uma extensa lista de demônios registrada na tradução de Mathers da *Magia Sagrada de Abramelin, o Mago*. O tradutor sugere que o nome deste demônio teria se originado de uma palavra grega que significa "lírio". Cf. AMAIMON, ARITON, MATHERS, ORIENS, PAIMON.

---

2 *Moncure Daniel Conway*, Demonology and Devil-Lore, vol. 2, *p. 92.*

Esta figura de um baixo relevo sumério é frequentemente identificada como Lilith. Em um mito judaico, após enunciar o Shem HaMephorash, Lilith ganhou asas e saiu voando do Éden. Cortesia da Dover Publications.

LIROCHI Talvez derivado de um termo em hebraico que significa "em ternura", o nome deste demônio consta na tradução de Mathers da *Magia Sagrada de Abramelin, o Mago*. Aqui Lirochi aparece dentre os servidores demoníacos do arquidemônio Belzebu. A versão do *Abramelin* guardada na biblioteca de Wolfenbüttel, na Alemanha, registra este nome como *Liroki*. Cf. BELZEBU, MATHERS.

LIVRE DES ESPERITZ Manuscrito catalogado como Cambridge, Trinity College, ms. O.8.29, fos 179-182vo. É o mais antigo tratado sobre magia demoníaca sobrevivente em língua francesa, datado do final do séc. XV ou começo do séc. XVI, um tanto anterior ao mais influente *Pseudomonarchia Daemonum*. Os dois textos claramente partilham da mesma raiz, pois têm vários nomes em comum. Há divergências o suficiente, no entanto, que demonstram que um não é uma mera tradução do outro. Das duas obras, o *Livre des Esperitz* parece ser a mais completa, especialmente em sua abertura, onde Satã, Lúcifer e Belzebu são mencionados diretamente como os principais governantes de todos os espíritos infernais. Sendo assim, o texto francês fornece mais revelações sobre as hierarquias superiores, com detalhes que Wierus deixou de fora intencionalmente para que sua obra não pudesse ser usada para evocações. No momento, a única versão disponível do *Livre des Esperitz* é uma transcrição francesa feita por Jean-Patrice Boudet, publicada na edição da primavera de 2003 do periódico acadêmico *Médiévales*. Cf. AMAIMON, ARITON, BELZEBU, EGIN, LÚCIFER, ORIENS, PAIMON, *PSEUDOMONARCHIA DAEMONUM*, SATÃ, WIERUS.

LIVRO DE ENOQUE Por vezes chamado de *1 Enoque* ou o *Enoque Etiópico*. O *Livro de Enoque* foi supostamente escrito pelo patriarca bíblico Enoque, que teria nascido da sétima geração de Adão. Acredita-se que teria se tornado o primeiro profeta e escriba. Enoque é uma das raras figuras bíblicas sobre quem dizem, audaciosamente, ter sido admitido no Céu. Acreditou-se por muito tempo que o *Livro de Enoque* era um texto cristão, mas foi composto, na verdade, um bom tempo antes da era cristã. Múltiplos exemplares deste texto constam entre os Manuscritos do Mar Morto, o que permite datá-lo entre os séculos III e I a.C.

Considerado perdido aos estudiosos ocidentais durante quase 1300 anos, o *Livro de Enoque* contém o relato mais completo da história dos Anjos Sentinelas, seres celestiais que teriam saído do Céu para desposar as filhas dos homens mortais. Essa parte da história das Sentinelas recebe uma menção oblíqua em *Gênesis* 6:1-4, mas permanece no texto bíblico sendo não mais do que um fragmento, que jamais é elaborado por completo. Os filhos dos Anjos Sentinelas são conhecidos como *Nephilim*, híbridos de anjos e humanos com a reputação de serem sanguinários, ambiciosos e cruéis. Seus pais angelicais, que também pecaram ao ensinar os conhecimentos proibidos das artes mágicas à humanidade, acabaram sendo punidos por misturarem a semente dos anjos com a dos filhos da terra. Agrilhoados pelas mãos e pelos pés no deserto, os líderes dos Anjos Sentinelas, chamados *Shemyaza* e *Azazel*, foram forçados a testemunhar a destruição de seu império terreno conforme seus descendentes voltaram-se uns contra os outros em combate. Os sobreviventes morreram afogados com o Dilúvio.

O *Livro de Enoque* chegou a ser originalmente reconhecido como parte oficial das Escrituras, mas foi extirpado da Bíblia por volta de 300 d.C. E sua distribuição foi tão suprimida pelos pais da Igreja posteriores, que acabou se perdendo para os cristãos europeus. Sua redescoberta se deu apenas no séc. XVIII, quando foi encontrado pelo aventureiro James Bruce em um monastério da Etiópia. Em todo caso, múltiplas referências aos Anjos Sentinelas e sua história estão entretecidas à demonologia da Idade Média e da Renascença.

O *Testamento de Salomão* faz alusões ao conceito da união entre anjos e humanos apresentado no *Livro de Enoque*, mas não cita diretamente a obra em si. Segundo esse livro, muitos demônios que assombram a terra são a progênie mal concebida das Sentinelas. Isso pode ter servido para dar origem à crença medieval persistente, porém anedótica, de que muitos demônios seriam os espíritos dos filhos mortos dos Anjos Sentinelas, condenados a jamais encarnar de novo, mas também impossibilitados de abandonar o plano mortal. Essa crença está presente também na obra *Sobre a Demonialidade*, de Ludovico Sinistrari, do séc. XVII, que afirma que os filhos de mulheres visitadas por íncubos, demônios sexuais, são dotados de qualidades curiosamente parecidas com as descritas como as dos Nephilim no *Livro de Enoque*. Cf. SALOMÃO, SENTINELAS.

LIVRO DE OBERON

Manuscrito guardado na Biblioteca Folger Shakespeare, em Washington, D.C., sob o título *Book of Magic, with Instructions for Invoking Spirits, etc* [*Livro de Magia, com Instruções para Invocar Espíritos, etc*]. O título real da obra se perdeu, se é que já teve um. Foi transcrito e publicado pela equipe composta por Daniel Harms, Joseph H. Peterson e James R. Clark como *The Book of Oberon*. O próprio manuscrito revela a composição de vários autores, e há seções do texto que foram separadas e redistribuídas ao longo dos anos. Embora seja incerta a data exata de sua criação, a primeira data registrada no livro é 1577. O *Livro de Oberon* se destaca, apesar de não ser o único a fazê-lo, por não se preocupar apenas com anjos e demônios: como o seu nome sugere, o grimório contém feitiços para conjurar fadas também. A entidade mais interessante aqui é um espírito identificado como sendo, ao mesmo tempo, um anjo caído e o rei das fadas, *Oberion* (também grafado como *Oberyon* várias vezes no texto). Oberion é mais conhecido com a grafia *Oberon* por conta da peça *Sonho de uma noite de verão*, de William Shakespeare. Notavelmente, o grimório foi produzido na Inglaterra na mesma época em que Shakespeare compôs suas peças, o que faz com que seja muito provável que ambos tenham sido influenciados por fontes semelhantes. O *Livro de Oberon* contém numerosos sigilos, ilustrações e diagramas, além de uma vasta riqueza de nomes e descrições de uma variedade de espíritos. Muitos dos demônios bem conhecidos da *Goécia* aparecem, junto de um número considerável de espíritos cujos nomes parecem ser exclusivos a este manuscrito. A grafia em certas seções é particularmente errática e pode ser este o motivo de haver nele tantos nomes que não constam em outras fontes. Cf. OBERION, *GOÉCIA*.

LIVRO DE TOBIAS

Uma obra judaica tardia que nunca se tornou parte oficial do cânone judaico. Em todo caso, o *Livro de Tobias* (também conhecido como *Livro de Tobit*) consta entre os apócrifos cristãos — livros associados à tradição bíblica muitas vezes anexados à Bíblia. O *Livro de Tobias* contém uma história sobre o demônio Asmodeus e sobre como Tobit, por meio da prece e da intercessão do anjo Rafael, salvou sua futura esposa Sarah das garras deste demônio predatório. É o principal livro em que Rafael é mencionado como um anjo do Senhor. Cf. ASMODEUS.

LIVRO DOS ENCANTAMENTOS

Em inglês, *Book of Incantations*, é o título temporário de um manuscrito no acervo da Biblioteca Nacional do País de Gales com a designação NLW MS 11117B. Trata-se de um manual pessoal de feitiços, espíritos e medicina que pertenceu a um curandeiro, datado de mais ou menos 1800. Foi escrito e guardado por John Harries, de Pantcoy, Cwrtycadno, Carmarthenshire, um astrólogo e médico. Harries foi batizado em 10 de abril de 1785 (sua data de nascimento é desconhecida) e morreu no ano 1839, tendo repassado seus livros e sua prática a seu filho. A família Harries era famosa no interior como médicos, cirurgiões e astrólogos, sendo especialmente conhecidos por conta de suas habilidades em artes divinatórias, evocação de espíritos e quebra de bruxaria. Embora a comunidade procurasse os saberes da família, ela também sofreu com intolerância religiosa, como muitos curandeiros e curandeiras da época. O livro foi escrito à mão e suplementado com muitas ilustrações, sigilos e signos astrológicos. Já foi reencadernado e provavelmente não segue mais a mesma ordem que tinha quando John Harries trabalhou com ele. No momento, suas primeiras quinze páginas são dedicadas à versão de Harries da *Goécia*, com notas e sigilos para todos os espíritos. Cf. *GOÉCIA*.

LIVRO DOS JUBILEUS

Provavelmente escrito no séc. II a.C., o *Livro dos Jubileus* é uma história do mundo bíblico desde a Criação até a época de Moisés. A princípio composto em hebraico, uma versão

Lúcifer contempla a serpente. Ilustração de Gustave Doré de uma edição do séc. XIX do Paraíso Perdido, de Milton.

etiópica do texto é a única completa que sobreviveu até hoje. O *Livro dos Jubileus* se ocupa da questão da reforma do calendário e, não por acaso, distribui a história do mundo em períodos de 49 anos, conhecidos como jubileus. Ele contém ainda, entre outros detalhes, os nomes das filhas de Adão e Eva, a sugestão de um calendário solar de 364 dias e a história de uma entidade demoníaca conhecida como Mastema. Embora o *Livro dos Jubileus* não apareça diretamente na Bíblia, o pesquisador bíblico R. H. Charles mantém a opinião de que porções deste texto foram incorporadas à versão grega da *Septuaginta* judaica. Cf. MASTEMA.

LIVRO JURADO DE HONÓRIO Também conhecido como *Liber Juratus* ou apenas *Livro Jurado*, trata-se de uma obra supostamente composta por Honório, filho de Euclides, sob inspiração do anjo Hochmel. É quase certo que o nome desse anjo seja derivado da palavra hebraica *hochmah* (por vezes também transliterada como *chochmah* ou *chokhmah*), que significa "sabedoria" e é também uma das dez Sephiroth da Árvore da Vida cabalística. O título *Livro Jurado* deriva do fato de que os indivíduos que optassem por receber um exemplar da obra teriam supostamente feito um juramento de possuir apenas um único exemplar do livro, para uso próprio, que seria enterrado com o dono após a sua morte. Os trechos de abertura do livro enfatizam esse comportamento sigiloso, considerado crucial para a sobrevivência das artes místicas contidas no livro. O texto consiste, em sua maior parte, em preces e orações, mas há também seções que tratam de anjos e demônios. Há semelhanças entre algumas das orações do *Livro Jurado* e as orações encontradas na *Ars Notoria*, o que indica uma conexão entre os dois textos. Há semelhanças também entre porções do *Livro Jurado* e o *Heptameron*, atribuído a Pietro d'Abano. Vários dos demônios associados às esferas dos planetas têm variações que aparecem no *Heptameron*, com a diferença, no entanto, de que nesta obra eles são identificados como anjos.

Alguns dos mais antigos manuscritos sobreviventes do *Livro Jurado* foram compostos no séc. XIV, hoje guardados no British Museum sob as designações Sloane MS 313 e Sloane MS 3854. Dentre eles, Sloane 313 é conhecido por ter pertencido ao famoso mago inglês Dr. John Dee. O pesquisador do ocultismo Joseph Peterson inclui o *Livro Jurado* dentre os mais antigos e mais influentes manuscritos medievais sobre magia, o que sugere que suas origens remetem ao séc. XIII. A maioria das versões do texto está inteiramente em latim, mas há um manuscrito que contém um misto de latim e inglês — este, por sua vez, também está no acervo do British Museum, conhecido como Royal MS 17 Axlii.

Em 1977, Daniel Driscoll, da Heptangle Press, empreendeu uma das primeiras traduções modernas da obra para o inglês, publicada sob o título *The Sworn Book of Honorius the Magician*. Durante muitos anos, sua tradução foi a única versão inglesa desse texto latino. Em 1998, Joseph Peterson produziu uma tradução publicada em seu site, esotericarchives.com, que reúne diversos recursos sobre ocultismo. Sua tradução se baseia primariamente no Royal MS 17 Axlii. Há diferenças significativas entre as traduções de Driscoll e de Peterson, incluindo mudanças em quase todos os nomes de demônios registrados no livro. Segundo Peterson, as discrepâncias decorrem em parte de erros cometidos por Driscoll, mas também porque Driscoll simplesmente não fez uso dos melhores manuscritos. Por conta dessas diferenças significativas, que afetam não só a grafia dos nomes dos demônios, mas também suas associações, poderes e ofícios, eu incluí os demônios das duas versões desse texto em verbetes separados nesta obra.

LOCATER Outro demônio mencionado em associação à *Magia Sagrada de Abramelin, o Mago,* cujo nome varia dependendo da fonte. No manuscrito francês do séc. XV que serviu de fonte a Mathers, o nome é *Locater*, mas aparece como *Lochaty* na edição de Peter Hammer. Nas versões guardadas nas bibliotecas de Wolfenbüttel e Dresden, o nome aparece como *Lachatyl*. Porque todos esses textos são cópias distantes de um original datado do séc. XIV, não há como saber com certeza qual seria o correto. Todos os textos concordam, porém, que este demônio age como um servo do governante infernal Magoth. O texto de Mathers afirma que ele também serve a Kore, ou Koré, um nome normalmente entendido como o de uma deusa grega. Cf. KORE, MAGOTH, MATHERS.

LODIEL Arquiduque na corte do príncipe infernal Dorochiel, consta que Lodiel se manifesta apenas numa hora específica entre a meia noite e o amanhecer. Segundo a *Ars Theurgia*, este demônio noturno supervisiona um total de quatrocentos espíritos ministradores que executam seus comandos. Está associado à região oeste. Cf. ARS THEURGIA, DOROCHIEL.

LOMIOL Um dos vários demônios governados por Oriens, Paimon, Ariton e Amaimon. Lomiol aparece numa extensa lista de demônios da *Magia Sagrada de Abramelin, o Mago*. Cf. AMAIMON, ARITON, MATHERS, ORIENS, PAIMON.

LOMOR Segundo a *Ars Theurgia*, Lomor serve ao demônio Dorochiel, agindo como arquiduque associado às horas diurnas. É um dos vários demônios que servem a Dorochiel na corte do oeste. Conta com sua própria companhia de quatrocentos espíritos menores sob sua supervisão. Cf. ARS THEURGIA, DOROCHIEL.

LORIOL Demônio cujo nome talvez esteja relacionado a uma palavra hebraica que significa "na direção do horror". Consta que Loriol serve aos arquidemônios Astarote e Asmodeus. Seu nome se encontra na *Magia Sagrada de Abramelin, o Mago*. Cf. ASTAROTE, ASMODEUS, MATHERS.

LOSIMON Segundo a tradução de Mathers da *Magia Sagrada de Abramelin, o Mago*, Losimon faz parte de um grupo de demônios em serviço dos quatro príncipes infernais das direções cardeais. Sendo isso, é possível conjurá-lo e compeli-lo em nome de seus superiores: Oriens, Paimon, Ariton e Amaimon. Cf. AMAIMON, ARITON, MATHERS, ORIENS, PAIMON.

LUCIEL Demônio que aparece na forma de uma serpente com cabeça de mulher. Luciel é um dos doze duques que servem ao demônio maior Hydriel. Ele e seus colegas de ducado são descritos na *Ars Theurgia*, onde consta que eles possuem uma natureza benevolente e cortês, apesar de sua aparência monstruosa. Luciel tem um grande amor por lugares úmidos, como pântanos e brejos, contando com 1320 espíritos ministradores para executar seus comandos. Cf. ARS THEURGIA, HYDRIEL.

LÚCIFER Lúcifer se tornou um dos nomes mais reconhecíveis do Diabo, sendo representado como várias figuras, incluindo Satã, a Serpente do *Gênesis* e o Dragão do *Apocalipse*. O próprio nome latino *Lucifer* aparece em um trecho em *Isaías* 14:12: *Como caíste desde o céu, ó Lúcifer, filho da alva! Como foste cortado por terra, tu que debilitavas as nações!* O termo aqui traduzido como "Lúcifer" é o hebraico *helal*, "estrela da manhã". *Lucifer*, em latim, significa "portador da luz", e é como este termo aparece na versão latina da Bíblia, a *Vulgata*. Na época em que a Bíblia estava sendo traduzida para o latim, *lucifer* se referia especificamente ao planeta Vênus como estrela da manhã. São Jerônimo, o tradutor da *Vulgata*, não errou quando traduziu o hebraico *helal* pelo *lucifer* latino, pois ambas as palavras se referem a um fenômeno astrológico, não a um indivíduo. Leituras posteriores desse trecho, porém, identificaram *Lucifer* como um nome próprio — notavelmente, muitos estudiosos bíblicos modernos afirmam que este trecho em *Isaías* dizia respeito não à queda de um anjo, mas à queda do rei da Babilônia. Alguns versículos depois, em *Isaías* 14:4, a porção do texto que inclui referências à estrela caída da manhã é introduzida como uma longa provocação feita contra o rei da Babilônia. Apesar disso, os pais da Igreja entenderam *Isaías* 14:12 como uma referência direta a Satã, associando-o a *Lucas* 10:18, onde Jesus declara "Eu vi Satanás caindo do céu como relâmpago". A única relação real entre as duas passagens, pelo menos linguisticamente, é a referência à queda. São Paulo ajuda a fortalecer a relação entre Satã e o Portador da Luz com este trecho em *2 Coríntios* 11:14, que diz: "o próprio Satanás se transfigura em anjo de luz". Por meio desses três trechos, mais a narrativa em *Apocalipse* onde o Diabo é expulso dos Céus, uma rica história mítica sobre Lúcifer começou a tomar forma.

Essa mitologia, porém, se baseia mais no material escrito *sobre* a Bíblia do que nas próprias passagens bíblicas, mas esse fato teve pouco efeito em diminuir o seu apelo. De acordo com a narrativa mítica, Lúcifer já foi o anjo de maior destaque nos Céus, ficando em segundo lugar apenas para Deus. Era conhecido como o Portador da Luz e Estrela da Manhã, sendo o mais belo de todos os anjos da Hoste Celestial. Seu pecado, porém, era o do orgulho, o que o acabou levando a se rebelar contra seu criador. Houve uma guerra no Céu, e o Arcanjo Miguel liderou as tropas do Senhor contra os rebeldes. Lúcifer foi vencido e expulso do Paraíso. Segundo a narrativa registrada em *Apocalipse*, um terço dos anjos caiu com ele. Com base no material perdido do *Livro de Enoque* e do *Apocalipse*, Lúcifer foi então atirado ao Abismo, onde continuará aprisionado até o dia do Juízo Final. Mas sua guerra contra o Céu ainda estava longe de terminar: a partir desse novo lugar, no Inferno, acredita-se que Lúcifer se vinga descontando sua raiva no mundo mortal, buscando torturar e atormentar a humanidade, com o objetivo final de adquirir almas humanas para mantê-las longe de Deus. Em sua guerra contra o Céu e contra a humanidade, Lúcifer tem muito em comum com a figura de Belial, um demônio que aparece em certos fragmentos dos Manuscritos do Mar Morto. Na mitologia dos essênios, Belial estava profundamente envolvido na guerra entre os Filhos das Trevas e os Filhos da Luz. No fragmento de Qumram conhecido como *As Visões de Amram*, Belial recebe o título de "Príncipe das Trevas", título mais tarde aplicado a Lúcifer. Segundo as *Visões de Amram*, Belial lidera as forças da escuridão contra o anjo Miguel, que lidera os exércitos da Luz. Outro nome dado ao "Príncipe das Trevas" nesses textos é *Malchiresha*. Embora os manuscritos de Qumram tivessem se perdido durante muitos séculos, a influência da escatologia dos essênios é evidente na mitologia sobrevivente em torno de Lúcifer.

É interessante que entre certos sectos de cristãos gnósticos, Lúcifer não era visto de forma alguma como um ser maligno, mas representado, em vez disso, como o primogênito de Deus que buscava salvar a humanidade com a dádiva do conhecimento. Na tradução de Mathers da *Magia Sagrada de Abramelin, o Mago*, Lúcifer é identificado como um dos quatro espíritos principais, ao lado de Leviatã, Satã e Belial. Também é evocado várias vezes no *Manual de Munique*. Nas *Verdadeiras Chaves de Salomão*, Lúcifer é um dos três demônios que, segundo consta, comandam todos os outros. Nesse texto, Lúcifer rege todos os demônios que habitam a Europa e a Ásia. Em lendas posteriores centradas no demônio Lilith, Lúcifer é representado, com frequência, como seu consorte blasfemo.

O grimório veneziano *Clavicula Salomonis de Secretis* (*Segredos de Salomão*), do séc. XVII, confirma Lúcifer como o Imperador do Inferno, encarregado de todos os espíritos na Europa e na Ásia. Nesse texto, quando Lúcifer se manifesta, ele assume a forma de um belo menino, cujos olhos brilham com uma luz vermelha quando se enfurece. Seu nome e sigilo são usados num feitiço para fazer nevar. Sendo um demônio "terrestre", não está limitado a aparecer meramente em visões, mas também assume forma física. No *Livre des Esperitz* francês, Lúcifer governa a direção oeste, sendo o supervisor direto do Rei Paimon. Seu nome aparece ainda no *Livro de Oberon* sob diversas grafias diferentes, incluindo *Lucipher* e *Lucypher*. Nesse grimório, é chamado de pai de todos os diabos, mas não é possível conjurá-lo pessoalmente, pois ele se encontra aprisionado nas profundezas do Inferno. Em vez disso, seu nome é invocado para manter todos os outros demônios na linha. Nesse sentido, o *Livro de Oberon* o compara a Tantavalerion. Cf. BELIAL, LEVIATÃ, LILITH, MALCHIRESHA, *MANUAL DE MUNIQUE*, SATÃ, TANTAVALERION, *VERDADEIRAS CHAVES*.

LUCIFUGE ROFOCALE

Um dos seis espíritos "superiores" mencionados no *Grande Grimório*, texto atribuído a Antonio Venitiana del Rabina. Lucifuge Rofocale é mencionado como o Primeiro-Ministro do Inferno, representado em ilustrações dentro dessa obra como um demônio de pernas arqueadas, com pés de cabra, vestindo o que parece ser um chapéu de bobo da corte. Ele se encontra em pé ao lado do fogo e segura um saco de ouro numa mão e algum tipo de aro na outra. Dizem que tem domínio sobre três dos demônios tradicionais da *Goécia* — a saber, Bael, Agares e Marbas. Ele teria sido supostamente encarregado pelo próprio Lúcifer de controlar toda a riqueza e tesouros da terra. Além disso, Lucifuge Rofocale, pelo menos no contexto do *Grande Grimório*, parece agir como intermediário de Lúcifer, o que faz sentido, dado sua posição de Primeiro-Ministro. Ao se evocar Lúcifer, que se assenta no topo da hierarquia demoníaca representada na obra de Antonio Venetiana, o mago se dirige a Lucifuge para que ele forje o pacto. Lucifuge provavelmente deriva do latim *lucifugus*, "que foge da luz". Cf. AGARES, BAEL, *GOÉCIA*, *GRANDE GRIMÓRIO*, LÚCIFER, MARBAS.

LUCUBAR Grande duque que confere grande ingenuidade e uma inteligência sutil às pessoas. É capaz de transmutar chumbo em ouro ou peltre em prata puríssima. O *Livre des Esperitz*, em que Lucubar aparece, não atribui a ele qualquer legião de subordinados, mas este fato pode ter se dado por conta de um erro do escriba. Cf. Livre des Esperitz.

LUESAF Demônio sob a direção do governante infernal Magoth. Na tradução de Mathers da *Magia Sagrada de Abramelin, o Mago*, consta que Luesaf serve a Kore, ou Koré, outro nome para a consorte grega de Hades, Perséfone. Em outras versões existentes do material do *Abramelin*, o nome deste demônio é grafado como *Mesaf*. Cf. Kore, Magoth, Mathers.

LUNDO Nome associado à *Magia Sagrada de Abramelin, o Mago*, mas que aparece apenas na versão dessa obra traduzida pelo ocultista S. L. MacGregor Mathers. O demônio é supostamente subserviente aos governantes infernais Asmodeus e Magoth. Cf. Asmodeus, Magoth, Mathers.

LUZIEL Um dos doze duques infernais que, segundo consta, servem ao demônio Amenadiel, Imperador do Oeste. O nome de Luziel aparece na *Ars Theurgia*, tradicionalmente inclusa como o segundo livro do grimório conhecido como o *Lemegeton*. Luziel comanda um número impressionante de espíritos inferiores, contando com não menos do que 3880 espíritos subordinados. Cf. Amenadiel, Ars Theurgia.

LWNAEL Demônio com um nome particularmente impronunciável, Lwnael aparece na *Ars Theurgia*, onde consta que serve na hierarquia do norte sob o rei infernal Baruchas. O próprio Lwanel detém o título de duque e conta com milhares de espíritos menores sob seu comando, mas tem restrições para se manifestar, podendo aparecer apenas nas horas e minutos que caem na 13ª porção de tempo, quando o dia é dividido em quinze porções iguais. Cf. Ars Theurgia, Baruchas.

LYTAY Segundo o *Manual de Munique*, este demônio ilusionista pode ajudar a conjurar um castelo inteiro em pleno ar. Supostamente não seria apenas uma ilusão visível, mas capaz de enganar todos os sentidos. Lytay, porém, só pode realizar essa proeza impressionante em locais remotos e isolados. O texto afirma que deve ser conjurado com uma oferenda de leite e mel na décima noite do ciclo lunar. Seu nome também é grafado *Lytoy*. Cf. Manual de Munique.

LYTIM Um dos muitos nomes alternativos do demônio Lilith. Esta versão do seu nome aparece em conjunção com um feitiço conhecido como "Espelho de Lilith". Detalhado no texto mágico do séc. xv conhecido como *Manual de Munique*, o "Espelho de Lilith" usa a evocação dos demônios, incluindo a própria Lilith, para encantar um pedaço de vidro ou espelho, de modo que sirva para praticar catoptromancia. Cf. Lilith, Manual de Munique.

LYUT Demônio que serve na hierarquia de Harthan, rei infernal do elemento água. Lyut também é afiliado à região oeste. O nome deste demônio aparece ainda na edição de Driscoll do *Livro Jurado*, um texto do séc. xiv que trata da evocação de anjos e demônios. Segundo a obra, quando Lyut se manifesta, ele o faz com um corpo grande e volumoso e aspecto sarapintado. É sagaz e agradável por natureza, mas também um tanto ciumento. Lyut pode ajudar com vinganças, além de deslocar objetos de lugar para lugar e fornecer cobertura na forma de escuridão. Dizem que é um dos vários espíritos que podem ser conjurados com o auxílio de perfumes especiais. Cf. Harthan, Livro Jurado.

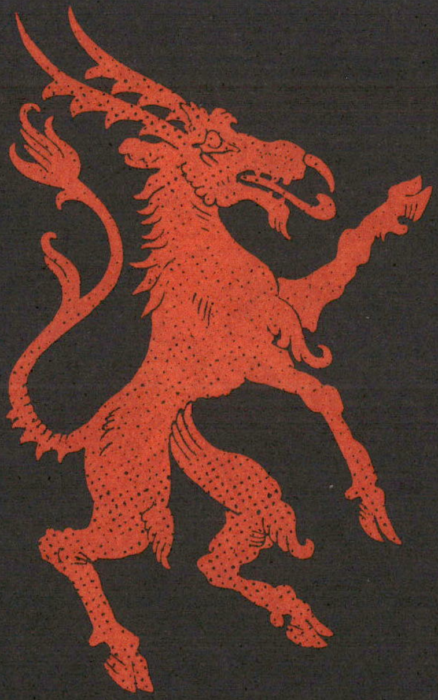

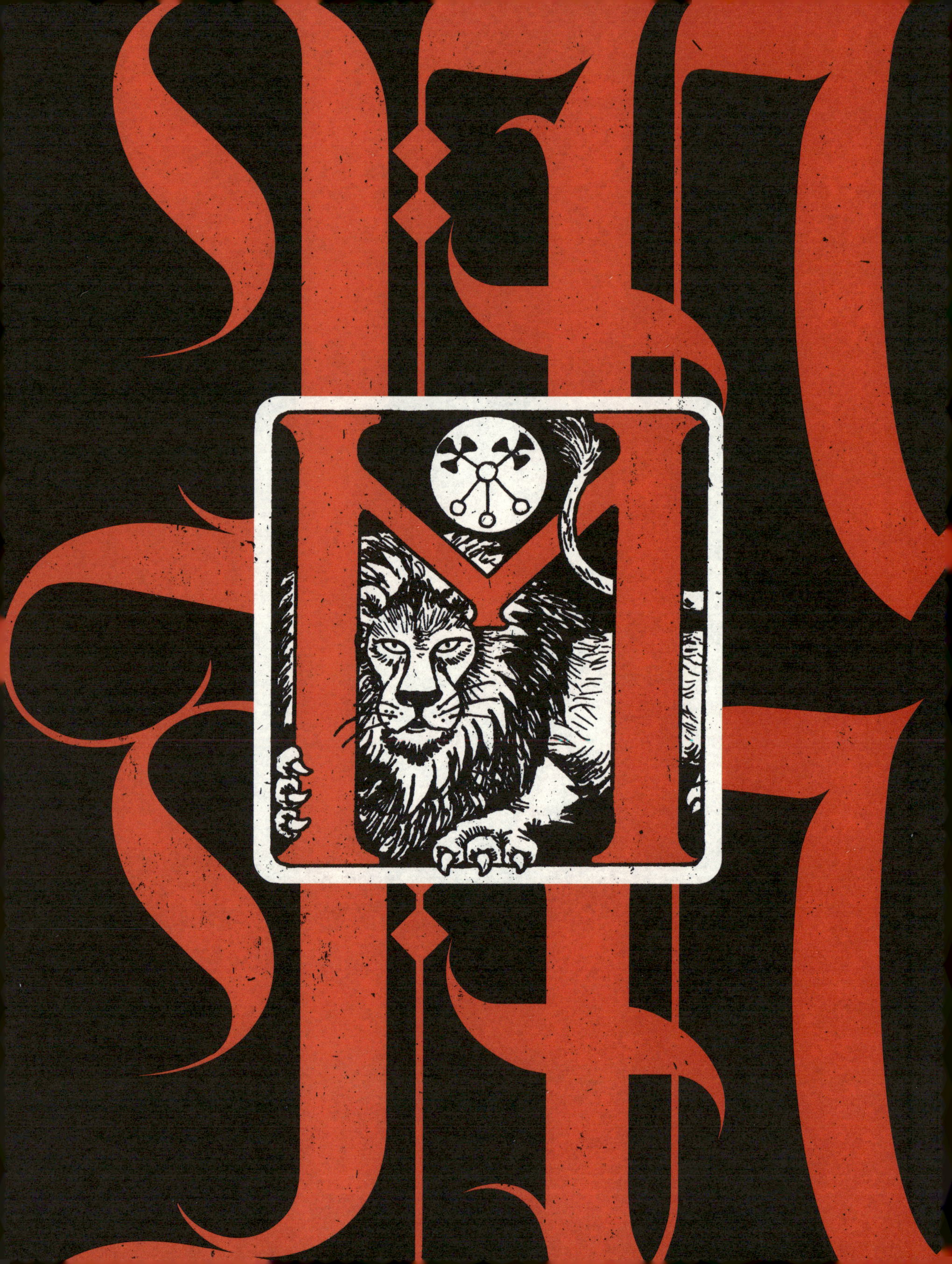

MABAKIEL Nome que dizem ser relacionado às palavras para "pranto" e "lamentação", segundo a definição de Mabakiel encontrada na *Magia Sagrada de Abramelin, o Mago*, na tradução do ocultista S. L. MacGregor Mathers. Como consta no texto, Mabakiel é regido pelos governantes infernais Asmodeus e Magoth. Cf. Asmodeus, Magoth, Mathers.

MACARIEL O nono espírito da ordem dos chamados príncipes errantes da *Ars Theurgia*. Consta que Macariel aparece em diversas formas, mas a mais comum é a de dragão de múltiplas cabeças, cada uma das quais ostenta o belo rosto de uma mulher. É acompanhado por duques e muitos espíritos inferiores, dos quais constam, no texto, os nomes de seus doze arquiduques. Apesar de sua aparência muitas vezes monstruosa, é descrito como um ser dotado de índole basicamente boa. Macariel reaparece em outra porção do mesmo texto, onde é descrito como um duque poderoso a serviço do príncipe Icosiel. Ele tem 2200 espíritos menores que lhe servem. Esta outra versão de Macariel se deleita com espaços residenciais e muitas vezes se manifesta em lugares privados. Macariel é mencionado ainda na *Steganographia*, de João Tritêmio, obra que data do fim do séc. xv. Cf. *Ars Theurgia*, Icosiel.

MACCATHIEL Acredita-se que o nome deste demônio signifique "a retribuição de Deus". Sendo assim, é um anjo caído encarregado de realizar vinganças. Maccathiel é mencionado na obra em dois volumes, *Demonology and Devil-Lore*, de Moncure Daniel Conway, publicada em 1881. Conway inclui Maccathiel — junto a Samael, Azazel e Azael — como os quatro demônios que personificam as forças elementais da natureza. Cf. Azael, Azazel, Samael.

MACHIN Grande duque que aparece na forma de um homem poderoso, Machin ensina as virtudes de ervas e pedras preciosas. Seu nome aparece no *Livre des Esperitz*, grimório francês do séc. xvi, onde consta que é capaz também de transportar as pessoas instantaneamente de um lugar a outro. Conta com 37 legiões de espíritos ministradores que são subordinados a ele. Seu nome é uma provável variação de *Bathin*. Cf. Bathin, *Livre des Esperitz*.

MADAIL Em sua tradução de 1898 da *Magia Sagrada de Abramelin, o Mago*, Mathers elenca este nome dentre os demônios comandados por Magoth e Kore. Ele sugere que Madail significaria "retirar de" ou "consumir". Cf. Kore, Magoth, Mathers.

MADOR Mencionado na *Ars Theurgia*, Mador é um duque a serviço do príncipe demoníaco Cabariel na hierarquia do oeste. Associado à noite, é bem conhecido por ser traiçoeiro e enganar aqueles que tentam trabalhar com ele. Sendo um demônio nobre, em algum grau, supervisiona cinquenta espíritos menores, todos os quais são tão falsos e traiçoeiros quanto o próprio. Mais adiante, no mesmo manuscrito, aparece de novo como servo do demônio Demoriel, Imperador do Norte. Aqui, Mador é um duque com 1140 espíritos menores a seu comando. Ele é muito mais agradável de se lidar nessa outra versão. Cf. *Ars Theurgia*, Cabariel, Demoriel.

MADRIEL Segundo a *Ars Theurgia*, Madriel é um demônio com o título de duque, governado pelo rei infernal Pamersiel, que é o primeiro e principal espírito do leste subordinado ao Imperador Carnesiel. Madriel e seus colegas de ducado são espíritos imundos de péssimo temperamento. São soberbos e arrogantes, completamente malignos e dados à trapaça. Apesar disso, a *Ars Theurgia* sugere que eles podem ter uso espantando outros espíritos das trevas. Madriel e seus colegas são especialmente úteis para expulsar quaisquer espíritos que habitem casas mal-assombradas. Cf. Ars Theurgia, Carnesiel, Pamersiel.

MADYCONN Rei demoníaco que serve ao grande rei Amaimon, governante de todos os espíritos do sul. Ao se evocar Amaimon, Madyconn aparece como seu arauto, junto de Emlon e Ocarbydatonn, na hierarquia que aparece no *Livro de Oberon*. Cf. Amaimon, Emlon, Livro de Oberon, Ocarbydatonn.

MAFALAC O nome deste demônio pode ter sido derivado de um termo hebraico que significa "um fragmento". Na tradução de Mathers da *Magia Sagrada de Abramelin, o Mago*, Mafalac é supostamente governado pelo demônio Oriens, um dos quatro príncipes infernais das direções cardeais. Cf. Mathers, Oriens.

MAFAYR Demônio cujo nome e selo aparecem na *Ars Theurgia*. Mafayr é um duque que serve a Armadiel, rei infernal que governa a direção nordeste. Mafayr está associado às horas e minutos que caem na 14ª porção de tempo se o dia for dividido em quinze partes iguais. Ele não se manifesta em qualquer outro momento além deste horário específico. Ao aparecer, há 84 espíritos ministradores que o acompanham, servem e executam seus desejos. Cf. Armadiel, Ars Theurgia.

MAFRUS Um dos mil arquiduques sob governo do rei demoníaco Symiel durante as horas noturnas. Mafrus é descrito como um ser teimoso, relutante em aparecer diante dos mortais, mesmo ao ser evocado — pelo menos segundo a *Ars Theurgia*. Tem poder sobre seu próprio bando de setenta espíritos ministradores e serve na região norte. Cf. Ars Theurgia, Symiel.

MAGAEL Um dos doze arquiduques que servem ao rei infernal Dorochiel nas horas diurnas. Por conta de sua lealdade a Dorochiel, está afiliado ao oeste. Magael conta com quarenta servos e se manifesta apenas nas horas diurnas antes do meio-dia. Seu nome e o selo usado para conjurá-lo e coibi-lo aparecem no texto do séc. xvii conhecido como *Ars Theurgia*. Cf. Ars Theurgia, Dorochiel.

MAGALAST Segundo a *Magia Sagrada de Abramelin, o Mago*, este demônio é governado por Belzebu. O ocultista S. L. MacGregor Mathers sugere que seu nome poderia significar "imensamente" ou "vastamente". Cf. Belzebu, Mathers.

MAGEYNE Demônio que aparece na forma de um porco-espinho. É possível que a intenção por trás da evocação de Mageyne seja a de ele ser chamado para agir como um espírito familiar, pois consta que é um excelente companheiro. Segundo o *Livro de Oberon*, ele é um demônio doméstico, do lar, que auxilia o conjurador a cuidar de animais de fazenda e com outros trabalhos do tipo. Embora não lhe seja atribuído nenhum título específico, consta que tem vinte legiões de espíritos menores à sua disposição. A aparência de Mageyne, combinada com seus deveres domésticos, sugerem a possibilidade de identificá-lo como um membro demonizado das cortes das fadas, sendo talvez um *pixie* ou *brownie* — espécies de seres feérico conhecidos por cumprir tarefas domésticas de fazenda. Para um leitor casual, essa confusão entre fadas e demônios pode parecer estranha, mas mesmo uns cem anos atrás as linhas que separavam as classes diferentes de seres sobrenaturais não eram tão concretas como são vistas hoje. O *Livro de Oberon*, em particular, é digno de nota por tornar esfumaçar deliberadamente a linha entre demônios e fadas. O texto inclui, entre outras coisas, um extenso ritual para conjurar e coibir o "demônio" Oberion, também identificado no texto como o rei das fadas. Cf. Livro de Oberon.

MAGGID Grafado *Maggias* na versão de 1720, da biblioteca de Dresden, da *Magia Sagrada de Abramelin, o Mago*, a tradução de Mathers dessa obra associa o nome deste demônio a um termo grego que significa "coisas preciosas". Maggid faz parte do grupo de vários demônios a serviço do arquidemônio Asmodeus. Cf. Asmodeus, Mathers.

Pés com membranas, cascos ou garras, chifres e outras aberrações físicas eram muitas vezes atribuídos aos demônios como expressões externas de sua natureza corrompida. Imagem: Tumba da Rainha dos Demônios, *2015, de Joseph Vargo.*

MAGIA SAGRADA DE ABRAMELIN, O MAGO

Por vezes também conhecido pelo título mais simples de *O Livro de Abramelin*, trata-se de uma obra poderosamente imersa no esoterismo judaico. Com o objetivo de obter contato com um ser celestial conhecido como o Sagrado Anjo Guardião, esse texto clássico da magia cerimonial fornece os nomes de literalmente centenas de demônios que precisam jurar sua subserviência ao conjurador durante o ritual do Sagrado Anjo Guardião. Atribuído ao erudito judeu do séc. XIV conhecido como Abraham von Worms, o material do *Abramelin* foi traduzido para o inglês pelo ocultista Samuel Liddel MacGregor Mathers em 1898 sob o título *The Sacred Magic of Abramelin the Mage*. Mathers trabalhou com um manuscrito francês do séc. XV que, na época, era a única versão disponível desse material. Ao longo dos anos, Mathers recebeu algumas críticas quanto ao seu trabalho como tradutor, mas recentemente o pesquisador Georg Dehn descobriu que era o manuscrito e não a tradução de Mathers que tinha defeitos. Dehn, em sua busca exaustiva pelo verdadeiro Abraham von Worms, trouxe à tona várias versões do material do *Abramelin*, que incluem um manuscrito cifrado de 1608, guardado na biblioteca de Wolfenbüttel, um manuscrito datado de 1720 e guardado na biblioteca de Dresden e uma versão do material do *Abramelin* publicada em 1725 por Peter Hammer, em Colônia. Além dessas descobertas, Dehn alega ter conseguido rastrear Abraham von Worms — há muito tempo considerado um nome concebido apenas para conferir legitimidade à narrativa do *Abramelin* —, identificando-o como um erudito judeu bastante real, o rabbi Yaakov ben Moshe HaLevi Moellin, conhecido no séc. XIV como o *MaHaRIL*. A publicação em 2006 do *The Book of Abramelin*, na edição de Dehn, acabou revelando-se uma obra indispensável por conta de sua comparação entre os manuscritos sobreviventes, sobretudo no que diz respeito às longas listas de nomes de demônios. Cf. MATHERS.

MAGIROS

Demônio governado por Asmodeus e Magoth. Magyros é outra variante deste nome, que talvez possa ter a ver com a palavra *magus*, com o sentido de "mago" ou "feiticeiro". Magiros aparece na *Magia Sagrada de Abramelin, o Mago*. Cf. ASMODEUS, MAGOTH, MATHERS.

MAGNI

Nome talvez derivado da palavra latina *magnus*, "grande". Magni aparece na *Ars Theurgia*, elencado entre os muitos arquiduques que servem ao príncipe infernal Usiel. Segundo o texto, Magni é um revelador de coisas ocultas e também pode esconder tesouros, encantando-os para que não sejam descobertos ou roubados. Serve a seu mestre infernal durante as horas diurnas e conta com quarenta espíritos menores para executar seus comandos. A região onde serve é o oeste. Cf. *ARS THEURGIA*, USIEL.

MAGOGUE

Toponímico bíblico que tipicamente aparece ao lado do nome *Gogue*. Magogue é mencionado pela primeira vez em *Ezequiel* 38 e 39, onde o texto pede ao Filho do Homem para que "dirija o teu rosto contra Gogue, terra de Magogue". *Apocalipse* 20:7-8 também inclui a seguinte referência: "Satanás será solto da sua prisão, e sairá a enganar as nações que estão sobre os quatro cantos da terra, Gogue e Magogue, cujo número é como a areia do mar, para as ajuntar em batalha". Nem *Ezequiel* nem o *Apocalipse* são muito claros quanto ao que são Gogue e Magogue, se descrevem um governante literal e suas terras ou se é algo mais figurativo. A única coisa que é óbvia nas passagens bíblicas é que Gogue e Magogue estão em oposição aos filhos de Israel. Mais adiante, no *Apocalipse*, entende-se que se trata de uma oposição à Igreja. Com o tempo, Gogue e Magogue evoluíram até se tornarem nomes de demônios individualizados que costumam ser representados como gigantes.

Esses nomes também chegaram à demonologia dos grimórios, mas costumam ser grafados como *Guth* e *Maguth* ou *Magoth*. Segundo a tradução de Mathers da *Magia Sagrada de Abramelin, o Mago*, Magogue é um dos servidores demoníacos dos arquidemônios Asmodeus e Magoth (ele mesmo sendo uma mera variação do nome *Magog*). É interessante que a lista de demônios subordinados a Asmodeus e Magoth aparece apenas no manuscrito francês do séc. XV que serviu de fonte a Mathers e em uma outra versão do material do *Abramelin* guardada na biblioteca de Wolfenbüttel na Alemanha.

Magogue, sob o nome *Maguth*, também faz uma aparição no *Livro Jurado de Honório*. Na tradução de Joseph Peterson dessa obra, Maguth é um ministro

CURIOSIDADES DEMONÍACAS

OS OITO PRÍNCIPES DEMONÍACOS EM *THE MAGUS*

Em 1801, um aspirante a ocultista que atendia pelo nome de Francis Barrett publicou um livro sobre demônios, magia hermética e filosofia oculta intitulado *The Magus: Or the Celestial Intelligencer* (O Mago, ou o Informante Celestial). Uma compilação de várias fontes de magia, *The Magus* é memorável provavelmente por conta de suas informações sobre a conjuração de demônios. Como muitos autores no assunto de demonologia, Barrett oferece a sua própria perspectiva sobre a hierarquia demoníaca, nomeando oito príncipes demoníacos e atribuindo a eles o poder sobre algum conceito maligno ou grupo de pessoas:

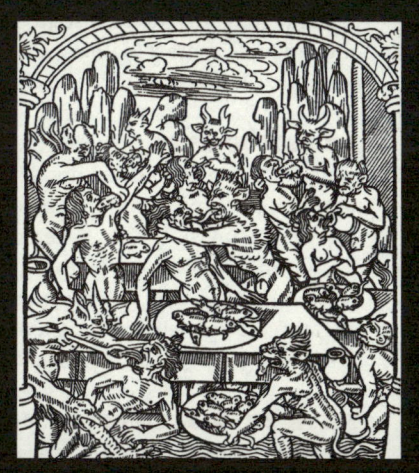

- Mâmon: sedutores
- Asmodai: vinganças sórdidas
- Satã: bruxas e bruxos
- Pithius: mentirosos e espíritos mentirosos
- Belial: fraude e injustiça
- Merihem: pestilência e espíritos causadores de pestilência
- Abaddon: guerra, o mal contra o bem
- Astarote: inquisidores e acusadores

A lista de Barrett é um eco incompleto da hierarquia demoníaca com nove graus que aparece no grimório do séc. XVII conhecido como *Janua Magica Reserata*.

A punição dos glutões. Do Le grant kalendrier et compost des Bergiers, impresso por Nicolas Le Rouge, em 1496.

de Formione, rei dos espíritos de Júpiter. Aqui ele tem o poder de inspirar emoções positivas como amor, alegria e felicidade. Além disso, é capaz também de ajudar as pessoas a obter status aos olhos dos outros. Quando essa versão deste demônio se manifesta, ele assume um corpo com a cor do céu. No mais, é associado ainda à quinta-feira e ao vento norte. *Magot* é outra variação deste nome. Cf. Asmodeus, Formione, Gogue, Guth, Magoth, Mathers, Livro Jurado.

MAGOTH Demônio identificado na *Magia Sagrada de Abramelin, o Mago* como um dos oito subpríncipes infernais, que governam sob o comando dos quatro principais espíritos, Lúcifer, Leviatã, Satã e Belial. O ocultista S. L. MacGregor Mathers relaciona o nome deste demônio à palavra francesa *magot*, muitas vezes usada em contos de fada para denotar um elfo ou anão malignos. Mathers também a associa à palavra *magus*, que significa "mago" ou "feiticeiro". Segundo o material do *Abramelin*, Magoth tem o poder de atrapalhar operações de magia e necromancia. É capaz de trazer livros ao conjurador e produzir banquetes suntuosos. Além disso, tem a habilidade de fazer aparecerem comédias, óperas e bailes para divertir aqueles que o conjurarem. Por meio dos seus poderes de ilusão, este demônio é capaz ainda de transformar a aparência das pessoas. Magoth supervisiona um vasto número de espíritos, cada um dos quais consegue realizar atos mágicos semelhantes aos descritos na esfera deste demônio. Em algumas versões do material do *Abramelin*, o nome deste demônio é grafado como *Maguth*. Magoth é uma versão do nome bíblico *Magogue*. Cf. Belial, Leviatã, Lúcifer, Magogue, Mathers, Satã.

MAHAZAEL Segundo a edição de Mathers da *Magia Sagrada de Abramelin, o Mago*, o nome deste demônio significa "o Devorador". Nos *Três Livros da Filosofia Oculta*, Henrique Cornélio Agrippa identifica Mahazael como o equivalente hebraico do demônio *Egin*, ou *Ariton*, rei do norte. Mathers provavelmente se baseou na obra de Agrippa ao apresentar Mahazael como um nome alternativo para este demônio em seu comentário no *Abramelin*. Na *Cabalistic Encyclopedia*, de Godwin, Mahazael é elencado como um príncipe demoníaco que preside sobre o elemento da terra. Mahazael também aparece governando este elemento no *Faustbuch* de 1505 intitulado *Magia Naturalis et Innaturalis*. Cf. Agrippa, Ariton, Mathers.

MAHUE Um dos doze duques infernais na corte de Maseriel que, segundo consta, servem a esse demônio durante as horas diurnas. O nome e selo de Mahue aparecem na *Ars Theurgia*, onde governa seus próprios trinta espíritos inferiores. É afiliado à direção sul. Cf. Ars Theurgia, Maseriel.

MAISADUL Demônio associado à *Magia Sagrada de Abramelin, o Mago*, cujo nome é grafado também como Masadul ou Mahadul, dependendo do texto-fonte. Consta que Maisadul serve ao demônio Magoth. No manuscrito francês do séc. xv que serviu de fonte a Mathers, ele é regido também por Kore. Cf. Kore, Magoth, Mathers.

MAITOR Demônio mencionado na *Clavicula Salomonis*, Maitor é um demônio dos enganos e ilusões, convocado em um feitiço para tornar uma pessoa invisível. Seus governantes são Almiras e seu ministro Cheros. Maitor aparece na *Magia Sagrada de Abramelin, o Mago*, também associado a um feitiço de invisibilidade. Cf. Almiras, Cheros, Clavicula Salomonis, Mathers.

MAKALOS O ocultista S. L. MacGregor Mathers interpreta o nome deste demônio como "definhado" ou "esquelético". Makalos aparece na tradução de Mathers da *Magia Sagrada de Abramelin, o Mago*. Um dos servos do grande demônio Magoth, este nome varia muito entre os diferentes textos sobreviventes do material do *Abramelin*. A versão de 1608 guardada na biblioteca de Wolfenbüttel grafa seu nome como *Mokaschef*. A edição de Peter Hammer oferece *Cheikaseph*, ao passo que a versão guardada na biblioteca de Dresden o divide em dois nomes, *Mei* e *Kaseph*. Todas essas versões são cópias de um original que se perdeu, por isso não há como saber qual grafia é a correta. Cf. Magoth, Mathers.

MALCHIRESHA Grafado também como *Malchiresa* ou *Melchireša*, é um demônio que aparece em vários documentos dos Manuscritos do Mar Morto e pode ter influenciado as percepções modernas acerca do Príncipe das Trevas. Muitas vezes é apresentado como um equivalente ou um nome alternativo para os demônios Belial e Lúcifer. Consta que Malchiresha controla toda a escuridão que preenche o mundo. Mais famosamente, ele aparece nas *Visões de Amram*, um dos textos dos Manuscritos do Mar Morto que sobreviveram em seis cópias de graus variados de fragmentação (4Q543–548). Na visão de Amram, Malchiresha se apresenta como um dos dois anjos que competem pela alma de Amram. Um deles, um anjo de luz, governa os Filhos da Luz, um vasto exército em conflito com as trevas no mundo. Esse anjo é tipicamente identificado como Miguel. Malchiresha, em contraste, governa os Filhos das Trevas, o exército ao qual a luz se opõe. Segundo Amram, Malchiresha detém o título de "Príncipe das Trevas", um epíteto frequentemente reservado apenas para o próprio Satã. Malchiresha aparece com um rosto obscuro e olhos de pupilas verticais, que lembram os de uma serpente. O texto, além disso, declara que ele veste roupas coloridas, o que pode parecer um detalhe inócuo aos leitores modernos, mas sugere uma conexão entre Malchiresha e o anjo caído Azazel. Na literatura rabínica, há um aviso contra se deixar seduzir pelos trajes fulgurantes associados ao anjo Azazel. Notavelmente, em *Enoque 1*, Azazel também corrompe a humanidade ao ensinar a arte dos cosméticos e fabricação de joias. Na fé Yazidi dos curdos, Azazel aparece como o "Anjo Pavão", possivelmente outra referência a suas roupas espalhafatosas. Malchiresha pode também ter alguma conexão ao Anjo da Morte, tal como representado no *Testamento de Abraão*. Cf. Azazel, Belial, Lúcifer, Satã.

MALCRANIS Também grafado *Malcranus*. Seu nome talvez signifique "mau crânio", "cabeça ruim" ou "dor de cabeça". Notavelmente não é raro que os nomes dos demônios tenham a ver com as doenças que eles causam. Identificado no *Livro de Oberon*, Malcranis é conjurado, com outros, para adquirir tesouros — especificamente 100 mil libras de ouro e prata em moedas legalmente válidas. Se ele fracassar nessa empreitada ou escolher desobedecer, é possível intimidá-lo com a ameaça de atirar sua imagem no fogo junto com substâncias malcheirosas, incluindo cocô de gato. Cf. Livro de Oberon, Rasinet, Sylquam.

MALGARAS Na *Ars Theurgia*, Malgaras aparece como o primeiro espírito da hierarquia abaixo do Imperador Infernal do Oeste, Amenadiel. Consta que Malgaras governa com trinta duques que lhe servem durante o dia e outros trinta durante a noite. É descrito como um ser cortês e obediente. Seu nome por vezes é grafado *Maigaras*. Também aparece na *Steganographia*, de João Tritêmio, uma obra datada de aproximadamente 1499. Cf. Amenadiel, Ars Theurgia.

MALGRON Demônio diurno conhecido por sua índole boa e obediente. Malgron é governado pelo rei infernal Symiel e é um dos dez demônios que são mencionados como os únicos duques a serviço de Symiel durante o dia. Segundo a *Ars Theurgia*, Malgron conta com vinte espíritos ministradores que lhe são subordinados. Serve na região norte. Cf. Ars Theurgia, Symiel.

MALGUEL Demônio com o título de duque na corte do rei infernal Asyriel. Malguel é associado às horas diurnas e à direção sul. Segundo a *Ars Theurgia*, conta com vinte espíritos menores sob seu comando. Cf. Ars Theurgia, Asyriel.

MALPHAS O 39º espírito mencionado na *Goécia*. Malphas é um demônio associado à arte da construção. Consta que é capaz de erguer casas e torres elevadas se lhe for exigido. Ele rapidamente reúne artífices e pode também atingir as torres e edifícios de um inimigo, derrubando-os. Dizem que confere bons espíritos familiares. Ao se manifestar, assume a princípio a forma de gralha. Ao assumir forma humana, mantém ainda a voz rasgada desse pássaro. Segundo tanto a *Pseudomonarchia Daemonum*, de Wierus, quanto a *Descoberta da Bruxaria*, de Scot, detém o título de presidente e governa quarenta legiões. Além disso, dizem que aceita sacrifícios de bom grado, mas engana a todos que lhe oferecerem sacrifícios. A *Goécia do Dr. Rudd*, no entanto, tem algumas coisas diferentes a dizer sobre este demônio. A grafia do seu nome permanece a mesma, mas, em vez de ter o poder de destruir as torres dos inimigos, consta que tem o poder de destruir os pensamentos, desejos e obras dos inimigos. Além disso, o texto afirma que Malphas pode ser coibido pelo nome do anjo Rehael. O *Livro dos Encantamentos* galês o identifica, ao mesmo tempo, também como um construtor de torres e destruidor de mentes. Nesse texto, a ele é atribuído o título de presidente, governando 110 legiões. O texto galês admoesta o leitor para que não faça qualquer sacrifício a este demônio, pois se ele receber um sacrifício de qualquer tipo, ele se torna traiçoeiro. Cf. Goécia, Livro dos Encantamentos, Rudd, Scot, Wierus.

MALPHARAS Grande senhor que constrói torres, castelos, pontes, abadias e conventos. É capaz ainda de transportar as construções de um lugar a outro. Seu nome aparece no grimório de língua francesa *Livre des Esperitz*, onde consta que ele é um ajudante obediente e cortês. Comanda um total de trinta legiões. Sob o nome *Mallapas*, aparece no *Livro de Oberon* elisabetano, onde é identificado como um dos doze demônios que servem na corte de Amaimon, rei do sul. Ambos os nomes são variações do demônio *Malphas*. Cf. Livre des Esperitz, Livro dos Encantamentos, Livro de Oberon, Malphas.

MALUTENS O "Enganador". Na *Magia Sagrada de Abramelin, o Mago*, Malutens é um dos vários demônios que servem aos quatro príncipes infernais das direções cardeais. Sendo assim, partilha dos poderes de seus mestres demoníacos: Oriens, Paimon, Ariton e Amaimon. Ao ser conjurado, o mago pode compeli-lo a conferir alguns desses poderes, fornecendo familiares, convocando homens armados para proteção e até mesmo ressuscitando os mortos. Cf. Amaimon, Ariton, Mathers, Oriens, Paimon.

MALYKE Demônio maligno que serve como ministro ao rei Maymon, regente de Saturno. Malyke tem aparência monstruosa, com boca em forma de bico, uma quantidade excessiva de rostos e pele escura, mas translúcida. Se for compelido a assumir uma aparência mais humana, ele veste o aspecto de um velho ou uma velha. Sua cor é o preto, e o metal, o chumbo. Semeia caos e discórdia, inspirando pensamentos malignos e levando as pessoas a cometer assassinatos e mutilações. É possível encontrá-lo no *Livro de Oberon*, grimório da Inglaterra elisabetana. Cf. Albewe, Aldee, Cherasa, Etheye, Livro de Oberon, Maymon.

MÂMON Originalmente uma palavra do aramaico com o sentido de "riqueza", Mâmon, Mamom ou Mammon é personificado no Novo Testamento por *Mateus* e *Lucas*. *Lucas* 16:13 e *Marcos* 6:24 ensinam que

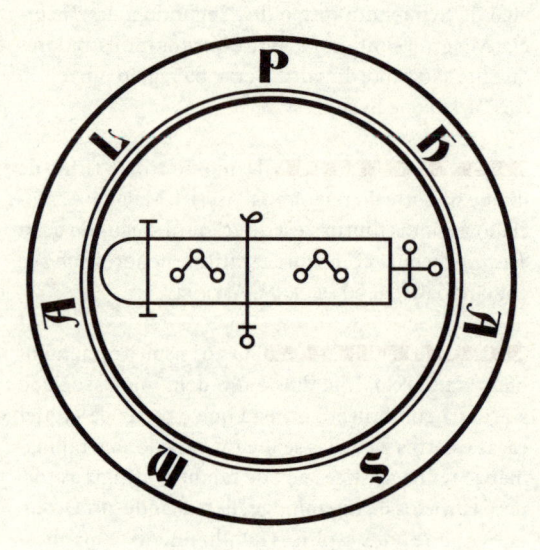

O sigilo do demônio Malphas, tal como aparece no Livro dos Encantamentos galês. O mesmo demônio aparece em vários outros grimórios sob várias permutações de seu nome. Imagem de Catherine Rogers.

"não podeis servir a Deus e a Mamom". Nessa época, Mâmon ainda não era identificado ostensivamente como um demônio em meio às hordas do Inferno. O bispo cristão Gregório de Níssa, no entanto, que viveu e escreveu no quarto século d.C., identificou Mâmon com Belzebu. Na Idade Média, Mâmon passou a ser personificado como um demônio da ganância e da avareza. Aparece listado como um demônio na edição de 1801 de *The Magus*, de Francis Barrett, onde é descrito como o príncipe da ordem demoníaca de "tentadores e embusteiros"[1]. Na extensa edição de 1863 de Colin de Plancy do *Dictionnaire Infernal*, Mâmon é descrito como um velho avarento e encanecido, acumulador de ouro. Na apresentação do *Grande Grimório* feita por A. E. Waite, Mâmon é listado como o embaixador do Inferno na Inglaterra. Embora Waite atribua sua hierarquia ao erudito Johannes Wierus, do séc. XVI, ela deriva, na verdade, da obra do demonologista Charles Berbiguier, do séc. XIX. Na hierarquia de uma fonte mais legítima, Mâmon é elencado como príncipe da nona ordem de espíritos malignos, conhecidos como Embusteiros. Essa hierarquia em nove graus aparece no grimório intitulado *Janua Magica Reserata*. Cf. BARRETT, BELZEBU, BERBIGUIER, DE PLANCY, *JANUA MAGICA RESERATA*, WAITE, WIERUS.

MANASA Mencionado no *Livro de Oberon*, é um dos dois ministros na corte do Rei Sarabotres (ou Sarabocres), que rege a esfera planetária de Vênus. Pode aparecer na forma de uma jovem com roupas esvoaçantes, de cor verde e branca, ou como uma menina inteiramente nua. Também é associado a camelos. Manasa detém poder sobre as emoções e é capaz de fazer as pessoas sentirem amor e paz, além de uma sede por extravagâncias. Arranja casamentos e sutilmente faz com que os homens tenham desejo pelas mulheres. Cf. *LIVRO DE OBERON*, NASAR, SARABOTRES.

MANIEL Um dos doze arquiduques que, segundo consta, servem ao demônio Dorochiel. Como se lê na *Ars Theurgia*, Maniel conta com quarenta espíritos ministradores sob seu comando. Tem associações com as horas diurnas, preferindo se manifestar antes do meio-dia. Por conta de sua lealdade a Dorochiel, está ligado à direção oeste. Cf. *ARS THEURGIA*, DOROCHIEL.

MANSI Um dos dez demônios governados pelo rei infernal Barmiel, Mansi faz parte da hierarquia do sul, servindo a seu mestre infernal durante as horas diurnas. Seu nome aparece na *Ars Theurgia*, onde consta que tem vinte espíritos menores sob seu comando. Cf. *ARS THEURGIA*, BARMIEL.

MANTAN Outro nome demoníaco que aparece em conexão com a *Magia Sagrada de Abramelin, o Mago*, mas que, em todo caso, aparece de formas bem diferentes entre uma versão e outra desse texto. Na versão do material do *Abramelin* guardada na biblioteca de Wolfenbüttel na Alemanha, seu nome é grafado *Matatam*. Porém, na versão da biblioteca de Dresden, o nome que aparece é *Pialata*. Como nenhuma desses exemplares é o texto original do *Abramelin*, não há como saber qual grafia seria a correta. Todos os textos concordam, porém, que este diabo é um seguidor do arquidemônio Magoth. Cf. MAGOTH, MATHERS.

MANTIENS Nome provavelmente derivado do grego *manteia*, que se refere a qualquer prática divinatória. Sendo assim, o nome deste demônio pode ser interpretado como "o Adivinho". Mantiens aparece na *Magia Sagrada de Abramelin, o Mago* como um dos vários demônios que servem aos quatro príncipes infernais das direções cardeais. É conjurado como parte do principal ritual de *Abramelin*, um feitiço elaborado e que exige muito tempo para colocar o mago em contato com uma força tutelar conhecida como o Sagrado Anjo Guardião. Cf. AMAIMON, ARITON, MATHERS, ORIENS, PAIMON.

MANUAL DE MUNIQUE Manuscrito em latim do séc. XV guardado na Biblioteca Estadual da Baváfia, em Munique, arquivado sob a designação CML 849.

---

1 Francis Barrett, *The Magus* (edição Weiser), p. 47.

Porque a primeira folha do manuscrito se perdeu com o tempo, não há como saber o nome do autor ou título original da obra (se é que havia). Sua data exata de publicação é igualmente desconhecida. O livro é uma miscelânea mágica com rituais dedicados sobretudo a feitiços de ilusão, adivinhação e compulsão. O autor não faz o menor esforço para ocultar o fato de que muitos desses feitiços são realizados com auxílio de espíritos especificamente classificados como demônios. Vários dos demônios descritos no texto são variações dos nomes tradicionais incluídos entre os 72 demônios da *Goécia*. É provável que essa obra teria passado despercebida na biblioteca de Munique, se não fosse pelos esforços do Professor Richard Kieckhefer, que publicou uma edição completa do texto latino, junto a seu comentário e análise, em seu livro *Forbidden Rites*, em 1997.

MARAE Um dos vários demônios noturnos que servem na corte do príncipe infernal Usiel. Marae conta com vinte espíritos menores sob seu comando e tem o poder de revelar tesouros ocultos. Também pode se valer de truques e encantamentos para ocultar objetos preciosos, evitando que sejam roubados. O nome e selo deste demônio aparecem na *Ars Theurgia*, onde serve na região oeste. O nome deste demônio pode ter sido derivado do nórdico antigo (Old Norse) *mara*, uma raiz associada à palavra *nightmare* ("pesadelo") do inglês moderno. A *mara* era um demônio noturno que, segundo se acreditava, atacava as pessoas enquanto elas dormiam. Dizia-se que com frequência deitava ou sentava em cima do peito de suas vítimas, pressionando-as e roubando seu ar. Ela tem algumas associações aos mitos de íncubos e súcubos da Idade Média e Renascença. Cf. Ars Theurgia, Usiel.

MARAG Demônio que, segundo consta, serve à dupla liderança de Magoth e Kore na *Magia Sagrada de Abramelin, o Mago*. Na edição de 1725 dessa obra, publicada por Peter Hammer em Colônia, o nome deste demônio é grafado como *Charag*. Cf. Kore, Magoth, Mathers.

MARALOCH Segundo o *Manual de Munique*, este demônio possui conhecimento sobre qualquer assunto que qualquer pessoa poderia dominar na vida. É possível aproveitar-se de sua proeza acadêmica com um feitiço que visa a melhorar o intelecto de alguém. Segundo o texto, ao ser devidamente conjurado, aparece em sonhos e passa a noite inteira repassando tudo que sabe. Cf. Manual de Munique, Maralock.

MARALOCK Nome que aparece no primeiro feitiço do *Manual de Munique*, texto mágico do séc. XV dedicado a operações de necromancia e conjuração de espíritos. Evocado junto a "Sathan", o demônio Maralock tem o poder de revelar vastos conhecimentos ao mago, sobretudo quando o assunto são as artes liberais. Cf. Manual de Munique, Maraloch.

MARANTON Um dos vários demônios que, segundo consta, servem ao príncipe infernal Ariton na *Magia Sagrada de Abramelin, o Mago*. Em sua tradução dessa obra, o ocultista S. L. Mathers relaciona o nome de Maranton a uma raiz grega que significa "extinto" ou "apagado". Na edição de Peter Hammer, o nome deste demônio é grafado como *Charonton*. Cf. Ariton, Mathers.

MARAOS Servidor demoníaco do rei infernal Amaimon, Maraos aparece na *Magia Sagrada de Abramelin, o Mago*. A grafia exata do nome deste demônio é motivo de debate. Na versão do material do *Abramelin* guardada na biblioteca de Dresden, o nome é grafado *Meraos*. Na edição de Peter Hammer, aparece como *Eheraos*. Já a tradução de Mathers, de 1898, dá o nome *Mames*. Cf. Amaimon, Mathers.

MARAS Segundo a *Ars Theurgia*, Maras é um dos doze grandes duques que servem ao rei demoníaco Caspiel, Imperador do Sul. Maras e seus colegas de ducado têm a reputação de ser agressivos e teimosos, mas o uso adequado de seus nomes e selos, em todo caso, permite que um indivíduo habilidoso consiga obrigá-los a se comportar. Maras supervisiona 2260 espíritos ministradores que atendem às suas necessidades. Mais adiante na *Ars*

Theurgia, Maras é mencionado entre os demônios sujeitos ao príncipe infernal Maseriel. Aqui, Maras é um duque que serve durante a noite, acompanhado de trinta espíritos ministradores. O nome deste demônio pode ter a ver com a *mara*, um perverso demônio noturno que, segundo o folclore, ataca as pessoas enquanto elas dormem. Cf. *Ars Theurgia*, Caspiel, Maseriel.

MARASTAC Este demônio detém o título de rei na hierarquia do Inferno, pelo menos segundo o *Liber de Angelis*. Há dois espíritos subordinados a ele, Aycolaytoum e um demônio conhecido apenas como *Dominus Penarum*, ou "Senhor dos Tormentos". Marastac e seus sócios são ligados ao planeta Júpiter, sendo conjurados como parte de um feitiço para compelir o amor de uma mulher, amarrando-a à vontade do mago. Cf. Aycolaytoum, Dominus Penarum, *Liber de Angelis*.

MARBAS O quinto espírito mencionado na *Goécia*, Marbas é elencado como um presidente com comando sobre 36 legiões. Na *Pseudomonarchia Daemonum*, de Wierus, consta que aparece como um poderoso leão, mas pode assumir a forma de um homem, se assim for comandado. Ele discorre sobre todos os segredos e coisas ocultas e pode causar e curar doenças. Ensina artes mecânicas e artesanato, além de conferir sabedoria de modo geral. No mais, é capaz de metamorfosear os homens para que assumam outras formas. Um de seus nomes alternativos é *Barbas*. Aparece na *Descoberta da Bruxaria*, de Scot, no *Livro dos Encantamentos* galês e na *Goécia do Dr. Rudd*. Segundo o Dr. Rudd, Marbas está sujeito ao poder do anjo Mahasiah. Cf. *Goécia*, *Livro dos Encantamentos*, Rudd, Scot, Wierus.

MARBUEL Segundo o *Sexto e Sétimo Livros de Moisés*, Marbuel é um dos Sete Grandes Príncipes dos Espíritos. Ao ser conjurado, aparece na forma de um grande e velho leão. É capaz de descobrir segredos e conferir honras ao mago, além de entregar tesouros tanto das águas quanto da terra. Dada a forma leonina de Marbuel, junto a seu ofício como revelador de segredos, é tentador relacionar este ser ao demônio goético conhecido como Marbas. Há um padrão de três círculos interconectados por linhas irradiantes no selo de Marbuel que lembra, de longe, o sigilo goético tradicional de Marbas, o que confere alguma base para se traçar uma conexão entre os dois seres. Cf. Marbas.

MARCHOSIAS O 35º demônio da *Goécia*, consta que Marchosias aparece como uma loba cruel com asas de grifo. Um dos 72 demônios goéticos tradicionais, a Marchosias é atribuído o título de marquês na *Descoberta da Bruxaria*, de Scot. Aqui consta que governa trinta legiões de espíritos inferiores. É capaz de assumir forma humana, aparecendo como um lutador poderoso. Dá respostas verdadeiras e executa fielmente qualquer trabalho que lhe for exigido. Marchosias é um dos vários demônios goéticos que, segundo diz, tem esperanças de voltar ao sétimo trono do Céu. A *Pseudomonarchia Daemonum*, de Wierus, grafa seu nome como *Marchocias*. Segundo a *Goécia de Dr. Rudd*, é coibido pelo anjo Chaiakiah ou Chavakiah. No *Livro dos Encantamentos*, é um forte lutador que pertencia à Ordem das Dominações antes da queda. Segundo o grimório galês, Marchosias teria dito a seu mestre Salomão que, após 1200 anos, ele nutria esperanças de retornar ao sétimo trono celestial. Cf. *Goécia*, *Livro dos Encantamentos*, Rudd, Scot, Wierus.

MARDERÔ Demônio pestilento que tem o poder de afligir as suas vítimas com uma febre terrível. É um dos 36 demônios associados aos decanos do zodíaco, cujos nomes são listados no *Testamento de Salomão*. Na tradução de Conybeare deste material, está associado ao 20º decano, mas é o 19º na tradução, posterior, de McCown. Porque McCown trabalhou com base numa coletânea mais completa de manuscritos, sua tradução é aceita, no geral, como a mais precisa. Em ambas, Marderô é uma entidade temível, aparecendo com corpo humano e cabeça de animal. Segundo Conybeare, é possível expulsá-lo invocando-se os nomes *Sphêner* e *Rafael*. Na versão de McCown, é o nome do próprio demônio que o controla. Cf. Salomão.

MARGUNS Demônio na hierarquia do sul, tal como delineado na *Ars Theurgia*. Marguns é um duque do rei infernal Barmiel, a quem serve fielmente durante as horas noturnas. Sendo um demônio nobre, conta com sua própria companhia de vinte servos que executam seus comandos. Cf. *Ars Theurgia*, Barmiel.

MARIANU Demônio noturno que serve na hierarquia do sul, pelo menos segundo a *Ars Theurgia*. Marianu é um duque poderoso que comanda uma centena de espíritos menores. Seu superior imediato é o demônio Symiel, que governa, com o ofício de rei, a direção cardeal entre o norte e o nór-nordeste. Marianu tem a reputação de ser naturalmente teimoso e reluta para se manifestar diante dos mortais, mesmo se assim for comandado. Quando está disposto a aparecer, só o faz durante as horas noturnas. Cf. *Ars Theurgia*, Symiel.

Fora alguns floreios, o selo do demônio Marchosias continua igual nas várias edições da Goécia. Tinta sobre pergaminho, por M. Belanger.

MARIEL Demônio pertencente às horas diurnas, Mariel é mencionado na *Ars Theurgia*, que o elenca como um chefe-presidente na hierarquia do demônio Aseliel. Mariel comanda trinta espíritos principais e vinte espíritos ministradores. Sua forma manifesta é educada, cortês e bela de se ver. Por meio de sua associação a Aseliel, está ligado à direção leste. Cf. *Ars Theurgia*, Aseliel.

MAROTH Arquiduque do demônio Asyriel. Maroth aparece na *Ars Theurgia*, onde consta que tem quarenta espíritos menores sob seu comando. Está associado à noite e à direção sul. Cf. *Ars Theurgia*, Asyriel.

MARSHIONES Demônio a quem é atribuído o poder de transportar as pessoas magicamente de país a país. Detém o título de duque, com trinta legiões subordinadas. Ao se manifestar, aparece como um homem poderoso com cauda de serpente. Segundo o *Livro de Oberon*, é especialista nos conhecimentos sobre pedras e ervas, incluindo suas propriedades. Seu nome apresenta uma semelhança marcante com o título medieval de "marquesa", *marchioness*, em inglês. Não há, no entanto, nenhuma ligação direta a essa palavra explicitada no texto. Compare-o com o demônio goético Marchosias. Cf. *Livro de Oberon*, Marchosias.

MARTINET Segundo o escritor francês Charles Berbiguier, Martinet é o embaixador devidamente encarregado de representar o Inferno na Suíça. Também aparece nessa capacidade na apresentação do *Grande Grimório* feita por A. E. Waite. Pelo menos alguns dos embaixadores infernais de Berbiguier foram baseados em pessoas reais, de carne e osso, que ele encontrou em seu cotidiano. Martinet talvez seja o sobrenome de um dos supostos demônios disfarçados que atormentavam Berbiguier. Cf. Berbiguier, *Grande Grimório*, Waite.

MASAUB Demônio na corte de Magoth. Em sua tradução de 1898 da *Magia Sagrada de Abramelin, o Mago*, Mathers também lista este nome

CURIOSIDADES DEMONÍACAS

DR. FAUSTO E O DIABO

O Dr. Fausto fez um pacto com o Diabo. O erudito decadente que depois se torna um mago ocupa o lugar central de várias obras literárias famosas, incluindo o *Fausto*, de Goethe, concluído no séc. XIX, e a peça elisabetana *A Trágica História do Dr. Fausto*, de Christopher Marlowe. Goethe e Marlowe derivaram, ambos, sua inspiração para a vida e época dessa figura curiosa de uma publicação intitulada *Historia von Doctor Johann Fausten*. Esse livreto foi publicado por Johann Spies em Frankfurt em 1587. Trata-se de uma coletânea de histórias sobre o Dr. Fausto, que se tornou o primeiro *Faustbuch* — um livro dedicado exclusivamente aos experimentos infernais de Fausto. Os livros fáusticos, ou *Faustbücher*, tornaram-se extremamente populares nos últimos anos do séc. XVI. Muitos deles eram apresentados como contos morais cristãos, recontando as desventuras de Fausto, acompanhadas por admoestações e comentários religiosos. Todos os *Faustbücher* tratavam de magia demoníaca e conjuração de espíritos — no contexto das proezas nefastas perpetradas pelo Dr. Fausto. Pelo menos uma dessas obras, intitulada *Magia Naturalis et Innaturalis*, de fato trata da arte da magia em si. Em *The Fortunes of Faust*, a pesquisadora Elizabeth M. Butler propõe um argumento impressionante a favor de como a lenda de Fausto foi inspirada por praticantes reais das artes mágicas e que, por sua vez, acabou influenciando a prática da magia cerimonial por meio de sua representação ampla na cultura popular.

A maioria das pessoas presume que Fausto era uma figura lendária, um personagem criado para expressar algumas das ansiedades vividas por uma sociedade majoritariamente cristã que sofria para lidar com os medos delirantes de uma conspiração de bruxas, de um lado, e a magia bastante real de ocultistas da Renascença como Henrique Cornélio Agrippa, do outro. Mas, segundo Johannes Wierus, que foi, ele mesmo, um dos estudantes de Agrippa, a lenda do Dr. Fausto se baseou num homem que existiu de verdade. Em sua obra *De Praestigiis Daemonum*, Wierus identifica Johann Faust como um indivíduo nascido na pequena cidade de Kundling (Knittlingen) no final do séc. XV ou começo do séc. XVI. Ele supostamente teria estudado magia em Cracóvia, onde, como diz Wierus, "nos tempos de outrora, era um assunto ensinado abertamente"[1]. A partir das descrições dadas por Wierus, a magia de Fausto era metade química, metade charlatanice, e ele não se furtava de usá-la para enganar as pessoas. Após sua morte, um biógrafo desconhecido procurou explicar as habilidades de Fausto, alegando que ele teria feito um pacto com o diabo. O resto, como dizem, é história.

1 Johannes Wierus, De Praestigiis Daemonum, p. 52.

como um dos servos de Kore. Mathers tenta associar o nome Masaub a uma palavra hebraica que significa "circuito". Em outros textos do *Abramelin*, seu nome é grafado como *Masadul*. Cf. Kore, Magoth, Mathers.

MASERIEL Na *Ars Theurgia*, Maseriel é mencionado como o quarto espírito na hierarquia de Caspiel, o Imperador Infernal do Sul. Segundo o texto, detém o título de rei e o domínio sobre a direção entre o oeste e o oés-noroeste. Há muitos espíritos inferiores que lhe são subordinados, dentre os principais constam doze duques que o acompanham durante o dia. Outros doze o acompanham durante a noite. Maseriel tem a reputação de ser um espírito de bom trato e boa índole, bem como todos os espíritos subordinados. O nome deste demônio também consta na *Steganographia*, de João Tritêmio. Cf. *Ars Theurgia*, Caspiel, Tritêmio.

MASHEL Demônio na hierarquia do rei infernal Gediel. Segundo a *Ars Theurgia*, detém o título de duque. Afiliado à direção sul, Mashel tem comando sobre um total de vinte espíritos menores. Serve a seu mestre infernal durante as horas diurnas, com a tendência de se manifestar apenas nesse período de tempo. Cf. *Ars Theurgia*, Gediel.

MASTEMA O chefe dos espíritos malignos, tal como descrito no *Livro dos Jubileus*. Nessa obra, quando Deus expulsa os maus espíritos do mundo, Mastema implora ao Criador permissão para que ele mesmo e pelo menos uma porção de outros espíritos permaneçam, a fim de cometer suas obras contra a humanidade. Mastema pode ter alguma ligação com o demônio *Malchiresha*, registrado nos Manuscritos do Mar Morto. Cf. *Livro dos Jubileus*, Malchiresha.

MASTUET Demônio sem qualquer associação a alguma hora específica do dia, mas com o poder para se manifestar a qualquer hora que quiser. Mastuet faz parte da companhia do príncipe infernal Macariel, tal como descrito na *Ars Theurgia*. Comanda um total de quatrocentos espíritos menores e muitas vezes aparece na forma de um dragão com várias cabeças. Cf. *Ars Theurgia*, Macariel.

MATANBUCHUS Nome alternativo para o demônio Belial dado no capítulo 2, versículo 4 da obra apócrifa *A Ascensão de Isaías*. Aqui Belial, chamado de Beliar, é apresentado como um anjo da anomia e descrito como o verdadeiro governante do mundo. Cf. Belial.

MATHERS, SAMUEL LIDDELL MACGREGOR Um dos membros fundadores da Ordem Hermética da Aurora Dourada, uma sociedade mágica fundada em Londres em 1888. Mathers foi um indivíduo complexo e pitoresco, que viveu entre 1854 e 1918. Sua mentora foi a Dra. Anna Kingsford, uma das primeiras ativistas pelos direitos das mulheres, cujas perspectivas sobre vegetarianismo e o tratamento humanizado de animais teve um impacto imenso sobre Mathers. Além de seus interesses em magia e ocultismo, Mathers tinha uma facilidade marcante para aprender idiomas. Um de seus legados mais significativos no campo do ocultismo envolve suas muitas traduções de antigos grimórios e textos de base para a Cabala. A partir de suas muitas traduções, parece que Mathers tinha pelo menos alguma familiaridade com o hebraico, o latim, o francês, o celta, o copta e o grego. No caso de muitos desses idiomas, ele parece ter sido autodidata. Apesar de vários detratores (incluindo seu ex-aluno, Aleister Crowley) terem questionado a precisão de suas traduções e a profundidade de seus estudos, a maioria das obras de Mathers continuam a ser usadas atualmente. Sua bibliografia inclui traduções do *Grimório de Armadel*, *A Magia Sagrada de Abramelin, o Mago* e a *Clavicula Salomonis*, ou a *Chave do Rei Salomão*. Ele também é responsável pela tradução da *Goécia* publicada mais tarde por Crowley. Cf. *Clavicula Salomonis*, Crowley.

MATHIAS Demônio que se manifesta na forma de um urso expelindo chamas pela boca. Seu nome aparece no grimório elisabetano conhecido como *Livro de Oberon*. Segundo o texto, é um demônio de viagens, que carrega as pessoas de país a país. Seu título é o de senhor e conta com 36 legiões subordinadas. Cf. *Livro de Oberon*.

Uma bruxa recita um feitiço sobre um caldeirão em chamas. Uma jovem se ajoelha diante dela. Um círculo arcano cerca a dupla. Gravura mezzotinta *de J. Dixon, 1773. Imagem cortesia da Wellcome Collection, Londres.*

MAXAYN Este demônio tem uma aparência feroz, assumindo a forma de um urso que cospe fogo e ostenta uma cauda de serpente. Sendo um dos vários demônios de alto escalão em serviço de Oriens, rei do leste, Maxyan é mencionado no *Livro de Oberon*. Tem poderes de transporte, levando com rapidez as pessoas de uma região a outra. Além disso, é especialista nas virtudes de ervas, pedras e árvores. Cf. *Livro de Oberon*, Oriens.

MAYLALU Demônio ardorosamente luxurioso que aparece no *Liber de Angelis* do séc. xv, onde é conjurado com seu rei demoníaco Abdalaa para compelir o amor de uma mulher. Cf. Abdalaa, *Liber de Angelis*.

MAYMON O rei dos espíritos de Saturno, que aparece na tradução de Peterson do *Livro Jurado de Honório*. Aqui ele está associado à direção norte. Ao se manifestar, supostamente assume um corpo pálido e esguio. É capaz de suscitar emoções como tristeza, raiva e ódio e também tem o poder de criar neve e gelo. Maymon responde aos anjos Bohel, Cafziel, Michrathon e Satquiel, que reinam, em conjunto, sobre a esfera de Saturno. Seu nome talvez seja uma forma truncada de *Amaimon*. O *Livro de Oberon* também o elenca como o rei dos espíritos de Saturno. Nesse texto, ele possui uma aparência muito distinta: um aspecto monstruoso com rostos em cada joelho e mais um na nuca. É um ser comprido e esguio, com pele escura e translúcida. O chão embranquece, como se fosse de chumbo ou coberto de neve, quando se manifesta. Se for compelido a assumir forma humana, aparece como um velho com túnica preta e foice. Maymon cavalga um dragão feroz e causa assassinatos, mutilações, ódio e caos. Também inspira pensamentos perversos e sai por daí distribuindo peças de chumbo como se fosse um Papai Noel tóxico. Cinco demônios, todos tão vis e monstruosos quanto ele próprio, servem como seus ministros. Cf. Albewe, Aldee, Amaimon, Cherasa, Etheye, *Livro de Oberon*, *Livro Jurado*.

MAYRION Este demônio é conhecido como "o Ser Negro que Chama o Vazio", um título que faz com que ele seja particularmente apto para os tipos mais sombrios de magia. Mayrion aparece no *Liber de Angelis*, onde é mencionado num feitiço cruel de vingança. Ao ser evocado adequadamente, tem o poder de aniquilar os inimigos do conjurador. Associado aos planetas Saturno e Marte, é preciso usar uma imagem de ferro ou chumbo para evocá-lo. Cf. *Liber de Angelis*.

MAZIEL Demônio mencionado na *Ars Theurgia*, onde consta que serve ao príncipe infernal Dorochiel. Maziel faz parte de um grupo de demônios que são supostamente arquiduques na hierarquia de Dorochiel. É associado às horas noturnas e à região oeste. Consta que comanda quatrocentos espíritos ministradores. Cf. *Ars Theurgia*, Dorochiel.

MEBBESSER Servo do grande demônio Asmodeus. Segundo o ocultista Mathers, na sua tradução da *Magia Sagrada de Abramelin, o Mago*, o nome deste demônio significa "carne". Na versão de 1720 do material do *Abramelin* guardada na biblioteca de Dresden, seu nome é grafado *Mephasser*. Cf. Asmodeus, Mathers.

MECLU Um dos vários demônios que, segundo consta, servem a Demoriel, o Imperador Infernal do Norte. O nome e selo de Meclu aparecem na *Ars Theurgia*, onde governa 1140 espíritos. Seu título é o de duque e, além de sua associação com a direção norte, ele também está ligado ao nono par de horas planetárias do dia. Consta que só se manifesta diante dos mortais nesse período. Cf. *Ars Theurgia*, Demoriel.

MEFISTÓFELES Nos *Sexto e Sétimo Livros de Moisés*, este demônio é identificado como um dos Sete Grandes Príncipes dos Espíritos. Aparecem algumas variações do seu nome no texto, que alterna entre *Mephistopilis* e *Mephistophiles*. Segundo o texto, ele aparece na forma de um jovem ao ser evocado, manifestando-se prontamente, ávido em

Detalhe do frontispício do volume popular impresso em 1631 da peça A Trágica História de Doutor Fausto, de Christopher Marlowe. Fausto evoca o demônio Mefistófeles.

servir. Mefistófeles oferece ao mago auxílio em toda e qualquer arte, além de fornecer espíritos familiares. Assim como a maioria dos outros Sete Grandes Príncipes mencionados na obra, ele é supostamente bom em buscar tesouros em terra e em alto-mar, de acordo com os caprichos do conjurador.

MEGALAK Segundo Mathers em sua tradução de 1898 da *Magia Sagrada de Abramelin, o Mago*, o nome deste demônio vem de um termo em hebraico que significa "extirpar". Consta que serve aos governantes infernais Magoth e Kore, embora seja questionável se Kore de fato seria um demônio. Na edição do *Abramelin* publicada em Colônia por Peter Hammer, seu nome é grafado *Magalech*. Cf. Kore, Magoth, Mathers.

MEGALOGIM Um dos vários demônios que servem ao príncipe infernal Ariton, segundo a *Magia Sagrada de Abramelin, o Mago*. Na interpretação do ocultista Mathers, esse nome significa "em coisas grandiosas", com base numa raiz grega. Um nome alternativo é *Megalosin*. Cf. Ariton, Mathers.

MEKLBOC Um dos mais incomuns dentre os nomes de demônios, Meklboc aparece na edição de Mathers da *Magia Sagrada de Abramelin, o Mago*. Aqui consta que serve como subordinado aos governantes infernais Magoth e Kore. Mathers sugere que o nome deste demônio significaria "canino". Em outras versões do material do *Abramelin*, seu nome é grafado *Mechebber*. Cf. Kore, Magoth, Mathers.

MELAMUD Demônio governado por Oriens, Paimon, Amaimon e Ariton, os quatro príncipes demoníacos das direções cardeais. Na *Magia Sagrada de Abramelin, o Mago*, Melamud é um dos mais de trezentos demônios cujos nomes devem ser grafados como parte do segundo dia do trabalho do Sagrado Anjo Guardião. Segundo Mathers, o nome de Melamud talvez derive de uma palavra hebraica que significa "estímulo" ou "esforço". Cf. Amaimon, Ariton, Mathers, Oriens, Paimon.

MELAS Demônio na corte do príncipe infernal Aseliel, que rege a direção entre o sul e o sul-sudoeste. Por conta de sua lealdade a Aseliel,

Melas é parte da hierarquia demoníaca do leste, tal como delineado na *Ars Theurgia*. Segundo esse texto, Melas conta com trinta espíritos principais sob seu comando, com outros vinte espíritos ministradores que lhe servem. Seu título é o de chefe-presidente. Cf. Ars Theurgia, Aseliel.

MELCHA Demônio com o título de arquiduque e trinta espíritos menores subordinados. O próprio Melcha serve ao rei demoníaco Raysiel, um dos reis infernais do norte, tal como descrito na *Ars Theurgia*. É melhor que a operação para se conjurar Melcha e seus associados seja executada em algum local remoto ou quarto oculto da casa, onde nenhum transeunte possa interferir. Melcha está supostamente associado às horas diurnas, por isso aparece apenas entre o amanhecer e o anoitecer. Cf. Ars Theurgia, Raysiel.

MELCHOM Duque com comando sobre milhares de espíritos menores. Melchom serve, no norte, ao poderoso rei Baruchas. É um espírito que não se manifesta a mortais fora de um período de tempo bastante específico. A *Ars Theurgia*, um livro sobre espíritos associados aos pontos cardeais, contém a fórmula para se determinar quando Melchom pode aparecer: segundo o texto, é preciso dividir o dia em quinze partes, e Melchom se manifesta apenas na terceira dessas quinze seções de tempo.

Em uma hierarquia demoníaca curiosa, muitas vezes atribuída equivocadamente a Johannes Wierus, Melchom, ou Milcom, é descrito como o tesoureiro do domicílio real do Inferno. Essa hierarquia deriva da obra do autoproclamado demonologista Charles Berbiguier. O nome *Melchom* em si é uma corruptela de *Moloch*: um erro de transcrição em *I Reis* 11:5 transforma o nome "Moloch" em "Milcom" e é bastante provável que o nome deste demônio derive diretamente dessa referência bíblica. Cf. Ars Theurgia, Baruchas, Berbiguier, Moloque, Wierus.

MELEMIL Demônio conjurado para conceder ao mago uma capa encantada. Segundo o *Manual de Munique*, esse item infernal tem o poder de deixar completamente invisível quem quer que o use. Melemil é um dos guardiões demoníacos das quatro direções chamados para fornecer esse objeto maravilhoso. Seu nome aparece associado à direção sul. O feitiço exige que Melemil e seus compatriotas sejam evocados em uma localidade remota na primeira hora da noite em uma quarta-feira de lua crescente. Cf. Manual de Munique.

MELHAER Na *Magia Sagrada de Abramelin, o Mago*, Melhaer aparece entre os demônios que servem a Oriens, Paimon, Ariton e Amaimon, os quatro príncipes demoníacos das direções cardeais. É possível que seu nome signifique algo como "apartado da pureza". Cf. Amaimon, Ariton, Mathers, Oriens, Paimon.

MELIEL Na *Ars Theurgia*, Meliel é um dos arquiduques governados pelo rei infernal Malgaras. Meliel serve na corte do oeste. Consta que Meliel prefere se manifestar apenas durante as horas de claridade e que comanda uma companhia de trinta espíritos ministradores. Cf. Ars Theurgia, Malgaras.

MELNA Demônio cujo nome talvez signifique "o habitante". Segundo a tradução de Mathers da *Magia Sagrada de Abramelin, o Mago*, Melna é governado pelos quatro príncipes infernais das direções cardeais. Sendo um servo de Oriens, Paimon, Ariton e Amaimon, ele pode ser conjurado em seus nomes e chamado para usar qualquer um de seus poderes. Cf. Amaimon, Ariton, Mathers, Oriens, Paimon.

MEMNOLIK Nome que aparece como *Menolik* na tradução de Mathers de 1898 da *Abramelin*, consta que este demônio serve ao príncipe infernal Paimon. Cf. Mathers, Paimon.

MENADIEL O oitavo príncipe errante, como dizem, listado na *Ars Theurgia*. Assim como vários demônios com títulos significativos, consta que Menadiel tem uma hoste de outros espíritos que são leais a ele. A corte de Menadiel consiste em vinte duques infernais, uma centena de companheiros e um vasto número de outros servos demoníacos. Todos têm a reputação de serem obedientes e civilizados, dotados de índoles basicamente boas — ou pelo menos dentro do limite de qualquer ser que seja classificado como demônio. Menadiel também aparece numa lista de demônios da *Steganographia,* de João Tritêmio, escrita em 1499. Cf. Ars Theurgia, Tritêmio.

MENADOR Um dos demônios que servem, às centenas, ao Imperador Infernal do Norte, Demoriel. Segundo a *Ars Theurgia*, Menador detém o título de duque, sendo um dos doze desses duques cujos nomes e selos são especificamente fornecidos pelo texto. Também de acordo com o texto, Menador comanda 1140 espíritos menores, além de estar associado ao terceiro par de horas planetárias do dia e à região norte. Cf. Ars Theurgia, Demoriel.

MENAIL Um dos dezoito demônios de alto escalão na corte do Duque Syrach. Menail aparece em *Segredos de Salomão*, um grimório do séc. XVII confiscado pela Inquisição de Veneza. Segundo o texto, Menail é um demônio ligado a roubos e ladrões, com o poder de tornar as pessoas invisíveis ao invadirem casas. Também aparece nas *Verdadeiras Chaves de Salomão*, onde serve ao Chefe Sirachi, um agente de Lúcifer. Cf. Lúcifer, Segredos de Salomão, Sirachi, Syrach, Verdadeiras Chaves.

MENARIEL Na *Ars Theurgia*, Menariel é mencionado como um cavaleiro infernal que serve ao príncipe errante Pirichiel. Há 2 mil espíritos inferiores que obedecem a ele. Cf. Ars Theurgia, Pirichiel.

Sob a grafia *Mephistophiles*, este demônio aparece também na *História do Doutor Johann Faust*, publicada em 1587 em Frankfurt, o primeiro *Faustbuch* (cf. "Dr. Fausto e o Diabo" na p. 267). O livro reunia uma série de histórias populares sobre um estudioso, dotado de grandes ambições, que vende a alma ao Diabo. As lendas de Fausto são, até onde se sabe, o ponto de origem do nome deste demônio. Embora a origem de Mefistófeles derive dos *Faustbücher* (os livros fáusticos), o sentido do seu nome continua discutível. Georg Rudolf Widmann, que publicou um *Faustbuch* em 1599, sugere uma origem persa, mas não oferece qualquer base mais substancial para essa alegação. Alguns pesquisadores avidamente associam a segunda metade do seu nome às palavras gregas *theophiles* ou *theopilos*, que significa algo como "aquele que ama a Deus". Infelizmente, a parte do *mephis* acaba ficando sendo nenhuma explicação. Como resultado, também não há fundamentos substanciais para se afirmar uma origem grega para o seu nome. Devido à popularidade dos *Faustbücher* dos sécs. XVI e XVII, a inclusão de Mefistófeles nos *Sexto e Sétimo Livros de Moisés* pode muito bem apontar para o fato de que este suposto livro mágico teria sido influenciado pela tradição fáustica e não o contrário.

MERACH Um dos doze arquiduques governados pelo príncipe infernal Dorochiel, que serve na corte do oeste. Segundo a *Ars Theurgia*, comanda um total de quarenta espíritos ministradores e se manifesta apenas nas horas entre o nascer do sol e o meio-dia. Cf. Ars Theurgia, Dorochiel.

MERAS Demônio a serviço de Camuel, o príncipe infernal do sudeste. Segundo a *Ars Theurgia*, Meras é um duque e conta com uma centena de espíritos ministradores que o acompanham. Consta que pertence às horas noturnas, mas se manifesta, em vez disso, apenas durante o dia. Cf. Ars Theurgia, Camuel.

MERASIEL Um dos grandes duques governados pelo príncipe errante Bidiel. Merasiel supervisiona uma vasta companhia de não menos que 2400 espíritos menores. Ele se manifesta em uma forma humana e, segundo a *Ars Theurgia*, é sempre agradável e belo de se ver. Cf. Ars Theurgia, Bidiel.

MERFIDE Demônio transportador, Merfide tem o poder de teletransportar as pessoas num instante a qualquer local desejado. Segundo a edição de Peterson do *Grimorium Verum*, Merfide é o sétimo demônio na hierarquia a serviço do Duque Syrach. Seu nome também é grafado como *Merfilde*, dependendo da versão do *Grimorium Verum* consultada. Cf. Grimorium Verum, Syrach.

MERFIEL Um dos dezoito poderosos demônios a serviço do Duque Syrach, um subordinado de Lúcifer mencionado nos *Segredos de Salomão*. Segundo o texto, o principal ofício de Merfiel envolve transportes, sendo capaz de arrebatar as pessoas e levá-las, num instante, a qualquer lugar que desejem. Seus poderes de teletransporte não são limitados a pessoas, mas também incluem objetos, o que faz com que seja excepcionalmente útil para adquirir itens raros, caros e difíceis de se encontrar. Seu nome acaba se tornando *Merfide* no *Grimorium Verum*, um texto derivado dos *Segredos de Salomão*. Cf. GRIMORIUM VERUM, MERFIDE, SEGREDOS DE SALOMÃO, SYRACH.

MERIHEM Na publicação de 1801 de Francis Barret intitulada *The Magus*, Merihem é elencado como um dos oito príncipes demoníacos que detêm poder sobre uma variedade de conceitos malignos e classes de seres. Sendo um príncipe demoníaco elencado no topo da hierarquia infernal, Merihem supervisiona toda pestilência e espíritos pestilentos. Cf. BARRETT.

MERIRIM Príncipe do ar mencionado em *The Magus*, de Francis Barrett. Segundo o texto, Meririm é um espírito em ebulição associado às regiões do sul. O ocultista Barrett o conecta aos quatro anjos do livro do *Apocalipse* que trazem destruição à terra. No grimório conhecido como *Janua Magica Reserata*, Meririm é também mencionado como um príncipe de poderes aéreos. Nesse texto, há uma ordem de demônios em uma hierarquia infernal que também inclui os Vingadores do Mal e os Espíritos Mentirosos. As *Aeriae Potestates* (potestades do ar) se encontram na sexta das nove ordens dessa hierarquia. Cf. BARRETT, JANUA MAGICA RESERATA.

MERMO Na *Magia Sagrada de Abramelin, o Mago*, Mermo é mencionado como um dos vários demônios que servem aos príncipes infernais das direções cardeais. Mathers sugere que o nome deste demônio esteja associado ao oceano e talvez signifique "atravessar o rio". Porém, este nome pode também ser uma variação de *Mormo*, um título associado à deusa grega Hécate, que posteriormente assume o título de padroeira das bruxas. O nome Mormo tornou-se famoso por conta de um trecho de Hipólito, em sua obra *Philosophumena (Refutação de Todas as Heresias)*, do séc. III d.C., que se dirige a Hécate como "Gorgo, Mormo, Lua de Mil Faces". Há um debate sobre a origem e sentido do nome Mormo, mas a explicação mais comum é a de que tenha a ver com uma ogra grega que devorava crianças. Não há qualquer prova sólida que sustente essa afirmação, no entanto, e permanece o mistério em torno desse título atribuído a Hécate em seus ritos antigos. Cf. MATHERS.

MEROSIEL Demônio noturno governado pelo duque errante Buriel. Merosiel despreza a luz do dia e se manifesta apenas após escurecer. Segundo a *Ars Theurgia*, é um espírito velhaco, dotado de uma índole inteiramente maligna. Merosiel e todos os outros demônios que servem a Buriel são detestados e mal falados por todos os outros espíritos. Quando Merosiel se manifesta, assume a forma de uma serpente com cabeça humana. Embora essa cabeça seja de uma bela jovem, Merosiel fala com voz masculina e rouca. Sendo um demônio com o título de duque, Merosiel conta com 880 espíritos menores sob seu comando. Cf. ARS THEURGIA, BURIEL.

MEROTH Demônio que serve ao príncipe infernal Dorochiel como seu arquiduque. A *Ars Theurgia* o associa à corte demoníaca do oeste. Consta que governa quatrocentos espíritos menores, todos os quais estão dispostos a executar seus comandos. Ele está supostamente associado às horas da segunda metade da noite, servindo a seu mestre infernal entre a meia-noite e o amanhecer. Cf. ARS THEURGIA, DOROCHIEL.

MERTIEL Demônio transportador, capaz de enviar uma pessoa a qualquer lugar num instante. Também é conhecido pelo nome *Inertiel*. É um demônio que aparece nas *Verdadeiras Chaves de Salomão*, onde consta que serve ao chefe Sirachi, um agente de Lúcifer. Cf. LÚCIFER, SIRACHI, VERDADEIRAS CHAVES.

CURIOSIDADES DEMONÍACAS
ANTIGOS EXORCISMOS

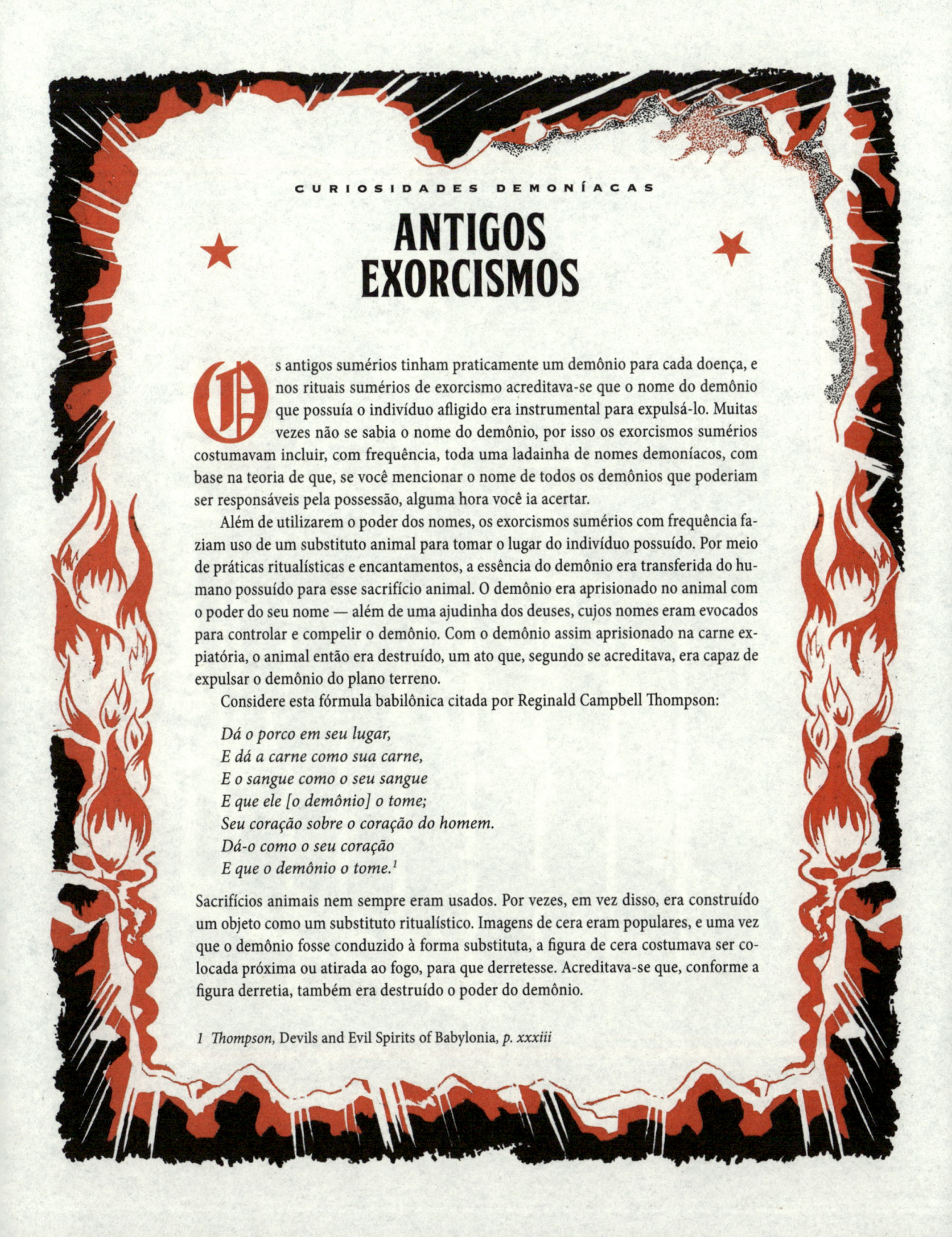

Os antigos sumérios tinham praticamente um demônio para cada doença, e nos rituais sumérios de exorcismo acreditava-se que o nome do demônio que possuía o indivíduo afligido era instrumental para expulsá-lo. Muitas vezes não se sabia o nome do demônio, por isso os exorcismos sumérios costumavam incluir, com frequência, toda uma ladainha de nomes demoníacos, com base na teoria de que, se você mencionar o nome de todos os demônios que poderiam ser responsáveis pela possessão, alguma hora você ia acertar.

Além de utilizarem o poder dos nomes, os exorcismos sumérios com frequência faziam uso de um substituto animal para tomar o lugar do indivíduo possuído. Por meio de práticas ritualísticas e encantamentos, a essência do demônio era transferida do humano possuído para esse sacrifício animal. O demônio era aprisionado no animal com o poder do seu nome — além de uma ajudinha dos deuses, cujos nomes eram evocados para controlar e compelir o demônio. Com o demônio assim aprisionado na carne expiatória, o animal então era destruído, um ato que, segundo se acreditava, era capaz de expulsar o demônio do plano terreno.

Considere esta fórmula babilônica citada por Reginald Campbell Thompson:

Dá o porco em seu lugar,
E dá a carne como sua carne,
E o sangue como o seu sangue
E que ele [o demônio] o tome;
Seu coração sobre o coração do homem.
Dá-o como o seu coração
E que o demônio o tome.[1]

Sacrifícios animais nem sempre eram usados. Por vezes, em vez disso, era construído um objeto como um substituto ritualístico. Imagens de cera eram populares, e uma vez que o demônio fosse conduzido à forma substituta, a figura de cera costumava ser colocada próxima ou atirada ao fogo, para que derretesse. Acreditava-se que, conforme a figura derretia, também era destruído o poder do demônio.

1 *Thompson*, Devils and Evil Spirits of Babylonia, p. xxxiii

A morte acariciando um corvo. Os corvos, sendo pássaros que se alimentam de cadáveres, costumavam ser associados a espíritos e demônios. Planografia de Walter Appleton Clark, séc. XIX. Imagem cortesia da Wellcome Collection, Londres.

METAFEL Demônio que serve como subordinado aos quatro príncipes infernais das direções cardeais: Oriens, Paimon, Ariton e Amaimon. Metafel aparece na edição de Mathers da *Magia Sagrada de Abramelin, o Mago*. Cf. AMAIMON, ARITON, MATHERS, ORIENS, PAIMON.

METATHIAX Segundo o *Testamento de Salomão*, Metathiax é um demônio pestilento que causa dores no sistema vascular. Sendo um dos 36 demônios associados aos decanos do zodíaco, Metathiax pode ser espantado pelo nome do anjo *Adônaêl*, que detém poder sobre ele. Cf. SALOMÃO.

MEXTYURA Demônio governado por Mayon, rei dos espíritos de Saturno. Na tradução de Joseph H. Peterson do *Livro Jurado de Honório*, consta que Mextyura tem o poder de inspirar ódio, raiva e tristeza. Capaz de despertar tempestades de neve e gelo, está associado à região norte, mas também é subordinado ao vento sudoeste. O texto não deixa claro como exatamente é que este demônio tem relações com duas direções tão distintas. Compare este nome com o de *Zynextur*, um demônio que serve a Albunalich, rei demoníaco da terra, na tradução de Driscoll do *Livro Jurado*. Cf. ALBUNALICH, *LIVRO JURADO*, MAYMON, ZYNEXTUR.

MILALU Demônio que consegue alterar os pensamentos e vontades dos outros. É capaz de influenciar jornadas e fazer chover. Milalu é um ministro do demônio Harthan, rei dos espíritos da lua, que aparece no *Livro Jurado de Honório*. Segundo o texto, ele serve na região oeste e, ao se manifestar, seu corpo lembra um cristal opaco e leitoso ou uma nuvem escura. Cf. HARTHAN, *LIVRO JURADO*.

MILAU Governado pelo rei demoníaco Harthan, Milau serve na região do oeste. É associado à esfera da lua, por isso tem o poder de fazer chover, influenciar jornadas e alterar os pensamentos das pessoas. Milau aparece na edição de Peterson do *Livro Jurado de Honório*. Segundo o texto, está associado ao vento oeste. Cf. HARTHAN, *LIVRO JURADO*.

MILION "O destruidor do dia", pelo menos segundo o ocultista S. L. MacGregor Mathers. Este demônio tem a reputação de ser um dos servos do príncipe Ariton, um dos quatro governantes das direções cardeais mencionados na *Magia Sagrada de Abramelin, o Mago*. Em outras versões do material do *Abramelin*, o nome deste demônio é grafado como Nilion. Cf. ARITON, MATHERS.

MIMOSA Na tradução de 1898 da *Magia Sagrada de Abramelin, o Mago*, Mathers sugere que o nome deste demônio significa "imitador", a partir da raiz grega *mîmos*, que tem esse sentido. Consta que Mimosa serve à liderança conjunta dos demônios Magoth e Kore. Cf. KORE, MAGOTH, MATHERS.

MINAL Demônio com o poder de erguer um exército de mil soldados. Minal aparece na tradução de Driscoll do *Livro Jurado*, onde é identificado como ministro do demônio Jamaz, rei infernal do elemento fogo. Sendo uma criatura do fogo, Minal se manifesta com um aspecto que lembra uma chama viva. É quente e impetuoso por natureza, mas também possui grande força e generosidade. É capaz de causar morte instantânea, mas também prevenir e até mesmo reverter completamente os efeitos da decomposição. Cf. JAMAZ, *LIVRO JURADO*.

MINOSUM Para os indivíduos com gosto por apostar, Minosum pode ser conjurado para ajudar em jogos de azar, permitindo que o mortal vença sempre que desejar. No *Grimorium Verum*, Minosum é listado como um dos servos do sétimo patamar subordinado aos demônios Hael e Sergulath. Sob o nome *Minotous*, aparece junto a seu sigilo na versão da *Clavicula Salomonis*, de 1709, da Wellcome Library. Segundo o texto, uma versão alternativa de seu nome é *Minoson*. Cf. CLAVICULA SALOMONIS, GRIMORIUM VERUM, HAEL, RESBIROTH, SERGULAF, SERGULATH.

MISIEL Arquiduque diurno que, segundo consta, serve na corte do rei demoníaco Malgaras. Misiel aparece na *Ars Theurgia*, onde seu nome aparece também apresentado como *Masiel*. Há vinte espíritos menores que existem para executar seus comandos. Sua região é o oeste. Cf. Ars Theurgia, Malgaras.

MISROCH Na versão de A. E. Waite do *Grande Grimório*, Misroch é identificado como o Grande Mordomo do Domicílio Real do Inferno. Embora Waite, em seu *Livro da Magia Negra e Pactos* mencione que esse título se origina da obra do erudito Johannes Wierus, do séc. XVI, a designação é bem menos antiga do que isso. Misroch e sua hierarquia infernal derivam, na verdade, de *Les Farfadets*, uma obra do começo do séc. XIX pelo autoproclamado demonologista Charles Berbiguier. Cf. Berbiguier, Grande Grimório, Waite, Wierus.

MISTALAS Este demônio aparece como uma coruja e detém conhecimentos sobre bruxaria e necromancia. Pode ser evocado para ensinar essas artes e também para repassar conhecimentos sobre as virtudes de pedras, árvores e ervas. Mencionado no *Livro de Oberon*, Mistalas é um dos doze principais servos do rei demoníaco do oeste, Paimon. Cf. Livro de Oberon, Paimon.

MITHIOMO Demônio evocado para prestar auxílio em práticas da arte da catoptromancia. Mithiomo é mencionado no *Manual de Munique*, onde consta que oferece ajuda para descobrir a identidade de um ladrão. Cf. Manual de Munique.

MITRUTEEAH Um dos vários nomes hebraicos que, segundo se acredita, pertenceriam ao demônio noturno Lilith. Na tradição judaica, entende-se que Lilith seria a primeira mulher de Adão, expulsa do Éden por recusar-se a se submeter a ele. Ela então passou a vagar pelo deserto, tornando-se a mãe dos demônios. Ela vitimava, invejosamente, as mães em trabalho de parto e bebês recém-nascidos, e uma variedade de talismãs foram construídos buscando proteção contra as suas investidas. Acreditava-se que era possível expulsar Lilith inscrevendo os seus nomes nesses talismãs. O autor T. Schrire, em seu *Hebrew Magic Amulets*, de 1966, apresenta uma variedade desses nomes tradicionais. Cf. Lilith.

MOLAEL Servo do demônio Symiel, que governa a direção entre o norte e o nór-nordeste, Molael é um demônio com um coração naturalmente endurecido. Aparece apenas à noite e mesmo assim é relutante em se fazer visível aos outros. Segundo a *Ars Theurgia*, seu título é o de arquiduque e conta com dez espíritos menores em sua companhia. É um demônio associado ao norte. Cf. Ars Theurgia, Symiel.

MOLBET Segundo o *Manual de Munique*, este demônio detém o título de príncipe na hierarquia do Inferno. É conjurado em um feitiço para revelar a identidade de um ladrão. Também está associado, de modo geral, à arte da adivinhação, sendo capaz de ajudar a encantar uma unha humana para que mostre todo tipo de imagens, caso o mago assim deseje. Cf. Manual de Munique.

MOLIN Demônio cujo nome aparece na edição de Mathers da *Magia Sagrada de Abramelin, o Mago*, traduzida a partir de um manuscrito francês anônimo dessa obra. Molin faz parte de uma vasta multidão de demônios que, segundo consta, servem aos quatro príncipes infernais das direções cardeais: Oriens, Paimon, Ariton e Amaimon. Mathers sugere que o nome de Molin significaria "habitar um dado lugar". Cf. Amaimon, Ariton, Mathers, Oriens, Paimon.

MOLOQUE Originalmente uma divindade cananeia, Moloque, Molokh ou Moloch, foi famosamente demonizado por conta de um trecho na Bíblia em *2 Reis* 23:10. Esse versículo descreve como as crianças eram consagradas a Moloque e lançadas ao fogo como sacrifício. Segundo o demonógrafo Manfred Lurker, o próprio nome *Moloch* talvez seja derivado da raiz púnica *MLK*, que significa "oferenda" ou "sacrifício". Daí ele sugere que "moloch" pode ter sido não um nome próprio originalmente, mas sim, em vez disso, um termo formal para esse tipo de sacrifício. Independentemente de suas raízes, o nome de *Moloque*, por conta de sua associação ao sacrifício de crianças, acabou sendo logo adotado pela demonologia. Segundo a hierarquia demoníaca que se vê no tratamento dado por Waite ao *Grande Grimório*, Moloque detém o título de "Príncipe da Terra das Lágrimas". Assim como muitos outros demônios em sua hierarquia, Moloque é um dos membros da Ordem da Mosca, os cavaleiros de Belzebu — consta que ele teria recebido, inclusive, a Grande Cruz da Ordem da Mosca. Embora A. E. Waite, em sua publicação do *Livro da Magia Negra e Pactos*, de 1910, credite a origem desses títulos a Wierus, a fonte real é a obra *Les Farfadets*, de Charles Berbiguier. É interessante como Berbiguier inclui em sua hierarquia duas versões do mesmo demônio bíblico: junto a Moloque é mencionado o demônio *Melchom*. Moloque deriva de uma transcrição grega do hebraico *Molech,* e há outros trechos da Bíblia onde a grafia varia entre *Melchom* e *Milcom*. Cf. BELZEBU, BERBIGUIER, GRANDE GRIMÓRIO, MELCHOM, WAITE, WIERUS.

MOLOX Segundo o *Manual de Munique*, este demônio é um espírito escudeiro com uma afinidade por castelos, soldados e fortificações. É também um ilusionista que é evocado para ajudar a conjurar um castelo ilusório em pleno ar. Tal operação só pode ser empreendida em uma localidade remota na décima noite da lua. Cf. MANUAL DE MUNIQUE.

MOMEL Um dos muitos demônios da hierarquia noturna do príncipe Dorochiel. Segundo a *Ars Theurgia*, Momel se manifesta apenas numa hora específica durante a primeira metade da noite, e conta com um total de quarenta espíritos ministradores que lhe acompanham. Seu título é o de arquiduque e ele serve no oeste. Cf. ARS THEURGIA, DOROCHIEL.

MONAEL Demônio sob governo do rei infernal Baruchas, Monael detém o título de duque e comanda milhares de espíritos menores. Seu nome e selo aparecem na *Ars Theurgia*. Segundo essa obra, Monael aparece apenas durante horas bastante específicas do dia. Se o dia for dividido em quinze porções iguais de tempo, então Monael se manifesta apenas durante as horas e minutos que caem na 11ª porção. Ele serve na região norte. Cf. ARS THEURGIA, BARUCHAS.

MORACHA Demônio que comanda 1840 espíritos menores, Moracha desfruta da liberdade de poder se manifestar a qualquer hora, seja dia ou noite. Segundo a *Ars Theurgia*, é um dos doze arquiduques subordinados ao príncipe errante Soleviel, metade dos quais lhe serve durante um ano, de modo que a outra metade lhe serve no ano seguinte, dividindo a carga de trabalho de um ano a outro. Cf. ARS THEURGIA, SOLEVIEL.

MORAEL Demônio a serviço do rei infernal Raysiel, Morael é um demônio noturno, aparecendo apenas durante as horas em que a escuridão detém poder sobre a terra. Seu título, subordinado a Raysiel, é o de arquiduque, segundo o texto, e conta com um total de vinte espíritos menores que atendem a ele. O nome e selo de Morael aparecem na *Ars Theurgia*. Sob Raysiel, ele jura lealdade à corte do norte. Cf. ARS THEURGIA, RAYSIEL.

MORAIL Demônio associado à invisibilidade e à ilusão. Segundo a tradução de Peterson do *Grimorium Verum*, Morail é o 16º demônio que serve como subordinado ao Duque Syrach. Cf. GRIMORIUM VERUM, SYRACH.

MORAX O 21º demônio da *Goécia*. Segundo a *Pseudomonarchia Daemonum*, de Wierus, Morax se manifesta a princípio na forma de um touro. Após assumir forma humana, ele ensina astronomia e as artes liberais, bem como também as virtudes de ervas e pedras preciosas. Além disso, também fornece espíritos familiares que são sábios e têm boa índole. Seus títulos são de conde e presidente, e supervisiona 36 legiões infernais. Por vezes é conhecido pelo nome *Foraii*. A *Goécia do Dr. Rudd* grafa seu nome como *Marax*. Aqui, consta que governa apenas três legiões de espíritos menores e que é coibido pelo anjo Nelchael. Cf. GOÉCIA, RUDD, SCOT, WIERUS.

MORCAZA Demônio da corte do rei infernal Barmiel, o primeiro e principal espírito do sul. Morcaza e seus colegas são mencionados na *Ars Theurgia*, onde consta que se manifesta apenas à noite. Embora tenha o título de duque, não há quaisquer espíritos ou ministros sob seu comando. Cf. ARS THEURGIA, BARMIEL.

MOREL Na *Magia Sagrada de Abramelin, o Mago*, Morel faz parte de uma multidão de demônios que servem a Oriens, Paimon, Ariton e Amaimon, os príncipes demoníacos das quatro direções cardeais. Segundo Mathers, seu nome significa "o rebelde". Cf. AMAIMON, ARITON, MATHERS, ORIENS, PAIMON.

MORIEL Servo do demônio Camuel. Segundo a *Ars Theurgia*, Moriel é um duque, mas não conta com quaisquer espíritos ministradores que lhe acompanhem. Pertence às horas noturnas, mas deve ser evocado durante o dia. Sua hierarquia é a do oeste e, ao se manifestar, assume uma forma que é bela de se ver e fala com um tom de voz cortês com quem estiver disposto a conversar com ele. Cf. ARS THEURGIA, CAMUEL.

MORILEN "O Balbuciador", Morilen aparece na tradução de Mathers da *Magia Sagrada de Abramelin, o Mago*. É um demônio governado por Oriens, Paimon, Ariton e Amaimon, os quatro príncipes demoníacos das direções cardeais. Cf. AMAIMON, ARITON, MATHERS, ORIENS, PAIMON.

MORLAS Demônio noturno governado pelo príncipe infernal Cabariel. Morlas possui índole sombria e enganosa. Sendo um poderoso duque, supervisiona cinquenta espíritos menores que lhe servem e executam sua vontade. Morlas está associado à corte do oeste. O selo usado para compeli-lo aparece na *Ars Theurgia*, o segundo livro do *Lemegeton*. Cf. ARS THEURGIA, CABARIEL.

MORTOLIEL Duque que serve ao demônio Hydriel. Mortoliel é atraído a lugares úmidos ou molhados. Segundo a *Ars Theurgia*, trata-se de um demônio de natureza cortês e bom temperamento. Ao se manifestar, assume a forma de serpente com o rosto de uma virgem. É uma criatura do ar, errando de um lugar a outro na companhia de seu príncipe, e conta com um total de 1320 espíritos menores que o acompanham. Cf. ARS THEURGIA, HYDRIEL.

MOSACUS Demônio dotado de uma aparência bastante desconexa. Mosacus tem orelhas de asno, cauda de dragão, pés de ganso, mãos de toupeira e nariz de elefante. Além disso, há outros rostos em todas as suas juntas e nas suas partes baixas. Dois olhos espiam a partir de sua barriga e carrega um cajado e um cetro. Caso essa visão seja perturbadora demais, Mosacus pode ser comandado para assumir a forma de um menino ruivo de sete anos de idade. No *Livro de Oberon*, seu círculo de conjuração é traçado usando-se um ramo abençoado no Domingo de Ramos. Quando Mosacus recebe as ordens para ir embora, o nome *Effnnelion* deve também ser invocado, mas não fica claro no texto se este seria o nome de espírito superior a Mosacus ou um nome alternativo do próprio. Este espírito também aparece no manuscrito designado como *e Musaeo 173* na Bodleian Library, publicado por Daniel Harms, em inglês, sob o título *Of Angels, Demons & Spirits*. Aqui Mosacus é descrito apenas em sua forma de menino. O texto oferece bons motivos para ele ser conjurado: consta que é capaz de realizar mais trabalhos em um único dia do que um mortal poderia realizar ao longo de sete anos. Cf. LIVRO DE OBERON.

MOSCHEL Ao se manifestar, este demônio pode parecer revoar e esvoaçar pelo espaço onde é conjurado. Mathers diz que seu nome significa "deslocar-se ao redor". Moschel é um servo dos quatro príncipes demoníacos que supervisionam as direções cardeais: Oriens, Paimon, Ariton e Amaimon. Aparece na *Magia Sagrada de Abramelin, o Mago*, sendo conjurado no terceiro dia dos rituais do Sagrado Anjo Guardião. Cf. AMAIMON, ARITON, MATHERS, ORIENS, PAIMON.

MOTMYO Demônio que oferece auxílio nas artes divinatórias. É conjurado como parte de um feitiço para se obter informações por meios psíquicos no *Manual de Munique* do séc. XV. Cf. MANUAL DE MUNIQUE.

MOYLE Grande leão com asas de grifo, Moyle aparece no *Livro de Oberon* elisabetano. Dotado do título de marquês, comanda treze legiões e tem o poder de conferir vitória sobre os inimigos do conjurador. É capaz de transformar qualquer pessoa, num instante, em um especialista em armas e pode

O Diabo como uma besta quimérica com muitos rostos. Detalhe de uma gravura inspirada por Buonamico di Martino chamada Buffalmacco. Séc. XV. Imagem cortesia da Wellcome Collection, Londres.

conferir os favores de grandes homens. Além disso, o próprio Moyle tem excelente educação e pode fazer do conjurador alguém perspicaz e instruído nas ciências. Cf. LIVRO DE OBERON.

MUDIRET Um dos dez grandes duques sob governo do príncipe errante Bidiel, Mudiret é um espírito essencialmente bom e sua aparência reflete isso: ao se manifestar, assume a forma de um ser humano de beleza radiante. Detém o comando sobre 2400 espíritos inferiores. Seu nome, bem como o selo que o comanda e coíbe, aparecem na *Ars Theurgia*. Cf. ARS THEURGIA, BIDIEL.

MULACH Segundo a *Magia Sagrada de Abramelin, o Mago*, este demônio serve como subordinado aos quatro príncipes infernais das direções cardeais. Mathers acredita que este nome seja uma variação de *Moloque*, uma divindade moabita que posteriormente evoluiu e se tornou um dos mais temíveis habitantes do Inferno. A transformação demoníaca de Moloque não deve surpreender ninguém, pois, segundo sua reputação, ele era venerado por meio do sacrifício de crianças. O Mulach do *Abramelin* pode também ter uma outra origem, haja vista que seu nome tem uma forte semelhança com o *malak* árabe, um termo que costuma ser traduzido como "anjo". Cf. AMAIMON, ARITON, MATHERS, MOLOQUE, ORIENS, PAIMON.

MULLIN Demônio mencionado na apresentação do *Grande Grimório* feita por A. E. Waite em sua publicação de 1910, *O Livro da Magia Negra e Pactos*. Mullin aparece em uma hierarquia pitoresca do Inferno, onde é mencionado como o Primeiro Cavalheiro dos Aposentos do Domicílio Real. Waite cita o erudito do séc. XVI Wierus como a fonte de sua hierarquia, mas ela deriva, na verdade, da obra do demonólogo do séc. XIX Charles Berbiguier, que também é repetida no *Dictionnaire Infernal*, de Collin de Plancy. Cf. BERBIGUIER, *GRANDE GRIMÓRIO*, WAITE.

MUNEFIEL Apoderado de um total de 2200 espíritos menores, consta que este duque infernal serve ao príncipe errante Icosiel. Segundo a *Ars Theurgia*, Munefiel tem preferência por passar seu tempo em casas e residências particulares. Talvez infelizmente, ele só é capaz de se manifestar durante um horário específico a cada dia. Se o dia for dividido em quinze partes iguais, Munefiel pertence às horas e minutos que caem na 13ª dessas quinze seções de tempo. Cf. ARS THEURGIA, ICOSIEL.

MURAHE Poderoso duque que serve ao rei demoníaco Syriel, Murahe conta com o auxílio de trinta espíritos ministradores. É um demônio governado pelas horas noturnas, teimoso e indisposto a aparecer diante de mortais. Segundo a *Ars Theurgia*, serve na corte do norte. Cf. ARS THEURGIA, SYMIEL.

MURMUR O 54º demônio mencionado na *Goécia*. *A Descoberta da Bruxaria*, de Scot, identifica este demônio como sendo, ao mesmo tempo, um duque e um conde. Consta que apareceria na forma de um soldado montado sobre um grifo. Digno de seu título, ele ostenta uma coroa ducal sobre a cabeça. Murmur detém o comando sobre trinta legiões de espíritos inferiores e, ao se manifestar, dois de seus ministros seguem à sua frente, fazendo soar trombetas. A *Pseudomonarchia Daemonum*, de Wierus, diz que outrora pertenceu, em parte, à Ordem dos Tronos, no céu, e em parte à Ordem dos Anjos. O *Livro dos Encantamentos* galês concorda. Murmur ensina filosofia e tem o poder de conjurar as almas dos falecidos, fazendo com que apareçam e respondam às perguntas que lhes forem feitas. Na *Goécia do Dr. Rudd*, seu nome aparece como *Murmus*. Consta que pode ser coibido em nome do anjo Nithael. Cf. GOÉCIA, LIVRO DOS ENCANTAMENTOS, RUDD, SCOT, WIERUS.

MURSIEL Demônio governado pelo príncipe errante Soleviel. Mursiel tem liberdade para se manifestar a qualquer hora do dia ou da noite e serve a seu mestre durante apenas um ano a cada dois. Seu nome e selo aparecem na *Ars Theurgia*, onde consta que tem 1840 espíritos menores subordinados. Cf. ARS THEURGIA, SOLEVIEL.

Murmur aparece na Goécia do Dr. Rudd sob o nome "Murmus". Este é o seu selo que se encontra nessa obra. Tinta sobre pergaminho, por M. Belanger.

MURYELL Demônio mencionado no *Livro de Oberon*, onde consta que Muryell aparece como um leão branco. Um dos doze ministros de mais alto escalão em sua hierarquia, Muryell serve na corte do rei demoníaco do norte, Egin. Seu principal poder é o de fazer as pessoas se apaixonarem. Além disso, assim como muitos demônios do *Livro de Oberon*, é capaz de revelar a localização de tesouros ocultos. Cf. Egin, *Livro de Oberon*.

MUSINIEL Dmônio com apreço por bosques, Musiniel detém o título de duque e, assim sendo, comanda um total de 1320 espíritos menores. Seu superior imediato é o príncipe errante conhecido como Emoniel. Segundo a *Ars Theurgia*, Musiniel não tem nenhuma preferência em particular pelas horas do dia ou da noite. Com o nome e selo descritos nessa obra, é possível obrigá-lo a se manifestar a qualquer horário. Cf. *Ars Theurgia*, Emoniel.

Detalhe de uma gravura anticatólica que representa as torturas cometidas pelos demônios do Inferno. A imagem faz uma crítica à venda de indulgências, com a representação da vítima sendo obrigada a engolir ouro. Imagem cortesia da Wellcome Collection, Londres.

MUSIRIEL Demônio a serviço de Amenadiel, o Imperador Infernal do Oeste, Musiriel detém o título de duque e tem comando sobre 3880 espíritos menores. Seu nome e selo aparecem na tradução de Mitch Henson da *Ars Theurgia*. Cf. AMENADIEL, *ARS THEURGIA*.

MUSISIN Demônio habilidoso em questões políticas, Musisin tem o poder de exercer influência sobre os senhores e líderes do mundo. Além do mais, é capaz de reunir informações de todas as repúblicas e países. No *Grimorium Verum*, editado por Peterson, é elencado como o segundo demônio subordinado ao duque infernal Syrach. Cf. *GRIMORIUM VERUM*, SYRACH.

MUSOR Segundo a *Ars Theurgia*, Musor é um arquiduque governado pelo rei infernal Symiel. Por conta de sua associação a Symiel, Musor serve na corte do norte. Comanda 110 espíritos menores e aparece apenas durante as horas diurnas. Seu nome e selo aparecem na *Ars Theurgia*, o segundo livro do *Lemegeton*. Cf. *ARS THEURGIA*, SYMIEL.

MUSUZIEL Demônio com forte predileção por locais úmidos e molhados como brejos e pântanos. Muito adequado para um ser atraído a tais locais úmidos, Musuziel aparece na forma de uma *naga*, tendo o corpo de uma serpente, mas a cabeça de uma belíssima jovem. Embora se manifeste em uma forma monstruosa, Musuziel é, apesar disso, um espírito de boa índole, com comportamento educado e cortês. Serve ao demônio Hydriel, descrito como duque errante na *Ars Theurgia*. Segundo o texto, o próprio Musuziel supervisiona um exército que chega a um total de 1320 espíritos menores. Cf. *ARS THEURGIA*, HYDRIEL.

MUZIEL Demônio governado pelo príncipe infernal Dorochiel. Associado às horas noturnas, consta que Muziel serve a seu mestre a cada madrugada entre a meia-noite e o amanhecer. Detém o título de arquiduque e comanda quatrocentos espíritos menores. Sua região é o oeste. Notem a similaridade entre o nome deste demônio e o de *Maziel*, que serve na mesma hierarquia e é associado ao mesmo período de tempo a cada noite. Os nomes e sigilos de ambos os demônios aparecem na *Ars Theurgia*, do séc. XVII. Cf. *ARS THEURGIA*, DOROCHIEL.

MYLALU Mensageiro da corte do Sol, Mylalu serve ao Rei Barkan. As afiliações planetárias deste demônio significam que aparece na forma de uma pessoa alta (homem ou mulher) e de membros fortes, com pele de tons dourados e amarelos, trajando uma túnica amarela reluzente. Tem o poder de transformar inimigos em amigos, conferir honras e dignidades, oferecer cargos públicos e adquirir ouro, joias e todas as coisas que brilham. Além disso, detém o controle sobre toda doença e enfermidade, curando-as ou causando-as. Seu nome aparece no *Livro de Oberon*, junto de seus colegas, Buesaba e Bybell. Sempre que está próximo, faz com que as pessoas comecem a suar incontrolavelmente. Cf. BARKAN, BUESABA, BYBELL, *LIVRO DE OBERON*.

MYLU Demônio fleumático que serve ao Rei Harkam na corte da Lua. Quando Mylu assume forma humana, é alto, careca e dotado de um corpo suave. Sua pele é da cor de uma nuvem que traz tempestades. Tem o poder de oferecer prata, transportar objetos, aumentar a velocidade de cavalos e revelar segredos do passado, do presente e do futuro. Seu nome aparece no *Livro de Oberon*, onde consta que serve ao lado de três outros ajudantes do rei da Lua. Cf. ACUTEBA, BYLETH, BYLETHOR, HARKAM, *LIVRO DE OBERON*.

MYREZYN Duque que serve ao poderoso demônio Carnesiel, Imperador do Leste. O nome de Myrezyn aparece numa lista de demônios associados aos pontos cardeais na *Ars Theurgia*, o segundo livro do *Lemegeton*. Myrezyn e seus compatriotas são descritos como seres dotados de uma natureza bastante "aérea", por isso aparecem com maior nitidez se forem conjurados com um objeto de vidro ou uma *shew-stone*. Cf. *ARS THEURGIA*, CARNESIEL.

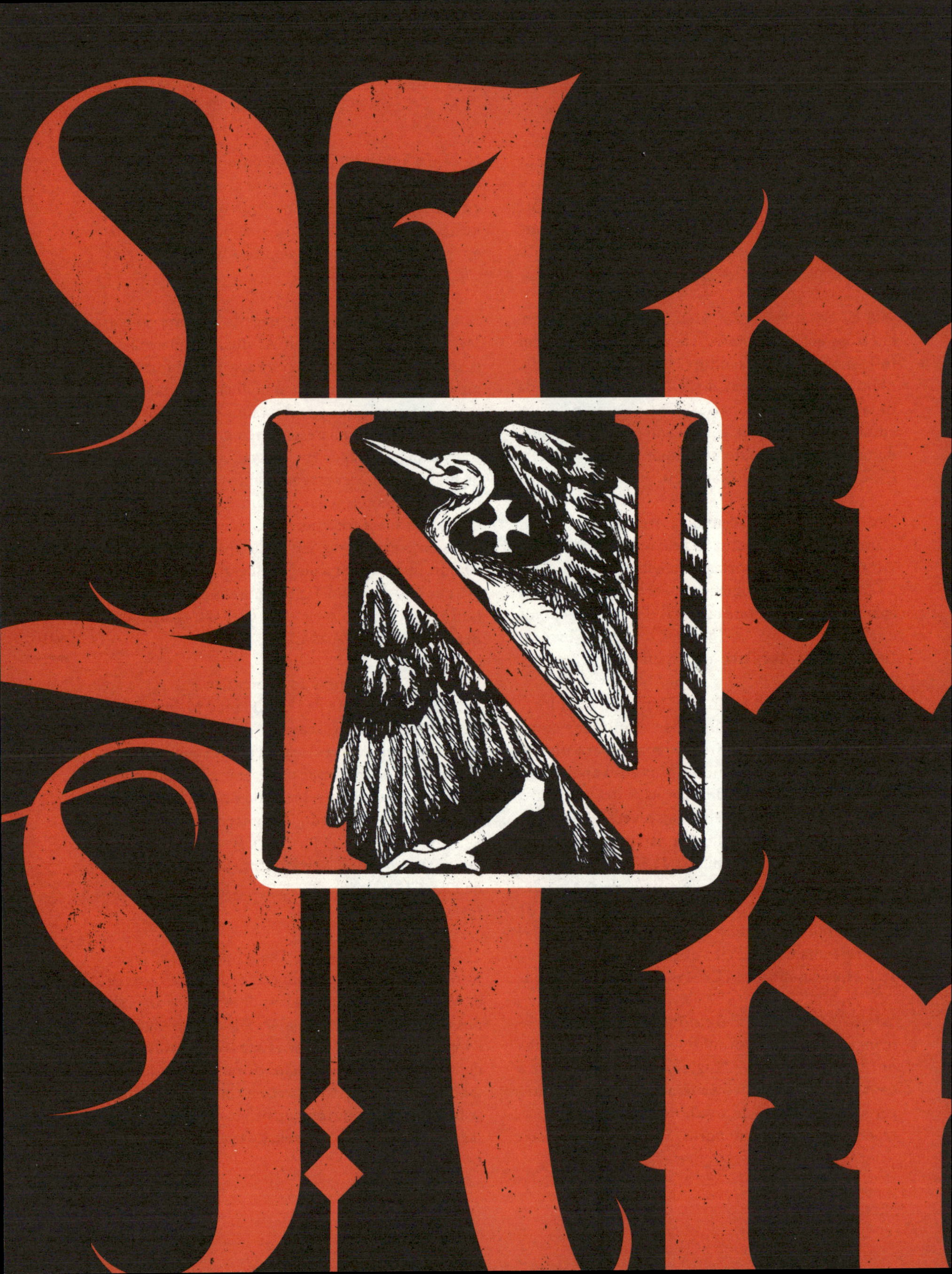

NAADOB Na tradução de Peterson do *Livro Jurado de Honório*, consta que Naadob tem o poder de despertar sentimentos de amor, felicidade e alegria. Também é capaz de mudar a opinião das pessoas sobre as outras. Seu regente é Formione, o rei dos espíritos de Júpiter. Ao se manifestar, assume um corpo da cor dos céus ou de um tom cristalino puro e límpido. Os anjos que o governam são Satquiel, Rafael, Pahamcocihel e Asassaiel, que regem a esfera de Júpiter. Cf. Formione, *Livro Jurado*.

NAASA Servo do demônio Sarabocres (Sarabotres), rei do planeta Vênus. Segundo a versão de Peterson do *Livro Jurado de Honório*, Naasa responde aos anjos Hanahel, Raquyel e Salguyel, que regem a esfera de Vênus. Detém poder sobre a luxúria e o desejo, invocando prazeres para os mortais. Sua aparência ao se manifestar é bela e agradável, e seu rosto é branco como a neve. Consta ainda que este demônio é um dos quatro da corte de Sarabocres regidos pelos ventos leste e oeste. Compare com o demônio Naassa da tradução de Driscoll do *Livro Jurado*. Cf. *Livro Jurado*, Naassa, Sarabocres.

NAASSA Demônio regido pelo presidente infernal Canibores. Naassa detém o título de ministro e é um dos três demônios que, segundo consta, aparecem e falam em nome de seu mestre. O próprio Canibores não pode ser conjurado de modo a se manifestar de forma visível. A edição de Driscoll do *Livro Jurado* afirma que Naassa tem o poder de fazer os homens se apaixonarem por mulheres, e vice-versa. Incita luxúria e paixão, além de inspirar prazeres ilimitados naqueles que buscam deleites físicos. Naassa, demônio firmemente devoto dos prazeres terrenos, não apenas detém poder sobre a luxúria e a paixão como também é capaz de fazer surgir itens luxuosos — como perfumes raros e tecidos nobres. Ao se manifestar, assume um corpo de estatura moderada, cuja pele reluz como uma estrela brilhante. Seguindo o que parece ser um costume comum entre os demônios em seu serviço dentro dessa mesma hierarquia, o nome de Naassa é muito semelhante ao de outro dos ministros de Canibores, Nassar. Compare também o seu nome e poderes aos do demônio Naasa, do *Livro Jurado* na versão de Peterson. Cf. Canibores, *Livro Jurado*, Naasa, Nassar.

NABAM Demônio evocado aos sábados, Nabam aparece no *Grimorium Verum*, na tradução do pesquisador, especializado em ocultismo, Joseph H. Peterson. Cf. *Grimorium Verum*.

NABERIUS O 24º demônio da *Goécia*. Segundo Scot, é conhecido também como *Cérbero*, o cão de três cabeças da mitologia grega que guardava os portões do Hades. Não há quase nada em Naberius que justifique essa associação canina, pois suas descrições mencionam que aparece na forma de um corvo que fala com voz rouca. Scot elenca este demônio como sendo um marquês, com dezenove legiões sob seu comando. A ele é atribuído o poder de tornar os homens amigáveis e ardilosos em retórica. Além do mais, consta que é capaz de privar as pessoas de sua dignidade e status. Na *Pseudomonarchia Daemonum*, o nome deste demônio é grafado como *Naberus*. Na *Goécia do Dr. Rudd*, consta que, a princípio, aparece voando pelo lugar onde for conjurado na forma de uma gralha. O anjo que o coíbe é Haiviah. Cf. *Goécia*, Rudd, Scot, Wierus.

NACHERAN Servidor do demônio Magoth. A tradução de Mathers da *Magia Sagrada de Abramelin, o Mago* também inclui Nacheran na lista de servidores de Kore. Cf. Kore, Magoth, Mathers.

NADRIEL Demônio mencionado na tradução de Henson da *Ars Theurgia*. Nadriel serve na corte de Pamersiel, o primeiro e principal espírito do leste. Nadriel detém o título de duque. Assim como ocorre com todos os outros duques do demônio Pamersiel, dizem dele que é arrogante, teimoso e completamente maligno. Por ser um demônio traiçoeiro, jamais deve ser confiado com qualquer assunto sigiloso. Sua natureza agressiva, porém, faz com que ele seja útil para afastar outros espíritos, particularmente aqueles que habitam casas mal-assombradas. Cf. Ars Theurgia, Pamersiel.

NADROC Demônio mencionado na *Ars Theurgia*, na versão de Henson do *Lemegeton* completo. Nadroc é um dos doze demônios dotados do título de duque na lista da hierarquia de Amenadiel, Imperador Infernal do Oeste. O próprio Nadroc tem 3880 espíritos ministradores sob seu comando. Como ocorre com todos os demônios mencionados na *Ars Theurgia*, consta que sua natureza é aérea e é mais fácil enxergá-lo com o uso de um cristal ou um espelho para catoptromancia. Cf. Amenadiel, Ars Theurgia.

NADRUSIEL O comandante de 1840 espíritos menores, Nadrusiel é um arquiduque governado pelo príncipe infernal Soleviel. Segundo a *Ars Theurgia*, Nadrusiel serve a seu mestre demoníaco ao longo de apenas um ano a cada dois, alternando com os outros duques. Cf. Ars Theurgia, Soleviel.

NAGANI Servidor do rei infernal Ariton. Nagani aparece em todas as versões da *Magia Sagrada de Abramelin, o Mago*, com exceção do manuscrito traduzido pelo ocultista S. L. MacGregor Mathers. Cf. Ariton, Mathers.

NAGID Segundo a tradução de Mathers da *Magia Sagrada de Abramelin, o Mago*, o nome deste demônio deriva de uma palavra hebraica que significa "líder". Nagid faz parte de um grupo de demônios governados pelos príncipes infernais das direções cardeais: Oriens, Paimon, Ariton e Amaimon. Cf. Amaimon, Ariton, Mathers, Oriens, Paimon.

NAHIEL Demônio na hierarquia de Dorochiel, governante infernal do oeste. O título de Nahiel que consta na *Ars Theurgia*, é o de arquiduque, contando com quarenta espíritos ministradores subordinados. Cf. Ars Theurgia, Dorochiel.

NAJIN A tradução de 1898 da *Magia Sagrada de Abramelin, o Mago*, produzida pelo ocultista S. L. MacGregor Mathers, sugere que o nome deste demônio possa ser derivado de uma raiz hebraica com o sentido de "que se propaga". Najin faz parte de uma grande horda de demônios governada pelos quatro príncipes infernais das direções cardeais: Oriens, Paimon, Ariton e Amaimon. Najin e muitos outros de seus coortes demoníacos foram mencionados como parte das operações para se obter contato com o Sagrado Anjo Guardião, um rito central ao *Abramelin*. Cf. Amaimon, Ariton, Mathers, Oriens, Paimon.

NALAEL Segundo a *Ars Theurgia*, Nalael é um duque a serviço do demônio Symiel, rei da direção entre o norte e o nor-nordeste. Associado às horas noturnas, Nalael é acompanhado por 130 espíritos ministradores que executam sua vontade. Dotado de natureza teimosa e mal-humorada, ele se manifesta diante aos mortais com grande relutância. Cf. Ars Theurgia, Symiel.

NAMBROT Demônio associado ao sábado no *Grimório do Papa Honório*. No mesmo texto, é mencionado também como demônio da terça-feira. Na tradução de Peterson do *Grimorium Verum*, aparece sob o nome de Nambroth. Aqui ele também está associado às terças. Cf. Grimorium Verum.

NAMIROS Servidor do arquidemônio Belzebu, Namiros é mencionado na *Magia Sagrada de Abramelin, o Mago*, onde é chamado e obrigado a fazer um juramento ao mago como parte dos trabalhos com o Sagrado Anjo Guardião. Cf. Belzebu, Mathers.

NAÔTH Segundo a obra pseudepigráfica intitulada *O Testamento de Salomão*, Naôth é o 19º dos 36 demônios associados aos decanos do zodíaco.

Exemplo do círculo de conjuração da Descoberta da Bruxaria, de Scot. Todos os espíritos são conjurados do lado de fora do círculo enquanto o mago se assenta, em segurança, dentro de seus limites. Cortesia da Dover Publications.

CURIOSIDADES DEMONÍACAS

A ASCENSÃO DOS DECANOS

O *Testamento de Salomão* apresenta uma série de demônios atribuídos aos 36 decanos do zodíaco. O que é um decano e qual sua importância para a demonologia? Na astrologia ocidental moderna, há doze signos zodiacais, e cada um pode ser decomposto em três decanos. Nesse sentido, os decanos representam, cada um, dez graus da eclíptica, que, por sua vez, sendo um círculo, é constituído de 360 graus. Mas não era esse o propósito original dos decanos, que eram, a princípio, um conceito à parte do zodíaco como o conhecemos. Concebidos no Egito durante o Primeiro Período Intermediário (2181–2040 a.C.), os decanos eram usados para marcar as horas da noite.

Durante um período de dez dias, cada decano nasce no céu como a última e mais brilhante constelação logo antes do amanhecer. O seu nascimento helíaco ajudava a marcar 360 dos 365 dias do ano (os antigos egípcios incluíam cinco dias de festival, chamados de dias epagômenos, para compensar a diferença). Como explica Theresa Ainsworth, "Como marcadores horários, as estrelas ou constelações que constituíam cada decano eram vistas como deuses protetores menores, semelhantes aos dáimons".[1] Os 36 dáimons dos decanos foram representados, em diversas tumbas, como divindades com cabeças de animais. Quando o Hermetismo começou a florescer no Egito (por volta de 300 a.C.), os decanos já haviam se tornado algo além de marcadores de tempo e passaram a ser vistos como forças que detinham poder sobre doenças.

Em *Le Livre Sacré sur les Décans*, também conhecido como o *Livro Sagrado de Hermes a Asclépio*, são descritos esses dáimons dos decanatos, com suas associações zodiacais, as doenças que eles causam e os talismãs necessários para se combater seus efeitos. Esse texto hermético foi composto por volta da mesma época da data geralmente aceita atribuída ao *Testamento de Salomão*, e há uma influência visível. Os 36 demônios de Salomão são uma derivação direta dos antigos dáimons egípcios da noite.

1 Theresa Ainsworth, "A Timeline of the Decans", p. 1.

Dois homens dentro de um círculo, conjurando o Diabo. Gravura, 1720. Cortesia da Wellcome Collection, Londres.

É um demônio causador de tormentos e doenças, afligindo a humanidade ao causar dores nos joelhos e do pescoço. Aparece em uma forma monstruosa, dotado do corpo de um homem e a cabeça de uma fera. Às vezes é chamado também pelo nome *Nathath* e pode ser expulso ao se invocar o nome *Phnunoboêol*. Sob o título de *Rhyx Nathotho*, ele é o 20º demônio da lista na tradução posterior de McCown. Por ter trabalhado com uma coletânea mais completa de textos-fonte, a tradução de McCown é, no geral, mais precisa. Nessa versão do texto, é o anjo Phounibiel quem o coíbe. Cf. SALOMÃO.

NARAS Demônio mencionado na *Ars Theurgia*. Consta que Naras serve ao rei demoníaco Gediel. Ostentando o título de duque, Naras tem ligações com as horas diurnas e, por conta de Gediel, também é afiliado à direção sul. Há vinte espíritos menores que executam seus comandos. Cf. *Ars Theurgia*, GEDIEL.

NARSIAL Arquiduque que jura lealdade ao príncipe infernal Dorochiel. Na *Ars Theurgia*, consta que Narsial é um demônio da noite, servindo a seu mestre nas horas entre a meia-noite e o amanhecer. Ele tem quatrocentos espíritos menores sob seu comando. Por conta de Dorochiel, está associado à região oeste. Cf. Ars Theurgia, Dorochiel.

NARTNIEL Duque da hierarquia do príncipe errante Uriel, segundo a *Ars Theurgia*. Nartniel tem a reputação de ser um espírito maligno, teimoso e desonesto. Aparece na forma de serpente com a cabeça de uma bela jovem. Sendo um demônio nobre, detém poder sobre um total de 650 companheiros e espíritos menores. Cf. Ars Theurgia, Uriel.

NARZAEL Demônio obstinado e voluntarioso associado às horas noturnas. Narzael faz parte dos mil arquiduques demoníacos que atendem ao rei infernal Symiel nas horas da noite. O próprio Narzael detém poder sobre um total de 210 espíritos menores. Ele é parte de uma série de demônios discutidos na tradução de Henson da *Ars Theurgia* e serve na corte do norte. Cf. Ars Theurgia, Symiel.

NASAR Espírito ministrador do Rei Sarabotres, ou Sarabocres, o regente da esfera planetária de Vênus. A cor de Nasar é o verde e ele tem uma aparência bela e agradável. Pode se manifestar na forma de uma mulher nua ou como uma jovem vestida em belíssimos trajes de cor branca e verde-esmeralda. Seu poder é o de influenciar sentimentos, encorajando o amor e interações harmoniosas. Também é capaz de conjurar todas as coisas que têm movimento, uma categoria bastante ampla de possibilidades. Seu nome aparece no *Livro de Oberon*, um grimório escrito no período elisabetano na Inglaterra. Compare com os demônios *Naasar, Naassar e Nassar*. Cf. Livro de Oberon, Manasa, Sarabocres.

NASINIET Duque poderoso com um total de 1320 espíritos ministradores que atendem a suas vontades. Nasiniet aparece na *Ars Theurgia* em uma lista de espíritos que servem ao príncipe infernal Emoniel. Consta que Nasiniet tem grande apreço por bosques e florestas, onde é capaz de se manifestar igualmente durante as horas da noite ou do dia. Cf. Ars Theurgia, Emoniel.

NASSAR Um dos três ministros que servem ao demônio Canibores, um poderoso presidente do Inferno. A edição de Daniel Driscoll do *Livro Jurado de Honório* nos diz que não é possível conjurar o próprio Canibores de modo que ele se manifeste como uma aparição física. Em vez disso, para se chegar a ele é preciso recorrer a seus três ministros, cada um dos quais possui poderes semelhantes aos de seu superior. Por consequência, quando Nassar é conjurado, tem o poder de gerar prazeres ilimitados no sexo oposto e semear amor e luxúria entre homens e mulheres. Sua natureza é maleável como prata e seu corpo reluz como uma estrela brilhante. O nome de Nassar é curiosamente semelhante ao de um de seus compatriotas, Naassa. Esse paralelismo dos nomes é comum entre demônios que servem nas mesmas hierarquias infernais. Na tradução de Peterson do *Livro Jurado*, Nassar é identificado como um dos dois ministros do demônio Sarabocres. Aqui, aparece associado ao planeta Vênus. Sendo um espírito venéreo, muitos de seus poderes permanecem os mesmos. Na *Ars Theurgia*, Nassar aparece como servo do demônio Armadiel, associado ao norte. Nesse texto, seu título é o de duque. Se o dia for dividido em quinze seções, a hora de Nassar corresponde à primeira porção do dia. Há 84 espíritos ministradores que o acompanham. Cf. Armadiel, Ars Theurgia, Canibores, Livro Jurado, Naassa, Sarabocres.

NASTROS Demônio da escuridão que comanda um total de 880 espíritos menores. Nastros aparece na *Ars Theurgia*, na tradução de Mitch Henson. Segundo essa obra, Nastros serve ao duque errante Buriel, um príncipe aéreo que se desloca de um lugar a outro com sua companhia. Nastros é um espírito maligno que teme a luz. Manifesta-se apenas à noite e assume a forma de uma grande serpente. Essa serpente monstruosa tem rosto feminino, mas fala com voz masculina. Nastros e toda a hierarquia de Buriel são tão maléficos que são detestados e repudiados por todos os outros espíritos. Cf. Ars Theurgia, Buriel.

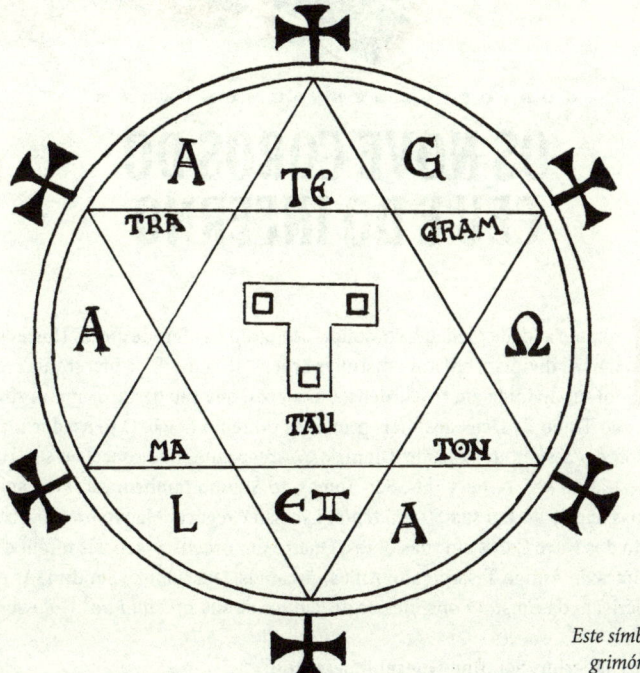

O Hexagrama de Salomão. Este símbolo é encontrado em vários grimórios, inclusive o Lemegeton. Arte de Jackie Williams.

NATALES Nome derivado da palavra latina para "nascimento". Natales aparece na tradução de Mathers da *Magia Sagrada de Abramelin, o Mago*. Segundo o texto, é um demônio governado pelo arquidemônio Belzebu. Outra grafia variante do nome deste demônio é *Natalis*. Cf. BELZEBU, MATHERS.

NATHES Príncipe demoníaco listado no *Manual de Munique*. É conjurado como parte de um feitiço para obter informações quanto a um roubo e auxilia em questões divinatórias. Cf. MANUAL DE MUNIQUE.

NATHRIEL Um dos quinze duques governados pelo príncipe infernal Icosiel. Segundo a *Ars Theurgia*, Nathriel comanda um total de 2200 espíritos menores. Tem apreço por se manifestar na casa das pessoas, mas possui certas restrições e só aparece em determinadas horas e minutos a cada dia. Se o dia for dividido em quinze porções iguais, a porção que pertence a Nathriel é a nona. Cf. ARS THEURGIA, ICOSIEL.

NEBIROS Demônio mencionado tanto no *Grimorium Verum* quanto no *Grande Grimório*. Trata-se de um demônio marcial, descrito como marechal do Inferno. O *Grande Grimório* também lhe confere o título de Inspetor Geral dos exércitos do Inferno. A Nebiros é creditado o poder de causar o mal a quem quer que ele deseje. No mais, possui os segredos para se construir uma Mão da Glória, um talismã macabro muito desejado por ladrões. Conhece as virtudes de todos os vegetais, minerais, metais e animais, que serão revelados ao mago ousado o suficiente para conjurá-lo. Além disso, tem o dom da profecia, que funciona tipicamente por meio de operações necromânticas. Subordinados a ele estão os demônios goéticos Ipos, Glasya Labolas e Naberius. É curiosa a inclusão de Naberius entre os seus ministros, pois é quase certo que Nebiros seria uma variação do nome Naberius. Cf. GLASYA LABOLAS, *GOÉCIA*, *GRANDE GRIMÓRIO*, *GRIMORIM VERUM*, IPOS, NABERIUS.

CURIOSIDADES DEMONÍACAS

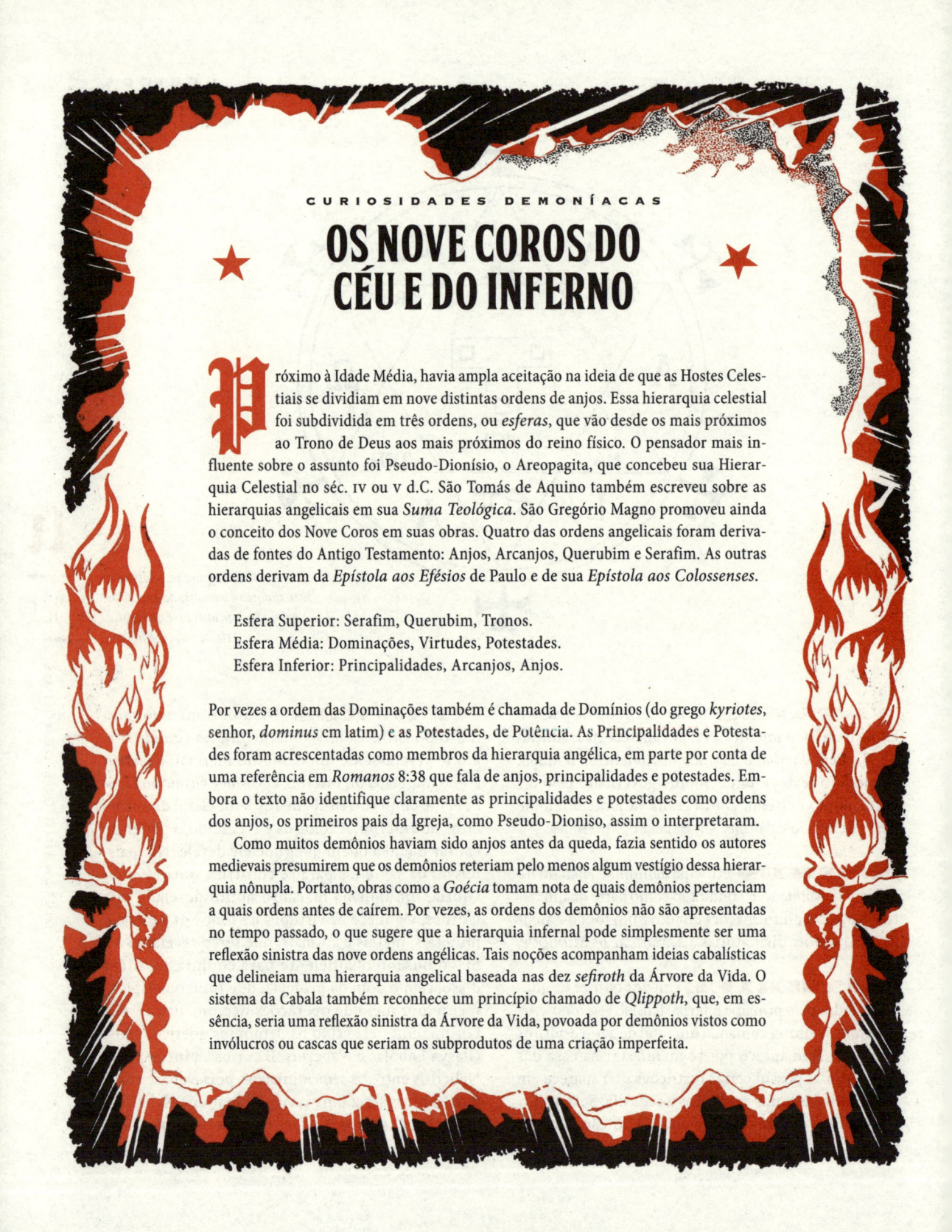

OS NOVE COROS DO CÉU E DO INFERNO

Próximo à Idade Média, havia ampla aceitação na ideia de que as Hostes Celestiais se dividiam em nove distintas ordens de anjos. Essa hierarquia celestial foi subdividida em três ordens, ou *esferas*, que vão desde os mais próximos ao Trono de Deus aos mais próximos do reino físico. O pensador mais influente sobre o assunto foi Pseudo-Dionísio, o Areopagita, que concebeu sua Hierarquia Celestial no séc. IV ou V d.C. São Tomás de Aquino também escreveu sobre as hierarquias angelicais em sua *Suma Teológica*. São Gregório Magno promoveu ainda o conceito dos Nove Coros em suas obras. Quatro das ordens angelicais foram derivadas de fontes do Antigo Testamento: Anjos, Arcanjos, Querubim e Serafim. As outras ordens derivam da *Epístola aos Efésios* de Paulo e de sua *Epístola aos Colossenses*.

Esfera Superior: Serafim, Querubim, Tronos.
Esfera Média: Dominações, Virtudes, Potestades.
Esfera Inferior: Principalidades, Arcanjos, Anjos.

Por vezes a ordem das Dominações também é chamada de Domínios (do grego *kyriotes*, senhor, *dominus* em latim) e as Potestades, de Potência. As Principalidades e Potestades foram acrescentadas como membros da hierarquia angélica, em parte por conta de uma referência em *Romanos* 8:38 que fala de anjos, principalidades e potestades. Embora o texto não identifique claramente as principalidades e potestades como ordens dos anjos, os primeiros pais da Igreja, como Pseudo-Dioniso, assim o interpretaram.

Como muitos demônios haviam sido anjos antes da queda, fazia sentido os autores medievais presumirem que os demônios reteriam pelo menos algum vestígio dessa hierarquia nônupla. Portanto, obras como a *Goécia* tomam nota de quais demônios pertenciam a quais ordens antes de caírem. Por vezes, as ordens dos demônios não são apresentadas no tempo passado, o que sugere que a hierarquia infernal pode simplesmente ser uma reflexão sinistra das nove ordens angélicas. Tais noções acompanham ideias cabalísticas que delineiam uma hierarquia angelical baseada nas dez *sefiroth* da Árvore da Vida. O sistema da Cabala também reconhece um princípio chamado de *Qlippoth*, que, em essência, seria uma reflexão sinistra da Árvore da Vida, povoada por demônios vistos como invólucros ou cascas que seriam os subprodutos de uma criação imperfeita.

NEDRIEL Demônio velhaco e malevolente que assume a forma de serpente com cabeça humana. Nedriel é um demônio que ama a noite e a escuridão. Foge da luz e se recusa a se manifestar durante o dia. Segundo a *Ars Theurgia*, serve ao duque errante Buriel e comanda um total de 880 espíritos menores. Por conta de sua índole vil e perversa, Nedriel e sua laia são detestados e desprezados pelos outros espíritos. Em outros momentos da *Ars Theurgia*, este demônio aparece como um dos vários companheiros demoníacos, ou "subduques", mencionados em conexão com a corte do príncipe errante Menadiel. Nessa hierarquia, consta que Nedriel segue o duque infernal Benodiel. Porque ambos estão associados a horas específicas do dia, Nedriel se manifesta na oitava hora, acompanhando seu mestre Benodiel, que se manifesta na sétima. Cf. Ars Theurgia, Benodiel, Buriel, Menadiel.

NEMARIEL Demônio dotado do título de cavaleiro. Nessa qualidade, ele trabalha para o príncipe infernal Pirichiel, viajando de local em local e executando sua vontade. Nemariel tem poder sobre um total de 2 mil espíritos inferiores. Seu nome aparece na edição de Henson da *Ars Theurgia*. Cf. Ars Theurgia, Pirichiel.

NENISEM Na sua tradução de 1898 da *Magia Sagrada de Abramelin, o Mago*, Mathers inclui Nenisem numa lista dos demônios que servem a Magoth e Kore. Na versão de 1720 do material do *Abramelin* guardada na biblioteca de Dresden, o nome deste demônio aparece como *Pasifen*. Cf. Kore, Magoth, Mathers.

NEOPHON Demônio que aparece na forma de um sabujo. Seu nome é mencionado no *Livro de Oberon*, que o identifica como um dos doze servidores de alto escalão do Rei Oriens, governante dos espíritos do leste. Neophon é um demônio profético, que revela segredos e também é capaz de conferir favores e fama. Se alguém tiver inimigos, ele é capaz de transformá-los em amigos. Toda riqueza, dignidade e veneração são conferidos por ele. Cf. Livro de Oberon, Oriens.

NEPHTHADA Segundo o *Testamento de Salomão*, Nephthada é o 23º demônio associado aos 36 decanos do zodíaco. Trata-se de um demônio da moléstia e pestilência, tipicamente manifestando-se em uma forma monstruosa com cabeça de uma fera e corpo humano. Nephthada pode ser abjurado pronunciando-se os nomes *Iâthôth* e *Uruêl*. Por vezes, seu nome é grafado *Nefthada*. Numa tradução posterior da obra, baseada em uma seleção mais completa de textos-fonte, o nome do 23º demônio é *Rhyx Manthado*. *Rhyx* é um título que quer dizer "rei". Nesta mesma tradução, consta que ele afeta os rins e pode ser coibido pelos nomes *Iaoth* e *Ouriel*. Cf. Salomão.

NERCAMAY Demônio que serve a todos os quatro príncipes das direções cardeais. Nercamay aparece na *Magia Sagrada de Abramelin, o Mago*, onde Mathers sugere que seu nome derive de duas palavras hebraicas com o significado de "menino" e "companheiro". A partir daí, não é difícil pressupor que Nercamay seja algo como um catamita[1]. Enquanto servo dos quatro príncipes cardeais, partilha de todos os seus poderes e, se conjurado, é capaz de conceder espíritos familiares ao mago ou conjurar homens armados para sua proteção. Cf. Amaimon, Ariton, Mathers, Oriens, Paimon.

NERGAL Segundo o demonologista Charles Berbiguier, em sua obra em três volumes, *Les Farfadets*, Nergal é um Ministro do Inferno e Chefe da Polícia Secreta. Esse título parece adequado, quando se considera que, antigamente, Nergal era um guerreiro feroz que mais tarde se tornou o senhor do Submundo. Na mitologia assírio-babilônica, Nergal governava a terra do pó e das lágrimas ao lado de sua esposa Ereshkigal, que era tão terrível que torturou e matou a própria irmã. Porque um dos símbolos de Nergal era a foice, é possível que ele tenha influenciado as imagens

---

1 *"Catamita, do latim "catamitus" e do etrusco "catmite", era o nome que se dava a um jovem (pré-adolescente ou adolescente) que possuía uma relação homossexual com um homem mais velho. A derivação do etrusco vem de uma corruptela da palavra grega Ganimedes. Ele, na mitologia, era um jovem príncipe troiano que fora raptado por Zeus para ser seu companheiro no Olimpo.*

posteriores da morte como o Ceifador. Nergal é descrito como o Chefe da Polícia Secreta do Inferno também no *Livro de Magia Negra e Pactos*, de A. E. Waite, e no *Dictionnaire Infernal*, de Collin de Plancy. Cf. Berbiguier, De Plancy.

NERIEL Demônio associado às horas diurnas que, no entanto, deve ser conjurado à noite. O nome e selo de Neriel aparecem na *Ars Theurgia*, onde consta que serve a Camuel, o príncipe infernal do sudeste. Neriel detém o título de duque e tem dez espíritos ministradores sob seu comando. Cf. Ars Theurgia, Camuel.

NESACHNAADOB Um dos vários demônios que servem ao rei infernal Fornnouc. Consta que Nesachnaadob aparece quando certos perfumes são queimados em seu nome. É um demônio associado ao elemento do ar e, não por acaso, é de índole vívida e excêntrica. É dotado de uma mente ativa e ágil, por isso serve para inspirar aqueles que estiverem sob sua tutela e lhe fizerem as devidas oferendas. Também tem o poder de curar doenças e prevenir futuras enfermidades. Seu nome aparece na edição de Driscoll, de 1977, do *Livro Jurado de Honório*, uma tradução moderna de um texto mágico datado aproximadamente do séc. xiv. Cf. Fornnouc, Livro Jurado.

NESAPH Governado pelo demônio Formione, rei dos espíritos de Júpiter, Nesaph aparece na tradução de Peterson do *Livro Jurado de Honório*. No texto, consta que ele confere favores às pessoas, dotado do poder de trazer felicidade, amor e júbilo. Os anjos Satquiel, Rafael, Pahamcocihel e Asassaiel têm o poder para compeli-lo e coibi-lo. Cf. Formione, Livro Jurado.

NESSAR Segundo a edição de Driscoll do *Livro Jurado*, Nessar é um dos ministros que servem ao rei infernal Sarabocres. Assim como seu superior imediato, Nessar é um demônio que possui uma índole cambiante e maleável. Em aparência, é descrito como dotado de um corpo de estatura moderada e colorido como uma estrela reluzente. Sua província é o amor, a luxúria e todos os prazeres terrenos. É capaz de dar presentes na forma de perfumes e tecidos caros e suntuosos, além de inspirar maior prazer durante o sexo. Cf. Livro Jurado, Sarabocres.

NIAGUTLY Ministro da corte do rei demoníaco Fornnouc, sobre o qual consta que governa o elemento do ar. Niagutly é capaz de servir como um tutor demoníaco, ensinando todas as ciências e artes racionais. Sua mente é ágil, vívida e ativa, mas também inconstante. Além disso, ele é um espírito de cura, capaz de tratar da fraqueza e da enfermidade. Seu nome aparece na tradução de Driscoll do *Livro Jurado*. Cf. Fornnouc, Livro Jurado.

NILEN O nome deste demônio provavelmente deriva do nome grego para o rio Nilo. Nilen aparece na *Magia Sagrada de Abramelin, o Mago*, onde consta que obedece aos príncipes das direções cardeais: Oriens, Paimon, Ariton e Amaimon. Como tal, partilha dos poderes que eles são capazes de conferir, desde voo a visões e ressuscitar os mortos. Cf. Amaimon, Ariton, Oriens, Paimon.

NILIMA Um nome que significa "inquisidor maligno", pelo menos segundo o ocultista S. L. MacGregor Mathers. Na sua tradução da *Magia Sagrada de Abramelin, o Mago*, consta que Nilima trabalha como um servo ao rei demoníaco Amaimon. É chamado e conjurado por meio de certos juramentos feitos durante os trabalhos do Sagrado Anjo Guardião que são centrais ao material do *Abramelin*. Cf. Amaimon, Mathers.

NIMALON Servidor dos demônios Astarote e Asmodeus. Em sua tradução da *Magia Sagrada de Abramelin, o Mago*, Mathers traça uma relação estranha entre o nome deste demônio e a palavra em hebraico para "circuncisão". Cf. Astarote, Asmodeus, Mathers.

NIMERIX Demônio chamado durante o ritual do Sagrado Anjo Guardião. Nimerix aparece na tradução de Mathers da *Magia Sagrada de Abramelin, o Mago*, onde consta que seu único mestre é Astarote. Cf. Astarote, Mathers.

NIMORUP Um dos vários nomes de demônios que aparecem na *Magia Sagrada de Abramelin, o Mago* cuja grafia varia radicalmente de uma versão para outra. Seu nome é Nimorup na tradução de Mathers, mas na versão da biblioteca de Wolfenbüttel, na Alemanha, consta o nome *Mynymarup*, enquanto o manuscrito da biblioteca de Dresden diz *Mynimorug*. Todas as versões concordam, porém, que este demônio é um servo de Belzebu. Cf. Belzebu, Mathers.

NODAR Demônio que, apesar de ser noturno, aparece durante as horas diurnas. Nodar é mencionado na *Ars Theurgia*. Segundo o texto, serve ao príncipe infernal Camuel, que governa o sudeste. Nodar é um duque em sua hierarquia infernal, e dez espíritos ministradores lhe servem. Cf. Ars Theurgia, Camuel.

NOGAR Na tradução de Mathers da *Magia Sagrada de Abramelin, o Mago*, o nome deste demônio é associado a uma palavra em hebraico que significa "fluido". Nogar é parte de uma hierarquia demoníaca governada por todos os príncipes infernais das direções cardeais: Oriens, Paimon, Ariton e Amaimon. Cf. Amaimon, Ariton, Mathers, Oriens, Paimon.

NOGEN Demônio leal a Oriens, Amaimon, Ariton e Paimon. É mencionado na tradução de Mathers da *Magia Sagrada de Abramelin, o Mago*. Cf. Amaimon, Ariton, Mathers, Oriens, Paimon.

NOGUIEL O terceiro duque infernal que, segundo consta, serve ao rei demoníaco Maseriel durante as horas noturnas. Noguiel é mencionado na *Ars Theurgia*. Segundo esse texto, há trinta espíritos menores que obedecem a seus comandos. Além de sua conexão com a noite, Noguiel é ainda afiliado ao sul. Cf. Ars Theurgia, Maseriel.

NOMINON Nome infernal um tanto redundante, pois, em essência, significa apenas "nome". Derivado dessa raiz latina, este demônio aparece na *Magia Sagrada de Abramelin, o Mago*. Aqui, consta que Nominon serve ao arquidemônio Belzebu. Cf. Belzebu, Mathers.

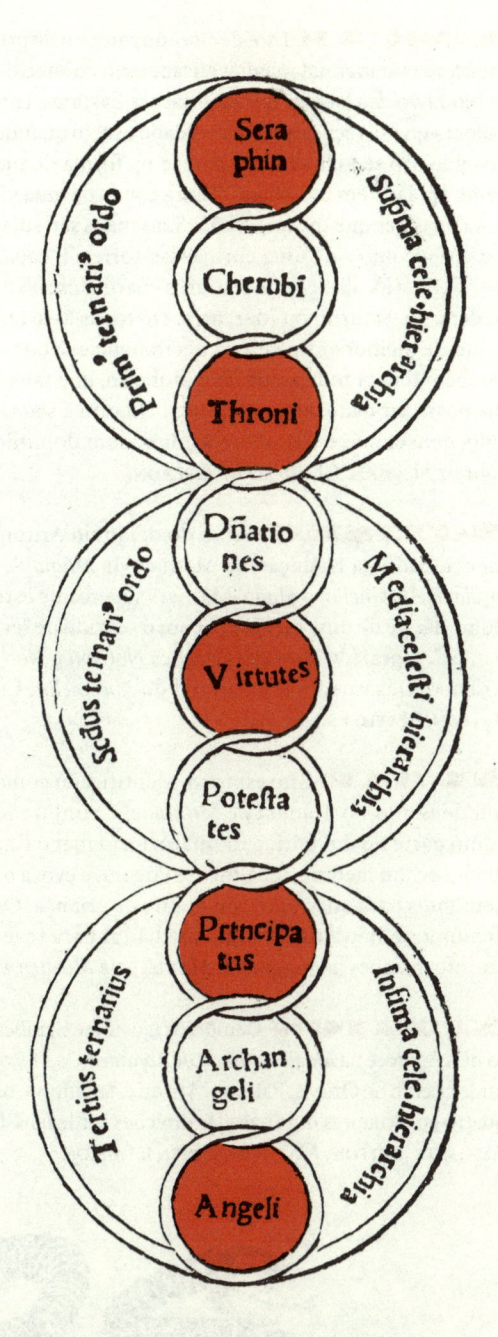

As nove ordens dos anjos, tal como definida por Pseudo-Dionísio, o Areopagita. Imagem de uma edição do séc. XVI da Hierarquia Celestial.

NOOCAR Este demônio aparece pela primeira vez no manual mágico elisabetano conhecido como *Livro de Oberon*. É uma criatura bastante turbulenta que se recusa a falar a verdade exceto quando coagido. Ao se manifestar, aparece na forma de um velho apoiado em um cajado. Tem a cauda de uma víbora, mas pés que tocam o chão. Suas mãos são sujas e a voz é como a de uma coruja-das-torres. É capaz de revelar a localização de tesouros guardados sob os poderes de Saturno ou Mercúrio. De todas as artes, a que ele melhor ensina é a da necromancia. Noocar também tem grande amor pelo dinheiro, que talvez lhe possa ser dado como oferenda. Quanto a seu título, consta que é um nobre senhor, com domínio sobre 27 legiões. Cf. *Livro de Oberon*.

NOTISER Servo do demônio Ariton, mencionado na tradução de Mathers da *Magia Sagrada de Abramelin, o Mago*. Mathers sugere que este nome derive de uma raiz grega com o sentido de "espantar". É grafado com as variações *Notison* e *Notifer* em outras versões do material do *Abramelin*. Cf. Ariton, Mathers.

NUBAR Este espírito, identificado como um demônio no *Manual de Munique*, é conjurado como parte de um feitiço divinatório. O mago fica diante de um menino, idealmente virgem, e evoca os demônios para que apareçam diante da criança. Os demônios então a usam como mediador para revelar informações ao mago. Cf. *Manual de Munique*.

NUDITON Demônio cujo nome significa "o nu". Aparece na *Magia Sagrada de Abramelin, o Mago*, onde é servo de Oriens, Paimon, Ariton e Amaimon, os quatro governantes infernais das direções cardeais. Cf. Amaimon, Ariton, Mathers, Oriens, Paimon.

NUTHON Na tradução de Mathers da *Magia Sagrada de Abramelin, o Mago*, Nuthon é mencionado como um dos muitos demônios que servem a Oriens, Paimon, Ariton e Amaimon, os príncipes demoníacos das quatro direções cardeais. Numa tentativa de traçar a etimologia do nome deste demônio, Mathers sugere que Nuthon vem de uma raiz grega com o sentido de "perfurar". Cf. Amaimon, Ariton, Mathers, Oriens, Paimon.

NYBBAS O Chefe dos Pantomímicos e um dos Mestres da Celebração, Nybbas aparece na tradução de Waite do *Grande Grimório*, publicada em sua obra de 1910, *O Livro da Magia Negra e dos Pactos*. Waite dá os créditos a Johannes Wierus por ter concebido a hierarquia curiosa onde Nybbas se insere, mas o verdadeiro responsável é o autoproclamado demonologista Charles Berbiguier. Collin de Plancy igualmente se valeu da obra *Les Farfadets*, de Berbiguier, para compor seu extenso *Dictionnaire Infernal*, por isso Nybbas também está incluso lá. De Plancy, no entanto, ao elaborar as funções de Nybbas, dá um passo além e o descreve como um mestre dos sonhos e das visões. Ele também pode estar relacionado à divindade samaritana Nibaz, mencionada em *2 Reis* 17:31. Cf. Berbiguier, *Grande Grimório*, Waite, Wierus.

NYMGARRAMAN Caso alguém queira causar grande dor e sofrimento em outra pessoa, este demônio está mais do que à altura da tarefa. Um dos servos do rei infernal Bilet, Nymgarraman é mencionado no *Liber de Angelis* do séc. xv. É um demônio pestilento, e tem o poder de causar febre no alvo, além de fraqueza e tremores nos membros. É evocado para amaldiçoar um inimigo, causando nele esses sintomas como um ato de vingança. Cf. Bileth, *Liber de Angelis*.

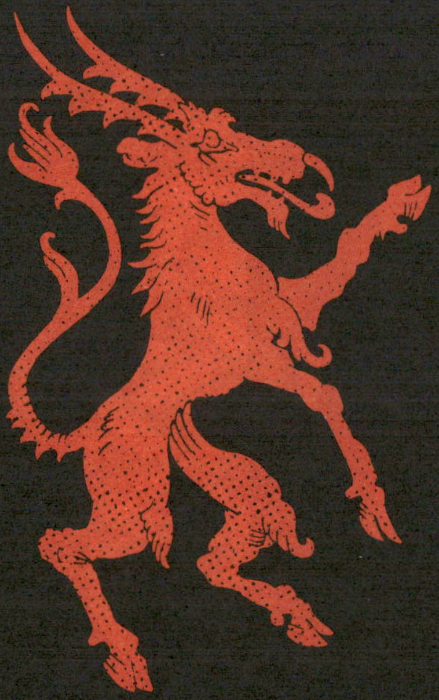

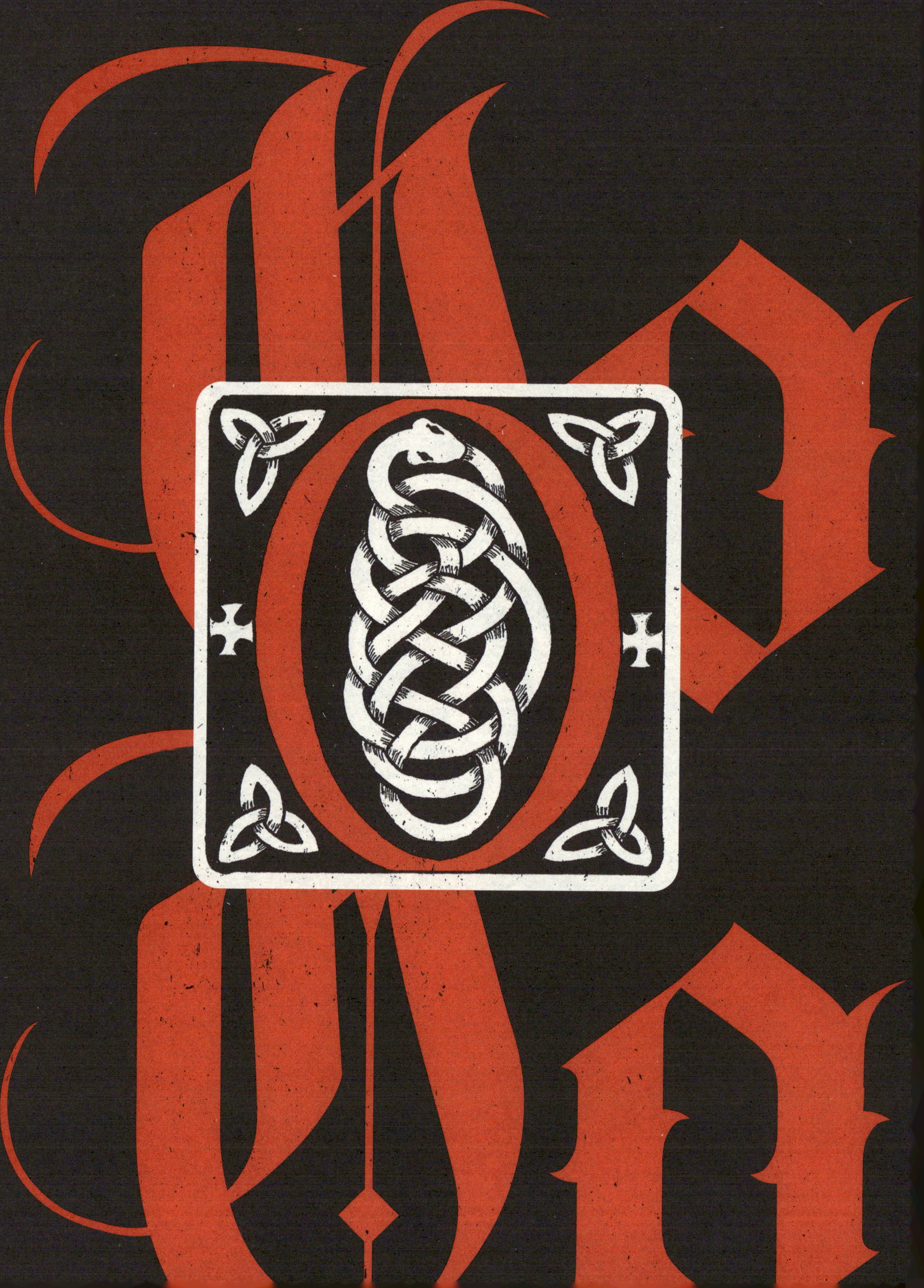

OASPENIEL Um dos doze duques governados pelo príncipe errante Emoniel. O nome de Oaspeniel e seu selo demoníaco aparecem no texto mágico do séc. XVII conhecido como *Ars Theurgia*. Consta que 1320 espíritos o atendem. Diferentemente de muitos outros espíritos listados nessa obra, Oaspeniel não tem qualquer preferência por alguma hora do dia ou da noite, manifestando-se a qualquer horário. Mas ele tem, sim, predileção por áreas de floresta. Cf. Ars Theurgia, Emoniel.

OBAGIRO Demônio a serviço do arquidemônio Magoth. O nome de Obagiro aparece em conexão com os trabalhos do Sagrado Anjo Guardião descritos na *Magia Sagrada de Abramelin, o Mago*. Em sua tradução de 1898 dessa obra, o ocultista Samuel Mathers grafa o nome deste demônio como *Abagiron*. Cf. Magoth, Mathers.

OBEDAMA Demônio que aparece na *Magia Sagrada de Abramelin, o Mago*. Entende-se que Obedama serve a todos os quatro príncipes demoníacos das direções cardiais: Oriens, Paimon, Ariton e Amaimon. Mathers, interpretando o nome deste demônio, sugere que o nome Obedama significaria "aia". Cf. Amaimon, Ariton, Mathers, Oriens, Paimon.

OBERION Também grafado *Oberyon*. É um dos principais espíritos do epônimo *Livro de Oberon*. Embora seja descrito como o Rei das Fadas, o texto também o define como um ser que já foi um anjo de luz — o que deixa bem claro que, pelo menos à época da composição do *Livro de Oberon*, não havia qualquer conflito na ideia de um demônio ser, ao mesmo tempo, uma fada e um anjo caído. Consta que Oberion aparece como um grande e poderoso rei, com uma coroa na cabeça, ou como um menino de três anos de idade. Governado pelo sol e pela lua, tem grande conhecimento sobre a natureza de ervas, pedras, árvores e todos os metais, sendo também capaz de revelar tesouros ocultos. Resgata tesouros do mar, de até 1 milhão de libras (o texto não deixa claro se "libras" aqui se refere ao valor monetário ou ao peso). Além de buscar tesouros, ensina medicina e tem o poder de conferir invisibilidade. É provável que seu nome seja mais conhecido aos leitores na grafia *Oberon*, usada por Shakespeare em *Sonho de uma noite de verão*. O *Livro de Oberon* aplica os mesmos métodos de conjuração, coação e banimento para fadas que são usados em demônios, e há uma possibilidade real de que o público da época não enxergasse muita diferença entre os dois tipos de seres. É certo que, quando o cristianismo chegou às Ilhas Britânicas, a fé local — que incluía a crença em seres chamados de *piskies*,[1] *brownies*, *pookas*, *bogles* e outras criaturas feéricas — acabou sendo suprimida à força. Houve esforços para demonizar as fadas, visto que o clero cristão da época enxergava como demônios todos os espíritos que não fossem explicitamente classificados pelo nome de anjos. As crenças feéricas dos povos célticos, porém, acabaram sendo mais fortes do que o esperado, por isso as lendas evoluíram para suavizar a situação das fadas, cuja natureza não seria nem inteiramente cristã, nem inteiramente demoníaca. Entre essas lendas, uma das mais famosas é a de que as fadas pagariam um dízimo ao Inferno, supostamente a cada sete anos, para poderem continuar como agentes livres. Oberion não aparece exclusivamente no *Livro de Oberon*. O manuscrito conhecido como *e Musaeo 173* da Biblioteca Bodleian também contém um feitiço para conjurar este ser peculiarmente híbrido. Cf. Livro de Oberon.

---

1 Sinônimo de "pixies".

OBIZUTH Demônio excepcionalmente perturbador, consta que Obizuth aparece na forma de uma mulher sem braços, nem pernas. Segundo o *Testamento de Salomão*, Obizuth espreita durante a noite, visitando mulheres em trabalho de parto e estrangulando recém-nascidos. Além de matar crianças, ela também é responsável por uma variedade de defeitos congênitos, sendo capaz de cegar, ensurdecer e emudecer os bebês. Ela desorienta os seus sentidos e retorce seus corpos para que os membros cresçam definhados e inúteis. Em seu ódio abjeto contra recém-nascidos, Obizuth demonstra qualidades em comum com as noções judaicas do demônio noturno Lilith, embora não haja indicações no *Testamento de Salomão* de que ambos os demônios sejam o mesmo. Apesar de não ter membros, consta que Obizuth tem uma aparência belíssima, com olhos verdes brilhantes e uma longa cabeleira que parece esvoaçar como se houvesse sempre um vento soprando. Segundo o texto, ela é frustrada pelo anjo Afarôt, uma forma do anjo Rafael. Depois de ter ganhado poder sobre ela, Salomão a pendurou pelos cabelos na entrada do templo, como um aviso para toda a raça dos demônios. Cf. Lilith, Salomão.

OBUS Este demônio rende, a seu conjurador, um familiar fiel, que não permitirá que qualquer outro espírito faça mal a seu mestre. Seu nome e descrição estão registrados no *Livro dos Encantamentos*, o grimório de um curandeiro do País de Gales. No texto, a ele é dado o título de príncipe. Governa vinte legiões e seu ofício é o de descobrir coisas do passado, presente e futuro. Oferece dignidades e favores de amigos e inimigos. Aparece na forma de cavalo, e seu nome real talvez seja grafado *Oleus*. O *Livro dos Encantamentos* é um grimório escrito à mão, e a caligrafia oferece obstáculos para decifrar o seu nome. Cf. Livro dos Encantamentos.

OCARBYDATONN Rei na corte do governante infernal Amaimon. Segundo o grimório elisabetano conhecido como *Livro de Oberon*, Ocarbydatonn aparece ao lado dos demônios Emlon e Madyconn para anunciar a chegada de Amaimon sempre que é conjurado. Cf. Amaimon, Emlon, Livro de Oberon, Madyconn.

OCEL Demônio perverso evocado como parte de um feitiço de retribuição. Segundo o Manual de Munique, ataca a mente das pessoas. Seu poder é o de confundir e desorientar os seus sentidos. Cf. Manual de Munique.

OCLACHANOS Segundo o *Liber de Angelis*, Oclachanos é um demônio pestilento. Responde diretamente a Bilet, um rei dos reinos infernais, e pode ser conjurado para causar doenças num inimigo. Oclachanos é capaz de inspirar uma série brutal de sintomas, incluindo febre, tremores e fraqueza nos membros. Cf. Bileth, Liber de Angelis.

ODAX Servidor do demônio Magoth, mencionado na tradução de Mathers da *Magia Sagrada de Abramelin, o Mago*. Em todas as outras versões dessa obra, seu nome é grafado *Odac*. Cf. Magoth, Mathers.

ODIEL Demônio mencionado na *Ars Theurgia*, Odiel aparece na hierarquia do príncipe infernal Aseliel. Odiel detém o título de chefe-presidente e tem trinta espíritos principais e outros vinte espíritos ministradores sob seu comando. Odiel está associado à corte do leste e às horas noturnas. Cf. Ars Theurgia, Aseliel.

OEMIEL Demônio que serve ao rei infernal Armadiel na hierarquia do norte. Seu nome e selo, além das instruções contendo o melhor modo para se conjurar e compelir este demônio, aparecem na *Ars Theurgia*. Se o dia for dividido em quinze partes, a hora de Oemiel é a última dessas porções. Ele se recusa a aparecer em qualquer outro momento durante o dia. Cf. Armadiel, Ars Theurgia.

OFSIEL Parte de um grande número de demônios que servem na vasta hierarquia do príncipe demoníaco Dorochiel. O nome e selo de Ofsiel aparecem na *Ars Theurgia*, onde consta que detém o título de arquiduque. Comanda um total de quarenta espíritos menores. Associado às horas noturnas, Ofsiel aparece apenas numa hora específica entre o anoitecer e a meia-noite. Serve na região do oeste. Cf. Ars Theurgia, Dorochiel.

OGILEN Na tradução de Mathers da *Magia Sagrada de Abramelin, o Mago*, Ogilen faz parte de um grupo de demônios que servem a Oriens, Paimon, Ariton e Amaimon, os quatro príncipes infernais das direções cardeais. Mathers sugere que o nome deste demônio seja derivado de uma palavra em hebraico que significa "roda". Cf. AMAIMON, ARITON, MATHERS, ORIENS, PAIMON.

OGYA Mencionado no *Livro de Oberon*, OGya (sim, com duas maiúsculas) é um príncipe demoníaco que aparece como uma víbora-de-chifres com grandes presas. Carrega uma espada na mão, o que implica que teria apenas a cabeça serpentina, e não o corpo inteiro. Embora não haja nenhum poder específico atribuído a ele no texto, consta que dá respostas verdadeiras ao ser interrogado. Há um total de 35 legiões de espíritos ministradores sob seu comando. Compare essa descrição com a do demônio goético *Botis*. Cf. BOTIS, LIVRO DE OBERON.

OKIRI Demônio governado pelo arquidemônio Astarote, Okiri aparece na tradução de Mathers da *Magia Sagrada de Abramelin, o Mago*. Mathers sugere que o nome deste demônio possa significar "fracassar" ou "fazer afundar". O nome aparece como *Okirgi* em outra versão do material do *Abramelin* guardada na biblioteca de Wolfenbüttel, na Alemanha. A versão de 1720 guardada na biblioteca de Dresden oferece o nome *Akrey*. Os nomes dos demônios no material do *Abramelin* tendem a demonstrar uma ampla variação entre manuscritos diferentes. Cf. ASTAROTE, MATHERS.

OLIROOMIN Cavaleiro infernal cujo nome aparece no *Manual de Munique*, do séc. XV. Oliroomin é evocado para criar uma rédea encantada. Ao ser devidamente imbuído com poderes infernais, diz-se que o objeto é capaz de fazer aparecer um demônio na forma de um grande e veloz corcel. A montaria infernal conduzirá seu dono a qualquer local desejado. Cf. MANUAL DE MUNIQUE.

OLISERMON Demônio cujo nome talvez signifique "de fala breve". Olisermon serve à dupla liderança dos demônios Magoth e Kore. Aparece na *Magia Sagrada de Abramelin, o Mago*. Seu nome também é grafado *Olosirmon*. Cf. KORE, MAGOTH, MATHERS.

OMAGES Segundo o ocultista S. L. MacGregor Mathers, o nome deste demônio é derivado do termo grego *magos*, mago. Na *Magia Sagrada de Abramelin, o Mago*, consta que Omages serve aos arquidemônios Astarote e Asmodeus, sendo evocado como parte dos trabalhos do Sagrado Anjo Guardião que ocupam o cerne do material do *Abramelin*. Em manuscritos diferentes dessa mesma obra, o nome deste demônio é grafado como *Omagos*, o que confere peso à noção da origem grega do seu nome. Cf. ASTAROTE, ASMODEUS, MATHERS.

OMAN Demônio sob a liderança dos arquidemônios Astarote e Asmodeus. Oman é mencionado em conexão com o ritual do Sagrado Anjo Guardião na tradução de Mathers da *Magia Sagrada de Abramelin, o Mago*. Mathers sugere que este nome deriva de uma palavra caldeia para "cobrir", "obscurecer". Cf. ASTAROTE, ASMODEUS, MATHERS.

OMBALAT Na tradução de Mathers da *Magia Sagrada de Abramelin, o Mago*, Ombalat é mencionado na hierarquia dos demônios que servem a Astarote. Uma grafia alternativa para seu nome é *Ombalafa*. Cf. ASTAROTE, MATHERS.

OMET Um dos vários demônios associados ao senhor infernal Asmodeus na *Magia Sagrada de Abramelin, o Mago*. Este demônio aparece apenas na tradução de Mathers dessa obra, estando ausente de todas as outras versões do material do *Abramelin*. Cf. ASMODEUS, MATHERS.

OMICH Demônio governado por Carnesiel, o Imperador Infernal do Leste. Segundo a *Ars Theurgia*, Omich detém o título de duque. Cf. ARS THEURGIA, CARNESIEL.

OMIEL Demônio mencionado na *Ars Theurgia*, Omiel aparece na hierarquia do príncipe infernal Dorochiel. Segundo o texto, Omiel tem elos com as

OMYEL

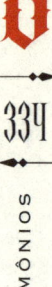

Gravura de um demônio presidindo uma assembleia. Do Compendium Maleficarum, *de Francesco Maria Guazzo, cortesia da Dover Publications.*

horas diurnas e aparece apenas antes do meio-dia. Seu título é o de arquiduque e comanda quarenta espíritos inferiores. Por meio de Dorochiel, está afiliado ao oeste. Omiel aparece em outros momentos da *Ars Theurgia* como um arquiduque em serviço do demônio Asyriel. Aqui ele está associado às horas noturnas e à corte do sul. Governa apenas quarenta espíritos próprios. Cf. *Ars Theurgia*, Asyriel, Dorochiel.

OMYEL Servo do demônio Camuel, príncipe infernal associado à corte do leste. Segundo a *Ars Theurgia*, Omyel tem dez servos que o atendem. Detém o título de duque e pertence às horas diurnas. Apesar de sua afiliação com o dia, Omyel se manifesta apenas à noite. Cf. *Ars Theurgia*, Camuel.

ONARIS Demônio associado às artes da adivinhação e da catoptromancia, Onaris aparece no *Manual de Munique*, onde é evocado para ajudar o mago a ter visões. Cf. *Manual de Munique*.

ONOR Escudeiro demoníaco com poderes de ilusão. É evocado no *Manual de Munique* para conjurar um castelo ilusório. Mas o demônio Onor realiza essa proeza impressionante apenas em lugares remotos e secretos, após receber a devida oferenda de leite e mel. Trabalha na décima noite da lua. Cf. *Manual de Munique*.

ONOSKELIS Demônio que, segundo consta, aparece na forma de uma bela mulher, de pele radiante e bastante desejável. Como tal, Onoskelis é um dos poucos demônios cujo gênero é claramente definido como feminino. O *Testamento de Salomão* afirma que Onoskelis reside em uma caverna de ouro. Muda de moradia com frequência e pode ser vista em cavernas, precipícios e desfiladeiros. Seduz os homens para depois matá-los e alega ser venerada como uma deusa. Associada à lua, está sujeita ao anjo Joel, cujo nome pode ser invocado para fazê-la fugir. Salomão coloca Onoskelis para trabalhar tecendo cordas de cânhamo. Muitos de seus atributos parecem associar este demônio a Lilith, e ela pode ser um dos muitos aspectos desse temível demônio noturno. Cf. LILITH, SALOMÃO.

OOR Demônio com a reputação de possuir poderes para iludir e enganar os sentidos. É evocado no *Manual de Munique* a fim de criar uma ilusão elaborada de um castelo repleto de criados, cavaleiros e escudeiros. Segundo o texto, é possível bajulá-lo com uma oferenda de leite e mel. Deve ser chamado na décima noite da lua. Cf. MANUAL DE MUNIQUE.

OPILM Um dos vários servidores demoníacos dos arquidemônios Astarote e Asmodeus. Opilm é mencionado na tradução de Mathers da *Magia Sagrada de Abramelin, o Mago*. Mathers sugere que o seu nome pode significar eminência. Em outras versões do material do *Abramelin*, este demônio se chama *Opilon*. Cf. ASTAROTE, ASMODEUS, MATHERS.

OPUN Demônio cujo nome aparece apenas na tradução de Mathers da *Magia Sagrada de Abramelin, o Mago*. Opun supostamente serve aos reis demoníacos Asmodeus e Magoth. O nome deste demônio não aparece em nenhuma outra versão sobrevivente do material do *Abramelin*. Cf. ASMODEUS, MAGOTH, MATHERS.

ORARIEL Na *Ars Theurgia*, Orariel é listado como um duque infernal governado pelo rei demoníaco Armadiel. Há 84 espíritos menores que lhe servem, e tem elos com a hierarquia do norte. Há restrições também quanto aos horários em que pode se manifestar. Se o dia for dividido em quinze porções iguais, Orariel está ligado à quinta porção do tempo. Não se manifesta em nenhum outro horário além desse. Cf. ARMADIEL, *ARS THEURGIA*.

OREOTH Um ser particularmente malévolo descrito como um *demon malignus* no *Manual de Munique*. É evocado como parte de uma maldição para confundir um inimigo. É capaz de ofuscar a mente das pessoas e desorientar seus sentidos. Cf. MANUAL DE MUNIQUE.

ORGOSIL Segundo a tradução de Mathers da *Magia Sagrada de Abramelin, o Mago*, o nome deste demônio quer dizer "tumultuoso". Orgosil é um dos vários demônios que, segundo dizem, servem ao arquidemônio Belzebu. Cf. BELZEBU, MATHERS.

ORIAS O 59º demônio mencionado na *Goécia*. Na *Descoberta da Bruxaria*, de Scot, Orias é mencionado como um grande marquês com trinta legiões sob seu comando. Segundo relatos, aparece na forma de leão com cauda de serpente, que chega montado em um cavalo poderoso e carregando duas serpentes sibilantes na mão direita. A partir dessa descrição, é possível inferir que sua forma leonina tenha algumas qualidades antropomórficas. Assim, talvez seja conveniente o fato de ser creditado com o poder de transformar as pessoas. Tem perfeito domínio dos saberes astronômicos, podendo ensinar o que é possível saber sobre as mansões dos planetas. Também ensina as virtudes das estrelas. Tem a reputação de poder conferir dignidades e inspirar os favores de amigos bem como também de inimigos. Seu nome aparece tanto na *Pseudomonarchia Daemonum*, de Wierus, quanto no *Livro dos Encantamentos* galês, e possivelmente remonte ao *Testamento de Salomão*, pois tem apenas uma única letra de diferença em relação ao nome *Ornias*, demônio que tem um forte papel nesse texto. Na *Goécia do Dr. Rudd*, consta que tem poder sobre apenas trinta legiões de espíritos infernais. O texto menciona o anjo Hazahel como o ser encarregado de coibi-lo. Cf. *GOÉCIA*, *LIVRO DOS ENCANTAMENTOS*, ORNIAS, RUDD, SALOMÃO, SCOT, WIERUS.

ORIEL Espírito cujo nome aparece em vários lugares diferentes, descrito aqui e ali como um demônio, um anjo e, por vezes, até mesmo como arcanjo (neste caso, a grafia do seu nome é interpretada como uma variante de *Uriel*). No segundo livro da *Steganographia* de Tritêmio, aparece como um anjo. Mas Oriel também aparece na corte do demônio Malgaras no primeiro livro da *Steganographia*. Os espíritos aqui costumam ser interpretados como demônios e assim são apresentados na *Ars Theurgia*. Segundo essa obra posterior, Oriel serve

ORIENS

O selo de Oriel, da Ars Theurgia. *Em outros momentos, recebe um título celestial, mas nesse texto é identificado como um demônio. Tinta sobre pergaminho, por M. Belanger.*

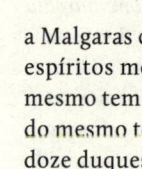

a Malgaras como um arquiduque diurno. Há trinta espíritos menores que lhe são subordinados, e ele mesmo tem elos com o oeste. Em outros momentos do mesmo texto, Oriel é mencionado como um dos doze duques que servem ao rei demoníaco Caspiel, Imperador do Sul. Dizem que sua índole é teimosa e difícil e que comanda um total de 2260 espíritos menores. Cf. Ars Theurgia, Caspiel, Malgaras, Tritêmio, Uriel.

ORIENS Na *Magia Sagrada de Abramelin, o Mago*, Oriens é um dos quatro demônios que presidem sobre as direções cardinais. Como sugere a raiz latina de seu nome, Oriens é o rei infernal do leste, ou oriente. Mathers o equivale ao anjo caído Samael, sugerindo que uma variação de seu nome é responsável pelo título "Sir Uriens". Segundo Mathers, esse era o título do Diabo popular da era medieval. Segundo o material do *Abramelin*, Oriens é um dos oito subpríncipes demoníacos cujos nomes são inscritos no papel no segundo dia do trabalho do Sagrado Anjo Guardião. O roteiro é que esses demônios se manifestem diante do mago no terceiro dia, quando então ele deve fazer com que jurem lealdade a ele — primeiro fazendo o juramento sobre a sua baqueta, depois sobre o seu livro. O propósito de se adquirir a lealdade desses demônios é fazer com que emprestem seu poder a tarefas mágicas. A Oriens é atribuída a habilidade de fornecer riquezas ao mago na forma de quantidades infinitas de ouro e prata. É capaz de causar visões e responder a qualquer pergunta sobre questões do passado, presente e futuro. Pode conferir ao mago o poder de voar e é excelente em fornecer espíritos familiares. Conjura servos para o mago e é capaz de trazer os mortos de volta à vida. Oriens supervisiona um número considerável de outros demônios, todos os quais partilham de seus poderes e podem concedê-los ao mago se assim forem comandados. Oriens é uma figura popular na tradição dos grimórios, incluindo os *Sexto e Sétimo Livros de Moisés*, o *Livro de Oberon* e o *Livro dos Encantamentos*. No *Livre des Esperitz* francês, seu nome é grafado *Orient*. Nos *Três Livros de Filosofia Oculta* de Agrippa, o nome de Oriens aparece com a grafia *Urieus*. Outras variações incluem *Orience* e *Oraeus*. Na *Clavis Inferni*, seu nome aparece como Urieus. É associado ao elemento do fogo e é representado como uma serpente que morde a própria cauda. O anjo Miguel detém poder sobre ele. Cf. Agrippa, Clavis Inferni, Livre des Esperitz, Livro de Oberon, Livro dos Encantamentos, Mathers, Samael, Scot, Rudd.

ORINEL Demônio que aparece na *Magia Sagrada de Abramelin, o Mago* e funciona como servo dos grandes demônios Astarote e Asmodeus. Segundo a tradução de Mathers, feita em 1898, dessa obra, seu nome significa "ornamento" ou "árvore de Deus", o que parece sugerir que Orinel já foi um anjo, embora agora esteja categorizado dentre os espíritos impuros da operação do *Abramelin*. Cf. Astarote, Asmodeus, Mathers.

ORMENU Demônio a serviço de Pamersiel, o primeiro e principal espírito subordinado ao Imperador do Leste. Ormenu detém o título de duque e, pelo que dizem, é um espírito desagradável de se lidar, pois é arrogante, maligno e dado a enganar as pessoas. Segundo a *Ars Theurgia*, Ormenu e seus companheiros podem ser evocados para expulsar outros espíritos de casas mal-assombradas, caso alguém esteja desesperado o suficiente para querer combater fogo com fogo desse jeito no reino dos seres do outro mundo. Cf. Ars Theurgia, Pamersiel.

ORMION Na *Magia Sagrada de Abramelin, o Mago*, consta que Ormion serve ao rei demoníaco Asmodeus. Durante o trabalho com o Sagrado Anjo Guardião que ocupa um lugar central nessa obra, Ormion e uma série de outros demônios são chamados e obrigados a jurar lealdade ao conjurador, ampliando, assim, seu poder. Cf. Asmodeus, Mathers.

ORMONAS Servidor do arquidemônio Magoth, que aparece na *Magia Sagrada de Abramelin, o Mago*. Na versão de Mathers dessa obra, seu nome é grafado *Horminos*. Cf. Magoth, Mathers.

ORNIAS "Aquele que come a metade". Este demônio é crucial para a história do *Testamento de Salomão*. Nesse texto extrabíblico, a Rei Salomão é supostamente dado, pelo Senhor Deus, o poder de compelir e controlar demônios. Salomão rezou para obter essa habilidade, porque um jovem construtor que trabalhava nas obras do seu templo estava sendo vitimizado por um demônio que, todos os dias, comia metade da sua comida — esse demônio era Ornias. É o primeiro demônio dominado por Salomão e que, subsequentemente, leva Salomão aos outros demônios mencionados nesse antigo texto. Consta que Ornias aparece como um íncubo para as mulheres e como uma súcubo aos homens. Sendo um metamorfo poderoso, também pode assumir a forma de leão. Ao se manifestar diante do jovem trabalhador, consta que teria aparecido na forma de labareda flamejante. Ornias é um demônio de intenções ambíguas, pois alega também estrangular os homens que perseguem nobres virgens, o que demonstra um lado protetor, ainda que violento. Em sua primeira entrevista com Salomão no *Testamento*, Ornias declara, "sou o filho do arcanjo Uriel, o poder de Deus"[2]. Nessa declaração, Ornias associa a própria ascendência — bem como toda a tradição salomônica — ao mito dos Anjos Sentinelas que aparece no *Livro de Enoque*. Possivelmente por conta de seu parentesco de sangue, consta que o nome do arcanjo Uriel tem poder sobre Ornias, e seu nome é usado para comandar o demônio a fim de que entregue os nomes e paradeiros de seus companheiros. É possível que ele seja o demônio que aparece nas edições posteriores da Goécia com o nome Orias, por vezes grafado *Oriax*. Cf. Orias, Salomão, Sentinelas.

OROBAS O 55º demônio da *Goécia*, Orobas é descrito como um grande príncipe com vinte legiões sob seu comando. Também aparece na *Descoberta da Bruxaria*, de Scot, e na *Pseudomonarchia Daemonum*, de Wierus. Dentre os demônios goéticos, é um dos mais bonzinhos. Consta que não permite que ninguém seja tentado e, diferentemente de tantos outros demônios, não faz qualquer esforço para enganar ninguém. Ao se manifestar, assume a forma de cavalo, mas, depois de um tempo, ele se transforma em homem. Discorre sobre a virtude divina e responde a perguntas sobre Deus e a Criação. É capaz de conferir favores e dignidades, além de fazer com que o mago seja bem-quisto por amigos e inimigos. Seu nome provavelmente deriva do grego *ouroboros*, a imagem de uma serpente que devora a própria cauda e que representa a eternidade. Na *Goécia do Dr. Rudd*, ele tem 26 legiões de espíritos sob seu comando. Segundo o texto, o anjo Mebahiah tem o poder de o compelir e coibir No *Livro de Oberon*, uma ilustração tenta representar sua forma humana, que é monstruosa. Tem um chifre como o de um rinoceronte, protuberante no meio de sua testa, orelhas de asno e um nariz e língua tão longos e afiados quanto um punhal. Dentre os favores que Orobas confere, o *Livro de Oberon* declara que é capaz de transformar o conjurador em um prelado — título eclesiástico inesperado para o ofício de um demônio. Nesse texto, ele tem apenas vinte legiões de espíritos menores sob seu comando. Cf. Goécia, Livro de Oberon, Rudd, Scot, Wierus.

---

2 Steven Ashe, *The Testament of Solomon*, p. 19.

CURIOSIDADES DEMONÍACAS

OS FILHOS DO FOGO SEM FUMAÇA

Nas tradições judaica e cristã, o Rei Salomão era o mais sábio dentre todos os monarcas, abençoado por Deus com poderes para controlar e subjugar demônios. A parte de sua história que envolve demônios é contada fora do cânone bíblico, porém permeia intricadamente seu legado mítico. Mas e quanto ao islã? O judaísmo e o cristianismo não são as únicas religiões ligadas à tradição bíblica. O islã, fundado por Maomé no séc. VII d.C., deriva das mesmas fontes, e uma das figuras — ao mesmo tempo religiosa e mítica — que ele compartilha com o cristianismo e o judaísmo é o Rei Salomão.

Os muçulmanos têm uma rica tradição de histórias sobre ele, cujo nome costumam grafar como *Suleiman*. Suleiman (o Magnífico) é o mesmo rei sábio e feiticeiro poderoso dotado do poder de conjurar, subjugar e compelir seres sobrenaturais. No islã, porém, os seres sobrenaturais associados a Salomão não são demônios. Eles são *Jinn*.

Também grafados como *Djinn*, trata-se de uma classe de seres criados a partir de um fogo que não faz fumaça (em oposição à argila de Adão). Existem lado a lado com a humanidade em um reino que é, em sua maior parte, imperceptível a nós. São longevos, porém mortais. Eles se casam, têm filhos e vivem vidas plenas. No mundo anglófono, nossa maior exposição ao conceito dos *Jinn* tipicamente vem das *Mil e Uma Noites*. A tradição dos *Jinn* é a fonte do nosso lugar-comum do gênio na garrafa, mas eles são muito mais do que isso para os muçulmanos. A crença nos *Jinn* é um aspecto fundamental e incontornável do Islã, porque o Corão em parte se dirige a eles também. O capítulo 72 do Corão se chama *Surah al-Jinn*. Ao longo dos seus 28 versículos, ele não apenas trata os *Jinn* como seres objetivamente reais, mas os apresenta como a única outra espécie, além da humanidade, capaz de ouvir as palavras do Profeta e se redimir.

Por esse motivo, a crença nos *Jinn* é canônica para os muçulmanos (embora notavelmente não esteja inclusa dentre os seis artigos de fé do islã). Os *Jinn* não são, é claro, os únicos seres sobrenaturais que existem na criação, segundo o Islã. O Islã também trata de anjos e demônios, mas é relevante que a versão muçulmana de Satã não seja nem um demônio, nem um anjo caído. Seu nome é Íblis e ele é também um *Jinn*.

OROIA Demônio cujo nome aparece na tradução de Mathers da *Magia Sagrada de Abramelin, o Mago*. Oroia faz parte de um vasto arranjo de servidores demoníacos que trabalham subordinados a Oriens, Paimon, Ariton e Amaimon, os quatro príncipes infernais das direções cardeais. O nome deste demônio aparece apenas em um dos outros manuscritos do material do *Abramelin*, onde é grafado *Oroya*. Cf. Amaimon, Ariton, Mathers, Oriens, Paimon.

OROPEL Demônio mencionado no *Testamento de Salomão*. Oropel é o quarto demônio dentre os 36 associados aos decanos do zodíaco. Seu nome não consta na tradução de Conybeare dessa obra seminal, mas foi incluído em uma tradução posterior de McCown. Notavelmente, McCown trabalhou a partir de uma coletânea mais completa de manuscritos. Segundo esses textos, Oropel causa dor de garganta, e o anjo Rafael detém poder sobre ele. Cf. Salomão.

OROPYS Demônio com o poder de criar livros ou virtualmente qualquer outro objeto da noite para o dia. Ele e vários outros demônios livrescos são evocados em um feitiço registrado no *Livro de Oberon*, grimório da Inglaterra elisabetana. Nele consta que Oropys, nome alternativo *Arypys*, é especialmente útil para se fabricar livros sobre os temas de conjuração, alquimia, as artes mágicas e nigromancia (a evocação de demônios e outros espíritos semelhantes). Cf. Livro de Oberon.

ORPEMIEL Na tradução de Henson da *Ars Theurgia*, consta que Orpemiel serve na hierarquia do leste, como subordinado direto do príncipe infernal Camuel. Nesse texto, Orpemiel é apresentado como um poderoso duque com dez servos que atendem a suas necessidades. Pertence às horas diurnas, mas aparece à noite. Ao se manifestar, assume uma forma que é bela de se ver. Cf. Ars Theurgia, Camuel.

ORYMELL Evocado para tornar os outros espíritos dóceis e obedientes, Orymell é mencionado no *Livro de Oberon*. Segundo o texto, serve a Tantavalerion, demônio identificado como o imperador supremo de todos os espíritos. Orymell faz parte de um grupo de sete demônios que detêm o título de senadores. Cf. Asmoo, Boell, Dandall, Livro de Oberon, Pascary, Salarica, Tantavalerion, Tygra.

ORYN Arquiduque governado pelo rei demoníaco Armadiel, Oryn conta com um total de 84 espíritos inferiores para realizar as suas vontades. É parte de uma hierarquia demoníaca que responde a Demoriel, o Imperador Infernal do Norte. Segundo a *Ars Theurgia*, Oryn está associado não só às direções como também ao tempo. Para calcular a hora de Oryn, é preciso dividir o dia em quinze partes iguais. A sétima dessas seções de tempo marca as horas e minutos durante as quais Oryn é capaz de se manifestar. Cf. Armadiel, Ars Theurgia, Demoriel.

OSE O 57º demônio da *Goécia*. Ose é um demônio ilusionista sobre o qual se diz que costuma assumir a forma de um leopardo. Não está limitado a essa forma bestial, porém, e consegue também assumir forma humana. É capaz de enlouquecer as pessoas até que sejam completamente dominadas por seus delírios, além de transformá-las em formas variadas. Ose tem conhecimentos sobre as ciências liberais e está por dentro de segredos tanto divinos quanto ocultos. Segundo a *Descoberta da Bruxaria*, de Scot, seu título é o de presidente e ele detém poderes sobre a passagem do tempo. A *Pseudomonarchia Daemonum* nos dá seu nome como *Oze*. A *Goécia do Dr. Rudd* lhe atribui o governo sobre três legiões. O mesmo texto diz que Nemamiah é o anjo encarregado de controlar este demônio. No *Livro dos Encantamentos* galês, ele transforma as pessoas e, mais que isso, faz com que a pessoa transformada fique contente sendo a nova coisa ou criatura que passa a ser. O texto declara que ele governa trinta legiões de espíritos. No *Livro de Oberon*, seu nome aparece com a grafia *Oze* também, onde é identificado como um dos doze principais ministros de Amaimon, rei do sul. Aparece de novo como *Oze* no *Livre des Esperitz* francês. Cf. Goécia, Livre des Esperitz, Livro de Oberon, Livro dos Encantamentos, Rudd, Scot, Wierus.

Anjo persa com cabeça de leopardo e três pares de asas. Representações de seres sobrenaturais de outras culturas ajudaram a moldar algumas das formas atribuídas aos demônios. De um manuscrito com iluminuras, 1750. Imagem cortesia da Wellcome Collection, Londres.

OSSIDIEL Demônio noturno que detém o título de duque, pelo menos segundo a *Ars Theurgia*. No mesmo texto, consta que Ossidiel serve ao príncipe infernal Usiel. Tem quarenta espíritos inferiores sob seu comando e é excelente tanto para revelar quanto para ocultar itens preciosos. Serve na corte do oeste. Cf. Ars Theurgia, Usiel.

OTHEY Ao ser conjurado pela primeira vez, Othey tem uma aparência notável: ele se apresenta na forma de um tonel de vinho. Se a ideia de conversar com um barril de vinho falante lhe parecer estranha, Othey pode ser compelido a assumir forma humana — cujos olhos reluzem como fogo. É um demônio ligado a arquitetura, construindo castelos, torres e cidades inteiras em instantes. Seu nome aparece no *Livro de Oberon*, onde consta que serve como um dos doze principais demônios da corte de Egin, rei do norte. Atenção: nada se diz sobre as consequências de se tentar beber Othey em sua forma de barril de vinho, mas não devem ser boas. Cf. Egin, Livro de Oberon.

OTHIET Demônio na corte do sul subordinado ao príncipe Aseliel. O nome e selo de Othiet aparecem na *Ars Theurgia*, onde consta que detém o título de arquiduque. Associado às horas da noite, ele se manifesta apenas nesse período. Há trinta espíritos principais e outros vinte servos ministradores sobre os quais detém domínio. Cf. Ars Theurgia, Aseliel.

OTIM Um dos vários arquiduques que servem na hierarquia do oeste, subordinados ao príncipe demoníaco Cabariel. Otim conta com cinquenta espíritos menores que o atendem. É um demônio noturno, aparecendo nas horas entre o anoitecer e o amanhecer. Sua natureza é perversa ao extremo, e tentará enganar e iludir quem quer que seja que o contate. Seu nome, junto ao selo que permite comandar e coagi-lo, aparecem na *Ars Theurgia*, o segundo livro da obra mais ampla conhecida como *Chave Menor do Salomão*. Cf. Ars Theurgia, Cabariel.

OTIUS Grande conde na hierarquia do Inferno, Otius comanda 36 legiões de diabos. Segundo o grimório do séc. xv conhecido como *Manual de Munique*, ao ser conjurado, parece humano, exceto por ter três chifres e dentes excepcionalmente grandes. Também aparece carregando uma espada extremamente afiada. Ao ser interrogado, é capaz de discorrer sobre todas as questões ocultas, revelando a natureza secreta do passado, presente e futuro. Também é capaz de influenciar a mente dos homens, fazendo com que amigos e inimigos, sem distinção, enxerguem o conjurador favoravelmente. Dada a descrição de sua aparência e poderes, Otius pode muito bem ser uma variação do demônio goético Botis. Cf. Botis, Manual de Munique.

OYLOL Demônio associado à esfera da lua. Ao se manifestar, assume um corpo de grandes proporções com a aparência de um cristal esbranquiçado e opaco ou uma nuvem escura. É servo do rei demoníaco Harthan, que governa os espíritos lunares. Oylol é mencionado na tradução de Peterson do *Livro Jurado*, onde consta que ajuda no preparo para jornadas e a influenciar a mente dos mortais. Os anjos Gabriel, Miguel, Samyhel e Atithael têm o poder de compeli-lo e controlá-lo. Cf. Harthan, Livro Jurado.

OZIA Demônio que aparece na forma de um velho montado em um elefante. É um dos doze principais espíritos que servem na corte do rei do norte, Egin. Ozia tem os poderes de transporte e invisibilidade, sendo capaz ainda de conquistar os favores de inimigos. Além disso, tem domínio sobre todas as artes e ciências. Seu nome aparece no grimório elisabetano conhecido como *Livro de Oberon*. Cf. Egin, Livro de Oberon.

KISS THE COOK

PACHEL Demônio que, segundo consta, serve a Astarote e Asmodeus. Pachel aparece na tradução de Mathers da *Magia Sagrada de Abramelin, o Mago*, onde o tradutor afirma que seu nome está associado a uma palavra grega que significa "espesso" ou "grosseiro". Cf. ASTAROTE, ASMODEUS, MATHERS.

PACHID Segundo Mathers, o nome deste demônio deriva de uma palavra hebraica que significa "medo". Apesar de sua natureza potencialmente medonha, Pachid é um demônio relativamente inócuo. Serve ao lado de muitos outros demônios de título semelhante na vasta hierarquia dos quatro príncipes infernais das direções cardeais: Oriens, Paimon, Ariton e Amaimon. Todos aparecem na *Magia Sagrada de Abramelin, o Mago*. Cf. AMAIMON, ARITON, MATHERS, ORIENS, PAIMON.

PADIEL O segundo espírito logo abaixo de Carnesiel, o Imperador do Leste, Padiel governa como um grande príncipe na direção entre o leste e o lés-sudeste. Mencionado na *Ars Theurgia*, Padiel tem poder sobre uma vasta companhia de espíritos constituída por dez mil ministros, que servem durante o dia, e outros vinte mil que servem durante a noite. Segundo a *Ars Theurgia*, Padiel e todos os espíritos de seu bando são de índole essencialmente boa e confiável. A maioria dos demônios no mesmo patamar de Padiel mencionados nesse livro tem, pelo menos, uma dúzia de duques infernais, cujos nomes e selos também estão listados para que possam ser evocados e compelidos a agir. Padiel, porém, não tem nenhum. O texto indica que nenhum dos seus duques possui qualquer poder especial além dos que já lhe foram conferidos pelo próprio Padiel. Padiel também é mencionado na *Steganographia*, de João Tritêmio. Cf. *ARS THEURGIA*, CARNESIEL.

PAFESLA Servo demoníaco dos reis infernais Ariton e Amaimon, cada um associado a duas das direções cardeais. Esta é a grafia do nome deste demônio que aparece na tradução da *Magia Sagrada de Abramelin, o Mago* feita pelo ocultista S. L. MacGregor Mathers no séc. XIX. A edição de Peter Hammer grafa seu nome como *Pafessa*. Cf. AMAIMON, ARITON, MATHERS.

PAFIEL Demônio noturno que serve ao príncipe infernal Dorochiel. Pafiel está associado à segunda metade da noite, manifestando-se apenas em um certo horário entre a meia-noite e o amanhecer. Segundo a *Ars Theurgia*, detém o título de arquiduque e tem quatrocentos espíritos menores sob seu comando. Está associado ao oeste. Cf. *ARS THEURGIA*, DOROCHIEL.

PAIMON Também grafado como *Paymon*. Demônio da Ordem das Dominações, acredita-se que Paimon seja um dos quatro demônios que presidem sobre as direções cardeais. Seu domínio é o oeste. Na *Goécia*, Paimon é elencado como o nono dos 72 demônios. Segundo o texto, ao ser evocado, a chegada de Paimon é prenunciada por uma multidão de espíritos na forma de homens que tocam trombetas, címbalos e outros instrumentos musicais diversos. Como isso não bastasse, consta que o próprio Paimon se manifesta com um poderoso rugido com sua voz tonitruante. Cavalga um camelo e aparece na forma de um homem ostentando uma gloriosa coroa sobre a cabeça. A *Pseudomonarchia Daemonum* afirma, além disso, que ele tem um rosto bastante afeminado, enquanto o *Dictionnarie Infernal*, de de Plancy, o descreve como um homem com um rosto de mulher. Todas as fontes sugerem que, dos vários demônios goéticos, Paimon é um dos que possui uma relação mais forte de lealdade com Lúcifer. O volume de sua voz é sobrenaturalmente alto, e ele não parará de falar em um tom de voz ensurdecedor, de modo que o conjurador não conseguirá compreendê-lo, a não ser que o comande para que altere seu modo de falar. Ao ser chamado, Paimon é capaz de ensinar conhecimentos das artes e ciências. Ainda revela as respostas verdadeiras para mistérios, tais como a natureza da terra, a localização do Abismo e a origem dos ventos.

Além de ser uma verdadeira fonte de conhecimentos, a Paimon é creditado o dom de conferir honrarias. Fornece espíritos familiares e pode ser enviado para atacar os inimigos do mago. Supostamente aprisiona a todos que resistirem a ele com suas próprias correntes. Consta que a sua morada é a direção noroeste, onde governa um número de não menos que duzentas legiões de espíritos, alguns dos quais são da Ordem dos Anjos e outros da Ordem das Potestades. Consta que o próprio Paimon pertenceria ou à Ordem das Dominações ou à Ordem dos Querubim. Reage favoravelmente a consagrações e libações. Em sua *Descoberta da Bruxaria*, Scot traduz a palavra latina que significa *libações* como *sacrifícios*, em vez disso, o que confere um ar um tanto nefasto aos trabalhos que envolvem Paimon.

No grimório galês conhecido como o *Livro dos Encantamentos*, seu nome é grafado *Parmon*. O texto também comenta sua obediência a Lúcifer. O contexto para isso é dado no *Livre des Esperitz*, onde fica evidente que Lúcifer é seu superior direto na hierarquia dos demônios. Essas obras concordam que Paimon fala com uma voz tão alta que é impossível compreendê-lo. Como solução, o *Livro de Oberon* sugere dar-lhe um pedaço de papel, no qual poderá escrever as suas mensagens. Muitos grimórios identificam Paimon como uma boa fonte para espíritos familiares, mas o *Livro dos Encantamentos* diz, com todas as letras, que ele é capaz de dobrar humanos também à vontade do mago, pondo em efeito um tipo de escravidão mágica. No mais, segundo o *Livro de Oberon*, ele tem o poder de tornar obedientes todos os peixes do mar.

Paimon, por vezes, se manifesta na companhia de outros dois reis infernais. Na *Pseudomonarchia Daemonum*, seus nomes são Beball e Abalam. Na *Goécia*, são chamados Labal e Abali. O *Livro dos Encantamentos* os chama de Babel e Abatano. Ao se manifestar com esses dois reis, Paimon traz consigo apenas 25 das suas legiões de espíritos menores, pelo menos segundo a *Pseudomonarchia*. Nesse texto, seu nome é grafado *Paymon*. Paimon aparece ainda como o nono demônio da *Goécia do Dr. Rudd*. Aqui a ele é conferido o título de rei, governando apenas 25 legiões de espíritos. O texto o associa à Ordem das Potestades. O anjo Hasiel tem o poder de coibi-lo. Na *Clavis Inferni*, é Rafael quem detém poder sobre Paimon. Nesse texto, o rei demoníaco é associado ao elemento da água e a um animal como a mantícora.

Paimon aparece ainda na *Magia Sagrada de Abramelin, o Mago*. Aqui, ele é um dos oito subpríncipes que supervisionam todos os espíritos conjurados no terceiro dia da operação do Sagrado Anjo Guardião. A ele é atribuído o poder de inspirar visões, ressuscitar os mortos, conferir familiares e evocar espíritos das mais diversas formas. Além disso, é capaz de responder a qualquer pergunta sobre o passado, o presente ou o futuro e fazer o mago voar. Segundo tanto Mathers quanto Agrippa, Paimon é equivalente ao anjo caído Azazel das tradições rabínicas. Cf. ABALAM, ABALI, AGRIPPA, AZAZEL, BEBALL, DE PLANCY, GOÉCIA, LABAL, LIVRE DES ESPERITZ, LIVRO DE OBERON, LIVRO DOS ENCANTAMENTOS, LÚCIFER, MATHERS, RUDD, SCOT, WIERUS.

PALAS Na tradução de Peterson do *Livro Jurado de Honório*, Palas é um servo do demônio Habaa, rei dos espíritos de Mercúrio. Nessa obra, Palas está associado ao oeste e ao sudoeste, sendo dotado do poder de dar respostas sobre o passado, presente e futuro. Também ajuda a providenciar espíritos familiares e tem conhecimentos sobre os pensamentos e ações secretas dos outros, sejam eles espíritos ou mortais, e está disposto a compartilhá-los com qualquer um que saiba a forma correta de conjurá-lo. Os anjos Miguel, Mihel e Sarapiel detêm poder sobre ele. Palas também aparece na edição de Driscoll do *Livro Jurado*. Nessa versão do texto, Palas aparece como um dos três ministros infernais do demônio Zobha. Zobha não pode ser conjurado com uma aparência física visível, por isso Palas e seus compatriotas existem para

Descrição elaborada do demônio Paimon, rei de todos os espíritos do oeste. Seu sigilo aparece acima de sua cabeça. Uma mantícora aparece a seu lado. Detalhe do grimório do século XVIII conhecido como Clavis Inferni. Imagem cortesia da Wellcome Collection, de Londres.

executar a vontade de seu mestre. Segundo a versão de Driscoll do *Livro Jurado*, Palas é um demônio associado às regiões subterrâneas. Tem o poder de fornecer ouro e prata em grande abundância àqueles que souberem como angariar os seus favores. Palas pode ser um demônio destrutivo, causando a demolição de prédios e outras estruturas, possivelmente por meio de terremotos. Comparar com *Pallas*, um epíteto por vezes assumido pela deusa grega Atena. Cf. Livro Jurado, Habaa, Zobha.

PALFRAME Demônio marcial mencionado no *Livro de Oberon*, que serve como ajudante ao Rei Iammas. Como outros demônios associados à esfera planetária de Marte, Palframe tem a pele rubra, uma voz altissonante e traja vestes vermelhas. Ostenta chifres de veado na cabeça, garras nos dedos e pode aparecer ou como um rei armado montado em um lobo ou como uma mulher guerreira carregando um escudo. Traz morte e peleja, acendendo as chamas e paixões das pessoas, que guerrearão sob seu comando. Há uma possibilidade de que ele não seja um demônio à parte, mas apenas o resultado de um erro de transcrição repetido nos manuscritos copiados, pois um de seus colegas ministros se chama *Palframen*. Cf. Carmas, Iammas, Itamall, *Livro de Oberon*, Palframen.

PALFRAMEN Espírito de Marte na corte do Rei Iammas, identificado como uma entidade à parte de Palframe, apesar da incrível semelhança entre os dois nomes. Palframen traz morte e destruição, fazendo com que as pessoas briguem entre si e se matem. Também é capaz de abatê-las e fazer as coisas pegarem fogo. Sua aparência é atroz, com pele rubra e túnica de um vermelho cor de sangue. Dotado de chifres de veado e garras, também pode assumir a forma de um rei armado ou de uma mulher com um escudo. Seu nome aparece no *Livro de Oberon*, um grimório da Inglaterra elisabetana. Cf. Carmas, Iammas, Itamall, *Livro de Oberon*, Palframe.

Mesmo expulso do Céu, Satã ainda mantém boa parte de suas belas feições. Ilustração de Gustave Doré.

PAMELON Demônio descrito com um grande governante, que supervisiona seis legiões de espíritos menores. Seu nome aparece no *Livro de Oberon*, onde consta que ele se manifesta na forma de um homem. Pode ser evocado para revelar coisas ocultas, sob as águas e em terra firme, e é capaz de ajudar o conjurador a obter esses tesouros. Além disso, é bom para conquistar, pela coerção, o amor das donzelas. É um demônio tão popular que aparece duas vezes no *Livro de Oberon*, primeiro como o 64º demônio de uma lista de mais de oitenta espíritos infernais e depois de novo como o número 74. Nessa segunda aparição, consta que surge na forma de um cavaleiro com dez — e não só seis — legiões sob seu controle. Sendo um espírito intermediário, ele tem o poder de compelir outros espíritos para que venham dos quatro cantos do mundo. O livro também oferece *Paynelon* como uma versão alternativa do seu nome. Cf. LIVRO DE OBERON.

PAMERSIEL Segundo a *Ars Theurgia*, Pamersiel é o primeiro e principal espírito do leste. É um subordinado direto do imperador infernal Carnesiel, que rege essa mesma direção. Pamersiel é um príncipe arrogante e obstinado, que supervisiona uma corte de mil espíritos, todos os quais partilham de seus traços desagradáveis de personalidade. Embora possa ser difícil e perigoso trabalhar com eles, Pamersiel e seus seguidores são supostamente úteis para expulsar outros espíritos das trevas — especialmente os que habitam casas mal-assombradas. Pamersiel também aparece como o primeiro e principal espírito do leste na *Steganographia*, de Tritêmio, composta por volta de 1499. No *Tratado sobre Magia Angelical* de Rudd, a Terceira *Tabula* de Enoque contém um símbolo para representar o nome do demônio Pamersiel. A *Tabula* está associada ao planeta Vênus. Cf. ARS THEURGIA, CARNESIEL, RUDD, TRITÊMIO.

PAMIEL Demônio a serviço de Aseliel, príncipe da hierarquia do leste. Pamiel é mencionado na *Ars Theurgia*, que o descreve como um chefe-presidente. Preside sobre trinta espíritos principais e outros vinte ministradores. É associado às horas diurnas e se manifesta em uma forma bela e cortês. Cf. ARS THEURGIA, ASELIEL.

PANDIEL Segundo a *Ars Theurgia*, Pandiel é um arquiduque sob o governo do poderoso rei Armadiel. Tanto Armadiel quanto Pandiel são parte da hierarquia do norte, supervisionada pelo imperador infernal Demoriel. Além de estar associado à direção norte, Pandiel também tem as restrições para aparecer apenas em momentos específicos do dia. Se o dia for dividido em quinze porções iguais, este demônio pertence à 11ª porção, manifestando-se somente nas horas e minutos que caem nessa porção do dia. Ao se manifestar, Pandiel supostamente conta com 84 espíritos ministradores que executam suas vontades. Em outros momentos do mesmo texto, Pandiel é descrito como um duque em serviço do demônio Emoniel, capaz de aparecer com a mesma força seja durante o dia ou durante a noite. Em todo caso, é mais fácil que ele se manifeste em áreas de bosque ou floresta. Há 1320 espíritos inferiores sob seu comando. Cf. ARMADIEL, *ARS THEURGIA*, DEMORIEL, EMONIEL.

PANDOLI Demônio a serviço tanto de Magoth quanto Kore, Pandoli aparece na *Magia Sagrada de Abramelin, o Mago*. Como parte do ritual do Sagrado Anjo Guardião que ocupa um espaço central nessa obra, Pandoli e uma multidão de outros demônios são conjurados e obrigados a jurar lealdade ao mago. Cf. KORE, MAGOTH, MATHERS.

PANDOR Demônio noturno de má índole cujo nome aparece na *Ars Theurgia*, Pandor serve como arquiduque na hierarquia de Cabariel, o príncipe infernal da direção entre o oeste e o oés-noroeste. Sendo um demônio nobre, Pandor tem cinquenta espíritos ministradores que lhe servem. É um demônio dificílimo de lidar, com tendências para ser desobediente e ardiloso. Seu nome talvez seja derivado da figura de Pandora da mitologia grega. Pandora é a responsável por ter libertado todo tipo de demônios sobre a terra como resultado da falha fatal que foi sua curiosidade. Cf. *ARS THEURGIA*, CABARIEL.

PANIEL Demônio noturno leal ao príncipe infernal Dorochiel, consta que Paniel é detentor do título de arquiduque. Tem quarenta espíritos menores sob seu comando. Segundo a *Ars Theurgia*, onde aparecem seu nome e sigilo, Paniel se manifesta, a cada noite, apenas durante uma hora específica entre o anoitecer e a meia-noite. Por conta de sua afiliação com Dorochiel, jura lealdade à corte do oeste. Cf. Ars Theurgia, Dorochiel.

PANTAGNON Mencionado em uma versão de 1709 da *Clavicula Salomonis*, consta que Pantagnon tem o poder da invisibilidade. Seu poder é o de conquistar o favor de grandes líderes. Membro da corte do Duque Resbiroth, Pantagnon é um subordinado direto de Sergulaf e Hael. Cf. Clavicula Salomonis, Hael, Resbiroth, Sergulaf.

PANYTE Demônio associado às artes divinatórias. Seu nome aparece em dois feitiços diferentes no grimório do séc. xv conhecido como *Manual de Munique*. Em ambos os feitiços, Panyte é evocado para conceder seus poderes a fim de ajudar o conjurador em sua prática de catoptromancia. Cf. Manual de Munique.

PARABIEL Arquiduque que serve a Armadiel na hierarquia do norte. Parabiel tem um total de 85 espíritos menores que realizam suas vontades. Se o dia for dividido em quinze porções, a hora de Parabiel é a segunda, e apenas nesse horário se manifesta. Segundo a *Ars Theurgia*, o melhor é conjurá-lo em locais remotos e secretos, usando um cristal ou espelho para permitir que ele apareça. Cf. Armadiel, Ars Theurgia.

PARACHMON O nome deste demônio aparece nas versões tanto da biblioteca de Dresden quanto de Wolfenbüttel da *Magia Sagrada de Abramelin, o Mago*. Segundo os textos, Parachmon é governado pelo demônio maior Magoth. No manuscrito francês do séc. xv que serviu de fonte para a tradução de Mathers dessa obra, o nome deste demônio é grafado *Paramor*. Consta que está sob a liderança de Kore. Cf. Kore, Magoth, Mathers.

PARAS Demônio noturno, de natureza perversa, a serviço do rei infernal Raysiel. Paras é descrito como um arquiduque com quarenta espíritos menores que lhe são subordinados. Seu nome e selo aparecem na *Ars Theurgia*, o segundo livro da *Chave Menor de Salomão*. Segundo o texto, Paras serve na hierarquia dos espíritos associados ao norte. Cf. Ars Theurgia, Raysiel.

PARASEH Este nome aparece em uma extensa lista de demônios na *Magia Sagrada de Abramelin, o Mago*. Consta que serve a Oriens, Paimon, Ariton e Amaimon — os quatro príncipes demoníacos encarregados das direções cardeais. Mathers, que publicou uma tradução do *Abramelin* em 1898, sugere que o nome deste demônio seja derivado de uma palavra caldeia que significa "cindido". Cf. Amaimon, Ariton, Mathers, Oriens, Paimon.

PARCAS Grande príncipe capaz de tornar as pessoas ardilosas e sábias em todas as ciências. Aparece em uma forma belíssima e comanda trinta legiões de espíritos menores. Conhece as virtudes das ervas e pedras preciosas, sendo capaz de trazê-las ao conjurador, se lhe for solicitado. Ainda traz ouro e prata e quaisquer outros tesouros ocultos sob a terra, além de poder recuperar o que quer que se tenha perdido. Dotado de poderes de transformação, também é capaz é tornar as pessoas invisíveis e torná-las velhas ou jovens outra vez. Há trinta legiões de espíritos que lhe são subordinados. Seu nome aparece no *Livre des Esperitz*, grimório francês do séc. xvi. Cf. Livre des Esperitz.

PAREHT Um dos muitos demônios regidos pelos quatro príncipes demoníacos das direções cardeais. A tradução de Mathers da *Magia Sagrada de Abramelin, o Mago* entende o nome deste demônio como derivado de uma palavra hebraica que significa "fruto". Enquanto servo de Oriens, Paimon, Ariton e Amaimon, é possível conjurá-lo e compeli-lo pelo uso destes nomes. Cf. Amaimon, Ariton, Mathers, Oriens, Paimon.

O demônio Oriens, rei do leste. Detalhe de uma ilustração da Clavis Inferni. *Cortesia da Wellcome Collection, Londres.*

PAREK "O Selvagem". Segundo o ocultista S. L. MacGregor Mathers, o nome deste demônio deriva de uma palavra hebraica. Parek é mencionado na tradução de Mathers da *Magia Sagrada de Abramelin, o Mago*. Aqui, consta que serve aos quatro príncipes demoníacos das direções cardeais: Oriens, Paimon, Ariton e Amaimon. Cf. AMAIMON, ARITON, MATHERS, ORIENS, PAIMON.

PARIEL Um dos vários demônios que servem ao príncipe infernal Camuel na *Ars Theurgia*. Por conta de seu serviço a Camuel, Pariel está associado à direção leste. Também é um demônio diurno, mas aparece à noite. Seu título é o de duque e tem um total de dez espíritos menores sob seu comando. Cf. ARS THEURGIA, CAMUEL.

PARITESHEHA A transliteração de um nome hebraico atribuído ao demônio noturno Lilith. Acreditava-se que Lilith tivesse muitos nomes diferentes, que eram gravados em amuletos de proteção. Nas tradições judaicas, entendia-se que Lilith atacava mulheres em trabalho de parto e matava recém-nascidos no berço. Cada um dos muitos nomes de Lilith tem poder sobre ela, e a esses amuletos, que costumavam ser escritos em hebraico, era atribuída a capacidade de espantá-la. O autor T. Schrire reuniu uma coletânea desses nomes em sua publicação de 1966, *Hebrew Magic Amulets*. Cf. LILITH.

PARIUS Duque inferior na hierarquia do príncipe infernal Cabariel. Parius é um demônio diurno e, por isso, evita aparecer durante as horas noturnas. Aos que tiverem coragem o suficiente para conjurar este demônio, a *Ars Theurgia* recomenda fazê-lo em um local remoto, nas horas entre o nascer e o pôr do sol. Dotado de uma natureza aérea, é difícil vê-lo a olho nu, por isso a *Ars Theurgia* recomenda que Parius e todos os outros demônios semelhantes sejam conjurados em um cristal ou um receptáculo de vidro. Tipicamente acompanhado por cinquenta espíritos

CURIOSIDADES DEMONÍACAS

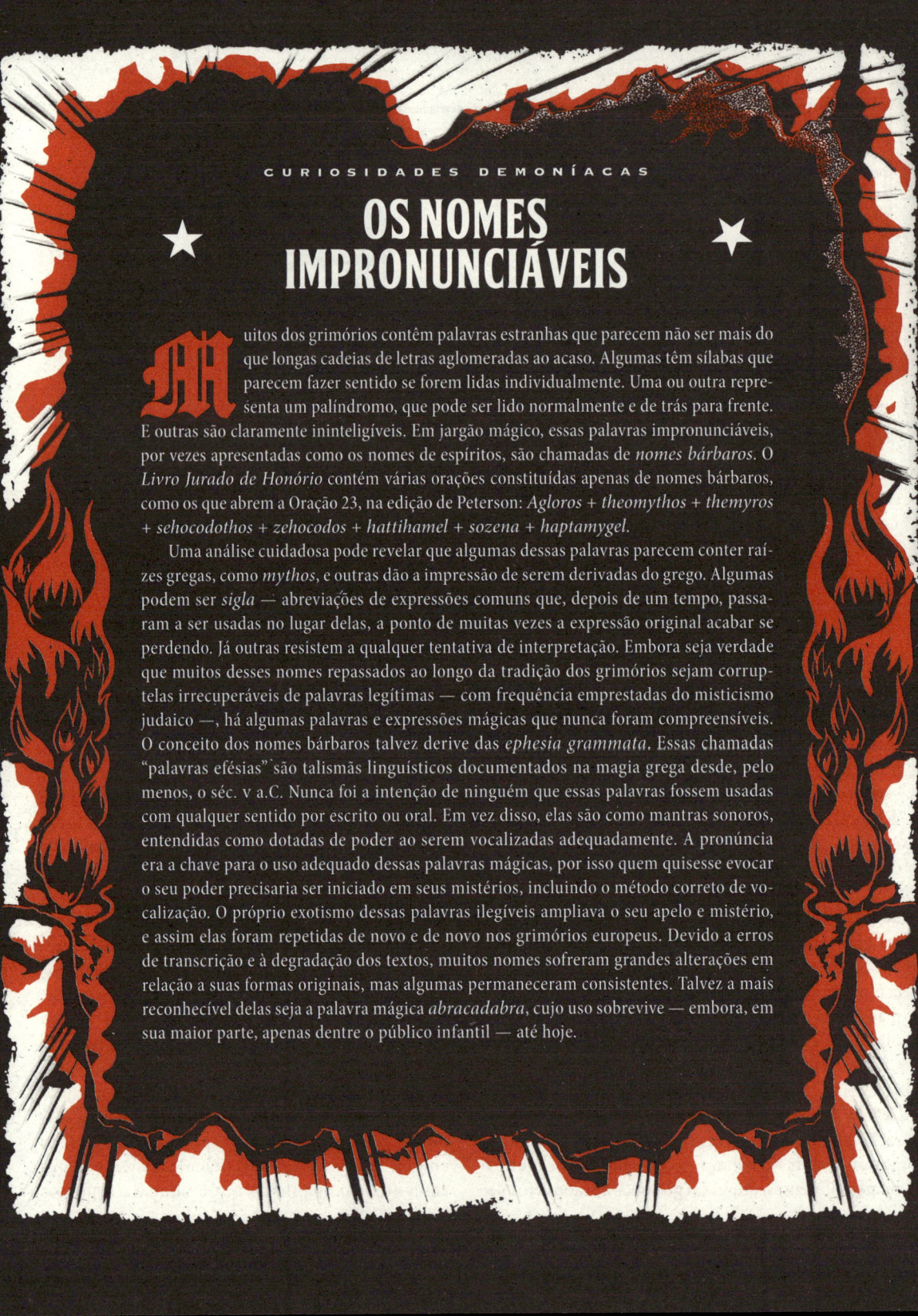

OS NOMES IMPRONUNCIÁVEIS

M uitos dos grimórios contêm palavras estranhas que parecem não ser mais do que longas cadeias de letras aglomeradas ao acaso. Algumas têm sílabas que parecem fazer sentido se forem lidas individualmente. Uma ou outra representa um palíndromo, que pode ser lido normalmente e de trás para frente. E outras são claramente ininteligíveis. Em jargão mágico, essas palavras impronunciáveis, por vezes apresentadas como os nomes de espíritos, são chamadas de *nomes bárbaros*. O *Livro Jurado de Honório* contém várias orações constituídas apenas de nomes bárbaros, como os que abrem a Oração 23, na edição de Peterson: *Agloros + theomythos + themyros + sehocodothos + zehocodos + hattihamel + sozena + haptamygel*.

Uma análise cuidadosa pode revelar que algumas dessas palavras parecem conter raízes gregas, como *mythos*, e outras dão a impressão de serem derivadas do grego. Algumas podem ser *sigla* — abreviações de expressões comuns que, depois de um tempo, passaram a ser usadas no lugar delas, a ponto de muitas vezes a expressão original acabar se perdendo. Já outras resistem a qualquer tentativa de interpretação. Embora seja verdade que muitos desses nomes repassados ao longo da tradição dos grimórios sejam corruptelas irrecuperáveis de palavras legítimas — com frequência emprestadas do misticismo judaico —, há algumas palavras e expressões mágicas que nunca foram compreensíveis. O conceito dos nomes bárbaros talvez derive das *ephesia grammata*. Essas chamadas "palavras efésias" são talismãs linguísticos documentados na magia grega desde, pelo menos, o séc. v a.C. Nunca foi a intenção de ninguém que essas palavras fossem usadas com qualquer sentido por escrito ou oral. Em vez disso, elas são como mantras sonoros, entendidas como dotadas de poder ao serem vocalizadas adequadamente. A pronúncia era a chave para o uso adequado dessas palavras mágicas, por isso quem quisesse evocar o seu poder precisaria ser iniciado em seus mistérios, incluindo o método correto de vocalização. O próprio exotismo dessas palavras ilegíveis ampliava o seu apelo e mistério, e assim elas foram repetidas de novo e de novo nos grimórios europeus. Devido a erros de transcrição e à degradação dos textos, muitos nomes sofreram grandes alterações em relação a suas formas originais, mas algumas permaneceram consistentes. Talvez a mais reconhecível delas seja a palavra mágica *abracadabra*, cujo uso sobrevive — embora, em sua maior parte, apenas dentre o público infantil — até hoje.

ministradores, a reputação deste demônio é a de ter uma índole boa e obediente. É afiliado à direção oeste. Cf. Ars Theurgia, Cabariel.

PARMATUS O "portador do escudo". Segundo a tradução de Mathers da *Magia Sagrada de Abramelin, o Mago*, este demônio serve aos quatro príncipes infernais das direções cardeais: Paimon, Ariton, Oriens e Amaimon. Cf. Amaimon, Ariton, Mathers, Oriens, Paimon.

PARSIFIEL Na *Ars Theurgia*, Parsifiel aparece na hierarquia do príncipe errante Bidiel. Consta que assume uma forma humana bela e agradável. Detentor do título de grande duque, comanda um total de 2400 espíritos menores. Cf. Ars Theurgia, Bidiel.

PARTAS Demônio mencionado no *Livro de Oberon*. Consta entre os doze principais demônios que servem ao rei do sul, Amaimon. Ao ser evocado, é possível fazer com que assuma uma forma humana, mas a princípio aparece como um urso pardo. Seus poderes incluem invisibilidade e restaurar a visão aos cegos. Além disso, ensina lógica e as virtudes das pedras e ervas. Assim como muitos demônios no *Livro de Oberon*, é capaz de revelar tesouros ocultos. Cf. Amaimon, Livro de Oberon.

PARUSUR Demônio mencionado na tradução de Mathers da *Magia Sagrada de Abramelin, o Mago*. Parusur é governado por Oriens, Paimon, Ariton e Amaimon, os quatro príncipes infernais das direções cardeais. Enquanto servidor desses demônios, é possível chamá-lo e compeli-lo valendo-se de seus nomes. Cf. Amaimon, Ariton, Mathers, Oriens, Paimon.

PASCARY Às vezes também chamado de *Pastarie*, este demônio detém o título incomum de senador. Seu nome aparece no *Livro de Oberon*, ao lado de seis colegas, em um feitiço para coibir e compelir outros espíritos. Pascary e seus compatriotas servem ao imperador supremo Tantavalerion, demônio que é a autoridade definitiva sobre todos os espíritos. Nenhum espírito ousa desobedecer ou fazer mal quando o nome de Tantavalerion é invocado. Cf. Asmoo, Boell, Danall, Livro de Oberon, Orymell, Salarica, Tantavalerion, Tygra.

PASFRAN Ministro de Iammax, o rei dos espíritos do planeta Marte. Pasfran aparece na tradução de Joseph Peterson do *Livro Jurado de Honório*. Nesse texto, consta que é governado pelos anjos Samahel, Satihel, Ylurahihel e Amabiel, que regem a esfera de Marte. Pasfran tem o poder de semear ódio e raiva entre os mortais, agitando guerras e inspirando assassinatos. Sua região é o sul e, ao se manifestar, sua pele é como carvões em brasa. Este demônio aparece também na tradução de Driscoll do *Livro Jurado*, mas há diferenças entre os dois textos. Na edição de Driscoll, Pasfran serve como ministro na hierarquia do rei infernal Jamaz, mas é um demônio do elemento fogo e, como consequência, tem uma natureza quente. Detém poder sobre a morte e a decomposição. É capaz de matar com uma única palavra e reverter completamente os efeitos da decomposição. Segundo Driscoll, ele pode ressuscitar um exército de mil soldados mortos. Além disso tudo, é supostamente capaz de conferir espíritos familiares, e todos os familiares concedidos por ele têm a aparência de soldados. Cf. Iammax, Jamaz, Livro Jurado.

PATHIER Demônio da corte do príncipe Usiel, que rege a hierarquia do oeste. Pathier detém o título de duque e tem vinte espíritos menores sob seu comando. Segundo a *Ars Theurgia*, consta que se manifesta durante as horas da noite. Ele tem um dom especial para revelar a localidade de tesouros ocultos. Além disso, também obscurece itens preciosos, protegendo-os contra ladrões. Cf. Ars Theurgia, Usiel.

PATHOPHAS Demônio associado ao elemento do fogo, Pathophas tem o poder de postergar a decomposição, revertendo seu progresso ou impedindo-a por completo. Também é capaz de matar com uma só palavra. Segundo a tradução de Driscoll do *Livro Jurado*, aparece ao ser atraído pelas devidas oferendas de incenso e perfume. Serve na corte do rei infernal Jamaz, que rege o elemento fogo e a direção sul. Pathophas é um demônio quente e apressado, com natureza enérgica, cujo semblante lembra o elemento ígneo de sua hierarquia. É capaz de fazer surgir, com um único comando, um exército de mil soldados e também fornece espíritos familiares na forma de soldados. É provável que seu nome seja uma variação do nome do demônio Proathophas. Cf. Jamaz, Livro Jurado, Proathophas.

PATHYN Demônio da destruição dotado de três cabeças que pode ser comandado para que destrua qualquer coisa. Carrega entre os dentes um alfinete de ferro incandescente, que é a origem de suas capacidades incendiárias. Seu nome aparece no *Livro de Oberon*, onde é listado dentre os doze principais ministros de Amaimon, o rei demoníaco do sul. Cf. Amaimon, Livro de Oberon.

PATID O nome deste demônio talvez seja derivado de um termo hebraico com o sentido de "topázio". Na tradução de Mathers da *Magia Sagrada de Abramelin, o Mago*, Patid aparece na hierarquia dos quatro governantes infernais das direções cardeais: Oriens, Paimon, Ariton e Amaimon. Também pode ser conjurado pelos seus nomes. Cf. Amaimon, Ariton, Mathers, Oriens, Paimon.

PATIEL Demônio governado pelo rei infernal Maseriel. Segundo a *Ars Theurgia*, serve a seu mestre durante as horas diurnas. Possui domínio sobre a sua própria companhia de trinta espíritos menores e detém o título de duque. Está associado ao sul. Cf. Ars Theurgia, Maseriel.

PEAMDE Demônio evocado para práticas divinatórias no *Manual de Munique*, associado a um feitiço de catoptromancia que faz uso de um menino jovem e virgem. O menino serve de intermediário entre o mago e os espíritos evocados para inspirar visões e revelar informações secretas. Cf. Manual de Munique.

PELARIEL Servo do demônio Hydriel, príncipe errante do ar. Pelariel detém o título de duque e é acompanhado por 1320 espíritos ministradores. Demônio atraído a pântanos e brejos, Pelariel assume a forma de uma cobra com cabeça de mulher sempre que escolhe se manifestar. Tem a reputação de possuir índole educada e cortês, e o método para conjurá-lo e compeli-lo aparece em um texto mágico conhecido como a *Ars Theurgia*. Cf. Ars Theurgia, Hydriel.

PELLIPIS Em sua edição da *Magia Sagrada de Abramelin, o Mago*, o ocultista S. L. Mathers interpreta o nome deste demônio como "o Opressor". Infelizmente, no material que serviu de fonte a Mathers, o nome dado para este demônio está incorreto. Em uma versão mais precisa do texto do *Abramelin*, seu nome é apresentado como *Sipillipis*, o que é um palíndromo, podendo ser lido de frente para trás e de trás para frente. Esse tipo de jogo de palavras era um método mágico, e as palavras resultantes eram vistas como dotadas de um poder mágico próprio. É interessante que Sipillipis é identificado como um servo de Belzebu. No material do Abramelin, Belzebu tem vários outros servidores demoníacos cujos nomes também são palíndromos. Cf. Belzebu, Mathers.

PELUSAR Demônio que detém o título de arquiduque na *Ars Theurgia*. Nesse texto, consta que Pelusar serve na hierarquia do príncipe infernal Dorochiel. Governa um total de quarenta espíritos menores e é associado às horas noturnas, sendo capaz de se manifestar apenas em um horário específico entre o anoitecer e a meia-noite. Sua afiliação é com o oeste. Cf. Ars Theurgia, Dorochiel.

PENADOR Demônio que comanda uma vasta multidão de espíritos menores, totalizando 1840. Penador pertence à corte do príncipe errante Soleviel, onde serve ano sim, ano não, alternando-se com seus outros colegas de ducado. Na *Ars Theurgia*, onde o nome deste demônio aparece, consta que tem a liberdade para aparecer a qualquer hora do dia e da noite. Cf. Ars Theurgia, Soleviel.

PENEMUÊ Anjo caído mencionado no *Livro de Enoque* que aparentemente tinha o cargo de escriba. Em *1 Enoque* 68, consta que teria ensinado à humanidade a arte de escrever com tinta e pena. Além do mais, consta que teria revelado todo tipo de sabedoria proibida, incluindo o conhecimento "do que é doce e do que é amargo", o que se costuma entender como o conhecimento das ervas e talvez venenos. Penemuê era um dos líderes dos Anjos Sentinelas. Essa ordem angelical ficou encarregada de cuidar da humanidade, mas, em vez disso, decidiu abandonar o Céu para desposar mulheres mortais. Cf. SENTINELAS.

PENTAGNONY Demônio capaz de conceder os favores de vários dignitários terrenos. Pentagnony é elencado no *Grimorium Verum*, na versão de Peterson, como o quarto espírito em serviço dos demônios Hael e Sergulath. Também tem o poder de tornar as pessoas invisíveis. Cf. GRIMORIUM VERUM, HAEL, SERGULATH.

PEREUCH Na *Magia Sagrada de Abramelin, o Mago*, este demônio é conjurado como parte dos rituais do Sagrado Anjo Guardião. É regido por Oriens, Amaimon, Ariton e Paimon — os quatro príncipes infernais das direções cardeais. Pereuch é uma das várias entidades demoníacas que, embora classificadas como espíritos impuros, em todo caso parecem ter uma relação ambivalente com o Divino. Para Mathers, seu nome significa "dado à prece". Cf. AMAIMON, ARITON, MATHERS, ORIENS, PAIMON.

PESTIFERAT Demônio evocado em conexão com as direções cardeais. Aparece no grimório do séc. XV conhecido apenas como *Manual de Munique*. Cf. MANUAL DE MUNIQUE.

PETERSON, JOSEPH H. Escritor, mais conhecido por suas traduções definitivas, para o inglês, de uma série de obras de ocultismo como o *Grimorium Verum*, o *Livro Jurado de Honório* e o *Arbatel da Magia*. Peterson é formado em engenharia química pela University of Minnesota, onde estudou também letras e religiões. Além de seus interesses científicos, ele tem um interesse de longa data em textos ocultos e esotéricos. Em 1995 fundou os sites avesta.org e esotericarchives.org, que rapidamente se tornaram alguns dos arquivos mais citados no tocante a textos medievais e renascentistas na internet. Desde que foram fundados, Peterson vem digitalizando e traduzindo vários grimórios raros e significativos. Além de oferecer traduções dessas obras, Peterson também pesquisa e tenta desvendar as relações, muitas vezes complicadas, entre os textos, incluindo seus autores verdadeiros, origens e datas de publicação original. Cf. GRIMORIUM VERUM, LIVRO JURADO.

PETUNOF Mathers entende que o nome deste demônio teria o significado de "emocionante" na sua tradução da *Magia Sagrada de Abramelin, o Mago*. Ele sugere que o nome derive de uma raiz em copta. Há controvérsias quanto à grafia deste nome e, por consequência, quanto ao seu significado. Na versão do *Abramelin* guardada na biblioteca de Dresden, seu nome aparece como *Petariop*. Já a edição de Peter Hammer escreve *Petumos*. Considerando que nenhuma das versões é o texto original, não há como verificar qual é a grafia correta. Consta que Petunof serve à dupla liderança de Magoth e Kore. Cf. KORE, MAGOTH, MATHERS.

PHALET Demônio mencionado na tradução de Mathers do *Grimório de Armadel*. Consta que Phalet lidera vários espíritos menores, os quais ele pode emprestar ao conjurador, como servos. É capaz de revelar todos os mistérios da necromancia, incluindo as qualidades mágicas de cadáveres específicos e tumbas. Cf. MATHERS.

PHANIEL Segundo a *Ars Theurgia*, Phaniel é servo do demônio maior Camuel. Detém o título de duque e tem dez espíritos menores que atendem às suas necessidades. É um demônio das horas noturnas, mas pode ser conjurado durante o dia. É associado à região leste. Cf. *ARS THEURGIA*, CAMUEL.

PHANUEL Na *Ars Theurgia*, Phanuel aparece na lista dos doze duques que servem ao príncipe errante Emoniel. Acredita-se que Emoniel e seus seguidores tenham um apreço por áreas verdes e que seriam capazes de se manifestar seja nas horas do dia ou da noite. No que diz respeito à *Ars Theurgia*, Phanuel tem domínio sobre 1320 espíritos menores. Phanuel também aparece no *Livro de Enoque*, porém é listado nessa obra como um arcanjo. Em *1 Enoque*

PHARACTE

Com frequência, os demônios eram representados com qualidades bestiais, e os chifres constam como uma das opções favoritas, talvez pela inspiração em antigas divindades como o deus grego Pã. Imagem de Joseph Vargo.

40:9, Phanuel se encontra no céu ao lado de Miguel e Rafael. Seu nome significa "a face de Deus". É um dos vários anjos caídos cujos nomes aparecem entre as fileiras das Hostes Celestiais. Cf. ARS THEURGIA, EMONIEL.

PHARACTE Demônio mencionado no *Manual de Munique*, associado a feitiços divinatórios que fazem uso de uma criança pura e inocente como intermediário entre o mago e os espíritos. Cf. MANUAL DE MUNIQUE.

PHAROL Segundo a *Ars Theurgia*, Pharol é um demônio dotado do título de duque. Serve na hierarquia do norte sob o rei infernal Baruchas. Milhares de espíritos menores o atendem. Manifesta-se apenas em um período bastante específico do dia: se o dia for dividido em quinze porções de tempo, então a oitava porção pertence a Pharol. A cada período de 24 horas, ele se manifesta apenas durante essas horas e minutos específicos. Cf. *ARS THEURGIA*, BARUCHAS.

PHOENIX O 37º demônio da *Goécia*. Segundo a *Descoberta da Bruxaria*, de Scot, este demônio aparece na forma, de fato, de uma fênix, o pássaro mítico. Ele fala com voz de criança, mas também entoa canções suaves como a de um pássaro. Ao aparecer pela primeira vez, Phoenix voa e paira pelo ar, entoando um doce canto, mas sua voz é apenas uma distração. Aconselha-se àqueles que desejam coibir e compelir este demônio para que ignorem a música e, em vez disso, exijam que ele assuma forma humana. Uma vez feito isso, o demônio Phoenix começará a discorrer sobre ciência e poesia. Detém o título de marquês e governa vinte legiões de espíritos. Segundo a *Goécia*, este demônio pode ser obrigado a compor versos de poesia sob demanda. Também aparece na *Pseudomonarchia Daemonum* compilada por Johannes Wierus. No *Livre des Esperitz* francês, seu nome é grafado *Fenix*. Tanto a *Goécia do Dr. Rudd* quanto o *Livro dos Encantamentos* galês escrevem *Phenix*. Segundo Rudd, é coibido pelo nome do anjo Aniel. Seu nome é derivado da lenda grega da fênix, ave mítica que vivia até 500 anos, ao término dos quais, se imolava em uma pira funerária e renascia das cinzas. Cf. GOÉCIA, LIVRO DOS ENCANTAMENTOS, RUDD, SCOT, WIERUS.

PHTHENOTH Algoz demoníaco mencionado como um dos 36 demônios dos decanos zodiacais. Segundo o *Testamento de Salomão*, Phthenoth é capaz de lançar mau olhado sobre as pessoas. Embora seja possível expulsar muitos de seus irmãos infernais com o uso de nomes secretos de Deus ou de anjos, o poder de Phthenoth é também seu calcanhar de Aquiles: pode ser expulso apenas com o uso de imagens de olhos. McCown apresenta seu nome como *Rhyx Phtheneoth*. Cf. SALOMÃO.

PINEN Espírito maligno evocado para amaldiçoar um inimigo. Conjurado como parte de um feitiço que aparece no *Manual de Munique*, a Pinen é creditado o poder de privar um homem de seus sentidos. Ele aflige o cérebro, confundindo os sentidos e causando delírios. Cf. MANUAL DE MUNIQUE.

PINIET Demônio noturno de índole perversa, Piniet é um dos cinquenta duques infernais que servem ao príncipe Cabariel do anoitecer até a aurora. Piniet tem cinquenta espíritos inferiores subordinados, todos os quais partilham de sua natureza maligna. Segundo a *Ars Theurgia*, Piniet não é apenas mal-humorado, como é também mentiroso. Por conta de sua relação com seu mestre Cabariel, também tem elos com o oeste. Cf. Ars Theurgia, Cabariel.

PIRICHIEL Segundo a *Ars Theurgia*, Pirichiel é um príncipe errante. Não há nenhuma direção específica à qual esteja atrelado e se desloca pelo ar para onde quiser. Diferentemente dos outros príncipes listados na *Ars Theurgia*, Pirichiel não tem qualquer duque a seu serviço. Em vez disso, governa um número de cavaleiros infernais, que vão ao mundo e fazem as suas vontades. Sob a grafia Pyrichiel, é possível encontrar esse demônio também na *Steganographia*, de Tritêmio. Cf. Ars Theurgia, Tritêmio.

PISCHIEL Duque infernal que conta com 2200 espíritos infernais sob seu comando. Pischiel é um dos quinze espíritos de alto escalão que supostamente servem na hierarquia do príncipe demoníaco Icosiel. Pischiel é atraído a casas, por isso é mais provável que se manifeste nesses locais. Além do mais, é associado a horas específicas do dia. A *Ars Theurgia* contém a fórmula para calcular o horário durante o qual Pischiel tem permissão para se manifestar. Se o dia for dividido em quinze partes iguais, Pischiel pertence às horas e minutos que caem na segunda metade. Cf. Ars Theurgia, Icosiel.

PIST Este demônio aparece nos feitiços do *Manual de Munique*. Segundo o texto, é chamado para auxiliar na resolução de um caso de roubo. Por meio da arte divinatória, é capaz de revelar a identidade do ladrão (ou ladrões) responsável, para que possa ser levado à justiça. Nas gírias do inglês norte-americano moderno, seu nome (*pist*, soa como *pissed*, "irritado", "enfezado") descreve como a vítima se sente ao ser roubada. Cf. Manual de Munique.

PITHIUS Demônio cujo nome aparece em uma hierarquia compilada por Francis Barrett, autor de *The Magus*. Segundo Barrett, Pithius é um dos oito príncipes demoníacos dotados de poder sobre uma variedade de classes de seres e conceitos malignos. Sendo um príncipe demoníaco na hierarquia infernal, Pithius detém poder sobre mentirosos, incluindo espíritos que mentem. O nome deste demônio talvez derive do termo grego *pythia*, ou Pítia, a sacerdotisa do Templo de Apolo no Monte Parnaso. Ela servia como porta-voz do famoso oráculo de Delfos. Cf. Barrett.

PLATIEN Mathers sugere que o nome deste demônio derive de uma raiz grega que significa "plano" ou "largo". Na *Magia Sagrada de Abramelin, o Mago*, Platien é um dos muitos demônios que governam a hierarquia subordinada aos quatro príncipes infernais das direções cardeais: Oriens, Paimon, Ariton e Amaimon. Cf. Amaimon, Ariton, Mathers, Oriens, Paimon.

PLEGIT Demônio governado por Oriens, Paimon, Ariton e Amaimon. O nome de Plegit aparece na tradução de Mathers da *Magia Sagrada de Abramelin, o Mago*. Em outras versões do material do Abramelin, seu nome aparece como *Alogil*. Cf. Amaimon, Ariton, Mathers, Oriens, Paimon.

PLIROK Demônio mencionado na tradução de 1898, feita pelo ocultista S. L. MacGregor Mathers, da *Magia Sagrada de Abramelin, o Mago*. Plirok é elencado como um dos muitos demônios que servem aos quatro príncipes infernais das direções cardeais: Oriens, Paimon, Ariton e Amaimon. Cf. Amaimon, Ariton, Mathers, Oriens, Paimon.

PLUTÃO Originalmente um deus que representava a versão romana de Hades, deus do Submundo, mas o *Dictionnaire Infernal*, de Collin de Plancy elenca Plutão (*Pluto*, em latim e em inglês) dentre os habitantes do Inferno. Também é descrito como Príncipe do Fogo. A hierarquia em que Plutão está contido foi mais tarde citada por Waite ao tratar do *Grande Grimório* — essa hierarquia deriva, porém, do demonólogo francês Charles Berbiguier. A mesma hierarquia também identifica a consorte de Plutão, Prosérpina, como um ser demoníaco. Prosérpina é mais conhecida pelo seu nome grego, Perséfone, a deusa da primavera. Ela também era chamada de Koré. Cf. BERBIGUIER, DE PLANCY, KORE, PROSÉRPINA, WAITE.

POCULO Demônio que serve ao mesmo tempo a Sergulaf e Hael na corte do Duque Resbiroth. Poculo, cujo nome também aparece grafado como *Proculo*, tem poder sobre o sono. É capaz de fazer alguém adormecer profundamente durante 24 horas, mas o texto não deixa claro se isso é para ser uma bênção ou uma maldição. Este demônio ensina todos os aspectos do sono e presumivelmente também sobre os sonhos. Seu nome aparece na versão dos *Segredos de Salomão* guardada na Wellcome Library em Londres. Cf. HAEL, RESBIROTH, *SEGREDOS DE SALOMÃO*, SERGULAF.

PORAX Príncipe com nove legiões de subordinados que lhe servem. Porax aparece na forma de um anjo com pele negra. Mencionado no *Livro de Oberon*, trata-se de um demônio associado a propriedades rurais, com o poder de construir casas e dividir terras, florestas e águas. Planta árvores frutíferas e faz semeaduras, ensinando as virtudes das plantas da terra. Também tem o poder de acalmar águas revoltas. Cf. *LIVRO DE OBERON*.

PORTISAN Um dos três ministros da corte de Lúcifer, pelo menos segundo o *Livro de Oberon* elisabetano. Nesse texto, Portisan aparece ao lado de Fortisan e Alingon como os mensageiros enviados para que o demônio Bilgall apareça. Cf. ALINGON, BILGALL, FORTISAN, *LIVRO DE OBERON*, LÚCIFER.

POTER Demônio cujo nome talvez signifique "o receptáculo", Poter aparece na tradução de Mathers da *Magia Sagrada de Abramelin, o Mago*. Serve nas hierarquias dos quatro príncipes demoníacos que presidem sobre as direções cardeais: Oriens, Paimon, Amaimon e Ariton. Cf. AMAIMON, ARITON, MATHERS, ORIENS, PAIMON.

POTIEL Demônio governado pelo príncipe Usiel na corte do oeste. A *Ars Theurgia* descreve Potiel como um arquiduque, com quarenta espíritos menores que lhe servem. Está associado às horas diurnas e é considerado especialmente hábil em revelar coisas ocultas ou em ocultar objetos de valor para que não sejam roubados. Cf. *ARS THEURGIA*, USIEL.

PRASIEL Um dos doze arquiduques governados pelo príncipe errante Soleviel. O próprio Prasiel supervisiona um total de 1840 espíritos menores. Segundo a *Ars Theurgia*, ele serve a Soleviel durante apenas um ano a cada dois, compartilhando seus deveres com os outros duques da corte de Soleviel. Cf. *ARS THEURGIA*, SOLEVIEL.

PRAXEEL O nome e selo deste demônio aparecem na *Ars Theurgia*. É um dos doze arquiduques em serviço do demônio Soleviel, metade dos quais lhe servem durante um ano, de modo que a outra metade serve no ano seguinte. Segundo esse texto, Praxeel tem a liberdade de se manifestar a qualquer hora do dia ou da noite. É encarregado de 1840 espíritos subordinados. Cf. *ARS THEURGIA*, SOLEVIEL.

PRECHES Servo demoníaco de Asmodeus mencionado em associação à tradução de Mathers da *Magia Sagrada de Abramelin, o Mago*. Em outras versões dessa obra, o nome deste demônio é registrado ou como *Presfees* ou *Brefsees*. Cf. ASMODEUS, MATHERS.

PRÍNCIPES DEMONÍACOS Livro compilado a partir do material que se encontra em várias versões, nos manuscritos designados Sloane MS 3824, Sloane MS 3821 e Rawlinson D. 1363, todos guardados no acervo da British Library. Dentre estes, Rawlinson é o mais recente, tendo sido claramente copiado a partir de uma fonte anterior. Dois dos textos foram adquiridos pelo Sir Hans Sloane (1660-1753) no final de 1739 ou começo de 1740 a partir do acervo de Sir Joseph Jekyll (1663-1738). Como tal, representam uma parte do que os editores chamam de "tradição aristocrática inglesa de magia angelical"[1]. As datas dos manuscritos podem ser rastreadas até mais ou menos 1600. *Príncipes Demoníacos* foi transcrito, compilado e reimpresso na obra

---

1 Stephen Skinner and David Rankine. The Keys to the Gateway of Magic: Summoning the Solomonic Archangels and Demon Princes, *p. 35*

The Keys to the Gateway of Magic pela dupla formada por Dr. Stephen Skinner e David Rankine, onde aparece ao lado de várias outras fontes, incluindo a *Janua Magica Reserata*, as *Nove Hierarquias* e as *Nove Chaves Celestiais*. *Príncipes Demoníacos* é uma obra breve, preocupada principalmente com os quatro reis das direções cardeais (chamados de *príncipes* no texto) e os vários espíritos que lhes servem como ministradores. A maioria dos nomes é semelhante, se não idêntica, aos registrados em fontes como o *Livro de Oberon*. A maioria das diferenças, quando ocorrem, parecem ser por conta de variações de grafia ou transcrição. Cf. Janua Magica Reserata, Livro de Oberon.

PROATHOPHAS Servo do demônio Iammax, rei infernal de Marte. Proathophas traz morte, destruição, guerra e derramamento de sangue. Sua forma de manifestação ostenta pele vermelha e reluz como carvão em brasa. Sua região é o sul. Seu nome aparece na tradução de Joseph Peterson do *Livro Jurado de Honório*, onde consta que também está sujeito aos anjos Samahel, Satihel, Ylurahihel e Amabiel. Este demônio é um dos cinco que estão sob o domínio de Iammax, descritos como sujeitos ao vento leste. Compare-o com Pathophas, na tradução de Driscoll do *Livro Jurado*. Cf. Iammax, Pathophas.

PROCELL O 49º demônio da *Goécia*, onde seu nome é grafado *Procel*. Na *Descoberta da Bruxaria*, de Scot, Procell é descrito como um grande e potente duque com 48 legiões sob seu comando. Já pertenceu à Ordem das Potestades e aparece na forma de anjo que fala com intensidade sombria. É capaz de fornecer conhecimentos sobre geometria, artes liberais e ocultismo. Também tem poder sobre as águas, fazendo com que surja o som de água corrente mesmo quando não há qualquer fonte por perto. É capaz de esquentar água ou perturbar as águas terapêuticas de fontes termais ao comando do conjurador. Na *Pseudomonarchia Daemonum*, de Wierus, seu nome aparece como *Pucel*. A edição de Henson do *Lemegeton* diz *Perocel*, ao passo que a *Goécia do Dr. Rudd* nos dá *Crocell*. Segundo este último texto, é frustrado pelo anjo Vehuel. Segundo o *Livro dos Encantamentos* galês, governa apenas dezoito legiões. Cf. Goécia, Livro dos Encantamentos, Rudd, Scot, Wierus.

O desenho do selo do demônio Procel que aparece na Goécia *do Dr. Rudd se altera em muito se comparado a outras edições da* Goécia. *Imagem de um talismã de M. Belanger.*

PROCULO Demônio do sono, Proculo tem a reputação de fazer qualquer um dormir por um período de 24 horas. Ele aparece no *Grimorium Verum*, na edição de Peterson, onde é listado como o primeiro espírito que serve a Hael e Sergulath. Além do mais, este demônio pode discorrer sobre todas as questões que dizem respeito ao sono. Dizem que também tem o dom da profecia. Cf. Grimorium Verum, Hael, Poculo, Sergulath.

PROGEMON No *Manual de Munique*, Progemon é um nome que aparece em um feitiço para fazer com que ladrões respondam à justiça pelo seus atos e também restaurar bens perdidos. É evocado em atos divinatórios ligados à catoptromancia. Cf. Manual de Munique.

PROMAKOS O nome deste demônio talvez signifique "soldado da linha de frente". Aparece na tradução de Mathers da *Magia Sagrada de Abramelin, o Mago*, onde consta que serve aos

*Na Idade Média, acreditava-se que o Diabo aparecia na forma de um bode preto.
Imagem tradicional da heráldica. Cortesia da Dover Publications.*

príncipes demoníacos das quatro direções: Oriens, Paimon, Ariton e Amaimon. Cf. AMAIMON, ARITON, MATHERS, ORIENS, PAIMON.

PROSÉRPINA Deusa romana. Era a filha de Ceres, a deusa da colheita, e consorte de Plutão, senhor do Submundo. É a versão romana de Perséfone, a deusa grega da primavera. Era uma divindade fundamental associada aos Mistérios de Elêusis, também por vezes chamada pelo nome Koré. Apesar de sua antiga posição de divindade, Collin de Plancy inclui Prosérpina como um demônio em seu *Dictionnaire Infernal*. É mencionada em termos de "Arquidiaba" e "Princesa dos Espíritos Maliciosos", títulos repetidos pelo ocultista A. E. Waite ao tratar do *Grande Grimório* em seu *Livro da Magia Negra e Pactos*. Embora Waite tenha atribuído essa informação incorretamente a Wierus, a fonte real era Charles Berbiguier, o autoproclamado demonologista autor de *Les Farfadets*. Prosérpina de fato recebe uma menção na obra maior de Wierus, *De Praestigiis Daemonum*. Aqui ela é citada como um dos muitos deuses e deusas antigos demonizados nos períodos posteriores. Cf. BERBIGUIER, DE PLANCY, KORÉ, PLUTÃO, WAITE, WIERUS.

PROXOSOS Demônio governado por Oriens, Paimon, Ariton e Amaimon — os quatro príncipes demoníacos das direções cardeais. É mencionado na *Magia Sagrada de Abramelin, o Mago*. Aparece no terceiro dia dos trabalhos do *Abramelin* para jurar lealdade ao mago. Em sua tradução do *Abramelin*, o ocultista Mathers relaciona o nome deste demônio a uma palavra grega com o sentido de "cabrito" ou "bode". Cf. AMAIMON, ARITON, MATHERS, ORIENS, PAIMON.

PRUFLAS É o quarto demônio mencionado na extensa lista de entidades infernais conhecida como *Pseudomonarchia Daemonum*. Reginald Scot, em 1584, incluiu uma tradução dessa lista de nomes infernais em seu livro, *A Descoberta da Bruxaria*, porém ele pulou o verbete sobre Pruflas. Como ou por que ocorreu essa omissão, não se sabe. É possível que a edição do texto de Wierus a partir da qual Scot trabalhou já tivesse deixado este demônio de lado, mas é igualmente possível que tenha sido um erro de Scot. É interessante que este é o único espírito incluído na *Pseudomonarchia Daemonum*, de Wierus, que não aparece no *Lemegeton* — detalhe que implica uma hipótese forte de que essa obra se baseie, pelo menos em parte, no livro de Scot e não no de Wierus. Segundo a *Pseudomonarchia*, Pruflas é um grande príncipe e duque que supervisiona 26 legiões de espíritos menores. Alguns desses espíritos são parte da Ordem dos Tronos e outros da Ordem dos Anjos. Acredita-se que Pruflas resida nos arredores da Torre da Babilônia, onde se manifesta como uma labareda. Uma forma física mais sólida é sugerida também, pois consta que ele tem a cabeça de um mocho. É um demônio belicoso e traiçoeiro, dotado do poder para incitar guerras e querelas. Uma grafia alternativa de seu nome é *Bufas*. Cf. GOÉCIA, RUDD, SCOT, WIERUS.

PRZIEL Anjo maligno ao qual é creditado o poder de castigar e deter os seres do reino mortal. Num feitiço delineado na Espada de Moisés, é conjurado para atormentar um inimigo, amarrando-o pela garganta, boca e língua. Também é chamado para envenenar o alvo do feitiço e amarrar a sua mente. Tudo isso tem como objetivo arruinar completamente e vencer o inimigo que seja estúpido o suficiente para ficar no caminho de alguém capaz de convocar poderes tão vastos. Cf. *ESPADA DE MOISÉS*, GASTER.

PSDIEL Demônio mencionado na *Espada de Moisés*, Psdiel é um anjo perverso chamado para amarrar um inimigo pela garganta, boca, língua e mente. É parte de uma maldição elaborada com o objetivo de destruir completamente outro ser humano. O anjo, com ajuda de seus três irmãos, também é evocado para injetar água envenenada na barriga de sua vítima, para que ela seja atormentada por doenças. Cf. *ESPADA DE MOISÉS*, GASTER.

PSEUDOMONARCHIA DAEMONUM A "Falsa Monarquia dos Demônios". Essa obra, compilada em 1563 pelo erudito Johannes Wierus, foi incluída como apêndice na obra maior *De Praestigiis Daemonum* ("Sobre os

Truques dos Demônios"). A *Pseudomonarchia Daemonum* é uma lista dos principais demônios, incluindo descrições de seus poderes e aparência ao se manifestarem. Notavelmente, a *Pseudomonarchia* inclui quase todos os 72 demônios mencionados na *Goécia*, bem como algumas notas sobre os métodos adequados de evocar e compelir estes seres. Há algumas diferenças pequenas entre os dois textos. Notavelmente, a obra de Wierus não inclui os sigilos demoníacos que fazem parte da *Goécia*, e o método prescrito para conjurá-los é muito mais simples, envolvendo apenas um círculo de evocação, sem um triângulo adicional.

Há outras pequenas diferenças tanto nas descrições quanto na ordem dos espíritos. Na *Pseudomonarchia Daemonum* há também quatro espíritos goéticos faltando: Seere, Dantalion, Andromalius e Vassago, que podem ter sido acrescentados à *Goécia* mais tarde ou derivados de uma outra fonte alternativa. O próprio Wierus alegava ter derivado sua lista de espíritos de uma obra anterior, conhecida como *Liber Officiorum Spirituum*, ou o "Livro dos Ofícios dos Espíritos". É desconhecida a data de publicação dessa obra, mas o pesquisador Joseph Peterson, que pesquisa os grimórios, sugere que ela é significativamente anterior à época de Wierus, dadas as variações nos nomes e o número de edições no texto. Uma edição inglesa da *Pseudomonarchia* foi reproduzida na Descoberta da Bruxaria, de Reginald Scot, publicada em Londres em 1584. A maioria das reproduções modernas da *Pseudomonarchia Daemonum* se baseia no livro de Scot. Cf. Goécia, Scot, Wierus.

PUMOTOR Demônio com o poder de enganar todos os cinco sentidos de modo a fazer com que percebam coisas que não estão lá. Segundo o *Manual de Munique*, Pumotor é um espírito escudeiro com afinidade por castelos. Pode ajudar a conjurar todo um castelo ilusório no ar. Seu nome também é grafado Pumiotor. Cf. Manual de Munique.

PURSON Um dos 72 demônios tradicionalmente associados à *Goécia*. Na *Descoberta da Bruxaria*, de Scot, consta que teria o nome alternativo de *Curson*. A *Pseudomonarchia Daemonum*, de Wierus, inclui esse outro nome, mas diz que seu nome principal é Pursan. Ambos os textos afirmam que aparece como um homem com rosto de leão. Chega montado em um urso e carregando uma víbora feroz na mão. Sua chegada é anunciada por trombetas. A este demônio é atribuído o poder de descobrir tesouros e conceder excelentes espíritos familiares. Tem a capacidade de discorrer sobre assuntos tanto ocultos quanto divinos, revelando até mesmo segredos celestiais, tais como os que dizem respeito à criação do mundo. Além do mais, é capaz de assumir tanto um corpo carnal quanto um corpo aéreo, feito de uma natureza mais sutil. Detentor do título de rei, dizem que governa 22 legiões de espíritos menores, todas supostamente compostas de seres em parte afiliados à Ordem das Virtudes, em parte à Ordem dos Tronos. Também é mencionado na *Goécia do Dr. Rudd*, onde consta que Purson pode ser coibido pelo anjo Pahaliah. Cf. Goécia, Rudd, Scot, Wierus.

PUZIEL Anjo maligno que tem o poder de amarrar o inimigo. É evocado na *Espada de Moisés* para atacar a língua, a boca, a garganta e a traqueia da vítima. Também tem o poder de amarrar a mente do alvo. Como uma última parte dessa maldição sinistra, a Puziel e aos outros anjos caídos invocados nesse feitiço o conjurador pede para que atormentem o alvo com doenças, ao colocarem veneno na barriga da vítima. Cf. Espada de Moisés, Gaster.

PYTHO Príncipe demoníaco, Pytho é representado como uma serpente. É presidente da Segunda Ordem dos espíritos infernais, onde existe uma hierarquia de nove partes delineada na *Janua Magica Reserata*. De acordo com esse texto, os demônios da Segunda Ordem servem como *Spiritus Mendaciorum*, ou "Espíritos Mentirosos". Pytho parece ser uma mistura da serpente do Jardim do Éden e da Píton da mitologia grega, uma cobra monstruosa associada ao Oráculo de Delfos. Cf. Janua Magica Reserata.

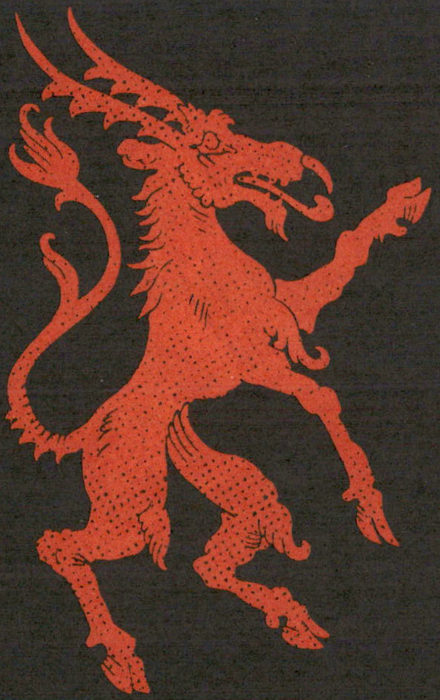

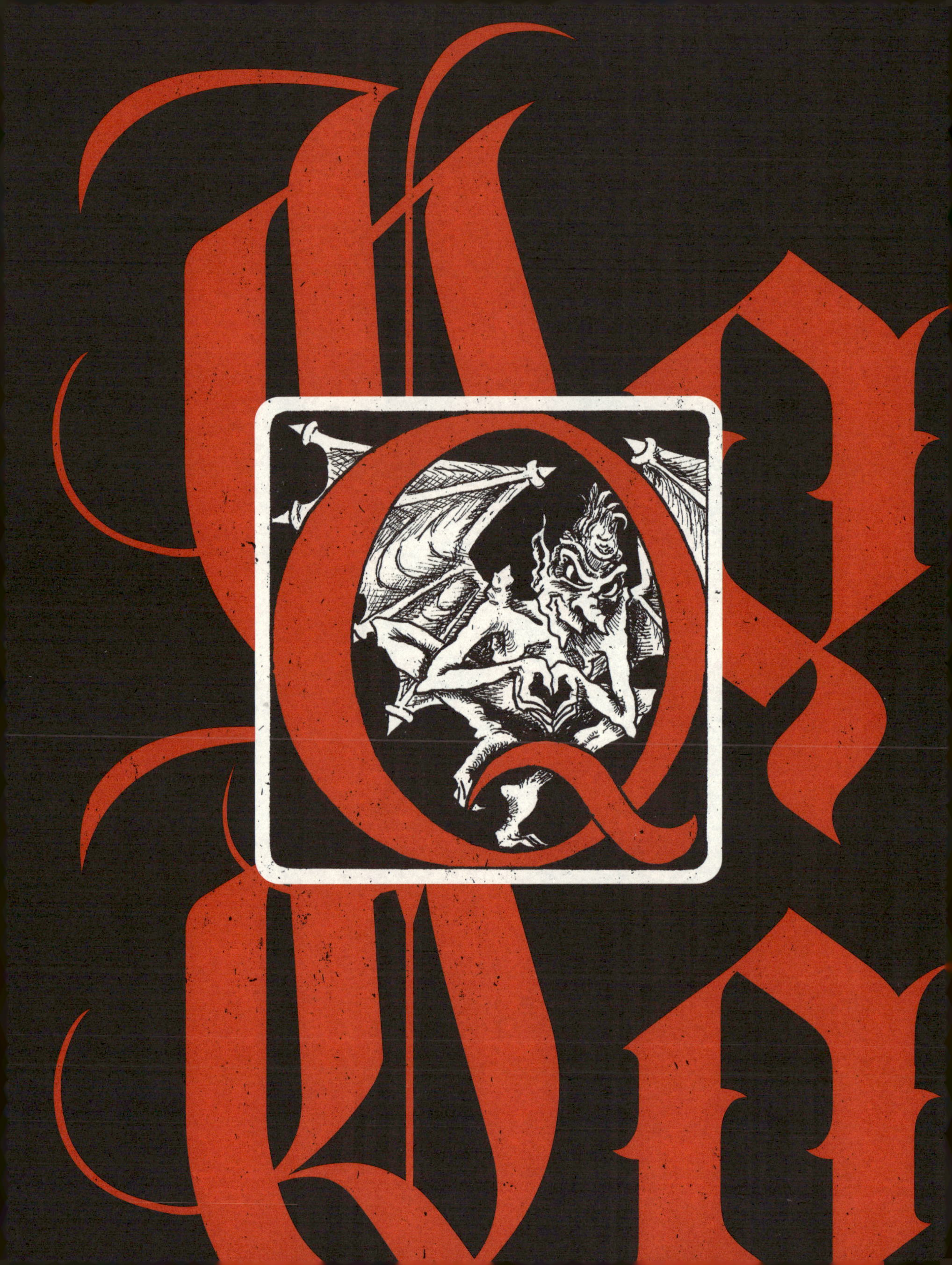

QUARTAS Servidor demoníaco comandado pelo rei infernal Astarote. Em sua tradução da *Magia Sagrada de Abramelin, o Mago*, Mathers sugere que o nome deste demônio deriva do termo latino para "quarto". Porém, em todas as outras versões do material do *Abramelin*, o nome deste demônio é dado como *Garsas*. Cf. Astarote, Mathers.

QUEMÓS Em *1 Reis*, consta que Salomão construiu um santuário a Quemós no Monte das Oliveiras. O monarca bíblico, louvado em sua juventude por sua fé e sabedoria, recebe os créditos por ter apresentado aos israelitas o culto a este deus estrangeiro. Quemós, ou *Chemosh*, era uma divindade do panteão dos moabitas, um povo vizinho com quem os primeiros israelitas tiveram contato. Entende-se que o nome de Quemós teria o sentido de "o destruidor" ou "conquistador", e talvez fosse um deus da guerra. Essa noção é fundamentada pelo fato de o rei Mesa, herói de Moab, ter atribuído suas vitórias sobre os israelitas ao deus Quemós. De Plancy e Berbiguier grafam seu nome como *Chamos*. Cf. Berbiguier, Chamos, De Plancy.

QUISION Demônio governado pelo rei infernal Amaimon. O nome de Quision aparece na *Magia Sagrada de Abramelin, o Mago*. Na tradução de Mathers de 1898 dessa obra, seu nome é grafado como *Vision*. Mathers, como esperado, entende que o nome se refere a uma aparição ou visão. Dados os erros no manuscrito francês do séc. xv a partir do qual Mathers estava trabalhando, é difícil dizer o que o nome deste demônio significaria de verdade. Cf. Amaimon, Mathers.

QUITTA Demônio que serve ao rei infernal Baruchas na hierarquia do norte. Quitta detém o título de duque e comanda milhares de espíritos menores. Segundo a *Ars Theurgia*, o demônio Quitta está associado a períodos muito específicos de tempo. Se o dia for dividido em quinze seções iguais, as horas e minutos que recaem na primeira seção pertencem a Quitta. Também só se manifesta nesse período. Cf. Ars Theurgia, Baruchas.

QULBDA Demônio noturno dotado de um nome particularmente impronunciável. Qulbda serve na corte do norte e, segundo a *Ars Theurgia*, seu superior imediato é o rei demoníaco Raysiel. Qulbda detém o título de arquiduque e tem quarenta espíritos menores subordinados. Só se manifesta nas horas noturnas. Sua reputação é a de possuir uma índole bastante maligna e obstinada. Cf. Ars Theurgia, Raysiel.

QUYRON Demônio mencionado na tradução de Peterson do *Livro Jurado de Honório*. Segundo esse texto, ele serve ao demônio Habaa, rei dos espíritos do planeta Mercúrio. Enquanto um espírito mercurial, dizem que Quyron se manifesta numa forma cambiável e reluzente, como vidro ou fogo branco. Tem o poder de conhecer os pensamentos e feitos secretos tanto dos mortais quanto dos espíritos. Estes segredos ele revela àqueles que souberem como propiciá-lo e também é capaz de falar de questões que dizem respeito ao passado, presente e futuro. Fornece espíritos de boa índole como familiares e se voluntaria também a exercer esse papel. Segundo o texto, ele possui algum poder de imitação, pois dizem que, se assim for comandado, fará as coisas que os outros fazem. Os anjos Miguel, Mihel e Sarapiel, que governam a esfera de Mercúrio, detêm poder sobre ele. Cf. Habaa, Livro Jurado.

R

RABAS Demônio associado ao sul. Na *Ars Theurgia*, consta que Rabas serve ao rei demoníaco Asyriel, sendo um arquiduque em sua corte. Conta com quarenta espíritos ministradores e é associado às horas diurnas. Cf. *Ars Theurgia*, Asyriel.

RABAT Espírito evocado em uma operação chamada de *O Olho de Abraão*, onde a imagem de um olho é golpeada até que um ladrão confesse seu crime. Esse feitiço aparece na última folha do grimório conhecido como *Livro de Oberon*. Cf. *Livro de Oberon*.

RABDOS Demônio do *Testamento de Salomão*. Seu nome, segundo dizem, significa "cajado". Consta que Rabdos aparece na forma de um sabujo e fala com voz altissonante. Segundo o *Testamento de Salomão*, conhece a localização de pedras preciosas escondidas sob a terra e é capaz de revelá-las, se for compelido a isso. Mas é um demônio perigoso de se trabalhar, pois tem o péssimo hábito de atacar as pessoas, apanhando-as pela garganta e esganando-as até a morte. É controlado pelo anjo Briens, que é capaz de espantar este demônio e pôr um fim aos seus ataques. Cf. Salomão.

RABIDMADAR Um ser cujo nome aparece quase no começo do grimório veneziano do séc. XVII conhecido como *Segredos de Salomão*. Rabidmadar serve como secretário a Sigambach, uma entidade encarregada dos caracteres, ou sigilos, específicos usados para se forjar pactos demoníacos. Embora Sigambach (grafado como *Singambuth*) também apareça sob esta função no *Grimorium Verum*, Rabidmadar não é mencionado diretamente como seu secretário. Em vez disso, o texto faz referência aos métodos para chamar, conjurar e coibir *Rabidanadas*, um nome que claramente deriva de *Rabidmadar*. Existe ainda mais uma variação que é *Rabidinadap*. Cf. *Grimorium Verum*, *Segredos de Salomão*, Sigambach.

RABIEL Um dos vários arquiduques governados pelo demônio Malgaras. Na *Ars Theurgia*, consta que Rabiel governa trinta espíritos menores que existem para executar os seus comandos. Serve a seu mestre na corte do oeste, durante as horas diurnas. Rabiel também aparece como um demônio noturno na corte do rei infernal Maseriel. Aqui, ele é leal à corte do sul e conta com trinta espíritos ministradores que lhes são subordinados. Cf. *Ars Theurgia*, Malgaras, Maseriel, Misiel.

RABILON Espírito maligno com a reputação de ser arrogante e traiçoeiro. Rabilon é mencionado na *Ars Theurgia*, onde consta que serve a Pamersiel, o primeiro e principal espírito do leste, sob o imperador Carnesiel. Rabilon é um duque poderoso, que pode ser chamado para espantar outros espíritos malignos, em particular aqueles que optaram por habitar casas mal-assombradas. Cf. *Ars Theurgia*, Carnesiel, Pamersiel.

RABOC Demônio na corte do rei Malgaras, Raboc serve na região oeste. Seu nome aparece na *Ars Theurgia*, onde consta que serve ao seu rei infernal durante as horas noturnas. Também conta com trinta espíritos menores sob seu comando. Cf. *Ars Theurgia*, Malgaras.

RACHIAR Na *Magia Sagrada de Abramelin, o Mago*, o tradutor S. L. MacGregor Mathers de vez em quando deixa fluir a criatividade em suas interpretações dos nomes demoníacos. No caso de Rachiar, sugere que este nome significa "o mar que quebra nas rochas". Não há informações adequadas o suficiente para se determinar se este nome tem ou não a ver com rochas ou com o mar, na verdade. Porém, o texto é bem claro quanto ao fato de que Rachiar serve na hierarquia de Oriens, Paimon,

Ariton e Amaimon — os quatro príncipes demoníacos associados às direções cardeais. Cf. Amaimon, Ariton, Mathers, Oriens, Paimon.

RADERAT Demônio governado pelo arquidemônio Belzebu. Raderat aparece na *Magia Sagrada de Abramelin, o Mago*, onde é evocado como parte dos rituais do Sagrado Anjo Guardião que ocupam um lugar central no texto. Cf. Belzebu, Mathers.

RAGALIM Servidor demoníaco de Asmodeus e Astarote. O nome de Ragalim aparece na tradução de 1898 da *Magia Sagrada de Abramelin, o Mago*, feita pelo ocultista S. L. MacGregor Mathers. Em outra versão do material do *Abramelin* guardada na biblioteca de Wolfenbüttel, na Alemanha, o nome deste demônio aparece como *Bagalon*. Cf. Astarote, Asmodeus, Mathers.

RAGARAS Demônio cujo nome aparece numa extensa lista registrada na tradução de Mathers da *Magia Sagrada de Abramelin, o Mago*. Segundo essa obra, Ragaras serve a Oriens, Paimon, Ariton e Amaimon — os quatro príncipes infernais das direções cardeais. Cf. Amaimon, Ariton, Mathers, Oriens, Paimon.

RAMAEL Anjo caído listado no apócrifo *Livro de Enoque*, Ramael é mencionado como um dos "decanos" dos Anjos Sentinelas, ou *Grigori*. Nesse posto, era responsável por comandar dez outros anjos encarregados de observar a humanidade que ainda estava se desenvolvendo. Ramael era um dos duzentos Anjos Sentinelas que optaram por abandonar o Céu e copular com mulheres mortais. O nome de Ramael aparece imediatamente após o nome do anjo caído Ramiel. É possível que ambos sejam simplesmente variações um do outro, repetidos por conta de algum erro de transcrição. Mais adiante, no mesmo texto, o anjo *Rumael* aparece como um dos chefes das Sentinelas, provavelmente outra variação de Ramael. Cf. Sentinelas.

RAMARATZ Na edição de Mathers da *Magia Sagrada de Abramelin, o Mago*, Ramaratz aparece como um dos súditos dos quatro príncipes infernais das direções cardeais. Sendo assim, é possível conjurá-lo e compeli-lo fazendo uso dos nomes de seus mestres infernais, Oriens, Paimon, Ariton e Amaimon. Cf. Amaimon, Ariton, Mathers, Oriens, Paimon.

RAMBLANE Também chamado *Rombalence*. É um demônio na corte de Paimon, mencionado junto com outros demônios poderosos da mesma corte, incluindo Belial e Basson. O *Livro de Oberon*, onde ele consta, não lhe atribuiu nenhum título formal, nem poderes. Cf. Livro de Oberon.

RAMIEL Um dos "decanos" dos Anjos Sentinelas mencionados no *Livro de Enoque*. Antes de sua queda, Ramiel havia sido encarregado de cuidar da raça humana. Assim como muitos dos Anjos Sentinelas, ou *Grigori*, ele se aproximou demais de seus protegidos. Em algum momento, acabou seduzido pelos prazeres da carne e desposou uma mulher mortal. Seu nome é listado diretamente antes da Sentinela Ramael e pode, na verdade, ser apenas uma variação desse nome. Mais adiante no *Livro de Enoque*, aparece um anjo chamado *Rumjal*, que pode ser uma variação de *Ramiel*. O *Apocalipse de Baruch* identifica Ramiel como um membro das Hostes Celestiais. Aqui, ele é um anjo encarregado de oferecer visões verdadeiras. Cf. Ramael, Sentinelas.

RAMISON "O Rastejador". Ramison aparece na *Magia Sagrada de Abramelin, o Mago*, na tradução do ocultista S. L. MacGregor Mathers. É governado pelo rei infernal Amaimon. Na versão do material do *Abramelin* guardada na biblioteca de Dresden, na Alemanha, seu nome é grafado *Ramyison*. Cf. Amaimon, Mathers.

RANCIEL Demônio a serviço do rei infernal Gediel. O próprio Ranciel detém o título de duque e conta com vinte espíritos menores sob seu comando. Segundo *a Ars Theurgia*, serve a seu mestre durante as horas diurnas e é afiliado à direção sul. Cf. Ars Theurgia, Gediel.

RANER Servidor demoníaco dos arquidemônios Asmodeus e Astarote. Raner é mencionado na edição de Mathers da *Magia Sagrada de Abramelin, o Mago*. Cf. Astarote, Asmodeus, Mathers.

No Velho Testamento, as Hostes Celestiais com frequência são representadas como um exército em prontidão. Imagem de Gustave Doré para a Bíblia.

RAPHAN Ser mencionado na obra pseudepigráfica conhecida como *Testamento de Salomão*. Segundo esse texto, Raphan era venerado pelo povo moabita como um falso deus, junto a Moloque. Cf. MOLOQUE, SALOMÃO.

RAPSIEL Segundo a tradução de Henson da *Ars Theurgia*, Rapsiel serve na hierarquia do oeste, subordinado ao imperador Amenadiel. Detém o título de duque e comanda um total de 3880 espíritos menores. Cf. AMENADIEL, *ARS THEURGIA*.

RARNICA Arquiduque sob o demônio Raysiel, rei da hierarquia do norte. Porque Rarnica tem um certo grau de nobreza, conta com cinquenta espíritos menores que lhe são subordinados para executar os seus comandos. Segundo a *Ars Theurgia*, está associado às horas diurnas e aparece apenas entre o amanhecer e o anoitecer. Cf. *ARS THEURGIA*, RAYSIEL.

RASINET Demônio conjurado para adquirir tesouros. Seu nome aparece no *Livro de Oberon*, grimório da Inglaterra elisabetana. O feitiço que o evoca é incrivelmente específico: ele exige que Rasinet e seus colegas demoníacos Sylquam e Malcranis produzam um total de 100 mil libras em ouro e prata, cunhados em moedas legalmente válidas. Se os demônios são derem conta de suprir essa demanda, suas imagens devem ser atiradas no fogo com cocô de gato e outras substâncias fedorentas. Seu nome também é grafado *Rasynet*. Cf. *LIVRO DE OBERON*, MALCRANIS, SYLQUAM.

RATH No *Testamento de Salomão*, este demônio é chamado de "portador do leão". Consta que aparece na forma de um grande felino, mas, de resto, seu aspecto é imperceptível aos mortais. Assim como muitos seres mencionados nessa obra, Rath é um demônio pestilento, trazendo fraqueza e debilidade, sobretudo àqueles que já estão sofrendo com alguma doença. Comanda diversas legiões de espíritos e pode ser chamado para expulsar outros demônios — presumindo-se que você iria querer chamar um demônio para expulsar outro. Supostamente o Rei Salomão colocou este demônio para trabalhar cortando lenha e a levando à fornalha. Cf. SALOMÃO.

RAUM Nome também grafado, alternativamente, como *Raym* na *Pseudomonarchia Daemonum*, de Wierus, e *Raim* na *Descoberta da Bruxaria*, de Scot. Este demônio supostamente se manifesta na forma de gralha, mas também assume a forma de homem. Quando isso acontece, ele se torna um excelente ladrão. *A Descoberta da Bruxaria*, de Scot, afirma que ele é capaz de realizar roubos prodigiosos da casa de reis e transportar seus bens pilhados para qualquer local sob as instruções do conjurador. Também confere dignidades e é capaz de reconciliar amigos e inimigos. O *Livro dos Encantamentos* galês concorda quanto a essas questões. Raum é o 40º dos 72 demônios mencionados na *Goécia*. Assim como a maioria dos demônios presentes nessa obra, detém conhecimentos sobre questões que dizem respeito ao passado, presente e futuro. Tem o poder de destruir cidades inteiras, mas seu método preferido de destruição não é mencionado no texto. Antes de ser um demônio, pertencia à Ordem dos Tronos e agora detém o título de conde entre as hierarquias do Inferno. Há trinta legiões de espíritos infernais que seguem seus comandos. Na *Goécia do Dr. Rudd*, consta que é coibido pelo anjo Ieiazel. Cf. *GOÉCIA*, *LIVRO DOS ENCANTAMENTOS*, RUDD, SCOT, WIERUS.

RAX O nome deste demônio está associado à hierarquia de Astarote na tradução de Mathers da *Magia Sagrada de Abramelin, o Mago*. A grafia precisa do nome deste demônio varia imensamente entre os textos sobreviventes do material do *Abramelin*. Por vezes aparece como *Rak*, *Rah* e *Pak*. Mathers tenta relacioná-lo à raiz grega para "semente de uva". Cf. ASTAROTE, MATHERS.

RAYMA O nome deste demônio aparece no *Manual de Munique*, onde é conjurado para descobrir a identidade de um ladrão. Ele e seus irmãos, ao serem evocados, têm a habilidade de fazer com que imagens apareçam na superfície de unhas humanas. Cf. *MANUAL DE MUNIQUE*.

RAYSIEL Segundo a *Ars Theurgia*, Raysiel é um rei poderoso do norte, que conta com uma centena de arquiduques subordinados a ele para realizar suas vontades. É o primeiro espírito na hierarquia

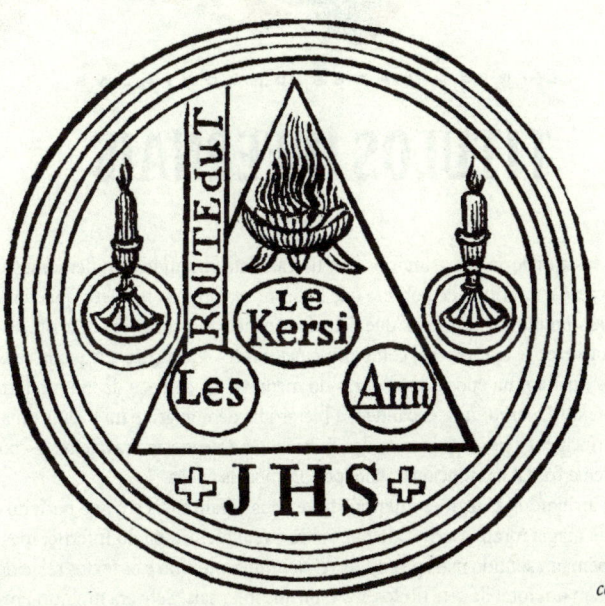

O chamado Triângulo dos Pactos, uma imagem do grimório conhecido como Le Dragon Rouge (O Dragão Vermelho). Do acervo de Grillot de Givry, cortesia da Dover Publications.

diretamente subordinada a Demoriel, o Imperador do Norte. Raysiel possui natureza aérea, e não é fácil perceber sua presença a olho nu. Em vez disso, a *Ars Theurgia* sugere que quem quiser interagir com Raysiel deve conjurá-lo em um receptáculo de vidro ou cristal para catoptromancia, numa operação que deve ser realizada em alguma localização desolada e remota, como uma ilha bem arborizada ou um bosque oculto. Uma alternativa é usar um cômodo particular da casa, contanto que o trabalho seja mantido em segredo e protegido contra qualquer um que possa entrar casualmente e interrompê-lo. Raysiel também se encontra numa lista de demônios da *Steganographia*, de João Tritêmio, composta por volta de 1499. Cf. Ars Theurgia, Demoriel, Tritêmio.

RECIEL Demônio em serviço de Gediel, rei infernal da hierarquia do sul. Reciel é um duque em comando de vinte espíritos ministradores. Serve a seu mestre Gediel durante as horas noturnas. O nome de Reciel e o sigilo que o compele aparecem na *Ars Theurgia*. Cf. Ars Theurgia, Gediel.

REGINON Também grafado *Regerion*. O nome aparece na *Magia Sagrada de Abramelin, o Mago*, onde Mathers sugere que derive de uma raiz hebraica que significa "os vigorosos". Reginon é servidor do rei demoníaco Ariton, um dos quatro governantes infernais das direções cardeais mencionados no *Abramelin*. Cf. Ariton, Mathers.

REMORON "O que impede", um dos demônios mencionados na tradução de Mathers da *Magia Sagrada de Abramelin, o Mago*. Segundo o texto, é governado pelos príncipes infernais das quatro direções cardeais. Sendo seu servo obediente, é possível conjurá-lo e compeli-lo pelos nomes de Oriens, Paimon, Ariton e Amaimon. Cf. Amaimon, Ariton, Mathers, Oriens, Paimon.

RESBIROTH Demônio mencionado nos *Segredos de Salomão*, livro de magia do séc. XVII confiscado pela Inquisição de Veneza. Segundo o texto, Resbiroth serve, junto a seu colega, o demônio Serphgathana, na corte de Elestor, Conde do

CURIOSIDADES DEMONÍACAS

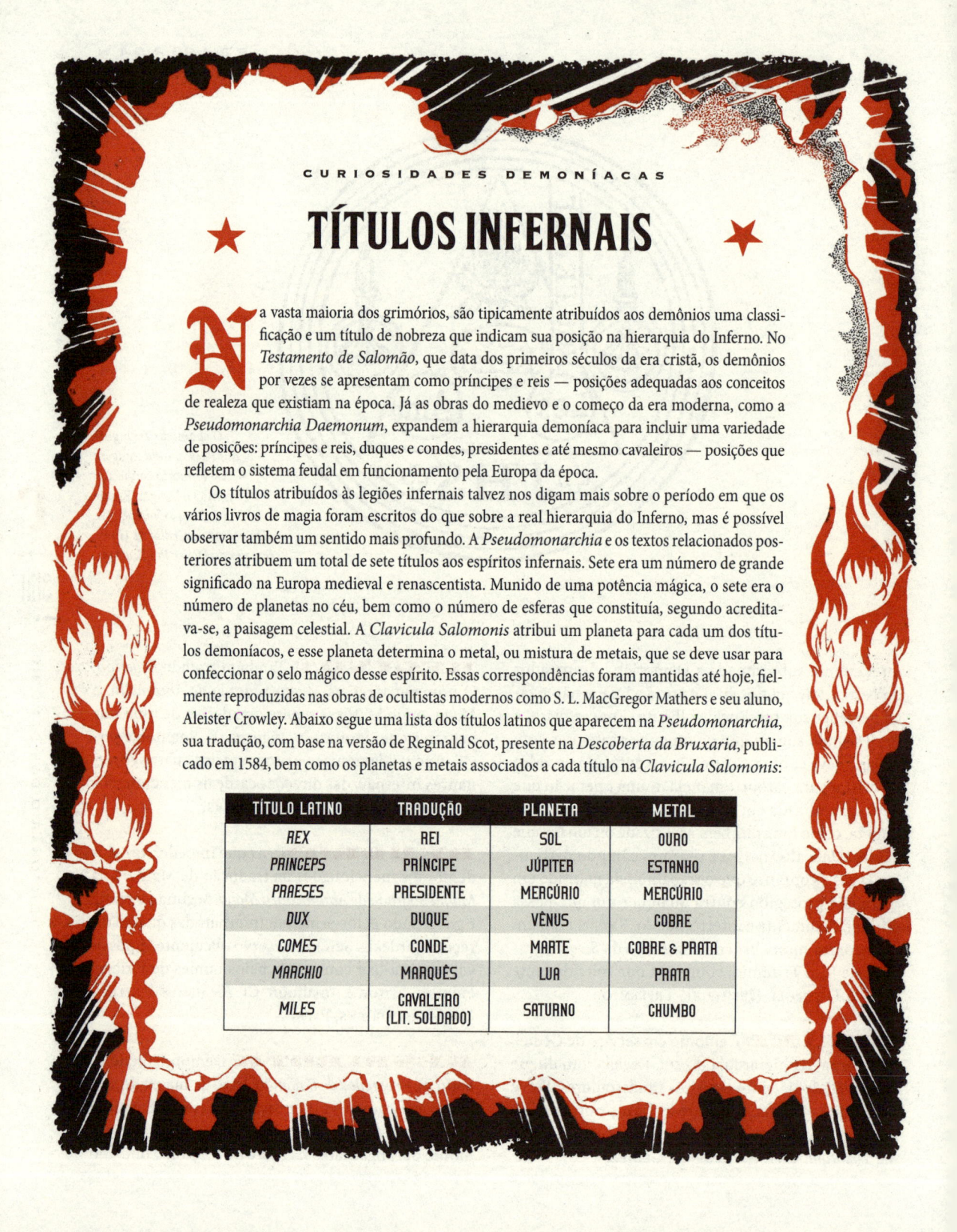

TÍTULOS INFERNAIS

Na vasta maioria dos grimórios, são tipicamente atribuídos aos demônios uma classificação e um título de nobreza que indicam sua posição na hierarquia do Inferno. No *Testamento de Salomão*, que data dos primeiros séculos da era cristã, os demônios por vezes se apresentam como príncipes e reis — posições adequadas aos conceitos de realeza que existiam na época. Já as obras do medievo e o começo da era moderna, como a *Pseudomonarchia Daemonum*, expandem a hierarquia demoníaca para incluir uma variedade de posições: príncipes e reis, duques e condes, presidentes e até mesmo cavaleiros — posições que refletem o sistema feudal em funcionamento pela Europa da época.

Os títulos atribuídos às legiões infernais talvez nos digam mais sobre o período em que os vários livros de magia foram escritos do que sobre a real hierarquia do Inferno, mas é possível observar também um sentido mais profundo. A *Pseudomonarchia* e os textos relacionados posteriores atribuem um total de sete títulos aos espíritos infernais. Sete era um número de grande significado na Europa medieval e renascentista. Munido de uma potência mágica, o sete era o número de planetas no céu, bem como o número de esferas que constituía, segundo acreditava-se, a paisagem celestial. A *Clavicula Salomonis* atribui um planeta para cada um dos títulos demoníacos, e esse planeta determina o metal, ou mistura de metais, que se deve usar para confeccionar o selo mágico desse espírito. Essas correspondências foram mantidas até hoje, fielmente reproduzidas nas obras de ocultistas modernos como S. L. MacGregor Mathers e seu aluno, Aleister Crowley. Abaixo segue uma lista dos títulos latinos que aparecem na *Pseudomonarchia*, sua tradução, com base na versão de Reginald Scot, presente na *Descoberta da Bruxaria*, publicado em 1584, bem como os planetas e metais associados a cada título na *Clavicula Salomonis*:

TÍTULO LATINO	TRADUÇÃO	PLANETA	METAL
REX	REI	SOL	OURO
PRINCEPS	PRÍNCIPE	JÚPITER	ESTANHO
PRAESES	PRESIDENTE	MERCÚRIO	MERCÚRIO
DUX	DUQUE	VÊNUS	COBRE
COMES	CONDE	MARTE	COBRE & PRATA
MARCHIO	MARQUÊS	LUA	PRATA
MILES	CAVALEIRO (LIT. SOLDADO)	SATURNO	CHUMBO

Inferno. Tanto Resbiroth quanto seu compatriota são reconhecidos como duques. Cf. Elestor, *Segredos de Salomão*, Serphgathana.

RESOCHIN Também conhecido como *Resochim*, consta que este demônio tem poder sobre as questões do Estado. É capaz de dar ou tirar os meios para se saber como proceder em qualquer situação. Esse demônio político aparece nas *Verdadeiras Chaves de Salomão*, que afirma que serve como um subordinado ao chefe Sirachi na hierarquia de Lúcifer. Sob o nome *Reschin*, aparece no grimório veneziano chamado *Segredos de Salomão*. Aqui ele é um dos dezoito demônios supostamente a serviço do Duque Syrach, subordinado direto de Lúcifer. Se for abordado corretamente, poderá revelar, por um preço, segredos políticos. Cf. Lúcifer, *Segredos de Salomão*, Sirachi, Syrach, *Verdadeiras Chaves*.

REWBOO Demônio capaz de dar ouro e prata ao conjurador. Rewboo aparece no *Livro de Oberon*, texto mágico do período elisabetano. Seu título é o de um grande príncipe, com 29 legiões subordinadas a ele. Ao ser evocado, assume a forma de um cavaleiro. Cf. *Livro de Oberon*.

REWSYN Demônio peculiar que parece ser adepto de uma forma inusitada de possessão demoníaca. Segundo o *Livro de Oberon*, Rewsyn se manifesta como uma bela mulher capaz de falar do passado, do presente e do futuro. Quando lhe é pedido para que vá embora deste mundo, um dos espíritos ministradores de Rewsyn é capaz de entrar no corpo no qual foi conjurado. Uma vez que o corpo previamente usado seja possuído assim, o novo espírito pode começar a falar. Dotado do título de duque dentro das hierarquias demoníacas, Rewsyn conta com dez legiões de espíritos inferiores que lhe servem. Cf. *Livro de Oberon*.

RICHEL Demônio noturno que detém o título de duque. Há 120 espíritos menores que atendem às suas necessidades. Richel serve como um subordinado ao demônio Symiel, rei da direção entre o norte e o nór-nordeste. Segundo a *Ars Theurgia*, Richel seria supostamente um espírito perturbador e obstinado. Cf. *Ars Theurgia*, Symiel.

RIGIOS Mathers sugere que o nome deste demônio derive de uma raiz grega que significa "terrível". Em sua tradução de 1898 da *Magia Sagrada de Abramelin, o Mago*, ele identifica Rigios como um dos servidores do demônio Astarote. Seu nome aparece como *Kigios* em outras versões da *Magia Sagrada de Abramelin, o Mago*. Cf. Astarote, Mathers.

RIGOLEN Demônio regido pelos governantes infernais Amaimon e Ariton. Na *Magia Sagrada de Abramelin, o Mago*, Rigolen é conjurado e forçado a jurar lealdade ao mago como parte do ritual do Sagrado Anjo Guardião que ocupa uma posição central no texto. Na tradução de Mathers dessa obra, o nome de Rigolen está associado a uma raiz hebraica que significa, ao mesmo tempo, "pé" e "derrubar". Cf. Amaimon, Ariton, Mathers.

RIMMON O embaixador do Inferno despachado para a Rússia, se acreditarmos no demonologista francês do começo do séc. XIX Charles Berbiguier. Rimmon recebe essa posição curiosa no *Dictionnaire Infernal*, por de Plancy, e no *Livro da Magia Negra e Pactos*, de Waite. Cf. Berbiguier, De Plancy, Waite.

RIMOG Demônio mencionado na *Magia Sagrada de Abramelin, o Mago*, onde consta que Rimog serve ao demônio Magoth. No manuscrito francês do séc. XV que serviu de fonte a Mathers, Rimog serve também ao demônio Kore. Cf. Kore, Magoth, Mathers.

RISBEL Espírito que o *Manual de Munique* descreve como um escudeiro. Risbel tem o poder de criar ilusões e é evocado para ajudar a conjurar um castelo em pleno ar. Ele deve ser chamado em um lugar isolado na décima noite da lua. Consta que uma oferenda de leite e mel ajuda a obter seus serviços. Seu nome também é grafado como *Ristel*. Cf. *Manual de Munique*.

RODABELL Também chamado de *Radabelbes*. É um mensageiro do norte, que serve na corte do rei infernal Egin. Aaparece no *Livro de Oberon*, grimório da Inglaterra elisabetana. Seu nome também é grafado como *Rodobel* e *Rodybel* em vários pontos do manuscrito. Cf. Alphasis, Egin, Emlon, Femell, *Livro de Oberon*.

ROÊLÊD O 15º dos 36 demônios associados aos decanos do zodíaco, Roêlêd é capaz, segundo consta, de causar doenças ligadas ao estômago. Também é conhecido pelo nome *Iax*, que aparece como parte de um encantamento para espantá-lo. Segundo o *Testamento de Salomão*, é possível expulsar Roêlêd não com um dos nomes de Deus ou de anjos, mas com o nome do próprio rei Salomão. Numa tradução posterior e mais precisa da mesma obra, ele se chama *Soubelti* e causa tremedeiras e amortecimento do corpo. O anjo Rizoel detém poder sobre ele. Cf. Salomão.

ROFANES Um dos vários demônios mencionados no *Manual de Munique*, conjurado diante de um médium para revelar os detalhes em torno de um roubo. Rofanes e seus irmãos podem fazer com que unhas humanas, uma vez que sua superfície se torne reluzente com o uso de óleo, sirvam como espelhos para catoptromancia. Um menino virgem costuma ser usado como médium neste feitiço. Cf. Manual de Munique.

ROGGIOL Servidor dos arquidemônios Astarote e Asmodeus. Segundo a edição de Mathers da *Magia Sagrada de Abramelin, o Mago*, seu nome talvez signifique "derrubar pelos pés". Na edição do material do *Abramelin* publicada por Peter Hammer em 1725, o nome deste demônio aparece como *Kogiel*. Cf. Astarote, Asmodeus, Mathers.

ROLER Um dos vários demônios mencionados na *Magia Sagrada de Abramelin, o Mago*, onde consta que Roler serve ao governante infernal Magoth. Apenas a tradução de Mathers contém esta versão deste nome, com esta grafia. Em todas as outras versões do material do *Abramelin*, o nome deste demônio é registrado como *Rotor*. De qualquer forma, fica a tentação de relacioná-lo, de algum modo, a rodas ou movimentos rotatórios. Cf. Magoth, Mathers.

ROMAGES Demônio governado por Oriens, Paimon, Ariton e Amaimon. Na *Magia Sagrada de Abramelin, o Mago*, estes quatro demônios detêm poder sobre as direções cardeais. Sendo um servo desses grandes governantes infernais, Romages pode ser conjurado e comandado valendo-se dos seus nomes. Cf. Amaimon, Ariton, Mathers, Oriens, Paimon.

ROMERAC Este nome talvez signifique "trovão violento", a partir de uma raiz hebraica identificada pelo ocultista S. L. MacGregor Mathers. Romerac é mencionado na *Magia Sagrada de Abramelin, o Mago* como um dos servidores do rei infernal Amaimon. Cf. Amaimon, Mathers.

ROMIEL Demônio das horas diurnas com a reputação de possuir uma natureza tranquila, Romiel faz parte da hierarquia do norte, tal como delineada na *Ars Theurgia*. Serve ao rei demoníaco Symiel, sendo um dos únicos dez arquiduques que trabalham para Symiel durante as horas diurnas. Romiel conta com um total de oitenta espíritos atendentes que executam seus desejos. Cf. Ars Theurgia, Symiel.

ROMULON Demônio mencionado no *Livro de Oberon*. Segundo o grimório, Romulon é um espírito infernal que pode ser chamado para encontrar tesouros roubados. Ao se manifestar, aparece como um soldado armado com espada e lança. Consta que está sob o poder de todos os outros espíritos, o que insere este pobre diabo absolutamente na última posição de uma extensa hierarquia. Se alguém algum dia se sentir ameaçado por este demônio, é possível controlá-lo erguendo uma cruz feita a partir dos ramos abençoados no Domingo de Ramos. Cf. Livro de Oberon.

ROMYEL Servo do príncipe errante Macariel, Romyel é capaz de se manifestar a qualquer momento durante o dia ou a noite. Embora tenha o poder de aparecer em qualquer forma que desejar, prefere surgir como um dragão de muitas cabeças, todas as quais são cabeças de donzelas. Nisso, ele partilha da preferência de seu príncipe infernal Macariel. Seu nome e selo aparecem na *Ars Theurgia*. Cf. Ars Theurgia, Macariel.

O selo do demônio goético Ronove, tal como representado na Goécia do Dr. Rudd. *Ele varia um pouco entre as outras edições da* Goécia. *Arte de M. Belanger.*

RONOVE Um dos tradicionais 72 demônios goéticos. Ronove é descrito como sendo, ao mesmo tempo, marquês e conde. Segundo a *Descoberta da Bruxaria*, de Scot, tem comando sobre dezenove legiões de espíritos menores e assume a forma de um monstro ao se manifestar. Só não é especificado no texto qual seria o tipo exato de monstro. Supostamente tem o poder de fornecer conhecimento de línguas estrangeiras, além de uma perfeita compreensão da arte da retórica. Permite adquirir servos fiéis e os favores de amigos e inimigos. A *Pseudomonarchia Daemonum*, de Wierus, grafa o seu nome como *Roneve*. Segundo a *Goécia do Dr. Rudd*, quem o coíbe é o anjo Ierathel. Cf. Goécia, Rudd, Scot, Wierus.

RORIEL Um dos doze duques infernais na corte do rei demoníaco Maseriel, Roriel está associado à hierarquia do sul e serve a seu mestre infernal durante as horas diurnas. Segundo a tradução de Henson da *Ars Theurgia*, comanda trinta espíritos menores. Cf. Ars Theurgia, Maseriel.

ROSARAN Servo do demônio Ariton, Rosaran é mencionado na *Magia Sagrada de Abramelin, o Mago*. Seu nome talvez derive de uma raiz hebraica que significa "maligno" ou "perverso". Cf. Ariton, Mathers.

ROYNE Demônio da luxúria que dizem ser capaz de fornecer deleites sexuais, especialmente entre um homem e sua esposa. Ao ser conjurado, assume

Os selos demoníacos da Goécia do Dr. Rudd com frequência são muito mais simples do que os que se encontram em outras versões da Goécia. Compare a versão de Rudd do selo de Forcalor, na esquerda, com a que se encontra na tradução de Henson. Arte de M. Belanger.

a forma de um soldado que cavalga um corcel preto. Seu rosto é como o de um leão e ele carrega uma serpente nos braços. Segundo o *Livro de Oberon*, possui o título de conde e supervisiona 26 legiões de espíritos menores. Além de seu poder para conseguir sexo, consta que Royne é um construtor. É capaz de erguer grandes torres e muralhas de guerra, mas também derrubá-las. No mais, consagra livros, revela tesouros ocultos e expõe segredos. Cf. *Livro de Oberon*.

RUACH Nome derivado diretamente da palavra hebraica *ruach*, que significa "sopro" ou "vento", com conotações adicionais de "espírito". *Ruach Ha-Kodesh* é um nome hebraico de Deus que costuma ser traduzido na Bíblia como o *Espírito Santo*. Devido a uma sincretização imperfeita do misticismo judaico realizada na tradição dos grimórios medievais, vários nomes divinos acabaram corrompidos e virando nomes de demônios, incluindo *Berith*. Ruach não é exceção. Na *Magia Sagrada de Abramelin, o Mago*, o demônio Ruach é mencionado como parte de uma hierarquia a serviço dos príncipes infernais das direções cardeais: Oriens, Amaimon, Ariton e Paimon. Seu nome deve ser inscrito em papel no segundo dia da operação do *Abramelin*, junto a os nomes de aproximadamente 320 outros demônios. No terceiro dia dos trabalhos, que culmina na comunhão do mago com o seu Sagrado Anjo Guardião, Ruach e os outros devem aparecer para jurar seus serviços ao mago. Cf. Amaimon, Ariton, Berith, Oriens, Paimon.

RUALL Segundo o *Livro dos Encantamentos*, este demônio pertencia, antes da queda, à Ordem Angelical das Potestades. Ele fala o idioma egípcio e aparece como um dromedário sujo de lama, mas também pode ser compelido a assumir uma forma humana. Seu ofício é o de obter o amor das mulheres. Fala de coisas do passado, do presente e por vir, além de fazer com que inimigos se tornem amigos. Há 37 legiões que o seguem em sua companhia. Aparece no *Livro de Oberon* com uma variação de seu nome, grafada como *Ryall*. Aqui ele também surge como um dromedário, mas em vez de dizer que fala egípcio, o texto afirma simplesmente que fala com voz triste. Este demônio aparece numa lista dos doze dedicados a servir a Paimon, rei do oeste. Todos os seus poderes neste texto são idênticos aos listados no *Livro dos Encantamentos*. Compare-o com o demônio goético *Vuall*. Cf. *Livro de Oberon*, *Livro dos Encantamentos*, Vuall.

RUAX Demônio que aflige a humanidade causando danos à sua inteligência. Consta que teria o poder de tornar as pessoas confusas, com raciocínio lento. Teme o arcanjo Miguel mais do que qualquer outro dos habitantes celestiais, e é possível expulsá-lo invocando-se o nome desse ser poderoso. Ruax aparece no *Testamento de Salomão*, onde é mencionado como um dos seus vários demônios pestilentos. Seu nome talvez seja uma variação de *Rhyx*, que significa "rei". Cf. SALOMÃO.

RUBEUS PUGNATOR Demônio associado ao planeta Marte. Seu nome significa "Lutador Vermelho", em latim. No *Liber de Angelis*, é mencionado como o rei dos demônios associados à esfera de Marte e é conjurado como parte de um feitiço para criar o mágico Anel de Marte, um potente talismã que confere poderes terríveis. O anel pode ser usado para trazer destruição a qualquer vítima escolhida. Cf. LIBER DE ANGELIS.

RUDD, DR. THOMAS O autor de vários manuscritos sobre magia e assuntos esotéricos, guardados no acervo Harley do British Museum, em Londres. Esses manuscritos datam do começo do séc. XVIII, mas foram copiados a partir de textos bem mais antigos. O autor Adam McLean, fundador do site Levity.com, se refere a eles, muito adequadamente, como "Os Tratados do Dr. Rudd", em sua introdução a uma das obras do autor, o *Tratado sobre Magia Angelical*. Dr. Rudd era uma figura peculiar, dotado de um interesse óbvio em anjos, demônios e magia cerimonial — além de uma quase obsessão por saber como distinguir os espíritos bons dos espíritos maus. Com base em um de seus escritos, fica evidente que ele também foi um estudioso do hebraico e demonstrava uma atitude simpática aos judeus numa época em que isso estava longe de ser a regra. Além disso, era um ávido fã do Dr. John Dee. Em porções da obra de Rudd há uma influência tão grande do sistema da magia enoquiana de Dee que Peter Smart, o indivíduo responsável por copiar os manuscritos do acervo Harley, acreditava que estivesse copiando textos diretamente de Dee.

Fora os manuscritos, pouco se sabe desse autor. A estudiosa e historiadora Frances Yates identifica o nome Dr. Rudd com um certo Thomas Rudd, um indivíduo responsável por publicar uma edição do *Prefácio Matemático a Euclides* do Dr. John Dee, em 1651. Se ela estiver correta, então é possível sabermos seu primeiro nome também, além do período em que ele viveu. Tanto Yates quanto McLean sugerem que há algumas dúvidas quanto à época exata do Dr. Rudd, mas os autores Dr. Stephen Skinner e David Rankine, em seu livro *The Goetia of Dr. Rudd*, oferecem como datas definitivas o período entre 1583 e 1656. Cf. TRATADO SOBRE MAGIA ANGELICAL.

RUKUM O nome deste demônio talvez seja derivado de um termo hebraico que significa "diversificado". Rukum aparece na tradução de Mathers da *Magia Sagrada de Abramelin, o Mago*. Segundo essa obra, é um dos vários demônios governados pelo príncipe infernal Paimon. Em outra versão do material do *Abramelin*, guardada na biblioteca Wolfenbüttel, na Alemanha, o nome deste demônio aparece como *Marku*. Cf. MATHERS, PAIMON.

RYON Demônio da corte de Fornnouc, o rei infernal do elemento do ar. Dotado de uma mente rápida e ágil, Ryon é capaz de servir como um tutor inspirador, além de ter o poder de curar enfermidades e fraquezas. A edição de Driscoll do *Livro Jurado de Honório* descreve este demônio como possuidor de uma "natureza vívida", mas um tanto excêntrica também. É possível fazê-lo se manifestar queimando os perfumes adequados. Na tradução de Peterson do *Livro Jurado*, Ryon está conectado à esfera de Júpiter, sendo um subordinado do rei demoníaco Formione, que governa os espíritos de Júpiter. Esta versão de Ryon confere júbilo, alegria e amor aos mortais, também concedendo favores. Ao se manifestar, sua forma tem a cor dos céus e pode ser comandado em nome dos anjos Satquiel, Rafael, Pahamcocihel e Asassaiel, que governam a esfera de Júpiter. Apresenta algumas conexões com a direção leste, possivelmente com os ventos orientais. Cf. FORMIONE, FORNNOUC, *LIVRO JURADO*.

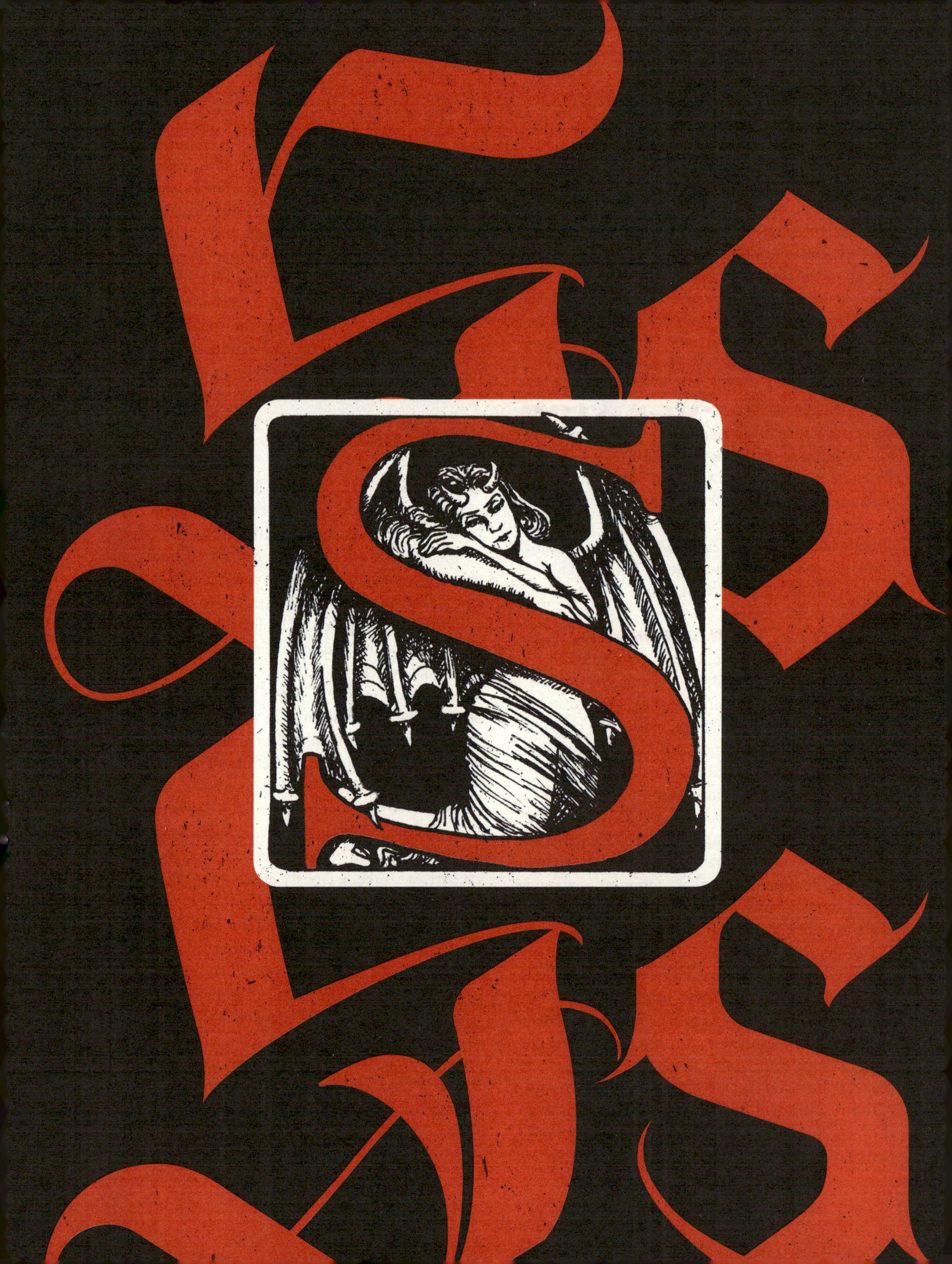

SABA O rei da esfera planetária de Mercúrio. Saba conta com auxílio de três ministros infernais: Hanyey, Yron e Alvedio. Ao se aproximar, Saba faz com que as pessoas estremeçam de frio. É capaz de aparecer em muitas formas, incluindo um rei cavalgando um urso, uma mulher com uma roca de fiar, um jovem de boa aparência ou um passarinho. Por ter muitas formas, também tem muitos ofícios: Saba é capaz de oferecer ajuda para obter vitória na justiça ou em batalhas; eleva os pobres e derruba os ricos e poderosos; ensina todo tipo de feitiço e restaura conhecimentos perdidos; e é capaz de abrir fechaduras e liberar as amarras dos espíritos. Seu nome aparece, junto do nome de seus ministros, no grimório elisabetano conhecido como *Livro de Oberon*. Cf. ALVEDIO, HANYEY, *LIVRO DE OBERON*, SABA, YRON.

SABAS Servo do demônio Gediel, Sabas detém o título de duque e governa sua própria companhia de vinte espíritos menores. Segundo a *Ars Theurgia*, está associado às horas diurnas e, por meio de sua associação a Gediel, também está associado à direção sul. O nome deste demônio pode ter a ver com uma antiga palavra em egípcio que significa "estrela", mas também é uma variação de *Sabá*, um reino mencionado na Bíblia. O historiador Josefo descreve uma cidade na Etiópia, de grandes muralhas, chamada Saba, que pode ter sido a cidade bíblica de Sabá. Cf. *ARS THEURGIA*, GEDIEL.

SABNOCK Um dos 72 demônios mencionados na *Goécia*. Na *Descoberta da Bruxaria*, de Scot, consta que Sabnock aparece na forma de um soldado armado com cabeça de leão, cavalgando um cavalo amarelado, como fazem muitos dos demônios associados à *Goécia*. A *Pseudomonarchia Daemonum* grafa seu nome como *Sabnac*. No *Livro dos Encantamentos* galês, aparece como *Sabnack*. Como fica sugerido por sua aparência, trata-se de um demônio marcial, com o poder de construir castelos, cidades e torres elevadas repletas de armas. É capaz de causar feridas pútridas, repletas de larvas de moscas, que demoram trinta dias para cicatrizar. Além disso, é capaz de alterar a forma das pessoas e conceder espíritos familiares. Detentor do título de marquês, comanda um total de cinquenta legiões. Formas alternativas de seu nome incluem *Salmac*, *Sabnacke* e *Sabnach*. Segundo a *Goécia do Dr. Rudd*, é governado pelo anjo Vevaliah ou Veuliah. Cf. GOÉCIA, *LIVRO DOS ENCANTAMENTOS*, RUDD, SCOT, WIERUS.

SACHIEL Na magia cerimonial, Sachiel costuma ser identificado como o anjo do planeta Júpiter. Aparece sob essa capacidade tanto no *Grimório Secreto de Turiel* quanto no *Grimório de Armadel*. Na tradição cabalística, Sachiel é identificado como o arcanjo dos Querubim. É o anjo das quintas-feiras e geralmente entende-se que seu nome significa "a cobertura de Deus". Sendo um arcanjo, é raro ser mencionado entre os anjos caídos, mas faz uma aparição, apesar disso, na *Magia Sagrada de Abramelin, o Mago* como um dos demônios que servem aos príncipes infernais Oriens, Paimon, Ariton e Amaimon e guardam as direções cardeais. Cf. AMAIMON, ARITON, MATHERS, ORIENS, PAIMON.

SADAR Demônio cujo nome e selo aparecem na *Ars Theurgia*. Sadar serve como um subordinado ao rei demoníaco Raysiel na corte do norte. É descrito como um demônio diurno, aparecendo apenas enquanto o dia estiver claro. Detém o título de duque e conta com cinquenta espíritos ministradores sob seu comando. Cf. *ARS THEURGIA*, RAYSIEL.

Ao longo da Idade Média e da Renascença, o Diabo costuma ser descrito como um homem negro e não é fácil evitar as implicações racistas desse fato. O mesmo se aplica a esta representação de demônios numa gravura de J. Brown do séc. XIX. Imagem cortesia da Wellcome Collection.

SADDIEL Na hierarquia de Usiel, Saddiel detém o título de duque. É um demônio noturno associado à região oeste e conta com quarenta espíritos menores que lhe servem. Segundo a *Ars Theurgia*, sua especialidade é encontrar coisas ocultas e ocultar tesouros, muitas vezes usando encantamentos para esconder esses objetos preciosos. Cf. *Ars Theurgia*, Usiel.

SADIEL Demônio que aparece na tradução de Henson da *Ars Theurgia*. Sadiel é identificado como um membro da hierarquia do demônio Gediel. Por sua vez, Gediel é o segundo espírito da hierarquia do sul, por isso Sadiel acaba sendo associado também a essa mesma direção. É um duque que, segundo consta, serve a seu mestre infernal durante as horas da noite. Há vinte espíritos menores que obedecem a seu comando. Cf. *Ars Theurgia*, Gediel.

SAEFAM A serviço do príncipe infernal Usiel, Saefam é um duque que conta com quarenta espíritos menores sob seu comando. Segundo a *Ars Theurgia*, é associado às horas diurnas, manifestando-se apenas nesses horários. Tem o poder de ocultar itens preciosos, protegendo-os contra quem quer que possa descobri-los e roubá-los. É capaz também de revelar tesouros ocultos por meios mágicos. Vários dos demônios da *Ars Theurgia* parecem constituir pares, com nomes muito parecidos. Compare Saefam com *Saefer*, demônio listado na mesma hierarquia. Cf. *Ars Theurgia*, Saefer, Usiel.

SAEFER Um dos vários demônios mencionados na hierarquia do príncipe Usiel. Saefer tem o poder de revelar tesouros ocultos, sendo capaz também de ocultar objetos magicamente para evitar que outros possam descobri-los ou roubá-los. A *Ars Theurgia* afirma que o seu título é o de arquiduque e diz ainda que há quarenta espíritos ministradores que lhe servem como subordinados. Há um outro nome demoníaco ainda que combina ou faz par com este demônio na *Ars Theurgia*. Compare-o com *Saefam*, demônio listado na mesma hierarquia. Cf. *Ars Theurgia*, Saefam, Usiel.

SAEMIET Demônio mencionado na *Ars Theurgia* a partir da tradução de Henson do *Lemegeton* completo. Saemiet tem a reputação de servir ao rei demoníaco Maseriel, que governa a direção entre o oeste e o oés-sudoeste. Por conta de sua associação a Maseriel, Saemiet é afiliado à hierarquia do sul. Está ligado às horas da noite, servindo a seu mestre infernal apenas nesse horário. Seu título é o de duque e detém poder sobre um total de trinta espíritos ministradores. Cf. *Ars Theurgia*, Maseriel.

SAFRIT Este demônio aparece no 39º feitiço do *Manual de Munique*, sendo chamado para oferecer um auxílio geral com questões divinatórias. Também é associado à arte da catoptromancia. Cf. *Manual de Munique*.

SAGARES Segundo o ocultista Mathers, o nome deste demônio pode ter a ver com a palavra *sagaris*, machado de guerra de bronze usado principalmente por um povo antigo conhecido como os citas. Mathers associa a arma ao duplo machado das amazonas, chamado *lábrys*. Na tradução de Mathers da *Magia Sagrada de Abramelin, o Mago*, consta que Sagaris serve aos demônios Astarote e Asmodeus, sendo conjurado como parte dos trabalhos do Sagrado Anjo Guardião que ocupam uma posição central no material do *Abramelin*. Cf. Astarote, Asmodeus, Mathers.

SALARICA Demônio que recebe o título de senador no *Livro de Oberon* elisabetano. Salarica, também grafado com "y", *Salaryca*, é evocado para compelir e controlar outros espíritos, na base da "carteirada". Salarica serve, com outros seis senadores infernais, diretamente a Tantavalerion, demônio mencionado no mesmo feitiço. Segundo o texto, Tantavalerion é o governante supremo de todos os espíritos e todos devem obedecer quando o seu nome é evocado. Cf. Asmoo, Boell, Danall, *Livro de Oberon*, Orymell, Pascary, Tantavalerion, Tygra.

SALAUL Demônio descrito como um "espírito escudeiro". No *Manual de Munique*, Salaul é mencionado em associação a um feitiço para criar ilusões. É um dos vários demônios apresentados como dotados do poder de manifestar todo um castelo em pleno ar. O texto recomenda que Salaul seja propiciado

CURIOSIDADES DEMONÍACAS

OS SETE PECADOS

Os Sete Pecados Capitais formam uma lista das principais ofensas, desenvolvida por São Gregório Magno no ano de 590, durante o seu papado. Os pecados são classificados como pecados cardeais, que são os vícios mais desprezíveis aos quais qualquer indivíduo está sujeito. Esses pecados são: luxúria, gula, avareza, preguiça, ira, inveja e orgulho. Na Idade Média, os Sete Pecados Capitais com frequência eram personificados como personagens nas peças conhecidas como *morality plays*. Por volta do séc. XIV, esses sete principais vícios já haviam se tornado assunto popular para a arte e a literatura. O tratamento mais famoso dado a assunto talvez tenha sido o de Dante Alighieri, na descrição do Inferno que aparece em sua obra épica, *A Divina Comédia*.

No séc. XVI, um bispo da cidade de Trier, na Alemanha, chamado Peter Binsfeld, tentou classificar os demônios segundo os Sete Pecados Capitais. De acordo com a perspectiva de Binsfeld, cada demônio teria um pecado preferido, que usaria para tentar a humanidade. Eles poderiam, então, ser distribuídos em grupos de acordo com esses pecados. Para cada um desses sete grupos ele escolheu um príncipe demoníaco diferente, como se vê na sequência:

DEMÔNIO	PECADO
LÚCIFER	ORGULHO
LEVIATÃ	INVEJA
SATÃ	IRA
BELFEGOR	PREGUIÇA
MÂMON	AVAREZA
BELZEBU	GULA
ASMODEUS	LUXÚRIA

O demônio Beemote parece também um bom candidato para o pecado da gula nessa imagem do Dictionnaire Infernal, de Collin de Plancy. Cortesia da Dover Publications.

com uma oferenda de leite e mel. Deve ser evocado em um local remoto e secreto no décimo dia da lua. Cf. MANUAL DE MUNIQUE.

SALLEOS O 19º demônio da *Goécia*, consta que Salleos se manifesta como um soldado galante que chega montado num crocodilo e vestindo uma coroa ducal. Segundo a *Pseudomonarchia Daemonum*, de Wierus, e a *Descoberta da Bruxaria*, de Scot, detém o título de conde. Na *Goécia*, no entanto, onde seu nome é grafado *Saleos*, ele é um duque. Segundo sua reputação, tem o poder de fazer as pessoas se apaixonarem pelo sexo oposto. Há trinta legiões que governa. Seu nome também é grafado como *Zaleos* e *Sallos* — esta sendo a grafia que aparece na *Goécia do Dr. Rudd*. Segundo este texto, é coibido pelo anjo Leuviah. Cf. GOÉCIA, RUDD, SCOT, WIERUS.

SALMATIS Um dos demônios mencionados no grimório do séc. XVI intitulado *Livre des Esperitz*, composto em língua francesa. Sendo um grande marquês que aparece com o aspecto de um cavaleiro armado, constrói fortalezas, castelos e até mesmo cidades. Também comanda ilusões e transforma as pessoas para que assumam qualquer aparência que desejem, além de conjurar grandes peças teatrais para entretenimento. Há um total de cinquenta legiões de espíritos menores que servem como seus subordinados. Cf. LIVRE DES ESPERITZ.

SALOMÃO O filho de David e Betsabá, Salomão foi um monarca bíblico de grande renome, conhecido por sua fé e sabedoria. Sua história aparece principalmente nos livros *1 Reis* e *2 Crônicas* da Bíblia, mas há diversas fontes extrabíblicas que conferem mais detalhes sobre sua vida e sua era. Salomão é mais conhecido como o monarca judeu que supervisionou a construção e conclusão do Templo de Jerusalém. A ele são dados os créditos por ter composto o *Cântico dos Cânticos*, *Provérbios* e *Eclesiastes*. No folclore judaico, cristão e muçulmano, o Rei Salomão é conhecido não apenas por sua sabedoria, mas também por seu poder sobre espíritos malignos. A obra pseudepigráfica *Testamento de Salomão* conta a história de como ele rezou para obter o poder para proteger um de seus jovens trabalhadores do demônio Ornias. Segundo o texto, Deus ouviu a prece de Salomão e lhe concedeu um selo especial, muitas vezes representado como um anel, que conferia poder sobre os demônios. Salomão não perdeu tempo em botar esse poderoso talismã para funcionar e conjurou uma série de demônios, obrigando-os a revelar seus nomes, bem como quais seriam os nomes divinos capazes de controlá-los, compeli-los e coibi-los. Se pudermos acreditar no *Testamento de Salomão* e lendas relacionadas, o Templo foi construído com o auxílio de um vasto número de demônios que foram obrigados pelo próprio Salomão a servir.

Os grimórios da Europa medieval e renascentista são herdeiros diretos da tradição salomônica delineada no *Testamento*. Embora não exista, por escrito, nenhuma linhagem direta que nos mostre como foi que os conceitos de evocação demoníaca registrados nos últimos séculos antes da era cristã teriam sobrevivido, a ponto de ressurgirem por volta de 1100 em diante, a associação é inconfundível. O nome do rei Salomão aparece com frequência em fontes cristãs e judaicas, com muitos grimórios tendo sido atribuídos ao antigo rei bíblico. Todos são, é claro, tão pseudepigráficos quanto o próprio *Testamento de Salomão*, mas isso não impediu os autores e copistas medievais de colocarem o nome do velho rei em diversos volumes proibidos. Talvez as duas obras salomônicas mais famosas sejam a *Clavicula Salomonis* — traduzida para o inglês como *Key of Solomon* (*Chave de Salomão*) — e o ainda mais famoso *Lemegeton* (*Lesser Key of Solomon*, *Chave Menor de Salomão*).

O Rei Salomão tem um papel significativo no folclore da Arábia e do Oriente Médio. Na tradição muçulmana, os espíritos controlados pelo rei Salomão são identificados como Jinn ou gênios. Eles não bem entendidos como demônios, mas acredita-se que seriam uma raça de seres inteiramente outra, separados e distintos da humanidade. Há algumas correlações entre o conceito dos Jinn e os filhos semidivinos dos Anjos Sentinelas. Porém, porque é questionável a sua condição como entidades demoníacas, eles foram omitidos neste texto. Cf. CLAVICULA SALOMONIS, LEMEGETON, ORNIAS, SENTINELAS, TESTAMENTO DE SALOMÃO.

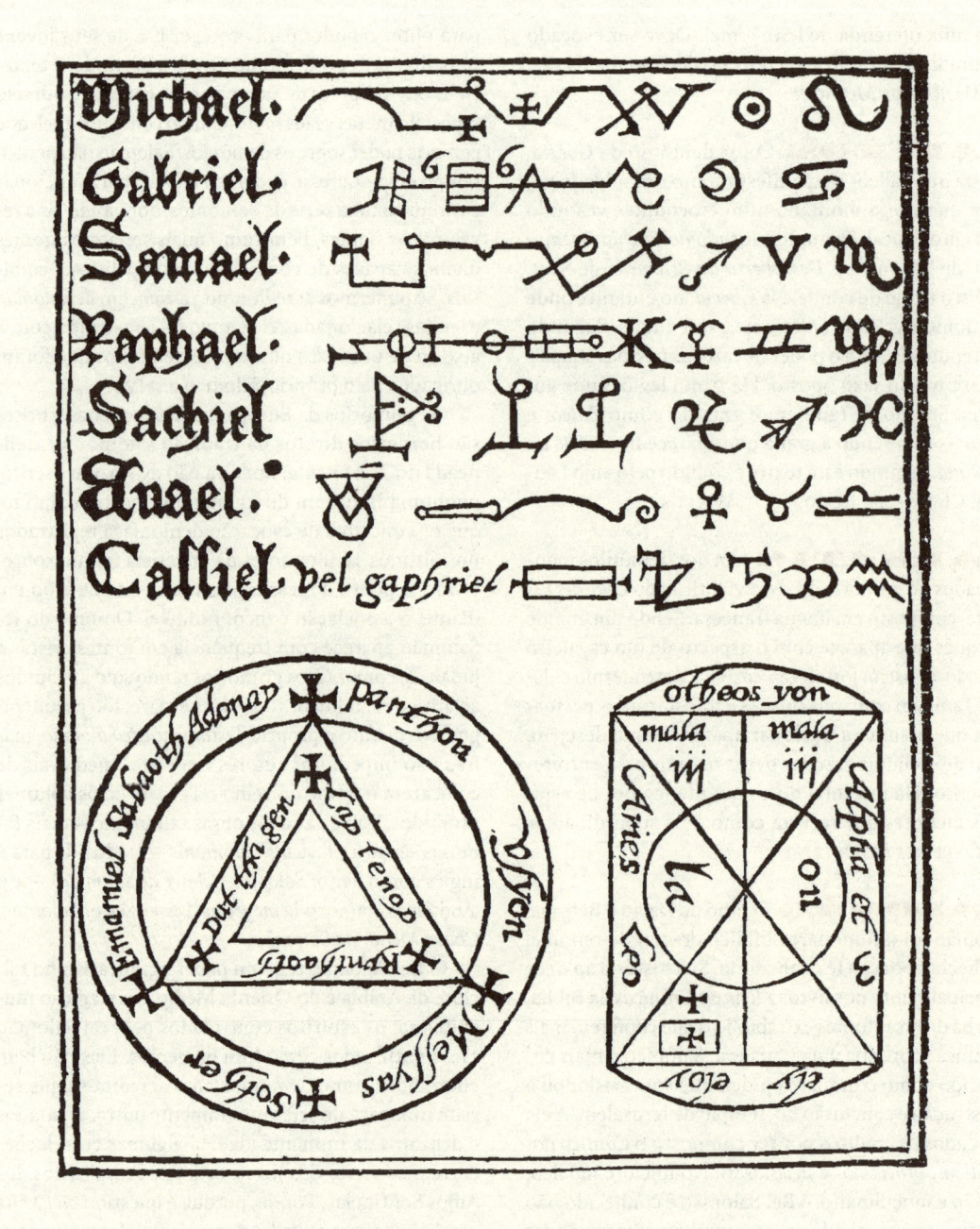

Os nomes, figuras e selos dos anjos dos sete dias da semana, tal como aparecem na Descoberta da Bruxaria, *de Scot. Cortesia da Dover Publications.*

SALTIM Para o mago que já tem tudo, Saltim pode ser evocado para produzir um magnífico trono voador. Só não há qualquer indicação de que possua o poder necessário para fazer com que qualquer outra peça de mobília seja capaz também de realizar acrobacias aéreas. Numa emergência, porém, ele pode ser convencido a encantar um tapete voador. Segundo o *Manual de Munique*, onde consta essa informação curiosa, Saltim detém o título infernal de duque. Cf. *Manual de Munique*.

SALVOR Mencionado na *Ars Theurgia*, este demônio é governado por Maseriel, o rei infernal da corte do oeste. Salvor detém o título de duque e conta com trinta espíritos ministradores sob seu comando, segundo o texto. Está associado às horas noturnas, servindo apenas nesse período. Cf. *Ars Theurgia*, Maseriel.

SAMAEL Uma figura complexa, às vezes identificada como um anjo caído ou como um membro leal das hierarquias celestiais. Embora tenha, em algum momento, chegado à demonologia da Europa cristã, Samael é uma figura firmemente arraigada no folclore judaico. Nas *Crônicas de Jeramel*, é descrito como o "chefe dos Satãs"[1].

Embora o texto fale dele como um dos piores dentre os anjos maus, ele ainda assim é apresentado como um anjo a serviço do Senhor. É um anjo da morte, tendo sido o escolhido para buscar a alma de Moisés. No *Agadá*, consta que Samael é o guardião do irmão de Jacó, Esaú. Nesse ofício, Samael é também um anjo maligno, pois o *Agadá* apresenta Esaú como uma pessoa completamente perversa, ligado apenas ao mundo material e dado à veneração em templos idólatras. No *Zohar*, um dos textos primários da Cabala, Samael é associado à entidade maligna Amalek, o deus do mundo físico. Aqui o seu nome consta como um dos nomes ocultos de Amalek. Segundo o *Zohar* também, Samael significa "veneno de Deus"[2]. Em seu livro *The Holy Kabbalah*, o ocultista A. E. Waite define Samael como "a severidade de Deus"[3]. Nessa obra, é também identificado como sendo, ao mesmo tempo, Satã e a Serpente. Lilith é sua noiva. Segundo *Demonology and Devil-Lore*, de Moncure Daniel Conway, Samael é o consorte, ao mesmo tempo, da donzela voluptuosa Naamah e da arquidiaba Lilith. Ele age como a mão esquerda de Deus.

No texto gnóstico do *Apócrifo de João*, encontrado em meio aos manuscritos da biblioteca de Nag Hammadi, Samael é outro nome dado ao demiurgo maligno do mundo físico, o que ecoa as afirmações do *Zohar* quanto à associação entre Samael e o reino material. Por vezes grafado como *Sammael*, seu nome entrou na tradição dos grimórios, sendo descrito como um anjo no *Heptameron*. Consta que governa a segunda e a terça-feira. No *Faustbuch* de 1505 intitulado *Magia Naturalis et Innaturalis*, é identificado com o elemento do fogo. Henrique Cornélio Agrippa o associa com Urieus, outro nome para Oriens, o guardião demoníaco do leste, uma associação que Mathers depois repete em sua edição da *Magia Sagrada de Abramelin, o Mago*. Samael aparece também na tradução de Mathers do *Grimório de Armadel*. Dando continuidade à confusão em torno dessa antiga figura, o texto também identifica Samael como sendo, ao mesmo tempo, um anjo caído e um ser celestial. Como anjo caído, consta que ensina magia, necromancia, ciências ocultas e, bizarramente, também jurisprudência. Segundo o *Grimório de Armadel*, este ser é capaz ainda de revelar quais são as práticas necromânticas mais perigosas, das quais não se deve abusar. É curioso que Samael (sob a grafia *Simiel*) apareça também numa lista dos sete arcanjos composta por São Gregório, que serviu como o Papa Gregório I entre 590 e 604. Cf. Asael, Amalek, Azazel, Lilith, Macathiel, Naamah, Satã, Waite.

SAMALO Demônio sob a liderança do demônio maior Belzebu, segundo a *Magia Sagrada de Abramelin, o Mago*. Samalo é um dos mais de trezentos espíritos impuros cujos nomes são apresentados nessa obra para que possam ser evocados e submetidos à vontade do mago. Cf. Belzebu, Mathers.

---

1 Moses Gaster, The Chronicles of Jerahmeel, *p. 136*.
2 H. W. Percival, Sepher Ha-Zohar, or The Book of Light, *p. 148*.
3 A. E. Waite, The Doctrine and Literature of the Kabbalah, *p. 77*.

SAMBAS Associado aos ventos do oeste e sudoeste, consta que Sambas serve ao rei Habaa, regente dos espíritos do planeta Mercúrio. A edição de Peterson do *Livro Jurado de Honório* afirma que Sambas é capaz de reunir bons espíritos para apresentá-los como familiares. Também tem poderes de imitação, sendo possível comandá-lo para realizar qualquer tarefa como se fosse feita por outrem. Conhece todo tipo de pensamentos e feitos secretos, revelando-os se lhe for solicitado. Sua forma de manifestação é reluzente e instável, como a superfície do vidro ou como uma chama dançante e incandescente. É possível compeli-lo em nome dos anjos Miguel, Mihel e Sarapiel, que comandam todos os espíritos da esfera de Mercúrio. Cf. Habaa, Livro Jurado.

SAMIEL Demônio benevolente que prefere se manifestar em locais úmidos, como pântanos e brejos. Samiel é um dos doze duques que servem ao príncipe errante Hydriel. O próprio Samiel conta com um total de 1320 espíritos menores que o acompanham. Segundo a *Ars Theurgia*, ele se manifesta como uma serpente com cabeça de mulher. Apesar dessa forma monstruosa, tem a reputação de se comportar de forma educada e cortês. Cf. Ars Theurgia, Hydriel.

SAMIET Demônio governado por Armadiel, rei infernal que governa o noroeste. Samiet comanda 84 espíritos menores e detém o título de arquiduque. Segundo a *Ars Theurgia*, há uma fórmula para calcular as horas e minutos durante os quais este demônio está disposto a aparecer. Divida o dia em quinze porções iguais. A oitava porção pertence a Samiet e ele se manifesta apenas nesse horário. Cf. Armadiel, Ars Theurgia.

SAMON Grande rei mencionado no *Livre des Esperitz* francês, que assume o aspecto de uma bela donzela. Detém poder sobre as mulheres e é capaz de compelir o amor de rainhas. Além disso, inflama as paixões daquelas pessoas que se acreditam perfeitas, independentemente de sua castidade. Há 25 legiões que servem sob o seu comando. Cf. Livre des Esperitz.

SAMSAPIEL Um dos chamados "decanos" dentre os Anjos Sentinelas do *Livro de Enoque*. Samsapiel foi originalmente encarregado de cuidar da humanidade, mas se aproximou demais daqueles que estavam sob o seu cuidado. Assim, acabou sendo vítima das tentações da carne e abandonou o Céu para desposar uma mulher humana. Como um dos decanos, liderava dez outros anjos caídos em seu êxodo rumo ao reino material, respondendo diretamente aos líderes das Sentinelas, Azazel e Shemyaza. Cf. Azazel, Sentinelas, Shemyaza.

SAMYEL Demônio na corte de Menadiel, príncipe errante do ar mencionado na *Ars Theurgia*. Samyel está associado à 11ª hora do dia. Seu companheiro demoníaco, Tharson, aparece depois dele, na 12ª hora. Samyel comanda, além de seu próprio companheiro, um total de 390 espíritos subordinados. Cf. Ars Theurgia, Menadiel, Tharson.

SANFRIELIS Demônio mencionado no *Manual de Munique*, Sanfrielis está associado à adivinhação e à catoptromancia. Tem a reputação de conseguir ajudar um médium a enxergar visões de um ladrão ou grupo de ladrões responsáveis por um crime. Cf. Manual de Munique.

SAPASON Demônio da corte do príncipe Ariton. Sapason aparece na *Magia Sagrada de Abramelin, o Mago*. Segundo a tradução de Mathers dessa obra, o nome deste demônio vem de uma palavra grega que significa "putrefazer". Também tem a grafia alternativa *Sarason*. Cf. Ariton, Mathers.

SAPHATHORAÊL Demônio atormentador que flagela a humanidade dividindo as pessoas. Saphathoraêl causa embriaguez e dificuldade de locomoção. Sendo um demônio associado aos 36 decanos do zodíaco, Aparece na obra pseudepigráfica conhecida como *Testamento de Salomão*. Segundo o texto, Saphathoraêl pode ser expulso invocando-se o nome *Sabaôth*. Deve-se notar que, embora muitos dos demônios zodiacais do *Testamento* sejam expulsos ou compelidos pelo uso de nomes específicos de anjos, *Sabaôth* não é tecnicamente o nome de um anjo. Na tradição hebraica, é um dos títulos de Deus, com o sentido de "Senhor dos Exércitos". Cf. Salomão.

SARABOCRES Segundo a tradução de Peterson do *Livro Jurado de Honório*, Sarabocres é o rei dos espíritos do planeta Vênus. Sendo assim, tem o poder de inspirar amor, paixão e prazer nos mortais, também conseguindo fazê-los dar risada. Sua forma manifesta é de beleza extrema, com um rosto branco e claro como a neve. É controlado e compelido pelos anjos Hanahel, Raquyel e Salguyel, que governam a esfera de Vênus. Na tradução de Driscoll dessa mesma obra, Sarabocres é descrito como um dos "demônios brilhantes do oeste"[4]. Seu título, tal como consta, é o de rei, mas Driscoll sugere que, como o texto estabelece anteriormente que Harthan é o rei do oeste, o verdadeiro domínio de Sarabocres seria o ar e os céus. Essa versão de Sarabocres é descrita como dotada de uma natureza maleável como prata pura. Associado ao amor, à luxúria e aos suntuosos prazeres terrenos, consta que teria o poder de criar deleites ilimitados para o sexo oposto. É capaz de oferecer presentes luxuosos, como perfumes caros e tecidos refinados, além de inspirar o amor, a luxúria e todo tipo de paixão entre as pessoas.

Uma variação do nome deste demônio aparece num trecho do *Heptameron*. Embora os ofícios e poderes dos espíritos nessa seção sejam extremamente semelhantes aos descritos na edição de Peterson do *Livro Jurado*, Sarabocres é identificado como um anjo no *Heptameron*. Sob o nome *Sarabotres*, aparece no *Livro de Oberon* como um rei da esfera planetária de Vênus. Segundo o texto, encoraja a harmonia, a paz e o amor por meio da decadência e da indulgência. É acompanhado por dois ministros, Nasar e Manasa, e pode ser evocado para arranjar casamentos, trazer riquezas na forma de prata e remover fraquezas. Também tem o poder de atrair suavemente os homens para o amor das mulheres, mas não fica claro no texto se esse poder funciona contra as orientações naturais das pessoas envolvidas. Sua presença é anunciada pela chegada de jovens meninas brincando, que chamam docemente os mortais para que se juntem a elas. Nem um pouco assustador. Cf. Harthan, Heptameron, Livro de Oberon, Livro Jurado, Manasa, Nasar.

Alguns sectos gnósticos no começo da história do cristianismo acreditavam que a serpente no Éden era uma força positiva, que trouxe sabedoria ao mundo. Imagem de M. Belanger.

4 *Daniel Driscoll*, Sworn Book of Honorius, *p. 101.*

SARACH Demônio noturno de índole maligna e obstinada, incluído na hierarquia do norte. O superior imediato de Sarach é o rei demoníaco Raysiel, ao passo que ele mesmo detém o título de arquiduque e conta com vinte espíritos menores subordinados. Sarach aparece na *Ars Theurgia*. Por estar associado às horas noturnas, ele se manifesta apenas quando a escuridão toma conta da terra. Cf. ARS THEURGIA, RAYSIEL.

SARAEL Segundo a *Ars Theurgia*, Sarael é um poderoso duque na hierarquia do norte, que supervisiona milhares de espíritos menores e responde diretamente ao rei infernal Baruchas. Sarael tem restrições para se manifestar apenas durante um período específico do dia. Seguindo essa fórmula, é preciso dividir o dia em quinze porções iguais. A segunda porção de tempo é o momento em que Sarael pode aparecer a cada dia. Cf. ARS THEURGIA, BARUCHAS.

SARANYT Este demônio assume a forma de asno com rosto de mulher. Sua principal habilidade é a de ressuscitar os mortos e permitir que eles falem. Ao aparecer no *Livro de Oberon*, Saranyt é listado como um dos doze ministros do mais alto escalão de Egin, o rei do norte. Cf. EGIN, LIVRO DE OBERON.

SARAPH Na *Magia Sagrada de Abramelin, o Mago*, este demônio serve aos quatro príncipes demoníacos que supervisionam as direções cardeais. Sendo um servo de Oriens, Paimon, Ariton e Amaimon, ele partilha de todos os seus poderes. Mathers sugere que o nome deste demônio significaria "queimar" ou "devorar com fogo", pois deriva da mesma raiz que "Serafim". Os Serafim ou "Os que queimam" costumam ser concebidos como a mais alta ordem dos anjos na hierarquia celestial. Poucos os associariam com demônios, mas o estudioso bíblico W. O. E. Oesterley em sua obra de 1921, *A Imortalidade e o Mundo Invisível*, aponta que os Serafim, antes de serem anjos, "fizeram uma pontinha" como entidades demoníacas na antiga mitologia semita. Algumas de suas associações demoníacas ainda permanecem, mesmo em passagens da Bíblia. Tanto *Números* 21:6 quanto *Isaías* 14:29 falam dos Serafim associados a serpentes de fogo e não exatamente de forma positiva. Cf. AMAIMON, ARITON, MATHERS, ORIENS, PAIMON.

SARGATANAS O General de Brigada do Inferno, pelo menos segundo as hierarquias atestadas no *Grande Grimório* e sua cópia francesa, *Le Dragon Rouge* (*O Grimório do Dragão Vermelho*). Se você tem interesse por roubos ou espionagem, Sargatanas é o demônio para se chamar. Consta que tem o poder de deixar qualquer um invisível e de abrir qualquer fechadura — não que as fechaduras fossem representar um grande obstáculo, de qualquer modo, pois ele tem o poder de transportar as pessoas a qualquer lugar que seja. Além do mais, é capaz de revelar tudo que acontece na casa de alguém e também ensina "as velhacarias dos Pastores"[5]. Essa expressão talvez seja uma referência a uma crença popular em partes da Europa de que os pastores de ovelhas praticavam formas de magia. Entre os espíritos que dizem responder a esse grande diabo embusteiro constam os nomes de Loray, Valefar e Foraii, três demônios mencionados na *Pseudomonarchia Daemonum*. Eles também aparecem na *Goécia* como Leraie, Valefor e Morax. Cf. *GOÉCIA*, *GRANDE GRIMÓRIO*, *GRIMÓRIO DO DRAGÃO VERMELHO*, LERAIE, MORAX, VALEFOR, WIERUS.

SARIEL Um dos anjos caídos mencionados no *Livro de Enoque*. Sendo um dos Anjos Sentinelas, a Sariel foi confiado o conhecimento das fases da lua. No mais, ele também sabia como interpretar os sinais associados a esse corpo celeste. Ao se unir aos outros Anjos Sentinelas caídos e desposar uma das filhas do homem, ensinou seu conhecimento proibido à humanidade. Por conta de sua associação à sabedoria lunar, Sariel é por vezes representado como o anjo da lua. Segundo a *Ars Theurgia*, Sariel é um demônio noturno que serve ao rei infernal Aseliel, governante da corte do leste. Nesse texto, Sariel detém o título de chefe-presidente. Conta com trinta espíritos principais que lhe servem, enquanto há outros vinte espíritos ministradores também para executar seus comandos. Sariel aparece de novo na *Ars*

---

5 *Darcy Kuntz*, The Grand Grimoire, *p. 24.*

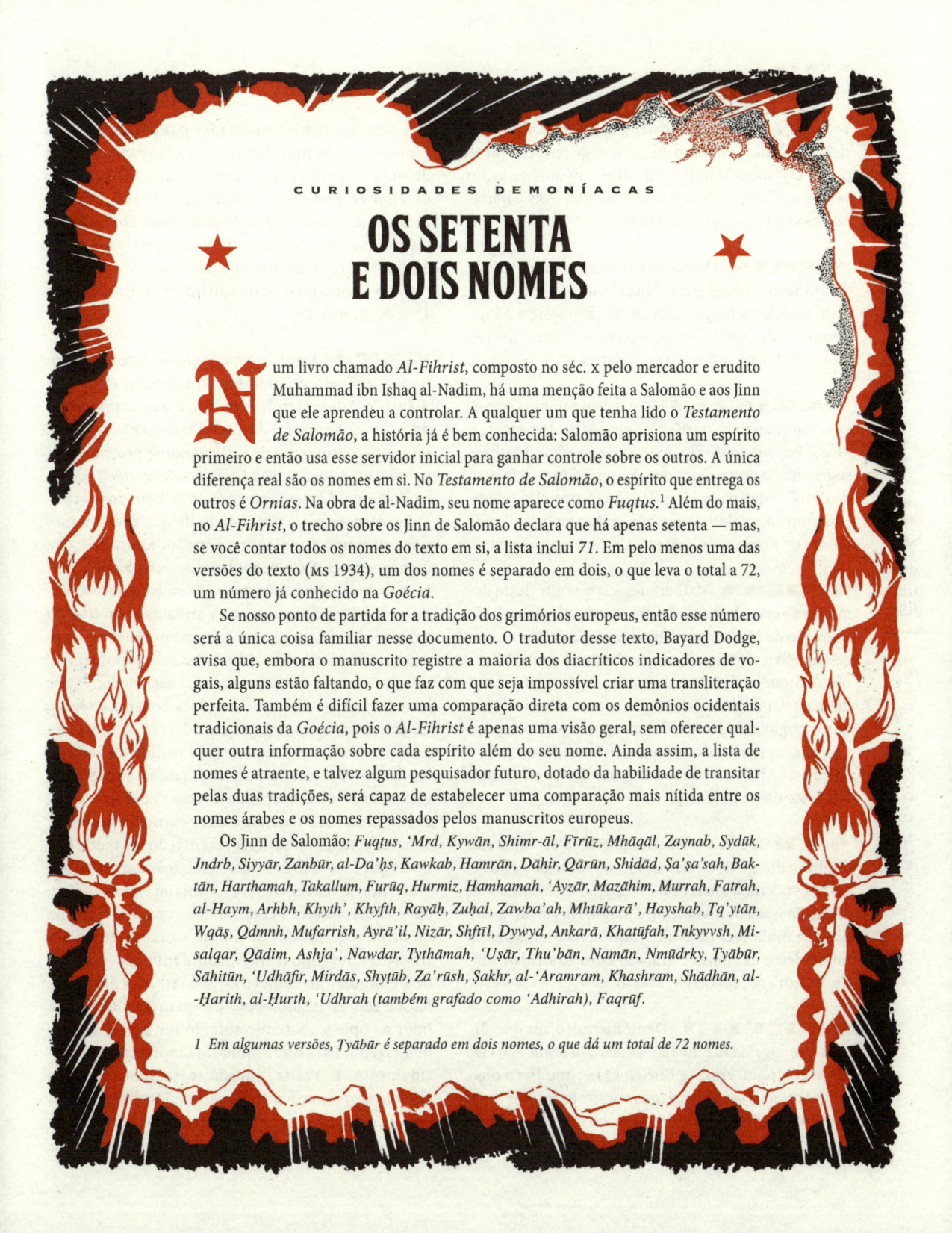

CURIOSIDADES DEMONÍACAS

OS SETENTA E DOIS NOMES

Num livro chamado *Al-Fihrist*, composto no séc. x pelo mercador e erudito Muhammad ibn Ishaq al-Nadim, há uma menção feita a Salomão e aos Jinn que ele aprendeu a controlar. A qualquer um que tenha lido o *Testamento de Salomão*, a história já é bem conhecida: Salomão aprisiona um espírito primeiro e então usa esse servidor inicial para ganhar controle sobre os outros. A única diferença real são os nomes em si. No *Testamento de Salomão*, o espírito que entrega os outros é *Ornias*. Na obra de al-Nadim, seu nome aparece como *Fuqtus*.[1] Além do mais, no *Al-Fihrist*, o trecho sobre os Jinn de Salomão declara que há apenas setenta — mas, se você contar todos os nomes do texto em si, a lista inclui *71*. Em pelo menos uma das versões do texto (MS 1934), um dos nomes é separado em dois, o que leva o total a 72, um número já conhecido na *Goécia*.

Se nosso ponto de partida for a tradição dos grimórios europeus, então esse número será a única coisa familiar nesse documento. O tradutor desse texto, Bayard Dodge, avisa que, embora o manuscrito registre a maioria dos diacríticos indicadores de vogais, alguns estão faltando, o que faz com que seja impossível criar uma transliteração perfeita. Também é difícil fazer uma comparação direta com os demônios ocidentais tradicionais da *Goécia*, pois o *Al-Fihrist* é apenas uma visão geral, sem oferecer qualquer outra informação sobre cada espírito além do seu nome. Ainda assim, a lista de nomes é atraente, e talvez algum pesquisador futuro, dotado da habilidade de transitar pelas duas tradições, será capaz de estabelecer uma comparação mais nítida entre os nomes árabes e os nomes repassados pelos manuscritos europeus.

Os Jinn de Salomão: *Fuqtus, 'Mrd, Kywān, Shimr-āl, Fīrūz, Mhāqāl, Zaynab, Sydūk, Jndrb, Siyyār, Zanbūr, al-Da'ḥs, Kawkab, Hamrān, Dāhir, Qārūn, Shidād, Ṣa'ṣa'sah, Baktān, Harthamah, Takallum, Furūq, Hurmiz, Hamhamah, 'Ayzār, Mazāhim, Murrah, Fatrah, al-Haym, Arhbh, Khyth', Khyfth, Rayāḥ, Zuḥal, Zawba'ah, Mhtūkarā', Hayshab, Ṭq'ytān, Wqāṣ, Qdmnh, Mufarrish, Ayrā'il, Nizār, Shftīl, Dywyd, Ankarā, Khatūfah, Tnkyvvsh, Misalqar, Qādim, Ashja', Nawdar, Tythāmah, 'Uṣār, Thu'bān, Namān, Nmūdrky, Ṭyābūr, Sāhitūn, 'Udhāfir, Mirdās, Shyṭūb, Za'rūsh, Ṣakhr, al-'Aramram, Khashram, Shādhān, al-Ḥarith, al-Ḥurth, 'Udhrah (também grafado como 'Adhirah), Faqrūf.*

---

1 Em algumas versões, *Ṭyābūr* é separado em dois nomes, o que dá um total de 72 nomes.

Theurgia, sob o governo do demônio Gediel. Aqui, Sariel é elencado como um duque que governa durante o dia. É associado à direção sul e tem apenas vinte servos que respondem a seu nome. Cf. Ars Theurgia, Aseliel, Gediel, Sentinelas.

SARIS Demônio cujo nome talvez derive de um termo grego para "lança" ou "pique". Saris é mencionado na *Magia Sagrada de Abramelin, o Mago*, sendo um dos vários servos infernais do príncipe demoníaco Ariton. Cf. Ariton, Mathers.

SARISIEL Servo do demônio Oriens, cujo nome aparece na *Magia Sagrada de Abramelin, o Mago*. Em sua tradução de 1898 dessa obra, Mathers sugere que o nome deste demônio significa "ministro de Deus", o que parece implicar que Sarasiel já foi outrora um anjo celestial que não se deu ao trabalho de mudar de nome após a queda. Cf. Mathers, Oriens.

SARRA Mathers associa o nome deste demônio a uma palavra copta que significa "golpear". Na tradução de Mathers da *Magia Sagrada de Abramelin, o Mago*, Sarra aparece sob a regência do arquidemônio Asmodeus. Embora diversas versões diferentes do material do *Abramelin* tenham sobrevivido desde que o original do séc. XIV foi composto pela primeira vez, apenas o manuscrito que serviu de fonte para a edição de Mathers contém o nome deste demônio. Cf. Asmodeus, Mathers.

SARTABAKIM Demônio sob domínio dos governantes infernais Asmodeus e Magoth. Esta grafia aparece na tradução de Mathers da *Magia Sagrada de Abramelin, o Mago*. Na versão guardada na biblioteca de Wolfenbüttel, na Alemanha, o nome deste demônio é grafado como *Sartabachim*. Cf. Asmodeus, Magoth, Mathers.

SARVIEL Demônio noturno que dizem que foge da luz do dia. Na *Ars Theurgia*, Sarviel serve ao duque errante Buriel. O mesmo livro descreve Sarviel e seus associados como alguns dos mais maléficos e detestados de todos os demônios. Eles são tão malignos, na verdade, que têm a reputação de serem odiados e desprezados por todos os outros espíritos. Ao se manifestar, Sarviel assume a forma de uma serpente com cabeça humana. A cabeça é de mulher, mas ainda assim fala com voz áspera e masculina. Sarviel até pode ser odiado por todos os outros espíritos fora de sua hierarquia, mas ainda é popular o suficiente para ter a sua própria hierarquia e comandar 880 espíritos menores. Cf. Ars Theurgia, Buriel.

SATÃ Também chamado de *Satanás*, é um nome derivado de uma palavra hebraica que significa "o Adversário". A maioria das ocorrências da palavra *Satan* no Antigo Testamento aparece não com o propósito de ser um nome próprio, mas como uma função. Nas *Crônicas de Jeramel*, o anjo caído Samael é descrito como o "Chefe dos Satãs", o que oferece mais um indício de que esse era menos um nome e mais uma função. Em todo caso, com o tempo, Satã acabou se desenvolvendo e se tornando o Adversário *por excelência*, o abissal Senhor dos Demônios que comanda os exércitos do Inferno. Ele faz uma aparição memorável no *Livro de Jó*, onde entra sem cerimônias na assembleia do Céu para propor uma aposta com Deus. Ao longo dos livros do Velho Testamento, Satã continua sendo, na maior parte das vezes, um adversário que testa a fé — e o faz, com frequência, a pedido do Senhor. No Novo Testamento, porém, Satã se torna o ser que se opõe diretamente a Cristo e, por extensão, também ao Pai. A demonologia europeia posterior reflete fortemente essa representação, de modo que nela Satã é o chefe dos diabos, cujo único propósito é torturar e tentar os seres humanos vivos. Nisso, ele é equivalido ora com Lúcifer, ora com Belzebu ou Belial — todos eles demônios situados, em várias tradições, no topo de hierarquia infernal. Na obra de Berbiguier do começo do séc. XIX, *Les Farfadets*, Satã é representado como um príncipe deposto e líder da oposição, tendo sofrido um golpe na mão de Belzebu. Essa hierarquia foi emprestada e repetida por A. E. Waite, em seu tratamento dado ao *Grande Grimório*. Na tradução de Mathers da *Magia Sagrada de Abramelin, o Mago*, Satã é identificado como um dos quatro principais espíritos que supervisionam todos os outros demônios listados na obra. Ele partilha do mesmo título que Lúcifer, Leviatã e Belial. O nome de Satã é evocado várias vezes no *Manual de Munique*, frequentemente grafado como *Sathan*. É também um dos três reis infernais supremos mencionados no *Livro de Oberon*, os outros dois sendo Bell (uma abreviação de Belzebu) e *Lúcifer*. Notem ainda que este texto (bem como o *Livre des Esperitz* francês) distingue Satã e Lúcifer, tratando-os como duas entidades separadas. Satã é identificado como um ex-membro da Ordem dos Tronos e dos Querubim antes de sua queda. Curiosamente, o texto afirma que sua queda não foi por vontade própria, sendo este o motivo pelo qual, diferentemente de Lúcifer, ele não está aprisionado e inacessível no Inferno. Em vez disso, habita o plano invisível do ar que tange o plano que nós mesmos habitamos (um conceito que lembra fortemente o mundo invisível, o qual, segundo a crença de muitos muçulmanos, é habitado pelos Jinn). Segundo o *Livro de Oberon*, ele tem o poder de matar, destruir, cegar e causar muitos malefícios. No *Livre des Esperitz* do séc. XVI, governa o norte e todos os espíritos que se enquadram nessa hierarquia, do Rei Egin para baixo. Cf. BELZEBU, BELIAL, BERBIGUIER, EGIN, GRANDE GRIMÓRIO, LEVIATÃ, LIVRE DES ESPIRITZ, LIVRO DE OBERON, LÚCIFER, MANUAL DE MUNIQUE, MATHERS, SAMAEL, WAITE.

SATANACHIA No Grande Grimório, esse espírito superior é descrito como o Grande General ou General-Chefe do Inferno. Seu nome deriva de *Satan*, que significa "Adversário". Segundo essa obra, Satanachia tem poder sobre três dos tradicionais demônios goéticos. Seus súditos são, especificamente, Pruslas (um nome que costuma ser grafado como Pruflas), Amon e Barbatos. Além de supervisionar esses três, Satanachia supostamente detém poder sobre todas as mulheres e meninas. Pode obrigá-las a fazer o que ele quiser, o que geralmente diz respeito a questões de amor, luxúria e paixão. Satanachia é mencionado também no *Grimorium Verum*, onde detém uma posição semelhante de superioridade sobre um grupo de funcionários demoníacos, que totalizam o número específico de 45, mas que chega a 54 nos *Segredos de Salomão*, um texto veneziano anterior ao *Verum* e que, segundo se acredita, o teria influenciado. Tanto as *Verdadeiras Chaves* quanto *Segredos de Salomão* escrevem seu nome como *Satanachi*. Segundo esses textos, ele serve como o principal espírito sob Lúcifer, junto a seu cúmplice Syrach, também chamado de *Sirachi*. Cf. AMON, BARBATOS, GRANDE GRIMÓRIO, GRIMORIUM VERUM, LÚCIFER, PRUFLAS, SATÃ, SEGREDOS DE SALOMÃO, SIRACHI, SYRACH, VERDADEIRAS CHAVES.

SATARIEL Um dos Anjos Sentinelas mencionados no Livro de Enoque. Sendo um dos "decanos", Satariel agia como um dos líderes das Sentinelas. Ele e seus irmãos angélicos foram seduzidos por belas mulheres mortais e caíram como resultado de sua luxúria. Satariel e os outros Anjos Sentinelas do *Livro de Enoque* foram responsáveis por ensinar conhecimentos proibidos à humanidade, ainda em sua infância. Seus descendentes foram os Nefilim, uma raça de gigantes ambiciosos e sanguinários. Cf. SENTINELAS.

SATIFIEL Duque menor governado pelo demônio Cabariel na região oeste. Satifiel está associado às horas diurnas e não aparece durante a noite. Segundo a *Ars Theurgia*, deve ser conjurado em um local escondido, onde nenhum transeunte possa interferir com a operação. Ao se manifestar, supostamente aparece com uma companhia de cinquenta espíritos ministradores menores. Sua índole é basicamente boa e ele se comporta de forma respeitosa diante daqueles que forem corajosos o suficiente para o evocarem. Cf. *ARS THEURGIA*, CABARIEL.

SCHABUACH Segundo Mathers, o nome deste demônio deriva de um termo em árabe que pode ser interpretado como "o que tranquiliza". Na *Magia Sagrada de Abramelin, o Mago*, Schabuach aparece como parte da hierarquia demoníaca dos quatro príncipes infernais das direções cardeais. Aparece no terceiro dia dos trabalhos do *Abramelin* para jurar seus serviços ao mago. Cf. AMAIMON, ARITON, MATHERS, ORIENS, PAIMON.

SCHARAK Demônio cujo nome significa "enroscar-se", talvez como uma cobra. Na *Magia Sagrada de Abramelin, o Mago*, consta que Scharak serve ao demônio Magoth. Segundo a edição de Mathers dessa obra, é governado também pelo demônio Kore. Na versão de 1608 do *Abramelin* guardada na biblioteca de Wolfenbüttel, seu nome aparece como *Nearach*. Cf. Kore, Magoth, Mathers.

SCHED Na tradução de Mathers da *Magia Sagrada de Abramelin, o Mago*, o demônio Sched é elencado nas hierarquias dos quatro príncipes demoníacos Oriens, Paimon, Ariton e Amaimon. Esses quatro seres presidem sobre as direções cardeais; todos os demônios que servem como seus subordinados, incluindo Sched, partilham de seus muitos poderes infernais. Mathers sugere que o nome deste demônio derivaria do hebraico *shedim*, termo bíblico que costuma ser traduzido como "demônios", em referência a imagens gravadas e falsos deuses. Cf. Amaimon, Ariton, Mathers, Oriens, Paimon.

SCHELAGON Servidor infernal do arquidemônio Astarote, Schelagon aparece na tradução de Mathers da *Magia Sagrada de Abramelin, o Mago*. Cf. Astarote, Mathers.

SCLAVAK O "torturador" ou "causador de sofrimentos". Segundo Mathers, o nome deste demônio derivaria de uma raiz copta. Em sua tradução da *Magia Sagrada de Abramelin, o Mago*, Sclavak é mencionado como servo de Asmodeus. Em outras versões do mesmo material, seu nome é grafado como *Schaluach*. Cf. Asmodeus, Mathers.

SCOT, REGINALD Autor inglês mais conhecido por sua obra de 1584, *The Discoverie of Witchcraft* (*A Descoberta da Bruxaria*). Scot compôs esse livro como um argumento contra a crença na bruxaria, propondo a ideia de que a maior parte da magia seria resultado de delírios ou truques de prestidigitação. Ao longo de sua argumentação, ele faz referência a vários grimórios e técnicas cerimoniais. Sendo um protestante devoto, sua desconstrução da magia cerimonial está repleta de opiniões anticatólicas. Enxergava aquilo

Essa hierarquia infernal, inclusive com retratos, aparece no Grimório do Dragão Vermelho. Imagem das obras de Grillot de Givry, cortesia da Dover Publications.

que chamou de uma influência "papista" em muitos dos ritos e rituais contidos nos grimórios mágicos. Muitos dos grimórios em que Scot se baseou vieram de um livro escrito (ou compilado) em 1570 por John Cokars e por um indivíduo que assina apenas pelas iniciais T. R. Foi a partir desse texto que Scot obteve sua tradução inglesa da *Pseudomonarchia Daemonum*, de Wierus. Scot viveu entre 1538 até 1599. Seu livro por fim foi condenado pelo Rei Jaime I, que mandou queimarem essa obra. Cf. WIERUS.

SEBACH Demônio noturno que aparece apenas durante as horas entre o anoitecer e a aurora. Sebach serve como arquiduque do rei demoníaco Raysiel. Conta com quarenta espíritos ministradores que o acompanham. Segundo a *Ars Theurgia*, Sebach é um espírito particularmente mal-intencionado, cuja natureza é obstinada e assertiva. É afiliado ao norte. Cf. ARS THEURGIA, RAYSIEL.

SEERE Um dos 72 demônios da *Goécia*. O nome de Seere foi deixado de fora da *Pseudomonarchia Daemonum*, de Wierus, e da *Descoberta da Bruxaria*, de Scot, apesar de ambos os textos incluírem, de modo geral, a maioria dos demônios goéticos. Na *Goécia*, consta que Seere detém o título de príncipe, com 26 legiões sob seu comando. Está associado ao demônio Amaimon, que governa como o rei infernal do leste. Ao se manifestar, Seere assume a forma de um belo homem, montado num cavalo alado. Ele é um demônio transportador, buscando coisas de qualquer canto do mundo. Consta que tem o poder de atravessar o globo inteiro num piscar de olhos. É capaz de revelar ladrões e expor tesouros ocultos. Além disso, consegue alterar o fluxo do tempo, pois diz no texto que é capaz de fazer todas as coisas "passarem de repente". Segundo a *Goécia do Dr. Rudd*, é coibido pelo anjo Tabamiah. É possível encontrá-lo no *Livro dos Encantamentos* galês, grafado como *Seer*. Cf. AMAIMON, GOÉCIA, LIVRO DOS ENCANTAMENTOS, RUDD, SCOT, WIERUS.

SEGAL Na edição definitiva de Peterson do *Grimorium Verum*, Segal é o décimo demônio a serviço de Syrach, grande duque do Inferno. Sendo um ilusionista, Segal é capaz de mostrar ao mago uma variedade de visões maravilhosas, conjurando quimeras no ar e revelando coisas naturais e sobrenaturais. Seu nome é grafado como *Segol* em *Segredos de Salomão*. Cf. GRIMORIUM VERUM, SEGREDOS DE SALOMÃO, SYRACH.

SEGREDOS DE SALOMÃO Ou *Clavicula Salomonis de Secretis*, grimório originário de Veneza, 1636. Um exemplar do manuscrito reside hoje na Biblioteka Narodowa, e outro em Leipzig. O texto original pertencia a um tal Leonardo Longo, ex-monge dominicano de Nápoles. Longo foi acusado de bruxaria pela Inquisição de Veneza, quando então o livro foi confiscado e preservado no Archivio di Stato di Venezia. Esse texto é digno de nota, porque seus conteúdos preenchem uma lacuna importante entre a magia cerimonial e as tradições de magia popular que representam uma forte influência sobre a bruxaria moderna. É provável que Longo tenha sido o escriba responsável pela versão original, copiando o seu material a partir de fontes mistas anteriores. O interessante é que *Segredos de Salomão* atribui os Príncipes Demoníacos a continentes específicos, uma tradição que também aparece em textos posteriores como o *Grimório do Dragão Vermelho* e o *Grimorium Verum*, bem como a obra do autoproclamado demonologista Charles Berbiguier. Dadas suas semelhanças, é provável que o *Verum* seja derivativo da *Clavicula Salomonis de Secretis*, de Longo. Cf. GRIMÓRIO DO DRAGÃO VERMELHO, GRIMORIUM VERUM.

SEKABIN Servidor do príncipe infernal Ariton, Sekabin é mencionado na tradução de Mathers da *Magia Sagrada de Abramelin, o Mago*. Segundo Mathers, o nome deste demônio vem de um termo caldeu que significa "aqueles que derrubam". Nas versões do material do *Abramelin* guardadas nas bibliotecas de Wolfenbüttel e Dresden, o nome deste demônio é grafado como *Secabim*. Cf. ARITON, MATHERS.

SELENTIS Associado a métodos de catoptromancia, este demônio aparece no *Manual de Munique*, sendo conjurado para auxiliar em um processo divinatório. Ele ajuda a levar ladrões à justiça revelando suas identidades. Cf. MANUAL DE MUNIQUE.

CURIOSIDADES DEMONÍACAS

OS AMANTES DEMONÍACOS ORIGINAIS

Poucas classes de demônios já cativaram a imaginação popular com o mesmo apelo que os íncubos e as súcubos. Acreditava-se que esses dois sedutores infernais visitavam homens e mulheres mortais enquanto eles dormiam, causando-lhes sonhos eróticos e perversos. O próprio nome "íncubo" tem uma associação direta com o sono, sendo derivado do latim *incubare*, "deitar". Alguns pesquisadores sugeriram que essa palavra seria adequada para o íncubo devido a esse demônio, segundo a crença popular, "deitar" em cima de suas vítimas, paralisando-as e fazendo pressão sobre elas em cima da cama. Nesse sentido, o íncubo pode estar relacionado à *mara*, um fenômeno associado, de modo geral, a terrores noturnos.

Embora a conexão entre o íncubo e a *mara* pareça implicar que esses amantes demoníacos eram um mero produto do sono e dos sonhos, alguns autores da Europa medieval e renascentista acreditavam que eles eram seres físicos bastante reais. O monge dominicano Frater Ludovico Sinistrari sugere, em seus escritos de 1600, que os demônios do tipo íncubo e súcubo teriam corpos, mas a "carne" dos íncubos seria mais sutil do que os corpos físicos grosseiros dos seres humanos. Esses corpos mais sutis permitem que essas criaturas se desloquem pelo ar e entrem em quartos cujas portas e janelas estejam trancadas. Nessa obra bastante curiosa que é o seu *Sobre a Demonialidade*, Sinistrari argumenta que esses demônios são, em essência, "animais aéreos". Eles nascem, se reproduzem e morrem, assim como homens e mulheres. Apesar disso, Sinistrari ainda os enxerga como agentes do Inferno e não como seres inteiramente naturais. Eles existem para tentar e atormentar os seres humanos — de vez em quando usando-os para se reproduzir. Em uma seção do livro, Sinistrari descreve os rebentos dessas uniões humanas e demoníacas:

> Os filhos concebidos destarte por Íncubos são altos, bastante destemidos e terrivelmente audazes, indescritivelmente arrogantes e desesperadamente perversos.[1]

Todas essas qualidades poderem ser aplicadas, com o mesmo grau de precisão, aos híbridos entre humanos e anjos descritos no *Livro de Enoque* — uma obra inacessível, até onde se sabe, à civilização ocidental na época de Sinistrari.

1 *Sinistrari*, Demoniality, p. 21.

SEMLIN Na tradução de 1898 da *Magia Sagrada de Abramelin, o Mago*, consta que Semlin serve aos arquidemônios Asmodeus e Astarote. Segundo o ocultista S. L. MacGregor Mathers em sua tradução dessa obra, o nome de Semlin significa "simulacro". Cf. Astarote, Asmodeus, Mathers.

SEMPER Um dos doze servidores de alto escalão de Oriens, rei do leste. Semper aparece no *Livro de Oberon*, onde consta que assume a forma de uma formosa donzela. Essa aparência, no entanto, esconde uma força potente e por vezes aterrorizante, pois Semper é capaz de reunir grandes vendavais e lançar ilusões de navios fantasmas no mar. Também faz com que feridas apodreçam, até fervilharem com larvas. O nome deste demônio é idêntico à palavra em latim que significa "sempre", mas não fica claro no texto se esse significado tem qualquer relevância. Seus poderes e aparência são semelhantes aos do demônio goético *Vepar*, cujo nome por vezes é grafado também como *Separ*. Cf. Livro de Oberon, Oriens, Vepar.

SENTINELAS Às vezes chamados de *Grigori*, a palavra grega que significa "vigiar", os Anjos Sentinelas são seres celestiais que, acredita-se, teriam descido ao mundo mortal para copular com mulheres humanas. Estão associados aos Filhos de Deus mencionados em Gênesis 6:4. Neste trecho, lê-se o seguinte: "Havia naqueles dias gigantes na terra; e também depois, quando os filhos de Deus entraram às filhas dos homens e delas geraram filhos; estes eram os valentes que houve na antiguidade, os homens de fama". Esta história é apenas um fragmento na Bíblia e nunca é elaborada plenamente no material canônico. A história complexa aparece no *Livro de Enoque*, texto que já foi considerado, outrora, parte das escrituras, mas que foi removido do cânone bíblico por volta do séc. III d.C.

Segundo o *Livro de Enoque*, nos dias antes do Dilúvio, duzentos Sentinelas se reuniram nas encostas do Monte Hermon e concordaram em abandonar o Céu para viverem vidas mais humanas. Eles foram guiados pelos anjos Azazel e Shemyaza e desposaram as filhas dos homens, gerando filhos e ensinando às suas novas famílias conhecimentos ocultos, como rizotomia,

No Livro de Enoque, o império pecaminoso dos Sentinelas é julgado e varrido pelo Dilúvio. Arte e Jackie Williams.

astrologia e a arte dos cosméticos. Os filhos dos Sentinelas eram gigantes, em comparação com suas mães mortais, e assim sua existência levou à noção bíblica dos "gigantes sobre a terra", que a Nova Versão Internacional traduz como *nefilim*, um termo no plural que é geralmente usado para se referir a esta cria semiangélica. A palavra também é traduzida como tendo o sentido de "os caídos" e, por vezes, "abortos" — uma referência à suposta dificuldade das mulheres mortais de dar à luz as crias destes gigantes. Os filhos dos Sentinelas são ainda chamados de *Gibborim*, com o sentido de "gigantes" e *Rephaim*, traduzido como "heróis"

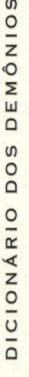

Navio sendo confrontado por um diabo do mar. Gravura, 1720. Imagem cortesia da Wellcome Collection, Londres.

ou "homens de renome"⁶. Os Anaquim, mencionados em *Números 13:22-33*, também podem se referir a uma tribo de descendentes destes anjos caídos.

O *Livro de Enoque* foi tão censurado, depois de extirpado do cânone bíblico, que permaneceu perdido durante mais de mil anos. Mas a lenda dos Sentinelas persistiu e não estava restrita a este livro. Versões desta história podem ser encontradas em várias fontes judaicas como o hagadá e as *Crônicas de Jeramel*. Referências aos Sentinelas aparecem também no *Testamento de Salomão*. Neste texto, muitos dos demônios conjurados pelo monarca bíblico proclamam seu estatuto enquanto filhos de anjos. Alguns alegam ser os próprios anjos caídos, ainda caminhando sobre a terra e causando problemas. O material no *Testamento de Salomão* sugere que a história dos Sentinelas pode,

6 *Em* Imortalidade e o Mundo Invisível, *do Reverendo W. O. E. Oesterley, a palavra* rephaim *é apresentada também como um termo hebraico para os mortos, por vezes os mortos heroicos (pp. 63-64)*

na verdade, se encontrar na raiz da crença de que os demônios e anjos caídos residem na terra, buscando corromper a humanidade. No *Livro de Enoque*, os Sentinelas e todos os seus filhos são castigados por suas transgressões. Os pais angelicais são acorrentados pelos pés e mãos no deserto, e suas crias semiangelicais são varridas da face da terra. Em fontes judaicas como o hagadá, porém, apenas alguns dos Sentinelas são castigados. Quanto a outros, como Azazel, acredita-se que ainda estão ativos no mundo. Cf. Azazel, Livro de Enoque, Shemyaza.

SEQUIEL Na *Ars Theurgia*, Sequiel é mencionado como um dos demônios da hierarquia do norte. Serve ao demônio Raysiel, poderoso rei dessa direção cardeal. Sequiel é um demônio diurno e serve a seu rei apenas durante as horas entre o amanhecer e o anoitecer. Digno de um demônio com o título que ostenta, Sequiel conta com cinquenta espíritos menores que o auxiliam. Cf. Ars Theurgia, Raysiel.

SERAPHIUS Espírito tutelar do *Livro de Oberon* com conhecimentos especializados sobre a construção de anéis mágicos. Os anéis que ensina as pessoas a criar são usados para controlar espíritos. Todos esses anéis têm uma pequena porta que pode ser aberta ou fechada, e é por meio dessa porta que o espírito entra e sai conforme executa suas tarefas. O nome de Seraphius pode ser derivado da palavra *Seraphim* ao mesmo tempo usada para designar uma ordem de anjos e as perigosas serpentes de fogo mencionadas na história do Êxodo. Cf. Livro de Oberon.

SERGULAF Também grafado como *Sergulath*, é um ser esperto e industrioso, capaz de fornecer ferramentas e máquinas de todo tipo. Seu nome aparece no grimório veneziano do séc. xvii conhecido como *Segredos de Salomão*, onde é mencionado, junto ao demônio Hael, como um dos dois principais ministros do duque infernal Resbiroth. Hael e Sergulaf também supervisionam oito demônios em sua própria companhia, cada um dos quais tem seus próprios ofícios e poderes. Considerando que é quase certo que o *Grimorium Verum* tenha sido derivado de *Segredos de Salomão*, o nome deste demônio provavelmente deu origem a *Sergulath*, que executa funções semelhantes nesse outro volume. Cf. Hael, Resbiroth, Segredos de Salomão, Sergulath.

SERGULATH Poderoso demônio que comanda vários espíritos, Sergulath, por sua vez, também serve a um mestre, Nebiros. Ocupando a segunda posição na hierarquia de Nebiros, é um demônio marcial. Segundo o *Grimorium Verum*, na edição de Peterson, ao ser conjurado, Sergulath é capaz de revelar os métodos perfeitos para destruir os inimigos do conjurador. Também revela todas as artes e ciências da guerra. O nome deste demônio aparece ainda nas *Verdadeiras Chaves de Salomão*, grafado como *Sergulas*. Aqui, é associado ao artesanato e ao comércio. Cf. Grimorium Verum, Nebiros, Verdadeiras Chaves.

SERGURTH Um dos quatro principais demônios que servem ao Duque Satanachi. Sergurth é um demônio de uma espécie particularmente vil, do tipo que confere às pessoas poder sobre mulheres e meninas para o propósito de usá-las sexualmente. Aparece na *Clavicula Salominis de Secretis*, ou *Segredos de Salomão*, grimório do séc. xvii de Veneza. O texto oferece *Serguty* como uma versão alternativa do seu nome. É provável que essa versão tenha originado o nome *Serguthy* que aparece no *Grimorium Verum*, derivado desse outro grimório. Cf. Satanachi, Segredos de Salomão, Serguthy.

SERGUTHY Demônio com poderes sobre mulheres, sejam elas jovens ou velhas, um poder que é provavelmente usado para feitiços de amor e luxúria. Segundo o *Grimorium Verum* editado por Peterson, é um dos quatro principais espíritos subordinados a Satanachia. Cf. Grimorium Verum, Satanachia.

SERMEOT Nome que supostamente significa "a morte da carne". Sermeot aparece na tradução de Mathers da *Magia Sagrada de Abramelin, o Mago*, um texto onde consta que é governado pelo demônio Ariton. Cf. Ariton, Mathers.

SERPHGATHANA Demônio que serve a Elestor, um dos três poderes infernais do mais alto escalão do Inferno, pelo menos segundo o grimório *Segredos de Salomão*. Nesse texto veneziano do séc. xvii, Serphgathana é mencionado ao lado de Resbiroth, onde ambos são identificados como duques. Ambos são evocados como representantes de Elestor. Cf. Elestor, Resbiroth, Segredos de Salomão.

SESON Um dos doze influentes ministros de Oriens, rei dos espíritos do leste. Seson aparece no *Livro de Oberon*, grimório que data da Inglaterra elisabetana. Segundo o texto, Seson assume a forma de um homem com rosto de leão que ostenta um diadema. Cavalga um porco do mato e carrega uma serpente peçonhenta em sua mão. Caso essa aparência seja feroz demais para o conjurador, este pode compeli-lo a assumir uma forma aérea (i.e. incorpórea) que lembra um homem ordinário. Seson é um demônio profético, que fala das coisas que foram e que serão. É capaz de mostrar muitas coisas, incluindo a localização de tesouros escondidos, mas é especialmente habilidoso em expor os segredos alheios. Cf. Livro de Oberon, Oriens.

Imagem do séc. XVII de um espírito familiar, a partir de uma gravura inglesa. Acreditava-se que os familiares assumiam a forma de um companheiro animal, tal como um gato, um cão ou um sapo. Cortesia da Dover Publications.

SEVERION Espírito que talvez ocupe uma existência marginal entre demônio e fada. O *Livro de Oberon* o elenca como o quarto conselheiro do Rei Oberion, um ser descrito, ao mesmo tempo, como o rei das fadas e um anjo caído. Severion é evocado para oferecer auxílio para que Oberion se manifeste no cristal. Cf. LIVRO DE OBERON, OBERION.

SEXTO E SÉTIMO LIVROS DE MOISÉS Texto mágico que se pretende demonstrar como Moisés, a quem sua autoria é atribuída, conseguiu superar os feiticeiros do Faraó com seus próprios truques mágicos. Os *Sexto e Sétimo Livros de Moisés* circularam pela Alemanha na forma de uma variedade de panfletos no começo do séc. XIX, que acabaram sendo compilados mais tarde, em 1849, por um antiquário de Stuttgart chamado Johann Scheible. A mistura mágica oferecida por esse livro se situa entre a tradição dos grimórios, as histórias do Talmude e a tradição essencialmente alemã do *Faustbuch*, onde o demônio Mefistófeles tem um importante papel. Cf. MEFISTÓFELES.

SHAMSIEL Um dos Anjos Sentinelas caídos que abandonaram o Céu para desposar uma mulher mortal. Shamsiel é mencionado no *Livro de Enoque*, onde consta que a ele foi confiado o conhecimento sobre os portentos do sol. Após ele ter se conspurcado com a carne mortal, ensinou esse conhecimento proibido à humanidade. Por vezes é identificado como o anjo do sol e seu nome pode também ter conexão com Shamash, o deus acadiano e babilônico da justiça e do sol. Cf. SENTINELAS.

SHAX O 44º demônio da *Goécia*, mas que também aparece na *Descoberta da Bruxaria*, de Scot. A *Pseudomonarchia Daemonum*, de Wierus, oferece seu nome como *Chax*. Consta que se manifesta na forma de uma cegonha com uma voz que é, ao mesmo tempo, rouca e sutil. Shax tem o poder de deixar as pessoas surdas, cegas e mudas. Mentiroso e ladrão, rouba cavalos e dinheiro da casa de qualquer rei e se recusa a falar a verdade, exceto se for magicamente compelido a isso. Apesar de conceder familiares, os textos admoestam o conjurador para que tome cuidado a fim de garantir que eles não partilhem de sua propensão à mentira. Também revela a localização de coisas ocultas, contanto que não sejam guardadas por espíritos malignos. Uma outra forma de seu nome é *Scox*. Descrito como um sombrio e poderoso marquês, conta com trinta legiões sob seu comando. Na *Goécia do Dr. Rudd*, ele aparece, não como cegonha, mas na forma de pombo-bravo. Segundo o texto, o anjo Jelahiah ou Ielahiah detém poder sobre ele. Shax também é descrito no *Livro dos Encantamentos*. Cf. GOÉCIA, LIVRO DOS ENCANTAMENTOS, RUDD, SCOT, WIERUS.

SHEMHAMPHORASH O "Nome Partido" ou "Nome Dividido", que se refere ao nome inefável de Deus, também conhecido como o Tetragrama. O Shemhamphorash é uma técnica cabalística para derivar nomes angelicais a partir das Escrituras. Ela se baseia num exercício matemático que deriva o número 72 a partir das quatro letras do nome de Deus. Os nomes dos 72 anjos derivam dessa técnica e têm uma associação íntima com práticas de magia cerimonial e demoníaca. Com o Shemhamphorash, cada um dos 72 demônios descritos na *Goécia* tem um anjo específico sobre ele capaz de coibir e compelir esse demônio. Se o indivíduo que estiver fazendo a evocação souber o nome e o selo desse anjo, então é possível evocar o anjo para auxiliar a controlar o demônio. A maioria das edições da *Goécia* simplesmente começa com a palavra *Shemhamphorash* e durante um tempo o verdadeiro significado desse termo se perdeu. Na *Goécia do Dr. Rudd*, porém, os anjos do Shemhamphorash são aplicados diretamente sobre os 72 demônios goéticos, apagando qualquer dúvida de que essas forças devem ser usadas em conjunto uma com a outra. Há várias grafias diferentes dessa palavra encontradas nos grimórios. Por vezes ela aparece corrompida como o nome *Semiforas*. Cf. GOÉCIA, RUDD.

SHEMYAZA Anjo caído que frequentemente é apresentado como um dos dois líderes dos Anjos Sentinelas, junto ao anjo Azazel. Segundo o *Livro de Enoque*, foi Shemyaza quem teve

CURIOSIDADES DEMONÍACAS

DIAS DE LETRA VERMELHA

No *Livro Jurado de Honório*, o leitor é instruído a construir um símbolo mágico usando uma variedade de tintas de cores diferentes. Mas, no contexto dos escribas, qual era o significado dessas cores? Um livro medieval típico era escrito com tinta preta e, antes do séc. IX, o texto era um bloco com pouco ou nenhum espaçamento entre palavras. Isso fazia com que o manuscrito fosse quase impossível de ler — e, por isso, inútil ao seu proprietário. Assim, ao inaugurar uma nova seção no texto ou para distinguir certas palavras, os escribas empregavam tintas de cores diferentes, criando uma separação visual na página.

O uso das cores atribuía um *status* à palavra, essencialmente elevando a sua importância em relação ao texto que a cercava. A tinta vermelha, ou cinábrio, costumava ser usada para esse propósito, feita de chumbo vermelho ou sulfeto de mercúrio. Esses materiais (ou variantes similares) eram comuns na maior parte da Europa e fáceis de se usar para obter uma tinta fluida e de boa aplicação. Um elemento frequente nos manuscritos litúrgicos e Livros das Horas que dependia do uso e do *status* das cores era o calendário. O calendário cristão listava os dias de santos, principais festas como o Natal e Páscoa, bem como outros dias santos. Desde o princípio, em termos de fabricação de livros, o vermelho era usado para destacar os principais dias santos, o que nos legou, no idioma inglês, a expressão *red-letter day* para se referir a dias importantes. Logo tornaram-se disponíveis também tintas azuis, verdes e amarelas, e uma hierarquia complicada de cores se desenvolveu com base na disponibilidade e custos de cada pigmento. Por volta do séc. XIV, os dias mais importantes eram iluminados com ouro puro ou azul de lápis-lazúli (sendo os materiais mais caros), ao passo que os dias secundários eram pintados de vermelho ou com listras vermelhas e azuis ou verdes. Já os dias menores eram indicados com a cor preta.

O uso de qualquer uma dessas cores no trabalho dos escribas — fosse um dos manuscritos sancionados pela Igreja ou algum dos grimórios proibidos — tinha importante significado simbólico, um dos quais era o símbolo do próprio valor do manuscrito.

– Jackie Williams,
escriba tradicional

Letra capitular decorativa na tradição de iluminuras chamada "Italian Whitevine", por Jackie Williams.

a ideia, pela primeira vez, de abandonar o Céu para desposar as belas filhas do homem. Quando duzentos outros Anjos Sentinelas concordaram em pecar também, Shemyaza fez com que todos se reunissem nas encostas do Monte Hérmon para jurarem um pacto de dividir a responsabilidade por esse ato, para que não caísse toda a culpa sobre ele. Além de conspurcar sua natureza celestial ao praticar sexo com mulheres mortais, Shemyaza também é creditado com ter ensinado à antiga humanidade as artes do encantamento e da rizotomia. Embora tenha repassado esse conhecimento proibido, o principal pecado de Shemyaza, tal como consta no *Livro de Enoque*, é o da luxúria.

Nas lendas judaicas em torno do nascimento de Noé, Shemyaza aparece sob o nome Shemhazai. Aqui ele mais uma vez faz par com o anjo caído Azazel. Nas *Lendas dos Judeus*, de Ginzberg, uma coletânea retirada do *Agadá* judaico, é reencenada a história do *Livro de Enoque*, com a qual já estamos familiarizados, com Azazel e Shemhazai abandonando o Céu para tomarem mulheres mortais como consortes. Segundo o texto, Shemhazai gerou dois filhos híbridos de anjo e humano, chamados Hiwwa e Hiyya. Uma abreviação do nome de Shemyaza talvez apareça na coletânea de histórias do folclore judaico conhecida como as *Crônicas de Jeramel*, onde há uma passagem que se refere aos anjos Azah e Azazel, ambos os quais caíram por conta de seus desejos por mulheres mortais. Segundo o texto, eles receberam o castigo de ser eternamente suspensos entre o Céu e a Terra. O mesmo castigo foi aplicado no *Agadá*, mas Shemhazai aparece como uma figura que se presta de bom grado à penitência, enquanto o anjo caído Azazel teria resistido à punição e persistido com seus atos malignos. Cf. Azazel, Sentinelas.

Sibilla Espírito feminino conjurado à luz de velas com o propósito de estabelecer um prognóstico. Seu nome provavelmente deriva da palavra *sibila*, uma das várias profetisas do Oráculo de Delfos, na Grécia antiga. Bela e formosa, ela se manifesta com um aspecto angelical. Seu nome aparece na última folha do grimório conhecido como *Livro de Oberon*. Cf. Livro de Oberon.

Muitas conjurações não tinham como propósito fazer surgir um demônio em forma física, mas sim uma aparição num espelho ou cristal de catoptromancia, por vezes chamado de shew-stone. Velas ou lamparinas costumavam ser colocadas perto desses artefatos para ajudar com as visões. Ilustração de Catherine Rogers.

Sibolas Servo do demônio Ariton, um dos quatro príncipes infernais das direções cardeais. Sibolas aparece na *Magia Sagrada de Abramelin, o Mago*. Segundo a tradução de Mathers dessa obra, o nome deste demônio deriva do hebraico e significa "leão que avança". Cf. Ariton, Mathers.

Sid No grimório conhecido como *Clavicula Salomonis*, ou *Chave de Salomão*, Sid é descrito como o Grande Demônio. Seu nome aparece ao lado de vários nomes de Deus em uma evocação que também chama o Príncipe das Trevas e os Anjos da Escuridão. Não fica claro como foi que um nome como *Sid* passou a ser associado com um grande demônio. Talvez seja uma abreviação de *Sidonay*, nome alternativo do demônio Asmodeus listado na *Descoberta da Bruxaria*, de Scot, e na *Pseudomonarchia Daemonum*, de Wierus. Cf. Asmodeus, Clavicula Salomonis, Scot, Sidonay, Wierus.

SIDONAY Outro nome usado pelo demônio Asmodeus ou Asmoday. Sidonay é o primeiro e principal espírito subordinado a Amaimon e vem antes de todos os outros, pelo menos segundo o *Livro dos Encantamentos* galês. Eensina aritmética, geometria, astronomia e todos os artesanatos e negócios. Também é capaz de deixar as pessoas invisíveis e revelar a localização de tesouros ocultos. Há 72 legiões que se curvam a seu comando. Seu selo deve ser ostentado no peito do conjurador como uma proteção em sua presença. Cf. Asmoday, Asmodeus, *Livro dos Encantamentos*.

SIDRAGOSUM Demônio com o poder de fazer jovens mulheres começarem a dançar irresistivelmente. Segundo o *Grimorium Verum*, de Peterson, serve como o sexto espírito subordinado aos demônios Hael e Sergulath. Na *Clavicula Salomonis* de 1709, ele não apenas compele as pessoas a dançarem, como também as inspira a tirarem todas as suas roupas. Nesse texto, seu nome é grafado *Sidragosum*. Cf. *Clavicula Salomonis*, *Grimorium Verum*, Hael, Sergulath.

SIFON Um dos vários demônios governados por Asmodeus e Magoth na tradução de Mathers da *Magia Sagrada de Abramelin, o Mago*. Essa lista aparece apenas em uma outra das versões do material do *Abramelin*. Na versão guardada na biblioteca de Wolfenbüttel, na Alemanha, o nome deste demônio aparece como *Siphon*. Cf. Asmodeus, Magoth, Mathers.

SIGAMBACH Um ser — presumivelmente infernal — encarregado de arranjar, ou pelo menos assinar, pactos demoníacos. É um guardador de sigilos demoníacos, essas figuras específicas para cada entidade usadas para conjurá-las e proteger-se contra seus poderes. Esse demônio de pactos e sigilos é mencionado no grimório veneziano do séc. XVII, *Clavicula Salomonis de Secretis* (*Segredos de Salomão*). Também faz uma aparição no *Grimorium Verum* sob o nome alternativo de *Singambuth*. Nesse texto, o processo de criar um pacto é descrito como a "arte de Rabidmadar", o que sugere que este ser tem muito mais poder do que se poderia atribuir a um secretário comum. Cf. *Grimorium Verum*, Rabidmadar, Resbiroth, *Segredos de Salomão*.

SIKASTIN Segundo a tradução de Mathers da *Magia Sagrada de Abramelin, o Mago*, este demônio supostamente serve sob a liderança conjunta de Magoth e Kore. Seu nome aparece em todos os outros textos do *Abramelin* como *Sikastir*. Cf. Kore, Magoth, Mathers.

SILITOR No *Manual de Munique*, Silitor é supostamente capaz de lançar uma poderosa ilusão que convence todos que a veem de que um castelo inteiro, completo com servos e escudeiros, foi conjurado em pleno ar. Esse trabalho deve ocorrer à noite, em um lugar remoto e secreto, na décima noite do ciclo da lua. O texto exige que uma oferenda de leite e mel seja feita a Silitor, descrito como um "espírito escudeiro". Cf. *Manual de Munique*.

SIRACHI Um dos dois principais espíritos que, segundo consta, servem a Lúcifer nas *Verdadeiras Chaves de Salomão*. Junto ao demônio Satanachi (uma variação de *Satanachia*), Sirachi executa os comandos de Lúcifer na Europa e na Ásia. O grimório também contém uma longa lista de demônios que servem às ordens de Sirachi. Seu nome às vezes aparece como *Sinachi*. É possível que ele seja uma variação do demônio conhecido como Duque Syrach, cuja hierarquia é listada no *Grimorium Verum*. Cf. *Grimorium Verum*, Lúcifer, Satanachia, Syrach.

SIRCHADE Ao ser conjurado, este demônio é capaz de fazer o mago enxergar todo tipo de bestas selvagens. Serve ao Duque Syrach como o nono demônio em sua hierarquia. Segundo o *Grimorium Verum*, só deve ser conjurado nas quintas-feiras. Cf. *Grimorium Verum*, Syrach.

SIRECHAEL Demônio mencionado nas *Verdadeiras Chaves de Salomão*. É um dos vários demônios que, segundo consta, servem ao chefe Sirachi, um agente de Lúcifer. Consta que Sirechael influencia as coisas sencientes e animadas. Diz no texto que também "oferece coisas", mas não há qualquer indicação da natureza ou identidade desses objetos. Cf. Lúcifer, Sirachi, *Verdadeiras Chaves*.

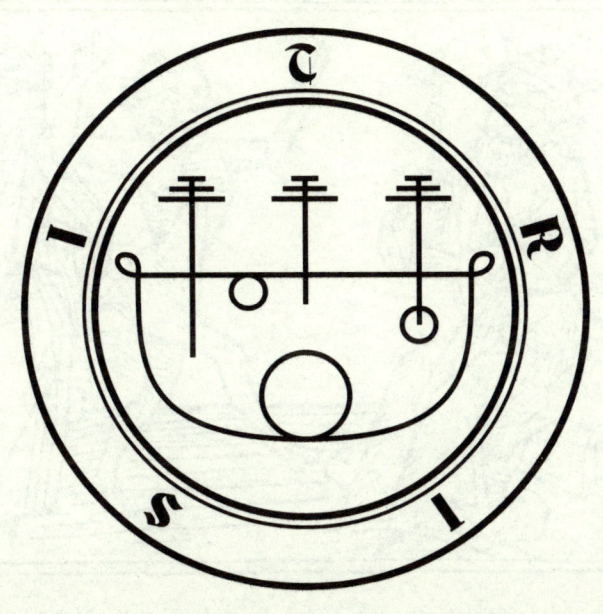

O sigilo do demônio Sitri, com base numa variação registrada por John Harries em seu Livro dos Encantamentos. *Imagem de Catherine Rogers.*

SIRGILIS Demônio que, segundo consta, serve ao rei infernal Amaimon. Sirgilis é mencionado na *Magia Sagrada de Abramelin, o Mago*, grafado como *Scrilis* na tradução de Mathers dessa obra, feita em 1898. Mathers associa esse nome à raiz latina de *sacrilégio*. Cf. AMAIMON, MATHERS.

SIRKAEL Um dos dezoito demônios supervisionados pelo Duque Syrach. Sirkael é mencionado no grimório veneziano do séc. XVII chamado *Segredos de Salomão*. Segundo o texto, Sirkael é capaz de fazer animais aparecerem, mas não fica claro se eles são ilusórios ou animais que o demônio teria teletransportado de longe. Independentemente de sua proveniência, os animais conjurados são completamente funcionais e podem saltitar, atacar ou realizar qualquer outra ação que se exija deles. Cf. SEGREDOS DE SALOMÃO, SYRACH.

SIRUMEL Demônio ilusionista que é capaz de fazer parecer que o dia virou noite. Seu nome aparece nas *Verdadeiras Chaves de Salomão*. Segundo o texto, ele serve ao chefe Sirachi, um agente de Lúcifer. Também é conhecido pelo *Selytarel*. Cf. LÚCIFER, SIRACHI, VERDADEIRAS CHAVES.

SISMAEL Apesar de o *Manual de Munique* identificar abertamente muitos de seus espíritos como demônios, é raro ele especificar algum deles como sendo "maligno" (*malignus*). Sismael, porém, é um desses casos, sendo evocado em uma maldição particularmente tenebrosa. Esse agente maligno do Inferno tem o poder de privar as pessoas de seus sentidos. Ao ser conjurado da maneira adequada, é capaz de atormentar qualquer inimigo à escolha do conjurador. Segundo sua reputação, é capaz de aprisionar a mente, confundir os pensamentos e inspirar delírios. Cf. MANUAL DE MUNIQUE.

SITRI O 12º demônio mencionado na *Goécia*. Sitri é um grande príncipe do Inferno que, segundo consta, se manifesta com rosto de leopardo e asas de grifo. Ao assumir forma humana, ele se revela belíssimo, no entanto, o que talvez seja muito

O poder do Rei Salomão sobre os demônios é explorado na arte Das Buch Belial, *de Jacobus de Teramo. Aqui, o demônio Belial dança para Salomão.*

condizente com os seus poderes, pois tem domínio sobre o amor, a luxúria e os prazeres da carne. É capaz de fazer homens e mulheres se desejarem, inflamando em ambos o amor pelo outro. Consta que ri e zomba das mulheres, revelando, de bom grado, seus segredos ao mago. Sitri também tem o poder de fazer com que as mulheres se desnudem luxuriosamente. Há sessenta legiões que obedecem a seus comandos. Segundo a *Pseudomonarchia Daemonum*, de Wierus, seu nome é grafado *Sytry*, mas é, por vezes, chamado ainda de *Bitru*. Segundo a Goécia do Dr. Rudd, é governado pelo anjo Hahaiah. No *Livro dos Encantamentos* galês, Sitri é um grande príncipe e consta nessa obra que ele tem os mesmos poderes de luxúria e nudez que se encontra em outros grimórios, mas não há qualquer menção feita a zombar das mulheres. Cf. Goécia, Livro dos Encantamentos, Rudd, Scot, Wierus.

SKOR No *Livro de Oberon* elisabetano, Skor é mencionado duas vezes numa lista de cerca de oitenta demônios que servem aos reis infernais das quatro direções. No primeiro caso, é descrito como uma criatura com a aparência de uma ave limícola conhecida como maçarico; no segundo, consta que se manifesta como um cão. Em ambos os casos, é um demônio buscador, que rouba dinheiro de casas e tesourarias, levando-o até o seu mestre. No segundo caso, consta ainda que é capaz de roubar os seus inimigos do sentido da visão, presumivelmente para que não consigam ver quem ou o que está roubando deles. No primeiro verbete do livro com seu nome, seu título é o de rei e conta com seis legiões, mas no segundo ele é um príncipe servido por 46 legiões. Em ambos os casos, Skor é descrito como alguém bastante fiel. O maçarico é uma ave limícola nativa à Grã-Bretanha. Tem um bico longo, fino e curvado projetado para pegar suas presas em águas rasas. O nome da ave, *curlew* no inglês original do *Livro de Oberon*, talvez seja derivado de uma palavra em francês antigo para mensageiro, *corliu*, que partilha da mesma raiz que *courier*, um jogo de palavras que faz muito sentido, considerando o papel deste demônio como um carregador de objetos. Cf. Livro de Oberon.

SOBE O nome deste demônio pode ter sido derivado de uma raiz grega que significa "cauda de cavalo" ou "mata-moscas". Sobe supostamente serve aos grandes demônios Magoth e Asmodeus. Seu nome aparece apenas na tradução de Mathers da *Magia Sagrada de Abramelin, o Mago* e numa outra versão desse material guardada na biblioteca de Wolfenbüttel, na Alemanha. Essa versão alternativa grafa o nome do demônio como *Sobhe*. Cf. ASMODEUS, MAGOTH, MATHERS.

SOBEL Um dos vários demônios cuja existência é quase certamente o resultado de um erro de transcrição. No manuscrito francês do séc. XV que serviu de fonte a Mathers para sua tradução da *Magia Sagrada de Abramelin, o Mago*, este nome aparece como *Sobel* ou *Cobel*. Em todos os outros manuscritos sobreviventes desse material, seu nome é grafado, na verdade, como *Lobel*. Cf. MATHERS.

SOBRONOY Identificado como um *demon malignus* no *Manual de Munique*, Sobronoy mostra que está à altura de sua reputação perversa ao atacar qualquer inimigo que lhe for especificado. A pobre vítima que se tornar o alvo deste ser passa a ser atormentada e privada de suas faculdades mentais. O demônio tem o poder de obscurecer os pensamentos e iludir a mente, confundindo por completo os sentidos. Cf. MANUAL DE MUNIQUE.

SOCHAS Um dos trinta duques que servem como subordinados ao demônio Barmiel. Segundo a *Ars Theurgia*, Sochas serve durante as horas diurnas e está associado à direção sul. Conta com vinte espíritos ministradores que executam os seus comandos. Cf. ARS THEURGIA, BARMIEL.

SODIEL Revelador de segredos também capaz de esconder tesouros para protegê-los de ladrões. Sodiel serve ao príncipe infernal Usiel, na corte do oeste. A *Ars Theurgia* confere a ele o título de duque e afirma que detém poder sobre um total de quarenta espíritos menores. Serve a seu mestre infernal apenas durante as horas mais escuras da noite. Cf. ARS THEURGIA, USIEL.

SOGAN Demônio com a habilidade incomum de ir buscar almas no purgatório. Em vez de libertá-las completamente de seu sofrimento, no entanto, as traz de volta ao conjurador para que o espírito possa ser interrogado. Sendo um psicopompo comum, também busca outras almas dos mortos, em particular aquelas cujos corpos repousam perto da água. Consta que os espíritos buscados por Sogan aparecem como versões etéreas de como eram em vida, por isso seriam reconhecíveis por qualquer um que os conhecesse quando ainda eram vivos. Além de seus poderes como psicopompo, este demônio também é versado nas ciências matemáticas, na sabedoria e na filosofia. Segundo o *Livro de Oberon*, Sogan detém o título de marquês e supervisiona 36 legiões de espíritos menores. Ao se manifestar, assume a forma de um cavalo amarelado, outra indicação de sua ligação com os mortos. Uma versão alternativa de seu nome é *Sogom*. Cf. LIVRO DE OBERON.

SOLEVIEL O sétimo príncipe errante da *Ars Theurgia*, consta que Soleviel comanda um total de duzentos duques infernais, além de ter duzentos outros companheiros demoníacos. A corte de Soleviel muda de lugar ano após ano, conforme metade dos demônios subordinados a ele servem durante um ano e a outra metade no ano seguinte. A corte de Soleviel é a única hierarquia descrita na *Ars Theurgia* que funciona segundo esse arranjo. Com a grafia *Soleuiel*, este demônio aparece também na *Steganographia* de João Tritêmio. Cf. ARS THEURGIA, TRITÊMIO.

SONNEILLON Demônio que supervisiona o pecado do ódio. É por meio de seu poder de manipular essa emoção negativa que ele supostamente desvia os mortais. Seu adversário é Santo Estêvão. Sonneillon é mencionado na *História Admirável*, por Sebastien Michaelis. Cf. HISTÓRIA ADMIRÁVEL.

SOONEK Demônio com o poder de desfazer a maldição da Torre de Babel. Soonek é capaz de conferir àquele que o conjurar a habilidade de compreender todas as vozes, incluindo as de bestas selvagens. O próprio Soonek aparece na forma de um urso cruel, mas pode ser compelido a assumir uma forma humana. Além de sua habilidade com línguas, este demônio é capaz de revelar a localização de tesouros escondidos e conhece o passado, o presente e o futuro. Detém o título de conde e comanda um total de dezoito legiões. Seu nome aparece no grimório elisabetano conhecido como *Livro de Oberon*. Cf. LIVRO DE OBERON.

SORIEL Um dos vários demônios governados pelo príncipe infernal Dorochiel. Soriel serve a seu mestre no ofício de arquiduque. Está associado às horas noturnas e à região oeste. Na *Ars Theurgia*, consta que este demônio tem domínio sobre quatrocentos espíritos subordinados e que se manifesta apenas durante um horário específico entre a meia-noite e o amanhecer a cada madrugada. Cf. ARS THEURGIA, DOROCHIEL.

SOROSMA O ocultista S. L. MacGregor Mathers acreditava que o nome deste demônio teria derivado de uma palavra grega com o sentido de "urna funerária". Sorosma aparece na *Magia Sagrada de Abramelin, o Mago*, onde serve ao demônio Belzebu. Em outro ponto do mesmo texto, este demônio aparece também como servidor de Oriens. Cf. BELZEBU, MATHERS, ORIENS.

SORRIOLENEN Na tradução de Mathers da *Magia Sagrada de Abramelin, o Mago*, consta que Sorriolenen serve aos governantes infernais Magoth e Kore. Nas versões do material do *Abramelin* guardadas nas bibliotecas de Dresden e Wolfenbüttel, seu nome aparece como *Serupolon*. Cf. KORE, MAGOTH, MATHERS.

SOTERION Demônio cujo nome aparece associado aos quatro príncipes infernais das direções cardeais: Oriens, Paimon, Ariton e Amaimon. O nome de Soterion se encontra na tradução de Mathers de 1898 da *Magia Sagrada de Abramelin, o Mago*. Cf. AMAIMON, ARITON, MATHERS, ORIENS, PAIMON.

SOTHEANO Um dos vários duques leais a Pamersiel, o primeiro e principal espírito do leste. Sotheano não é um espírito agradável de se lidar. É um ser arrogante, inteiramente perverso e dado à mentira. Em todo caso, a *Ars Theurgia* sugere que pode ser útil para expulsar outros espíritos das trevas, especialmente os que habitam casas mal-assombradas. Seu nome, selo e método para conjurá-lo aparecem nesse texto do séc. XVII. Cf. ARS THEURGIA, PAMERSIEL.

SOWRGES Demônio com poder sobre as águas e os mares, particularmente no que diz respeito a viagens, sendo capaz de oferecer passagem segura em meio a chuvas e enxurradas. Seus poderes não se limitam ao transporte aquático, no entanto, pois também pode auxiliar no transporte rápido a cavalo. Ao ser evocado, ele se manifesta como um cavaleiro sobre uma montaria com três cabeças, a de uma ave, de um peixe e de um cavalo normal. Cada uma das cabeças talvez represente um modo diferente de transporte sobre o qual Sowrges detém autoridade. Segundo o *Livro de Oberon*, ele é um grande marquês que governa partes da África. Supervisiona 36 legiões de espíritos inferiores e ensina gramática, lógica, retórica e teologia. Como muitos outros demônios mencionados no mesmo texto, também tem o poder de revelar tesouros ocultos e abrir tesouros trancafiados. Cf. LIVRO DE OBERON.

SPHANDÔR No *Testamento de Salomão*, Sphandôr é um demônio pestilento, atormentando a humanidade com doenças terríveis. Dizem que chupa o tutano dos ossos, fazendo com que suas vítimas enfraqueçam e definhem. Além disso, causa tremores nas mãos e nos ombros, sendo capaz também de paralisar os nervos das mãos. Ameaçado pelo rei Salomão, Sphandôr revela que pode ser espantado ao se evocar o nome do anjo Araêl. Sphandôr está associado ao zodíaco e, ao se manifestar, assume uma forma monstruosa e quimérica, com a cabeça de um animal e o corpo de um homem. Cf. SALOMÃO.

SPHENDONAÊL Um dos demônios que pertencem aos 36 decanos do zodíaco mencionados no *Testamento de Salomão*. Na tradução de Conybeare desse livro, Sphendonaêl é um demônio pestilento, com o poder de atormentar a humanidade com doenças da garganta. A ele é creditado o poder de causar tumores glandulares. A tradução de McCown o associa ainda ao tétano. É possível expulsá-lo com o nome do anjo que o governa, Sabrael, também grafado como *Sabael*. Cf. SALOMÃO.

STAR Um dos doze demônios de alto escalão na corte oriental do Rei Oriens. Star é capaz de causar surdez e cegueira nas pessoas, ou então até mesmo confundir os seus juízos. Apesar desses poderes sinistros, o *Livro de Oberon* o descreve como um espírito "bom e verdadeiro". Num manuscrito relacionado (conhecido pela designação *Additional MS. 36674, fol 64r number 7*), seu nome aparece como *Scor*, uma grafia que sugere sua conexão com *Skor*, outro espírito do *Livro de Oberon*. Cf. LIVRO DE OBERON, SKOR.

STEGANOGRAPHIA Livro que, segundo sua reputação, ensina métodos para comunicação a longa distância por meio de espíritos. A *Steganographia* foi escrita pelo abade alemão João Tritêmio por volta de 1499, porém não foi publicada enquanto ainda estava vivo. Sua primeira edição póstuma só foi produzida depois de 1606.

À primeira vista, a *Steganographia* é apenas um livro sobre espíritos — inclusive o primeiro livro contém uma lista de espíritos quase idêntica à que se vê na *Ars Theurgia*. Há apenas variações mínimas nos nomes, e parece provável que a obra de Tritêmio tenha influenciado ou inspirado o material da *Ars Theurgia*. Essa noção é sustentada pelo fato de que as evocações dadas por Tritêmio, bem como as descrições dos espíritos e seus ofícios, são mais extensas do que o que se encontra na *Ars Theurgia*. O segundo livro se ocupa com uma série de anjos e o terceiro livro trata de questões astrológicas, incluindo os espíritos das horas e mansões dos planetas. O título do livro em si, uma palavra que, segundo se acredita, teria sido cunhada pelo próprio Tritêmio, entrega a natureza dupla desse texto: *Steganographia* significa "escrita secreta" ou "escrita oculta". Séculos após sua publicação, descobriu-se que a obra continha um código elaboradíssimo. O livro criptografado na *Steganographia* trata de criptografia e da própria arte esteganográfica, que é a inserção de mensagens ocultas sob um texto de superfície enganoso ou que não tenha nenhuma relação com a mensagem. Essa descoberta de um texto oculto no livro levou alguns criptógrafos modernos a afirmarem que os demônios e espíritos descritos no texto eram apenas parte de um truque, sem qualquer significado real para Tritêmio. É impossível estabelecer de forma definitiva se o autor seria ou não um praticante das artes mágicas, mas é inegável o seu interesse pelo ocultismo, pois produziu diversas obras não criptografadas que tratam de assuntos ocultos, incluindo o *Antipalus Maleficiorum*. Cf. ARS THEURGIA, TRITÊMIO.

STEPHANATE Demônio a serviço de Belzebu, ou *Belzébut*, como aparece nas *Verdadeiras Chaves de Salomão*. Segundo esse texto, Stephanate é um dos três principais espíritos que servem a este rei infernal. Cf. BELZEBU, MATHERS, VERDADEIRAS CHAVES.

STOLAS O 36º demônio da *Goécia*, Stolas é um grande príncipe com 36 legiões de espíritos infernais a seu serviço. Aparece tanto na *Descoberta da Bruxaria*, de Scot, quanto na *Pseudomonarchia Daemonum*, de Wierus. Segundo essas obras, ensina astronomia e tem conhecimento absoluto das virtudes de pedras e ervas preciosas. Embora tenha o poder de assumir forma humana, manifesta-se primeiro como uma coruja. A *Goécia do Dr. Rudd* grafa seu nome como *Stolus* e afirma que é possível coibi-lo em nome do anjo Menadel. Segundo o *Livro dos Encantamentos*, ele é um grande e potente príncipe que aparece na forma de um poderoso corvo. Cf. GOÉCIA, LIVRO DOS ENCANTAMENTOS, RUDD, SCOT, WIERUS.

STORAX Espírito identificado como o primeiro conselheiro de Oberion, um ser entendido como um anjo caído e rei das fadas ao mesmo tempo. Dada a identidade liminar de Oberion, há uma grande chance de Storax situar-se nessa mesma linha tênue entre seres demoníacos e feéricos. Seu nome aparece no grimório elisabetano conhecido como *Livro de Oberon*. Talvez por coincidência, o nome deste demônio seja um homônimo de estoraque, em inglês, uma resina exótica muitas vezes usada como incenso para conjurar e se proteger contra espíritos. Cf. L*ivro de* O*beron*, O*berion*.

SUCAX Ousado marquês do Inferno, Sucax aparece como um homem com um rosto de mulher. Sua voz é meiga, e seus modos, benevolentes. Segundo o grimório do séc. xv conhecido como *Manual de Munique*, pode ajudar em viagens de qualquer tipo e dar ao mago a habilidade de falar qualquer idioma. Sucax também é capaz de lançar um feitiço de compulsão para que o mago possa conquistar o amor das mulheres. Sua especialidade é inspirar o amor de viúvas, e magos particularmente habilidosos podem direcioná-lo para o caminho de viúvas ricas. Além disso tudo, Sucax supervisiona 23 legiões de espíritos do exército do Inferno. Cf. G*oécia*, R*udd*, S*cot*, W*ierus*.

SUCCOR BENOTH Demônio a quem é creditado o título de Chefe dos Eunucos na hierarquia do Inferno. Essa hierarquia em particular aparece na apresentação do *Grande Grimório* feita por A. E. Waite em seu *Livro da Magia Negra e Pactos*. Succor Benoth é um erro de transcrição: o correto é Succoth-benoth ou Sucote-benote, um deus supostamente venerado pelos cativos babilônios em Samaria, segundo *2 Reis* 17:30. Essa interpretação curiosa do "demônio" Succor Benoth deriva da obra do começo do séc. xix do demonologista francês Charles Berbiguier. Succor Benoth também aparece no *Dictionnaire Infernal*, de Collin de Plancy. Aqui, consta que ele seria um dos favoritos da demoníaca Prosérpina. Cf. B*erbiguier*, D*e* P*lancy*, G*rande* G*rimório*, P*rosérpina*, W*aite*.

SUCHAY Demônio do amor e da luxúria que se especializa em enfeitiçar viúvas. Seu nome aparece no grimório elisabetano conhecido como *Livro de Oberon*, onde é listado junto aos doze ministros de alto escalão de Paimon, rei do oeste. Além de adquirir o amor de viúvas, Suchay é também um professor, ensinando idiomas, e um demônio transportador, com a habilidade de levar as pessoas embora, de modo que elas atravessem grandes distâncias num piscar de olhos. Ele se manifesta como uma bela mulher, quando se presta a aparecer. Compare com Sucax. Cf. L*ivro de* O*beron*, P*aimon*, S*ucax*.

SUDORON Demônio cujo nome também aparece como *Sumuron*. Sudoron é governado pelo príncipe infernal Paimon, um dos quatro demônios associados às direções cardeais na *Magia Sagrada de Abramelin, o Mago*. Cf. M*athers*, P*aimon*.

SUFFALES Demônio da discórdia e da guerra, Suffales incita discussões e acaba com a paz. Segundo o *Livro de Oberon*, é um dos doze ministros de alto escalão do Rei Oriens, que governa o leste. O texto contém o aviso de que Suffales é um demônio mentiroso, raramente dizendo a verdade. É possível coibi-lo com algum esforço e então aparece na forma de uma faísca em chamas. Cf. L*ivro de* O*beron*, O*riens*.

SUFFUGIEL Demônio mencionado na tradução de Peterson do *Grimorium Verum*, a Suffugiel é creditada a habilidade peculiar de fornecer mandrágoras. Segundo a lenda, a raiz da mandrágora solta um grito de gelar o sangue ao ser colhida, por isso essa habilidade pode ser muito útil a um mago aspirante. O som da voz da mandrágora é excepcionalmente danoso e acreditava-se que era fulminante a qualquer mortal que, por acaso, a ouvisse. Além de oferecer raízes de mandrágora sem esse risco, consta que Suffugiel também fornece espíritos familiares e ensina magia e as artes sombrias. Na hierarquia demoníaca, é um dos quatro principais espíritos que servem ao rei infernal Satanachia. Seu nome aparece no grimório *Segredos de Salomão* sob a grafia alternativa *Suffugrel* ou *Sustugriel*. Cf. G*rimorium* V*erum*, S*atanachia*, S*egredos de* S*alomão*.

SUGUNTH Demônio mencionado nas *Verdadeiras Chaves de Salomão*. Segundo o texto, Sugunth trabalha como um dos cinco principais espíritos a serviço do chefe Satanachi, agente de Lúcifer. Satanachi, por sua vez, é uma variação do demônio *Satanachia*. Cf. L*úcifer*, S*atanachia*, V*erdadeiras* C*haves*.

SUPIPAS Demônio cujo nome talvez signifique "associado a suínos". Supipas aparece na tradução de Mathers da *Magia Sagrada de Abramelin, o Mago*. Nesse texto, tem a reputação de servir aos arquidemônios Magoth e Kore. Cf. KORE, MAGOTH, MATHERS.

SURGATHA Demônio na tradução de Peterson do *Grimorium Verum*. A Surgatha é creditada a habilidade de abrir qualquer fechadura num instante. Segundo essa obra, serve como o 15º demônio na hierarquia do duque infernal Syrach. Surgatha também aparece nos grimórios *Verdadeiras Chaves* e *Segredos de Salomão*, onde a ele é, mais uma vez, atribuída a habilidade de destrancar qualquer coisa. Uma variação de seu nome é *Surgath*. Serve não apenas a seu duque, mas também a Lúcifer. Cf. *GRIMORIUM VERUM*, LÚCIFER, SIRACHI, SYRACH.

SURIEL Membro da dúzia de demônios que detêm o título de arquiduque subordinados ao príncipe demoníaco Dorochiel. Segundo a *Ars Theurgia*, o próprio Suriel comanda um total de quarenta espíritos inferiores. Seu nome tem apenas uma letra de diferença em relação ao demônio *Suriet*, que também serve como um dos arquiduques de Dorochiel. Suriel jura lealdade à corte do oeste. Cf. *ARS THEURGIA*, DOROCHIEL, SURIET.

SURIET Demônio da hierarquia do príncipe infernal Dorochiel. Suriet detém o título de arquiduque e conta com um total de quarenta espíritos menores que são subordinados a ele. Seu nome é notavelmente semelhante ao do demônio Suriel, sobre o qual consta que serve a Dorochiel como arquiduque. Ambos aparecem na *Ars Theurgia*. Cf. *ARS THEURGIA*, DOROCHIEL, SURIEL.

SUVANTOS Demônio a serviço de Almiras, o mestre da invisibilidade. Consta que Suvantos também serve ao ministro infernal de Almiras, Cheros. Segundo a *Clavicula Salomonis*, Suvantos é um demônio de enganos e ilusões, que pode ser evocado para deixar as pessoas invisíveis. Aparece sob essa mesma capacidade na *Magia Sagrada de Abramelin, o Mago*. Cf. ALMIRAS, CHEROS, MATHERS.

Muitas superstições giravam em torno da planta venenosa conhecida como mandrágora. Segundo rumores, ela crescia perto de onde pessoas eram enforcadas. Imagem de uma gravura medieval. Cortesia da Dover Publications.

SYEONELL Demônio cuja forma preferida é a de um urso feroz, mas também pode ser compelido a assumir forma humana. Ao fazê-lo, aparece como uma criança pequena. Seu nome aparece no grimório elisabetano conhecido como *Livro de Oberon*, onde consta que ensina todo tipo de idiomas e revela tesouros escondidos. O texto afirma que tem o título de conde e que conta com dezoito legiões de espíritos menores sob seu comando. Cf. Livro de Oberon.

SYLQUAM Mencionado em uma longa evocação com o objetivo de obter 100 mil libras, em moedas válidas, de ouro e prata, Sylquam aparece no *Livro de Oberon* junto a Malcranis e Rasinet. Ao longo do feitiço, o conjurador adjura os três espíritos com a ameaça de atirar suas imagens no fogo, com cocôs de gato e outras substâncias fedorentas como castigo caso fracassem em sua empreitada. Cf. Livro de Oberon, Malcranis, Rasinet.

SYMAN MOBRIS Raro demônio dotado de nome e sobrenome. É evocado no *Livro de Oberon* para fabricar livros da noite para o dia. Consta que teria conhecimentos nas áreas de conjuração, alquimia, nigromancia, ciências e artes, sendo capaz de produzir livros sobre todos esses assuntos. Uma das variações de seu nome é *Symeam*. Cf. Livro de Oberon.

SYMIEL O segundo espírito na hierarquia de Demoriel, o Imperador do Norte. Na *Ars Theurgia*, Symiel governa como um poderoso rei na direção entre o norte e o nór-nordeste. Há apenas dez duques que lhe servem durante o dia, mas, durante a noite, esse número aumenta para mil. Os demônios que servem a Symiel durante o dia têm, todos, a reputação de serem dotados de uma natureza boa e fácil de lidar. Já os demônios que lhe servem durante a noite são obstinados e voluntariosos. Symiel também se encontra na *Steganographia*, de João Tritêmio. Cf. Ars Theurgia, Demoriel, Tritêmio.

SYNORYELL Demônio que aparece na forma de urso, possivelmente raivoso. Entende a linguagem dos pássaros e bestas, sendo capaz de ensiná-la. Mencionado no *Livro de Oberon*, é identificado dentre os doze principais ministros do rei demoníaco do norte, Egin. Assim como muitos demônios desse grimório, é possível evocá-lo para revelar a localização de tesouros ocultos. Cf. Egin, Livro de Oberon.

SYRACH Grande duque do Inferno mencionado na tradução de Peterson do *Grimorium Verum*. Esse espírito feroz governa dezoito outros demônios, cada um dos quais tem diferentes poderes e ofícios. Há uma variação deste demônio nas *Verdadeiras Chaves de Salomão*, onde aparece como Chefe Sirachi, em vez de Duque Syrach. Consta que estaria diretamente abaixo de Lúcifer. Nos *Segredos de Salomão*, um grimório de Veneza do séc. XVII, aparece com Lúcifer e um demônio chamado Beschard em um feitiço para causar relâmpagos. Também é evocado em um feitiço de invisibilidade. Cf. Grimorium Verum, Lúcifer, Segredos de Salomão, Sirachi, Verdadeiras Chaves.

SYRTROY Demônio dotado de poderosas habilidades para enganar os sentidos. Segundo o *Manual de Munique*, Syrtroy é um dos vários demônios que podem ser evocados para ajudar a criar um castelo ilusório. Esse tal castelo não é um mero glamour para enganar os olhos, mas parece ser real em tudo que lhe diz respeito. O mago e seus associados, quaisquer que sejam, seriam supostamente capazes de entrar no edifício e interagir com seus servos e peões (todos eles presumivelmente demônios também). O feitiço ainda afirma que Syrtroy, junto a seus companheiros infernais, só pode ser conjurado em um lugar remoto, isolado e secreto na décima noite da lua. O texto contém a exigência de uma oferenda de leite e mel que deve ser feita. O nome deste demônio pode ser uma variação de *Sitri*, um dos tradicionais 72 demônios goéticos. Cf. Goécia, Manual de Munique, Sitri.

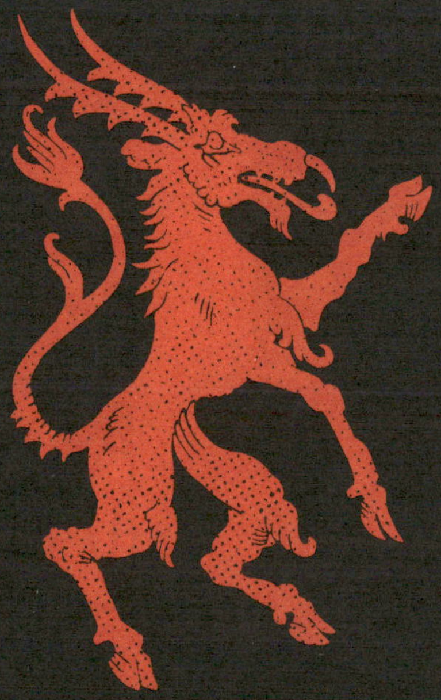

IT

TABLAT Demônio mencionado na tradução de Mathers da *Magia Sagrada de Abramelin, o Mago*. É parte de um grupo de servidores demoníacos que operam sob a autoridade dos arquidemônios Asmodeus e Astarote. Sendo um servo desses demônios maiores, pode ser conjurado e compelido por seus nomes. Cf. Astarote, Asmodeus, Mathers.

TACHAN Nome que talvez signifique "pulverizar". Tachan aparece na tradução de Mathers da *Magia Sagrada de Abramelin, o Mago*, onde consta que é governado pelo arquidemônio Belzebu. Outras versões do material do *Abramelin* grafam seu nome como *Tedeam*. Cf. Belzebu, Mathers.

TAGNON Servo dos quatro príncipes infernais das direções cardeais: Oriens, Paimon, Ariton e Amaimon. Tagnon é um demônio mencionado na *Magia Sagrada de Abramelin, o Mago*. Segundo o texto, é um dos mais de trezentos espíritos impuros conjurados e submetidos à vontade do mago como parte do ritual do Sagrado Anjo Guardião. Cf. Amaimon, Ariton, Mathers, Oriens, Paimon.

TAGORA Segundo Mathers, o nome deste demônio deriva de um termo em copta que significa "assembleia". Tagora aparece na edição de Mathers da *Magia Sagrada de Abramelin, o Mago*, onde consta que serve à dupla liderança de Magoth e Kore. Cf. Kore, Magoth, Mathers.

TAKAROS Demônio governado pelo príncipe infernal Paimon. Em sua tradução da *Magia Sagrada de Abramelin, o Mago*, Mathers sugere que talvez o nome deste demônio tenha origem na palavra grega para "macio" ou "tenro". Cf. Mathers, Paimon.

TAMI Demônio ilusionista do *Manual de Munique* do séc. xv. É mencionado em conexão com um feitiço ambicioso designado para conjurar um castelo inteiro em pleno ar. Consta que essa ilusão inclui um fosso, ameias, cavaleiros, servos e soldados — uma proeza imensa que só pode ser realizada em um local externo, remoto e isolado. Tami e seus irmãos infernais respondem à conjuração apenas durante a noite, mais especificamente na décima noite do ciclo lunar. Seu nome também é grafado como *Tamy*. Cf. Manual de Munique.

TAMIEL Anjo caído mencionado no *Livro de Enoque*. Tamiel é representado como um tipo de tenente angelical nesse texto extrabíblico, descrito como um dos "decanos" encarregados de um pequeno grupo de Sentinelas. Rompeu com a confiança do Céu por conta dos pecados da carne. Seus superiores imediatos eram os anjos Shemyaza e Azazel. Os Anjos Sentinelas são chamados às vezes de *Grigori*, uma palavra derivada do grego para "vigiar". Cf. Azazel, Sentinelas, Shemyaza.

TAMON Demônio cuja forma preferida é a de um bode boca-suja. Segundo o *Livro de Oberon*, onde aparece seu nome, ele não é apenas grosseiro, mas também incrivelmente indiscreto em sua fala. Aos que estão dispostos a tolerar sua tagarelice asquerosa, este demônio é capaz de ajudar a encontrar pedras preciosas, minerais, dinheiro e outros tesouros ocultos na terra. Há cinquenta legiões que lhe servem e detém o título de rei. Cf. Livro de Oberon.

TAMOR Segundo o *Livro de Oberon*, onde este demônio aparece pela primeira vez, ele se manifesta como uma chama viva tão reluzente que chega a cegar. Embora possa ser compelido a assumir forma

Confronto entre os anjos às margens do Lago de Fogo. Ilustração de Gustave Doré.

humana, ele o faz apenas com relutância. Seu título é o de príncipe e consta que teria 34 legiões de espíritos menores subordinados. Dentre os seus poderes consta a habilidade de fazer o conjurador ser conhecido entre pessoas influentes e obter os seus favores. Além disso, revela tesouros ocultos e ajuda o seu mestre a adquiri-los, mas apenas se o tesouro não for guardado por outros espíritos. Por fim, é capaz de ensinar astronomia e artes liberais, contanto que se tenha paciência para lidar com ele. Seu nome por vezes é grafado como *Chamor*. Cf. LIVRO DE OBERON.

TANGEDEM Este demônio responde a Almiras, o mestre da invisibilidade, e a seu ministro, Cheros. Segundo a *Clavicula Salomonis*, é um demônio ilusionista e trapaceiro, que pode ser chamado em um feitiço para deixar alguém invisível. Tangedem aparece associado a essa mesma função na tradução de Mathers da *Magia Sagrada de Abramelin, o Mago*. Cf. ALMIRAS, CHEROS, MATHERS.

TANTAVALERION No *Livro de Oberon*, este demônio é tratado como "o imperador e o mais magnífico governante de todos os espíritos". A linguagem sugere que seu título é ainda mais alto que o de Lúcifer, Satã e Belzebu, a profaníssima trindade que detém poder sobre os reis demoníacos das direções cardeais e sobre todos os espíritos que lhes servem. Se isso for verdade, Tantavalerion é um dos seres infernais mais ignorados da história, pois seu nome sequer é conhecido fora dos grimórios. O *Livro de Oberon* não é o único livro de magia que menciona Tantavalerion nesse sentido. O manuscrito conhecido como *e Musaeo 173* da Bodleian Library, publicado por Daniel Harms sob o título inglês *Of Angels, Demons & Spirits*, também menciona este governante supremo de todos os espíritos, com apenas uma pequena variação na grafia de seu nome. Nesse texto, ele aparece como *Cantivalerion*. Em ambos os casos, seu nome é invocado para fazer com que os outros espíritos se submetam, tornem-se dóceis e evitem fazer mal àqueles que os conjurarem. É evocado com sete outros espíritos identificados como *senadores*, outro termo bastante raro entre a raça dos demônios nos grimórios. Esses senadores infernais servem diretamente a Tantavalerion, sendo eles Orymell, Tygra, Danall, Salarica, Pascary, Boell e Asmoo (talvez uma variação de *Asmoday*, nome mais popular). O *Livro de Oberon* menciona um segundo nome para Tantavalerion, que é bem interessante: *Golgathell*. Embora não haja nada no *Livro de Oberon* que sugira uma origem ou sentido para esse nome, em todo caso seria tentador associá-lo ao local bíblico de *Gólgota*. Para os cristãos, é o local da Crucificação. Em aramaico, a palavra significa "crânio" e era o nome de uma colina com formato de cúpula logo além das muralhas de Jerusalém. Os romanos o conheciam como o *Calvário* (*Calvariae Locus*). Cf. ASMOO, BELZEBU, BOELL, DANALL, LIVRO DE OBERON, LÚCIFER, ORYMELL, PASCARY, SALARICA, SATÃ, TYGRA.

TAOB Este audacioso príncipe do Inferno comanda 25 legiões de diabos. Ao ser conjurado, aparece como um homem ordinário e nada mais além disso. Segundo o grimório do séc. XV conhecido como *Manual de Munique*, Taob é um demônio encarregado das questões ligadas à cama. É capaz de inflamar uma mulher com amor pelo mago. Caso ela não venha correndo imediatamente a seus braços, o demônio pode transformá-la para que assuma outra forma inteiramente distinta, até que ela ceda à sua nova paixão. Outra habilidade potencialmente desejável conferida a este demônio é a de deixar as pessoas estéreis, o que pode ser útil para evitar que surja qualquer gravidez ilegítima a partir desses casos ilícitos e de inspiração demoníaca. Não há nenhuma indicação no texto quanto à possibilidade de os poderes de Taob funcionarem ou não também em homens. Cf. MANUAL DE MUNIQUE.

TARADOS Servo dos governantes infernais Oriens, Amaimon, Paimon e Ariton. Na *Magia Sagrada de Abramelin, o Mago*, consta que esses quatro demônios governam as direções cardeais. Tarados pode ser conjurado e compelido em seus nomes. Cf. AMAIMON, ARITON, MATHERS, ORIENS, PAIMON.

CURIOSIDADES DEMONÍACAS

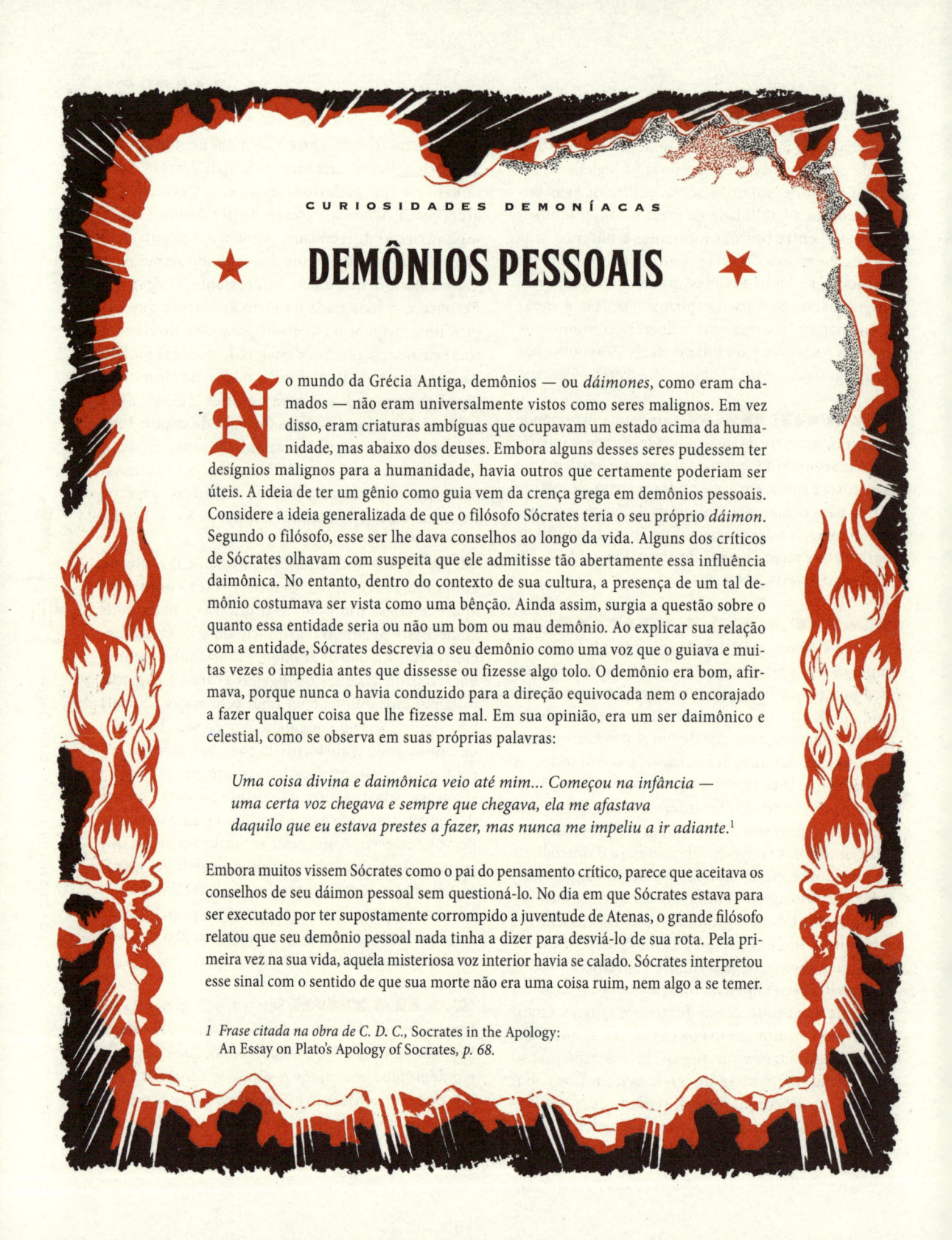

★ DEMÔNIOS PESSOAIS ★

No mundo da Grécia Antiga, demônios — ou *dáimones*, como eram chamados — não eram universalmente vistos como seres malignos. Em vez disso, eram criaturas ambíguas que ocupavam um estado acima da humanidade, mas abaixo dos deuses. Embora alguns desses seres pudessem ter desígnios malignos para a humanidade, havia outros que certamente poderiam ser úteis. A ideia de ter um gênio como guia vem da crença grega em demônios pessoais. Considere a ideia generalizada de que o filósofo Sócrates teria o seu próprio *dáimon*. Segundo o filósofo, esse ser lhe dava conselhos ao longo da vida. Alguns dos críticos de Sócrates olhavam com suspeita que ele admitisse tão abertamente essa influência daimônica. No entanto, dentro do contexto de sua cultura, a presença de um tal demônio costumava ser vista como uma bênção. Ainda assim, surgia a questão sobre o quanto essa entidade seria ou não um bom ou mau demônio. Ao explicar sua relação com a entidade, Sócrates descrevia o seu demônio como uma voz que o guiava e muitas vezes o impedia antes que dissesse ou fizesse algo tolo. O demônio era bom, afirmava, porque nunca o havia conduzido para a direção equivocada nem o encorajado a fazer qualquer coisa que lhe fizesse mal. Em sua opinião, era um ser daimônico e celestial, como se observa em suas próprias palavras:

> Uma coisa divina e daimônica veio até mim... Começou na infância —
> uma certa voz chegava e sempre que chegava, ela me afastava
> daquilo que eu estava prestes a fazer, mas nunca me impeliu a ir adiante.[1]

Embora muitos vissem Sócrates como o pai do pensamento crítico, parece que aceitava os conselhos de seu dáimon pessoal sem questioná-lo. No dia em que Sócrates estava para ser executado por ter supostamente corrompido a juventude de Atenas, o grande filósofo relatou que seu demônio pessoal nada tinha a dizer para desviá-lo de sua rota. Pela primeira vez na sua vida, aquela misteriosa voz interior havia se calado. Sócrates interpretou esse sinal com o sentido de que sua morte não era uma coisa ruim, nem algo a se temer.

[1] Frase citada na obra de C. D. C., Socrates in the Apology: An Essay on Plato's Apology of Socrates, *p. 68*.

Satã, a Morte, um Anjo e a Carne, todos contribuindo para o cadinho da vida humana. Na perspectiva de alguns autores, os diabos têm permissão para tentar a raça humana, a fim de fortalecê-la por meio da adversidade. Ilustração de Christoph Murer, 1622. Cortesia da Wellcome Collection, Londres.

TARALIM Servo demoníaco do rei infernal Amaimon. O nome de Taralim aparece na *Magia Sagrada de Abramelin, o Mago*. Segundo a tradução de Mathers dessa obra, o nome deriva de uma raiz hebraica que significa "fortalezas poderosas". Cf. Amaimon, Mathers.

TARAOR Demônio mencionado no *Manual de Munique* do séc. xv, Taraor é mencionado como parte de um feitiço de invisibilidade, representado como um guardião da direção norte. Ele e outros três demônios são evocados para fornecer uma capa encantada ao conjurador, capaz de deixá-lo completamente invisível. A capa é um objeto infernal, no entanto, por isso seu uso é não sem algum risco. Se não forem tomadas as devidas precauções, a capa matará qualquer um que a utilize dentro de uma semana e três dias. Taraor é conjurado na primeira hora do dia, durante uma lua crescente. Cf. *Manual de Munique*.

TARET Mencionado na tradução de Mathers da *Magia Sagrada de Abramelin, o Mago*, Taret é parte de um grupo de diabos governados pelos arquidemônios Astarote e Asmodeus. Cf. Astarote, Asmodeus, Mathers.

Imagem representando a execução, em 1634, do padre Urbain Grandier, acusado de pactos com demônios em Loudun, na França. Cortesia da Dover Publications.

TAROS Duque infernal na hierarquia do oeste. Na edição de Henson da *Ars Theurgia*, consta que serve ao demônio Cabariel na corte do oeste. Taros supervisiona uma companhia de cinquenta espíritos ministradores. É mais fácil aparecer durante as horas diurnas, e sua reputação é a de um ser obediente e de boa índole. Cf. Ars Theurgia, Cabariel.

TASMA O nome deste demônio supostamente seria derivado de uma palavra caldeia que significa "fraco", o que poderia sugerir que o próprio demônio seria fraco, mas é mais provável indicar que é capaz de causar fraqueza nos outros. Tasma aparece na tradução de Mathers da *Magia Sagrada de Abramelin, o Mago*, onde serve a Oriens, Paimon, Ariton e Amaimon, os quatro príncipes demoníacos das direções cardeais. Cf. Amaimon, Ariton, Mathers, Oriens, Paimon.

TATAHATIA Espírito da ciência e da virtude, descrito na edição de Mathers do *Grimório de Armadel*. Consta que Tatahatia é capaz de fazer os seus inimigos fugirem. Também tem poder sobre a escuridão e consegue produzir um véu de trevas que cegará qualquer um que se encontre preso nele. Cf. Mathers.

TEDIEL Demônio noturno mencionado na *Ars Theurgia* a partir da tradução de Henson do *Lemegeton* completo. Tediel é um dos servos do príncipe infernal Camuel. Embora seu título seja de duque, Tediel não tem nenhum servo sob seu comando. Ele se comunica com um tom cortês com aqueles que procuram conversar com ele e, ao se manifestar, assume uma bela forma. Embora pertença às horas da noite, manifesta-se durante o dia. Por meio de sua associação a Camuel, está ligado à região leste. Cf. Ars Theurgia, Camuel.

TEPHRAS Chamado de "o espírito das cinzas", este demônio se manifesta na forma de uma nuvem de poeira com rosto humano. Aparece no *Testamento de Salomão*, onde consta que seu poder atinge seu auge durante o verão. Assim sendo, ele é, em essência, a personificação dos incêndios florestais, pois a ele é creditada a queima dos campos e a destruição das habitações humanas. Também preside sobre uma

CURIOSIDADES DEMONÍACAS

★ O NOME INEFÁVEL ★

Tetragrammaton, ou Tetragrama, é conhecido como o nome inefável de Deus. A palavra significa, literalmente, "as quatro letras". O nome hebraico de Deus, composto de quatro letras, seria, segundo a crença de muitos judeus, sagrado demais para ser pronunciado. As letras que constituem o santíssimo nome são *Iud*, *He*, *Vav* e *He*. Embora sua grafia não forneça as vogais, a pronúncia do nome costuma ser entendido como Yahweh ou Iavé. É um dos dois nomes primários de Deus que aparecem ao longo do *Gênesis* e no Velho Testamento. O outro nome é Elohim — notavelmente um nome plural.

Na magia cerimonial, é comum usar o *Tetragrammaton* para se conjurar, compelir e coibir demônios, e ele pode ser encontrado em sigilos criados com a intenção de oferecer auxílio nesses propósitos. Por vezes aparece no hebraico original, no entanto, conforme a tradição dos grimórios foi se tornando mais cristianizada, os autores passaram, com frequência, a grafá-lo simplesmente como "*Tetragrammaton*".

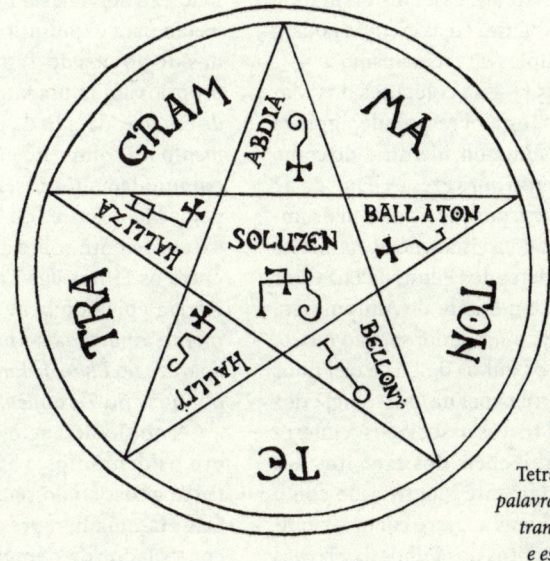

O Pentagrama de Salomão, tal como representado no Lemegeton. O Tetragrammaton, *uma palavra hebraica, aparece transliterado em inglês e escrito em torno dos raios da estrela. Imagem de Jackie Williams.*

doença descrita apenas como "febre semiterçã". Tephras responde ao anjo Azael e pode ser expulso pelo seu nome. Salomão o teria supostamente ocupado com o trabalho de erguer grandes pedras e lançá-las aos construtores que trabalhavam edificando as partes superiores do Templo. Cf. SALOMÃO.

TERATH Demônio associado às horas diurnas, Terath detém o título de duque e conta com cinquenta espíritos ministradores subordinados. Ele mesmo serve ao rei infernal Raysiel, demônio de alto escalão na hierarquia do norte. O nome e sigilo de Terath aparecem na *Ars Theurgia*, o segundo livro da *Clavicula Salomonis*. Cf. ARS THEURGIA, RAYSIEL.

TESTAMENTO DE AMRAM Provavelmente escrito no séc. II a.C., o *Testamento de Amram* é um dos textos sectários mais antigos encontrados em meio aos escritos dos essênios. Esses escritos, descobertos em uma caverna perto de Quram, são mais conhecidos como os Manuscritos do Mar Morto. Os essênios eram uma comunidade judaica messiânica cujas crenças podem ter influenciado os princípios do cristianismo.

Sob a designação 4Q543-8 na coletânea dos Manuscritos do Mar Morto, esta obra pseudepigráfica em aramaico é atribuída a Amram, identificado como pai de Moisés. O documento por vezes é chamado de *A Visão do Sonho de Amram*, porque a parte mais impactante do texto detalha uma visão que se manifesta oniricamente. Nela, os líderes dos Filhos da Luz e dos Filhos das Trevas aparecem diante de Amram para exigir a sua lealdade, seja a um lado, seja ao outro. A presente guerra entre os Filhos da Luz e os Filhos da Escuridão tem um forte papel na escatologia dos essênios. Em vários dos textos associados à guerra entre essas duas facções, o chefe dos exércitos dos Filhos da Luz é frequentemente identificado como Miguel, mas às vezes seu nome aparece como Melquisedeque. O chefe dos exércitos dos Filhos das Trevas é identificado como Belial, que muitas vezes recebe o título de Príncipe das Trevas. No *Testamento de Amram*, Belial também é descrito como um dos Anjos Sentinelas, sombrio e com "um aspecto como o de uma víbora". Em alguns textos dos essênios, Belial também é conhecido pelo nome *Melchiresha*. Um dos outros manuscritos de Qumram que discute esses seres e suas funções é chamado de *Livro da Guerra*. Cf. BELIAL, SENTINELA.

TESTAMENTO DE SALOMÃO Texto extrabíblico hoje datado dos últimos séculos antes da Era Cristã. O Testamento de Salomão é uma obra pseudepigráfica, o que significa que é atribuída ao Rei Salomão, mas não foi de fato escrita pelo próprio monarca bíblico. O livro lista uma série de demônios, com seus poderes e o melhor método de controlá-los. Segundo a obra, ao Rei Salomão foi concedido poder sobre esses espíritos malignos como recompensa por sua fé e suas preces. Com a ajuda de um selo ou anel mágicos que lhe foi dado por Deus, Salomão conjurou e compeliu uma variedade de demônios e anjos caídos, forçando-os a trabalhar para ele para concluir a construção do templo. No caso dos demônios que atormentam a humanidade, segundo se sabe, Salomão extraiu deles o nome de um anjo que pode ser usado para expulsá-los. O interessante é que vários dos demônios do *Testamento* alegam ser filhos dos próprios anjos, um fato que associa esta obra ao *Livro de Enoque*, datado de um período anterior. O *Testamento* foi composto em uma época durante a qual a comunidade dos essênios em Qumram (conhecida pelos Manuscritos do Mar Morto) estava escrevendo extensamente sobre a Guerra nos Céus e a batalha entre os Filhos das Trevas e os Filhos da Luz. Essa guerra épica do bem contra o mal está intrinsicamente amarrada ao mito dos Anjos Sentinelas que aparece no *Livro de Enoque* e recebe algumas alusões oblíquas no *Testamento*.

A noção de que o Rei Salomão tinha poder sobre os demônios é antiga. O *Apocalipse de Adão*, texto gnóstico do séc. I ou II d.C., da biblioteca de Nag Hammadi, representa o Rei Salomão como um controlador de demônios. Seu envolvimento com a magia demoníaca e a astrologia são elaborados com ainda mais detalhe nas tradições rabínicas. No Corão, Salomão exerce poder sobre os Jinn, e essa tradição teve uma influência poderosa na magia cerimonial dos grimórios que serviram de fonte para este livro. O poder de Salomão para compelir demônios usando os nomes divinos de Deus e dos anjos também tem uma conexão complexa com aspectos do esoterismo judaico, notavelmente a Cabala. Cf. SALOMÃO, SENTINELAS.

THAADAS Um dos ministros de Batthan, o rei dos espíritos do sol. Thaadas aparece na tradução de Peterson do *Livro Jurado de Honório*. É capaz de fornecer riqueza, poder e fama, além de tornar as pessoas saudáveis e amadas. Sua região é o leste, e se manifesta numa forma radiante, cuja pele é da cor de citrus. Thaadas é coibido pelos anjos Rafael, Cashael, Dardyhel e Hanrathaphael, que supervisionam a esfera do sol. Cf. BATTHAN, *LIVRO JURADO*.

THALBUS Demônio noturno com a reputação de ter índole maligna e enganosa. Thalbus é um poderoso duque governado pelo príncipe demoníaco Cabariel. Sendo um demônio nobre, conta com cinquenta espíritos inferiores que são subordinados a ele e executam seus comandos. O nome e o selo de Thalbus usado para controlá-lo aparecem na *Ars Theurgia*, o segundo livro da *Clavicula Salomonis*. Segundo o texto, está afiliado ao oeste. Cf. *ARS THEURGIA*, CABARIEL.

THAMUZ O embaixador demoníaco da Espanha, um papel que Thamuz recebe na apresentação de Waite do *Grande Grimório* em sua obra de 1910, o *Livro da Magia Negra e Pactos*. A descrição de Thamuz vem da obra do demonologista do séc. XIX Charles Berbiguier. O nome deste demônio deriva de uma divindade cultuada na Síria e Fenícia, Tâmuz, que corresponde intimamente ao grego Adônis. Este é também o nome de um mês do calendário judaico. Cf. BERBIGUIER, WAITE.

THANATIEL Segundo a *Ars Theurgia*, este demônio é capaz de aparecer apenas em horários específicos a cada dia. Se o dia for dividido em quinze seções de tempo, então o horário de Thanatiel cai entre as horas e minutos associados à terceira porção. Serve como um duque poderoso ao príncipe errante Icosiel e conta com um total de 2200 espíritos inferiores que são subordinados a ele. Thanatiel tem apreço por espaços domiciliares, por isso é mais fácil encontrá-lo dentro de casas e residências particulares. Cf. *ARS THEURGIA*, ICOSIEL.

THARAS Demônio das horas diurnas que supostamente aparece entre o amanhecer e o anoitecer. Tharas detém o título de arquiduque e conta com cinquenta espíritos menores que atendem às suas necessidades. O próprio Tharas serve ao rei demoníaco Raysiel. Por meio de sua associação a Raysiel, está associado à corte do norte. O nome de Tharas e seu selo demoníaco aparecem na *Ars Theurgia*. Cf. *ARS THEURGIA*, RAYSIEL.

THARIEL Demônio noturno governado por Raysiel, rei da hierarquia do norte. Na *Ars Theurgia*, Thariel é descrito como um demônio teimoso e de má índole. Seu título é o de arquiduque e conta com quarenta espíritos ministradores que lhe servem. Cf. *ARS THEURGIA*, RAYSIEL.

THARSON "Vice-duque" que serve ao arquiduque Samyel na hierarquia maior do príncipe errante Menadiel. Tharson pertence à 12ª hora do dia, pois consta que aparece sempre depois de Samyel, que se manifesta na 11ª hora. Tharson e seus colegas demoníacos são mencionados na *Ars Theurgia*, texto mágico datado, acredita-se, do séc. XVII. Cf. *ARS THEURGIA*, MENADIEL, SAMYEL.

THITODENS Demônio associado à catoptromancia e à adivinhação. É conjurado no *Manual de Munique* para emprestar seu poder a feitiços que visam a obter visões e informações secretas ou ocultas. Cf. *MANUAL DE MUNIQUE*.

THOAC Duque infernal na hierarquia do norte, subordinado ao rei infernal Raysiel. Thoac serve a seu mestre durante as horas diurnas. Segundo a *Ars Theurgia*, conta com cinquenta espíritos menores que o atendem. Cf. *ARS THEURGIA*, RAYSIEL.

Uma bruxa lançando feitiços sobre um caldeirão fumegante. Gravura de H. S. Thomassin. Embora muitos dos grimórios pareçam presumir que o praticante seja um homem, outros como o Livro de Oberon dão conta da possibilidade de que praticantes sejam de qualquer gênero. Imagem cortesia da Wellcome Library, Londres.

THOBAR No *Manual de Munique*, Thobar é mencionado em um feitiço para obter justiça após um roubo ter sido cometido. É um dos vários demônios conjurados para revelar a identidade de ladrões e os paradeiros dos bens roubados, o que é realizado por meio de um método divinatório, para o qual é necessário um jovem menino para servir de intermediário entre os demônios e o mago. Cf. *Manual de Munique*.

THURCAL Demônio que se manifesta apenas durante as horas noturnas. Thurcal é um arquiduque governado por Raysiel, rei infernal do norte. Seu nome e selo aparecem na *Ars Theurgia*. Segundo o texto, Thurcal é um espírito maligno e teimoso, com uma companhia de vinte espíritos menores. Cf. *Ars Theurgia*, Raysiel.

THURIEL Um dos doze duques mencionados na corte do príncipe infernal Macariel. Thuriel tem a reputação de se manifestar na forma de um dragão de muitas cabeças, mas também é dotado do poder de assumir uma variedade de outras formas. Não há nenhuma hora específica do dia ou da noite à qual esteja associado, por isso pode aparecer sempre que quiser. Segundo a *Ars Theurgia*, conta com um total de quatrocentos espíritos menores sob seu comando. Cf. *Ars Theurgia*, Macariel.

TIGARA Demônio mencionado na *Ars Theurgia*, onde consta que Tigara serve a Barmiel, o primeiro e principal espírito do sul. Tigara detém o título de duque e conta com vinte espíritos menores sob seu comando. Serve a seu rei infernal durante as horas diurnas. Cf. *Ars Theurgia*, Barmiel.

TIGRAFON Também grafado como Tigraphon, este demônio aparece na *Magia Sagrada de Abramelin, o Mago*. É dito que serve a uma "dupla liderança" dos arquidemônios Magoth e Kore. Cf. Kore, Magoth Mathers.

TIMIRA Servidor dos demônios Astarote e Asmodeus, Timira aparece na *Magia Sagrada de Abramelin, o Mago*. Segundo a tradução de Mathers dessa obra, o nome deste demônio vem de uma palavra hebraica para "palmeira"[1]. Cf. Astarote, Asmodeus, Mathers.

TIRAIM Demônio que serve à liderança conjunta de Magoth e Kore, pelo menos segundo a tradução de Mathers da *Magia Sagrada de Abramelin, o Mago*. Em outras edições da obra, este demônio serve apenas ao arquidemônio Magoth. Nas versões do *Abramelin* guardadas nas bibliotecas de Wolfenbüttel e Dresden, o nome deste demônio é grafado como *Lotaym*. Cf. Kore, Magoth, Mathers.

TIRANA Este demônio serve lealmente aos quatro príncipes infernais das direções cardeais. Sendo um demônio que responde a Oriens, Paimon, Ariton e Amaimon, partilha de todos os seus poderes e é capaz de conferi-los a outros ao ser conjurado. Tirana aparece na *Magia Sagrada de Abramelin, o Mago*. Cf. Amaimon, Ariton, Mathers, Oriens, Paimon.

TISTATOR Demônio associado a mentiras e enganos, Tistator aparece na *Magia Sagrada de Abramelin, o Mago*. Consta que é útil em questões que dizem respeito a ilusões e trapaças, também sendo possível chamá-lo para oferecer auxílio com feitiços de invisibilidade. Este demônio também se encontra na tradução de Mathers da *Clavicula Salomonis*, a *Chave Menor de Salomão*. Cf. *Clavicula Salomonis*, Mathers.

TMSMAEL Anjo perverso evocado, na *Espada de Moisés*, num feitiço para separar um marido da sua esposa. Consta que possui diversos poderes malévolos, incluindo a habilidade de infligir dores agudas, inflamações e hidropisia. Cf. *Espada de Moisés*, Gaster.

TORFORA Demônio mencionado na *Magia Sagrada de Abramelin, o Mago*, Torfora aparece na hierarquia governada por todos os quatro príncipes infernais das direções cardeais: Oriens,

---

[1] Nota da Tradução: Não se pode afirmar que essa "palma" seja a folha da palmeira, ou a palma das mãos. Em hebraico, temos palmeira, "tamar", e palma da mão, "kaf".

CURIOSIDADES DEMONÍACAS

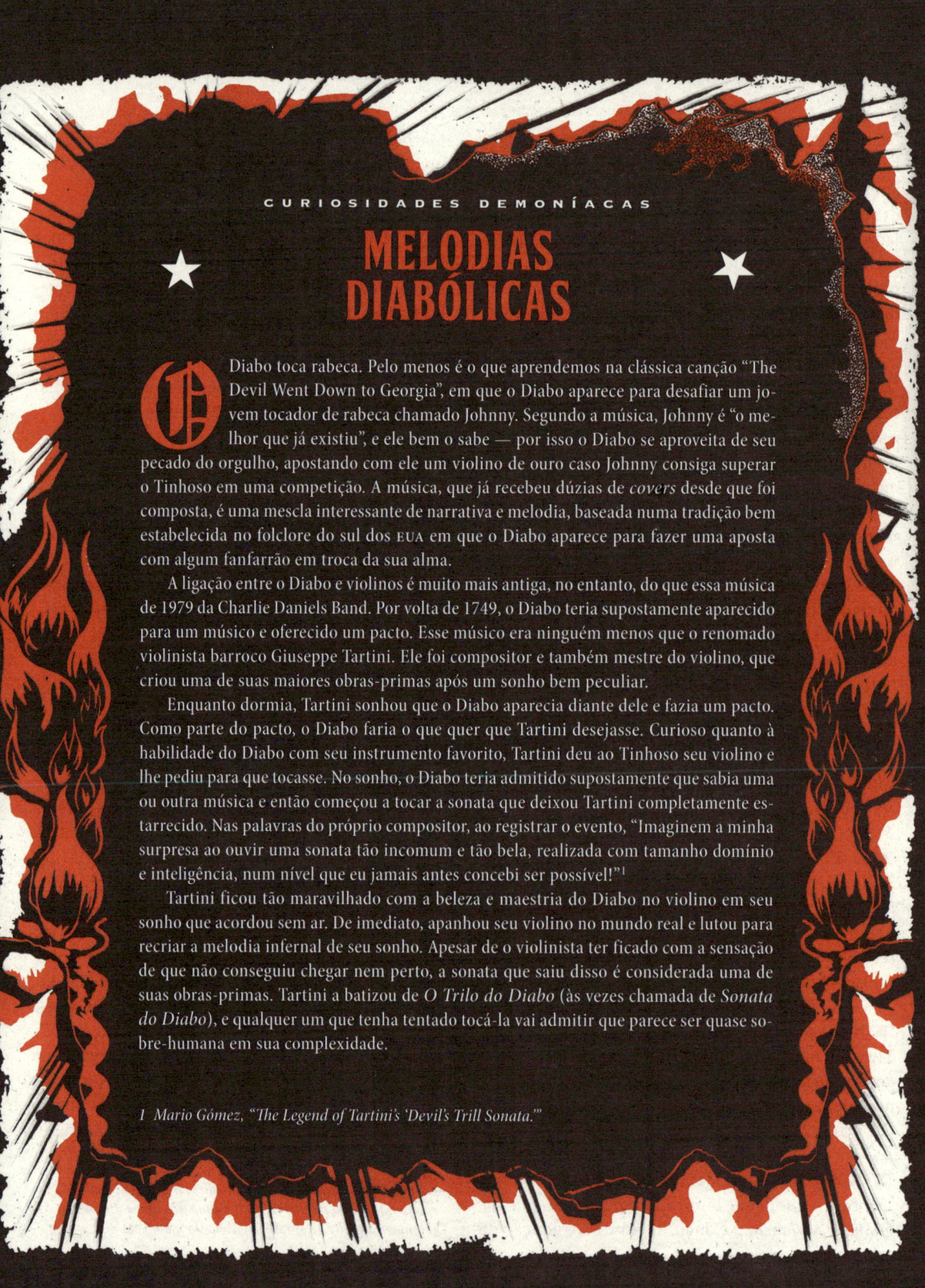

MELODIAS DIABÓLICAS

O Diabo toca rabeca. Pelo menos é o que aprendemos na clássica canção "The Devil Went Down to Georgia", em que o Diabo aparece para desafiar um jovem tocador de rabeca chamado Johnny. Segundo a música, Johnny é "o melhor que já existiu", e ele bem o sabe — por isso o Diabo se aproveita de seu pecado do orgulho, apostando com ele um violino de ouro caso Johnny consiga superar o Tinhoso em uma competição. A música, que já recebeu dúzias de *covers* desde que foi composta, é uma mescla interessante de narrativa e melodia, baseada numa tradição bem estabelecida no folclore do sul dos EUA em que o Diabo aparece para fazer uma aposta com algum fanfarrão em troca da sua alma.

A ligação entre o Diabo e violinos é muito mais antiga, no entanto, do que essa música de 1979 da Charlie Daniels Band. Por volta de 1749, o Diabo teria supostamente aparecido para um músico e oferecido um pacto. Esse músico era ninguém menos que o renomado violinista barroco Giuseppe Tartini. Ele foi compositor e também mestre do violino, que criou uma de suas maiores obras-primas após um sonho bem peculiar.

Enquanto dormia, Tartini sonhou que o Diabo aparecia diante dele e fazia um pacto. Como parte do pacto, o Diabo faria o que quer que Tartini desejasse. Curioso quanto à habilidade do Diabo com seu instrumento favorito, Tartini deu ao Tinhoso seu violino e lhe pediu para que tocasse. No sonho, o Diabo teria admitido supostamente que sabia uma ou outra música e então começou a tocar a sonata que deixou Tartini completamente estarrecido. Nas palavras do próprio compositor, ao registrar o evento, "Imaginem a minha surpresa ao ouvir uma sonata tão incomum e tão bela, realizada com tamanho domínio e inteligência, num nível que eu jamais antes concebi ser possível!"[1]

Tartini ficou tão maravilhado com a beleza e maestria do Diabo no violino em seu sonho que acordou sem ar. De imediato, apanhou seu violino no mundo real e lutou para recriar a melodia infernal de seu sonho. Apesar de o violinista ter ficado com a sensação de que não conseguiu chegar nem perto, a sonata que saiu disso é considerada uma de suas obras-primas. Tartini a batizou de *O Trilo do Diabo* (às vezes chamada de *Sonata do Diabo*), e qualquer um que tenha tentado tocá-la vai admitir que parece ser quase sobre-humana em sua complexidade.

---

1 Mario Gómez, "The Legend of Tartini's 'Devil's Trill Sonata.'"

Paimon, Amaimon e Ariton. Conjurado como parte do ritual do Sagrado Anjo Guardião, Mathers sugere que o nome deste demônio derivaria de um termo hebraico que significa "pequena faca" ou "lanceta". Cf. AMAIMON, ARITON, MATHERS, ORIENS, PAIMON.

TOXAI Demônio cujo nome pode ser interpretado como "o tóxico". Na edição de Mathers da *Magia Sagrada de Abramelin, o Mago*, Toxai é elencado junto aos demônios regidos pelo governante infernal Astarote. *Texai* é uma das variações do seu nome. Cf. ASTAROTE, MATHERS.

TRACATAT Um dos ministros do demônio Canibores. Segundo a tradução de Driscoll do *Livro Jurado*, Tracatat detém poder sobre a paixão e a voluptuosidade, tanto entre homens quanto entre mulheres. É capaz de intensificar o prazer e manifestar itens de luxo como tecidos e perfumes caros. Quando aparece diante do conjurador, seu corpo é reluzente como uma estrela. O texto o compara a um tipo de prata maleável e sua estatura é mediana. Está relacionado intimamente ao demônio Trachathath na tradução de Peterson do *Livro Jurado*. Cf. CANIBORES, *LIVRO JURADO*, TRACHATHATH.

TRACHATHATH Servo do demônio Sarabocres, mencionado como o rei infernal do planeta Vênus na tradução de Peterson do *Livro Jurado de Honório*. Trachathath tem poder sobre a paixão, luxúria e prazer. É quase certo que seja uma variação do demônio Tracatat, mencionado na edição de Driscoll do *Livro Jurado*. Consta que este demônio seria um dos quatro da corte de Sarabocres governados pelos ventos leste e oeste. Cf. *LIVRO JURADO*, SARABOCRES, TRACATAT.

TRACHI Demônio governado por Oriens, Amaimon, Paimon e Ariton, os quatro príncipes infernais das direções cardeais. Trachi aparece na *Magia Sagrada de Abramelin, o Mago*. Segundo Mathers, seu nome deriva de uma palavra grega que significa "grosseiro" ou "rude". Cf. AMAIMON, ARITON, MATHERS, ORIENS, PAIMON.

TRANSIDIUM Segundo a *Clavicula Salomonis*, este demônio detém poder sobre a invisibilidade. Transidium é um dos vários demônios que respondem ao mestre demoníaco da invisibilidade, Almiras, e seu ministro infernal, Cheros. Este demônio também é mencionado em associação a esse poder na *Magia Sagrada de Abramelin, o Mago*. Cf. ALMIRAS, CHEROS, *CLAVICULA SALOMONIS*, MATHERS.

TRAPISI Demônio cujo nome talvez derive de uma raiz grega que significa "virar", Trapisi é governado pelos quatro príncipes demoníacos das direções cardeais. Seu nome é mencionado na tradução de Mathers da *Magia Sagrada de Abramelin, o Mago*. Cf. AMAIMON, ARITON, MATHERS, ORIENS, PAIMON.

TRATADO SOBRE MAGIA ANGELICAL Manuscrito no acervo da British Library arquivado sob a designação Harley MS 6482. É um dos vários manuscritos do acervo produzidos pelo mesmo indivíduo. Composto no final do séc. XVII, o *Tratado sobre Magia Angelical* aborda principalmente os métodos para evocar anjos, mas contém os nomes e descrições de alguns demônios e anjos caídos também. Há ainda algumas técnicas em comum com a magia enoquiana do Dr. John Dee, bem como um conjunto de quadrados mágicos descritos especificamente como as *Tabulae* de Enoque. A obra é atribuída a um erudito de nome Dr. Rudd, que autores como Francis Yates interpretam ser um indivíduo chamado Thomas Rudd. Em 1651, Rudd publicou uma edição do *Prefácio Matemático a Euclides*, originalmente composto por John Dee, o que estabelece uma conexão entre Dee e essa obra. Os manuscritos do acervo Harley não são os originais de Rudd, mas sim cópias feitas por um tal Peter Smart. O ocultista Adam McLean acredita que os manuscritos de Rudd nunca foram feitos para que o público os lesse. Em vez disso, sugere que seriam cópias para uso particular ou para um pequeno círculo de praticantes próximos ao Dr. Rudd. Cf. RUDD.

TRIAY O *Manual de Munique* identifica Triay como um demônio dotado de um temperamento particularmente asqueroso. Este demônio maligno, ao ser conjurado com muito cuidado, pode ser atiçado para que ataque um inimigo. Quando ataca, a vítima será afligida e perderá os sentidos, sem chance de se recuperar a não ser que o mago o queira. Aflige a mente, causando delírios e confundindo os sentidos. Cf. *Manual de Munique*.

TRIMASEL Habilidoso nas artes alquímicas, este demônio tem a reputação de ser capaz de ensinar a criar um pó que transforma qualquer metal reles em prata ou ouro. Além disso, é hábil também na química e na prestidigitação, sendo capaz de ensinar as duas artes se lhe for pedido. Mencionado no *Grimorium Verum*, editado por Peterson, Trimasel, cujo nome também pode ser grafado Trimasael, é um dos quatro principais espíritos que servem ao demônio Satanachia. Cf. *Grimorium Verum*, *Satanachia*.

TRINITAS Demônio associado à segunda-feira, Trinitas é mencionado no *Grimório do Papa Honório*. Seu nome talvez seja derivado do latim para *trindade*, *trinitas*, da raiz *trini*, "três". Cf. *Grimório do Papa Grimório*.

TRISAGA Servidor dos reis demoníacos Amaimon e Ariton. Em sua tradução do *Magia Sagrada de Abramelin, o Mago*, Mathers relaciona o nome deste demônio ao número três e a "tríades". Em outras versões do material do *Abramelin*, o nome deste demônio aparece como *Trisacha*. Cf. *Amaimon*, *Ariton*, *Mathers*.

TRITÊMIO, JOÃO Criptógrafo e ocultista alemão que viveu entre 1462 e 1516. Nascido Johann Heidenberg, foi eleito abade no mosteiro beneditino de Sponheim em 1483, aos 21 anos. Transformou a abadia em um centro de estudos, ampliando significativamente o acervo de livros em sua biblioteca. No entanto, abundavam boatos de seu envolvimento com ocultismo, que o obrigaram a se exonerar em 1506. Sob recomendação do Bispo de Würzburg, tornou-se o abade do monastério St. Jakob zu den Schotten, onde serviu até o fim da sua vida.

Sua obra mais famosa é a *Steganographia*, livro escrito por volta de 1499, que recebeu publicação póstuma em 1606. Na superfície, parece ser um livro sobre magia e ocultismo, cujo primeiro capítulo inclui uma lista de espíritos quase idêntica à delineada na *Ars Theurgia*. A *Steganographia*, no entanto, é uma palavra cunhada por Tritêmio, a partir de raízes gregas, que significa "escrita oculta". Estudos posteriores dessa obra revelam que ela contém material sobre criptografia e esteganografia, a arte de esconder mensagens ocultas sob um texto de superfície inócuo ou enganoso. A escolha de Tritêmio quanto à superfície do texto, no entanto, era tudo menos inócua. Optar por esconder mensagens ocultas numa obra sobre demônios é uma decisão curiosa, ainda mais numa época em que um interesse sobre tais assuntos poderia resultar em censura da Igreja ou coisa pior. Apesar disso, existe um debate entre pesquisadores modernos quanto à possibilidade de Tritêmio acreditar ou não na magia espiritual e demoníaca apresentada na *Steganographia*.

Embora seja difícil provar postumamente que tenha sido praticante de magia, é impossível negar que ele teria um interesse de longa data em assuntos ocultos. Um de seus outros livros, o *Antipalus Maleficiorum*, escrito em 1508, contém um catálogo de livros necromânticos que é uma das fontes mais completas sobre a magia renascentista que temos até hoje. Além de inventar a arte e ciência da esteganografia, Tritêmio contava com ocultistas como Paracelso e Agrippa entre os seus alunos. Foi por conta de uma sugestão de Tritêmio que Agrippa adiou a publicação dos seus *Três Livros da Filosofia Oculta* durante quase duas décadas após a obra ter sido produzida. Cf. *Agrippa*, *Steganographia*.

TUDIRAS HOHO Grande marquês que aparece na forma de uma bela donzela. É um dos raríssimos demônios com nome e sobrenome. Tem o poder de tornar os homens sábios em todas as ciências e é capaz de transformar uma pessoa para que assuma um aspecto de pássaro. Esse nome único aparece no grimório francês *Livre des Esperitz*, onde consta que 31 legiões seguem os seus comandos. Cf. *Livre des Esperitz*.

TUGAROS Demônio a serviço de Camuel, rei da hierarquia do leste. Segundo a *Ars Theurgia*, Tugaros detém o título de duque, apesar de não ter nenhum espírito ministrador que lhe seja subordinado. Está associado às horas noturnas, mas se manifesta durante o dia. Ao se manifestar, é cortês e belo de se ver. Cf. *Ars Theurgia*, Camuel.

TULOT Demônio governado pelos quatro príncipes das direções cardeais: Oriens, Paimon, Ariton e Amaimon. O nome de Tulot aparece como parte de uma operação centrada em torno do Sagrado Anjo Guardião, tal como descrito na *Magia Sagrada de Abramelin, o Mago*, traduzida por Mathers em 1898. Cf. Amaimon, Ariton, Mathers, Oriens, Paimon.

TURAEL Um dos Anjos Sentinelas mencionados no *Livro de Enoque*. Consta que seria um dos chefes desses anjos caídos. Compare-o com o anjo Turiel, cujo nome significa "rocha de Deus". Em outros momentos do mesmo texto, seu nome é grafado como Turel. Cf. Sentinelas.

TURITEL Segundo Mathers, a raiz do nome deste demônio deriva do hebraico e significa "rocha" ou "montanha". Turitel é mencionado na *Magia Sagrada de Abramelin, o Mago*. Segundo o texto, é governado pelo príncipe infernal Oriens. Cf. Mathers, Oriens.

TUVERIES Poderoso marquês na hierarquia do Inferno que conta com trinta legiões fiéis a seus comandos. Descrito no 34º feitiço do grimório do séc. xv conhecido como *Manual de Munique*, Tuveries aparece na forma de cavaleiro montado em cavalo preto. Se lhe for solicitado, tem o poder de revelar as coisas ocultas, incluindo tesouros. Além disso, auxilia em viagens de barco, para atravessar grandes distâncias por rio ou mar com rapidez. Também ensina *trivium* ao mago, habilidade que pode ser mais importante do que parece à primeira vista. Na idade moderna, *trivia* é uma palavra que se refere a informações de pouca consequência. Porém, na época do *Manual de Munique*, *trivium* poderia bem se referir aos segredos das encruzilhadas, também conhecidas como *tri-via*. Encruzilhadas constituídas pela junção de três estradas eram sagradas à deusa Hécate, considerada a padroeira das bruxas. Por volta do séc. xv, ela já havia passado a ser vista como uma deusa sombria de fato, e assim Tuveries pode muito bem ter em seu poder a habilidade de ensinar ao mago todos os segredos das artes sombrias. Cf. *Manual de Munique*.

TYGRA Demônio a quem é atribuído o título de senador, sendo um dos sete que servem ao grande imperador Tantavalerion. No *Livro de Oberon*, Tantavalerion e seus sete senadores são evocados para compelir os outros espíritos para que apareçam, além de serem capazes de mantê-los dóceis e obedientes. Cf. Asmoo, Boell, Danall, *Livro de Oberon*, Orymell, Pascary, Salarica, Tantavalerion.

TYROS Demônio mencionado no *Manual de Munique*. Tyros tem o poder de auxiliar em práticas divinatórias, sendo conjurado em um feitiço ligado à arte da catoptromancia. Cf. *Manual de Munique*.

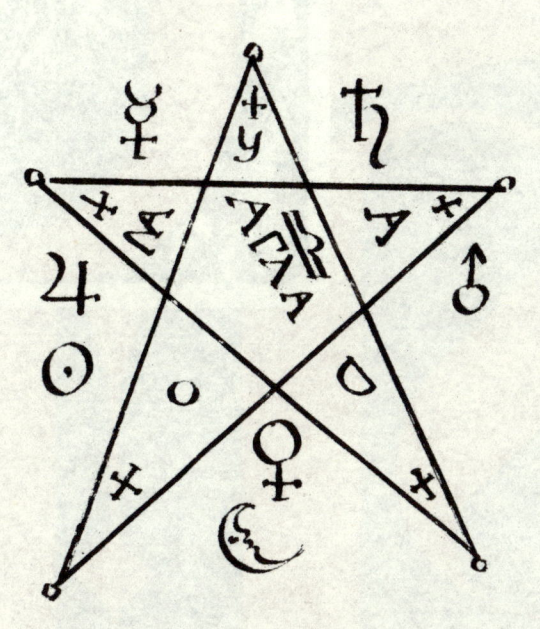

Pentagrama cercado por figuras astrológicas. Detalhe da Clavis Inferni. *Imagem cortesia da Wellcome Collection, Londres.*

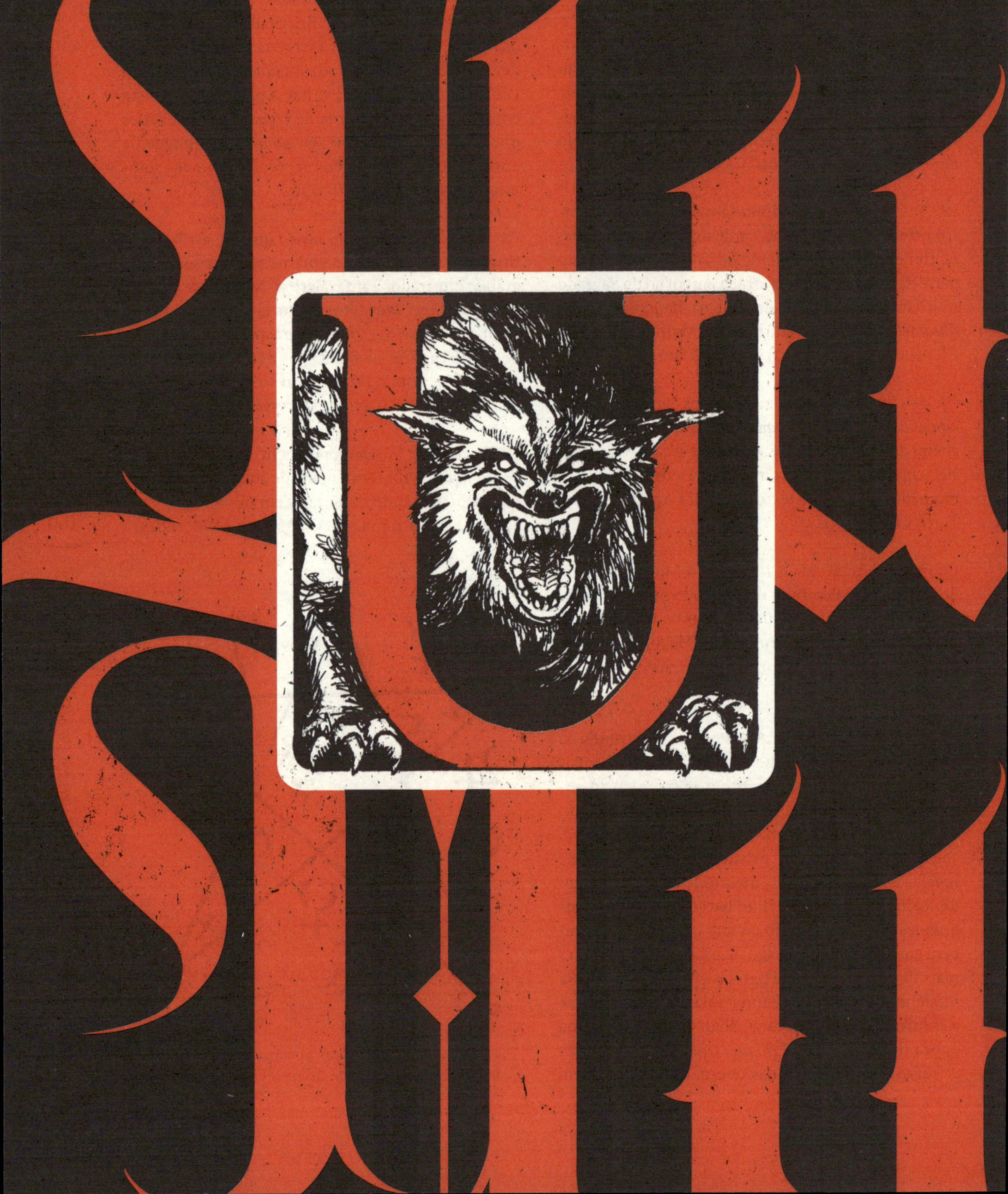

UBARIN Segundo a *Magia Sagrada de Abramelin, o Mago*, Ubarin é um servidor demoníaco do arquidemônio Magoth. Na tradução de Mathers desta obra, consta que Ubarin serve também ao demônio Kore. Mathers, o ocultista, sugere que o nome deste demônio significa "insulto" ou "ultraje". Ubarin é grafado como *Ubarim* em outras versões do material do *Abramelin*. Cf. Kore, Magoth, Mathers.

UDAMAN Servidor demoníaco sob os comandos tanto de Astarote quanto Asmodeus. Udaman aparece na tradução de 1898 da *Magia Sagrada de Abramelin, o Mago*, de Mathers. O nome deste demônio pode ter sido derivado de uma palavra grega, *eudaimon*, com o sentido de "bom *daemon*/demônio". Cf. Astarote, Asmodeus, Mathers.

UDIEL Um dos vários demônios sob o governo do rei infernal Malgaras. Udiel detém o título de arquiduque e está associado à região oeste. Serve ao seu mestre demoníaco apenas durante as horas diurnas. Segundo a descrição da *Ars Theurgia*, Udiel tem trinta espíritos menores sob seu comando. Cf. Ars Theurgia, Malgaras.

UGALES Um dos vários demônios que respondem a Astarote e Asmodeus, Ugales é mencionado na tradução de 1898 da *Magia Sagrada de Abramelin, o Mago* feita pelo ocultista S. L. MacGregor Mathers. Em outras versões desta obra, o nome deste demônio é grafado como *Ugalis*. Cf. Astarote, Asmodeus.

UGIRPEN Demônio comandado pelo governante infernal Astarote. Ugirpen aparece na *Magia Sagrada de Abramelin, o Mago*, evocado com todos os outros servidores demoníacos de Astarote como parte do ritual do Sagrado Anjo Guardião. Cf. Astarote, Mathers.

URBANIEL O 15º duque que serve ao príncipe infernal Icosiel, dizem que Urbaniel é atraído ao interior das casas. Segundo a *Ars Theurgia*, pertence à última porção de tempo se o dia for dividido em quinze partes. Só aparece durante horas e minutos específicos a cada dia. Ao se manifestar, é provável que seja acompanhado por pelo menos alguns de seus 2200 espíritos menores que dizem atendê-lo. Seu nome provavelmente deriva do latim *urbanus*, "urbano, citadino". Cf. Ars Theurgia, Icosiel.

URIEL Na *Ars Theurgia*, Uriel aparece como um dos tais "príncipes errantes". Neste posto, consta que tem dez arquiduques e cem duques menores que executam seus desejos. Os espíritos em sua hierarquia são descritos como possuidores de uma natureza truculenta e maligna. Consta que são traiçoeiros ao extremo, por isso em todos os acordos demonstram sempre grande falsidade. A forma de manifestação de Uriel é como uma serpente com a cabeça de uma linda donzela. Todos os demônios que atendem em sua corte assumem a mesma forma monstruosa ao aparecerem diante dos mortais. Uriel também consta como um demônio na *Steganographia* de Tritêmio.

É claro, porém, que Uriel é um nome que tipicamente não tem associação com entidades demoníacas, sendo mais conhecido como um dos arcanjos. Uriel aparece no *Livro de Enoque* junto dos arcanjos Miguel, Rafael e Gabriel. Depois, neste mesmo texto, sete arcanjos são mencionados, e Uriel mais uma vez está incluído neste número. Aparece como o quarto dos arcanjos na hierarquia celestial de São Gregório, bem como também na composta por Pseudo-Dionísio, o Areopagita. Uriel é também identificado como um anjo no *Testamento de Salomão*. Seu nome, por vezes, é grafado como Oriel ou Auriel, entendido como tendo o significado "Luz de Deus" ou "Fogo de Deus". Cf. Ars Theurgia, Livro de Enoque, Salomão.

URIGO Nome grafado como *Urgido* tanto na versão da biblioteca de Wolfenbüttel quanto na de Desden da *Magia Sagrada de Abramelin, o Mago*. Na tradução amplamente lida de Mathers, o nome de Urigo é apresentado como tendo o sentido de "estragado" ou "podre". A maior parte dos textos do *Abramelin* concordam que Urigo é um servo do demônio Magoth. Mathers também o lista como servo de Kore. Cf. KORE, MAGOTH, MATHERS.

URSIEL Um dos doze principais duques que dizem servir ao rei demoníaco Caspiel, Imperador do Sul. Ursiel é um espírito grosseiro e teimoso que interage com a humanidade apenas com muita relutância. Segundo a *Ars Theurgia*, Ursiel por vezes aparece ao lado de seu mestre, Caspiel, mas pode ser conjurado de forma independente. Embora não seja dada nenhuma explicação do sentido do nome do demônio na *Ars Theurgia*, há uma possível conexão com a palavra *Ursa*. Consta que Ursiel tem um total de 2260 espíritos menores sob seu comando. Cf. *ARS THEURGIA*, CASPIEL.

USIEL Na *Ars Theurgia*, Usiel é mencionado como o terceiro espírito sob Amenadiel, Imperador do Oeste. Usiel governa a região noroeste e comanda um total de oitenta duques infernais, metade dos quais lhe servem durante as horas diurnas e metade durante as horas noturnas. Usiel e os duques infernais em sua hierarquia costumam ser evocados para proteger objetos de valor contra roubos ou para revelar objetos preciosos que tenham sido obscurecidos por outras pessoas por meio de encantamentos. O nome deste demônio pode ser encontrado na *Steganographia* de Tritêmio, escrita por volta de 1499. Cf. AMENADIEL, *ARS THEURGIA*, TRITÊMIO.

USINIEL Demônio na corte do príncipe Usiel. Usiniel é um revelador de segredos, ajudando os mortais a descobrirem tesouros ocultos por meios mágicos. Também é muito eficaz em esconder objetos por meio de sua própria magia, evitando que sejam descobertos ou roubados. Na *Ars Theurgia* consta que seu título é o de duque e que tem trinta espíritos menores sob seu comando. Cf. *ARS THEURGIA*, USIEL.

USYR Um dos vários espíritos evocados no *Manual de Munique* para criar um castelo ilusório, completo com cavaleiros e criados e um salão de banquetes. Usyr pode ser propiciado com uma oferenda de leite e mel. É descrito como um "espírito escudeiro" no texto e só deve ser chamado em locais remotos e secretos no décimo dia do ciclo lunar. Cf. *MANUAL DE MUNIQUE*.

UTIFA Mencionado na tradução de Mathers da *Magia Sagrada de Abramelin, o Mago*, consta que Utifa serve ao demônio Asmodeus. Embora existam várias versões do material do *Abramelin*, apenas o manuscrito francês do séc. XV usado como fonte por Mathers contém o nome Utifa. Cf. ASMODEUS, MATHERS.

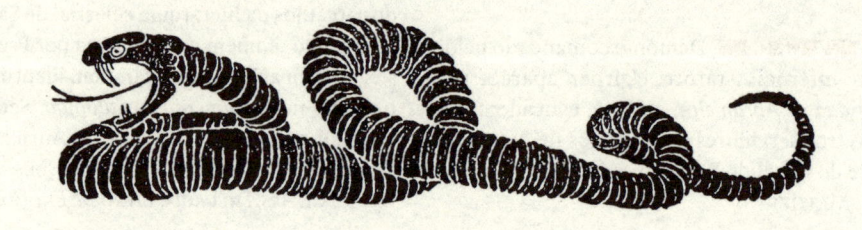

CURIOSIDADES DEMONÍACAS

NOVE DÉCIMOS DA LEI

Em 1630, um grupo de freiras ursulinas em Loudun, França, acusou o padre Urbain Grandier de ter evocado demônios para possuírem-nas. As freiras sofriam surtos ferozes, muitas vezes encenando atos libidinosos e se expondo num frenesi de inspiração demoníaca. Grandier era um padre mundano, alto e atraente, com uma reputação que incluía tudo menos celibato. Fez diversos inimigos, tanto por causa de suas indiscrições sexuais quanto por conta de suas tendências políticas. Em 1618, escreveu uma obra satírica criticando o cardeal Richelieu. Richelieu não era um homem de brincadeiras, e é bastante possível que tenha manipulado a situação em Loudun para que Grandier fosse destruído.

Um dos muitos inimigos de Grandier, um certo padre Mignon, foi o primeiro a assumir a empreitada de exorcizar as freiras. Seu trabalho resultou em alguns documentos curiosos supostamente escritos pelos demônios que as possuíram. Asmodeus, escrevendo com um francês horrível na caligrafia delicada de uma mulher, aparentemente compôs um contrato prometendo abandonar o corpo da freira em sua possessão. Um pacto entre o padre Grandier e o Diabo foi produzido sob circunstâncias semelhantes. Entre as testemunhas, havia uma variedade de outros demônios bem conhecidos, como Baalberith, Astarote e Belzebu. Este documento foi dado como prova em seu julgamento. Os esforços de Mignon para exorcizar as freiras pareceram apenas encorajá-las e ele foi proibido de continuar seu trabalho. Porém, Richelieu ainda tinha planos para Grandier. Antes de a coisa toda ter fim, o cardeal passou a ter envolvimento direto na situação e deu ordens para que fosse realizada uma investigação completa. Com Richelieu encarregado de tudo, Grandier foi preso, horrivelmente torturado e depois queimado na fogueira em 1634. O caso é recontado na obra de 1952 de Aldous Huxley, *Os Diabos de Loudun*. As freiras continuaram se comportando como se estivessem possuídas, mesmo após a morte de Grandier. Richelieu foi o único membro do clero capaz de enfim expulsar os diabos delas: ele ameaçou cortar seu financiamento se não parassem.

Trecho do pacto supostamente assinado entre o padre Urbain Grandier e os diabos, no séc. XVII. O texto do pacto está escrito ao contrário e em latim. Cortesia da Dover Publications.

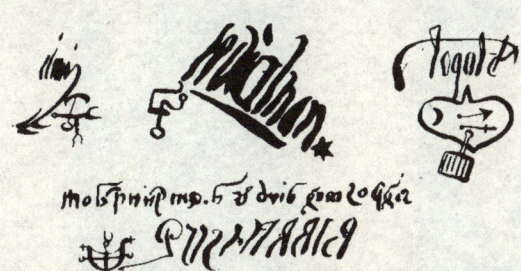

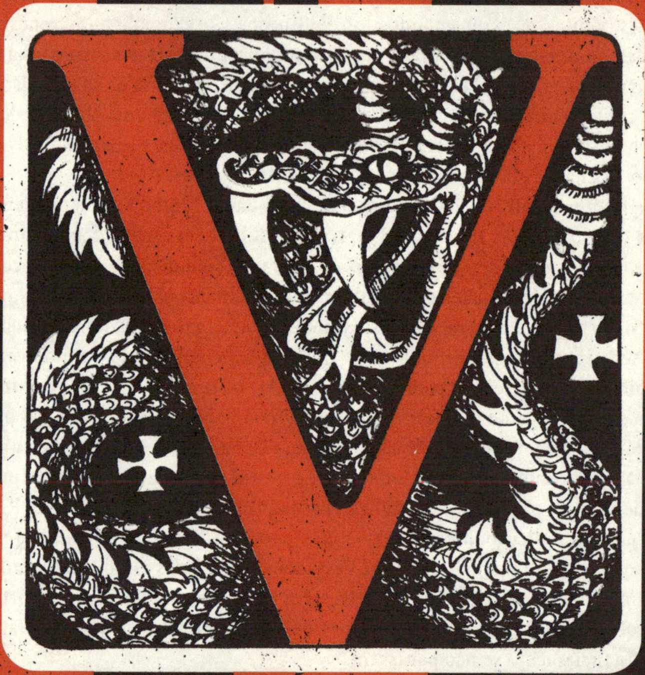

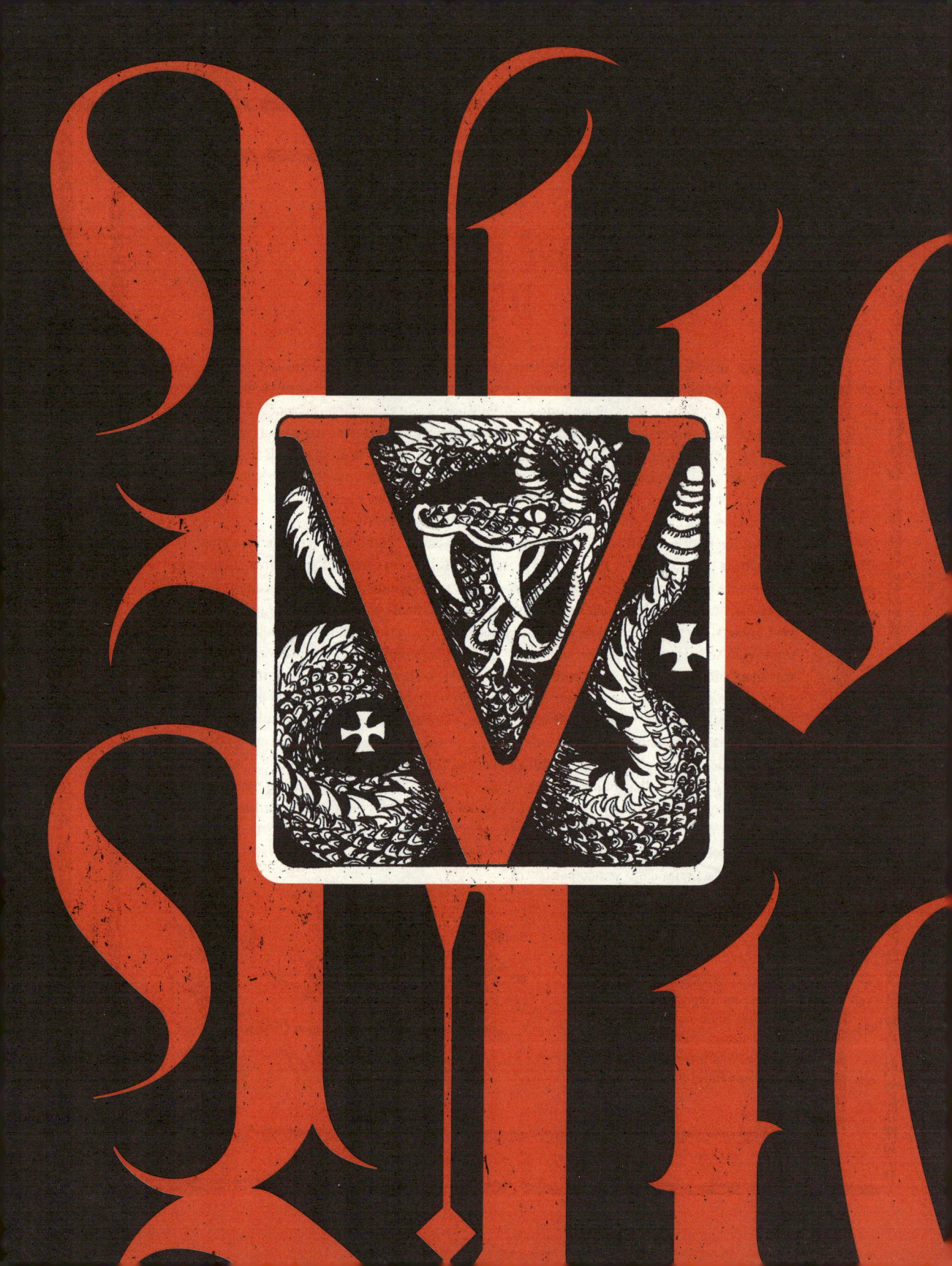

VALEFOR

VAAL Grande rei que concede nobreza, favores políticos e benefícios. É capaz de transformar alguém em um membro influente e respeitado da sociedade. Seu nome é mencionado no grimório francês *Livre des Esperitz*, onde consta que tem 39 legiões de espíritos menores que lhe servem. Cf. *Livre des Esperitz*.

VADRIEL Demônio governado pelo imperador Carnesiel. Vadriel é mencionado na *Ars Theurgia*, onde consta que serve na corte do leste. Cf. *Ars Theurgia*, Carnesiel.

VADROS Poderoso duque na hierarquia de Amenadiel, o Imperador Infernal do Oeste. Vadros comanda um contingente impressionante de 3880 espíritos menores. Seu nome e selo aparecem na *Ars Theurgia*. Cf. Amenadiel, *Ars Theurgia*.

VALAC O 62º demônio da *Goécia*, Valac é mencionado também na *Pseudomonarchia Daemonum*, de Wierus, e na *Descoberta da Bruxaria*, de Scot. Consta que assume a forma de um menino com asas de anjo. Ao se manifestar, chega montado num dragão de duas cabeças. Seu título é o de presidente, e dizem que tem domínio sobre trinta legiões de espíritos infernais. Ele tem um estranho poder sobre serpentes e sabe magicamente a localização dessas criaturas, sendo capaz de trazê-las, de qualquer distância, até o seu conjurador. Segundo o *Livro dos Encantamentos* galês, além desses outros poderes, também torna as serpentes inofensivas e seguras de se manusear e estudar. Aparece com o nome *Volach* no grimório do séc. xv conhecido como *Manual de Munique*. Aqui tem a reputação de ser um poderoso presidente do Inferno com 27 legiões sob seu comando. Aparece como um belo rapaz com não uma, mas *duas* cabeças, e asas de anjo. Na *Goécia do Dr.*

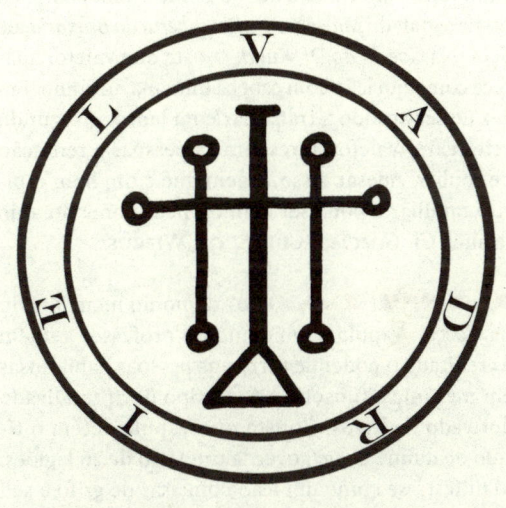

O selo do demônio Vadriel, que serve ao Imperador Carnesiel na Ars Theurgia. De um talismã feito por M. Belanger.

Rudd, consta que é coibido pelo anjo Iah-Hel. Neste texto, seu nome é grafado *Valu*. Outra variação possível é *Volac*. Cf. *Goécia*, *Livro dos Encantamentos*, *Manual de Munique*, Rudd, Scot, Wierus.

VALE Poderoso duque mencionado no *Livro dos Encantamentos*. Vale aparece na forma de um leão com cabeça de homem. Confere bons familiares, mas este demônio oferece como tentação, àqueles que se familiarizam com ele, a vontade de roubar. Governa dez legiões. Seu selo deve ser usado pelo conjurador constantemente para mantê-lo sob controle. Seu nome é uma variação do demônio goético *Valefor*. Cf. *Livro dos Encantamentos*, Valefor.

VALEFOR Também conhecido como Valefar. Demônio associado a ladrões. É o sexto espírito dentre os 72 demônios da *Goécia*. Na *Pseudomonarchia Daemonum*, consta que se torna muito próximo daqueles que o procuram, mas no fim leva estes indivíduos apenas ao triste destino da forca. Segundo este texto, assume a forma improvável de um leão com a cabeça de um ladrão. É um duque poderoso, com dez legiões de espíritos sob seu comando. Uma versão alternativa de seu nome é *Malaphar*. Seu nome é grafado *Malephar* na *Descoberta da Bruxaria*, de Scot. Na *Goécia do Dr. Rudd*, consta que Valefor aparece como um leão com cabeça humana, uivando. Em vez de ser atraído a trabalhar com ladrões, segundo este texto, Valefor apresenta às pessoas a tentação de roubar. Apesar disso, dizem que é um bom espírito familiar e pode ser coibido pelo nome do anjo Jelahel. Cf. Goécia, Rudd, Scot, Wierus.

VAPULA O 60º demônio mencionado na *Goécia*, Vapula é um demônio professor a quem é creditado o poder de tornar as pessoas habilidosas em mecânica, filosofia e todo tipo de aprendizado derivado de livros. Consta que Vapula detém o título de duque e que governa um total de 36 legiões. Manifesta-se como um leão com asas de grifo e seu nome aparece tanto na *Pseudomonarchia Daemonum*, de Johannes Wierus, quanto na *Descoberta da Bruxaria*, de Scot. Ainda aparece no *Livro dos Encantamentos* galês e é um dos 72 demônios da *Goécia*. A *Goécia do Dr. Rudd* dá seu nome como *Napula*. Aqui consta que governa apenas trinta legiões de espíritos menores. Em vez do título de duque, a ele é atribuído o de presidente. A *Goécia do Dr. Rudd* também diz que há um anjo específico que tem poder sobre ele e pode ser evocado para coibi-lo. Segundo o texto, o nome deste anjo é Mizrael. Cf. Goécia, Rudd, Scot, Wierus.

VARBAS Ao ser evocado, este demônio chega na forma de um leão feroz, mas pode assumir uma forma humana mais agradável se for solicitado. Consta que Varbas é um excelente médico, que ensina a curar os doentes. Também ensina nigromancia (as artes negras) e é capaz de alterar magicamente a aparência das pessoas. Detém o título de príncipe ou rei e tem 26 legiões de espíritos menores que lhe servem. Também aparece no *Livro de Oberon*, que oferece o nome alternativo de *Carbas*. Compare esse demônio, em aparência e poderes, a um outro demônio, também de aspecto leonino, *Marbas*. Cf. Livro de Oberon, Marbas.

VARPIEL Um dos doze duques que servem ao príncipe errante Macariel. O nome e selo de Varpiel aparecem na *Ars Theurgia*. Tem poder sobre um total de quatrocentos espíritos menores e prefere assumir a forma de um dragão de muitas cabeças. Não há qualquer hora específica à qual esteja associado, mas pode se manifestar a seu bel-prazer seja durante o dia ou durante a noite. Cf. Ars Theurgia, Macariel.

VASENEL Duque poderoso com um total de 1320 espíritos menores sob seu comando. De acordo com a *Ars Theurgia*, o próprio Vasenel serve ao demônio Emoniel, um duque errante do ar. Vasenel tem apreço por áreas bem florestadas e é capaz de aparecer tanto durante o dia quanto durante a noite. Cf. Ars Theurgia, Emoniel.

VASLOS Arquiduque governado pelo rei demoníaco Symiel. Vaslos serve na hierarquia do norte e tem quarenta espíritos ministradores sob seu comando. Está associado às horas diurnas e não se manifesta à noite. Segundo a *Ars Theurgia*, possui natureza basicamente boa e obediente. Cf. Ars Theurgia, Symiel.

VASSAGO O terceiro demônio mencionado na *Goécia*, Vassago é um príncipe com 26 legiões sob seu comando. Dizem que possui a mesma natureza que *Agares*, outro dos 72 demônios goéticos tradicionais. Vassago é conhecido como aquele que encontra coisas perdidas. Além disso, é capaz de falar de questões que dizem respeito ao passado e ao futuro. Apesar de seu nome aparecer na *Goécia*, é notável sua ausência tanto na *Pseudomonarchia Daemonum*, de Wierus, quanto na *Descoberta da Bruxaria*, de Scot. No entanto, aparece no *Livro dos Encantamentos* galês. Neste texto, governa 36 legiões. Na Goécia do Dr. Rudd, seu nome é grafado como Vasago. Segundo esta obra, pode ser coibido em nome do anjo Syrael. Cf. Agares, Goécia, Livro dos Encantamentos, Rudd, Scot, Wierus.

CURIOSIDADES DEMONÍACAS

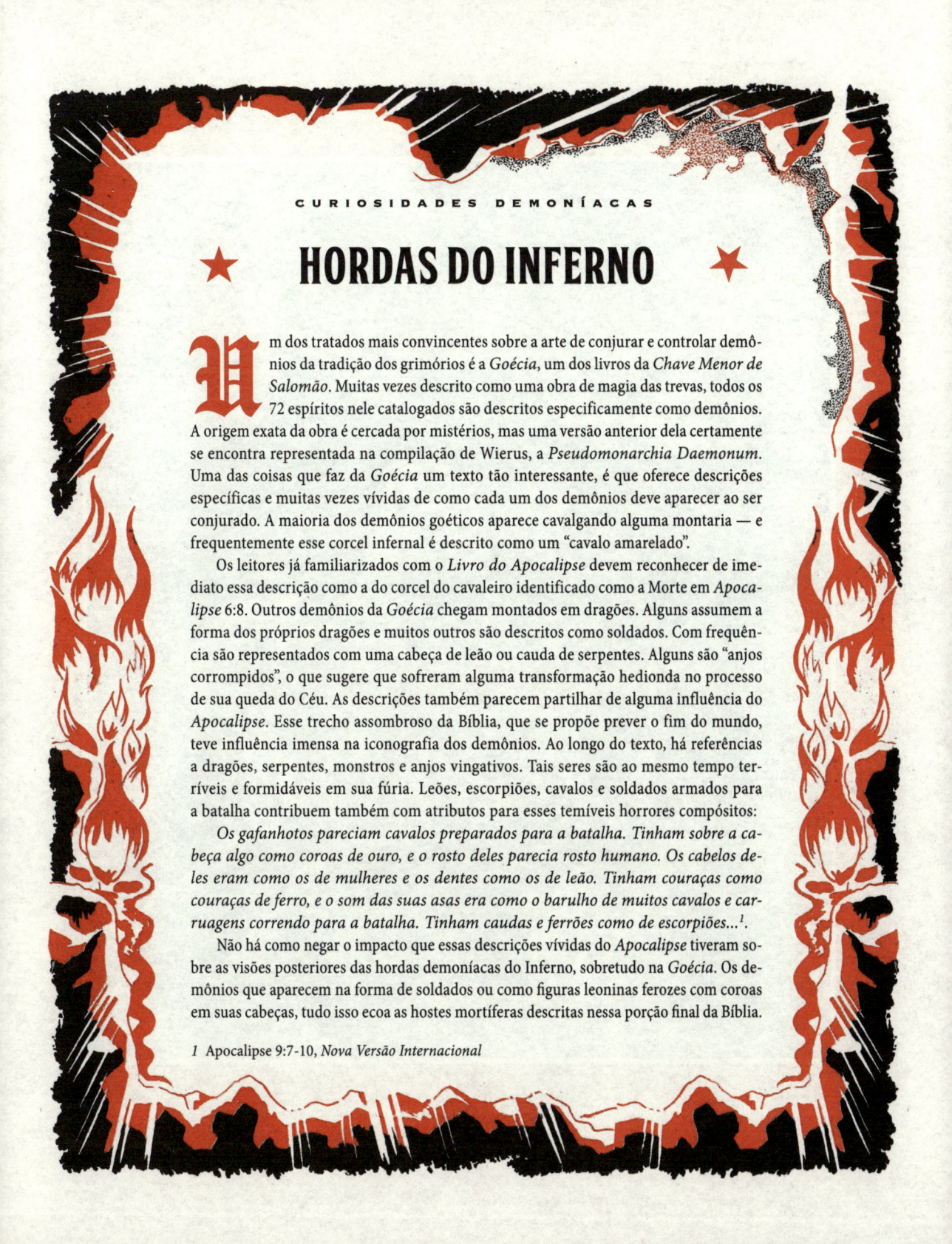

HORDAS DO INFERNO

Um dos tratados mais convincentes sobre a arte de conjurar e controlar demônios da tradição dos grimórios é a *Goécia*, um dos livros da *Chave Menor de Salomão*. Muitas vezes descrito como uma obra de magia das trevas, todos os 72 espíritos nele catalogados são descritos especificamente como demônios. A origem exata da obra é cercada por mistérios, mas uma versão anterior dela certamente se encontra representada na compilação de Wierus, a *Pseudomonarchia Daemonum*. Uma das coisas que faz da *Goécia* um texto tão interessante, é que oferece descrições específicas e muitas vezes vívidas de como cada um dos demônios deve aparecer ao ser conjurado. A maioria dos demônios goéticos aparece cavalgando alguma montaria — e frequentemente esse corcel infernal é descrito como um "cavalo amarelado".

Os leitores já familiarizados com o *Livro do Apocalipse* devem reconhecer de imediato essa descrição como a do corcel do cavaleiro identificado como a Morte em *Apocalipse* 6:8. Outros demônios da *Goécia* chegam montados em dragões. Alguns assumem a forma dos próprios dragões e muitos outros são descritos como soldados. Com frequência são representados com uma cabeça de leão ou cauda de serpentes. Alguns são "anjos corrompidos", o que sugere que sofreram alguma transformação hedionda no processo de sua queda do Céu. As descrições também parecem partilhar de alguma influência do *Apocalipse*. Esse trecho assombroso da Bíblia, que se propõe prever o fim do mundo, teve influência imensa na iconografia dos demônios. Ao longo do texto, há referências a dragões, serpentes, monstros e anjos vingativos. Tais seres são ao mesmo tempo terríveis e formidáveis em sua fúria. Leões, escorpiões, cavalos e soldados armados para a batalha contribuem também com atributos para esses temíveis horrores compósitos:

Os gafanhotos pareciam cavalos preparados para a batalha. Tinham sobre a cabeça algo como coroas de ouro, e o rosto deles parecia rosto humano. Os cabelos deles eram como os de mulheres e os dentes como os de leão. Tinham couraças como couraças de ferro, e o som das suas asas era como o barulho de muitos cavalos e carruagens correndo para a batalha. Tinham caudas e ferrões como de escorpiões...[1]

Não há como negar o impacto que essas descrições vívidas do *Apocalipse* tiveram sobre as visões posteriores das hordas demoníacas do Inferno, sobretudo na *Goécia*. Os demônios que aparecem na forma de soldados ou como figuras leoninas ferozes com coroas em suas cabeças, tudo isso ecoa as hostes mortíferas descritas nessa porção final da Bíblia.

1 Apocalipse 9:7-10, *Nova Versão Internacional*

O espectro da morte. Um dos Quatro Cavaleiros descritos no Livro do Apocalipse. *Das ilustrações de Gustave Doré para a* Bíblia.

VEPAR O 42º demônio da *Goécia*. Segundo a *Pseudomonarchia Daemonum*, de Wierus, Vepar assume a forma de uma ninfa ou sereia. Esta aparência é adequada, pois Vepar é um demônio associado aos mares. Consta que age como um guia para todas as águas, especialmente para navios carregados com armaduras. É capaz de tornar o mar tempestuoso e agitado, além de criar navios ilusórios, de modo a fazer parecer que o mar está repleto de outras embarcações oceânicas. De resto, sua natureza aquosa permite putrefazer feridas, fazendo-as fervilhar com larvas. Deste modo, tem a reputação de levar a vítima à morte dentro de três dias. Seu título é o de duque e tem comando sobre mais de 29 legiões. Uma forma alternativa de seu nome é *Separ*. Ele aparece também na *Descoberta da Bruxaria* de Scot e no *Livro dos Encantamentos*. Segundo a *Goécia do Dr. Rudd*, é coibido em nome do anjo Michael, que pode ou não ser o famoso anjo Miguel[1]. Cf. *GOÉCIA*, *LIVRO DOS ENCANTAMENTOS*, RUDD, SCOT, WIERUS.

VERDADEIRAS CHAVES DE SALOMÃO Texto guardado no acervo do British Museum sob a designação Lansdowne 1202, com o título *Les Vrais Clavicules du Roi Salomon par Armadel*. Lansdowne 1202 contém três livros de material salomônico: os primeiros dois foram usados por Mathers em sua tradução de 1898 da *Clavicula Salomonis* (*Key of Solomon*, em inglês). A terceira seção, citada em sua obra como *Les Vrais Clavicules*, foi rejeitada por Mathers com base no argumento de que a *Clavicula* seria tradicionalmente composta por apenas dois livros. No mais, ele tinha a impressão de que o terceiro livro apresentava um excesso de material em comum com uma outra obra completamente diferente, conhecida como *Grimorium Verum*. Joseph Peterson, um pesquisador contemporâneo do ocultismo, concorda que *Les Vrais Clavicules* partilha de material em comum com o *Grimorium Verum*. Ele inclui uma tradição das *Clavicules* no final de sua própria edição do *Verum*, publicada em 2007. *As Verdadeiras Chaves de Salomão* é uma obra que contém uma lista de demônios, seus ofícios e funções, bem como alguns feitiços e instruções para construir certas ferramentas mágicas essenciais, como a varinha. Um dos detalhes mais interessantes sobre esse texto é o fato de que ele reconhece a possibilidade de a magia ser praticada por mulheres, ao passo que, em quase todos os outros grimórios, presume-se que os praticantes seriam homens. É claro que isso não deve ser nenhuma surpresa, porque a tradição dos grimórios se baseia na palavra escrita e, entre os sécs. XII e XVI, quando muitas dessas obras foram compostas, poucas mulheres eram ensinadas a ler. A vasta maioria dos praticantes costumava pertencer ao clero, em parte pelo fato de o clero ser a classe com maior grau de educação formal na época. Cf. *CLAVICULA SALOMONIS*, *GRIMORIUM VERUM*, MATHERS.

VERDELET Membro da casa real do Inferno e apontado como Mestre de Cerimônias. Verdelet aparece com estas atribuições tanto no *Dictionnaire Infernal* por de Plancy quanto no tratamento de A. E. Waite dado ao *Grande Grimório*. Verdelet parece ter sido inteiramente derivado de *Les Farfadets*, a obra do começo do séc. XIX de Berbiguier. Cf. BERBIGUIER, DE PLANCY, WAITE.

VERRIN Demônio da impaciência. O adversário especial de Verrin é São Domingos de Gusmão, capaz de conceder ao fiel o poder de resistir às tentações do demônio. O nome deste diabo por vezes é grafado como *Verrine*. O demônio Verrin aparece na *História Admirável*, um livro de Sebastien Michaelis que reconta o exorcismo que realizou em uma freira. Cf. *HISTÓRIA ADMIRÁVEL*.

---

[1] N. do T. Cada um dos 72 anjos da Goécia é coibido, em Rudd, por um dos 72 anjos do Shem HaMephorash, a fórmula cabalística com os 72 nomes de Deus descrito no *Livro do Anjo Raziel* e popularizado pelo ocultismo e o misticismo ocidentais no geral. Este nome é derivado dos versículos em hebraico em Êxodo 14:19-21, dispostos de uma certa forma que permite gerar 72 sequências de 3 consoantes cada. Ao se acrescentar os finais -iah e -el a estas sequências, obtém-se os nomes destes anjos como V-H-V, Vehuiah, ou Y-L-Y, Jeliel ou Ieliel. O anjo em questão é o número 42, formado pela sequência M-Y-K, geralmente dado em português como Mihael ou Mikael e, muitas vezes, entendido como uma entidade à parte do arcanjo Miguel, mas a grafia em hebraico é idêntica.

CURIOSIDADES DEMONÍACAS

PRÍNCIPES DO DEDÃO

A catoptromancia (*scrying*, em inglês) é uma técnica divinatória que tipicamente faz uso de superfícies brilhantes e refletivas para conjurar visões. A *shew-stone* de cristal usada para conjurar os espíritos da *Ars Theurgia* é exemplo de uma pedra para esse uso, e o conceito tradicional de espelho mágico também deriva da prática de catoptromancia — e do seu uso por figuras como o Dr. John Dee não apenas para conjurar visões do futuro, mas também visões de espíritos de outro modo invisíveis. Embora muitos leitores já estejam familiarizados com espelhos mágicos e bolas de cristal, a ideia de se praticar catoptromancia na unha do dedão provavelmente deve soar meio esquisita. E, no entanto, há um grande número de feitiços dedicados a encantar os espíritos para que apareçam na superfície da unha humana.

No *Manual de Munique* do séc. XV, há diversas variações sobre essa técnica divinatória curiosa. O livro instrui o mago para que encontre um menino. O menino deveria ser virgem, geralmente entre oito e dez anos de idade. Suas unhas são ungidas com óleo, para que a superfície fique reluzente e refletiva. Então o mago para ao lado da criança e evoca uma série de demônios. Os demônios devem aparecer para o menino na superfície reluzente das unhas. Conforme o mago faz perguntas, o menino relata a resposta dos demônios de acordo com o que vê.

O uso de um menino como intermediário em feitiços assim pode ter dado origem à noção de que meninos virgens muitas vezes eram sacrificados na prática das artes das trevas. Embora o menino não seja ferido diretamente com o feitiço, ele é um sacrifício, de certa forma. O mago utiliza o menino como intermediário entre ele e os espíritos infernais, o que lhe permite distanciar-se de qualquer malefício que possam causar. Parte da lógica por trás disso é que, sendo inocente, a criança tem menos chances de cair sob influência dos espíritos malignos. Esse método de adivinhação é muito mais antigo do que o *Manual de Munique*. Feitiços quase idênticos podem ser encontrados nos textos greco-egípcios como os *Papiros de Leyden*, datados aproximadamente do séc. III da Era Comum. É provável que a técnica seja ainda mais antiga. O uso das unhas em tais feitiços divinatórios fez com que certos demônios fossem chamados de "príncipes do dedão", como acontece no texto mágico judaico conhecido como *Codex Gaster* 315. Segundo o Professor Richard Kieckhefer, que editou e analisou o material do *Manual de Munique*, há uma tabuleta mágica babilônica de aproximadamente 2000 a.C. que menciona, em específico, "o mestre da unha de seu dedo" num ritual que também envolve outros elementos nas adivinhações com unhas delineadas no *Manual de Munique*.[1]

---

1 Richard Kieckhefer, Forbidden Rites, p. 116.

Uma bruxa do mar medonha em uma gravura medieval. As sereias na Idade Média não eram sempre atraentes e com frequência eram hostis com marinheiros e navios. Cortesia da Dover Publications.

VESSUR Segundo a tradução de Henson da *Ars Theurgia*, Vessur é um demônio a quem foi dado o título de duque. É um dos doze duques infernais que dizem servir ao rei demoníaco Maseriel durante as horas diurnas. Sendo um demônio nobre, trinta espíritos menores obedecem a seu comando. Tem associação à direção sul. Cf. *Ars Theurgia*, Maseriel.

VETEARCON Demônio da fraqueza e da doença mencionado no *Liber de Angelis*. Vetearcon responde ao rei infernal Bilet. Sob a liderança deste herdeiro do Inferno, Vetearcon pode ser conjurado para rogar uma praga contra uma vítima indefesa. O demônio então causa sofrimentos terríveis nesta pessoa na forma de febre, tremores e fraqueza dos membros. Estas doenças de inspiração infernal não cessam até que o feitiço seja encerrado. Cf. Bileth, *Liber de Angelis*.

VIJAS Demônio ligado a visões e à catoptromancia, Vijas aparece no texto mágico do séc. xv conhecido como *Manual de Munique*. É conjurado para auxiliar num feitiço de adivinhação que utiliza uma unha humana para revelar imagens de coisas secretas. Cf. *Manual de Munique*.

VINE O 45º demônio da *Goécia*. Segundo tanto a *Pseudomonarchia Daemonum*, de Wierus, quanto a *Descoberta da Bruxaria*, de Scot, manifesta-se a princípio com a estranha forma de um leão cavalgando um cavalo preto, com uma víbora em uma das mãos. Vine é um dos raros demônios da *Pseudomonarchia Daemonum* desprovidos de qualquer legião de espíritos para governar — um detalhe que pode também ser uma omissão de uma fonte anterior. Tanto a *Pseudomonarchia Daemonum* quanto a *Descoberta da Bruxaria* concordam que este demônio é capaz de, magicamente, construir torres e derrubar muros e muralhas de pedra. Tem o poder também de tornar as ondas encapeladas e imprevisíveis, o que representa um perigo para navios. Responde a perguntas sobre o passado, presente e o futuro, mas também sobre questões do oculto. Além disso, tem muito conhecimento no que diz respeito a bruxas e revelará tudo que sabe. A Vine é conferido o título de rei e conde. Na *Goécia do Dr. Rudd*, ele tem 36 legiões de espíritos menores sob seu comando. Sua especialidade é descobrir a identidade de bruxas. Segundo este texto, o anjo Sealiah tem poder sobre ele. Variações do seu nome incluem *Viné* e *Vinea*. O *Livro dos Encantamentos* galês também afirma que ele governa 36 legiões, mas este texto omite qualquer menção de seus poderes sobre bruxas, muito possivelmente porque o livro foi escrito por um benzedeiro — uma profissão na época vista como sendo a mesma coisa que uma *bruxa*. Cf. Goécia, Livro dos Encantamentos, Rudd, Scot, Wierus.

VIPOS Grande conde que aparece com o aspecto de um anjo. Tem o poder de tornar as pessoas sábias e resilientes. Seu nome aparece no *Livre des Esperitz*, grimório francês do séc. xvi, onde consta que ele dá respostas verdadeiras sobre qualquer assunto que lhe perguntem. Tem poder sobre 25 legiões de espíritos. Compare com o demônio goético *Ipos*. Cf. Ipos, Livre des Esperitz.

VIRUS Nos tempos modernos, a palavra é imediatamente reconhecível: um vírus é um agente infeccioso responsável por doenças que vão desde a aids até o resfriado comum. Parece adequado, portanto, que *Virus* também apareça como o nome de um demônio. No entanto, no séc. xv a palavra não tinha as mesmas conotações que tem hoje. Em todo caso, não era uma palavra agradável. Tendo origem no latim, *virus* se referia a uma gosma ou veneno. No caso do feitiço número 29 do *Manual de Munique*, Virus é um demônio relativamente inofensivo conjurado para auxiliar o mago com questões de adivinhação e catoptromancia. Ele não é nem infeccioso, nem gosmento, apesar do seu nome. Cf. Manual de Munique.

Uma mulher consulta um feiticeiro para espionar o homem amado por meio de seu espelho. De uma pintura de Sir Edward Burne-Jones. Imagem cortesia da Wellcome Collection, Londres.

VIRYTUS Este demônio é conjurado como parte de uma operação bastante elaborada para descobrir coisas ocultas. Tem poder sobre a arte da adivinhação e é um dos vários demônios mencionados no *Manual de Munique* associados a um feitiço designado para revelar imagens e informações ocultas por meio de uma técnica de catoptromancia com uma unha humana. Cf. Manual de Munique.

VM Um dos nomes mais peculiares já atribuídos a um demônio. Segundo o *Manual de Munique*, Vm é útil em feitiços divinatórios e pode ajudar as pessoas a aprender mais sobre coisas ocultas e secretas. Embora não haja qualquer indicação no texto, é tentador presumir que Vm tenha algum parentesco com o demônio Vmon, que também consta no *Manual de Munique*. Como um aparece no feitiço número 38 e o outro aparece no feitiço de número 39, que é muito parecido, é mais provável que um dos dois seja um erro de transcrição e ambos os nomes referenciem o mesmo agente infernal. Cf. Manual de Munique, Vmon.

VMON Segundo o *Manual de Munique*, Vmon é um demônio associado a questões de adivinhação. Sua especialidade envolve um método específico de catoptromancia que permite ao mago obter informações acerca de um roubo. É possível que uma variação do nome de Vmon apareça num feitiço que vem logo depois, sob o nome de Vm. Cf. Manual de Munique, Vm.

VNRUS Espírito identificado como um demônio no manual mágico do séc. xv conhecido como *Manual de Munique*. Embora seu nome pareça vagamente com alguma doença infeliz — do tipo que, se pegar, você não vai querer contar aos seus pais —, Vnrus na verdade parece ser relativamente inofensivo. É conjurado em um feitiço para adivinhação e descoberta de coisas ocultas. Cf. Manual de Munique.

VOM Demônio mencionado no *Manual de Munique* como parte de um feitiço que visa a práticas de catoptromancia e adivinhação. Note as semelhanças entre este nome e o dos demônios Vm e Vmon, ambos presentes em feitiços semelhantes. Cf. Manual de Munique, Vm, Vmon.

VRALCHIM Demônio preocupado com justiça, Vralchim é notável por sua habilidade em ajudar o mago a descobrir os detalhes acerca de um roubo para que os ladrões sejam levados à justiça e a mercadoria roubada seja recuperada. É chamado como parte do feitiço de número 38 no *Manual de Munique* do séc. xv. Cf. Manual de Munique.

VRANIEL Duque infernal que governa quarenta espíritos menores, Vraniel serve na hierarquia do príncipe demoníaco Dorochiel, com associações à região oeste. Seu nome e selo aparecem na *Ars Theurgia*. Segundo este texto, ele tem as limitações de só poder agir nas horas da primeira metade da noite. Cf. Ars Theurgia, Dorochiel.

VRESIUS Espírito associado à arte da adivinhação. Embora nem todos os espíritos registrados no *Manual de Munique* sejam infernais, Vresius é definido especificamente como um demônio. É evocado para emprestar os seus poderes em um feitiço de catoptromancia e visões. Cf. Manual de Munique.

VRIEL Duque na hierarquia do sul sob o rei infernal Gediel. Segundo a tradução de Henson da *Ars Theurgia*, Vriel é um demônio da noite, que serve a seu mestre apenas durante as horas de escuridão. Enquanto duque da corte do rei demoníaco Gediel, Vriel tem domínio sobre vinte espíritos menores. Consta também que serve ao rei demoníaco Raysiel, que governa no norte. Aqui, Vriel é acompanhado por outros dos seus cinquenta espíritos ministradores e aparece apenas durante as horas diurnas. No *Livro de Oberon*, é descrito como um rei agitado que fala com uma voz rouca. Tem os poderes de transformação, transmutação de metais, de mudar a água para vinho e tornar os tolos sábios. Também pode deixar as pessoas invisíveis. Neste texto, consta que ele é um dos doze servidores do mais alto escalão do rei do norte, Egin. Seu nome é dado com as variações Vriell e Vriall. Cf. Ars Theurgia, Egin, Gediel, Livro de Oberon, Raysiel.

VSAGOO Consta que este demônio, descrito como um grande príncipe, tem comando sobre mais de vinte legiões de espíritos menores.

Esta versão de seu nome aparece no grimório elisabetano do *Livro de Oberon*, onde consta que aparece em forma angelical. Segundo o texto, pode ser evocado para conquistar o amor de uma mulher e revelar a localização de tesouros ocultos. Seu nome pode ser uma variação do demônio goético mais bem conhecido *Vassago*, mas também é bastante próximo de *Vzago*, outro demônio do *Livro de Oberon*, embora suas funções sejam diferentes. Cf. *Livro de Oberon*, Vassago, Vzago.

VUALL Demônio outrora pertencente à Ordem das Potestades, Vuall é um dos 72 demônios mencionados na *Goécia*. Seu nome também aparece na *Descoberta da Bruxaria*, de Scot. Consta que Vuall detém o título de duque. Rege 37 legiões de espíritos infernais e se manifesta a princípio na forma de um dromedário, falando a língua egípcia. Conquista o amor das mulheres, bem como os favores de amigos e inimigos. Dizem que fala de questões referentes ao passado, presente e futuro. Na *Pseudomonarchia Daemonum*, de Wierus, seu nome é grafado como Wal. Na *Descoberta da Bruxaria*, Scot dá uma declaração, bastante estranha, de que Vuall aparece como um dromedário em forma humana, o que é um provável erro de tradução a partir do latim de Wierus. Na *Goécia do Dr. Rudd*, consta que Vuall aparece primeiro como dromedário e depois com a forma de um homem. Segundo este texto, é coibido pelo anjo Atatiah (o que talvez devesse ser *Alaliah*[2]).

2 N. do T. É possível também que o nome fosse Asaliah, o 48º anjo do Shem HaMephorash.

O demônio *Vua-all*, mencionado no *Manual de Munique*, também pode ser uma variação deste ser. Sob o nome *Vau-ael*, talvez faça uma aparição ainda na tradução de Mathers do *Grimório de Armadel*. Dada a forma como este texto trata dele, é provável que este ser seja um anjo caído. Ao ser evocado, pode conjurar visões agradáveis ao mago. Consta que é um servo fiel e que tem muito a ensinar. Seu sigilo tem a reputação de conter os segredos do exorcismo. Cf. *Goécia*, Rudd, Scot, Wierus.

VZAGO Demônio mencionado no *Livro de Oberon*, que aparece como um anjo. Serve na corte de Egin, rei do norte, e seu cargo primário é o de conquistar os favores e a estima dos outros. Também tem o poder de alterar o rosto de alguém, torná-lo invisível ou sábio. Seu nome pode ser uma variante de um dos 72 demônios goéticos, *Vassago*. O *Livro de Oberon* identifica outro demônio com um nome muito semelhante, *Vsagoo*. Embora seja tentador interpretar o nome de um como sendo o mesmo que o do outro, mas grafado errado, os dois têm pouquíssimo em comum no que diz respeito a título e poderes. Cf. Egin, *Livro de Oberon*, Vassago, Vsagoo.

VZMYAS Demônio conjurado para se ter visões. Tem poder sobre a arte da adivinhação e é capaz de auxiliar aqueles que procuram informações secretas ou ocultas. No *Manual de Munique*, aparece num feitiço de catoptromancia que visa à descoberta de um ladrão. Cf. Manual de Munique.

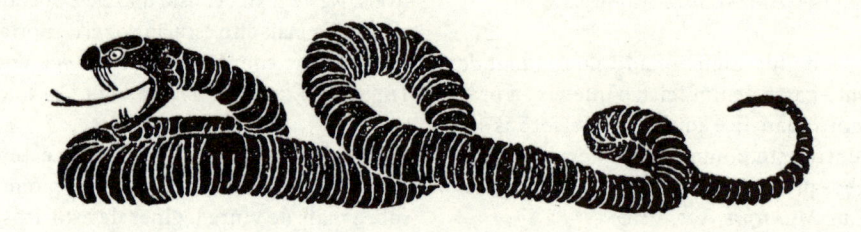

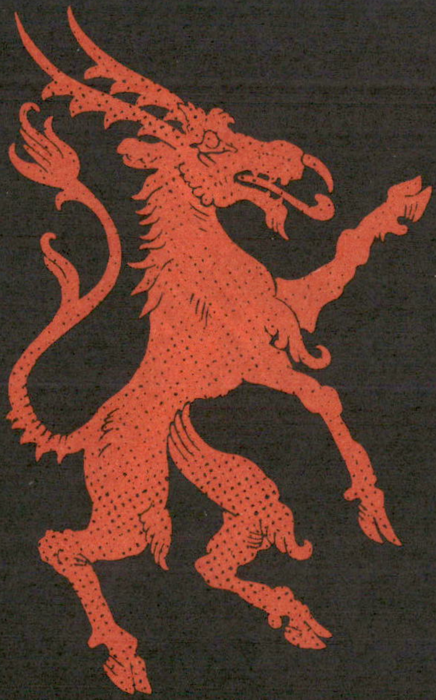

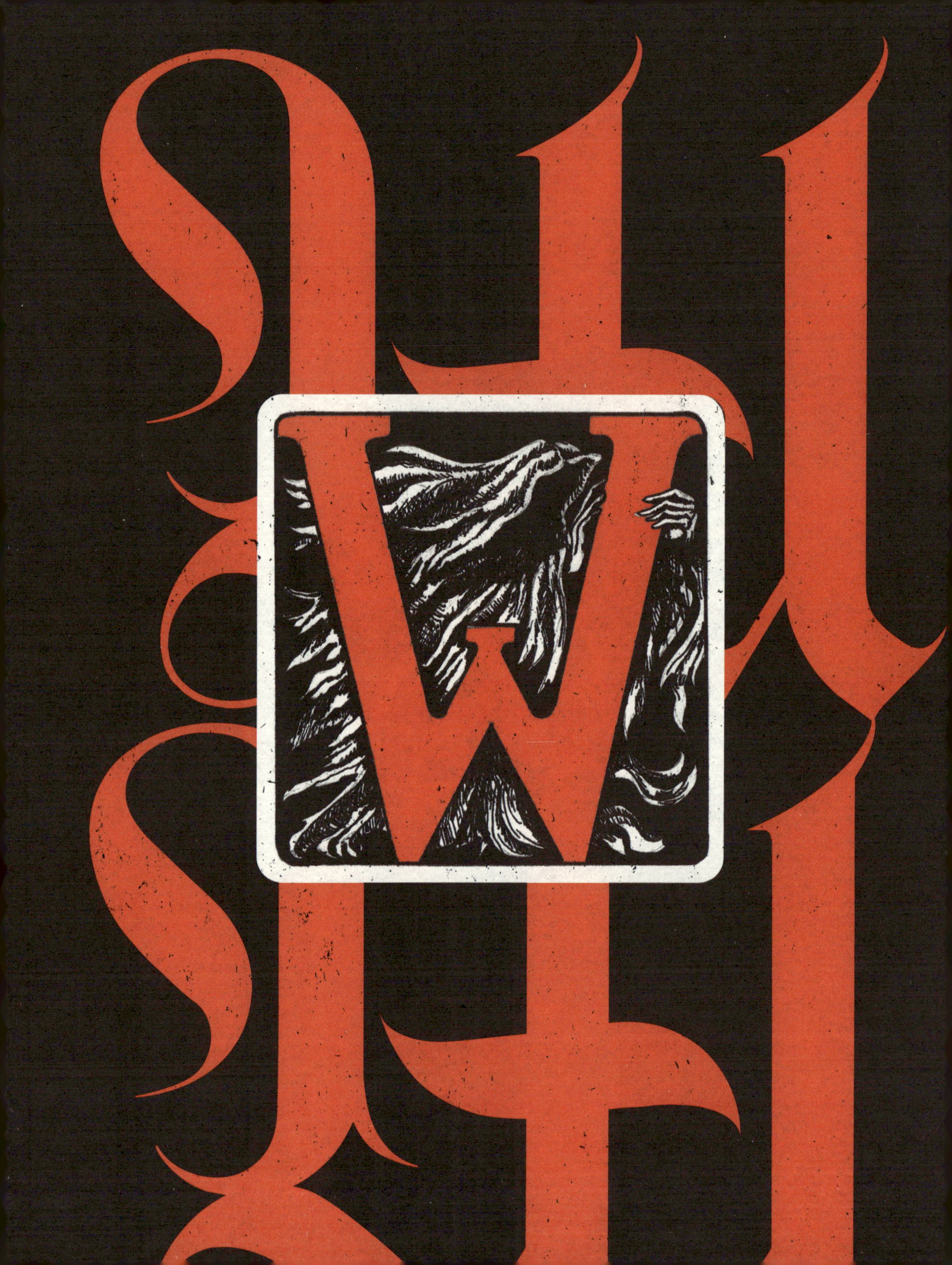

WAITE, ARTHUR EDWARD Escritor e estudioso do ocultismo que viveu entre 1857 e 1943. Estadunidense de nascença, Waite passou a maior parte de sua infância e vida adulta na Grã-Bretanha. Teve envolvimento com a Ordem Hermética da Aurora Dourada e também com a maçonaria. Foi autor de mais de setenta livros em assuntos esotéricos, incluindo o *Livro de Magia Negra e Pactos*, publicado pela primeira vez em 1910. Sua obra inclui traduções parciais de um número de grimórios, incluindo o *Grande Grimório* — volume desprezível, aos olhos de Waite, de magia nefasta. Seus escritos tiveram grande influência na maçonaria e em vários aspectos do ocultismo. Ficou conhecido por seu trabalho com o tarô. O tarô Rider-Waite, concebido em conjunto com a artista Pamela Colman Smith, tornou-se o tarô mais influente do séc. xx. O baralho de Waite redefiniu muito das imagens e interpretações do tarô. Cf. Grande Grimório.

WIERUS, JOHANNES Erudito humanista com interesse em bruxaria e no oculto que viveu entre 1515 e 1588. Seu nome por vezes é grafado como *Johannes Weyer* ou *Wier*. Foi aluno do ocultista Henrique Cornélio Agrippa e defendeu Agrippa quando começaram a circular alegações de bruxaria e diabolismo após a sua morte. O livro mais conhecido de Wierus, *De Praestigiis Daemonum* [*Sobre os Truques dos Demônios*], foi incluído numa lista dos livros mais influentes de todo o tempo feita por Sigmund Freud. Publicado em 1563, este volume representa uma abordagem humanista à febre das bruxas que se abateu sobre a Europa na época. Talvez o seu trecho mais reconhecível seja um apêndice de nomes chamado *Pseudomonarchia Daemonum*. Wierus sofreu com duras críticas por ter ousado reproduzir esses nomes infernais e seu mero interesse em compilar uma tal lista levantou suspeitas de envolvimento em questões diabólicas. É notável, porém, que o objetivo de Wierus em publicar este material não fosse o de promover a adoração dos demônios, mas criticar a ingenuidade dos indivíduos que acreditavam, de coração, na prática da bruxaria. Alguns estudiosos, incluindo Joseph Peterson, enxergam este livro como uma refutação, ponto a ponto, do manual odioso de caçadores de bruxas conhecido como *Malleus Maleficarum* ou "Martelo das Bruxas", produzido em 1486 pelos inquisidores católicos Heinrich Kramer e Jakob Sprenger. Cf. Agrippa, Pseudomonarchia Daemonum.

A medalha de São Bento. Formalmente aprovada pelo Papa Bento XIV no séc. XVIII, este amuleto textual teve amplo uso entre os católicos para afastar o mal. Imagem cortesia do acervo da Wellcome Library.

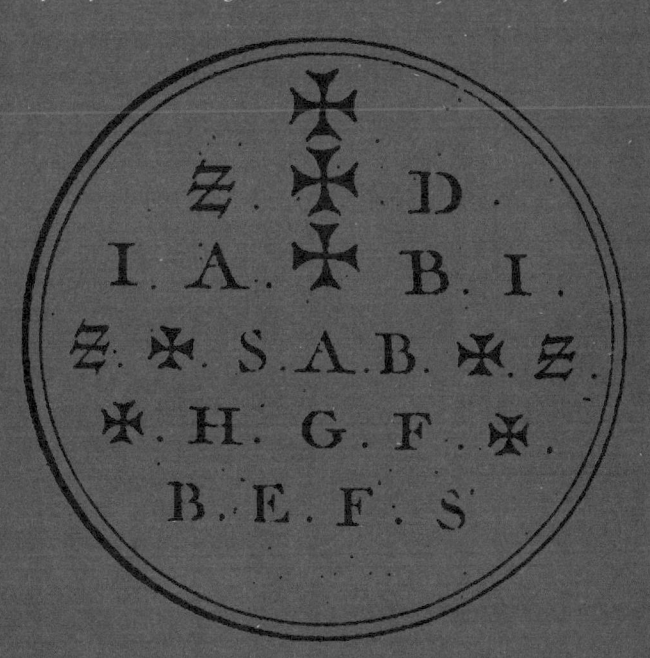

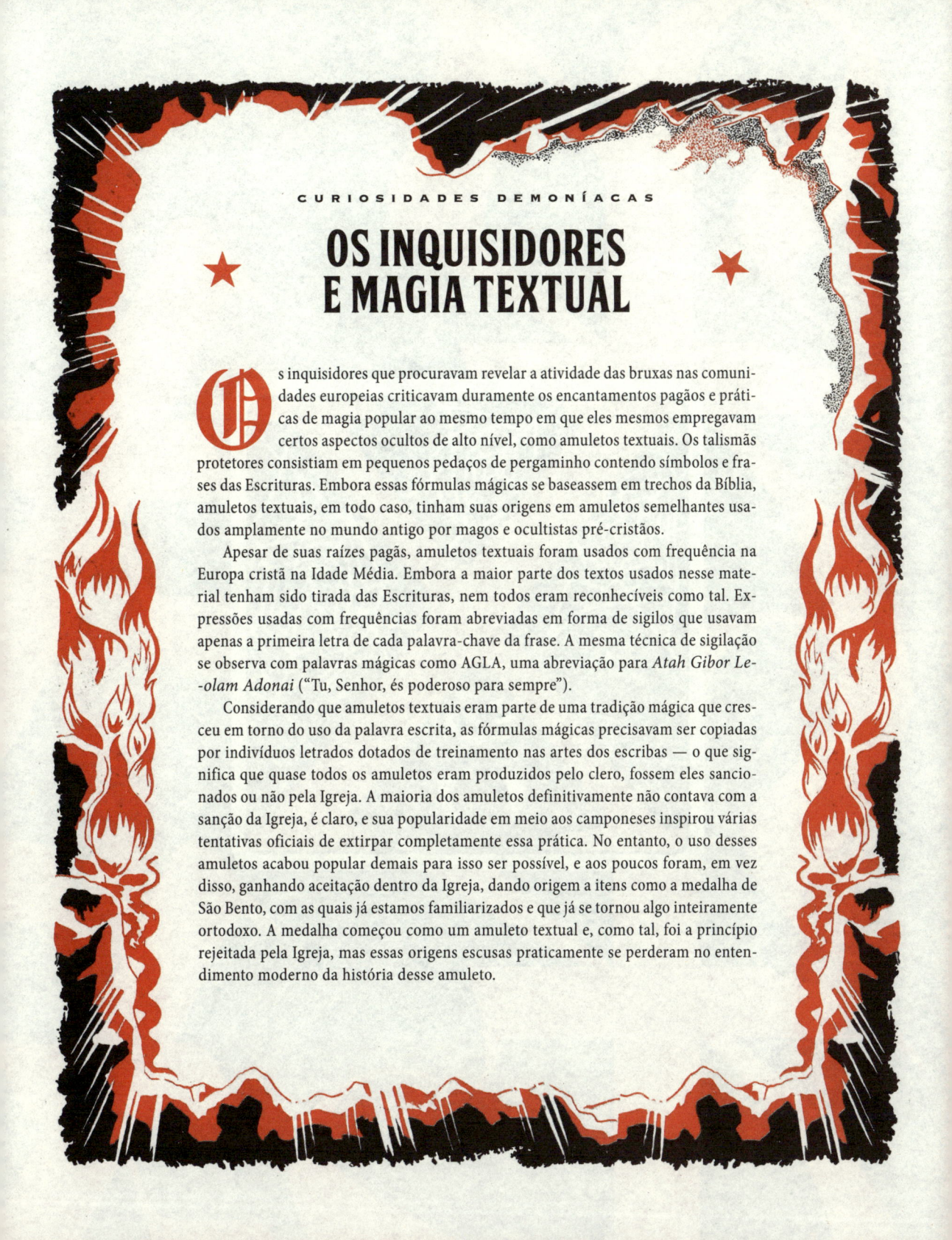

CURIOSIDADES DEMONÍACAS

OS INQUISIDORES E MAGIA TEXTUAL

Os inquisidores que procuravam revelar a atividade das bruxas nas comunidades europeias criticavam duramente os encantamentos pagãos e práticas de magia popular ao mesmo tempo em que eles mesmos empregavam certos aspectos ocultos de alto nível, como amuletos textuais. Os talismãs protetores consistiam em pequenos pedaços de pergaminho contendo símbolos e frases das Escrituras. Embora essas fórmulas mágicas se baseassem em trechos da Bíblia, amuletos textuais, em todo caso, tinham suas origens em amuletos semelhantes usados amplamente no mundo antigo por magos e ocultistas pré-cristãos.

Apesar de suas raízes pagãs, amuletos textuais foram usados com frequência na Europa cristã na Idade Média. Embora a maior parte dos textos usados nesse material tenham sido tirada das Escrituras, nem todos eram reconhecíveis como tal. Expressões usadas com frequências foram abreviadas em forma de sigilos que usavam apenas a primeira letra de cada palavra-chave da frase. A mesma técnica de sigilação se observa com palavras mágicas como AGLA, uma abreviação para *Atah Gibor Le--olam Adonai* ("Tu, Senhor, és poderoso para sempre").

Considerando que amuletos textuais eram parte de uma tradição mágica que cresceu em torno do uso da palavra escrita, as fórmulas mágicas precisavam ser copiadas por indivíduos letrados dotados de treinamento nas artes dos escribas — o que significa que quase todos os amuletos eram produzidos pelo clero, fossem eles sancionados ou não pela Igreja. A maioria dos amuletos definitivamente não contava com a sanção da Igreja, é claro, e sua popularidade em meio aos camponeses inspirou várias tentativas oficiais de extirpar completamente essa prática. No entanto, o uso desses amuletos acabou popular demais para isso ser possível, e aos poucos foram, em vez disso, ganhando aceitação dentro da Igreja, dando origem a itens como a medalha de São Bento, com as quais já estamos familiarizados e que já se tornou algo inteiramente ortodoxo. A medalha começou como um amuleto textual e, como tal, foi a princípio rejeitada pela Igreja, mas essas origens escusas praticamente se perderam no entendimento moderno da história desse amuleto.

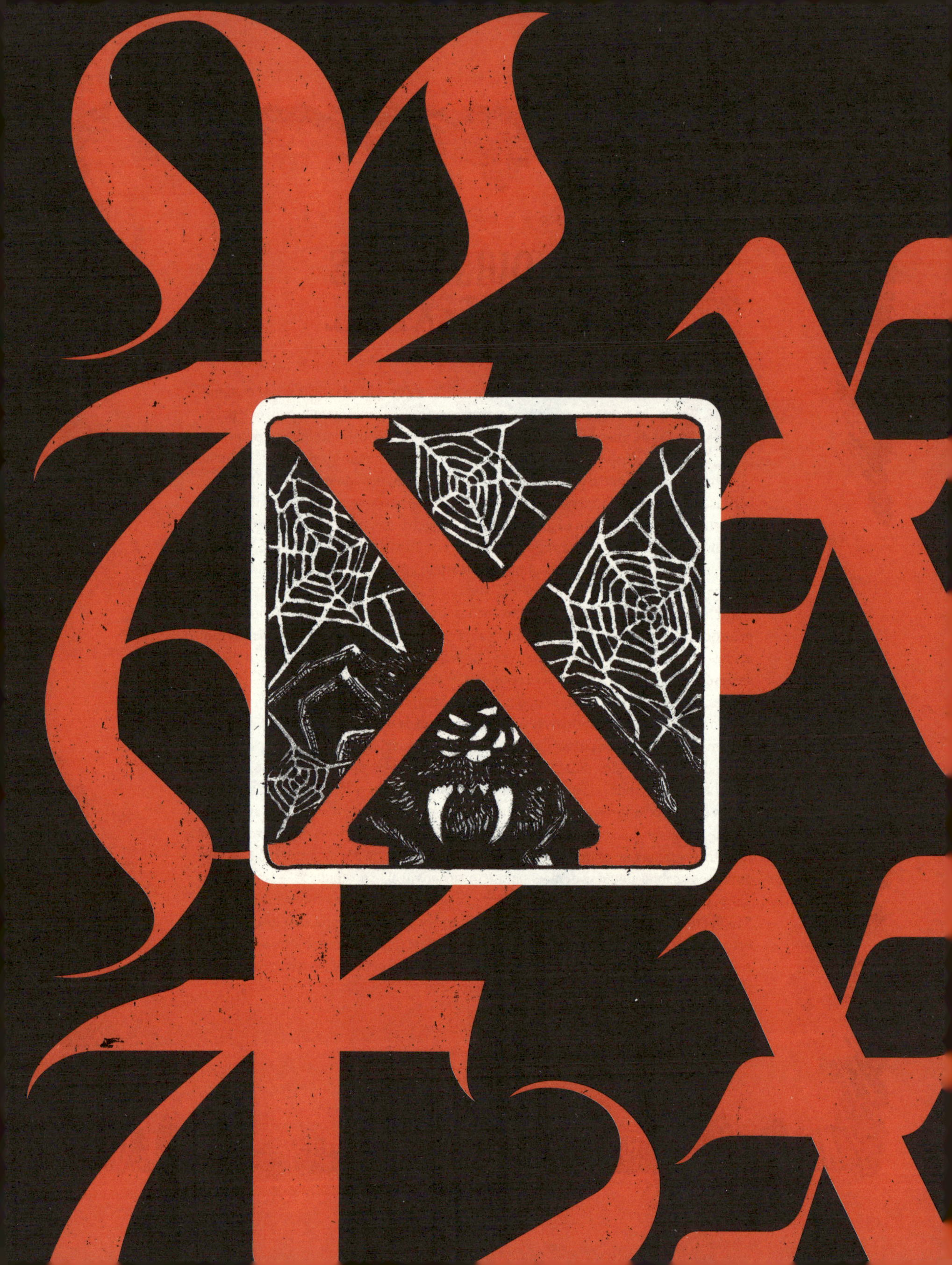

XAPHAN Demônio que dizem ter se originado nas ordens inferiores do Céu. Segundo o *Dictionnaire Infernal* de de Plancy, Xaphan era mais ou menos como um inventor enquanto ainda residia na esfera celeste. Foi recrutado para a rebelião e elaborou um plano para explodir o reino celestial. É claro que seu plano nunca foi levado a cabo porque Xaphan e todos os seus compatriotas foram vencidos e atirados no abismo. Residente desde então dos reinos infernais, dizem que Xaphan trabalha na própria forja do Inferno, abanando as chamas pelo resto da eternidade. Seu símbolo é um fole. Cf. De Plancy.

XEZBETH Demônio mencionado na edição de 1853 do *Dictionnarie Infernal* de de Plancy. Consta que Xezbeth governa ilusões, fantasias e logros. Segundo o texto, tem tantos seguidores que é impossível contá-los. Cf. De Plancy.

CURIOSIDADES DEMONÍACAS

O PODER DOS NOMES

Os nomes têm poder. Nisso, os nossos ancestrais demonstravam uma crença constante. Falando em termos bíblicos, uma única palavra fez com que o universo passasse a existir: *No princípio era o Verbo*. Esse momento do *Gênesis*, retomado no Evangelho de João, traz um forte eco do mito de criação dos antigos egípcios, onde a pronúncia de uma palavra também é o catalisador da criação. O poder das palavras — e nomes — remonta às próprias raízes da tradição ocidental. Além de entenderem que uma única palavra deu origem à criação, os antigos egípcios davam um valor significativo ao nome de cada pessoa. Para se destruir alguém de verdade, após a morte do indivíduo, cada ocorrência do seu nome era removida dos registros públicos. Nos papiros, seu nome era coberto por uma mancha preta e, nas pedras, era golpeado com o cinzel até os hieroglifos se tornarem completamente ilegíveis. Não se entendia o ato de desfazer o nome como um gesto apenas simbólico. Se a pessoa tivesse morrido, desfazer seu nome também desfazia o espírito.

Além do poder detido pelo nome de uma pessoa, seres não humanos também tinham nomes, que eram capazes de conjurá-los, compeli-los e coibi-los. A maior parte do *Amduat, o Livro do que se encontra no além*, um dos manuais egípcios antigos da pós-vida, se preocupa com a questão dos nomes. Cada portão pelo qual o morto passa em sua jornada na pós-vida tem um nome, e espera-se do morto que saiba o nome para poder passar pelo portão. Nomes são importantes tanto no caso dos guardiões benéficos que o morto poderá encontrar quanto para os espíritos famintos que poderão atacá-lo e tentar frustrar sua jornada. Saber os nomes desses seres confere ao morto alguma proteção, porque a partir disso, ele poderá comandar os espíritos — barganhando com os benévolos e expulsando os malignos. O poder mágico inerente aos nomes é um tema que se repete nos antigos escritos egípcios, e é certo que teria sido repassado aos praticantes de magia helênica nos anos decadentes do Egito. Os papiros mágicos encontrados no Egito, na Grécia e em Roma fazem eco à crença no poder dos nomes para comandar deuses, demônios e outros espíritos e para obter seu auxílio nos feitiços.

Ani e sua esposa no Salão dos Mortos egípcio. No antigo Egito, as pessoas eram imortais enquanto alguém se lembrasse do seu nome. Detalhe do Papiro de Ani, 1250 a.C. Cortesia da Wellcome Collection, Londres.

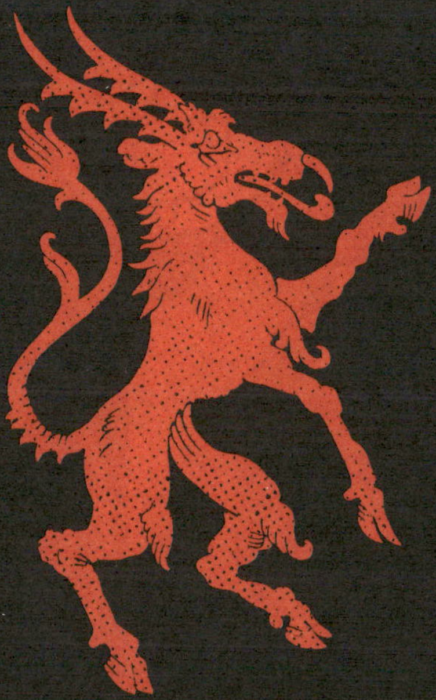

Y

YACIATAL Um dos quatro demônios capazes de energizar o Anel do Sol. A construção deste potente talismã exige um sacrifício animal, e o item, uma vez acabado, tem a reputação de conferir ao seu portador o poder de deter a língua dos outros. Também permite conjurar um demônio na forma de um grande cavalo preto. Este corcel infernal levará seu mestre rapidamente a qualquer destino. Yaciatal é um dos quatro demônios evocados para auxiliar na construção deste objeto e aparece no manual mágico do séc. xv chamado *Liber de Angelis*. Cf. LIBER DE ANGELIS.

YAFFLA Ministro do rei infernal Albunalich. Segundo a edição de Driscoll do *Livro Jurado*, Yaffla está associado ao elemento da terra e à direção norte. Ao se manifestar, revela um aspecto belo e radiante. O livro o descreve, no tocante ao temperamento, como sendo trabalhador e paciente. É capaz de conferir o conhecimento do passado e do futuro, além de afetar as emoções dos outros, incitando rancores e inspirando o uso do fio da espada. É um dos guardiões de todos os tesouros escondidos na terra. Se considerar que alguém seja indigno, ele irá frustrá-lo completamente na busca desses tesouros enterrados. Aos outros, confere ouro e pedras preciosas em abundância. Também tem o poder de fazer chover. Comparar com o demônio Yasfla da edição de Peterson do *Livro Jurado*. Cf. ALBUNALICH, LIVRO JURADO.

YASFLA Demônio mencionado na tradução de Joseph H. Peterson do *Liber Juratus* ou *Livro Jurado de Honório*. Dizem que Yasfla serve ao rei demoníaco Maymon, o regente dos espíritos de Saturno. Yasfla está associado tanto ao planeta Saturno quanto à direção norte. Tem os poderes de incitar raiva e ódio nas pessoas, além de fazer nevar e cair gelo. É controlado pelos anjos Bohel, Cafziel, Michrathon e Satquiel, que governam todas as coisas ligadas à esfera de Saturno. Comparar Yasfla com o demônio Yaffla, originário de uma versão diferente do mesmo livro. Cf. LIVRO JURADO, MAYMON, YAFFLA.

YBARION Servidor demoníaco do governante infernal Asmodeus. Ybarion é mencionado na *Magia Sagrada de Abramelin, o Mago*. Na tradução de Mathers desta obra, seu nome é dado como *Sbarioat*. Mathers, ao tentar identificar em seu nome algum sentido, afirma que tem elos com a língua copta e que se significa "pequeno diabo". Cf. ASMODEUS, MATHERS.

YCANOHL Demônio da guerra, morte e destruição. No *Livro Jurado de Honário*, tal como traduzido por Peterson, Ycanohl é um ministro do demônio Iammax, rei dos espíritos de Marte. Tem o poder de incitar agitações e derramamentos de sangue. Ao se manifestar, assume um corpo de cor vermelho sangue, brilhando como carvão em brasa. É coibido pelos anjos Samahel, Satihel, Ylurahihel e Amabiel, que controlam a esfera de Marte. Sua região é o sul. Cf. IAMMAX, LIVRO JURADO.

YCONAABABUR Demônio cujo nome aparece na edição de Driscoll do *Livro Jurado*. Consta que Yconaababur serve ao rei infernal Jamaz, governante do elemento do fogo, e está associado à direção sul. Enquanto um demônio do fogo, Yconaababur tem uma natureza ao mesmo tempo quente e apressada. É descrito como um ser enérgico, generoso e forte. Manifesta-se caso for atraído com os perfumes adequados e tem um aspecto flamejante quando aparece. Dizem que tem poder sobre a decomposição, sendo ou capaz de detê-la por completo

Mars

Inter Jouem et Solem apparet. Domus ejus principalis Scorpius, minus principalis Aries.

Marte com sua espada, seu escudo e um anjo acima. Demônios associados a Marte assumiam os atributos belicosos deste antigo deus. Gravura de N. Dorigny, 1695. Cortesia da Wellcome Collection, Londres.

ou até mesmo de reverter seus efeitos. Fornece espíritos familiares que aparecem em forma de soldados. Além disso, dizem que é capaz de erguer um exército de mil soldados. Driscoll, o tradutor, sugere que esses soldados seriam convocados dentre os mortos. Por fim, Yconaababur tem a reputação também de causar mortes a seu bel-prazer. Cf. JAMAZ, LIVRO JURADO.

YFASUE Segundo o texto mágico do séc. XV conhecido como *Liber de Angelis*, Yfasue serve ao rei infernal chamado *Rubeus Pugnator*, o "Lutador Vermelho". Tanto ele quanto seu mestre são demônios de Marte, sendo evocados para auxiliar na construção e encantamento do Anel de Marte. Yfasue confere seus poderes de destruição a este potente talismã. Uma vez devidamente energizado, o anel pode ser usado para atacar seus inimigos e destruí-los completamente. Cf. LIBER DE ANGELIS, RUBEUS PUGNATOR.

YGARIM Servidor demoníaco de Belzebu cujo nome aparece na *Magia Sagrada de Abramelin, o Mago*. Na tradução de Mathers desta obra, dá o nome deste demônio como *Igurim*, que teria, segundo Mathers, o significado de "medos". Cf. BELZEBU, MATHERS.

YGRIM Demônio ligado à catoptromancia e à adivinhação. É mencionado no *Manual de Munique* do séc. XV, onde consta que auxilia com a aparição de espíritos. Cf. MANUAL DE MUNIQUE.

YLEMLYS Segundo o ocultista Mathers, o nome deste demônio significa "o leão silencioso". Ylemlys aparece associado à operação do Sagrado Anjo Guardião na *Magia Sagrada de Abramelin, o Mago*. Serve na corte do príncipe Ariton, um dos quatro demônios que dizem governar as direções cardeais. Seu nome tem a grafia alternativa de *Ilemlis*. Cf. ARITON, MATHERS.

YM No *Manual de Munique*, Ym aparece como um demônio das ilusões. Neste texto, é descrito como um "espírito escudeiro" e ajuda a conjurar um castelo ilusório completo com servos, cavaleiros e um salão para banquetes. Cf. MANUAL DE MUNIQUE.

YOBIAL Demônio mencionado no *Liber de Angelis*, Yobial está associado ao planeta Marte e responde a um rei infernal conhecido como *Rubeus Pugnator*. Sob o comando deste demônio pavoroso, Yobial é conjurado para ajudar a criar o Anel de Marte. Este talismã destrutivo tem a reputação de conferir a seu portador o poder de atacar seus inimigos e destruí-los. Cf. LIBER DE ANGELIS, RUBEUS PUGNATOR.

YRON Segundo o *Liber de Angelis*, um manual mágico do séc. XV, Yron é um dos vários demônios que servem ao rei infernal Bilet, também conhecido como *Bileth*. Bilet e seus servos podem ser conjurados pelo mago para causarem doenças. Os demônios atingirão qualquer um dos inimigos do mago, causando neles febre, tremores e fraqueza nos membros. Os demônios executarão sua tarefa perversa sem piedade até que sejam dispensados pelo próprio mago. O nome *Yron* também aparece no *Livro de Oberon*, mas lá ele é um dos três demônios que atendem ao Rei Saba, regente de Mercúrio. Neste grimório elisabetano, consta que tem uma aparência atraente e voz agradável. Sua pele é translúcida e ele aparece em trajes que mudam de cor. Yron pode ser chamado para abrir qualquer fechadura ou soltar as amarras de qualquer espírito. Confere vitória tanto em batalhas quanto no tribunal e é capaz de derrubar aqueles que se tornam ricos e poderosos demais. Eleva os pobres, ajuda a recuperar conhecimentos perdidos e aplaca os juízes. Alvedio e Hanyey são outros dois ministros que trabalham com ele na esfera de Mercúrio. Cf. ALVEIO, BILETH, HANYEY, LIBER DE ANGELIS, LIVRO DE OBERON, SABA.

YTHANEL Ministro do rei infernal Jamaz, que reina sobre o elemento do fogo. Segundo a edição de Driscoll do *Livro Jurado*, Ythanel é um demônio impetuoso, de cabeça quente, com uma pele que parece fogo vivo. Além disso, é enérgico, forte e disposto a agir com generosidade para com os outros. É capaz de prevenir ou reverter a decomposição e causar mortes a seu bel-prazer. Tem a reputação de conseguir erguer um exército de mil soldados e também fornece espíritos familiares. Todos estes espíritos têm igualmente a aparência de soldados. Cf. JAMAZ, LIVRO JURADO.

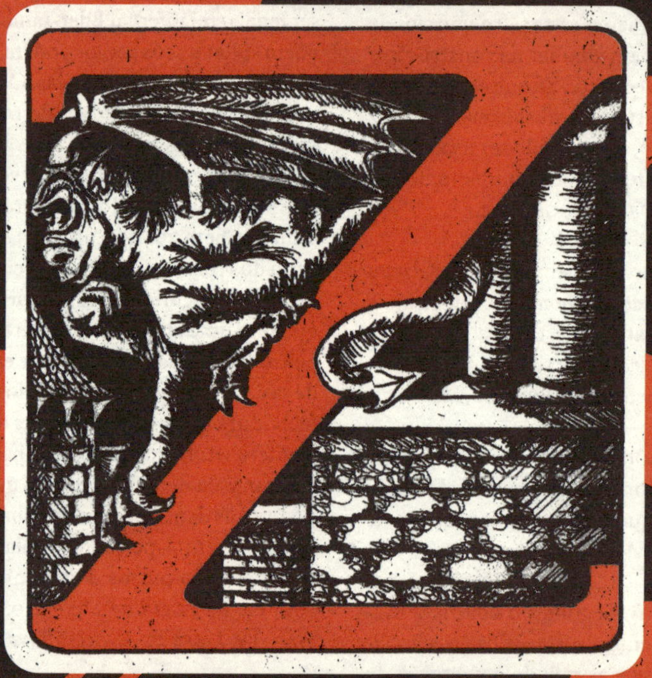

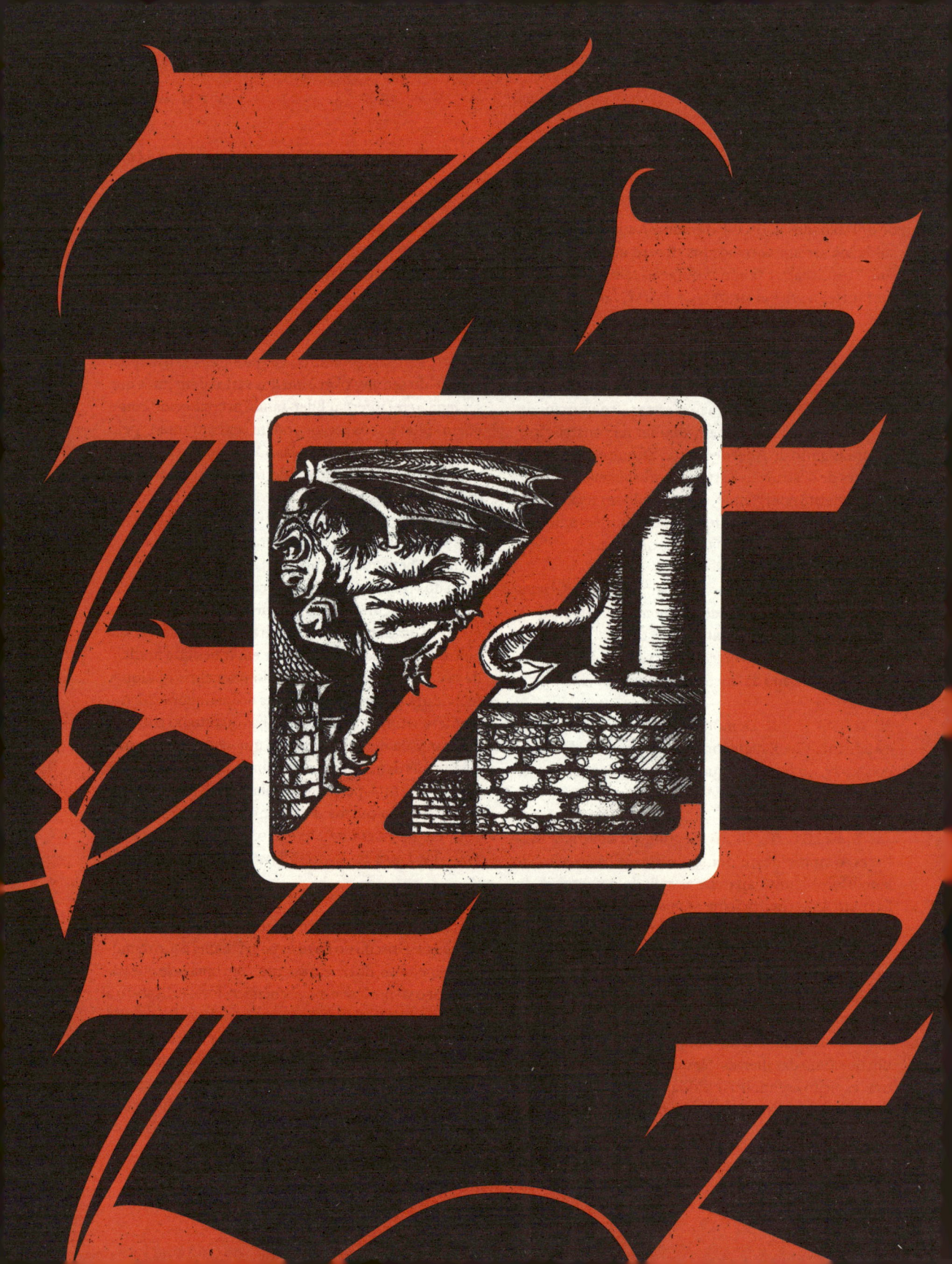

ZABRIEL Demônio com o título de duque. Zabriel é governado por Carnesiel, o Imperador Infernal do Leste. Segundo a *Ars Theurgia*, Zabriel pode ser compelido pelo nome de seu mestre a assumir uma forma visível, mas um espelho ou bola de cristal para catoptromancia servem de grande auxílio para observar sua manifestação. Cf. Ars Theurgia, Carnesiel.

ZACH Este demônio oracular é capaz de responder a todas as perguntas sobre questões do passado, presente e futuro. Na edição do *Livro Jurado* traduzida por Joseph Peterson, Zach é mencionado como um ministro do demônio Habaa, rei dos espíritos de Mercúrio. Em concordância com sua natureza mercurial, consta que Zach se manifesta numa forma fluida e reluzente, como o vidro ou um fogo branco. Tem ciência, em especial, de todos os feitos e pensamentos secretos e pode revelar os afazeres ocultos tanto de mortais quanto dos espíritos. Além disso, fornece ainda espíritos familiares de boa natureza. Segundo o texto, pode ser compelido pelos nomes de Miguel, Mihel e Sarapiel, os anjos que, acredita-se, governam a esfera de Mercúrio. Cf. Habaa, Livro Jurado.

ZACHARIEL Demônio limitado a aparecer apenas uma vez ao dia. Zachariel pertence à décima porção do tempo quando as horas e minutos do dia são divididos em quinze partes iguais. Segundo a *Ars Theurgia*, este demônio detém o título de duque e tem não menos que 2200 espíritos ministradores para atender às suas necessidades. É governado pelo demônio Icosiel, descrito como um príncipe errante do ar. Cf. Ars Theurgia, Icosiel.

Sigilo do demônio Zachariel, tal como aparece no Lemegeton. *Imagem de M. Belanger.*

ZAEBOS Grande conde do Inferno, pelo menos segundo o *Dictionnaire Infernal* por de Plancy. Consta que Zabeos tem uma índole boa e meiga e, ao ser conjurado, aparece montado nas costas de um crocodilo. Assume a forma de um soldado vestindo uma coroa ducal sobre a sua cabeça. Dadas as similaridades entre suas aparências, é possível que Zaebos seja outro nome para o demônio goético Salleos. Cf. De Plancy, Salleos.

ZAGAL Demônio mencionado na *Magia Sagrada de Abramelin, o Mago*. Consta que Zagal é um servo do demônio Oriens, um dos quatro príncipes infernais das direções cardeais. Em sua tradução do material do *Abramelin*, Mathers grafa o seu nome como *Agab* e sugere que vem de um termo hebraico para "amado". Cf. Mathers, Oriens.

ZAGALO Servo do arquidemônio Belzebu. Zagalo aparece na *Magia Sagrada de Abramelin, o Mago*, sendo um dos mais de trezentos espíritos infernais conjurados como parte do processo do ritual do Sagrado Anjo Guardião descrito no texto. Cf. Belzebu, Mathers.

ZAGAN O 61ª demônio da *Goécia*, consta que Zagan se manifesta como um touro com asas de grifo. Na *Descoberta da Bruxaria*, de Scot, recebe o título duplo de rei e presidente. Além do domínio sobre 33 legiões de espíritos menores, tem a reputação de ter poderes de transformação. É capaz de transformar água em vinho e vinho em água e também sangue em vinho e vinho em sangue. Além do mais, transforma qualquer tolo num homem sábio e qualquer metal em um metal precioso. Em sua *Pseudomonarchia Daemonum*, Wierus o denomina Zagam. Na *Goécia do Dr. Rudd*, consta que rege mais de 36 legiões de espíritos menores e que Umabel é o nome do anjo que o frustra. Sob o nome Zagam, aparece no *Liber de Angelis*, onde é descrito como um espírito sombrio conjurado nas encruzilhadas à noite. Seu nome é evocado em um feitiço de amor — no entanto, não se trata de um feitiço de amor romântico doce e delicado. Zagam está associado a um feitiço de amarração amorosa, cujo propósito é privar uma mulher de sua própria força de vontade até que ela se submeta às falsas paixões. Segundo o texto, se não for possível encontrar com facilidade uma encruzilhada, Zagam pode, em vez disso, ser conjurado em um local onde regularmente ladrões sejam executados. Neste espaço ermo e mal-assombrado, três pombas devem ser sacrificadas em nome deste demônio. Uma vez propiciado, Zagam irá aparecer e deixar um símbolo ou imagem na poeira do local onde o ritual aconteceu. Este signo pode ser usado para compelir o amor de qualquer mulher, forçando-a a se submeter a uma paixão inexaurível. Cf. Goécia, Rudd, Scot, Wierus.

ZAGAYNE Demônio com poderes de transformação, Zagayne pode transmutar substâncias e até mesmo pessoas. Seu truque mais útil é o de transformar a mera poeira em qualquer metal — ouro, por exemplo. Seu nome aparece no *Livro de Oberon*, grimório da Inglaterra elisabetana. Segundo o texto, atende na corte de Paimon, rei do oeste, como um dos seus doze principais servidores. Manifesta-se na forma de um touro selvagem. Compare seu nome com Zagan, um dos 72 demônios goéticos. Cf. Livro de Oberon, Paimon, Zagan.

ZAHBUK Anjo mau evocado na *Espada de Moisés*, Zahbuk é mencionado em associação a uma maldição. Este anjo, junto de vários outros de seus irmãos malévolos, é conjurado para atingir um inimigo, separando-o da esposa. Zahbuk pode inspirar raiva, discórdia e infidelidade entre casais, mas seus poderes não param aí. Também é um poderoso espírito da pestilência. É capaz de infligir sofrimentos e doenças nas pessoas, causando dores agudas e inflamações terríveis. Cf. Espada de Moisés, Gaster.

ZAINAEL Embora este espírito possa muito bem ser o de um anjo caído, o *Grimório de Armadel* o identifica como o espírito que ensinou magia a ninguém menos que Moisés. Segundo o texto, Zainael foi o ser que possibilitou que o patriarca bíblico transformasse seu cajado em uma serpente viva ao desafiar os magos da corte do Faraó. Consta ainda que Zainael tem o poder de enriquecer as pessoas. Seu sigilo contém o conhecimento da adivinhação e é capaz de ajudar aqueles que o decifrarem para obter a sabedoria dos Magos. Cf. Mathers.

ZALANES "Aquele que traz perturbações". Este demônio aparece na tradução de Mathers da *Magia Sagrada de Abramelin, o Mago*. Segundo o texto, Zalanes é governado pelo demônio Paimon, um dos quatro príncipes infernais das direções cardeais. Na versão do material do *Abramelin* guardada na biblioteca de Dresden, seu nome é grafado como Bulanes. Cf. Mathers, Paimon.

ZAMBAS Na tradução de Driscoll do *Livro Jurado*, Zambas serve como ministro do demônio Zobha. Zambas tem o poder de derrubar prédios e outras estruturas, provavelmente por meio de terremotos. Está associado às regiões subterrâneas da terra, por isso também conhece a localização de minérios ocultos e metais preciosos. Se um mortal souber as oferendas adequadas para agradar a este demônio, consta que ele fornecerá ouro e prata em grande abundância em resposta. Dizem que confere honras e dignidades, ajudando aqueles que contam com seus favores a ganharem poder e influência no reino terreno. Cf. *Livro Jurado*, Zobha.

ZAMOR Na *Ars Theurgia*, consta que Zamor serve ao rei demoníaco Malgaras. Por meio de Malgaras, está associado à corte do oeste. Sendo um demônio noturno, a quem é permitido aparecer apenas durante as horas de escuridão, consta que comanda um total de trinta espíritos subordinados. Cf. *Ars Theurgia*, Malgaras.

ZANNO Demônio ilusionista com o poder de enganar os sentidos completamente. Aparece no *Manual de Munique* associado a um feitiço de ilusões para criar um castelo inteiro no ar, onde antes não havia nada. O texto descreve Zanno como um "espírito escudeiro". Para chamá-lo da forma correta, recomenda-se uma oferenda de leite e mel. Deve ser chamado numa localização remota e isolada, na décima noite do ciclo lunar. Seu nome é dado como *Zaimo* no texto. Cf. *Manual de Munique*.

ZAQUIEL Um dos Anjos Sentinelas condenados por seus pecados no *Livro de Enoque*. Segundo este texto apócrifo, Zaquiel e seus compatriotas foram seduzidos pelos pecados da carne. Encarregado de vigiar a humanidade, em vez disso, eles cederam aos prazeres mundanos e desposaram as filhas dos seres humanos. Zaquiel é mencionado como um dos "decanos", os tenentes dos anjos caídos, responsáveis por desviar os outros. Além de seu pecado de luxúria, os Sentinelas também ensinaram à humanidade conhecimentos proibidos como maldições e encantamentos. Cf. Sentinelas.

ZARAGIL Demônio mencionado na *Magia Sagrada de Abramelin, o Mago*, Zaragil aparece numa extensa lista de demônios identificados como servos dos príncipes infernais das quatro direções cardeais. Como tal, pode ser evocado pelos nomes de Oriens, Paimon, Ariton e Amaimon. Em 1898, o ocultista S. L. MacGregor Mathers realizou uma tradução desta obra, onde sugere que o nome deste demônio pode significar "dispersador". Em outro manuscrito do material do *Abramelin*, composto em código e guardado na biblioteca Wolfenbüttel na Alemanha, o nome deste demônio é dado como *Haragil*. Cf. Amaimon, Ariton, Mathers, Oriens, Paimon.

ZATH Ministro do demônio Abas, rei infernal dos reinos subterrâneos. Mencionado na tradução de Daniel Driscoll do *Livro Jurado*, consta que Zath concede ouro, prata e todo tipo de metais àqueles que souberem agradá-lo. Sua conexão com a terra também confere a este demônio uma afinidade com terremotos. Com este poder, é capaz de derrubar grandes construções ao causar tremores e trepidações no solo. Ele e seus irmãos infernais também detêm algum poder sobre as posições terrenas de autoridade. Assim, Zath pode ajudar as pessoas a conquistar favores e influência no mundo mortal. Cf. Abas, *Livro Jurado*.

ZAYME Um dos doze ministros de alto escalão do rei do oeste, Paimon. Zayme assume a forma de um corvo e é capaz de transportar dinheiro de um lugar a outro. Além disso, confere visões de lugares distantes, particularmente de edifícios, servindo como um tipo de *palantír*.[1] Também dá honras e estima. Seu nome aparece no *Livro de Oberon*, grimório da Inglaterra elisabetana. Cf. *Livro de Oberon*, Paimon.

ZELENTES Segundo o *Manual de Munique*, Zelentes tem poder sobre questões divinatórias. É capaz de emprestar suas habilidades a feitiços de catoptromancia ao inspirar visões de coisas secretas e ocultas. Cf. *Manual de Munique*.

---

[1] Nota da tradução: As Palantíri são artefatos mágicos do universo ficcional criado por J.R.R. Tolkien, conhecidas como as pedras videntes de Númenor. Tais pedras serviam para se comunicar umas com as outras, tal qual um espelho mágico. As visões advindas delas, além de instrumento de comunicação em tempo real, podiam também ser de acontecimentos do passado, ou ainda de alguns por vir.

CURIOSIDADES DEMONÍACAS

DEMÔNIO EM CONSTRUÇÃO

Se você é um entusiasta moderno do paranormal, é possível que, para você, haja um demônio que esteja fazendo falta neste dicionário com tantas fontes: *Zozo*.

Conhecido há muito como um demônio que se manifesta primordialmente por tabuleiros Ouija, Zozo é representado como um mal antigo e poderoso. Por vezes, traçam equivalências errôneas entre ele e o *dingir* mesopotâmico *Pazuzu*. Zozo, porém, nunca existiu antes do final dos anos 2000.

Zozo está ausente das tradições mesopotâmicas, bem como de textos bíblicos e extrabíblicos. Não é mencionado em fontes judaicas, nem muçulmanas. Nenhuma variação de Zozo aparece em grimórios — um grande feito, considerando o número e variedade de nomes registrados nesses textos. Mas, se está ausente de todas as fontes, então de onde vem o nome Zozo?

A resposta se encontra no tabuleiro Ouija, onde dizem que ele reside.

Os tabuleiros Ouija, patenteados em 1891, são ferramentas para comunicação com espíritos que funcionam por meio do efeito ideomotor. Os participantes, sentados, apoiam os dedos numa pequena prancheta chamada de *planchette*, que serve para apontar as letras, e o tabuleiro soletra mensagens por meio desses micromovimentos coletivos e, em geral, inconscientes.

Quando não há uma direção clara ou se o grupo está em conflito quanto às respostas em potencial, a prancheta pode começar a oscilar loucamente de um lado ao outro. Nesses momentos, costuma acompanhar os arcos das letras, cuja tradição dispõe em duas fileiras: de *A* até *M* em cima e de *N* a *Z* embaixo. Se essa oscilação da prancheta for interpretada como uma comunicação, então o arranjo apresenta um leque bastante limitado de palavras possíveis: *Mama*, *Nana*, *No-no*, e, claro, Zozo. É interessante que aqueles que acreditam com fervor em Zozo insistem que ele dá tanto "Mama" quanto "No-no" como nomes alternativos — nunca questionando como o próprio layout das letras pode estar associado à suposta comunicação.

Nascido das ações inconscientes e de um impulso bastante humano de procurar significado em informações do contrário aleatórias, Zozo não é um demônio, mas um elemento vivo do folclore moderno em evolução diante dos nossos próprios olhos. Nesse sentido, não é o primeiro demônio a ser forjado por um misto de ficção, crença e expectativa.

Tabuleiros Ouija vêm sendo usado ao longo dos séculos XIX e XX para comunicação com espíritos. Em parte, graças à sua representação no filme O Exorcista, *de 1973, eles passaram a ser associados a possessões demoníacas. Arte de Catherine Rogers.*

ZEPAR Demônio associado ao amor e à luxúria, Zepar é o 16º demônio da *Goécia*. Segundo tanto a *Pseudomonarchia Daemonum,* de Wierus quanto a *Descoberta da Bruxaria*, de Scot, este demônio tem o poder de inflamar as mulheres com amor pelos homens. Aparentemente, se este poder de inspirar amor fracassar, ele também tem a habilidade de transformar seus alvos em formas diferentes, mantendo-os nestas novas formas até cederem à amarração amorosa. Também deixa as mulheres inférteis. Um grande duque do Inferno, Zepar aparece na forma de um soldado e tem 26 legiões de espíritos menores sob seu comando. Na *Goécia do Dr. Rudd*, aparece como um homem com trajes vermelhos, armado como um soldado. Segundo o texto, o anjo Hakamiah tem poder para controlá-lo e compeli-lo. Cf. Goécia, Rudd, Scot, Wierus.

ZERIEL Segundo a tradução de Henson da *Ars Theurgia*, Zeriel é um demônio da corte do rei infernal Maseriel. Por meio de Maseriel, tem afiliações com a direção sul. É um dos doze duques infernais que dizem servir a Maseriel nas horas diurnas. Trinta espíritos menores juram lealdade a ele. Cf. Ars Theurgia, Maseriel.

ZHSMAEL Um dos vários anjos mencionados como parte de uma maldição na *Espada de Moisés*. Zhsmael está incluso em uma lista de anjos maus que possuem o poder de causar dor e doença aos mortais. O mago evoca este anjo e seus irmãos como parte de um feitiço para separar um homem de sua esposa. Zhsmael é capaz de inspirar desconfiança e infidelidade no casamento. Cf. Espada de Moisés, Gaster.

ZOBHA Presidente infernal dos reinos subterrâneos. Segundo a edição de Daniel Driscoll do *Livro Jurado*, Zobha não pode ser conjurado de modo a aparecer aos mortais diretamente. Em vez disso, depende de seus três ministros, Drohas, Palas e Zambas, para executarem sua vontade. Em serviço direto ao rei demoníaco Abas, Zobha tem o poder de derrubar edifícios, presumivelmente ao causar tremores e terremotos. Também sabe a localização de ouro e outros metais preciosos sob a terra, sendo capaz de trazer grandes quantidades de ouro e prata àqueles a quem favorecer. Dotado ainda de algum poder sobre os títulos e dignidades terrenas, é capaz de ajudar os mortais a obterem honras e influências mundanas. Na tradução de Peterson do *Livro Jurado*, o nome deste demônio permanece o mesmo, mas muitas de suas atribuições mudam. Em vez de governar os reinos subterrâneos, Zobha é um demônio associado ao planeta Mercúrio com associações aos ventos oeste e sudoeste. Seu mestre infernal é o demônio Habaa, o rei dos espíritos do planeta Mercúrio. Nesta versão do *Livro Jurado*, Zobha é um demônio com domínio sobre segredos, que sabe dos negócios ocultos e pensamentos tanto dos espíritos quanto dos mortais. Àqueles que o consultam, revelará estes segredos e fornecerá espíritos familiares bons e leais. Cf. Abas, Drohas, Livro Jurado, Palas.

ZOENIEL Um dos servidores demoníacos de Amenadiel, o Imperador Infernal do Oeste. Zoeniel aparece na tradução de Henson da *Ars Theurgia*. Segundo este texto, Zoeniel é um grande duque do Inferno e tem 3880 espíritos menores que executam seus comandos. Cf. Amenadiel, Ars Theurgia.

ZOMBAR Rei infernal mencionado no *Liber de Angelis*. Tem o poder de disseminar o ódio e a discórdia entre os vivos. Segundo o texto, se uma imagem de chumbo for criada em nome deste demônio, a imagem então terá o poder de inspirar contendas e ódio em todos que passarem por ela. Ao ser enterrada numa estrada perto de uma cidade ou vila, os habitantes logo serão divididos pelo seu ódio e pelas brigas infindáveis entre si. Cf. Liber de Angelis.

ZOSIEL Poderoso duque que dizem comandar 2200 espíritos menores. Zosiel serve ao príncipe errante Icosiel, cujo nome e selo aparecem no texto mágico do séc. XVII conhecido como *Ars Theurgia*. Zosiel aparecerá apenas durante as horas e minutos da quarta porção do dia quando o dia for dividido em quinze partes iguais. Zosiel é atraído à casa das pessoas e é mais provável de se manifestar em propriedades privadas. Cf. Ars Theurgia, Icosiel.

ZSNIEL Este anjo é chamado para separar um homem de sua esposa numa maldição descrita na *Espada de Moisés*. Zsniel aparece numa lista de vários anjos perversos e malignos que dizem ter poder para disseminar contenda e infidelidade conjugais. Além de ter o poder de fazer com que duas pessoas que se amam se voltem uma contra a outra, Zsniel é um demônio pestilento. É capaz de afligir suas vítimas com dores, hidropisia e inflamações. Cf. Espada de Moisés, Gaster.

ZUGOLA Demônio mencionado na *Magia Sagrada de Abramelin, o Mago*. Zugola é um servo demoníaco e se curva à liderança de Paimon, um dos príncipes infernais das direções cardeais. Cf. Mathers, Paimon.

ZYNEXTYUR Demônio que serve na hierarquia de Albunalich, rei do elemento da terra. Zynextyur é um demônio trabalhador com a reputação de ajudar a proteger ouro e pedras preciosas na terra. Segundo a tradução de Driscoll do *Livro Jurado*, é descrito como um ser de índole serena e paciente, cuja forma manifestada tem grandes proporções e um aspecto belo e reluzente. É conhecido por guardar com grande avareza as coisas preciosas ocultas sob a terra e é capaz de cansar e frustrar completamente qualquer um que procure tais tesouros se sentir que não são dignos de possuí-los. Para os considerados dignos, porém, é capaz de conferir, como presentes, pedras e metais preciosos. Tem o poder de fazer caírem chuvas suaves e é conhecido ainda por sua habilidade de inspirar rancor entre as pessoas. Tem uma predileção por certos tipos de incensos e perfumes. É mais provável que se manifeste se forem queimados os incensos e perfumes adequados em sua homenagem. Cf. Albunalich, *Livro Jurado*.

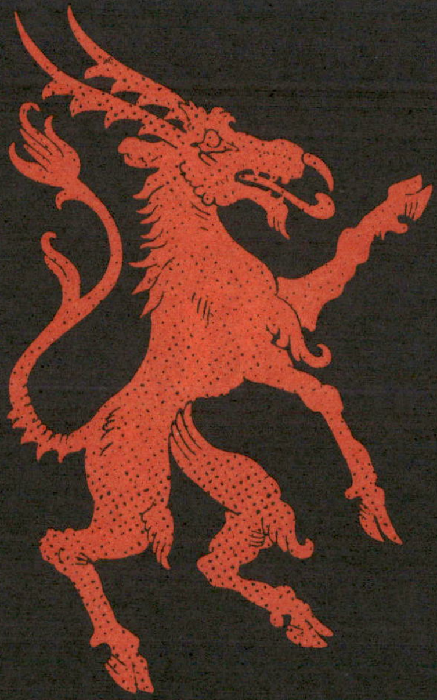

Apêndices

1 OS EXÉRCITOS BÍBLICOS DO INFERNO

Embora costume-se entender o próprio conceito de demônio como associado às fés abraâmicas, é surpreendente o quanto é raro a Bíblia identificar demônios com nomes próprios. Há, claro, alguns que nos são familiares: Belzebu, Bael, Belial, Mâmon, Lúcifer, Astarote, Beemote, Leviatã e Satã. Essa lista parece ser o típico "quem é quem" do Inferno — até você pesquisar de onde esses nomes vieram e o que eles representavam no material original.

Muitos dos nomes amplamente aceitos como demoníacos que aparecem na Bíblia não foram sempre escritos com a intenção de falar desse tipo de seres, para começo de conversa. *Mâmon*, por exemplo, é uma palavra que significa "riqueza" e foi usada originalmente para personificar os males da ganância. *Belial* era sinônimo de "perversidade" e quando um grupo de pessoas era chamado de "filhos de Belial", não era literalmente com a intenção de se referir a elas como filhos de um demônio. Em vez disso, a frase indica que eram pessoas perversas, separadas dos filhos justos de Israel por conta de seus valores e comportamentos inadequados (esse uso aparece frequentemente no *Testamento dos Doze Patriarcas*, por exemplo). Em algum momento, no entanto, passou-se a interpretar nomes como Mâmon e Belial como uma referência literal a seres maléficos reais e não meros conceitos. Astarote, Bael (mais corretamente *Baal*), Moloque e até mesmo Belzebu começaram todos sendo deuses em outras culturas. Foram demonizados na Bíblia, porque estavam em competição direta com a devoção dos filhos de Israel a seu Deus único.

Satã e Lúcifer são nomes ainda mais complicados quando comparamos suas origens com o que eles se tornaram na cultura ocidental. De muitos modos, nossa compreensão moderna desses dois nomes representa uma evolução a partir de sua apresentação bíblica original. Essa transformação pode ser usada como uma demonstração eloquente de como os arquétipos mudam e se desenvolvem com o tempo. O adversário, *Satan* ou *Shaitan*, faz algumas aparições no Velho Testamento, mas não tem nele a importância que viria a ter no Novo Testamento. Ele tem um papel direto no *Livro de Jó*, surgindo como um indivíduo específico que chega na corte celestial e essencialmente entra numa aposta com Deus quanto à fé de seu servo, Jó. Mas em outros momentos do Velho Testamento, *Satan* não representa um ser específico. O *adversário* é mais um tipo de título ou descrição de uma função, sendo um papel assumido

Anjos enviados para trazer pestilência a Roma. Gravura em madeira de P. Noël, Les Merveilles de l'Art et de l'Industrie, *1869. Imagem cortesia da Wellcome Collection, Londres.*

por uma variedade de anjos.[1] Na coletânea de material extra bíblico do folclore judaico conhecido como as *Crônicas de Jeramel*, por exemplo, o chamado "anjo mau", que é Samael, é descrito como "o chefe dos Satãs".[2] Nesse texto, Samael é escolhido por Deus para ir buscar a alma de Moisés. Embora Samael seja representado no texto em termos negativos, ele aparece ao mesmo tempo como um ser subordinado e sujeito à vontade de Deus — por mais que seja claramente um anjo mau, ele ainda assim recebe ordens do Senhor. Essa é uma ideia de Satã, ou satãs, que é difícil para os cristãos de hoje conceitualizarem: Satã, como qualquer outro anjo, trabalha de acordo com a vontade de Deus.

1 Elaine Pagels. The Origin of Satan, pp. 40–44.
2 Moses Gaster, The Chronicles of Jerahmeel, or The Hebrew Bible Historiale, p. 136.

Nossa compreensão moderna de Lúcifer também foi muito além de suas origens bíblicas. A essa altura da mitologia popular, Lúcifer é o Portador da Luz, o primeiro e melhor dos anjos que caiu por conta do pecado do orgulho contra Deus. Ou, talvez, como o Íblis dos muçulmanos, Lúcifer seja aquele único ser orgulhoso que, ao ser comandado a se ajoelhar diante da humanidade, recusou-se e se afastou do Todo Poderoso. Nós vemos esses lugares-comuns luciferianos reiterados de novo e de novo em livros, filmes, séries e até mesmo jogos, porém pouquíssimo disso tudo vem diretamente das referências a Lúcifer na Bíblia. Sua aparição bíblica mais famosa se encontra em *Isaías* 14:12. Por mais explícita que seja essa referência, porém, muitos pesquisadores da área defendem que Isaías se referia a um governante de carne e osso e não um ser celestial: "Como caíste desde o céu, ó Lúcifer, filho da alva! Como foste cortado por terra, tu que debilitavas as nações!"[3]

O nome *Lucifer* aqui é a palavra latina para "estrela da manhã", motivo pelo qual as duas coisas passaram a ser sinônimos uma da outra, particularmente na *Vulgata* latina (a versão da Bíblia em latim). Intepretações literais da Bíblia costumam entender esse trecho como uma referência à expulsão de Lúcifer do Céu, uma queda catastrófica que o transforma em anjo caído. A maioria dos pesquisadores bíblicos, por outro lado, afirma que esse trecho se refere a um líder do mundo antigo que antagonizou os israelitas da época.[4]

A maioria dos outros casos de "aparição" de Lúcifer na Bíblia — desde a tentação de Eva no *Gênesis* em diante — são aparições *implícitas*, por vezes onde há menção a um *shaitan* ou adversário, outras vezes apenas quando um governante terreno é apresentado de um modo mais cheio de floreios. Vamos considerar o trecho em *Ezequiel* 28:13-19. Esse trecho parece falar de um querubim que era "Perfeito nos teus caminhos, desde o dia em que foste criado, até que se achou iniquidade em ti" (*Ezequiel* 28:15). Esses trechos costumam ser citados como um argumento de que Lúcifer pertencia originalmente à Ordem dos Querubim, na hierarquia angélica, porém essa passagem, tal como citada popularmente, costuma omitir os versos que contextualizam a crítica de Ezequiel ao "querubim". Alguns versículos antes, Ezequiel é instruído a profetizar ao príncipe de Tiro (*Ezequiel* 28:2). Quando esse detalhe crucial é incluído, fica evidente que o querubim se refere ao príncipe e a mais ninguém.

Considerando que passamos a identificar o rei dos anjos caídos como *Lúcifer Estrela-da-Manhã*, era de se esperar que a Bíblia o descrevesse assim, usando *Estrela da Manhã* no lugar de Lúcifer ao falar de seus males. A estrela da manhã em latim, porém, é só lucífera mesmo.

O trecho em *Isaías* 14:12 não é a única ocasião na Bíblia em que a Estrela da Manhã é comparada a uma pessoa viva. Há um outro trecho significativo, mas que tem pouco a ver com o anjo caído Lúcifer. A Nova Versão Internacional da Bíblia diz o seguinte em *Apocalipse* 22:16, "Eu, Jesus, enviei o meu anjo, para vos testificar estas coisas nas igrejas. Eu sou a raiz e a geração de Davi, a resplandecente estrela da manhã". A passagem anterior de *Isaías* claramente não usa a estrela da manhã como referência a Jesus, mas seu uso no *Apocalipse* indica o perigo que é presumir que todas as referências à Estrela da Manhã digam respeito a Lúcifer.

De novo, nós vamos preenchendo as lacunas com nossas expectativas. A maioria das representações modernas de Lúcifer tem menos a ver com o cânone bíblico e mais com a literatura adjacente ou inspirada por textos bíblicos, desde os muitos documentos sectários descobertos em Qumran até a obra do poeta cego John Milton, cujo *Paraíso Perdido* definiu a percepção sobre demônios, Lúcifer e o Inferno para a maior parte do mundo anglófono.

---

[3] Isaías 14:12, *tradução Almeida Corrigida Fiel.*
[4] *Uma interpretação comum nos diz que esse líder seria Nabucodonosor, o rei da Babilônia, mas já leituras dissidentes também. Cf. Albert Barnes,* Notes, Critical, Explanatory, and Practical on the Book of the Prophet Isaiah, *Volume 1, p. 297.*

Demônios 2

DE ONDE VÊM OS DEMÔNIOS

PARTE I: VISÕES DO INFERNO

A maior parte do discurso sobre entidades demoníacas trata delas como seres que habitam um reino à parte da realidade ordinária. Com frequência, o reino dos demônios é representado como sendo, ao mesmo tempo, adjacente e inferior ao reino mortal — um império ctônico de sombras e chamas que serve como um tipo de masmorra para as almas degeneradas. Essa visão do submundo ecoa as ideias dos sumérios sobre a pós-vida, tal como expressas em documentos como o *Épico de Gilgamesh*. Aqui, o reino dos mortos é uma terra inferior de escuridão onde as almas dos que já se foram se aglomeram como aves enlutadas e esquálidas em meio ao pó. "Esta é a casa cujos habitantes se assentam em escuridão; o pó é seu pão e a argila sua carne. Vestem-se como pássaros, que se cobrem com as asas, não enxergam a luz, assentam-se em trevas. Eu adentrei na casa da poeira e vi os reis da terra, suas coroas para sempre aposentadas".[1]

O reino deprimente dos mortos talvez tenha sido influenciado pelas antigas práticas funerárias sumérias: os mortos costumavam ser enterrados sob o chão de terra batida de suas próprias casas, e acreditava-se que seus espíritos continuavam a demonstrar algum tipo de vida, residindo no espaço abaixo da morada terrena que habitaram em vida.[2] É notável que a esqualidez do submundo sumério não era para servir como um local de castigo ou remediação. Pelo que se encontra na mitologia, a morte era vista apenas como um estado desagradável da existência.

A visão cristã do Inferno com a qual estamos mais familiarizados geralmente envolve um submundo de fogo em que as almas dos condenados se veem diante da tortura eterna por conta de suas transgressões. As visões do cristianismo de uma pós-vida dominada pelo fogo pode ter sido influenciada por percepções, bastante reais, de vulcões, onde pontos das profundezas da terra encontram clara associação com o magma e vapores.[3] Mas é possível postular também uma antiga influência egípcia.

---

1 N. K. Sandars, The Epic of Gilgamesh, p. 92.
2 Paul Collins, "Everyday Life in Sumer," The Sumerian World, p. 355.
3 Na Eneida, Virgílio situa a entrada ao submundo numa caverna vulcânica perto do Lago Averno. O poeta romano se inspirou em uma tradição muito mais antiga. Segundo Estrabão, quando Odisseu foi comungar com os mortos, ele o fez às margens do Averno. Cf. Eleanor Winsor Leach, "Viewing the Spectacula of Aeneid 6," Reading Vergil's Aeneid, p. 115.

Na coletânea de documentos conhecida no geral como *O Livro Egípcio dos Mortos*, um dos castigos das almas indignas envolve ser imerso num lago de fogo.[4] A ideia de que o submundo — ou pelo menos o reino sombrio dos mortos que se encontra além de nosso mundo mortal com o qual estamos familiarizados — contém um lago de fogo como local de tormento e aflição antecede em vários milhares de anos a religião que inspirou a representação poética de Lúcifer feita por Milton.

O cristianismo não é o único sistema de crenças que apresenta um lugar na pós-vida dedicado a castigar os indignos, mas é certamente um dos poucos que apresenta esse castigo como uma retribuição eterna e não corretiva. O *Garuda Purana*, um texto sagrado hindu, parte dos *Puranas* de Vishnu, detalha as experiências da alma após a morte. Particularmente interessante para os nossos propósitos são as suas descrições dos estados entre a morte e o renascimento, onde as almas dos pecadores são torturadas no reino de Yama, deus da morte:

"Alguns dos pecadores são serrados com serrotes, como se fossem lenha, e outros arremessados no chão e cortados em pedaços com machados. Alguns são parcialmente enterrados num fosso e têm seus crânios perfurados com flechas. Outros, presos no meio de uma máquina, são espremidos igual cana-de-açúcar. Alguns são cercados com carvão em brasas, envolvidos com tochas e derretidos como um punhado de minério".[5]

A dor e sofrimento causados às almas indignas no reino de Yama se encaixariam perfeitamente em qualquer visão cristã do Inferno, com uma única exceção notável: a tortura de Yama é reparadora, o que significa que ela é realizada com o propósito de ajudar as almas a se libertarem de suas falhas antes de serem subsequentemente libertadas para reencarnar. Diferente do conceito cristão de danação, o sofrimento causado nessa visão hindu do Inferno é temporário.

ENTREMEIOS E INTERMÉDIOS

Outras representações do reino dos demônios não o pintam como um local de punições, mas meramente como uma existência diferente da nossa (mas, volta e meia, repleta de horrores). O autor Pu Songling, em sua coletânea *Strange Stories from a Chinese Studio*, descreve pessoas que são escolhidas, de nascença, para terem a habilidade de se deslocar entre o reino terreno e o reino infernal, funcionando essencialmente como cobradores de impostos dos condenados.[6] Com base em conceitos taoístas de um mundo Yin de espíritos e um mundo Yang da carne, o "espaço" ocupado pelos demônios na obra de Songling é separado e, ao mesmo tempo, contíguo com o nosso – comprovado pelo tremendo trânsito entre os dois reinos. A crença islâmica nos Jinn é parecida ao situar esses seres não humanos em um "mundo invisível" que é, ao mesmo tempo, distinto e adjacente ao reino material povoado pela humanidade.[7] Tudo isso sugere que o reino dos espíritos — não importa se esses espíritos são classificados como Jinn, yokai ou demônios — existe em paralelo com o nosso reino mortal. Nossos mundos são dois aspectos de um todo maior. Apesar de serem habitados por seres de uma substância distinta, é possível a comunicação entre os dois reinos.

Embora não seja dito explicitamente, esse modelo interconectado também operava na Europa medieval e renascentista. Lá, caçadores de bruxas, inquisidores e teólogos, todos postulavam um mundo povoado por espíritos malignos, qualquer um dos quais poderia ser chamado pelos mortais dispostos a formular um pacto com forças sinistras. Isso situava os demônios num local ao mesmo tempo separado, porém adjacente, ao reino mortal — e capazes de se deslocar de um reino a outro, apesar da crença doutrinária de que os demônios estavam, com efeito, aprisionados no Inferno.

Em obras como o *Malleus Maleficarum*, o maldito "Martelo das Bruxas" que foi escrito para educar as pessoas quanto a seus poderes e hábitos, os demônios costumam ser representados como seres espirituais, invisíveis e intangíveis a todos exceto aqueles a quem

---

4 R. O. Faulkner. The Ancient Egyptian Book of the Dead, *pp. 68–69, 118–119.*
5 Garuda Purāna: *Capítulo III: 49–51*, tradução inglesa de Ernest Wood e S. V. Subrahmanyam.
6 Pu Songling, Strange Stories from a Chinese Studio.
7 Amira El-Zein, Islam, Arabs, and the Intelligent World of the Jinn.

eles desejam aparecer. Isso também se aplica à tradição dos grimórios, onde os demônios são descritos como dotados de um corpo etéreo ou "aéreo"[8] – uma expressão que reconhece uma forma consistente ao mesmo tempo em que distingue essa forma da argila dos mortais. Porém, por mais aéreos que eles sejam, podem também assumir formas completamente tangíveis, aparecendo como um cachorro preto ou um bode no Sabá das Bruxas. Segundo relatos, tanto do *Malleus Maleficarum* quanto do *Compendium Maleficarum*, essas formas intermediárias encontradas pelas bruxas eram físicas o suficiente para permitir a consumação de atos sexuais.

Em nenhum lugar essa fisicalidade dos espíritos é mais clara do que nos escritos sobre demônios do tipo íncubo e súcubo. Relatos de ataques de íncubos e súcubos eram associados a tradições populares chamadas de "bruxas", *night hags*, ou *mara*.[9] Acreditava-se que esses seres surgiam durante o sono dos mortais, muitas vezes fazendo pressão sobre seus corpos, contra a cama, para sufocá-los. Uma diferença distinta que separa os mitos de íncubos/súcubos e de *night hags* é o elemento erótico explícito dos relatos de íncubos e súcubos. Em termos simples, esses demônios apareciam com o propósito expresso de fazer sexo. O íncubo aparecia como um demônio do sexo masculino e costumava abordar mulheres enquanto elas dormiam. Já a súcubo era a contraparte feminina desse demônio, e suas visitas noturnas perturbavam o sono dos homens.[10]

Frater Ludovico Sinistrari, que viveu e escreveu no final do séc. XVII, esboçou o que acabou se tornando a fonte definitiva sobre as crenças em torno de íncubos e súcubos em sua época.[11] Pelo que reconta Sinistrari, alguns teólogos acreditavam que esses seres eram apenas espíritos e simplesmente assumiam uma forma ilusória que parecia ser masculina ou feminina. Como o próprio Sinistrari diz em sua abordagem ao fenômeno, "não passa de fantasmagoria, encantamentos e feitiços diabólicos".[12] Essa ilusão, em todo caso, era capaz de enganar os homens para que entregassem sua semente aos demônios por meio de poluções noturnas, que os demônios essencialmente colhiam na forma de súcubos. Mais tarde então, eles apareciam como íncubos diante das mulheres, engravidando-as com o esperma roubado.

A ideia de que os demônios do tipo íncubo eram responsáveis por engravidar as mulheres — particularmente as freiras que alegavam não ter nenhum contato com homens mortais — era aceita como verdadeira na época de Sinistrari. O conceito de emissão e retenção da semente era usado para explicar o porquê, por exemplo, de um filho concebido assim ser parecido com um bispo local. Em vez de impugnar a honra e o celibato do bispo ou da freira, a culpa era colocada em íncubos e súcubos, pois esses demônios eram particularmente notórios por visitarem mulheres e homens santos à noite, para tentá-los e atormentá-los.

O próprio Sinistrari rejeitava a ideia de que os íncubos e súcubos fossem seres puramente espirituais, postulando, em vez disso, um tipo de meio-termo entre o espírito e a carne. Nesse sentido, ele os entendia como seres que ocupavam ambos os mundos, capazes de se deslocar entre eles à vontade (assim como os Jinn islâmicos). Sinistrari fundamentou sua conclusão em alguns argumentos que faziam sentido na época, como a sua afirmação de que íncubos e súcubos não apenas roubavam a semente alheia, mas eram capazes de se reproduzir com seres humanos. As provas que ele oferece para essa reprodução revelam um fio mais profundo na complicada tapeçaria da demonologia medieval e renascentista. Primeiro,

---

8 *Esse conceito tem suas raízes nos escritos teológicos de Santo Agostinho. São Tomás de Aquino, no séc. XIII, argumentava, em vez disso, que os anjos (e, por extensão, também os demônios) não tinham corpo algum. Os proponentes de ambas as posições continuaram debatendo ao longo dos períodos medieval e renascentista. Cf. Benjamin W. McCraw, "Augustine and Aquinas on the Demonic,"* Philosophical Approaches to Demonology, *pp. 24–25.*

9 *Carl Lindahl, John McNamara, & John Lindow,* Medieval Folklore: A Guide to Myths, Legends, Tales, Beliefs, and Customs, *pp. 291–292.*

10 *Íncubos e súcubos podiam e de fato cruzavam as linhas que separam os gêneros. A distinção entre os dois tipos de demônio era menos uma questão de percepção de gênero e mais de posições sexuais preferidas. Incubus vem do verbo latino incubare, que significa "deitar-se sobre". Succubus evoluiu do latim sub-cubare, "deitar embaixo".*

11 *Ludovico Sinistrari,* Demoniality.
12 *Ludovico Sinistrari,* Demoniality, *p. 6.*

Demônios, pelo ar, atormentam Santo Antão. Reprodução de uma gravura de M. Schongauer, circa 1470-1475. Imagem cortesia da Wellcome Collection, Londres.

vamos dar uma olhada no que diz Sinistrari. Depois, na próxima seção, mergulharemos no como e por que isso é tão significativo.

Sinistrari afirma: "Agora, não há dúvida entre teólogos e filósofos de que o intercurso carnal entre a humanidade e o Demônio às vezes gera seres humanos... Mas eles observam ainda que, a partir de uma causa natural, os filhos concebidos destarte por Íncubos são altos, bastante destemidos e terrivelmente audazes, indescritivelmente arrogantes e desesperadamente perversos".[13]

Essa descrição, bastante específica e apresentada sem qualquer contexto, não é um argumento dos mais convincentes de que essas crianças altas, destemidas e arrogantes seriam indisputavelmente híbridos de demônios. É evidente que Sinistrari, ao escrever, tinha em mente outras informações — algo mais profundo do que mera observação pessoal sobre uma ou outra criança supostamente gerada pela visita de um íncubo.

Mais adiante em seu tratado, Sinistrari cita a principal inspiração para o seu argumento. Ele acredita que é possível nascerem crianças mistas de ascendência humana e demoníaca por conta da Bíblia. Em certo ponto, ele menciona o exemplo do Anticristo, mas sua fonte bíblica é ainda mais antiga do que o *Apocalipse*.

"Também lemos na Bíblia, *Gênesis*, cap. VI, v. 4, que nasceram gigantes quando os filhos de Deus visitaram as filhas dos homens; isso consta no texto de fato. Agora, esses gigantes eram homens de grande estatura, diz *Baruque*, cap. III, v. 26, e em muito superiores aos outros homens. Não apenas eles se distinguiam por seu imenso tamanho, como também por conta de sua proeza física, sua rapinagem e sua tirania".[14]

Sinistrari aqui faz referência a uma tradição embrenhada na narrativa bíblica tanto canônica quanto apócrifa, nos textos adjacentes ao material mais aceito das escrituras: a história dos Anjos Sentinelas. Embora seu testamento primário, o *Livro de Enoque*, tivesse se perdido para a cristandade ocidental durante quase mil anos, essa história teve uma influência profunda sobre a demonologia da Europa Ocidental. Há vários conceitos cruciais à tradição salomônica que dependem da narrativa das Sentinelas, por isso é importante que nós prestemos atenção a essa história.

---

13 Ludovico Sinistrari, Demoniality, *p. 21*.

14 Ludovico Sinistrari, Demoniality, *p. 25-26*.

PARTE II: AS SENTINELAS DE ENOQUE

Espalhados ao longo do texto que os cristãos conhecem como Velho Testamento, há fragmentos de uma narrativa inacabada. É uma história de amor, luxúria, traição e retribuição divina. Esses fragmentos apontam para a existência de seres angelicais que abandonaram seu lugar no Céu para coabitar com as filhas dos homens. Muitas vezes chamados de Sentinelas, ou *yryn*,[15] esses seres estão associados à história do Dilúvio no *Gênesis*, onde são descritos como "os filhos de Deus", ou *bene ha Elohim*:[16]

"E aconteceu que, como os homens começaram a multiplicar-se sobre a face da terra, e lhes nasceram filhas, viram os filhos de Deus que as filhas dos homens eram formosas; e tomaram para si mulheres de todas as que escolheram. Então disse o Senhor: 'Não contenderá o meu Espírito para sempre com o homem; porque ele também é carne; porém os seus dias serão cento e vinte anos'. Havia naqueles dias gigantes na terra; e também depois, quando os filhos de Deus entraram às filhas dos homens e delas geraram filhos; estes eram os valentes que houve na antiguidade, os homens de fama".[17]

A história desses Anjos Sentinelas nunca é elaborada de forma mais completa na Bíblia tal como ela chegou a nós hoje. Em vez disso, os versículos que de fato constam lá meramente apontam para uma história muito maior, para a qual há pouquíssimo contexto.

Os estudiosos bíblicos, tanto antigos e modernos, têm sentimentos conflitantes quanto a essa passagem enigmática em *Gênesis*, por vezes procurando explicar o seu significado e por vezes ignorando esses versículos completamente.[18] A história das Sentinelas é um problema teológico por diversas razões, dentre as quais consta a representação dos anjos como seres corpóreos capazes de gerar filhos — uma qualidade que contraria artigos de fé cruciais estabelecidos durante o desenvolvimento da doutrina cristã e codificados no Quarto Concílio de Latrão.[19] Apesar das aparentes contradições numa história de anjos que se misturaram com a humanidade, a história das Sentinelas, tal como contada no *Livro de Enoque*, teve ampla influência no mundo antigo, e há provas dessa influência tanto nos escritos sagrados cristãos quanto judaicos (e, pode-se dizer também, islâmicos, com as histórias posteriores dos Jinn).[20]

ENCONTRANDO ENOQUE

A história do *Livro de Enoque* começa, pelo menos até onde é possível verificarmos no material primário, num assentamento remoto nas regiões inóspitas do deserto da Judeia, à margem norte do Mar Morto. O assentamento de Khirbet Qumran, estabelecido por um movimento sectário de judeus do período do Segundo Templo chamado de essênios,[21] é mais conhecido na história moderna como o local da descoberta

---

15 Ida Fröhlich, "The Figure of the Watchers in the Enochic Tradition (1–3 Enoch)," Henoch, p. 9.
16 Elohim é uma das palavras na Bíblia que costuma ser traduzida como Deus (a principal outra sendo YHWH). Notavelmente, Elohim é uma forma plural. Em todo caso, em tradução, ela é apresentada como singular. As implicações de que essa palavra poderia ser um artefato linguístico que aponta para uma época pré-monoteísmo são difíceis de se ignorar.
17 Gênesis 6:1-4, tradução Almeida Corrigida Fiel.
18 Posturas teológicas alternativas interpretam os tais "filhos de Deus" como sendo homens humanos identificados figurativamente como bene ha Elohim, dadas suas posições como juízes e filhos justos de Seth, em oposição aos filhos perversos de Caim. Para mais elucidações sobre essas questões, cf. Jeremy Hultin, "Jude's Citation of 1 Enoch," Jewish and Christian Scriptures: The Function of "Canonical" and "Non-Canonical" Religious Texts, pp. 113–28.
19 George J. Marshall, Angels: An Indexed and Partially Annotated Bibliography of Over 4,300 Scholarly Books and Articles Since the Seventh Century B.C., p. 2.
20 Jeremy Hultin, "Jude's Citation of 1 Enoch," Jewish and Christian Scriptures, p. 114.
21 Nem todos os pesquisadores concordam que foram os essênios os autores dos Manuscritos do Mar Morto. Cf. Hillel Newman, Proximity to Power and Jewish Sectarian Groups of the Ancient Period.

Adão e Eva Expulsos do Jardim. Gravura de traço de Raphael Sadeler, 1583. Cortesia da Wellcome Collection, Londres.

dos Manuscritos do Mar Morto.²² Referidos pelos acadêmicos como *Manuscritos de Qumran*, esses rolos representam um tesouro sem precedentes no que diz respeito às escrituras, lançando luz tanto sobre o judaísmo do período do Segundo Templo quanto sobre os primeiros desenvolvimentos do cristianismo. Para contextualizar, antes da descoberta dos Manuscritos do Mar Morto, a versão mais antiga da Bíblia Hebraica de que se tinha notícia datava do séc. x da era cristã. Os manuscritos de Qumran — que contêm, entre outras coisas, quase todos os livros da Bíblia Hebraica, exceto *Ester* e *Neemias* — jogam essa data para 1200 anos antes.

Os Manuscritos do Mar Morto são importantes não apenas por conta de todas as versões dos textos bíblicos tradicionais que eles contêm: são textos também que lançam luz sobre livros que nunca chegaram ao cânone bíblico formal ou que se perderam no caminho.²³ Dentre eles, há múltiplas cópias de textos que tratam dos Anjos Sentinelas e seus filhos, os Gigantes, todos os quais são fragmentos de um material enoquiano mais amplo.

O *Livro de Enoque*, na verdade uma obra compósita constituída de várias obras, é oficialmente rotulado como um texto *pseudepigráfico*. Essas obras extrabíblicas são atribuídas a um autor antigo, mas seus autores verdadeiros permanecem anônimos. No geral, adotava-se o nome de um patriarca famoso para conferir à obra uma autoridade mais aparente. Esses textos tipicamente foram extirpados do cânone bíblico quando sua autoria foi questionada ou por conterem perspectivas heterodoxas. Com frequência um dos motivos engendrava o outro.

No caso do *Livro de Enoque*, a obra ainda foi exuberantemente aceita pelos pais da Igreja ao longo dos sécs. I e II da era cristã (a essa altura, sua popularidade entre judeus já havia minguado, em parte por conta de sua influência sobre o cristianismo incipiente).²⁴ Clemente, Atenágoras, Irineu e Tertuliano — todos aceitaram esse livro como canônico. Tertuliano, na verdade, chega a identificar Enoque como o "mais antigo profeta".²⁵ É notável que o *Livro de Enoque* seja mencionado como um texto autêntico na própria Bíblia: a profecia de Enoque é citada na *Epístola de Judas* 14-15. Outros textos cristãos e judaicos contêm referências ao *Livro de Enoque* também, incluindo o *Livro dos Jubileus*, o *Testamento dos Doze Patriarcas*, o *Apocalipse de Pedro* e a *Epístola de Barnabás*, o que atesta a sua influência.²⁶

Apesar de suas opiniões fervorosas quanto ao *Livro de Enoque*, Tertuliano, que viveu entre 155 e 220, reconhece que alguns cristãos já haviam começado a questionar sua autenticidade. Tendo composto suas obras no final do séc. II, ele foi o primeiro a fazer essa observação. De Tertuliano em diante, é possível identificar a trajetória das opiniões sobre o *Livro de Enoque* por meio das obras que foram sendo desenvolvidas pelos pais da Igreja. Orígenes, que viveu entre 184 e 253, demonstra uma queda na popularidade de Enoque ao longo de sua carreira. Embora os primeiros escritos de Orígenes se refiram ao *Livro de Enoque* como parte das escrituras, posteriormente ele muda de opinião e, no fim, acaba por declarar que *Enoque* é aceito como escritura apenas por uma minoria de cristãos.²⁷ Santo Agostinho, que viveu

---

22 Os Manuscritos do Mar Morto foram descobertos pela primeira vez por um trio de beduínos entre novembro de 1946 e fevereiro de 1947. As escavações continuaram ao longo da década de 1950, por fim revelando não menos de dez cavernas, cada uma delas cheia de potes contendo rolos de pergaminho. Desde a descoberta original de sete rolos, foram recuperados quase mil textos, em estados variados de conservação, das cavernas de Qumran. Muitos deles foram traduzidos. Cf. Michael O. Wise, Martin G. Abegg Jr., and Edward M. Cook, The Dead Sea Scrolls: A New Translation.
23 O termo oficial para esses livros perdidos da Bíblia é apócrifos, do grego apocrypha, que significa "oculto", "escondido" ou "obscurecido". Algumas edições da Bíblia contêm textos apócrifos, tipicamente incluindo-os ao fim para que fique claro que são obras à parte do cânone. Outras Bíblias os omitem por completo. Há ampla variação entre os vários sectos do cristianismo no tocante às escolhas quanto a inclusão ou exclusão de textos apócrifos.
24 Tertuliano especificamente declara que a opinião judaica sobre o Livro de Enoque diminuiu em resposta direta à importância do texto em meio aos cristãos. Cf. James Drummond, The Jewish Messiah: A Critical History of the Messianic Idea Among the Jews from the Rise of the Maccabees to the Closing of the Talmud, p. 72.
25 Jeremy Hultin, "Jude's Citation of 1 Enoch," Jewish and Christian Scriptures, p. 115.
26 Jeremy Hultin, "Jude's Citation of 1 Enoch," Jewish and Christian Scriptures, 113–114.
27 Jeremy Hultin, "Jude's Citation of 1 Enoch," Jewish and Christian Scriptures, p. 117.

entre 354 e 440 d.C., rejeita o livro completamente, com a desculpa de que é simplesmente antigo demais para se verificar — mas não faz mal também que a sua representação dos anjos contrarie a afirmação do próprio Agostinho de que os seres espirituais não poderiam ter corpos carnais.[28]

Por volta do séc. IX d.C., Nicéforo I, que foi patriarca em Constantinopla entre 806 e 815, foi um dos últimos a mencionar o *Livro de Enoque* de modo a sugerir que ele de fato tivesse lido o texto. Ele o discute em sua lista de livros canônicos e não canônicos que conclui o compêndio das suas *Chronographiae*. Por volta dessa mesma época, o livro é incluído na cronologia de Jorge Sincelo. Depois disso, restam apenas boatos da existência do *Livro de Enoque* pela Europa e pelo mundo ocidental.

No começo do séc. XVII na Europa, um desses boatos havia se tornado persistente: o de que o *Livro de Enoque* havia sobrevivido na Etiópia. Numa conversa com o astrônomo francês Nicolas-Claude Fabri de Peiresc, um monge capuchinho no Egito insistira que havia lido o então lendário *Livro de Enoque* em língua etiópica chamada de ge'ez.[29] Pereisc, que viveu entre 1580 e 1637 e tinha uma paixão por colecionar curiosidades de antiquário, ficou imediatamente obcecado e não conseguiu descansar até obter um livro que lhe foi vendido como o *Livro de Enoque*. Suas páginas, claro, estavam em ge'ez. Embora Peiresc fosse um homem de incrível erudição, é muitíssimo duvidoso que ele fosse capaz de ler nesse idioma, pois, embora o frontispício declarasse que o pequeno manuscrito em papel velino seria o *Livro de Enoque*, pesquisas posteriores comprovaram decisivamente que não era o caso.[30] Quando esse fato decepcionante veio à tona,

a maioria das pessoas desistiu de procurar pelo *Livro de Enoque*, embora as histórias continuassem circulando. Em 1703, J. A. Fabricus fez uma curadoria de citações, alusões e referências ao *Livro de Enoque*, cuja maior parte foi derivada de obras de autores gregos e latinos dos primeiros quatro séculos, o que atiçou ainda mais o fogo do interesse público.[31] Mas demorou até o final do século para que um europeu conseguisse colocar as mãos nesse volume quase mítico.

A AVENTURA ETIÓPICA

James Bruce era um escocês de enorme estatura e cabeça quente, que orgulhosamente se afirmava descendente de ninguém menos que Roberto de Bruce, o famoso rei da Escócia do séc. XIV. A principal ocupação de James Bruce, sendo um maçom do Rito Escocês, era a exploração. Por volta de 1770, ele decidiu empreender uma viagem para descobrir a fonte das águas azuis do Nilo, uma jornada que o conduziu até o país então conhecido como Abissínia (hoje Etiópia). Tal como recontado no diário de viagem das aventuras de Bruce, que recebeu o título pragmático de *Travels to Discover the Source of the Nile* (*Viagens Para Descobrir a Nascente do Nilo*), ele adquiriu três exemplares do *Livro de Enoque* em um monastério em Gondar.[32] Bruce parece ter alguma ideia quanto à importância do texto (e há teorias conspiratórias que sugerem que o verdadeiro incentivo para sua viagem pelo Nilo era o de recuperar esse e outros textos religiosos para os maçons). Porém, uma vez em sua posse, ele só seria traduzido do ge'ez quase trinta anos depois. Em 1800, uma versão do *Livro de Enoque* de Bruce, por vezes chamado de *Enoque Etiópico* ou *1 Enoque*, foi traduzida para o latim por Silvestre de Sacy.[33] Ainda demoraria

---

28 Benjamin W. McCraw, "Augustine and Aquinas on the Demonic," *Philosophical Approaches to Demonology, pp. 24–25*.
29 John Kitto, *The Cyclopaedia of Biblical Literature, vol. 1, p. 629*.
30 Em vez disso, o livro, que continuou na biblioteca de Peiresc até a sua morte, era uma coletânea de releituras de histórias bíblicas misturadas livremente com crenças folclóricas etiópicas. Ele pode ser lido, numa tradução moderna para o inglês, sob o título *The Book of the Mysteries of the Heavens and the Earth*, de E. A. Wallis Budge, com prefácio de R. A. Gilbert.
31 J. T. Milik, *The Books of Enoch: Aramaic Fragments of Qumran Cave 4, p. v*.
32 James Bruce, *Travels to Discover the Source of the Nile*.
33 Silvestre de Sacy, "Notice sur le livre d'Enoch," *Magazin Encyclopedique, p. 382*.

várias décadas até o texto estar amplamente disponível em inglês, mas, uma vez que isso aconteceu, essa tradução recebeu diversas reimpressões.³⁴

Como (e por que) a Igreja da Etiópia chegou a preservar uma obra das Escrituras que se perdeu para o restante da cristandade? Essa é uma pergunta complicada. Uma resposta completa exige um bom tanto de contextualização, mas há uma resposta simples, ainda que superficial: essa obra era parte da Bíblia quando os etíopes adotaram o texto. Não se sabe se ela veio com o cristianismo ou com o judaísmo, haja vista que ambas as religiões tiveram a sua partilha de convertidos na Etiópia,³⁵ mas em momento algum o *Livro de Enoque* deixou de ser visto como canônico pelos etíopes quando eles começaram a traduzir esses ensinamentos para sua própria língua, provavelmente a partir do séc. V.³⁶

O cristianismo etiópico seguiu, desde o começo, o seu próprio caminho. A fé desenvolveu uma forma de expressão vibrante e distinta por conta das particularidades geográficas e culturais do país.³⁷ No rastro do Concílio da Calcedônia em 451, Roma e Bizâncio competiam pelo controle dos cristãos na Etiópia, mas o país permanecia firmemente associado à Igreja Copta de Alexandria, que se distinguia como uma instituição à parte de ambas. No séc. VII, quando o islã dominou Alexandria, a Etiópia deixou de se orientar por qualquer autoridade cristã exceto a que eles próprios mantinham. Apesar dos conflitos internos, o país resistiu à invasão muçulmana e conseguiu manter seu caráter religioso único, que continuou se desenvolvendo de forma relativamente isolada durante os 500 anos seguintes. Como resultado, o cânone bíblico etiópico assumiu um caráter bastante distinto do que é conhecido ao longo da Europa. Até hoje, a única versão completa do Livro de Enoque está em ge'ez, preservada sob o título *Mäshafä Henok*, e até a descoberta dos Manuscritos do Mar Morto, os pesquisadores consideravam-no o exemplar mais antigo sobrevivente.

Detalhe de um amuleto etiópico de proteção com preces escritas em ge'ez. A figura golpeando o demônio é Susenyos, imperador etiópico do séc. XVII e herói folclórico. Imagem cortesia da Wellcome Collection, Londres.

---

34 *Eu mergulho um pouco mais no legado criativo do Livro de Enoque ao longo do séc. XIX (incluindo sua influência sobre o poeta Lorde Byron) em minha obra,* The Watcher Angel Tarot Guidebook.

35 Saheed A. Adejumobi, The History of Ethiopia, p. 171.

36 Nickelsburg e VanderKam afirmam que o 1 Enoque original foi composto em aramaico e então traduzido para o grego. Assim sendo, o documento em ge'ez é uma tradução de uma tradução. Cf. George W. E. Nickelsburg & James C. VanderKam, 1 Enoch, p. 13.

37 O mesmo pode ser dito do judaísmo etiópico. "As cerimônias e serviços da igreja etiópica, porém, foram derivadas de muitas fontes e constituíram uma amálgama sem igual". Algumas dessas influências incluíam o cristianismo copta, o judaísmo heterodoxo praticado pelas tribos nativas axumitas e o paganismo axumita (ele próprio importado da Arábia Saudita e derivado da religião dos sabeus). Cf. R. A. Gilbert, Prefácio a The Book of the Mysteries of the Heaven and the Earth, *editado por* E. A. Wallis Budge, p. x.

UMA ANTIGA NARRATIVA

Nota-se uma variação de muitos séculos na idade dos textos guardados nas cavernas de Qumran. Alguns foram escritos em momentos tão recentes quanto o séc. I d.C., enquanto outros datam do séc. III a.C.[38] Os fragmentos enoquianos de Qumran constam dentre os textos mais antigos guardados nas cavernas, particularmente as porções da primeira seção, conhecida entre os pesquisadores como *Livro das Sentinelas*.[39] Dos seus 36 capítulos, *1 Enoque* 6-11 e *1 Enoque* 12-16 representam os extratos mais antigos do material enoquiano.[40] O texto completo que conhecemos como *Livro de Enoque* se constitui de uma coletânea de várias obras reunidas ao longo do tempo,[41] e mesmo o *Livro das Sentinelas* apresenta sinais de edições e adições, o que sugere que as versões guardadas em Qumran desenvolveram-se a partir de uma tradição ainda mais antiga.

Será possível que isso signifique que a história das Sentinelas preservada no material enoquiano teria dado origem à história no *Gênesis*? A opinião acadêmica atual sugere que o *Livro das Sentinelas* surgiu em resposta à narrativa fragmentada em *Gênesis* 4:1-6, com a intenção de elaborar melhor a história. Nesse sentido, esse documento é, em essência, um *Midrash*, um tipo de escrito religioso judaico que expõe o sentido ou significância subjacente a um texto bíblico já estabelecido.[42]

Se o que veio antes foi *Gênesis* ou *Enoque* não é uma pergunta tão significativa para a nossa pesquisa no momento — o mais importante é o fato de que *1 Enoque* é um texto pré-cristão que existiu num tempo e espaço que tiveram um impacto imenso nas perspectivas cristãs incipientes (e, por extensão, toda a demonologia ocidental). Os essênios se viam numa encruzilhada ideológica entre o judaísmo do Segundo Templo e o cristianismo primitivo. Não por acaso, sua literatura reflete esse período tumultuoso e fronteiriço. Eles eram um grupo sectário: por conta de diferenças ideológicas (principalmente um dualismo crescente incompatível com o estrito monoteísmo judaico),[43] eles haviam se divorciado da ortodoxia de sua época. Em termos modernos, nós pensaríamos neles como uma dessas seitas apocalípticas, porque eles haviam se convencido de que uma guerra estava por vir, e que deviam se preparar para ela. Não era uma guerra mundana, embora eles acreditassem que sua expressão definitiva viria a se desdobrar no reino físico, mas uma guerra espiritual entre as forças opostas das Trevas e da Luz.[44]

Muitos dos textos reunidos pelos essênios em seu assentamento no deserto são o que os pesquisadores bíblicos chamam de textos *apocalípticos*: são textos que tratam do fim do mundo ou, pelo menos, eventos que mudam o mundo, e de como os justos triunfarão. É notável como o *Livro de Enoque* é classificado como um apocalipse, provavelmente um dos motivos pelo qual ele teve um apelo tão grande para os essênios (eles guardaram múltiplas cópias desse material em

---

38 Essas datas ainda são debatidas pelos pesquisadores. Notavelmente, escreve Gregory L. Doudna: "Na verdade, os dados de datação por radiocarbono, embora confirmem a atividade dos escribas no período entre os sécs. II e I a.C. não confirmam o mesmo no séc. I d.C." Cf. Doudna, The Legacy of an Error in Archaeological Interpretation," Qumran: The Site of the Dead Sea Scrolls, p. 153.

39 Os capítulos 1–36 do Livro de Enoque *são identificados como o* Livro das Sentinelas, *possivelmente datado de até 300 a.C. Cf. Marianne Dacy, "The Fallen Angels in the Book of 1 Enoch Reconsidered,"* Henoch, *p. 28.*

40 Segundo Annette Yoshiko Reed, "Estes e outros fatores levaram os pesquisadores a propor que 1 En. 6–11 representaria um dos extratos mais antigos do Livro das Sentinelas, uma 'unidade literária de origem distinta' ou parte de 'uma fonte midráshica independente'". *Cf. Reed,* Fallen Angels and the History of Judaism and Christianity, *p. 25.*

41 Loren T. Stuckenbruck *de fato identifica pelo menos 19 tradições literárias distintas em* 1 Enoque. *Cf. Stuckenbruck, "The Book of Enoch: Its Reception in Second Temple Judaism and in Christianity,"* Early Christianity, *p. 8.*

42 Annette Yoshiko Reed notavelmente discorda: "A meu ver, é provável que 1 En. 6-11 tenha sido moldado por tradições orais sobre ascendência angelical e anjos caídos específicos, é significativo que essas tradições reflitam algo muito além de uma mera exegese de Gen. 6:1–4." *Cf. Reed,* Fallen Angels and the History of Judaism and Christianity, *p. 29.*

43 "O dualismo é evidente nas obras da Comunidade de Qumran e, de fato, é considerado uma crença central de Qumran". *Miryam T. Brand,* Spirited Evil: Persian Influence and Its Limits in Qumran Texts, *p. 32.*

44 Liora Goldman, "Dualism in the 'Visions of Amram'", *Revue de Qumran, pp. 421–432.*

Qumran). A escatologia dos essênios, seu interesse cada vez maior na guerra entre as facções das Trevas e da Luz, sua crença de que havia anjos liderando os exércitos de ambos os lados — essas mesmas ideias influenciaram o cristianismo primitivo e tiveram um impacto indelével na demonologia, tal como é atualmente compreendida no mundo ocidental.[45]

A HISTÓRIA DAS SENTINELAS

A narrativa começa com a "Rebelião das Sentinelas".[46] Aqui uma figura de nome Shemihazah[47] se dirige a uma companhia de 200 Anjos Sentinelas e os encoraja para que se unam a ele no "grande pecado"[48] de desposarem as filhas dos homens. As Sentinelas rebeldes[49] são descritas com uma linguagem que claramente relaciona essa história a *Gênesis* 6:1-4. Duplamente instigados pelas palavras de Shemihazah e por seu próprio desejo por essas belas mulheres, as Sentinelas fazem, juntas, um juramento que as une nessa empreitada.[50] Em *1 Enoque* 6:7 vemos uma lista com 20 nomes, além de Shemihazah, que os descreve como "decanos".[51]

Na próxima seção, aprendemos que as Sentinelas tomaram esposas e começaram a fazer sexo com elas. Conforme esses anjos se uniram a suas esposas mortais, eles também ensinaram a elas "feitiçaria e encantamentos" e "o corte de raízes e plantas".[52] Presume-se que esse seja conhecimento proibido ou, ao menos, geralmente reservado apenas aos filhos de Deus. A essa altura, porém, o texto não é explícito em condenar essa instrução mágica como pecaminosa, mas é um ponto que se torna importante depois.

Muitas das esposas das Sentinelas conceberam e "geraram grandes gigantes".[53] A maioria das releituras dessa história equivalem os gigantes com os Nefilim, mas não é exatamente o caso. O texto de fato descreve três gerações distintas que procedem das Sentinelas. A primeira é a dos gigantes. A partir dos gigantes surgem os Nefilim,[54] e a partir dos Nefilim nascem seres chamados de *Elioud*, um termo obscuro que não é usado fora do material enoquiano. Todas essas crianças híbridas partilham das mesmas qualidades dos gigantes, como consta em *1 Enoque* 7:2, "E eles cresciam de acordo com sua grandeza".[55]

Já na passagem seguinte, o texto afirma que o apetite dessas crianças híbridas devorava tudo que havia no mundo em que nasciam. Elas comiam tudo que os filhos dos homens eram capazes de produzir. Depois, quando acabava a comida, começavam a matar e comer seres humanos. Esses apetites, combinados com o tamanho das crianças, são parecidos com o que vimos na obra de Ludovico Sinistrari.

Os apetites impossíveis dessas crianças poderiam ter sido vistos como o resultado inevitável de sua natureza híbrida ou, pelo menos, um de seus sintomas. Dentre as muitas proibições dos judeus antigos constava algo chamado *kilayim*, uma norma que proibia misturar diferentes tipos de animais, plantas e até mesmo fibras de

---

45 É importante apontar, porém, que essas ideias não eram exclusivas aos essênios, mas representavam uma corrente dualista que se desenvolveu nesse meio cultural mais amplo. Cf. Shaul Shaked, "Iranian Influence on Judaism: First Century BCE to Second Century CE," The Cambridge History of Judaism.
46 George W. E. Nickelsburg & James C. VanderKam, 1 Enoch, p. 23.
47 Variações desse nome incluem Shemyaza, Semihaz e Shemhazai.
48 1 Enoque 6:3. Cf. George W. E. Nickelsburg & James C. VanderKam, 1 Enoch, p. 23.
49 No Midrash de Shemhazai e Asael, os Anjos Sentinelas chegam a pedir permissão a Deus para descerem à terra. Seu propósito era o de redimir a raça humana de sua perversidade. Embora Deus os aconselhe a não prosseguir com esse plano, ele também não os impede. Nessa versão, a corrupção deriva de uma qualidade inerente ao próprio plano terreno e não das Sentinelas celestiais. Cf. Moses Gaster, The Chronicles of Jerahmeel, or The Hebrew Bible Historiale.
50 1 Enoque 6:4-5. Cf. George W. E. Nickelsburg & James C. VanderKam, 1 Enoch, p. 24.
51 1 Enoque 6:7. Cf. George W. E. Nickelsburg & James C. VanderKam, 1 Enoch, p. 24.
52 1 Enoque 7:1, Cf. George W. E. Nickelsburg & James C. VanderKam, 1 Enoch, p. 24.
53 1 Enoque 7:1-2.
54 A palavra Nefilim costuma ser usada de forma intercambiável com os gigantes em outros textos bíblicos. Notavelmente em Bereshit 6:1-4, do Tanakh, a versão em hebraico de Gênesis 6:1-4, a expressão traduzida como gigantes na terra *se refere, em vez disso, aos* Nefilim.
55 George W. E. Nickelsburg & James C. VanderKam, 1 Enoch, p. 24.

Um anjo olha, impassível, conforme homens, mulheres, crianças e animais se afogam no Dilúvio. Gravura do começo do séc. XIX. Cortesia da Wellcome Collection, Londres.

tecido. As Sentinelas cometem esse pecado ao misturarem sua herança celestial com mulheres mortais. Por essa lógica, a mera existência dos filhos das Sentinelas era uma afronta à ordem, divinamente organizada, da natureza.[56]

Quanto ao resto desse trecho, os filhos das Sentinelas acabam se envolvendo numa versão demoníaca de *Uma Lagarta Muito Comilona*. Eles vão atrás de pássaros, animais selvagens, coisas rastejantes e peixes, até enfim chegarem a devorar a carne um do outro, além de beberem o sangue.[57] O detalhe sobre beber sangue destaca ainda mais o caráter antinatural do apetite dos descendentes das Sentinelas. Uma parte crucial das leis dietárias judaicas se baseia na admoestação bíblica contra o consumo de sangue.[58] Após toda essa perversidade, *1 Enoque* 7:6 nos diz, "Então a terra trouxe acusações contra esses seres sem lei".[59]

Sabemos, a partir do fragmento do *Gênesis*, que tudo isso acaba, enfim, levando ao Dilúvio, mas o texto faz um desvio para explorar a questão do conhecimento proibido. Nickelsburg e outros identificam essa seção como uma interpolação, um trecho da história acrescentado numa etapa inicial de sua

---

56 Ida Fröhlich, "The Figure of the Watchers in the Enochic Tradition (1–3 Enoch)," Henoch, p. 11.
57 1 Enoque 7:3. George W. E. Nickelsburg & James C. VanderKam, 1 Enoch, p. 25.
58 Isso consta em Levítico 17:12: "Por isso digo aos israelitas: nenhum de vocês poderá comer sangue, nem também o estrangeiro residente", tradução da Nova Versão Internacional. Notavelmente o sangue contém o espírito do animal, uma substância reservada apenas para Deus.
59 George W. E. Nickelsburg & James C. VanderKam, 1 Enoch, p. 25.

evolução para expandir a narrativa das Sentinelas.[60] Um novo líder angelical é apresentado, sob o nome de *Asael*.[61] Asael ensina a fabricação de armas e "todos os instrumentos de guerra".[62] As artes da forja de Asael não se limitam a armas de destruição, e ele ensina ourivesaria, a construção de joias e os segredos das pedras preciosas. Num detalhe que o associa firmemente às representações tradicionais de Azazel, ele também ensina a cosmética e a fabricação de pigmentos, para que as esposas das Sentinelas possam produzir roupas de muitas cores.[63]

Asael não é o único que ensina conhecimentos novos e proibidos. Shemihazah reaparece no versículo seguinte, no topo de uma lista de Sentinelas tutelares. Segundo esse trecho, Shemihazah ensina feitiços e rizotomia, detalhes que fazem eco direto a *Enoque* 7:1. Outras sentinelas ensinam os sinais da terra, do sol, da lua, relâmpagos e estrelas. Os nomes dessas Sentinelas refletem, cada um, o conhecimento transmitido. Em *1 Enoque*, é dito de forma explícita que "E todos eles começaram a revelar mistérios a suas esposas e seus filhos". Então, num versículo paralelo à história das crianças famintas, *1 Enoque* 8:4 afirma, "Conforme os homens pereciam, o grito subia aos céus".[64]

Tem muita coisa para vermos aqui. Primeiro, na parte de Shemihazah da história, os principais pecados giram em torno da luxúria e a hibridização inadequada. O material de Shemihazah chega a tocar na questão do conhecimento proibido, mas não é identificado como causa para sua destruição. Na história de Shemihazah, o verdadeiro problema acaba sendo os próprios filhos das Sentinelas, que simplesmente não deveriam existir no plano mortal. Eles são, com efeito, monstros (o texto de Qumran conhecido como *Livro dos Gigantes* os descreve assim explicitamente) e é em resposta à sua mera existência que a terra grita.

A seção de Asael contextualiza a história, em vez disso, em torno de questões de revelações proibidas. As Sentinelas ensinam a suas esposas e filhos informações que têm implicações perigosas. Com as armas de guerra de Asael, o perigo é explícito: a guerra fere as pessoas. Mas é menos óbvio o porquê de as outras dádivas de Asael serem problemáticas: maquiagem, "ornamentos femininos"[65] e tintura de tecidos. Aqui, a ameaça parece girar em torno da tentação. As mulheres que usam maquiagem, joias e roupas coloridas são mais atraentes. Da perspectiva desse texto, essa atração leva à perversidade.

A ladainha de sinais naturais compartilhados pelas outras Sentinelas é ainda mais difícil de reconciliar como conhecimentos naturalmente prejudiciais. A transgressão aqui parece mais girar em torno da transmissão inadequada do que são mistérios sagrados (ou, pelo menos, celestiais). O mesmo pode ser dito dos feitiços e da rizotomia de Shemihazah, a não ser que seu propósito seja para rogar pragas e envenenar os outros. Basicamente, nessa seção, Shemihazah e as outras Sentinelas ensinam magia à humanidade, e todo mundo acaba castigado por isso.

O CASTIGO

O restante dos trechos associados ao *Livro das Sentinelas* diz respeito às repercussões dos pecados das Sentinelas. Não importa se esses pecados envolvem luxúria ou conhecimento proibido, o resultado é o mesmo: morte e destruição. A terra e sua população sofrem nas mãos da progênie das Sentinelas e uma hora as reclamações chegam a Deus. Deus decide que as Sentinelas e os impérios que elas construíram para seus filhos disseminaram a perversidade pela terra e que já bastava. Após enviar seus anjos para causar sérias retribuições,[66] ele

---

60 É significativo que esse nome é grafado como Azazel num texto relacionado de Qumran, o Livro dos Gigantes. *Muitas comparações já foram traçadas entre essa figura e outra de nome semelhante, no Levítico, associada ao Dia do Perdão judaico. Cf. Reed,* Fallen Angels, *p. 28; Fröhlich, p. 9; et al.*
61 *Cf. Reed,* Fallen Angels and the History of Judaism and Christianity, *pp. 97–98.*
62 1 Enoque *8:1. George W. E. Nickelsburg & James C. VanderKam,* 1 Enoch, *p. 25*
63 1 Enoque *8:2. Cf.George W. E. Nickelsburg & James C. VanderKam,* 1 Enoch, *p. 25.*
64 *George W. E. Nickelsburg & James C. VanderKam,* 1 Enoch, *pp. 25–26.*
65 1 Enoch *8:1. Cf. George W. E. Nickelsburg & James C. VanderKam,* 1 Enoch, *p. 25.*
66 *Como um adendo, vale apontar que essa é uma das primeiras vezes que vemos os nomes de todos os quatro arcanjos aparecerem em um texto bíblico.*

planeja varrer todo o planeta. Isso tudo acompanha bem de perto o relato bíblico do Dilúvio, com acréscimos para tratar das Sentinelas e seus numerosos filhos.

Um arcanjo é despachado para avisar Noé sobre o Dilúvio por vir (o anjo é chamado *Sariel* na tradução de Nickelsburg, um nome curiosamente próximo do de uma Sentinela que ensina os sinais da lua).[67] Rafael fica encarregado de capturar Asael. Deus o instrui: "amarra Asael pelos pés e mãos e o atira nas trevas. Abre uma clareira no ermo em Doudael. Atira-o lá, dispondo sob ele pedras afiadas e pontiagudas. Cobre-o com trevas, que ele lá habite por muito tempo".[68]

A Gabriel cabe o trabalho de matar todos os gigantes e outros híbridos (ou, mais especificamente, fazer com que eles matem uns aos outros). Se havia até então qualquer dúvida quanto à sua existência ser vista como uma violação da proibição de *kilayim*, esse trecho esclarece tudo com uma linguagem bem direta: "Vai, Gabriel, aos bastardos, aos mestiços, aos filhos da miscigenação; E destrói os filhos das Sentinelas em meio aos filhos dos homens; Que eles se voltem uns contra os outros numa guerra de destruição".[69]

Miguel é enviado atrás de Shemihazah e outros. Primeiro, eles são obrigados a assistir à morte de seus filhos. Na sequência, "depois que eles verem a destruição de seus amados, que eles sejam amarrados por 70 gerações nos vales da terra, até o dia de seu julgamento e consumação, até que o eterno julgamento se consume. Então serão conduzidos ao abismo de fogo e à tortura e à prisão onde serão confinados para sempre".[70]

O autor desse trecho, que escreveu numa data situada pelo menos no séc. II a.C. e provavelmente muito antes, estabeleceu uma visão do Inferno e da danação que assombra a civilização ocidental desde então. Vale lembrar que, antes disso, os judeus tinham uma visão do mundo dos mortos que era, na melhor das hipóteses, ambígua. O *Sheol* não era ao certo nem Céu, nem Inferno, mas foi claramente influenciado pelas visões sumérias e babilônicas da pós-vida.[71]

No material enoquiano, o local do castigo é citado diretamente como um abismo — pelo menos três séculos antes de o *Livro do Apocalipse* ter sido escrito. É um fosso escuro e flamejante onde os pecadores são acorrentados para serem soltos apenas no dia do juízo final. A tradição representada por *1 Enoque* é quase certamente de onde derivamos essa visão conhecida do Inferno. A única diferença se encontra nos nomes dos anjos caídos que lá foram acorrentados pela primeira vez. Nos séculos seguintes, o primeiro nome a cair seria Lúcifer ou Satã. Na tradição enoquiana, os líderes das Sentinelas são os primeiros acorrentados no Inferno: Azazel e Shemihazah.

Outros conceitos fundamentais da demonologia e magia do Ocidente também são estabelecidos nesse texto. O conhecimento transmitido pelas Sentinelas a suas esposas e filhos encontra um eco em todos os grimórios que chegaram a nós, onde um anjo — caído ou não — é conjurado com o propósito de instruir o feiticeiro em alguma arte proscrita. Considere o tanto de tinta que já correu nas listas de espíritos que recontam não apenas seus títulos, mas também suas áreas de conhecimento. Anjos (santos ou caídos) ensinam filosofia, ciências, matemática, alquimia, magia e outros mistérios, não simplesmente porque a sua condição como seres de outro mundo lhes confere acesso a um conhecimento divino, mas também porque há um precedente já estabelecido, que os representa como transmissores voluntários de tal tipo de informações.

Outro conceito influenciado pela história das Sentinelas é a noção mágica do *sangue bruxo*. Essa herança sobrenatural tornaria as pessoas predispostas a poderes sobre-humanos, sobretudo os que giram em torno da bruxaria.[72] Apesar de *Enoque* certamente não ser o único documento a registrar essa ideia, ele foi, em todo caso, o mais influente na sociedade ocidental. Ele também estabelece a noção de que seres

---

67 George W. E. Nickelsburg and James C. VanderKam, 1 Enoch, p. 27.
68 1 Enoque 10: 4–5. George W. E. Nickelsburg and James C. VanderKam, 1 Enoch, p. 28.
69 1 Enoque 10:9. George W. E. Nickelsburg and James C. VanderKam, 1 Enoch, p. 29.
70 1 Enoque 10:11–12. George W. E. Nickelsburg and James C. VanderKam, 1 Enoch, p. 29.
71 The Epic of Gilgamesh, tradução de N. K. Sandars, p. 92.
72 Michael Howard é explícito em identificar o sangue de bruxa como herança das Sentinelas. Cf. Michael Howard, The Book of Fallen Angels.

Jacó luta com o anjo. Ele vence apenas porque o anjo precisa ir embora antes do amanhecer, um reconhecimento da natureza liminar desse ser. Ilustração de Gênesis 32:24-32 por Salvator Rosa, 1766. Cortesia da Wellcome Collection, Londres.

que deveriam ser puramente espirituais, como anjos, podem se manifestar de forma física no mundo e até mesmo passar a residir nele normalmente. Ao longo do folclore ocidental, o legado das Sentinelas já foi identificado como fonte para todo tipo de seres sobrenaturais, de fadas a vampiros.[73]

Por fim, o que é mais pertinente para a nossa pesquisa aqui, a história das Sentinelas estabelece a natureza e motivo para os demônios assombrarem o mundo mortal. Num trecho que descreve o destino dos filhos condenados das Sentinelas, aprendemos que:

"Os espíritos que saíram do corpo de sua carne são espíritos malignos, pois vieram à existência a partir dos humanos e a origem de sua criação deriva dos santos Sentinelas. Serão espíritos malignos na terra, e assim serão chamados. Os espíritos celestiais têm sua habitação no céu; mas os espíritos gerados na terra habitam a terra. E os espíritos dos gigantes desviam, causam violência e desolação e atacam e brigam e arremessam os outros sobre a terra e causam doenças... Esses espíritos hão de se erguer contra os filhos do homem e contra as mulheres, pois deles vieram".[74]

São demônios. Os descendentes das Sentinelas tornaram-se demônios, que estão aprisionados na terra.

Caso haja qualquer incerteza quanto a isso, um trecho dos *Jubileus*, que os pesquisadores concordam ter sido inspirado pelos textos enoquianos,[75] nos diz que, nos dias após o Dilúvio, os filhos de Noé foram desviados por "demônios impuros".[76] As Sentinelas são mencionadas especificamente como "os pais desses espíritos",[77] e o tradutor R. H. Charles confirma que "são os espíritos gerados dos filhos dos anjos e filhas dos homens".[78] Asael/Azael e Shemihazah/Shemyaza não são mencionados no texto, no entanto — em vez disso, o líder desses espíritos terrenos se chama *Mastema*. Alguns trechos depois, ele é equiparado a Satã.[79]

Essa ideia de que demônios seriam os espíritos furiosos de gigantes desencarnados — uma classe de seres aparentados, porém categoricamente diferente dos anjos caídos — viria a ter um papel significativo na demonologia ocidental. Antes de tudo, ela estabelece um motivo para a possessão demoníaca: privados de sua própria carne, esses poderosos híbridos angelicais procuram dominar o corpo dos humanos. Eles querem voltar a viver outra vez por quaisquer meios necessários.

Nesse sentido, os espíritos dos filhos das Sentinelas não são meramente motivados por uma natureza maligna. Eles são invejosos, furiosos e empenhados em recuperar algum gostinho de uma existência da qual foram privados, o que representa uma mudança de atitude em relação aos demônios e à possessão demoníaca que pode ser sentida até hoje. O conceito de demônios estava longe de ser novidade na época do material enoquiano. O judaísmo herdou uma variedade de demônios dos babilônios, que herdaram, por sua vez, a sua demonologia dos sumérios.[80] Mas esses demônios afligiam a humanidade primariamente por conta de sua natureza, que fazia deles agentes da destruição e da pestilência. Não havia nada de complexo ou pessoal nisso: eles eram maus, pura e simplesmente. Com os "espíritos impuros" que surgiram dos filhos mortos das Sentinelas, a coisa passou a ser pessoal.

E então houve guerra.[81]

---

73 Para ter uma ideia do alcance do impacto dos mitos sobre as Sentinelas, basta considerar o comentário de Lady Wilde, anunciado sem o menor alarde, de que todas as fadas seriam anjos caídos e sua progênie. Cf. Lady Wilde, Legends, Charms, and Superstitions of Ireland, p. 89.

74 1 Enoque 15: 9–11. Cf. George W. E. Nickelsburg & James C. VanderKam, 1 Enoch, p. 37.

75 Loren T. Stuckenbruck, The Myth of Rebellious Angels: Studies in Second Temple Judaism and New Testament Texts, p. 84.

76 R. H. Charles, The Book of Jubilees, or The Little Genesis, 2005, 10:1.

77 141. R. H. Charles, The Book of Jubilees, or The Little Genesis, 2005, 10:5.

78 R. H. Charles, The Book of Jubilees, or The Little Genesis, 2005, p. 79.

79 R. H. Charles, The Book of Jubilees, or The Little Genesis, 2005, 10:8–11.

80 Eu exploro esse assunto com mais profundidade em meu livro, Sumerian Exorcism.

81 Para aqueles que se reuniram em Qumran, essa guerra era literal, e a comunidade antecipava que teria desdobramentos na terra. Isso se encontra evidenciado em textos como o Livro da Guerra: "Ao Instrutor, o Regulamento da Guerra. O primeiro ataque dos Filhos da Luz há de ser contra as forças dos Filhos das Trevas, o exército de Belial". Col. 1, Livro da Guerra.

Salomão

3 O PODEROSO TESTAMENTO DE SALOMÃO

Na seção anterior, nós exploramos como a história dos Anjos Sentinelas associava os filhos das Sentinelas com demônios. Segundo essas crenças, os filhos dos anjos caídos continuaram presos à terra, tipicamente na forma de espíritos inquietos. Por terem perdido tudo, acreditava-se que esses espíritos inquietos se deleitavam em atormentar e destruir a humanidade.[1] Talvez não tivéssemos um único registro por escrito associando essa crença às crenças posteriores dos europeus em demônios se não fosse por um texto curioso datado de algum momento entre os sécs. I e III da era cristã. Conhecido como *Testamento de Salomão*, esse livro é significativo para os nossos estudos por vários motivos, dentre os quais, estabelecer uma linha direta entre a tradição dos Anjos Sentinelas e a demonologia europeia posterior.

O *Testamento de Salomão*, assim como o *Livro de Enoque* que o antecede, é um texto pseudepigráfico. Ele não foi escrito pelo Rei Salomão da Bíblia, mas usaram seu nome para conferir maior credibilidade ao texto. Além disso, seu nome foi associado a esse texto em particular por conta de uma lenda que surgiu em torno do Rei Salomão. Embora não haja qualquer referência a isso na Bíblia, desenvolveu-se no mundo antigo uma crença persistente na ideia de que Salomão, por conta de sua grande fé e sabedoria, havia recebido o poder de comandar e controlar demônios.[2] Quando ao certo essa crença surgiu, não sabemos, mas ela encontra continuidade, de forma pitoresca, na tradição talmúdica dos judeus e acabou se estabelecendo com firmeza também entre os cristãos, graças à composição do *Testamento de Salomão*. É notável que a tradição salomônica, que muitas vezes envolvia aprisionar os demônios em vasos de bronze, também se encontra no cerne de muitos mitos árabes sobre os gênios, ou Jinn. Embora as histórias das *Mil e Uma Noites* se insiram ao fim de uma longa cadeia de transmissão, há uma forte influência dessa mesma crença no poder de Salomão sobre os espíritos.

Como foi que o povo desse antigo mundo cristão passou a acreditar que Salomão era capaz de comandar demônios? Segundo as histórias bíblicas, o Rei Salomão era o mais sábio dos homens. Sucessor do

---

1 No *Livro dos Jubileus*, *um décimo dos espíritos dos gigantes mortos ganha a permissão para atormentar os filhos da terra.* Cf. R. H. Charles, The Book of Jubilees, or The Little Genesis, *2005, 10: 8–13.*

2 *Nas tradições islâmicas, Salomão controla não demônios, mas Jinn.* Cf. Amira El-Zein, Islam, Arabs, and the Intelligent World of the Jinn.

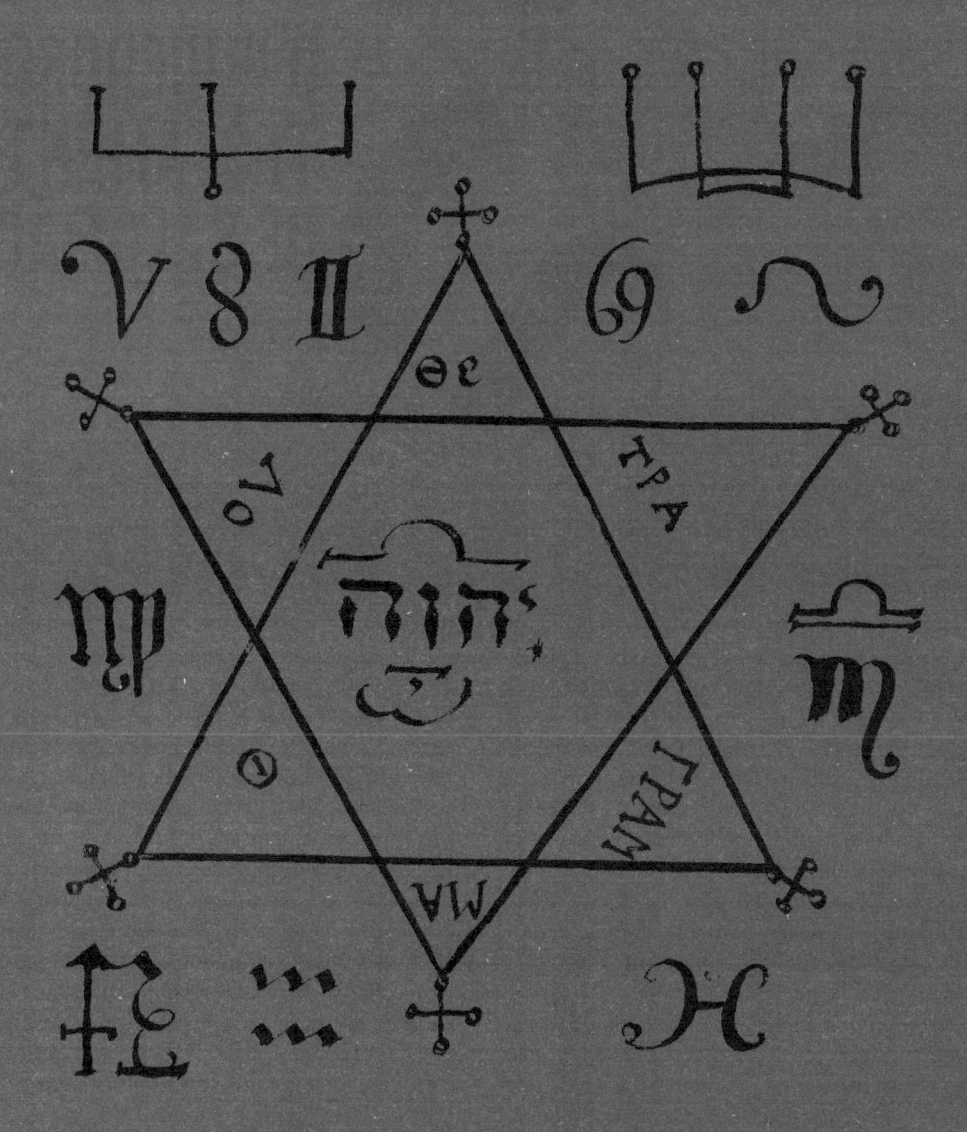

*A Estrela de Salomão cercada por símbolos astrológicos.
Detalhe de uma página da* Clavis Inferni, *grimório do séc. XVIII.
Imagem cortesia da Wellcome Collection, Londres.*

amado Rei David (que matou o gigante Golias com um único disparo de funda), ao Rei Salomão muitas maravilhas são creditadas. Foi Salomão quem projetou e construiu o Templo de Jerusalém, o abrigo da famosa Arca da Aliança.

Muitos mitos se desenvolveram em torno do trabalho do Rei Salomão com o Templo. Os Templários, que se estabeleceram pela primeira vez em 1118 d.C., derivaram seu nome do Templo de Salomão. Sua base era situada no Monte do Templo e, segundo rumores, eles procuravam tesouros e artefatos escondidos em meio às suas ruínas. Os maçons também alegam uma conexão não só com os Templários, mas com os construtores que trabalharam para concluir o Templo do Rei Salomão. Sua figura mítica, Hiram Abif, pode ter raízes histórias no Rei Hirão, de Tiro, um governante estrangeiro que forneceu recursos financeiros e materiais para Salomão na construção de seu templo caro e requintado.

Se pudermos acreditar num outro texto extrabíblico, o Rei Hirão, de Tiro, não foi a única pessoa que ajudou Salomão a construir seu templo lendário. Segundo o *Testamento de Salomão*, no séc. III d.C., o Rei Salomão fez uso dos demônios para trabalho escravo no projeto do templo. O documento, escrito em grego com um estilo reminiscente do Novo Testamento, descreve como um jovem trabalhador, favorito do Rei Salomão, foi atormentado por um demônio. Esse demônio, chamado Ornias, vitimava o jovem construtor, lentamente fazendo com que ele definhasse. Quando o Rei Salomão descobriu essa aflição sobrenatural, ele rezou dia e noite ao Senhor Deus para que o demônio lhe fosse entregue a seu poder. Segundo o Testamento de Salomão, um Arcanjo finalmente apareceu e entregou a Salomão um anel que ostentava um selo especial. Por meio desse anel, o Senhor Deus conferiu a Salomão poder sobre os demônios que habitavam a terra. O Testamento, supostamente escrito pelo próprio Salomão, a fim de legá-lo às gerações futuras, alega registrar os nomes e ofícios desses demônios, bem como os anjos dotados do poder de comandá-los e coibi-los.

Com esse poder celestial, Salomão não perdeu tempo em ganhar influência sobre os demônios do mundo. Ornias foi o primeiro a ser aprisionado, e Salomão não apenas o impediu de atormentar o jovem trabalhador, como também considerou que seria digno castigar o demônio, comandando-o a fazer trabalhos manuais na construção do templo. Com auxílio de Ornias, Salomão então seguiu convocando demônio atrás de demônio, incluindo Asmodeus, Belzebu e até mesmo uma das formas de Lilith. Ele interrogou cada um deles, aprendeu o nome do anjo que detém poder sobre eles e os comandou em nome de seu Deus para que direcionassem seus poderes a tarefas humildes como lapidar os mármores tebanos, misturar argila para fazer tijolos e cortar e carregar lenha. Os demônios não ficaram muito empolgados em servir de trabalho escravo, mas nada poderiam fazer para resistir enquanto Salomão estivesse em poder do anel que lhe foi conferido por Deus.

É muito duvidoso que o Templo de Jerusalém tivesse sido, de fato, construído com o auxílio de demônios, mas o *Testamento de Salomão* continua sendo uma história interessante, e seu tratamento dado às entidades demoníacas, particularmente aos métodos de chamá-las e aprisioná-las, deitou as bases para as tradições de magia cerimonial que se desenvolveram mais tarde na Europa ocidental. Para os nossos propósitos, uma das peças mais intrigantes que o *Testamento* tem a oferecer em nosso quebra-cabeças do desenvolvimento da demonologia ocidental e a conexão com anjos caídos, é uma série de declarações com relação direta aos Sentinelas.

Quando o Rei Salomão convoca vários dos demônios, eles tendem a se gabar e fazer todo tipo de ameaças até se darem conta de que não têm a menor esperança de resistir ao poder conferido a Salomão na forma do selo celestial. Quando Salomão chama Asmodeus para aprisioná-lo, o demônio protesta, dizendo: "Mas como devo responder a ti, pois tu és filho do homem, ao passo que eu nasci de uma filha do homem com a semente de um anjo".[3]

Posteriormente, na mesma obra, Belzebu, identificado como príncipe dos demônios, se declara como o último dos anjos que desceram do Céu. Então ele fala de seu filho que assombra o Mar

---

3 F. C. Conybeare, Aleister Crowley, and S. L. MacGregor Mathers, *The Three Magical Books of Solomon*, p. 271.

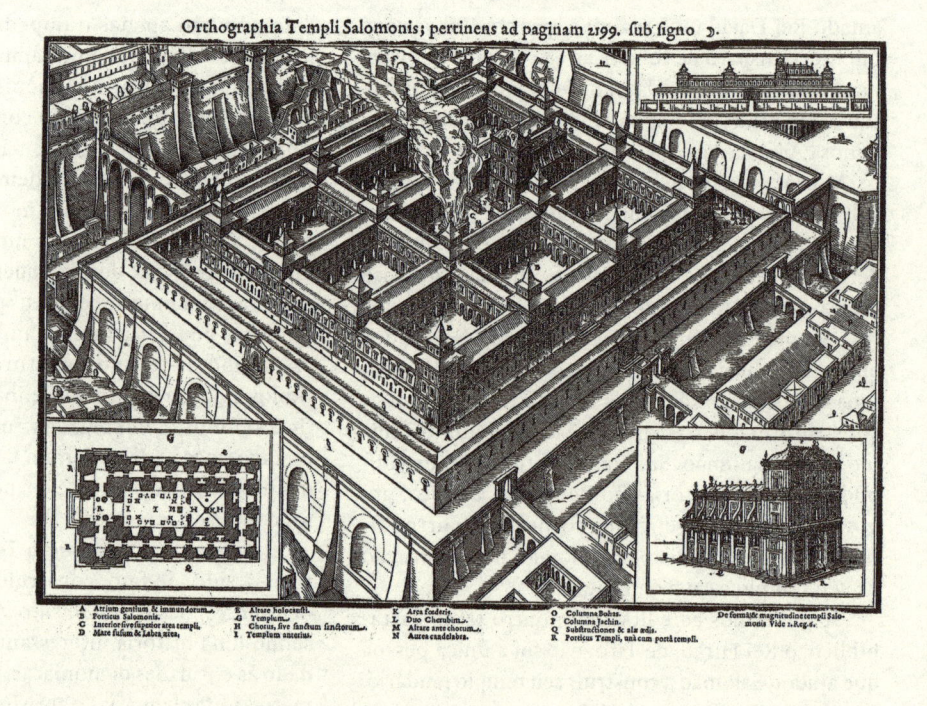

Representação artística do Templo de Salomão. Segundo o Testamento de Salomão, sua construção se deu com o auxílio de demônios. Gravura possivelmente baseada na obra do jesuíta Villalpandus (1552–1608). Cortesia da Wellcome Collection, Londres.

Vermelho, caso houvesse ainda qualquer dúvida de que ele estaria falando da tradição enoquiana.[4] Essas declarações revelam, por si só, a relação íntima entre o *Testamento de Salomão* e a tradição dos Anjos Sentinelas.

O *Testamento de Salomão* estabelece vários conceitos sobre os quais foram construídas as bases da magia salomônica. Primeiro, existe uma importância dada aos decanos do zodíaco. Eles são 36 em número, cada um com um demônio ao qual Salomão é apresentado.[5] Há ainda o selo mágico dado a Salomão na forma de anel, ao qual os demônios são obrigados a obedecer. Esse "Selo de Salomão" deu origem posteriormente a uma variedade de imagens repassadas nos grimórios, muitas delas elaboradas para controlar demônios mencionados individualmente. Alguns desses selos são escritos em pergaminho ou gravados em metal e empunhados ou vestidos ao modo de um emblema. Outros, como o de Salomão, são anéis.

Havia nos próprios nomes também um poder talismânico. Conhecer o nome de um demônio era parte do processo para controlá-lo, um controle completado ao se saber qual é o anjo que o governa. Em raros casos, esse "anjo" é, na verdade, um dos muitos nomes secretos de Deus, mas, em sua maioria, os demônios têm um anjo como sua contraparte. O texto não afirma com clareza qual seria a relação precisa que liga os dois seres, mas, considerando o que sabemos dos Anjos Sentinelas, é tentador conjecturar que, pelo menos alguns dos anjos têm poder sobre os demônios como um pai tem sobre o filho.

---

4 F. C. Conybeare, Aleister Crowley, and S. L. MacGregor Mathers, *The Three Magical Books of Solomon*, p. 273.
5 Nas iterações posteriores da tradição salomônica, o número de demônios chega a 72. Esse número é significativo nos grimórios e também aparece associado a Salomão e aos Jinn das tradições muçulmanas. Notavelmente, 72 é o dobro de 36.

4 A ESTRELA DE CINCO PONTAS DE BAPHOMET

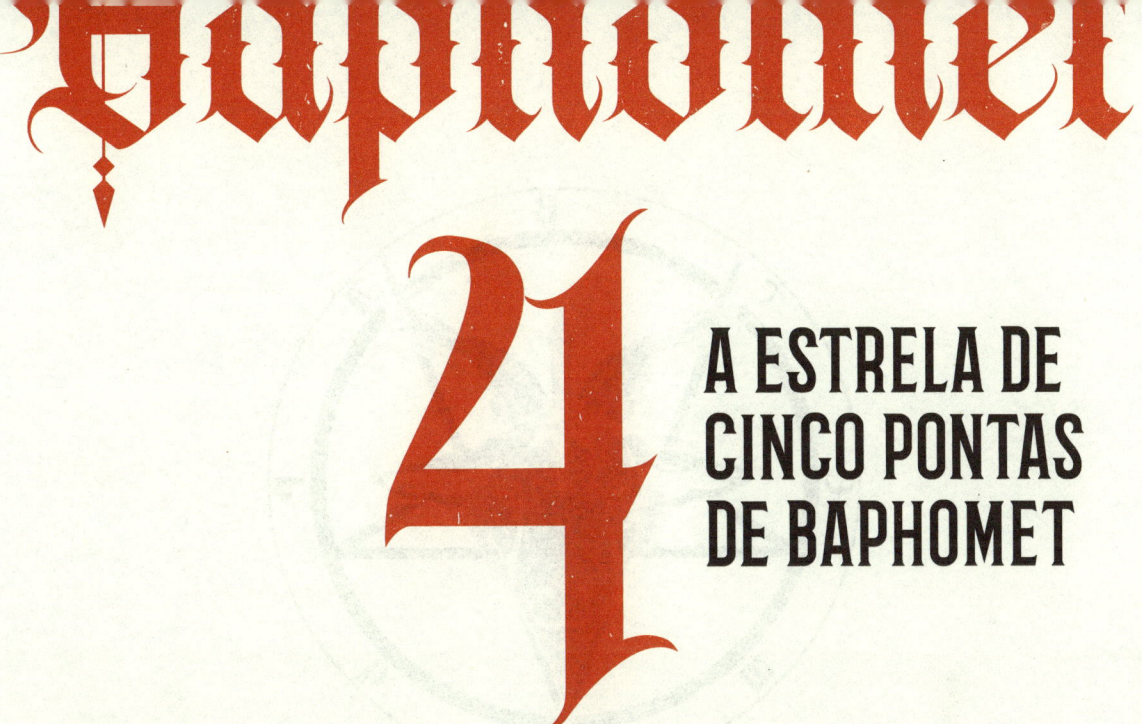

Talvez o símbolo mais amplamente reconhecido das artes sombrias seja o tal *Bode do Sabá*, um pentagrama invertido com a cabeça de um bode representado dentro das cinco pontas da estrela. Essa imagem com frequência aparece associada ao demônio Baphomet, chamado de *O Bode de Mendes* em alguns sistemas. O uso da estrela invertida em conexão com o Satanismo de LaVey e outras tradições antinomistas gerou uma certa confusão sobre estrelas de cinco pontas no geral, e sua associação à magia e ao ocultismo.

A estrela de cinco pontas, ao ser transcrita com a ponta para cima dentro de um círculo, é um símbolo amplamente usado por pagãos contemporâneos para representar os quatro elementos da existência terrena sob domínio e supervisão do espírito, da magia ou da Vontade. Esse uso da estrela de cinco pontas não é, de forma alguma, infernal ou demoníaco. De forma semelhante, na arte corrente da população rural de imigrantes holandeses da Pensilvânia, a estrela de cinco pontas tem um uso positivo, de modo que ela pode ser encontrada em amuletos para boa sorte em casas de todo o estado, onde é tão comum que a vasta maioria dos indivíduos que penduram esse símbolo do lado de fora de suas portas sequer tem ideia de sua origem talismânica.[1] A estrela de cinco pontas é também usada na iconografia dos maçons. Ela é usada, em particular, para representar o ramo feminino da maçonaria, conhecida como a Ordem da Estrela do Oriente.

A estrela de cinco pontas, virada para cima ou para baixo, não foi sempre um símbolo associado a demônios ou ao Diabo. Então, quando foi que essa associação com as artes sombrias começou? A seguinte citação foi retirada de um periódico publicado na Quatuor Coronati, uma loja maçônica de Londres, em 1902:

"Desde o tempo dos antigos gregos, o Pentagrama foi o símbolo da Hygeia e da Saúde, como é mencionado por Pitágoras. Podemos aqui observar que, quando está ereto, i.e. com uma ponta vertical, é o símbolo cristão ou talismã ou Estrela Maçônica, mas os cabalistas também a usam na posição

---

1 151. A Pensilvânia tem uma história pitoresca de magia e hexenkraft, graças à sua população holandesa. Cf. William W. Neifert, "Witchcraft," The Pennsylvania-German: A Popular Magazine of Biography, History, Genealogy, Folklore, Literature, Etc., *pp. 114–121.*

De satanistas a bandas de heavy metal, a Estrela de Baphomet é um ícone antinomista popular. Arte de Catherine Rogers.

invertida, quando então se refere ao Diabo e à Magia das Trevas e tem os nomes de 'Pé de Bruxa' e 'Cabeça do Bode Maléfico'".[2]

Essa citação demonstra que, pelo menos no começo do séc. XX, a associação entre a estrela invertida de cinco pontas e o Bode do Sabá já havia sido estabelecida. A seguinte declaração de Eliphas Lévi é um tanto mais antiga:

"A estrela do microcosmo ou o Pentagrama mágico, aquela estrela onde foi esboçada a figura humana por Agrippa, com a cabeça no ponto ascendente... A Estrela Ardente que, ao ser invertida, é o signo hieroglífico do bode da magia das trevas."[3]

É notável que Lévi, cuja obra Waite compila nesse livro, viveu entre 1810 e 1875. Seus livros foram publicados por volta de 1850. Por isso podemos concluir que a associação entre o pentagrama e as artes sombrias no geral e o Bode do Sabá (Baphomet) remonta pelo menos a Lévi e a metade do séc. XIX.

A estrela de cinco pontas e talismãs especificamente chamados de *pentáculos* e *pentagramas* aparecem em obras de magia cerimonial como a *Clavicula Salomonis* (*Chave de Salomão*). A maioria dos exemplares sobreviventes dessas obras datam dos sécs. XVI e XVII, mas João Tritêmio, que viveu por volta de 1400, inclui vários manuscritos com esse título em sua lista de livros sobre magia. A lista, junto de várias outras obras relevantes, foi disponibilizada para consulta do público por Joseph H. Peterson, em seu site informativo, EsotericArchives.com.

Embora esses pentáculos tenham certamente uma ligação com a magia cerimonial, é importante apontar para o fato de que não são expressamente associados à magia das trevas ou a imagens satânicas. Essa associação parece ter sido uma construção inteiramente do séc. XIX — mas que pode ter tido suas raízes no satanismo diletante que ganhou popularidade na França perto do final do séc. XVIII.

---

2 J. W. Horsley, "Solomon's Seal and the Shield of David Traced to Their Origin," Ars Quatuor Corontorum, 1902, p. 52.
3 A. E. Waite, *The Mysteries of Magic: A Digest of the Writings of Eliphas Lévi*, p. 323.

5
UM OLHAR PAGÃO SOBRE OS ANJOS

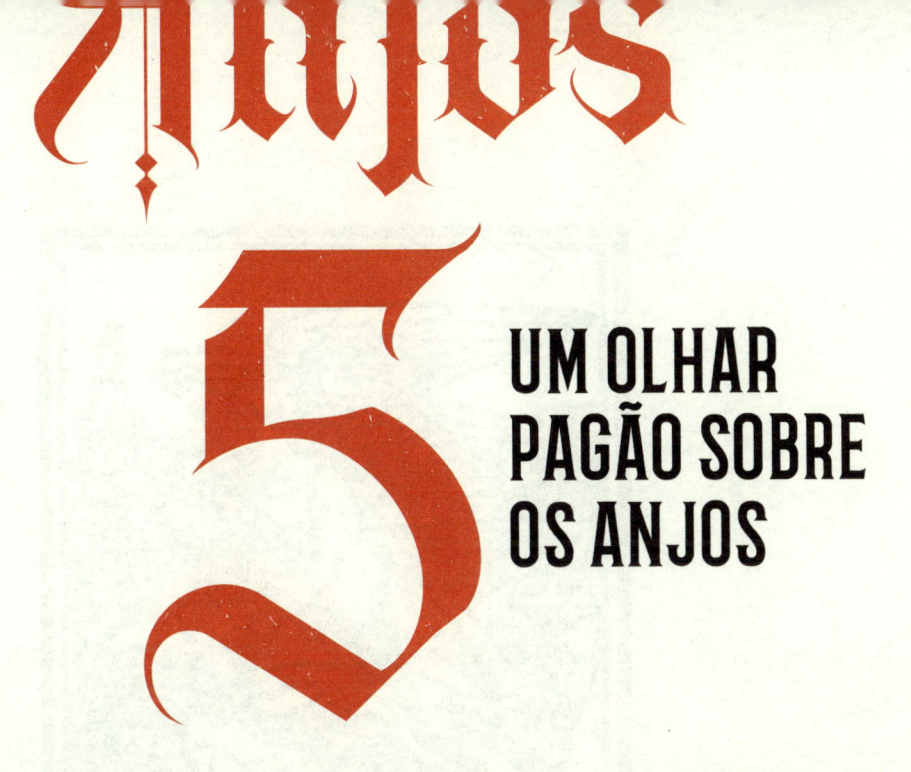

Ao longo da tradição bíblica, os anjos — mensageiros de Deus — ocupam um espaço peculiar abaixo de Deus, mas acima da humanidade. Eles não são representados expressamente como seres divinos em si mesmos, mas são, em todo caso, seres de outro mundo que, embora capazes de assumir formas humanas, claramente não são homens mortais. A natureza ambígua dos anjos, tal como eles aparecem na tradição bíblica, acabou sendo tão problemática durante o período da Reforma que os ramos protestantes do cristianismo optaram por abandonar toda a veneração a esses seres celestiais. A maioria dos argumentos dos protestantes contra a inclusão de anjos na iconografia cristã sugere que a veneração desses seres acaba pisando perigosamente o território da idolatria. É possível que haja mais verdade nessa afirmação do que se suspeitava na época.

Os anjos que aparecem na tradição bíblica eram quase certamente deuses e deusas pertencentes a uma religião politeísta anterior, que, no entanto, acabou sendo envolvida no monoteísmo judaico.[1] Se pudermos nos basear no *Livro de Jó*, esse panteão angélico era supervisionado pela divindade principal[2] do mesmo modo como Zeus presidia os deuses do Olimpo. Segundo interpretações acadêmicas, o salmo 82 registra a separação radical dessa principal deidade em relação a seu panteão de deuses (para facilitar a referência, a palavra original que é traduzida como *Deus* e os *deuses* no salmo aparece entre colchetes)

"Deus [*Elohim*] está na congregação dos poderosos; julga no meio dos deuses [também *Elohim*]: até quando julgareis injustamente, e aceitareis as pessoas dos ímpios? (...) Eu disse: Vós sois deuses, e todos vós filhos do Altíssimo [*Elyon*]. Todavia morrereis como homens, e caireis como qualquer dos príncipes. Levanta-te, ó Deus [*Elohim*], julga a terra, pois tu possuis todas as nações."[3]

Nesse trecho, que permanece na Bíblia até hoje, a principal divindade, considerada equivalente ao Deus bíblico, sentencia à morte todos os outros deuses subordinados a ele, afirmando sua supremacia. Mas, quando se trata de crenças populares, não é fácil derrubar um panteão preexistente. Mesmo após

---

1 "Um assunto sobre o qual existe um consenso generalizado, ainda que não universal, é a identidade dos filhos de Deus. Compreende-se, de modo geral, que eles denotam a corte celestial de Deus, originalmente entendida como deuses, mas que passaram a ser vistos, posteriormente, com a emergência do monoteísmo absoluto, como anjos". John Day, From Creation to Babel: Studies in Genesis 1–11, *p. 77*.

2 "Iavé era identificado com o deus patriarcal original, El Shaddai." Avner Falk, Psychoanalytic History of the Jews, *p. 74*.

3 156. Frank Moore Cross, Canaanite Myth and Hebrew Epic, *pp. 71-72*.

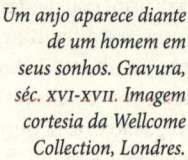

Um anjo aparece diante de um homem em seus sonhos. Gravura, séc. XVI-XVII. Imagem cortesia da Wellcome Collection, Londres.

a classe sacerdotal, já no poder, declarar que os velhos deuses estão mortos, sua adoração continua — seja de forma explícita ou em segredo. Muitos sistemas religiosos procuram demonizar os deuses e deusas que passaram a ser desfavorecidos, mas, no caso de panteões particularmente entranhados em uma cultura, a assimilação costuma ser um caminho mais eficaz.

Tal parece ter sido o caso com os anjos.

Depois que começou a ganhar espaço a ideia da supremacia dessa divindade principal, com o tempo, os outros deuses e deusas foram assumindo um papel progressivamente mais subordinado a ele. Em algum momento, o chefe dos deuses se tornou *o* Deus — especificamente aquele com o qual a civilização ocidental está familiarizada, por conta da Bíblia. Depois que isso ocorreu, em vez de abandonar por completo os outros deuses, o povo a partir do qual herdamos esse sistema de crenças rebaixou, com efeito, os deuses menores. Os outros membros do panteão mantiveram o seu lugar no conselho celestial, mas não eram mais vistos oficialmente como deuses. Em vez disso, eles se tornaram mais um tipo imortal de assistente. Acima dos simples humanos na hierarquia cosmológica, mas necessariamente elencados abaixo do que agora era a Divindade Suprema, esses seres se desenvolveram e se tornaram os anjos como os conhecemos hoje.

Essa evolução — ou involução, na verdade — é sugerida pela retenção do termo *Elohim* nos trechos antigos da Bíblia (notavelmente na passagem dos Salmos citada acima). O termo é traduzido em quase todo os casos como Deus — com o sentido de *Senhor Deus* — mas é uma palavra no plural. Como podemos claramente ver no Salmo 82, ela pode ser usada de forma intercambiável para indicar os deuses e deusas do panteão, e é quase certo que é aqui que o termo se origina. Quando a principal divindade que passou a ser equivalida a Iavé na Bíblia começou a ser vista como o único e uno Deus, o termo usado para o panteão inteiro foi simplesmente integrado a seu nome.

Numa tentativa de reconciliar o monoteísmo absoluto da Bíblia, muitos teólogos afirmam que a palavra *Elohim* é um "plural singular" (pois costuma ser usada com verbos no singular). Nesse sentido, é supostamente um tipo de "plural majestático" bíblico. Van Wolde o distingue aqui como o nome comum de Deus, em vez do nome familiar, usado na Bíblia.[4] O uso consistente de Iavé no singular, no entanto, acaba comprometendo esses argumentos duvidosos, o que é agravado pelo fato de que há diferentes extratos em que esses dois nomes distintos para Deus são usados.[5] Uma leitura crítica dos registros bíblicos revela uma evolução do monoteísmo judaico que envolveu recontextualizar, rejeitar e, de vez em quando, integrar os múltiplos deuses no Deus Único.

A antiga condição deífica dos anjos encontra um eco mais marcante no *Livro de Jó*. Em *Jó* 1:6-12, Satã, o adversário, chega no conselho celestial no dia em que os "anjos vieram apresentar-se ao Senhor".[6] Nessa cena, Deus preside o que é basicamente uma reunião celestial de diretores. Apesar de ele ocupar o assento mais importante na mesa, não é, nem de longe, o *único*. Os outros seres que aparecem nesse conselho de deuses costumam ser vistos como anjos, mas é importante apontar que essa é só uma interpretação do texto. O texto original em si não é exatamente claro quanto à condição divina — ou não — dos outros seres presentes no conselho. A palavra usada no trecho é *bene ha Elohim*, tipicamente traduzida como "filhos de Deus". É notável que essa expressão é idêntica ao termo usado para designar os Anjos Sentinelas em *Gênesis* 6:1-4.

Se parece difícil aceitar a ideia de que os anjos começaram, de fato, como deuses propriamente, considere o fato de que os nomes dos anjos costumam ser traduzidos como alguma coisa "de Deus" ou "como Deus". Entende-se sua subordinação à divindade suprema como algo inerente a seus nomes. Porém, se olharmos os nomes de anjos comuns, como Rafael, podemos ver que existe uma interpretação possível que é bem diferente.

A raiz *raph* significa "cura". A raiz *el* significa "senhor" ou "deus" (Deus e senhor — divindade e realeza — eram virtualmente sinônimos no antigo mundo bíblico). A combinação dessas duas palavras no geral é traduzida como "cura de Deus", o que sugere, claro, que o anjo é, de algum modo, ou uma extensão de Deus ou algum representante subordinado do seu poder de cura. Porém, vamos considerar a possibilidade de que o nome Rafael poderia ser lido, na verdade, como "Deus da cura". Para os pagãos contemporâneos que se sentem atraídos ao conceito dos anjos — com frequência a contragosto, porque os anjos costumam ser vistos como uma noção firmemente enraizada na fé judaico-cristã —, pode ser útil abordar essa identidade mais antiga dos anjos, não como servos de um Deus supremo, mas como membros, por si só, de seu próprio panteão.

---

4 Ellen van Wolde, "Chance in the Hebrew Bible: Views in Job and Genesis 1," The Challenge of Chance.
5 Muitos pesquisadores bíblicos enxergam essas duas palavras, ambas traduzidas como Deus nas passagens bíblicas, como vestígios de duas fases distintas nas crenças emergentes dos israelitas e no desenvolvimento subsequente do próprio material bíblico. Os termos em si são usados para identificar a autoria de redatores distintos do material bíblico, tipicamente identificados como o redator J, de *Jahwist*, ou *Iavista*, e o P, de *Priesterschrift*, ou fonte Sacerdotal. Cf. John Romer, Testament: The Bible and History, pp. 73-90.

6 Jó 1:6, Nova Versão Internacional.

Dicionário

6 AS ORIGENS DO SOTURNO DICIONÁRIO

Sempre fui fascinada com nomes, desde que era pequena. Acho que acontece com a maioria das crianças. Você começa a perguntar a seus pais por que é que eles escolheram o seu nome e acaba descobrindo que ele significa alguma coisa. E, então, aprende que todos os nomes significam alguma coisa. Essa noção me cativou e nunca perdeu seu apelo, mesmo depois que eu cresci e me tornei escritora. Eu comprava livros de nomes para bebês só para ler todos os nomes diferentes e seus significados, imaginando personagens que combinassem com eles. Sempre tive listas prontas de nomes para improvisar personagens em diferentes projetos criativos. Então, por volta de 2002 mais ou menos, comecei a manter uma planilha com alguns dos nomes mais obscuros, raros e incomuns, junto de seus significados e origens. Demônios e anjos eram parte dessa lista, ainda mais porque você não os encontra em livros de nomes para bebês. Mas, e se você quisesse um nome perfeitamente sinistro para um vilão de narrativa?

Eu encontrei os meus nomes angelicais no clássico *Dictionary of Angels*, de Gustav Davidson. O autor incluiu alguns dos anjos caídos em sua obra também, mas a maioria deles eram os mais famosos: Satã, Lúcifer, Belzebu, Belial. Para nomes realmente incomuns, eu fui atrás dos grimórios. O primeiro livro desse tipo que eu encontrei foi *The Magus*, de Francis Barrett, mas acho difícil classificá-lo como um grimório no sentido estrito da palavra. É mais uma compilação do trabalho de outras pessoas, e Barrett nem sempre deixa claro quando está tomando trechos emprestados de fontes muito mais antigas. Ainda assim, eu fiquei animada em tê-lo na minha biblioteca. Acho que foi o primeiro livro de ocultismo que eu comprei com meu próprio dinheiro. Lembro-me da empolgação, da sensação de estar fazendo coisa errada ao comprar esse exemplar e trazê-lo, escondido, para casa, a fim de que a minha vó não o visse e me perguntasse o que diabos era aquilo. Acho que diz muito sobre mim o fato de que, numa idade em que os outros jovens estavam comprando suas *Playboys* e escondendo-as embaixo da cama, eu escondia grimórios do séc. XIX. Mas se você já leu algum dos meus outros livros, já sabe que eu sou, pelo menos, um pouquinho estranha.

The Magus foi apenas o começo da minha coleção. Eu comprei vários outros livros ao longo dos anos, reunindo uma biblioteca bem considerável. Preciso admitir que o sistema mágico delineado nos grimórios nunca teve muito apelo para mim. Quando comprei *The Magus*, as minhas intenções adolescentes não iam além de querer um livro assustador de magia das trevas só de farra (não me julguem demais, eu só tinha quatorze anos). Eu esperava aquela coisa tipo "olho de salamandra e pé de sapo", mas o que eu encontrei, em vez disso, foram tabelas astrológicas e anjos atribuídos a cada hora do dia, para não falar dos círculos mágicos complicados que tinham mais a ver com nomes hebraicos de Deus do que com as patacoadas das bruxas de *MacBeth*. Mas isso acrescentou todo um tesouro de nomes estranhos e curiosos à minha coleção — que serviram para me inspirar a buscar outros grimórios e volumes mágicos, pelo menos para acrescentar à minha compilação cada vez maior de nomes estranhos, incomuns e excêntricos.

Eu comecei a planilha que mais tarde viria a se tornar o *Dicionário dos Demônios* lá em 2002. Essa data é marcante para mim, porque eu estava em Chicago trabalhando com a URN, a nova encarnação de uma banda que eu havia ajudado a fundar quando estava na faculdade. Eu me lembro de estar sentada num espaço de ensaio no porão reformado de nosso baterista, tomando notas a partir de várias fontes entre uma música e outra. Eu levei as anotações e a planilha comigo quando saímos em turnê naquele ano, e fui trabalhando nisso durante aquele período interminavelmente longo que sempre parecia existir entre o momento em que a banda chega na casa de show e a hora de subir no palco. Eu sei que algumas pessoas que tocam em bandas de metal costumam aproveitar esse período para curtir a casa, beber e descarregar a energia acumulada de ter que passar tantas horas enfiado numa van com instrumentos, apetrechos e os outros músicos, mas nunca fui muito festeira. Prefiro ter um cantinho tranquilo e quieto onde eu possa me sentar com a cara metida num livro, de vez em quando parando para olhar a multidão, e assim eu fico muito mais feliz do que num bar barulhento e fumacento, me apertando com pessoas que eu nunca vi na vida.

Eu não sou extrovertida, na verdade, só interpreto esse papel na TV.

É claro que eu preciso explicitar que não é porque eu estava trabalhando numa coletânea de nomes de demônios enquanto fazia turnês com uma banda de metal que haja qualquer coisa de demoníaco no heavy metal. O heavy metal com frequência brinca com imagens sinistras e até mesmo infernais, mas costuma ser de uma perspectiva artística. Os demônios, na época, eram só parte de um repertório mais amplo de referências que eu estava compilando para uso pessoal. Por que é que eu queria uma coleção alfabetizada de nomes de demônios, você talvez pergunte? Não ria, mas a princípio, essa planilha era uma referência para RPG.

Quem acompanha o meu trabalho há algum tempo provavelmente já sabe que eu sou uma RPGista de longa data. Fui apresentada a *Dungeons & Dragons* na quarta série, graças a um sistema educacional bastante progressista que achava que o jogo oferecia a mescla perfeita de matemática e criatividade necessária para o seu programa, recém-fundado, para alunos superdotados. Mas vejam bem, não é que eu queira associar D&D com demônios, assim como o heavy metal (no começo dos anos 1980, quando eu estava aprendendo a jogar, havia muita gente que fazia essa conexão, bastante equivocada, graças ao "Satanic Panic"). O RPG não me levou aos demônios, mas sim à leitura mais aprofundada sobre mitologias do mundo. Os mundos de fantasia cuidadosamente construídos que o jogo exigia também me inspiraram a compilar, comparar e categorizar as várias entidades encontradas nos mitos mundiais — às vezes com o propósito de criar contos e romances, às vezes para dar um pouco mais de cor aos meus próprios mundos elaborados, criados para vários grupos de RPG com os quais eu fui me envolvendo desde a quarta série.

Os demônios se tornaram um objeto de fascínio para mim por uma variedade de motivos, um dos quais era a minha criação católica. O catolicismo ainda guarda uma coleção pitoresca de santos e anjos da antiga Igreja que foi rejeitada pelas fés protestantes durante a Reforma. E, onde há anjos, há inevitavelmente as suas contrapartes decaídas, os demônios. Quando eu fui exposta pela primeira vez ao conceito de demônios, porém, não foi em um contexto religioso. Sendo uma leitora ávida e precoce, eu logo demonstrei uma fascinação por assuntos sombrios e macabros. Eu já tinha lido os *Contos de Imaginação e Mistério* de Poe muito antes de a minha escola me colocar para jogar D&D, por isso não posso culpar a

A B T D

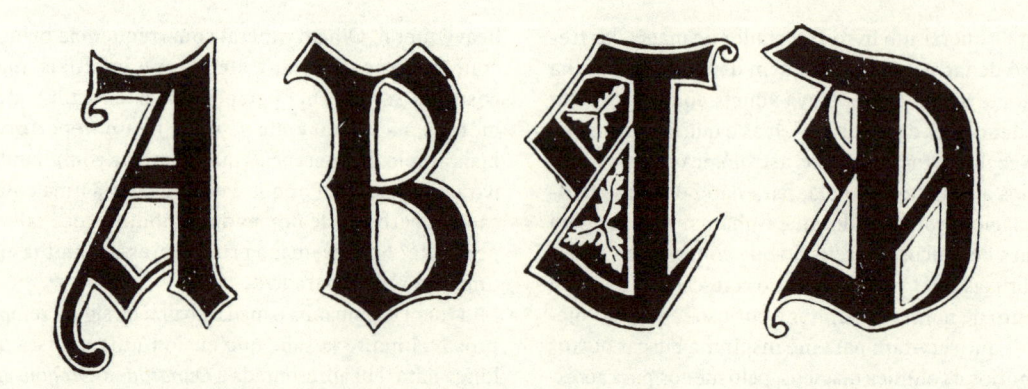

minha exposição ao RPG pelos meus gostos peculiares. Eu gostava de coisas sombrias e esquisitas, e foi desde cedo. Não é que eu gostasse disso por achar que dava medo, eu gostava porque era legal. Não consigo pensar em nenhuma explicação melhor que essa. Na hora que eu ficava sabendo de alguma coisa incomum ou bizarra, eu queria saber mais a respeito dessa coisa, o que me levou a mergulhar em assuntos como fantasmas, demônios, fenômenos paranormais, lobisomens e vampiros (e tudo mais que se encontra sob o lado escuro da lua) numa época em que a maioria das outras crianças estava brincando com bonecas ou vendo desenho. A magia, bruxas (do tipo folclórico — só na faculdade que eu fui descobrir que havia pessoas de carne e osso, contemporâneas, que praticavam um tipo diferente de bruxaria), conjuração de espíritos e feitiços também faziam parte dessa fascinação. Nesse quesito, a culpa é de Shakespeare, porque, quando eu li *Macbeth* aos dez anos de idade, eu entrei numa fascinação, que durou anos, com bruxas, bruxaria e o período da história da Europa e EUA envolvendo a Caça às Bruxas e a Inquisição.

Para resumir: eu fui uma criança esquisita, além de uma leitora voraz quando o assunto eram coisas incomuns. Por isso não deve surpreender ninguém que, aos quatorze anos, eu consegui obter o meu primeiro baralho de tarô. Alguns anos depois, eu trabalhei duro para encontrar livros sobre magia e bruxaria de verdade naquele cantinho solitário das livrarias com todos aqueles volumes sobre cristais, projeção astral e assuntos semelhantes. O truque na época, é claro, era conseguir escapar do olhar atento dos pais ou responsáveis que estivessem encarregados de me levar ao shopping e ficar de olho (pois reprovariam a compra). Ainda demoraria alguns anos para eu poder ir sozinha.

Em minhas leituras sobre magia e bruxaria nas várias enciclopédias e outros livros de referência que eu conseguia encontrar na biblioteca pública, eu já havia me deparado com o conceito de *grimório*. Grimórios eram livros de encantamentos mágicos e feitiços, e uma fonte sugeria que eles eram escritos com tinta vermelha ou prateada em páginas pretas. Outra fonte sugeria que alguns dos mais raros e malévolos desses livros eram encadernados com pele humana. Tudo isso era muito sensacionalista e a maior parte era bobagem, mas, na época, esse fato não diminuía o seu apelo. Aos quatorze anos, era infinitamente intrigante a ideia de um livro proscrito de magia das trevas capaz de fazer aparecer todo tipo de entidades excêntricas e bizarras. E seria a coisa mais legal do mundo sacar um livro desses numa festa do pijama, bem na hora em que todo mundo quer brincar do jogo do copo. Por isso eu fui buscar um desses livros e acabei encontrando *The Magus* — porém, ao encontrar essa obra, eu aprendi que a maior parte das coisas que eu tinha lido sobre grimórios até o momento eram na melhor das hipóteses, enganoso e pura invenção, na pior.

Isso tudo simplesmente me levou a procurar com mais afinco a história real por trás desses volumes, uma busca que, a seu próprio modo, também me levou ao meu trabalho com o que veio a ser o *Dicionário dos Demônios*.

Demônios e os Decanos do Zodíaco

Segundo Eliphas Lévi, os demônios goéticos da tradição salomônica são associados aos decanos do zodíaco — 36 medidas do céu de 10 graus cada. Na obra de Waite, *Mysteries of Magic: a Digest of the Writings of Eliphas Lévi*, que reúne os escritos do autor, consta que ele cita o que alega ser uma antiga edição da *Clavicula Salomonis*: "Tu deves escrever estes nomes em 36 talismãs, dois em cada talismã, um de cada lado. Tu deves dividir esses talismãs em uma série de nove cada, segundo o número de letras do *Schema* [*Hamphorash*]. Na primeira série, tu deves gravar a letra *Iud* representada pelo Cajado de Aarão, que Floresceu; na segunda a letra *He*, representada pelo cálice de José, na terceira o *Vau*, representada pela espada de David, meu pai; e na quarta o última *He*, representado pelo xéquel de ouro. Os 36 talismãs serão um livro que contém todos os segredos naturais, e anjos e demônios hão de se comunicar contigo em suas diversas combinações".[1]

É interessante que o *Testamento de Salomão*, anterior a qualquer edição conhecida da *Clavicula Salomonis*, também associa os demônios aos decanos do zodíaco. Há uma diferença crucial, porém: o *Testamento* associa apenas um demônio a cada decano, em vez de atribuir-lhe dois demônios, um para a noite e outro para o dia. Na página seguinte, temos uma tabela que mostra os demônios zodiacais conforme a definição dada no *Testamento*. Também inclui o nome dos anjos que os coíbem e outros agentes de exorcismo fornecidos no texto que, segundo consta, são capazes de expulsar cada demônio. A lista começa com o Carneiro, que é o signo de Áries.

1 Citado em A. E. Waite, *The Mysteries of Magic*, p. 113.

MATERIAL DA EDIÇÃO COMEMORATIVA

Há duas principais compilações amplamente disponíveis do *Testamento de Salomão*, e cada uma tem como fonte uma coletânea diferente de textos. A primeira, cuja reimpressão é a mais comum, por estar em domínio público, é uma tradução para o inglês publicada inicialmente por F. C. Conybeare na edição de outubro de 1898 da *Jewish Quarterly Review*. A outra, mais amplamente aceita como a mais precisa e completa das duas, foi compilada por McCown em grego. Assim como a versão de Conybeare, a tradução grega de McCown está em domínio público, mas o idioma representa uma barreira significativa para o acesso. Na época em que eu compus a primeira edição do *Dicionário dos Demônios*, eu só tinha o *Testamento* de Conybeare para servir de fonte. Desde então, eu consegui um exemplar da tradução da obra de McCown para o inglês, tal como se vê na edição de D. C. Duling em *The Old Testament Pseudepigrapha, Volume 1: Apocalyptic Literature and Testaments* (1983), publicado por James H. Charlesworth.

McCown trabalhou com uma seleção mais completa de manuscritos do que aquela à qual Conybeare teve acesso. É notável como a fonte primária de Conybeare continha diversas lacunas no texto, o que levou a erros e omissões (não constam absolutamente nos manuscritos os decanos 4 e 22). A seleção mais completa de fontes de McCown permite corrigir esses erros, além de tratar dos decanos faltantes. Os dois autores também tomaram decisões diferentes na transliteração de alguns dos nomes, motivo pelo qual eu criei a tabela abaixo para ajudar os leitores a navegarem as diferentes versões.

Como é evidente, as duas versões iniciam idênticas, depois começam a apresentar pequenos desvios a partir do quarto decano. Por volta do 18º, porém, há divergências significativas, particularmente a partir do decano 20 da versão de McCown, onde cada um dos nomes dos demônios começa com o título *Rhyx*, com o sentido de "Senhor" ou "Rei". A aparição de Zeus como um dos anjos na tradução de McCown pode parecer meio estranha para alguns leitores, mas faz perfeito sentido dentro do meio social mágico da época em que o *Testamento de Salomão* surgiu. Os papiros mágicos gregos e romanos que datam do mesmo período fazem um uso semelhante de uma reunião poliglota de deuses, deusas e poderes espirituais, coletados a partir das várias culturas que se mesclaram e se misturaram no mundo helenizado.

DECANO	TRADUTOR	DEMÔNIO	ANJO
1º	CONYBEARE	RUAX	MIGUEL
1º	MCCOWN	RUAX	MIGUEL
2º	CONYBEARE	BARSAFAEL	GABRIEL
2º	MCCOWN	BARSAFEL	GABRIEL
3º	CONYBEARE	ARÔTOSAEL	URIEL
3º	MCCOWN	ARTOSAEL	OURIEL
4º	CONYBEARE	[OMITIDO]	•
4º	MCCOWN	OROPEL	RAFAEL
5º	CONYBEARE	IUDAL	URUEL
5º	MCCOWN	KAIROXANONDALON	OUROUEL
6º	CONYBEARE	SPHENDONAÊL	SABRAEL
6º	MCCOWN	SPHENDONAEL	SABAEL
7º	CONYBEARE	SPHANDÔR	ARAÊL
7º	MCCOWN	SPHANDOR	ARAEL
8º	CONYBEARE	BELBEL	ARAÊL
8º	MCCOWN	BELBEL	KARAEL

DECANO	TRADUTOR	DEMÔNIO	ANJO
9º	CONYBEARE	KURTAÊL	IAÔTH
9º	MCCOWN	KOURTAEL	IAOTH
10º	CONYBEARE	METATHIAX	ADÔNAÊL
10º	MCCOWN	METATHIAX	ADONAEL
11º	CONYBEARE	KATANIKOTAÊL	IAE, IEÔ, (FILHOS DE SABAÔTH)
11º	MCCOWN	KATANIKOTAEL	ANGELOS; EAE; IEO; SABAOTH
12º	CONYBEARE	SAPHATHORAÊL	IEALÔ, IÔELET, SABAÔTH, ITHOTH & BAE
12º	MCCOWN	SAPHTHORAEL	IAE; IEO; FILHOS DE SABAOTH
13º	CONYBEARE	BOBÊL	ADONAÊL
13º	MCCOWN	PHOBOTHEL	ADONAI
14º	CONYBEARE	KUMEATÊL	ZÔRÔEL
14º	MCCOWN	LEROEL	IAX, SALOMÃO
15º	CONYBEARE	ROÊLÊD	IAX, SALOMÃO
15º	MCCOWN	SOUBELTI	RIZOEL
16º	CONYBEARE	ATRAX	O TRONO DO ALTÍSSIMO
16º	MCCOWN	KATRAX	ZEUS (!)

DECANO	TRADUTOR	DEMÔNIO	ANJO
17º	CONYBEARE	IEROPAÊL	IUDARIZO, SABUNÊ & DENÔÊ
17º	MCCOWN	IEROPA	IOUDA ZIZABOU
18º	CONYBEARE	BULDUMÊCH	O DEUS DE ABRAÃO, ISAAC E JACÓ
18º	MCCOWN	MODEBEL	"OS OITO PATRIARCAS"
19º	CONYBEARE	NAÔTH (OU NATHATH)	PHNUNOBOÊOL
19º	MCCOWN	MARDERO	(O NOME DO PRÓPRIO DEMÔNIO)
20º	CONYBEARE	MARDERÔ	SPHÉNÊR, RAFAEL
20º	MCCOWN	RHYX NATHOTHO	PHOUNEBIEL
21º	CONYBEARE	ALATH	RORÊX
21º	MCCOWN	RHYX ALATH	RARIDERIS
22º	CONYBEARE	[OMITIDO]	·
22º	MCCOWN	RHYX AUDAMEOTH	RAIOUOTH
23º	CONYBEARE	NEFTHADA	IATHÔTH & URUÊL
23º	MCCOWN	RHYX MANTHADO	IAOTH, OURIEL
24º	CONYBEARE	AKTON	MARMARAÔTH & SABAÔTH
24º	MCCOWN	RHYX AKTONME	MARMARAOTH DA NEBLINA
25º	CONYBEARE	ANATRETH	ARARA & CHARARA
25º	MCCOWN	RHYX ANATRETH	ARARA, ARARE
26º	CONYBEARE	ENENUTH	ALLAZOÔL
26º	MCCOWN	RHYX ENAUTHA	KALAZAEL

DECANO	TRADUTOR	DEMÔNIO	ANJO
27º	CONYBEARE	PHÊTH	"O 11° ÉON"
27º	MCCOWN	RHYX AXESBUTH	(O NOME DO PRÓPRIO DEMÔNIO)
28º	CONYBEARE	HARPAX	KOKPHNÊDISMOS
28º	MCCOWN	RHYX HARPAX	KOK, PHEDISOMOS
29º	CONYBEARE	ANOSTÊR	MARMARAÔ
29º	MCCOWN	RHYX ANOSTER	MARMAROATH
30º	CONYBEARE	ALLEBORITH	(UMA ESPINHA DE PEIXE)
30º	MCCOWN	RHYX PHYSIKORETH	CHERIBUM, SERAFIM
31º	CONYBEARE	HEPHESIMIRETH	SERAFIM & QUERUBIM
31º	MCCOWN	RHYX ALEURETH	(UMA ESPINHA DE PEIXE)
32º	CONYBEARE	ICHTHION	ADONAÊTH
32º	MCCOWN	RHYX ICHTHNON	ADONAI MALTHÊ
33º	CONYBEARE	AGCHONIÔN	LYCURGOS
33º	MCCOWN	RHYX ACHONEÔTH	LEIKOURGOS
34º	CONYBEARE	AUTOTHITH	ALFA & ÔMEGA
34º	MCCOWN	RHYX AUTHOTH	ALFA & BETA
35º	CONYBEARE	PHTHENOTH	O "MAU OLHADO"
35º	MCCOWN	RHYX PHTHENEOTH	"MAU OLHADO"
36º	CONYBEARE	BIANAKITH	MÊLTÔ, ARDU & ANAATH
36º	MCCOWN	RHYX MIANETH	MELTO, ARDAD, ANAATH

Correspondências Infernais

AR[1]
Azazel
Bealphares
Camory
Fornnouc
Gutly
Harex
Iesse
Nesachnaadob
Niagutly

RAIVA/SOFRIMENTO
Albunalich
Alchibany
Alflas
Andras
Asflas
Assaibi
Assalbi
Autothith
Balidcoh
Belzebu
Buldumêch
Carmehal
Carmox
Darial
Faccas

[1] *Todos os demônios da 'Ars Theurgia são descritos como "espíritos do ar"*

Haibalidech
Katanikotaêl
Klothod
Maymon
Mextyura
Pasfran
Pathophas
Saphathoraêl
Yaffla
Yasfla
Ycanohl
Zombar
Zynextyur

CEGUEIRA
Arôtosael
Shax
Tatahatia

MORTE SÚBITA INFANTIL
Agchoniôn
Amitzrapava
Kawteeah
Khailaw
Khavaw Reshvunaw
Lilith
Mitruteeah
Obizuth
Paritesheha

ESCURIDÃO
Almadiel
Arepach
Aspar
Ayylalu
Budar
Bufiel
Buriel
Camiel
Casbriel
Cazul
Cugiel
Cupriel
Drubiel
Drusiel
Furtiel
Habnthala
Harthan
Hebethel
Hekesha
Kawteeah
Khailaw
Khavaw Reshvunaw
Lazaba
Lilith
Lúcifer
Lyut
Merosiel
Mitruteeah
Morlas
Nastros
Nedriel

Paritesheha
Qulbda
Sarviel
Tatahatia

MORTE
Atranrbiabil
Carnax
Carnical
Jamaz
Kasdeja
Minal
Pasfran
Pathophas
Yconaababur
Ythanel

DECOMPOSIÇÃO
Atranrbiabil
Carnax
Carnical
Jamaz
Minal
Yconaababur
Ythanel

TRAPAÇA
Abas
Abrulges
Aldal
Aldrusy
Amaimon

Aonyr
Apilki
Berith
Brymiel
Cazul
Chabri
Cugiel
Curtnas
Derisor
Destatur
Drabos
Dragon
Draplos
Dubiel
Flauros
Frasmiel
Furfur
Gomeh
Guthac
Guthor
Hamorphiel
Hemostophilé
Hermon
Hudac
Iat
Itrasbiel
Itules
Ladiel
Mador
Madriel
Morlas
Nadriel

Nartniel
Ormenu
Otim
Pandor
Pithius
Pruflas
Rabilon
Shax
Sotheano
Thalbus
Tistator
Uriel
Xezbeth

DESTRUIÇÃO

Abadom
Aglasis
Apolhun
Atraurbiabilis
Aym
Burasen
Flauros
Hyachonaababur
Hyiciquiron
Iachadiel
Iammax
Innyhal
Malphas
Mayrion
Meririm
Milion
Proathophas
Raum
Rubeus Pugnator
Sergulath
Vine
Ycanohl
Yfasue
Yobial

DOENÇA

Akton
Alath
Anatreth
Anostêr
Arôtosael
Artenegelun

Ataf
Atrax
Axiôphêth
Barsafael
Bianakith
Bileth
Bothothêl
Drsmiel
Enenuth
Gartiraf
Guland
Guziel
Harpax
Hephesimireth
Iabiel
Iax
Ichthion
Ieropaêl
Iudal
Kumeatêl
Kurtaêl
Laftalium
Marbas
Marderô
Merihem
Metathiax
Naôth
Nephthada
Nymgarraman
Obizuth
Ocel
Oclachanos
Oreoth
Rath
Roêlêd
Ruax
Sabnock
Sphandôr
Sphendonaêl
Tephras
Tmsmael
Vetearcon
Yron
Zahbuk
Zhsmael
Zsniel

TERRA

Aledep
Aliybany
Assalbi
Balidcoh
Hali
Hyiciquiron
Mahazael
Turitel
Zambas
Zath
Zynextyur
Yaffla
Zobha

TERREMOTOS

Aledep
Hyiciquiron
Khil
Khleim
Zambas
Zath

FEBRE

Artenegelun
Atrax
Marderô
Oclachanos
Vetearcon
Yron

FOGO

Atranrbiabil
Bonoham
Buriol
Carnax
Carnical
Haristum
Jamaz
Meririm
Minal
Pasfran
Pathophas
Pruflas
Samael

Saraph
Tephras
Yconaabaur
Ythanel

CONFEREM ESPÍRITOS FAMILIARES

Alocer
Amaimon
Ariton
Belial
Betor
Drohas
Eladeb
Gaap
Hanni
Hemostophilé
Jamaz
Malutens
Mefistófeles
Oriens
Paimon
Palas
Pasfran
Pathophas
Phalet
Purson
Quyron
Sabnock
Sambas
Shax
Suffugiel
Yconaabaur
Ythanel
Zach
Zobha

TESOUROS OCULTOS

Abariel
Adan
Aledep
Aliybany
Almoel

Amen
Ameta
Ansoel
Ariel
Ariton
Asflas
Asmoday
Assalbi
Asuriel
Avnas
Aziel
Balidcoh
Barbarus
Barbatos
Barfos
Barsu
Burfa
Claunech
Ethiel
Fabariel
Foras
Gamasu
Godiel
Hali
Hissain
Las Pharon
Magni
Marae
Ossidiel
Pathier
Potiel
Rabdos
Saddiel
Saefam
Saefer
Sodiel
Tuveries
Usiel
Usiniel
Valac
Zambas
Zath
Zobha

ILUSÕES
Asmodeus
Castumi
Cutroy
Dabuel
Dantalion
Demor
Derisor
Destatur
Fegot
Glitia
Gomeh
Guthac
Guthor
Hemostophilé
Hepoth
Hudac
Iat
Klepoth
Lytay
Magoth
Maitor
Moloy
Morail
Onor
Oor
Pumotor
Risbel
Salaul
Silitor
Sirchade
Sirumel
Syrtroy
Tami
Tangedem
Tistator
Transidium
Usyr
Vepar
Xezbeth
Ym
Zann

INFIDELIDADE
Asmodeus
Buldumêch
Drsmiel
Iabiel
Tmsmael
Zahbuk
Zhsmael
Zsniel

INVISIBILIDADE
Abas
Aldal
Almiras
Apelout
Asmoday
Bael
Belamith
Chemosh
Enarkalê
Firiel
Foras
Glasya Labolas
Melemil
Menail
Morail
Sargatanas
Taraor
Transidium

JÚPITER
Aycolaytoum
Dominus Penarum
Formione
Guth
Guthryn
Iesse
Magogue
Marastac
Naadob
Nesaph
Ryon
Sachiel

CONHECIMENTO
Anael
Andrealphus
Apolin
Bathin
Buer
Dantalion
Drohas
Eladeb
Fornnouc
Gaap
Glasya Labolas
Gutly
Harex
Heramael
Hethatia
Iesse
Maraloch
Maralock
Mefistófeles
Morax
Nesachnaadob
Niagutly
Paimon
Phoenix
Procell
Vapula

IDIOMAS
Agares
Barbatos
Caim
Forneus
Hael
Ronove
Sucax

AMOR/LUXÚRIA
Abdalaa
Abelaios
Aycolaytoum
Badalam
Batthan
Baxhathau
Baysul
Brulefer
Cambores
Canibores
Caudes
Chaudas
Cynassa
Dominus Penarum
Ebal
Ebuzoba
Formione
Frimoth
Furfur
Gaap
Gaeneron
Gahathus
Galant
Guth
Guthryn
Ialchal
Iarabal
Magogue
Marastac
Maylalu
Naadob
Naasa
Naassa
Nassar
Nesaph
Nessar
Ornias
Ryon
Salleos
Sarabocres
Satanachia
Serguthy
Shemyaza
Sitri
Sucax
Taob
Tracatat
Trachathath
Vuall
Zagan
Zepar

MAGIA/FEITIÇARIA
Agaliarept
Baalberith
Baphomet
Leonard
Lucifuge Rofocale
Shemyaza
Suffugiel
Tuveries
Vine
Zainael

MARTE
Atraurbiabilis
Carmehal
Carmox
Hyachonaababur
Iammax
Innyhal
Karmal
Mayrion
Pasfran
Pathophas
Proathophas
Rubeus Pugnator
Ycanohl
Yfasue
Yobial

MERCÚRIO
Budarim
Drohas
Eladeb
Habaa
Hyyci
Larmol
Palas
Quyron
Sambas
Zach
Zobha

LUA
Abuchaba
Arnochap
Asmoday
Bileth
Enêpsigos
Harthan
Hebethel
Lassal
Milalu
Milau
Onoskelis
Sariel

ASSASSINATO
Atraurbiabilis
Andras
Carmehal
Carmox
Glasya Labolas
Hyachonaababur
Iammax
Innyhal
Proathophas

NECROMANCIA
Ariton
Bifrons
Bileth
Frastiel
Gamigin
Iachadiel
Magoth
Malutens
Murmur
Nebiros
Phalet
Samael

SONHOS/PESADELOS
Apolin (sonhos)
Fegot
Huictugaras
Marae
Maraloch (sonhos)
Maras
Proculo

ENVENENAMENTO
Keteb
Penemuê
Prziel
Psdiel
Puziel
Samael

RIQUEZAS
Anituel
Albunalich
Alchibany
Aledep
Alepta
Alflas
Aliybany
Asflas
Aziabelis
Balidcoh
Ialchal
Iarabal
Lucifuge Rofocale
Raum

SATURNO
Albunalich
Alchibany
Alflas
Assaibi
Haibalidech
Harith
Maymon
Marion
Mextyura
Yasfla

TEMPESTADES
Albunalich
Alchibany
Alflas
Arnochap
Assaibi
Bechar
Bechaud
Fleurèty
Furfur
Haibalidech
Maymon
Mextyura
Milalu
Milau
Yasfla

SOL
Barchan
Batthan
Baxhathau
Caudes
Chatas
Chaudas
Gahathus
Ialchal
Iarabal
Shamsiel
Yaciatal

METAMORFOSES
Andrealphus
Asmodeus
Belzebu
Berith
Clisthert
Haniel
Hemostophilé
Magoth
Orias
Ornias
Ose
Sabnock
Taob
Trimasel
Zagan
Zepar

TRANSPORTE
Abbnthada
Aglasis
Ayylalu
Barchan
Bathin
Chatas
Feremin
Gimela
Habnthala
Harthan
Hebethel
Hepoth
Hiepacth
Humet
Lautrayth
Lyut
Merfide
Mertiel
Oliroomin
Raum
Sargatanas
Seere
Sucax
Tuveries
Vepar
Yaciatal

VÊNUS
Cambores
Cynassa
Naasa
Nassar
Pamersiel
Sarabocres

GUERRA
Atraurbiabilis
Azazel
Carmehal
Carmox
Eligor
Gadriel
Halphas
Hyachonaababur

Iammax
Innyhal
Karmal
Klothod
Leraie
Pasfran
Pathophas
Proathophas
Pruflas
Quemós
Sergulath
Ycanohl

ÁGUA
Abbnthada
Arbiel
Ayylalu
Azael
Barchiel
Chamoriel
Chariel
Dusiriel
Elelogap
Focalor
Habnthala
Hebethel
Hydriel
Kunos Paston
Lameniel
Lyut
Mermo
Mortoliel
Musuziel
Pelariel
Procell
Samiel
Vepar
Vine

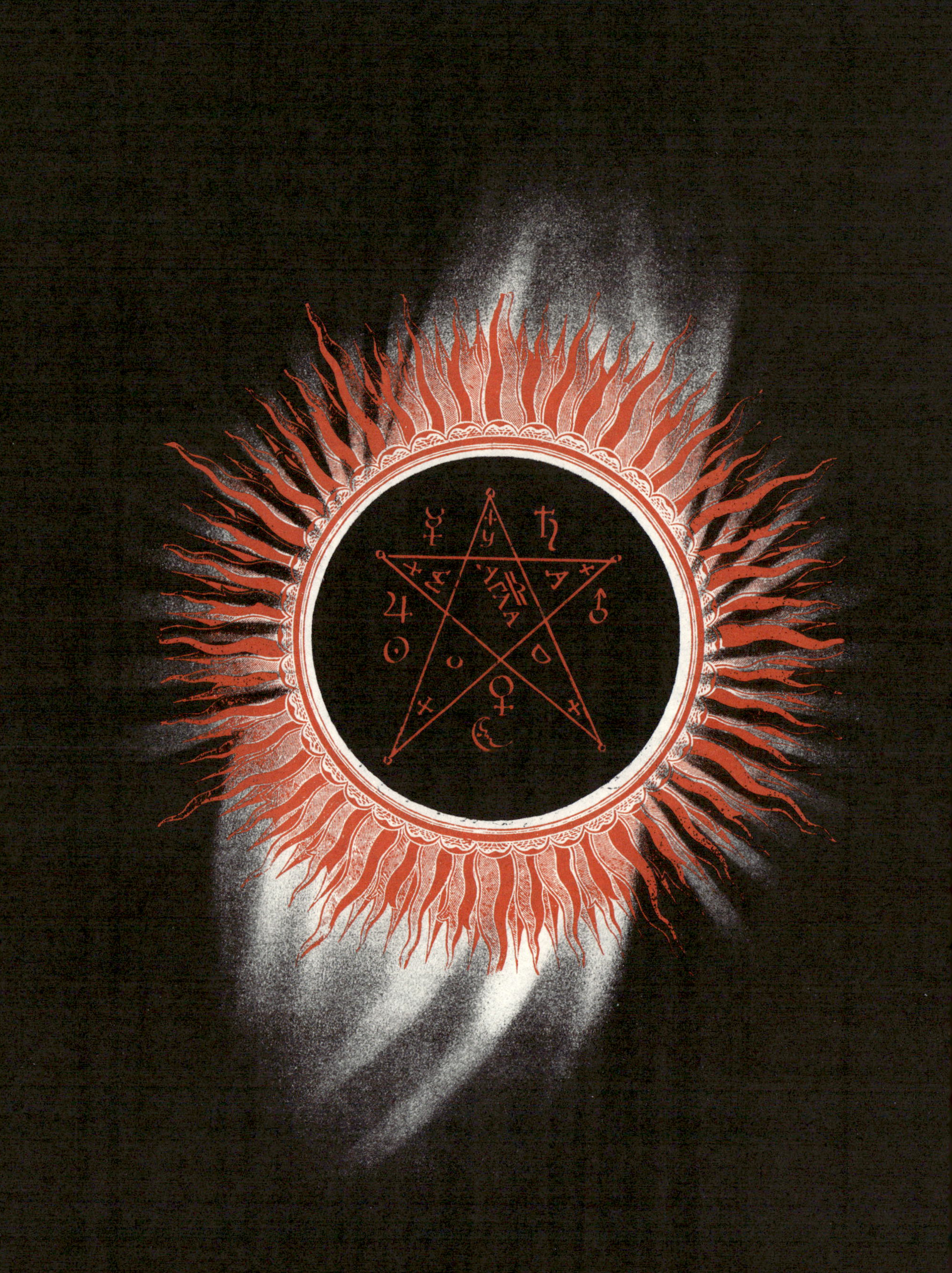

Correspondências Planetárias e Elementais

AR[1]
Azazel
Bealphares
Camory
Fornnouc
Gutly
Harex
Iesse
Nesachnaadob
Niagutly

TERRA
Aledep
Aliybany
Assalbi
Balidcoh
Hali
Hyiciquiron
Mahazael
Turitel
Yaffla
Zambas
Zath
Zobha
Zynextyur

FOGO
Atranrbiabil
Bonoham
Buriol
Carnax
Carnical
Haristum
Jamaz
Meririm
Minal
Pasfran
Pathophas
Pruflas
Samael
Saraph
Tephras
Yconaababur
Ythanel

JÚPITER
Aycolaytoum
Dominus Penarum
Formione
Guth
Guthryn
Harith
Iesse
Magogue
Marastac
Naadob
Nesaph
Ryon
Sachiel

MARTE
Atraurbiabilis
Carmehal
Carmox
Hyachonaababur
Iammax
Innyhal
Karmal
Mayrion
Pasfran
Pathophas
Proathophas
Rubeus Pugnator
Ycanohl
Yfasue
Yobial

MERCÚRIO
Budarim
Drohas
Eladeb
Habaa
Hyyci
Larmol
Palas
Quyron
Sambas
Zach
Zobha

LUA
Abuchaba
Arnochap
Asmoday
Bileth
Enêpsigos
Harthan
Hebethel
Lassal
Milalu
Milau
Onoskelis
Sariel

SATURNO
Albunalich
Alchibany

Alflas
Assaibi
Haibalidech
Maymon
Marion
Mextyura
Yasfla

SOL
Barchan
Batthan
Baxhathau
Caudes
Chatas
Chaudas
Gahathus
Ialchal
Iarabal
Shamsiel
Yaciatal

VÊNUS
Cambores
Cynassa
Naasa
Nassar
Pamersiel
Sarabocres

ÁGUA
Abbnthada
Arbiel
Ayylalu
Azael
Barchiel
Chamoriel
Chariel
Dusiriel
Elelogap
Focalor
Habnthala
Hebethel
Hydriel
Kunos Paston
Lameniel
Lyut
Mermo
Mortoliel
Musuziel
Pelariel
Procell
Samiel
Vepar
Vine

[1] Todos os demônios da Ars Theurgia são descritos como "espíritos do ar"

Anjos e Demônios

A *Goécia do Dr. Rudd* se destaca dentre os antigos manuscritos da *Goécia* pois atribui a cada um dos 72 demônios goéticos um anjo do *Shemhamphorash*. Os demônios são evocados junto dos anjos, e acredita-se que os anjos controlem os espíritos infernais. Essa atribuição é considerada um desenvolvimento relativamente recente, a princípio originário da obra de ocultistas do final do séc. XIX e começo do XX, como S. L. MacGregor Mathers e Aleister Crowley.

O manuscrito de Rudd demonstra que essa é uma tradição bem mais antiga. No mais, a obra de Rudd contém erros que sugerem que o próprio autor copiava suas informações de uma fonte ainda mais antiga. A partir daí, fica a impressão de que a correlação entre os 72 demônios goéticos e os 72 anjos do Shemhamphorash seria muito anterior ao séc. XIX e poderia ter sido parte da tradição goética desde o começo. Porém, não parece haver um sistema padrão por meio do qual os anjos e demônios seriam emparelhados.

A seguinte tabela detalha as atribuições de Rudd, comparando-as com as atribuições amplamente usadas por ocultistas modernos, tal como compiladas por Lon Milo DuQuette. O manuscrito de Rudd também atribui um trecho bíblico específico (retirado dos salmos em quase todos os casos, menos um) a cada anjo, o que também foi incluído aqui, pois parece ser parte do mecanismo usado para controlar os demônios.

DEMÔNIO	ANJO (RUDD)	ANJO (DUQUETTE)	SALMO
BAEL	VEHUIAH	VEHUEL	3:5
AGARES	JELIEL	HEAHZIAH	21:20
VASSAGO	SYRAEL	HEAHZIAH	90:2
GAMIGIN	ELEMIAH	MEBEHIAH	6:4
MARBAS	MAHASIAH	NEMAMIAH	33:4
VALEFOR	JELAHEL	HARAHEL	9:11
AMON	ACHASIAH	UMABEL	102:8
BARBATOS	CAHATEL	ANNAUEL	94:6

DEMÔNIO	ANJO (RUDD)	ANJO (DUQUETTE)	SALMO
PAIMON	HASIEL	DAMABIAH	24:6
BUER	ALADIAH	EIAEL	32:22
GUSOIN	LAVIAH	ROCHEL	17:50
SITRI	KAHAIAH	HAIAIEL	9:22
BILETH	IEZALEL	VEHURAH	97:6
LERAIE	MEBAHEL	SITAEL	9:9
ELIGOS	HASIEL	MAHASHIAH	93:22
ZEPAR	HAKAMIAH	AEHAIAH	87:1
BOTIS	LOVIAH	HAZIEL	8:1
BATHIN	CALIEL	LAUIAH	9:9[1]
SALLEOS	LEUVIAH	IEIAZEL	39:1
PURSON	PAHALIAH	HARIEL	119:2
MARAX	NELCHAEL	LEVIAH	30:18
IPOS	IEIAEL	LEUUIAH	120:5
AYM	MELAHEL	NELCHAEL	120:8
NABERIUS	HAIVIAH	MELAHEL	32:18
GLASYA-LABOLAS	NITH-HAIAH	NITHHAIAH	9:1
BUNE	HAAIAH	IEATHEL	118:145
RONOVE	IERATHEL	REIIEL	139:1
BERITH	SEECHIAH	LECABEL	70:15
ASTAROTE	REIIEL	IEHUIAH	53:4
FORNEUS	OMAEL	CHAVAKIAH	70:6

DEMÔNIO	ANJO (RUDD)	ANJO (DUQUETTE)	SALMO
FORAS	LECTABAL	ANIEL	70:16
ASMODEUS	VASARIAH	REHNEL	32:4
GAAP	IEHUIAH	HAHAEL	33:11
FURFUR	LEHAHIAH	VEVALIAH	130:5
MARCHOSIAS	CHAIAKIAH	SALIAH	114:1
STOLAS	MENADEL	ASALIAH	25:8
PHOENIX	ANIEL	DANIEL	79:8
HALPHAS	HAMIAH	AMAMIAH	90:9
MALPHAS	REHAEL	NITHAEL	29:13
RAUM	IEIAZEL	POIEL	87:15
FOCALOR	HAHAHEL	IEILAEL	119:2
VEPAR	MICHAEL	MIZRAEL	120:7
SABNOCK	VEVALIAH	IAHHEL	87:14
SHAX	IELAHIAH	MEKEKIEL	118:108
VINE	SEALIAH	MENIEL	93:18
BIFRONS	ARIEL	HABUIAH	114:9
VUALL	ALALIAH	IABAMIAH	103:25
HAAGENTI	MIHAEL	MUMIAH	97:3
PROCEL/CROCELL	VEHUEL	IELIEL	144:3
FURCAS	DANIEL	ELEMIAH	102:8
BALAM	HAHASIAH	LELAHEL	103:32
ALLOCER	IMAMIAH	CAHETHEL	7:18

DEMÔNIO	ANJO (RUDD)	ANJO (DUQUETTE)	SALMO
CAMIO	NANAEL	ALADIAH	118:75
MURMUR	NITHAEL	HAHIAH	102:19
OROBAS	NANAEL (DE NOVO)	MEBAHEL	101:13
GEMORY	POLIAL	HAKAMIAH	144:5
OSE	NEMAMIAH	CALIEL	113:19
AMY/AVNS	IEIALEL	PAHLIAH	6:3
ORIAS	HAZAHEL	IEIAIEL	112:3
VAPULA/NAPULA	MIZRAEL	HAHUIAH	144:18
ZAGAN	UMABEL	HAAIAH	112:2
VALAC/VOLAC	IAH-HEL	SAHIIAH	118:159
ANDRAS	ANAUEL	AMAEL	2:11
HAURES/HAVRES	MEHIEL	VASARIAH	32:18
ANDREALPHAS	DAMABIAH	LEHAHIAH	89:15
CIMERIES	MANAKEL	MONADEL	37:22
AMDUSCIAS	EIAEL	HAAMIAH	36:4
BELIAL	HABUIAH	IHIAZEL	105:1
DECARABIA	ROEHEL	MICHAEL	15:5
SEERE	TABAMIAH	IELAHIAH	GÊNESIS 1:1[2]
DANTALION	HAIAIEL	ARIEL	108:29
ANDROMALIUS	MUMIAH	MIHAEL	114:7

1 Este texto em seu selo angelical é, na verdade, do salmo 51:1, mas Rudd o identifica, incorretamente como 9:9.
2 Este é o único selo angelical no manuscrito de Rudd que inclui uma passagem bíblica de uma fonte além dos *Salmos*.

Bibliografia

Abegg, Jr., Martin G. "The Linguistic Analysis of the Dead Sea Scrolls: More Than (Initially) Meets the Eye." In *Rediscovering the Dead Sea Scrolls: An Assessment of the Old and New Approaches and Methods*. Maxine L. (org.). Grossman. Grand Rapids, MI: William B. Eerdmans Publishing, 2010.

Adejumobi, Saheed A. *The History of Ethiopia*. The Greenwood Histories of the Modern Nations series. Westport, CT: Greenwood Press, 2006.

Agrippa, Henry Cornelius. (Donald Tyson, org.) *Three Books of Occult Philosophy*. St. Paul, MN: Llewellyn, 1993.

Ainsworth, Theresa. "A Timeline of the Decans." Research essay, Queen's University in Ontario, Canada, set. 2018. Disponível em: http://hdl.handle.net/1974/24821.

Allegro, John M. *The Dead Sea Scrolls and the Christian Myth*. Buffalo, NY: Prometheus Books, 1992.

Allison, Dale C. *Testament of Abraham*. Commentaries on Early Jewish Literature series. L. Stuckenbruck (org.). Berlim: Walter de Gruyter, 2003.

Al-Nadim. *The Fihrist of al-Nadim: A Tenth-Century Survey of Muslim Culture, Vols. I and II*. Bayard Dodge (org. e trad.). Nova York: Columbia University Press, 1970.

Ankarloo, Bengt, e Stuart Clark. *Witchcraft and Magic in Europe: Ancient Greece and Rome*. Philadelphia: University of Pennsylvania Press, 1999.

———. *Witchcraft and Magic in Europe: Biblical and Pagan Societies*. Philadelphia, PA: University of Pennsylvania Press, 2001.

———. *Witchcraft and Magic in Europe: The Middle Ages*. Philadelphia: University of Pennsylvania Press, 2001.

The Apocrypha. (Edgar J. Goodspeed, org.) Nova York: Random House, 1959.

Ashe, Steven. *The Testament of Solomon*. Oxford: Glastonbury Books, 2006.

Bailey, Michael D. *Fearful Spirits, Reasoned Follies: The Boundaries of Superstition in Late Medieval Europe*. Ithaca, NY: Cornell University Press, 2013.

Barnes, Albert. *Notes, Critical, Explanatory, and Practical on the Book of the Prophet Isaiah, Volume 1*. Nova York: Leavitt & Allen Bros., 1860.

Barnes, T. D. "Proconsuls of Africa, 337–92." *Phoenix*, v. 39, n. 2 (Summer, 1985), pp. 144–53.

Barrett, Francis. *The Magus: A Complete System of Occult Philosophy*. Nova York: Citadel Press, 1989.

Ben Joseph, Rabbi Akiba. (Knut Stenring, trad.) *The Book of Formation, or Sepher Yetzirah*. Berwick, ME: Ibis Press, 2004.

Benedict XIV. *Heroic Virtue: A Portion of the Treatise of Benedict XIV on the Beatification and Canonization of the Servants of God, Vol. III*. Trad. não registrado. Londres: Thomas Richardson and Son, 1852.

Berbiguier, Charles. *Les Farfadets*, v. 1–3. Paris: P. Gueffier, 1821.

Berrios, German E. *The History of Mental Symptoms: Descriptive Psychopathology Since the Nineteenth Century*. Cambridge, Reino Unido: Cambridge University Press, 1996.

Betz, Hans Dieter. *The Greek Magical Papyri in Translation*, v. 1. Chicago: University of Chicago Press, 1992.

Blair, Leonard. "Rome Opens Up Exorcism Course to All Major Christian Faiths to Fight Rising Demonic Force." *Christian Post*. Disponível em: https://www.christian post.com/news/rome-opens-up-exorcism-course-to-all-major-christian-faiths-to-fight-rising-demonic-forces.html. Acesso em 9 maio 2019.

Bodin, Jean. *De Magorum Daemonomania*. Book Four. Frankfurt, Alemanha, 1586.

Book of Jasher. Salt Lake City, UT: J. H. Parry Publishers, 1887.

Boudet, Jean-Patrice. "Les who's who démonologiques de la Renaissance et leurs ancêtres médiévaux." *Médiévales*. v. 44, Spring 2003. Disponível em: http://journals.openedition.org/medievales/1019.

Brand, Miryam T. "Iranian Influence at Qumran: Texts and Beliefs." In *Iran, Israel, and the Jews Symbiosis and Conflict from the Achaemenids to the Islamic Republic*. Aaron Koller and Daniel Tsadik (orgs.). Eugene, OR: Pickwick Publications, 2018.

———. *Spirited Evil: Persian Influence and Its Limits in Qumran Texts*. Eighth Symposium of the Melammu Project. Conference volume. 2014.

Brann, Noel L. *The Debate Over the Origin of the Genius During the Italian Renaissance*. Boston: Brill Academic Publishers, 2001.

Bruce, James. *Travels to Discover the Source of the Nile*. Londres: J. Ruthven, 1790.

Butler, Elizabeth M. *The Fortunes of Faust*. Magic in History Series. University Park, PA: Penn State Press, 1998.

———. *Ritual Magic*. Magic in History Series. University Park, PA: Penn State Press, 1998.

Calmet, Augustin. *The Phantom World*. Ware, Reino Unido: Wordsworth Editions, 2001.

Chamberlin, E. R. *The Bad Popes*. Nova York: Dorset Press, 1969.

Charles, R. H. *The Apocalypse of Baruch*. Nova York: Macmillan, 1918.

———. *The Book of Enoch the Prophet*. York Beach, ME: Weiser Books, 2003.

———. *The Book of Jubilees, or The Little Genesis*. Berwick, ME: Ibis Press, 2005.

———. *The Book of Jubilees, or The Little Genesis*. Londres: Adam and Charles Black, 1902.

Charlesworth, J. H. (org.). *Caves of Enlightenment: Proceedings of the American Schools of Oriental Research Dead Sea Scrolls Jubilee Symposium (1947–1997)*. North Richland Hills, TX: Bibal Press, 1998.

Cohen, Abraham. *Everyman's Talmud*. Nova York: Schocken Books, 1975.

Collerton, Daniel, Elaine Perry, e Urs Peter Mosimann (orgs.). *The Neuroscience of Visual Hallucinations*. West Sussex, Reino Unido: John Wiley & Sons, 2015.

Collins, Andrew. *From the Ashes of Angels: The Forbidden Legacy of a Forgotten Race*. Rochester, VT: Bear & Co., 2001.

Collins, Paul. "Everyday Life in Sumer." *The Sumerian World*. Harriet Crawford (org.). Abingdon, Oxfordshire, Reino Unido: Routledge, 2013.

Cone, Steven D.; Robert F. Rea. *A Global Church History: The Great Tradition Through Cultures, Continents and Centuries*. Londres: Bloomsbury Publishing, 2019.

Conway, Moncure Daniel. *Demonology and Devil-Lore*, v. 1 e 2. Nova York: Henry Holt and Company, 1879.

———. *Solomon and Solomonic Literature*. Londres: Trench, Trubner & Co., 1899.

Conybeare, F. C., Aleister Crowley, e S. L. MacGregor Mathers. *The Three Magical Books of Solomon: The Testament of Solomon & His Greater & Lesser Keys in One Volume*. Mockingbird Press: 2017.

Cross, Frank Moore. *The Ancient Library of Qumran*, 3.ed. Sheffield, UK: Sheffield Academic Press, 1995.

———. *Canaanite Myth and Hebrew Epic*. Cambridge, MA: Harvard University Press, 1973.

Dacy, Marianne. "The Fallen Angels in the Book of 1 Enoch Reconsidered." *Henoch* 33, 1 (2011).

Davidson, Gustav. *A Dictionary of Angels, Including the Fallen Angels*. Nova York: The Free Press, 1967.

Day, John. *From Creation to Babel: Studies in Genesis 1–11*. Nova York: Bloomsbury. 2013.

De Abano, Peter. (Joseph H. Peterson, trad.) *The Heptameron, or Magical Elements*. Esoteric Archives: 1998. Disponível em: http://esotericarchives.com/solomon/heptamer.htm.

De Hamel, Christopher. *The British Library Guide to Manuscript Illumination History and Techniques*. Toronto: University of Toronto Press, 2001.

De Laurence, L. W. (S. L. MacGregor Mathers, trad.) *The Lesser Key of Solomon Goetia, the Book of Evil Spirits*. Chicago: De Laurence, Scot & Co. 1916.

De Plancy, Collin. *Dictionnaire Infernal: Recherches et Anecdotes sur les Démons*, 1.ed. Paris: P. Mongie, 1818.

———. *Dictionniare Infernal*. Ed. revisada. Paris: Sagnier et Bray, 1853.

Dehn, Georg (org.). (Steven Guth, trad.) *The Book of Abramelin*. Lake Worth, FL: Ibis Press, 2006.

Dionysius the Areopagite. *Caelestis Hierarchia*. Veneza, Itália: Johannes Tacuinus de Tridino, 1502.

Doré, Gustav. *The Doré Bible Illustrations*. Mineola, NY: Dover Publications, 1974.

———. *Doré's Illustrations for Milton's "Paradise Lost."* Nova York: Dover Publications, 1993.

Doresse, Jean. *The Secret Books of the Egyptian Gnostics*. Rochester, VT: Inner Traditions International, 1986.

Doudna, Gregory L. "The Legacy of an Error in Archaeological Interpretation: The Dating of the Qumran Cave Scroll Deposits." In *Qumran: The Site of the Dead Sea Scrolls: Archaeological Interpretations and Debates*. Katharina Galor, Jean-Baptiste Humbert, Jürgen Zangenberg (orgs.). Leiden: Brill, 2006.

Driscoll, Daniel (trad.). *Sworn Book of Honourius the Magician*. Gillette, NJ: Heptangle Books, 1977.

Drummond, James. *The Jewish Messiah: A Critical History of the Messianic Idea Among the Jews from the Rise of the Maccabees to the Closing of the Talmud*. Londres: Longmans Green & Co., 1877.

Duling, Dennis C. "The Testament of Solomon." *The Old Testament Pseudepigrapha, Volume One: Apocalyptic Literature and Testaments.* James H. Charlesworth (org.). Hendrickson Publishers, Peabody, MA: 1983.

DuQuette, Lon Milo. *Angels, Demons and Gods of the New Millennium.* York Beach, ME: Weiser Books, 1997.

El-Zein, Amira. *Islam, Arabs, and the Intelligent World of the Jinn.* Contemporary Issues in the Middle East series. Syracuse University Press. Syracuse, NY: 2009.

Falk, Avner. *Psychoanalytic History of the Jews.* Cranbury, NJ: Associated University Presses, 1996.

Fanger, Claire. *Conjuring Spirits: Texts and Traditions of Medieval Ritual Magic.* University Park, PA: Penn State Press, 1998.

Faulkner, R. O. *The Ancient Egyptian Book of the Dead.* Carol Andrews (org.). Austin, TX: University of Texas Press, 1972.

Fekkes, Jan. *Isaiah and Prophetic Traditions in the Book of Revelation: Visionary Antecedents and Their Development.* Journal for the Study of the New Testament Supplement series 93. Sheffield, Inglaterra: Sheffield Academic Press, 1994.

Flint, Valerie I. J. *The Rise of Magic in Early Medieval Europe.* Princeton, NJ: Princeton University Press, 1991.

Friedman, Richard Elliott. *Who Wrote the Bible?* Nova York: Harper & Row, 1989.

Fröhlich, Ida. "The Figure of the Watchers in the Enochic Tradition (1–3 Enoch)." *Henoch* v. 33, n. 1 (2011). Acesso via Academia.edu, 10 oct. 2019.

Gager, John G. *Curse Tablets and Binding Spells from the Ancient World.* Oxford: Oxford University Press, 1992.

Gaster, Moses (trad.). *The Chronicles of Jerahmeel, or The Hebrew Bible Historiale.* Oriental Translation Fund New series, IV, 1899.

———. *The Sword of Moses.* Nova York: Cosimo Publishing, 2005.

Geller. M. J. "Freud and Mesopotamian Magic." *Mesopotamian Magic: Textual, Historical, and Interpretative Perspectives.* I. Tzvi Abusch e Karel Van Der Toorn (orgs.). Groningen, Holanda: Styx Publications, 1999.

Gilbert, R. A. Foreword to *The Book of the Mysteries of the Heaven and the Earth. The Book of the Mysteries of the Heaven and the Earth and Other Works of Bakhayla Mikà'ël.* E. A. Wallis Budge (org.). Berwick, ME: Ibis Press, 2004.

———. *The Golden Dawn Scrapbook.* York Beach, ME: Weiser, 1997.

Gilmore, George William. *The New Schaff-Herzog Encyclopedia of Religious Knowledge.* Nova York: Funk & Wagnalls, 1914.

Ginzberg, Louis. (Henrietta Szold, trad.) *The Legends of the Jews: From Joseph to the Exodus*, v. II. Philadelphia: The Jewish Publication Society of America, 1920.

———. (Paul Radin, trad.) *The Legends of the Jews: Bible Times and Characters from the Exodus to the Death of Moses*, v. III. Philadelphia: The Jewish Publication Society of America, 1911.

Goldman, Liora. "Dualism in the 'Visions of Amram.'" *Revue de Qumran* v. 24, n. 3 (May 2010).

Gómez, Mario. "The Legend of Tartini's 'Devil's Trill Sonata.'" *The Violinist.* Publicado on-line, 2 out. 2008.

The Grand Grimoire. (Kuntz, Darcy, org., A. E. Waite, trad.) Edmonds, WA: Holmes Publishing Group, 2001.

Grillot de Givry, Émile (J. Courtenay Locke, trad.) *Illustrated Anthology of Sorcery, Magic, and Alchemy.* Nova York: Causeway Books, 1973.

Guazzo, Francesco Maria. (Montague Summers, trad.) *Compendium Maleficarum.* Dover, Mineola, NY: 1988.

Harms, Daniel, James R. Clark, Joseph H. Peterson. *The Book of Oberon: A Sourcebook of Elizabethan Magic.* Woodbury, MN: Llewellyn Publications, 2016.

Harries, John. *The Book of Incantations.* NLW MS 11117B. National Library of Wales. Disponível em: https://www.library.wales/discover/digital-gallery/manuscripts/modern-period/john-harries-book-of-incantations/.

Hayman, Henry. "The Book of Enoch in Reference to the New Testament and Early Christian Antiquity." *The Biblical World* v. 12, n. 1 (1898), pp. 37–46. www.jstor.org/stable/3137165.

Henson, Mitch (trad.). *Lemegeton: The Complete Lesser Key of Solomon.* Jacksonville, FL: Metatron Books, 1999.

Horsley, J. W. "Solomon's Seal and the Shield of David Traced to Their Origin." *Ars Quatuor Corontorum, 1902* v. 15 (1902). W. H. Rylands (org.).

Howard, Michael. *The Book of Fallen Angels.* Somerset, UK: Capall Bann, 2004.

Huber, Richard. *Treasury of Fantastic and Mythological Creatures.* Mineola, NY: Dover, 1981.

Hultin, Jeremy. "Jude's Citation of 1 Enoch." *Jewish and Christian Scriptures: The Function of "Canonical" and "Non-Canonical" Religious Texts.* James H. (org.). Charlesworth e Lee Martin McDonald. T&T Clark Jewish and Christian Text series. v. 7. Londres: T&T Clark International, 2010.

Humphreys, W. Lee. *Crisis and Story: Introduction to the Old Testament.* 2. ed. Mountain View, CA: Mayfield Publishing, 1990.

Jacobs, Joseph, Alfred Trübner Nutt, Arthur Robinson Wright, e William Crooke. *Folk-Lore: A Quarterly Review.* v. 7. Londres: David Nutt, 1896.

Josephus. *The Life and Works of Flavius Josephus.* Filadélfia: John C. Winston Company, 1957.

Juste, David. "MS Florence, Biblioteca Medicea Laurenziana, Plut. 89 sup. 38" (atualização 14 ago. 2018), *Ptolemaeus Arabus et Latinus. Manuscripts.* http://ptolemaeus.badw.de/ms/357.

Kaczynski, Richard. *Perdurabo: The Life of Aleister Crowley.* Tempe, AZ: New Falcon, 2002.

Kieckhefer, Richard. *Forbidden Rites: A Necromancer's Manual of the Fifteenth Century.* University Park, PA: Penn State Press, 1997.

———. *Magic in the Middle Ages.* Cambridge: Cambridge University Press, 1993.

King James. *Daemonologie.* New Bern, NC: Godolphin House, 1996.

Kitto, John (org.). *The Cyclopaedia of Biblical Literature.* v. 1. 10. ed. Nova York: Ivison & Phinney, 1854.

Kohl, Benjamin G.; H. C. Erik Midelfort (orgs.). *On Witchcraft: An Abridged Translation of Johann Weyer's De Praestigiis Daemonum.* Asheville, NC: Pegasus Press, 1998.

Kramer, Samuel Noah. *Gilgamesh and the Huluppa-Tree. A Reconstructed Sumerian Text.* Chicago: University of Chicago Press, 1938.

Lacoste, Jean-Yves. *Encyclopedia of Christian Theology.* v. 1. Nova York: Routledge, 2004.

Leach, Eleanor Winsor. "Viewing the Spectacula of Aeneid 6." In *Reading Vergil's Aeneid: An Interpretive Guide.* Christine Perkell (org.). Norman, OK: University of Oklahoma Press, 1999.

LeCouteux, Claude. *The Book of Grimoires.* Trad. John. E. Graham. Rochester, VT: Inner Traditions, 2013.

Lehner, Ernst, e Johanna Lehner. *The Picture Book of Devils, Demons and Witchcraft.* Mineola, NY: Dover, 1971.

Leitch, Aaron. *Secrets of the Magickal Grimoires: The Classical Texts of Magick Deciphered.* Woodbury, MN: Llewellyn, 2005.

Lévi, Eliphas. *The Book of Splendors.* York Beach, ME: Weiser, 1984.

———. *The History of Magic.* (A. E. Waite, trad.) York Beach, ME: Weiser, 1999.

Levy, B. Barry. *Planets, Potions, and Parchments: Scientifica Herbarica from the Dead Sea Scrolls to the Eighteenth Century.* Montreal: McGill-Queens University Press, 1990.

Lindahl, Carl, John McNamara, e John Lindow. *Medieval Folklore: A Guide to Myths, Legends, Tales, Beliefs, and Customs.* Nova York: Oxford University Press, 2002.

Luck, Georg. *Arcana Mundi: Magic and the Occult in the Greek and Roman Worlds.* Baltimore, MD: Johns Hopkins University Press, 1985.

Lurker, Manfred. *Dictionary of Gods and Goddesses, Devils and Demons.* Nova York: Routledge & Kegan Paul, 1987.

Lutz, Henry Frederick. *Selected Sumerian and Babylonian Texts.* Philadelphia, PA: University of Pennsylvania Press, 1919.

Mack, Carol K., e Dinah Mack. *A Field Guide to Demons, Fairies, Fallen Angels & Other Subversive Spirits.* Nova York: Arcade Publishing, 1998.

Marshall, George J. *Angels: An Indexed and Partially Annotated Bibliography of Over 4,300 Scholarly Books and Articles Since the Seventh Century B.C.* Jefferson, NC: McFarland, 2015.

Masello, Robert. *Raising Hell: A Concise History of the Black Arts.* Nova York: Berkley, 1996.

Mathers, S. L. MacGregor (trad.) *The Book of the Sacred Magic of Abramelin the Mage.* Mineola, NY: Dover, 1975.

———. *The Grimoire of Armadel.* York Beach, ME: Weiser, 1995.

———. *The Key of Solomon the King.* York Beach, ME: Weiser, 1989.

McCraw, Benjamin W. "Augustine and Aquinas on the Demonic." *Philosophical Approaches to Demonology.* Benjamin W. McCraw e Robert Arp (org.). Routledge Studies in the Philosophy of Religion. Oxford: Routledge, 2017.

McDonald, Lee Martin. *The Formation of Biblical Canon: Volume 1: The Old Testament: Its Authority and Canonicity.* Londres: Bloomsbury T&T Clark, 2017.

McLean, Adam (org.). *A Treatise on Angel Magic.* York Beach, ME: Weiser, 2006.

McRobbie, Linda Rodriguez. "The Strange and Mysterious History of the Ouija Board." Smithsonian. com. Disponível em: https://www.smithsonianmag.com/history/the-strange-and-mysterious-history-of-the-ouija-board-5860627/. Acesso em 27 out. 2013.

Milik, J. T. *The Books of Enoch: Aramaic Fragments of Qumran Cave 4.* Oxford: Clarendon Press, 1976.

Murtaugh, Stephen. Authentication of "The Secret Grimoire of Turiel" in Comparison with Frederick Hockley's "A Complete Book of Magic Science." 19 jul. 2013. Academia.edu.

Neifert, William W. "Witchcraft." In *The Pennsylvania-German: A Popular Magazine of Biography, History, Genealogy, Folklore, Literature, Etc.* Edited by H. W. Kriebel. v. IX, Jan./Dec. East Greenville, PA: Kriebel Publishing, 1908.

Newman, Hillel. *Proximity to Power and Jewish Sectarian Groups of the Ancient Period.* Leiden, Holanda: Brill, 2006.

Newman, Robert, C. "The Council of Jamnia and the Old Testament Canon." *Westminster Theological Journal* 38, 4 (Spring 1976), 319–348.

Nickelsburg, George W. E., e James C. VanderKam. *1 Enoch.* Minneapolis, MN: Fortress Press, 2004.

Oesterley, W. O. E. *Immortality and the Unseen World.* Nova York: Macmillan, 1921.

Pagels, Elaine. *The Origin of Satan.* Nova York: Random House, 1995.

Paton, Lewis Bayles. *Spiritism and the Cult of the Dead in Antiquity.* Nova York: Macmillan, 1921.

Payne-Towler, Christine. "Eros Magic and the Magical Image." Tarot University Arkletters. Disponível em: https://noreah.typepad.com/tarot_arkletters/2006/01/eros_magic_.html. Acesso em 21 jan. 2006.

Percival, H. W. *Sepher Ha-Zohar, or The Book of Light.* Nova York: Theosophical Publishing Company, 1914.

Perrin, Andrew B. *The Dynamics of Dream-Vision Revelation in the Aramaic Dead Sea Scrolls.* Bristol, CT: Vandenhoeck & Ruprecht, 2015.

Peterson, Joseph H, ed. *Arbatel: Concerning the Magic of the Ancients.* Lake Worth, FL: Ibis Press, 2009.

———. *Ars Notoria: The Notory Art of Solomon*. Disponível em: http://www.esotericarchives.com/notoria/notoria.htm.

———. *Claviculus du Roi Salomon, par Armadel. Livre Troisième. Concernant les Esprits & Leurs Pouvoirs*. Esoteric Archives, 2003. Disponível em: http://www.esotericarchives.com/solomon/ksol3.htm.

———. *Grand Grimoire*. Esoteric Archives, 1998. Disponível em: http://esotericarchives.com/solomon/grand.htm.

———. *Gremoire du Pape Honorius*. Esoteric Archives, 1999. Disponível em: http://esotericarchives.com/solomon/grimhon2.htm.

———. *Grimorium Verum*. Scotts Valley ,CA: CreateSpace, 2007.

———. *The Key of Knowledge, or Clavicula Salomonis*. Esoteric Archives, 1999. Disponível em: http://esotericarchives.com/solomon/ad36674.htm.

———. *The Secrets of Solomon: A Witch's Handbook from the Trial Records of the Venetian Inquisition*. Kasson, MN: Twilit Grotto Press, 2018.

———. *Sworn Book of Honorius*. Esoteric Archives, 1998. Disponível em: http://esotericarchives.com/juratus/juratus.htm.

———. *The Sworn Book of Honorius: Liber Iuratus Honorii*. Lake Worth, FL: Ibis Press, 2016.

Pinches, Theophilus G. *Religion of Babylonia and Assyria*. Londres: Archibald Constable & Co., 1906.

Platt, Rutherford H. *The Forgotten Books of Eden: Lost Books of the Old Testament*. Nova York: Bell Publishing, 1980.

Pliny. *Natural History*, v. 2. (John Bostock and H. T. Riley, trad.) Londres: George Bell & Sons, 1890.

Reed, Annette Yoshiko. *Fallen Angels and the History of Judaism and Christianity*. Nova York: Cambridge University Press, 2005.

Reed, Annette Yoshiko, and John C. Reeves. *Enoch from Antiquity to the Middle Ages: Sources From Judaism, Christianity, and Islam*. v. I. Oxford: Oxford University Press, 2018.

Reeve, C. D. C. *Socrates in the Apology: An Essay on Plato's Apology of Socrates*. Indianapolis, IN: Hackett, 1990.

Reimer, Stephen R. *Manuscript Studies: Medieval and Early Modern*. IV–VI. Paleography: Scribal Abbreviations. Disponível em: http://www.ualberta.ca/~sreimer/ms-course/course/abbrevtn.htm.

Remy, Nicolas. (Montague Summers, org.) *Demonolatry: An Account of the Historical Practice of Witchcraft*. Mineola, NY: Dover, 2008.

Roberts, Alexander e James Donaldson (orgs.). *The Ante-Nicene Fathers: Translations of the Writings of the Fathers Down to AD 325*. v. IV. Nova York: Charles Scribner's Sons, 1926.

Romer, John. *Testament: The Bible and History*. Nova York: Henry Holt and Co., 1988.

Rudwin, Maximilian. *The Devil in Legend and Literature*. La Salle, IL: Open Court Publishing, 1959.

Ruelle, C. E. "Hermès Trismégiste: Le Livre Sacré Sur les Décans." *Revue de Philologie de Littérature et D'Histoire Anciennes* v. 32, n. 1 (January 1908): 227–277.

Russell, Jeffrey Burton. *The Devil: Perceptions of Evil from Antiquity to Primitive Christianity*. Ithaca, NY: Cornell University Press, 1987.

———. *A History of Witchcraft*. Nova York: Thames and Hudson, 1980.

———. *Mephistopheles: The Devil in the Modern World*. Ithaca, NY: Cornell University Press, 1986.

———. *The Prince of Darkness: Radical Evil and the Power of Good in History*. Ithaca, NY: Cornell University Press, 1988.

Sandars, N. K. (trad.). *The Epic of Gilgamesh*. Londres: Penguin Books, 1960.

Savedow, Steve. *Goetic Evocation*. Chicago: Eschaton Productions, 1996.

Schrire, T. *Hebrew Magic Amulets: Their Decipherment and Interpretation*, 2. ed. Nova York: Behrman House, 1982.

Scot, Reginald. *The Discoverie of Witchcraft*. Mineola, NY: Dover, 1972.

The Secret Grimoire of Turiel. (Kuntz, Darcy (org.); Marius Malchus, trad.) Edmonds, WA: Holmes Publishing, 2000.

Sepher ha-Zohar, Le Livre de la Spleneur. (Jean de Pauly, trad.) Paris: Ernest Leroux, 1908.

Sepher ha-Zohar, or the Book of Light. (H. W. Percival, org.) Nova York: Theosophical Publishing Company, 1914.

Shaked, Shaul. "Iranian Influence on Judaism: First Century BCE to Second Century CE." In *The Cambridge History of Judaism*. W. D. Davies and L. Finkelstein (orgs.). v. 1. Cambridge: Cambridge University Press, 1984.

Silvestre de Sacy, Antoine Isaac. "Notice sur le livre d'Enoch." *Magazin Encyclopedique* v. VI, issue I (1800).

Sinistrari, Ludovico Maria. (Montague Summers, trad.) *Demoniality*. Mineola, NY: Dover, 1989.

The Sixth and Seventh Books of Moses. Lake Worth, FL: Ibis Press, 2008.

Skemer, Don C. *Binding Words: Textual Amulets in the Middle Ages*. University Park, PA: Penn State Press. 2006.

Skinner, Stephen, e David Rankine. *Clavis Inferni: The Grimoire of St. Cyprian*. Sourceworks of Ceremonial Magic series. Singapura: Golden Hoard Press, 2009.

———. *The Goetia of Dr. Rudd*. Londres: Golden Hoard Press, 2007.

———. *The Keys to the Gateway of Magic: Summoning the Solomonic Archangels and Demon Princes*. Sourceworks of Ceremonial Magic series. Singapura: Golden Hoard Press, 2011.

Skjaervo, P. O. "Zoroastrian Dualism." In *Light Against Darkness: Dualism in Ancient Mediterranean Religion and the*

Contemporary World. Journal of Ancient Judaism Supplements series, book 2. Gottingen: Vandenhoeck & Ruprecht, 2011.

Smeaton, Oliphant. *The Medici and the Italian Renaissance*. World's Epoch-Makers series. Nova York: Charles Scribner's Sons, 1901.

Smith, William. *Dictionary of Greek and Roman Antiquities*, v. 3. Londres: Little & Brown, 1870.

Songling, Pu. *Strange Stories from a Chinese Studio*. Londres: Penguin Books, 2006.

Spence, Lewis. *An Encyclopedia of Occultism*. Mineola, NY: Dover. 2003.

Stafford, Tom. "How the Ouija Board Really Moves." BBC Future. Disponível em: https://www.bbc.com/future/article/20130729-what-makes-the-ouija-board-move. Acesso em 29 jul. 2013.

Strayer, Joseph R. *The Reign of Phillip the Fair*. Princeton, NJ: Princeton University Press, 1980.

Stuckenbruck, Loren T. "The Book of Enoch: Its Reception in Second Temple Judaism and in Christianity." *Early Christianity* v. 4 (2013). Clare K. Rothschild, Jens Schröter, Francis Watson (orgs.).

——. *The Myth of Rebellious Angels: Studies in Second Temple Judaism and New Testament Texts*. Tübingen: Mohr Siebeck, 2014.

Suster, Gerald. *The Legacy of the Beast: The Life, Work, and Influence of Aleister Crowley*. York Beach, ME: Weiser, 1989.

Thompson, Reginald Campbell. *The Devils and Evil Spirits of Babylonia*. v. 1. Londres: Luzac and Co., 1903.

——. *Semitic Magic: Its Origins and Development*. Londres: Luzac & Co., 1908.

Thomson, Ian. "The Divine Comedy: The Greatest Single Work of Western Literature." *Irish Times*. Disponível em: https://www.irishtimes.com/culture/books/the-divine-comedy-the-greatest-single-work-of-western-literature-1.3619042. Acesso em 8 set. 2018.

Thorndike, Lynn. *A History of Magic and Experimental Science During the First Thirteen Centuries of Our Era*. v. II. Nova York: MacMillan Company, 1923.

Trithemius, Johannes. (Joseph H. Peterson, org.) *Antipalus Maleficiorum*. Publicado originalmente em 1605, mas escrito em 1508. Esoteric Archives. Disponível em: http://esotericarchives.com/tritheim/antipalus.htm.

——. *Steganographia*. (Joseph H. Peterson, org.) Publicado originalmente em 1621. Esoteric Archives, 1997. Disponível em: http://esotericarchives.com/tritheim/stegano.htm.

Trump, Robert W. *A Brief Encyclopaedia of the Materials and Techniques of Manuscript Illumination*. Fayette, MO: Potboiler Press, 1999.

Van Der Toorn, Karel, Bob Becking, e Pieter W. Van Der Horst (orgs.). *Dictionary of Deities and Demons in the Bible*. 2. ed. Leiden, Holanda: Brill Academic Publishers, 1999.

Van Wolde, Ellen. "Chance in the Hebrew Bible: Views in Job and Genesis 1." In *The Challenge of Chance. The Frontiers Collection*. Disponível em: https://doi.org/10.1007/978-3-319-26300-7_7. Acesso em 14 maio 2016.

VanderKam, James C., e William Adler (orgs.). *Jewish Apocalyptic Heritage in Early Christianity*. Jewish Traditions in Early Christian Literature series, v. 4. Minneapolis, MN: Fortress Press, 1996.

Vermes, Geza (trad.). *The Complete Dead Sea Scrolls in English*. 4. ed. rev. Nova York: Penguin Books, 2004.

Waite, Arthur Edward. *The Book of Black Magic*. York Beach, ME: Weiser, 1993.

——. *The Book of Black Magic and Pacts*. (L. W. De Laurence, org.) Chicago: De Laurence Co., 1910.

——. *The Doctrine and Literature of the Kabalah*. Londres: Theosophical Publishing Society, 1902.

——. *The Mysteries of Magic: A Digest of the Writings of Eliphas Lévi*. Londres: George Redway, 1886.

Walker, D. P. *Spiritual and Demonic Magic from Ficino to Campanella*. University Park, PA: Penn State Press, 2000.

Walters, Henry Beauchamp. *The Art of the Greeks*. Nova York: Macmillan, 1906.

Walther, Ingo F. *Codices Illustres: The World's Most Famous Illuminated Manuscripts*. Nova York: Taschen, 2001.

The War Scroll (1QM). Disponível em: https://www.qumran.org/js/qumran/hss/1qm.

Welburn, Andrew. *The Beginnings of Christianity: Essene Mystery, Gnostic Revelation, and the Christian Vision*. Edimburgo, Reino Unido: Floris Books, 1995.

Wierus, Johannes. *De Praestigiis Daemonum*. Basel, Suíça: Ionnem Oporinum, 1564.

——. *De Praestigiis Daemonum*. 4. ed. Basel, Suíça: Ionnem Oporinum, 1566.

Wilde, Lady Speranza. *Legends, Charms, and Superstitions of Ireland*. Mineola, NY: Dover Publications, 2006.

Winston, David. "The Iranian Component in the Bible, Apocrypha, and Qumran: A Review of the Evidence." *History of Religions* v. 5, n. 2 (Winter 1966).

Wise, Michael O., Martin G. Abegg Jr., e Edward M. Cook. *The Dead Sea Scrolls: A New Translation*. Nova York: HarperCollins, 2005.

Wood, Ernest, e S. V. Subrahmanyam (trad.). Garuda Purâna. Allahabad, Uttar Pradesh, Índia: Indian Press, 1911.

Yates, Frances Amelia. *Giordano Bruno and the Hermetic Tradition*. v. 2. Chicago, IL: University of Chicago Press, 1979.

——. *The Occult Philosophy in the Elizabethan Age*. Londres: Routledge & Kegan Paul, 1979.

Zohar: The Book of Enlightenment. (Daniel Chanan Matt, trad.) Ramsey, NJ: Paulist Press, 1983.

DICIONÁRIO DOS DEMÔNIOS

Créditos/Artes

Folha de rosto:
Bode Dançando
Artista/Créditos:
heráldica tradicional
Fonte: Richard Huber,
Treasury of Fantastic and Mythological Creatures. Placa 66.
Permissão: Dover Publications

Letras capitulares do alfabeto:
Artista: Jackie Williams

Página 19: Os Sete Céus
Fonte: *Hierarquia Celeste,* de São Dionísio
Artista/Créditos: Merticus Collection, usado com permissão

Página 20: A Árvore da Vida, do departamento de arte da editora Llewellyn

Página 22: Os Portões do Inferno
Fonte: Lehner, Ernst & Johanna: *The Picture Book of Devils, Demons, and Witchcraft,* p. 5
Artista/Créditos: Jacobus de Teramo, *Das Buch Belial,* impresso em Augsburg, 1473
Permissão: Dover Publications

Página 24: Satã e seus demônios
Fonte: Richard Huber, *Treasury of Fantastic and Mythological Creatures.* Placa 21, imagem do séc. XV
Permissão: Dover Publications

Páginas 28 e 469: A Tentação de Santo Antão
Artista/Fonte: M. Schongauer, 1470-1475
Permissão: Wellcome Collection, Londres

Página 33: Vasilha mesopotâmica contra demônios
Artista/Fonte: Anônimo, séc. VI-VII
Permissão: Wellcome Collection, Londres

Página 39: Grimório, páginas internas com o cristograma JHS
Fonte: *Clavis Inferni,* séc. XVIII
Permissão: Wellcome Collection, Londres

Página 42, 47: Grimório, páginas internas com o Espírito Santo
Fonte: *Clavis Inferni,* séc. XVIII.
Permissão: Wellcome Collection, Londres

Página 51: Anjo Acorrentando o Diabo
Fonte: *Encyclopaedia of Occultism,* de Lewis Spence, entre as páginas 124 e 125.
Permissão: Dover Publications

Página 54: Selos de Abraxas
Fonte: *Encyclopaedia of Occultism,* de Lewis Spence, entre as páginas 184 e 185
Permissão: Dover Publications

Página 59: Punhal com o nome AGLA
Fonte: *The Discoverie of Witchcraft,* de Reginald Scot, p. 243
Permissão: Dover Publications

Página 60: Conjurando Anjos (Técnica Abramelin)
Artista/Fonte: William Charlton Wright, séc. XIX
Permissão: Wellcome Collection, Londres

Página 64: Diabo Agachado
Fonte: Richard Huber, *Treasury of Fantastic and Mythological Creatures.* Placa 21, gravura medieval
Permissão: Dover Publications

Página 67: Os Castigos do Inferno
Artista/Fonte: A. Collaert, séc. XVII
Permissão: Wellcome Collection, Londres

Página 73: Amaimon, Rei do Sul
Fonte: *Clavis Inferni,* séc. XVIII
Permissão: Wellcome Collection, Londres

Página 76: O Selo de Andromalius
Artista/Créditos: M. Belanger

Página 81: Sátiro, 2002
Artista/Fonte: Joseph Vargo

Página 82: Anjos Guerreiros
Artista/Créditos: Gustave Doré
Fonte: Gustave Doré, *Doré's Illustrations for Paradise Lost,* p. 23.
Permissão: Dover Publications

Página 87: O cristal de John Dee, séc. XVII
Artista: Atribuído ao anjo Uriel
Permissão: Wellcome Collection, Londres

Página 92: Astarote
Artista/Créditos: Collin de Plancy
Fonte: Arquivo da *Dark Realms Magazine*
Permissão: Joseph Vargo, usado com permissão

Página 94: O Selo de Asyriel
Artista/Créditos:
M. Belanger

Página 101: O Sigilo de Baal
Artista/Fonte:
Catherine Rogers

Página 104: O Demônio Bael
Artista/Créditos:
Collin de Plancy
Fonte: Arquivos da *Dark Realms Magazine*
Permissão: Joseph Vargo

Página 106: Baphomet
Artista/Créditos: Eliphas Lévi, *La Magie Noire*
Fonte: Lehner, Ernst & Johanna, *The Picture Book of Devils, Demons, and Witchcraft*, p. 24
Permissão: Dover Publications

Página 110: O Selo de Barmiel
Artista/Créditos:
M. Belanger

Página 114: Mithras e o touro
Fonte: *Encyclopaedia of Occultism*, de Lewis Spence. Entre as páginas 280 e 281
Permissão: Dover Publications

Página 117: O Selo de Belial
Artista/Créditos:
M. Belanger

Página 123: Saul Consulta Samuel
Artista/Fonte: J. Taylor, 1813
Permissão: Wellcome Collection, Londres

Página 136: Diabo Inglês
Fonte: Richard Huber, *Treasury of Fantastic and Mythological Creatures*. Placa 23, xilogravura
Permissão: Dover Publications

Página 139: Os Gafanhotos no *Livro do Apocalipse*
Artista/Fonte:
Anônimo, séc. XVI
Permissão: Wellcome Collection, Londres

Página 141: Anjo Mascarado
Artista/Fonte:
Kirsten Brown

Página 144: Artes do Escriba II
Artista/Créditos:
Jackie Williams

Página 149: Portão Infernal
Artista/Fonte: T. Stothard, 1792
Permissão: Wellcome Collection, Londres

Página 150: Os Anjos do Inferno
Artista/Créditos:
Gustave Doré
Fonte: Gustave Doré, *Doré's Illustrations for Paradise Lost*, p. 4
Permissão: Dover Publications

Página 152: Mulher Conjurada a Partir do Espelho
Artista/Fonte: F. Rops, séc. XIX
Permissão: Wellcome Collection, Londres

Página 157: São Miguel Enfrentando o Dragão
Artista/Fonte: Albrecht Dürer, 1498
Permissão: Wellcome Collection, Londres

Página 164: O Selo de Decarabia
Artista/Créditos:
M. Belanger

Página 168: Bruxa & Demônio
Fonte: *Witchcraft, Magic and Alchemy*, Grillot de Givry, p. 122
Permissão: Dover Publications

Página 171: John Dee e Edward Kelley Praticando Necromancia
Fonte: *Encyclopaedia of Occultism*, de Lewis Spence. Entre as páginas 288 e 289
Permissão: Dover Publications

Página 172: A Visão de Balaão
Artista/Créditos:
Gustave Doré
Fonte: Gustave Doré, *Doré's Bible Illustrations*, p. 45.
Permissão: Dover Publications

Página 178: Egyn, Rei do Norte
Artista/Fonte: *Clavis Inferni*, séc. XVIII
Permissão: Wellcome Collection, Londres

Página 180: Demônio Chifrudo
Artista/Créditos:
Joseph Vargo

Página 183: O Pacto das Bruxas
Fonte: *Compendium Maleficarum*, Francesco Maria Guazzo, p. 16
Permissão: Dover Publications

Página 193: O Selo de Foras
Artista/Créditos:
M. Belanger

Página 195: Os Quatro Cavaleiros
Artista/Créditos: Hans Burgkmair, xilogravura
Fonte: Lehner, Ernst & Johanna: *The Picture Book of Devils, Demons, and Witchcraft*, p. 55
Permissão: Dover Publications

Página 201: O Sigilo de Gaap
Artista/Fonte:
Catherine Rogers

Página 208: Fumaça
Artista/Fonte:
Kirsten Brown

Página 211: Arte do Escriba
Artista/Créditos:
Jackie Williams

Página 214: Livro de Magia
Fonte: *Witchcraft, Magic and Alchemy* de Grillot de Givry, p. 113
Permissão: Dover Publications

Página 219: Marbas/Mithras
Artista/Fonte:
Catherine Rogers

Página 222: Anjo Zodiacal, Mercúrio
Artista/Fonte: N. Dorigny, 1695
Permissão: Wellcome Collection, Londres

Página 225: A Árvore da Vida, do departamento de arte da editora Llewellyn

Página 231: Diabos e Criança
Artista/Créditos:
Geoffrey Landry
Fonte: Lehner, Ernst & Johanna, *The Picture Book of Devils, Demons, and Witchcraft*, p. 7
Permissão: Dover Publications

Página 234: Arrebatamento
Artista/Fonte:
Kirsten Brown

Página 240: São Cadoc & o Diabo
Fonte: Grillot de Givry, *Witchcraft, Magic and Alchemy*, p. 150
Permissão: Dover Publications

Página 241: O Selo de Ipos
Artista/Créditos:
M. Belanger

Página 243: Amuleto de Lilith
Artista/Fonte:
Anônimo, tradicional
Permissão: Wellcome Collection, Londres

Página 244: O Selo de Itrasbiel
Artista/Créditos:
M. Belanger

Página 252: Anjo da Morte
Artista/Créditos:
Gustave Doré
Fonte: Gustave Doré, *Doré's Bible Illustrations*, p. 35
Permissão: Dover Publications

Página 254: A Noite Nupcial de Tobias
Artista/Fonte: S. F. Ravenet, com base numa pintura de Le Seuer

Página 257: Dança das Bruxas
Fonte: Francesco Maria Guazzo, *Compendium Maleficarum*, p. 37
Permissão: Dover Publications

Página 258: Ritos de Elêusis
Fonte: *Encyclopaedia of Occultism*, de Lewis Spence, entre as páginas. 280 e 281
Permissão: Dover Publications

Página 261: Santa Catarina Enfrenta um Demônio
Artista/Fonte: Xilogravura anônima
Permissão: Wellcome Collection, Londres

Página 267: Selo de Deus
Artista/Créditos: Jackie Williams

Página 268: Cristo Expulsa o Demônio
Artista/Fonte: Johann Daniel de Montalegre
Permissão: Wellcome Collection, Londres

Página 270: Berbiguier
Fonte: Grillot de Givry, *Witchcraft, Magic and Alchemy*, p. 142
Permissão: Dover Publications

Página 272: O Ósculo Infame
Fonte: *Compendium Maleficarum*, Francesco Maria Guazzo, p. 35
Permissão: Dover Publications

Página 275: Lilith
Artista/Créditos: Baixo relevo sumério
Fonte: Richard Huber, *Treasury of Fantastic and Mythological Creatures*. Placa 4.
Permissão: Dover Publications

Página 276: Lúcifer e a Serpente
Artista/Créditos: Gustave Doré
Fonte: Gustave Doré, *Doré's Illustrations for Paradise Lost*, p. 19
Permissão: Dover Publications

Pág.287: Tumba da Rainha Demoníaca
Artista/Fonte: Joseph Vargo

Página 289: Castigo dos Glutões
Fonte: Lehner, Ernst & Johanna: *The Picture Book of Devils, Demons, and Witchcraft*, p. 47
Permissão: Dover Publications

Página 292: O Sigilo de Malphas
Artista/Fonte: Catherine Rogers

Página 296: O Selo de Marchosias
Artista/Créditos: M. Belanger

Página 299: Bruxa Conjurando
Artista/Fonte: J. Dixon, 1773
Permissão: Wellcome Collection, Londres

Página 301: Dr. Fausto
Artista/Créditos: publicação de John Wright, 1631
Fonte: Lehner, Ernst & Johanna: *The Picture Book of Devils, Demons, and Witchcraft*
Permissão: Dover Publications

Página 306: A Morte e o Corvo
Artista/Fonte: Walter Appleton Clark
Permissão: Wellcome Collection, Londres

Página 311: O Diabo no Inferno
Artista/Fonte: Buonamico di Martino, séc. xv
Permissão: Wellcome Collection, Londres

Página 313: O Selo de Murmus
Artista/Créditos: M. Belanger

Página 314: Indulgências
Artista/Fonte: Anônimo, circa séc. xv
Permissão: Wellcome Collection, Londres

Página 319: Círculo de Conjuração
Fonte: Reginald Scot, *The Discoverie of Witchcraft*, p. 244
Permissão: Dover Publications

Página 321: Dois Homens Conjurando um Diabo
Artista/Fonte: Xilogravura, 1720, anônima
Permissão: Wellcome Collection, Londres

Página 323: Hexagrama de Salomão
Artista/Créditos: Jackie Williams

Página 327: Hierarquia Angelical
Artista/Créditos: Merticus Collection
Fonte: *Celestial Hierarchy*

Página 334: Diabo Presidindo a Assembleia
Fonte: *Compendium Maleficarum*, Francesco Maria Guazzo, p. 36
Permissão: Dover Publications

Página 336: O Selo de Oriel
Artista/Créditos: M. Belanger

Página 340: Anjo Persa
Artista/Fonte: Manuscrito com iluminuras, 1750, anônimo
Permissão: Wellcome Collection, Londres

Página 345: Paimon, Rei do Oeste
Artista/Fonte: *Clavis Inferni*, séc. xviii
Permissão: Wellcome Collection, Londres

Página 346: Satã Expulso
Artista/Créditos: Gustave Doré
Fonte: Gustave Doré, *Doré's Illustrations for Paradise Lost*, p. 19
Permissão: Dover Publications

Página 349: Oriens, Rei do Leste
Artista/Fonte: *Clavis Inferni*, séc. xviii
Permissão: Wellcome Collection, Londres

Página 354: Grotesco Demoníaco
Artista/Créditos: Joseph Vargo

Página 357: O Selo de Procel
Artista/Créditos: M. Belanger

Página 358: Bode Dançando
Artista/Créditos: heráldica tradicional
Fonte: Richard Huber, *Treasury of Fantastic and Mythological Creatures*. Placa 66.
Permissão: Dover Publications

Página 367: Carruagens Celestiais
Artista/Créditos: Gustave Doré
Fonte: Gustave Doré, *Doré's Bible Illustrations*, p. 129
Permissão: Dover Publications

Página 369: Triângulo dos Pactos
Fonte: Grillot de Givry, *Witchcraft, Magic and Alchemy*, p. 106
Permissão: Dover Publications

Página 373: O Selo de Ronove
Artista/Créditos: M. Belanger

Página 374: Forcalor, Comparação
Artista/Créditos: M. Belanger

Página 378: Conjurador com Demônios
Artista/Fonte: J. Brown, 1813
Permissão: Wellcome Collection, Londres

Página 380: O Demônio Beemote
Fonte: Grillot de Givry, *Witchcraft, Magic and Alchemy*, p. 137
Permissão: Dover Publications

Página 382: Sete Anjos & Símbolos
Fonte: Scot's *Discoverie of Witchcraft*, p. 231
Permissão: Dover Publications

Página 385: Revelação Gnóstica
Artista/Créditos: M. Belanger

Página 390: Hierarquia Infernal
Fonte: *Witchcraft, Magic and Alchemy*, de Grillot de Givry, p. 130
Permissão: Dover Publications

Página 393: Julgamento
Artista/Créditos: Jackie Williams

Página 394: Diabo Marinho
Artista/Fonte: Xilogravura, 1720, anônima
Permissão: Wellcome Collection, Londres

Página 396: Espírito Familiar da Bruxa
Fonte: Richard Huber, *Treasury of Fantastic and Mythological Creatures*. Placa 23.
Permissão: Dover Publications

Página 398: Letra capitular em estilo Italian Whitevine
Artista/Créditos: Jackie Williams

Página 399: Mesa para Catroptromancia
Artista/Fonte: Catherine Rogers

Página 401: O Selo de Sitri
Artista/Créditos: Cathrine Rogers

Página 402: Salomão e Belial
Artista/Créditos: Jacobus de Teramo, *Das Buch Belial*, impresso em Augsburg, 1473
Fonte: Lehner, Ernst & Johanna: *The Picture Book of Devils, Demons, and Witchcraft*, p. 5
Permissão: Dover Publications

Página 407: Mandrágora Europeia
Fonte: Richard Huber, *Treasury of Fantastic and Mythological Creatures*. Placa 56
Permissão: Dover Publications

Página 412: Lago de Fogo
Artista/Créditos: Gustave Doré
Fonte: Gustave Doré, *Doré's Illustrations for Paradise Lost*, p. 2
Permissão: Dover Publications

Página 415: O Cadinho da Vida
Artista/Fonte: Christoph Murer, 1622
Permissão: Wellcome Collection, Londres

Página 416: A Morte de Grandier
Fonte: Lehner, Ernst & Johanna: *The Picture Book of Devils, Demons, and Witchcraft*, p. 80
Permissão: Dover Publications

Página 425, 504: Pentagrama de Salomão
Artista/Créditos: Jackie Williams

Página 420: Bruxa Conjurando a Partir do Caldeirão
Artista/Fonte: H. S. Thomassin (1687–1741)
Permissão: Wellcome Collection, Londres

Página 425: Pentagrama
Artista/Fonte: *Clavis Inferni*, séc. XVIII
Permissão: Wellcome Collection, Londres

Página 429: O Pacto de Urbain Grandier
Fonte: Lehner, Ernst & Johanna: *The Picture Book of Devils, Demons, and Witchcraft*, p. 80
Permissão: Dover Publications

Página 431: O Selo de Vadriel
Artista/Créditos: M. Belanger

Página 434: Espectro da Morte
Artista/Créditos: Gustave Doré
Fonte: Gustave Doré, *Doré's Bible Illustrations*, p. 237
Permissão: Dover Publications

Página 437: Bruxa do Mar
Artista/Créditos: Xilogravura de I. I. Shipper
Fonte: Richard Huber, *Treasury of Fantastic and Mythological Creatures*
Permissão: Dover Publications

Página 438: Mago
Artista/Fonte: Sir Edward Burne-Jones, séc. XIX
Permissão: Wellcome Collection, Londres

Página 444: Medalha de São Bento
Permissão: Wellcome Collection, Londres

Página 448: Ani e Sua Esposa
Artista/Fonte: Papiro de Ani, 1250 a.C.
Permissão: Wellcome Collection, Londres

Página 452: Anjo Zodiacal, Marte
Artista/Fonte: N. Dorigny, 1695
Permissão: Wellcome Collection, Londres

Página 455: Selo de Zachariel
Artista/Créditos: M. Belanger

Página 458: Tabuleiro de Espíritos
Artista/Fonte: Catherine Rogers

Página 464: Anjos Pestilentos
Artista/Fonte: P. Noël, 1869
Permissão: Wellcome Collection, Londres

Página 472: Adão e Eva Expulsos
Artista/Fonte: Raphael Sadeler, 1583
Permissão: Wellcome Collection, Londres

Página 475: Talismã Etiópico com Susenyos
Artista/Fonte: Anônimo, tradicional
Permissão: Wellcome Collection, Londres

Página 478: O Dilúvio Bíblico
Artista/Fonte: L. Friedrich, inspirado por W. Kaulbach
Permissão: Wellcome Collection, Londres

Página 481: Jacó Luta com o Anjo
Artista/Fonte: Salvator Rosa, 1766
Permissão: Wellcome Collection, Londres

Página 484: Templo de Salomão
Artista/Fonte: Xilogravura, possivelmente de Villalpandus, séc. XVI
Permissão: Wellcome Collection, Londres

Página 486: Estrela de Salomão
Artista/Fonte: *Clavis Inferni*, séc. XVIII

Página 488: Baphomet
Artista/Fonte: Catherine Rogers

Página 490: Mensageiro angelical
Artista/Fonte: Xilogravura anônima, sécs. XVI-XVII
Permissão: Wellcome Collection, Londres.

Imagens da edição brasileira: © Gettyimage, © Shutterstock
Páginas 4-5, 11, 14, 17, 35, 98, 198, 233, 248, 328, 341, 428, 440, 443, 447, 460, 470, 524, 526.

DICIONÁRIO DOS DEMÔNIOS

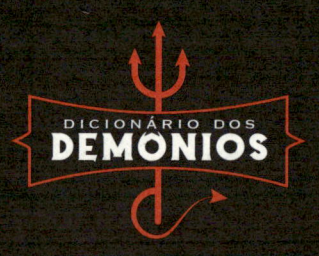

Glossário

APÓCRIFO Diversos textos, em hebraico, grego e aramaico, circulavam pelo território da antiga Palestina, dentre os diferentes sectos que constituíam sua população religiosa — incluindo os vários ramos do judaísmo do período do Segundo Templo e os primeiros cristãos. Assim, o processo de formação do cânone bíblico, especialmente do Velho Testamento, foi longo e complexo, sendo ainda tema de debate entre os estudiosos. Diferente de como aconteceu com a Bíblia católica, que fixou seu cânone no Concílio de Roma em 382 e o oficializou na solicitação a São Jerônimo para que traduzisse a Bíblia para o latim, a Bíblia hebraica (ou Velho Testamento) passou por um processo gradual de fixação, conforme alguns textos eram considerados oficiais para alguns grupos e não para outros (e o caso da comunidade de Qumran, conhecida por conta da descoberta dos Manuscritos do Mar Morto, representa um ótimo exemplo disso). Porém, o fato é que, por volta do séc. II d.C., estava já bem estabelecido quais textos eram considerados sagrados, de inspiração divina, e quais não eram. Os textos que não passaram nesse teste são os chamados apócrifos e deixaram de ser mantidos e copiados pelos judeus, por isso sua sobrevivência hoje se dá apenas em traduções, muitas vezes para o grego, aramaico ou o etiópico. Alguns textos compostos por e para judeus, como o *Livro de Tobias* ou *Sabedoria de Salomão*, foram canonizados pelos católicos, mas não pelos judeus. Quando Lutero traduziu a Bíblia para o alemão no séc. XVI, esses livros, por não terem um original em hebraico, foram descartados, e assim não fazem parte do cânone protestante, por isso são chamados de deuterocanônicos. Outras obras, como o *Livro de Enoque* ou *Jubileus*, não são aceitos como textos oficiais nem por católicos, protestantes ou judeus, fazendo parte do cânone de comunidades menos conhecidas do Ocidente, como a Igreja da Etiópia, assim comentado por Belanger nos Apêndices deste livro.

CABALA O termo, que vem da raiz hebraica Q-B-L, com o sentido de "recepção", "tradição", é popularmente usado para descrever as práticas do misticismo judaico de forma geral. Essa tradição começa ainda no período bíblico, com grupos como do misticismo Merkava e Hekhalot, que investigavam os mistérios da visão de Ezequiel valendo-se de técnicas meditativas. Num sentido mais específico, a Cabala descreve as tradições esotéricas judaicas que se desenvolvem a princípio em círculos da França, Provença e Alemanha medievais. Apesar de cada escola ter as suas peculiaridades, algumas noções em comum incluem uma compreensão emanacionista da criação e uma ênfase no poder da linguagem. Geralmente, fala-se em três tipos de Cabala: a teosófica, concentrada em compreender filosoficamente o divino; a meditativa, que procura atingir estados mais elevados de consciência; e a prática, usada para manifestar resultados no plano material, como cura, proteção ou prosperidade. Alguns principais nomes da Cabala incluem Isaac, o Cego, Abraham Abulafia, Moses de Léon, Moshe Cordovero e Isaac Luria.

CATOPTROMANCIA

Do grego *katoptron* + *manteia*, adivinhação por meio de espelhos, aqui traduzindo o inglês *scrying*. A prática era comum na antiguidade, geralmente em templos, usando alguma combinação de espelhos e superfícies com água, com frequência de fontes sagradas. Porém, semelhante a outras técnicas divinatórias como a lecanomancia (adivinhação usando água e óleo), ela também tinha potencial para a comunicação com espíritos. O grande exemplo desse uso na história da magia europeia foram os experimentos de John Dee e Edward Kelley, nos quais Dee rezava e realizava as invocações para que os anjos aparecessem numa bola de cristal, por meio da qual, acredita-se, teriam se comunicado com Kelley. Essa técnica é popular ainda em meio entre os praticantes de magia cerimonial.

ESPÍRITO FAMILIAR

No folclore e na demonologia da Europa medieval do começo da Idade Moderna, esses espíritos acompanhavam bruxas e curandeiros (*cunning-folk*), como um tipo de assistente sobrenatural. Entendia-se que eles assumiam a forma de um pequeno animal, como gatos, ratos, cães, sapos etc., com frequência dotado de características físicas marcantes. Certos autores, como a historiadora Emma Wilby, os associam aos espíritos animais que auxiliam os xamãs, como observado nos povos ameríndios e na Sibéria. Mas, porque as bruxas eram consideradas presenças maléficas, no contexto da caça às bruxas, o termo por vezes é intercambiável com "diabrete" (*imp*) e aparece com frequência nas confissões das bruxas extraídas sob tortura.

EVOCAR/INVOCAR

Em textos mais antigos, não há necessariamente uma distinção entre se evocar ou invocar um espírito, e os autores usam ambos os termos livremente. Porém, no jargão do ocultismo contemporâneo, há sentidos distintos atribuídos a cada verbo. Quando se invoca (do latim *in* + *voco*, "chamar para dentro") um ser qualquer, entende-se que a entidade é chamada para dentro do campo pessoal do conjurador. O que isso significa varia de acordo com a tradição, e essa invocação pode ser apenas uma conexão com essa força, a fim de usá-la para obter poder e proteção, como pode, num extremo, chegar a uma possessão completa e voluntária. Por isso se diz que os nomes de Deus, na Goécia, são invocados, a fim de que a força divina proteja o mago e confira a ele a autoridade para comandar os espíritos. Já na evocação (com o prefixo latim *e-/ex-*, "para fora"), o espírito chamado fica delimitado a um espaço fora do campo pessoal do conjurador, geralmente do lado externo ao círculo mágico ou confinado em um triângulo de evocação.

GEOMANCIA

Arte divinatória de origem árabe medieval, cujo nome significa "adivinhação pela terra", originalmente chamada de "ciência das areias" (*ilm al-raml*). Os praticantes, outrora, em estado total de transe, geravam a chamada carta geomântica batendo com um graveto na areia, formando 16 linhas com números pares ou ímpares de pontos. Contando-se os pontos, chega-se a 4 figuras de constituição binária que produzem outras 11 por meio de derivações algorítmicas.

HORAS PLANETÁRIAS

Além de haver demônios que só podem ser conjurados durante o dia ou a noite e outros que aparecem em porções específicas do dia (como ao reparti-lo em 15 divisões), existem alguns demônios que aparecem apenas em certas horas planetárias. A hora planetária é um antigo conceito astrológico, datado do período helenístico que, segundo estudiosos como Eviatar Zerubavel, chegou inclusive a influenciar a divisão dos dias da semana, tal como a conhecemos.

Segundo essa doutrina, cada dia da semana é regido por um dos sete planetas clássicos — a segunda-feira pela lua, terça por Marte, quarta por Mercúrio, quinta por Júpiter, sexta por Vênus, o sábado por Saturno e domingo pelo sol, um conceito que ainda pode ser observado nos nomes dos dias em várias línguas europeias, como *Sunday* e *Monday*, em inglês, ou *Sonntag* e *Montag*, em alemão, *lunes* e *lundi*, *martes* e *mardi*, etc., em espanhol e francês, e assim por diante. Mas é importante que cada hora do dia tenha também um regente. Para se calcular essas horas, é preciso primeiro descobrir o horário em que o sol nasce e se põe na sua localização. Feito isso, todas as horas do período diurno são somadas e divididas por 12, o que define a duração de cada hora astrológica do período diurno, o que dificilmente corresponde às horas de 60 minutos, pois depende da latitude e da época do ano. As horas se alternam na ordem Saturno — Júpiter — Marte — Sol — Vênus — Mercúrio — Lua (depois Saturno de novo etc.), sempre começando pelo regente do dia ao nascer o sol. Por exemplo, a primeira hora do nascer do sol na segunda-feira, dia da lua, pertence à lua, a segunda hora, a Saturno, a terceira, a Júpiter etc. Esse tipo de conhecimento era e é importante para praticantes de magia astrológica, mas aparece de vez em quando entre obras de evocação de demônios. Um exemplo clássico é o feitio da varinha, na *Goécia*, que exige que o galho seja cortado no dia e hora de Mercúrio.

MAGICK

Na grafia antiga do inglês era comum palavras terminadas em *-ic* terem um *k* adicional, como em Publick, por exemplo. Ao escrever suas obras no séc. XX, porém, Crowley recorreu a essa grafia arcaizante para falar da magia, *magick*, a fim de distinguir as práticas de magia cerimonial da mágica de palco, ilusionismo ou prestidigitação. Mais do que isso, *magick*, para Crowley, não era apenas o uso de técnicas esotéricas para manifestar resultados, mas um caminho de desenvolvimento espiritual, buscando o alinhamento do indivíduo com a sua "Verdadeira Vontade". Tornou-se comum em português usar a grafia com *ck* inspirada pelo uso de Crowley, mas dado o fato de que o português distingue naturalmente "magia", para falar de rituais, e "mágica", para falar de ilusionismo, optamos por não usar essa grafia anglicizada.

SAGRADO ANJO GUARDIÃO

Não confundir com o anjo da guarda do catolicismo popular, o Sagrado Anjo Guardião é uma entidade celestial mencionada pela primeira vez no grimório *A Magia Sagrada de Abramelin, o Mago*, cuja história de publicação a autora comenta na introdução deste livro. O grimório em questão descreve um longo processo, que dura entre 6 e 18 meses, segundo o qual o mago deve se isolar da sociedade para se dedicar a suas práticas espirituais, com grande ênfase em devoção e purificações. Ao término desse processo, ele chega a uma experiência mística por meio da qual estabelece contato permanente e união com essa entidade, que serve como um guia espiritual. A tradução de Mathers para o inglês, publicada em 1898, teve um impacto imenso na comunidade dos ocultistas do final do séc. XIX e consta que Aleister Crowley tentou duas vezes a operação de *Abramelin* em sua casa, a Boleskine House, às margens do Lago Ness, na Escócia, até conseguir realizar o processo com sucesso na terceira tentativa. O contato com o S.A.G. aparece com frequência nos escritos do autor e ele mesmo elaborou um ritual chamado *Liber Samekh*, com base num ritual prévio dos Papiros Mágicos Gregos já utilizado pela Ordem da Aurora Dourada, para substituir e acelerar o processo. Muitos ocultistas contemporâneos consideram essa experiência crucial para o desenvolvimento do mago, sendo um tipo de iniciação e sinal de maturidade mágica. O que isso tem a ver com demônios é o seguinte: ao término do *Abramelin*, o mago já em contato com seu S.A.G. e munido de sua autoridade divina, deve concluir a operação conjurando os reis demoníacos e seus inúmeros servos para dominá-los. Isso lhe confere grande poder mundano.

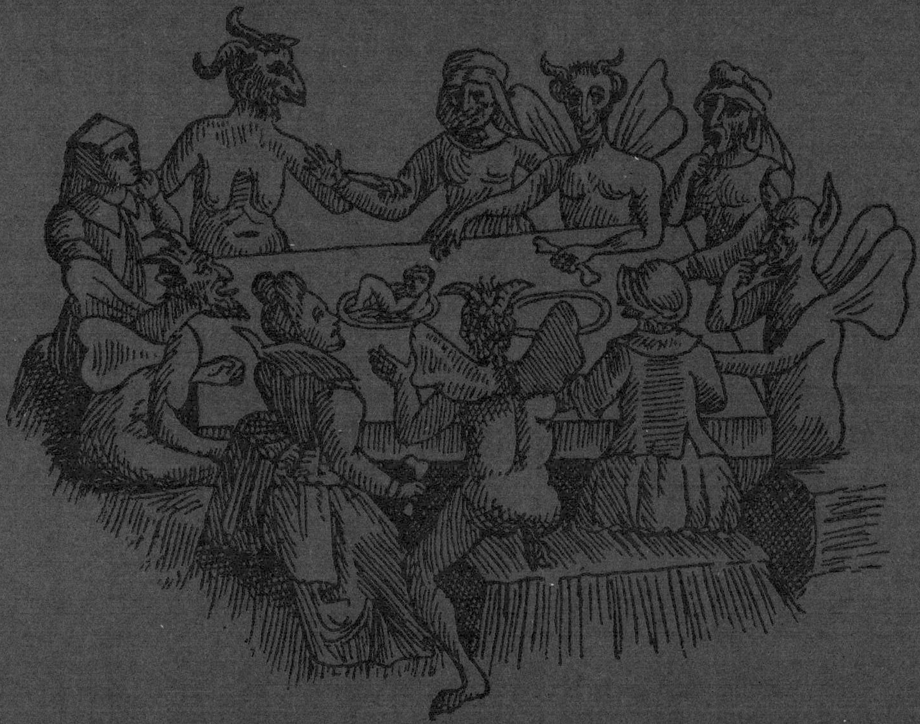

Agradecimentos

Há várias pessoas que me auxiliaram em etapas diversas da criação deste livro. Algumas me emprestaram seu conhecimento e visão. Outras, seus talentos artísticos. Outras me auxiliaram com sua fé e apoio. Todas fizeram contribuições valiosas e aprimoraram a qualidade desta obra. Não posso avaliar ou elencar seu valor, por isso, no espírito deste dicionário, eu as apresento em ordem alfabética: padre Bob Bailey, Christine Filipak, Clifford Hartleigh Low, Merticus, Dar Morazzini, Mykel O'Hara e Joseph Vargo. Eu estendo meus profundos agradecimentos a todos e a cada um de vocês. Seus talentos me foram de extrema ajuda.

Devo também oferecer um agradecimento especial à artista e escriba Jackie Williams. Jackie foi gentil para elaborar um alfabeto demoníaco exclusivamente para este dicionário. Ela também me auxiliou no árduo trabalho de escrita, fornecendo ajuda com as digitalizações, explicando as minúcias do ofício do escriba medieval e — o mais importante — me lembrando de parar para comer. Agradeço também a Dover Publications, que me permitiu reproduzir imagens de seus livros. Por fim, gostaria de estender minha gratidão a Joseph H. Peterson, do EsotericArchives.com, pela erudição e generosidade.

O *Dicionário dos Demônios* é uma obra ambiciosa e me esforcei para torná-la ainda mais vasta nesta edição comemorativa. Sem o apoio, talento e inspiração de muitas pessoas excelentes, não teria conseguido, sobretudo, cumprir o prazo. Primeiro e antes de tudo, gostaria de agradecer a Elyria Little. Não é fácil aprender a navegar o processo criativo de uma escritora, mas eu não teria conseguido sem o seu apoio incondicional. Agradeço a Catherine Rogers, que graciosamente aguentou minhas mensagens às três da manhã pedindo desenhos de sigilos demoníacos obscuros (que ela desenhava já no dia seguinte). Espero que o resto do mundo venha a ter o apreço pelo seu talento e por seu espírito brilhante tanto quanto eu. Agradeço a Kirsten Brown por correr o risco e somar os seus talentos a essa empreitada imensa. Seu trabalho também é digno de mais atenção, e espero colaborar para fazer isso acontecer. Agradeço a todos da Wellcome Collection por terem me respondido com tanta rapidez. Vocês prestam um grande serviço ao mundo ao disponibilizarem a todos o acesso gratuito aos materiais em sua extensa biblioteca (é sério, olhem só o acervo online deles). Agradeço a Katrina Weidman por ser aquela amiga que sempre me apoiou mesmo nos lugares mais escuros (e frios!) do país. Agradeço a Jack Osbourne por sua curiosidade exuberante e sua mente aberta, por mais estranhas que pudessem ser nossas experiências. E, por fim, agradeço a Ali A. Olomi: nos conhecemos apenas no meio virtual, mas seu conhecimento enciclopédico sobre os Jinn e outras crenças folclóricas islâmicas enriqueceram imensamente o meu mundo. Obrigada.

M. BELANGER

M. Belanger é especialista em ocultismo, apresentadora de TV, cantora, personalidade da mídia, médium e autora de mais de trinta livros sobre assuntos ligados ao ocultismo e ao paranormal. Belanger já apareceu em programas de TV tais como *Estado Paranormal* e *Paranormal Lockdown*, do A&E, e *Portals to Hell* do Travel Channel. Consultada para diversos livros e documentários, Belanger já deu palestras sobre assuntos relacionados ao paranormal e ao ocultismo em faculdades e universidades em toda a América do Norte. Belanger oferece aulas e retiros de fim de semana para desenvolvimento psíquico na Inspiration House, em Ohio, uma casa de mais de 150 anos com assombração mais aconchegante que você já viu na vida.

Para conhecer mais a obra de Belanger, comece explorando o site MichelleBelanger.com, onde você vai encontrar aulas, livros, música e eventos da Inspiration House. Siga: sethanikeem

DARKSIDE